A POLÍTICA MONETÁRIA DO SÉCULO XXI

A POLÍTICA MONETÁRIA DO SÉCULO XXI

DA GRANDE INFLAÇÃO À COVID-19

BEN S. BERNANKE

ALTA BOOKS
GRUPO EDITORIAL
Rio de Janeiro, 2024

A Política Monetária do Século XXI

ISBN: 978-85-508-2336-2

Impresso no Brasil — 1ª Edição, 2024 — Edição revisada conforme o Acordo Ortográfico da Língua Portuguesa de 2009.

Dados Internacionais de Catalogação na Publicação (CIP)
(BENITEZ Catalogação Ass. Editorial, MS, Brasil)

B439p Bernanke, Ben S.
1.ed. A política monetária do século XXI : da grande inflação à COVID-19 / Ben S. Bernanke ; tradução Carlos Bacci Júnior - 1.ed. - Rio de Janeiro : Alta Books ; Alta Cult, 2024.
480 p.; il.; 15,7 x 23 cm.
Título original: 21st century monetary policy.
ISBN 978-85-508-2336-2
1. COVID-19 - Aspectos econômicos. 2. Estados Unidos. Conselho da Reserva Federal. 3. Estados Unidos - Economia. 4. Estados Unidos - Serviços bancários. 5. Política econômica. I. Bacci Júnior, Carlos. II. Título.
10-2024/05 CDD 332.110973

Índice para catálogo sistemático:
1. Banco Central Federal do Estados Unidos : Operações bancárias : Política monetária : Economia financeira 332.110973

Aline Graziele Benitez - Bibliotecária - CRB-1/3129

Produção Editorial: Grupo Editorial Alta Books
Diretor Editorial: Anderson Vieira
Editor da Obra: J. A. Ruggeri
Vendas Governamentais: Cristiane Mutüs
Gerência Comercial: Claudio Lima
Gerência Marketing: Viviane Paiva

Produtora Editorial: Isabella Gibara
Tradução: Carlos Bacci Jr.
Copidesque: Thaís Cotts
Revisão: Lívia R. R. Barros
Diagramação: Rita Motta
Capa: Victor França
Revisão Técnica: Christiano Arrigoni
(Professor Titular de Ciências Econômicas Ibmec/RJ)

ALTA BOOKS
GRUPO EDITORIAL

Rua Viúva Cláudio, 291 — Bairro Industrial do Jacaré
CEP: 20.970-031 — Rio de Janeiro (RJ)
Tels.: (21) 3278-8069 / 3278-8419
www.altabooks.com.br — altabooks@altabooks.com.br
Ouvidoria: ouvidoria@altabooks.com.br

Editora **afiliada à:**
ASSOCIADO

SUMÁRIO

PARTE IV. A POLÍTICA MONETÁRIA DO SÉCULO XXI

O que Vem a Seguir

INTRODUÇÃO

Em 20 de janeiro de 2020, Jay Powell caminhava a passos largos para a tribuna para dar início à primeira coletiva de imprensa de seu terceiro ano como presidente do Federal Reserve [FED]. Levantou brevemente os olhos, saudando os repórteres ali reunidos, abriu uma pasta branca e retirou o discurso preparado. Sua atitude era discreta, quase soturna. Mas sua mensagem era positiva: a economia dos EUA havia entrado em seu décimo primeiro ano de uma expansão recorde, o nível de desemprego era o menor em meio século e pessoas com empregos de remuneração mais baixa obtinham ganhos salariais após anos de estagnação. As tensões comerciais que agitaram os mercados financeiros nos dois anos anteriores haviam diminuído e o crescimento global parecia se estabilizar.

Em sua fala, de passagem, observou que "incertezas" afetavam as perspectivas econômicas, "incluindo as ocasionadas pelo novo corona vírus".*[1] As questões relativas ao vírus, de Donna Borak da CNN, foram colocadas após 21 minutos do início da coletiva de 54 minutos. Até então somente alguns poucos casos haviam sido confirmados fora da China. O vírus, Powell teve a cautela de reconhecer, era "uma questão muito séria" que poderia causar "Alguma perturbação nas atividades daquele país e, possivelmente, no mundo todo".[2]

* Em Uma Nota Sobre as Fontes, no final do livro, há links que remetem a documentos oficiais do FED, incluindo transcrições de coletivas de imprensa e reuniões do FOMC [Federal Open Market Committee], formulação de políticas, comunicados de imprensa, atas de reuniões, projeções e depoimentos congressuais. As notas ao longo do livro oferecem informações adicionais caso se façam necessárias, entre elas referências de páginas para citações diretas e referências para materiais mais antigos ou de acessibilidade mais difícil. Falas de funcionários do FED são citadas à parte. [N. do A.]

Cinco semanas mais tarde, em 3 de março, Powell se dirigia para a mesma tribuna e com o mesmo tom calmo leu uma declaração muito mais soturna para os repórteres. Nela, solidarizava-se com as pessoas contaminadas pelo vírus ao redor do mundo, observando que isso havia prejudicado fortemente a economia de vários países, prevendo que medidas de contenção desse patógeno "certamente terão reflexo contracionista na atividade econômica, interna e externamente, por algum tempo". O FED, disse, estava cortando as taxas de juros para ajudar a economia a se manter aquecida em face de novos riscos".[3] Ele insinuou que tal processo continuaria. A situação mundial havia mudado drasticamente e a política do FED precisava acompanhar essas mudanças.

No período entre as coletivas de imprensa de 29 de janeiro e 3 de março, o vírus havia evoluído de um problema localizado para uma incipiente crise global. Os casos constatados da doença que seria conhecida como covid-19 cresceram de pouco menos de 10 mil, quase todos na China, para mais de 90 mil no planeta. Na região italiana da Lombardia havia cidades sob quarentena e do Irã vinham notícias de surtos de infecções. Nos EUA, a primeira fatalidade causada pelo vírus ocorreu em 29 de fevereiro — um homem de 50 anos, nas proximidades de Seattle. Os casos e as mortes nos EUA aumentaram exponencialmente a partir daí, ameaçando sobrecarregar o sistema de saúde na cidade de Nova York e outros locais cruciais.

Nesse meio tempo, o medo provocado pelo vírus ocasionou a pior semana nos mercados financeiros norte-americanos desde a crise financeira de 2007 a 2009, sinalizando a vinda de problemas econômicos. O Dow Jones Industrial Average, que havia quebrado recorde de alta no início do mês, afundou mais de 12% durante a semana que se encerrou em 28 de fevereiro. Em março, a turbulência se estendeu para os mercados de títulos. Até mesmo os vendedores dos ultrasseguros títulos do Tesouro dos EUA tiveram dificuldade em encontrar compradores, que demonstravam pouco apetite em possuir qualquer coisa que não fosse dinheiro vivo. Os mercados privados de crédito nos quais empresas, compradores de imóveis e governos estaduais e locais tomavam empréstimos, ameaçavam paralisar totalmente suas atividades à medida que credores e investidores viam-se às voltas com a incerteza gerada pelo coronavírus.

O ataque de pânico do mercado era, de fato, um presságio de um trauma econômico. Com empresas e escolas fechadas voluntariamente ou pelos lockdowns impostos pelos governos locais, a atividade econômica contraiu-se a uma taxa sem precedentes. Em fevereiro de 2020, em virtude da longa recuperação da Grande Recessão, apenas 3,5% da força de trabalho estava desempregada. Dois meses depois, em abril, a taxa oficial de desemprego era de 14,8%, uma elevação brutal que provavelmente subestimava o dano causado no mercado de trabalho. Mais de 20 milhões de empregos foram perdidos em abril, de longe a maior queda desde que os dados começaram a ser computados em 1939. O Business Cycle Dating Committee, do National Bureau of Economic Research, que estabelece o momento no tempo em que recessões e expansões se iniciam, mais tarde dataria o começo da recessão pandêmica no mês de fevereiro.

Eu fui presidente do FED no período de 2007 a 2009 e isso me dá elementos para ter alguma ideia do estresse que Powell e seus colegas no FED vivenciaram. Mas diferentemente da crise que enfrentamos doze anos antes — que durou quase dois anos — tudo pareceu acontecer de uma só vez. Com base no princípio de que é melhor se antecipar a uma crise quando possível, o FED sob Powell colocou em prática rapidamente uma série de ações para acalmar a agitação dos mercados financeiros e proteger a economia. Estabeleceu uma meta próxima de zero para a taxa básica de juros e se comprometeu a mantê-la assim enquanto fosse necessário. Para ajudar a restabelecer o funcionamento normal dos mercados de dívida de curto prazo e dos mercados de títulos do Tesouro norte-americano, concedeu empréstimos a empresas financeiras descapitalizadas e comprou centenas de bilhões de dólares de títulos do Tesouro e de títulos privados lastreados em hipotecas (chamados nos Estados Unidos de mortgage-backed securities ou pela sigla MBS) no mercado aberto. Reinstituiu programas da era da crise financeira para apoiar os mercados de crédito empresarial e ao consumidor. Ao trabalhar com bancos centrais estrangeiros, garantiu aos mercados globais um suprimento adequado de dólares, a moeda de reserva mundial. E, em última análise, prometia dar continuidade à compra maciça de títulos — uma política conhecida como "quantitative easing"* — até que as condições econômicas melhorassem substancialmente.

Todas essas medidas fazem parte de um rol de providências adotadas durante a crise de 2007 a 2009. O FED de Powell, contudo, não parou

* Também conhecido no Brasil como "flexibilização quantitativa", o termo "quantitative easing" costuma ser abreviado por QE. Essa política foi implementada algumas vezes ao longo do tempo pelo FED, e cada uma é designada na literatura econômica por QE1, QE2 e assim por diante, motivo pelo qual utilizaremos na edição em português o termo e sua abreviatura em inglês. [N. da T.]

por aí. Em conjunto com o Congresso e o Departamento do Tesouro, estabeleceu novos programas para os mercados de "backstop"* de títulos corporativos e municipais, e para financiar empréstimos bancários para empresas de médio porte e organizações sem fins lucrativos. E em agosto de 2020 foram anunciadas mudanças importantes na elaboração da política monetária — o resultado de um processo que havia começado antes da eclosão da pandemia — cujo objetivo era tornar essa política mais eficaz em um cenário no qual as taxas de juros já eram baixas. Nos meses subsequentes, o detalhamento da abordagem monetária explicitou o compromisso de manter as taxas de juros baixas por quanto tempo fosse preciso.

Evidentemente, nada que o FED fizesse poderia alterar o curso do vírus, a causa fundamental da crise. Nem poderia tributar ou gastar para auxiliar as pessoas e empresas mais afligidas pela doença, uma atribuição que competia à administração federal e ao Congresso. Mas poderia se valer tanto da política monetária quanto de sua condição como órgão financiador para promover a estabilidade do sistema financeiro, regularizar o fluxo de crédito para a economia, dar assistência aos dispêndios de empresas e consumidores e proporcionar a criação de postos de trabalho. Com isso, teria os meios para desempenhar um papel fundamental em preparar a economia para a recuperação que seguiria a pandemia.

Na época em que estive no comando do FED, frequentemente lembrava que a política monetária não é uma panaceia. Mas a moeda importa — e muito. E, como as respostas de Powell à pandemia ilustram, a política monetária no século XXI — e de um modo geral a do Banco Central — tem se caracterizado por inovações e mudanças notáveis. As variadas e extensas ações do FED na pandemia e a rapidez com que as decisões eram decididas e anunciadas pareciam inconcebíveis, não somente para o FED dos anos 1950 e 1960, presididos por seu primeiro líder moderno, William McChesney Martin Jr., mas até mesmo para o dos anos 1990, comandado por um dos mais influentes banqueiros centrais da história, Alan Greenspan. Como o próprio Powell reconheceria, "Nós cruzamos uma série de linhas vermelhas até então não ultrapassadas".[4]

O intuito deste livro é ajudar os leitores a compreender como o FED, responsável pela política monetária dos EUA, chegou até onde está agora, o que aprendeu com os diversos desafios que enfrentou e como pode

* Os programas para "backstop" visam garantir que os títulos remanescentes não subscritos de uma emissão de títulos tenham um comprador, que é uma entidade que assume essa eventual função em troca de um prêmio de risco. [N. da T.]

evoluir daqui para a frente. Embora minha narrativa tenha como foco o FED, o banco central que conheço mais profundamente, também recorro à experiência de outros importantes bancos centrais, os quais têm se visto às voltas com os mesmos desafios e implementado relevantes inovações operacionais. Espero que este livro seja útil para meus colegas economistas e seus alunos, mas tentei torná-lo acessível a todos que tenham interesse em política econômica, finanças e na atuação dos bancos centrais. Como o desempenho do FED de Powell na pandemia deixa claro, uma avaliação das metas e das ferramentas e estratégias usadas para alcançá-las, é essencial para a compreensão da situação atual da economia global.

UM OLHAR HISTÓRICO

Este livro examina o Federal Reserve de hoje (e de amanhã) valendo-se, sobretudo, de uma perspectiva histórica. É assim que vejo essa questão e penso que não há outra maneira de entender completamente como as ferramentas, estratégias e comunicação do FED evoluíram até os dias de hoje.

No final dos anos 1970, um diálogo que tive como doutorado do Massachusetts Institute of Technology (MIT) aguçou meu interesse por políticas monetárias. Procurei um jovem professor, Stanley Fischer — na época, uma estrela acadêmica em ascensão, mais tarde presidente do Banco de Israel e vice-presidente do FED — buscando orientação para um tema de dissertação. Stan, que viria a ser meu conselheiro e mentor, me passou um exemplar de 860 páginas de *A Monetary History of the United States, 1867–1960*, de Milton Friedman e Anna Schwartz.[5]

"Leia isto", disse-me ele. "Pode fazê-lo morrer de tédio. Mas se o deixar empolgado, pode considerar estudar economia monetária."

O livro me fascinou. Deixou-me interessado não apenas em economia monetária, mas também nas causas da Grande Depressão dos anos 1930, um assunto ao qual eu retornaria com frequência em meus escritos acadêmicos. Tal como mostraram Friedman e Schwartz, as doutrinas antiquadas dos banqueiros centrais e o parco entendimento de como a economia funcionava foram um fator crucial da catástrofe que acometeu aquela década, demonstrando o poder das ideias em moldar os acontecimentos. É com essa mesma índole analítica de Friedman e Schwartz que este livro recorre à história para explicar a evolução das políticas do FED e seu papel na economia. A obra de Friedman e Schwartz não abrange as décadas após a Segunda Guerra Mundial, então me parece apropriado iniciar esta narrativa no período imediatamente posterior ao fim dela. As lições que aprendemos com a história do FED também nos deixam em condições de especular sobre o futuro, como faço na parte final do livro.

É certo que, de diversas maneiras, os anos 1950 e 1960 marcaram o início dos bancos centrais modernos. Naquela ocasião, o FED já não estava tolhido pelo padrão ouro das décadas de 1920 e 1930, ou pela responsabilidade, assumida durante a Segunda Guerra Mundial, de ajudar a financiar os débitos governamentais contraídos em função da campanha militar, mantendo baixas as taxas de juros. Aquela era, também, uma época na qual as ideias do economista britânico John Maynard Keynes começavam a ampliar sua influência nos EUA. Keynes faleceu em 1946, mas seus seguidores, com base em seus escritos sobre a Grande Depressão, enfatizaram o potencial das políticas macroeconômicas, incluindo a política monetária, para combater recessões e controlar a inflação. A economia keynesiana, em sua formulação moderna, continua sendo o paradigma fundamental do FED e de outros bancos centrais.

Os anos 1960 também foram palco do início de um dos eventos econômicos mais traumáticos da história do pós-guerra, bem como um dos sinais do fracasso na elaboração de políticas econômicas — o que hoje chamamos de Grande Inflação. Até ser dirimida (a um alto custo em empregos perdidos) pelo FED dirigido por Paul Volcker nos anos 1980, a Grande Inflação ameaçava a economia dos EUA e até mesmo a estabilidade política. O que os formuladores de políticas econômicas aprenderam ou pensaram ter aprendido com essa experiência delineou, e continua a delinear, a evolução da política monetária, inclusive nos dias atuais.

O FED: ANTECEDENTES HISTÓRICOS

No intuito de estabelecer alguns pontos de partida, irei esboçar aqui um pouco do início da história do Banco Central dos EUA e fornecer informações sobre o FED — sua estrutura, como é administrado e de que modo implementa suas decisões de política monetária. Em seguida, farei uma prévia dos fatores críticos que, segundo este livro argumentará, formaram o FED moderno e estimularam as notáveis mudanças em suas ferramentas e políticas nas décadas mais recentes.

Primeiros Anos

Nos EUA há uma forte tradição populista, e os populistas — do presidente Andrew Jackson até, mais recentemente, membros do partido Republicano e do Occupy Wall Street* — são sempre hostis a concentrações de poder constatadas nas finanças e no governo. As influências populistas ajudam a explicar a razão pela qual os EUA não tinham um banco central bem estabelecido até a criação do Federal Reserve em 1913, bem depois que diversas outras economias avançadas (o Banco da Inglaterra data de 1694 e o Banco Central da Suécia antes disso). Alexander Hamilton — o primeiro Secretário do Tesouro norte-americano e um modernizador que entendia que os EUA seriam um dia, uma potência industrial e financeira — deu início a um banco central em 1791, mas contrariando a acirrada oposição de Thomas Jefferson e James Madison, cujas visões sobre a economia dos EUA eram mais ligadas ao setor agrário. Uma votação apertada do Congresso em 1811 revogou a licença de funcionamento do First Bank dos EUA de Hamilton. Outra tentativa de estabelecer um banco central, o Second Bank of USA, foi também frustrada quando, em 1832, o presidente Jackson — que desconfiava dos bancos em geral e tinha desavenças com Nicholas Biddle, que comandava o Second Bank — vetou a renovação da licença de funcionamento do banco. (A ironia é que a imagem de Jackson permanece na nota de US$20 do FED. Ele teria se oposto.)

O ambiente político da Era Progressista, entre as décadas de 1890 e 1920, aproximadamente, foi mais favorável ao estabelecimento de um banco central. O presidente Woodrow Wilson sancionou a lei que criava o Federal Reserve em 23 de dezembro de 1913. Condizente com os ares progressistas da época, nos quais se defendia políticas racionais e científicas para aprimorar a economia, o novo Sistema da Reserva Federal foi concebido com a intenção de supervisionar, auxiliar a estabilizar o sistema bancário pouco regulamentado e muitas vezes disfuncional dos EUA. O sistema bancário norte-americano do século XIX era atormentado por frequentes corridas bancárias e pânicos financeiros, quase sempre associados a recessões, algumas delas bem graves. O pânico de 1907 — debelado pela intervenção do famoso financista J. Pierpont Morgan e aliados, não pela ação governamental — foi a gota d'água. Crescia no Congresso a determinação de voltar a examinar a ideia de um banco central.

O mais importante BC [banco central] da ocasião, o Banco da Inglaterra, era tido como modelo. Ele tinha duas responsabilidades

* Um movimento de protesto contra a desigualdade econômica e social, a corrupção e as influências indevidas das empresas — sobretudo do setor financeiro — no governo, que ganhou as ruas. [N. da T.]

principais. A primeira, gerir a oferta de moeda de modo consistente com o padrão ouro. A libra, tal como outras das principais moedas correntes, tinha valor fixado em termos de ouro e o Banco ajustava as taxas de juros de curto prazo de maneira a garantir que aquele valor permanecesse estável. A segunda, particularmente relevante para os EUA, era servir como *emprestador de última instância* durante corridas bancárias e pânicos financeiros. Caso os depositantes perdessem a confiança nos bancos britânicos ou outras instituições financeiras e decidissem ir em massa retirar seu dinheiro, o Banco da Inglaterra estava a postos para emprestar aos bancos os recursos monetários de que necessitavam para honrar seus depósitos, tendo sua carteira de empréstimos e outros ativos como garantias. Contanto que os bancos fossem fundamentalmente solventes, os empréstimos do Banco da Inglaterra lhes permitiriam continuar operando e evitariam a venda de seus ativos a preços irrisórios. Assim a Grã-Bretanha passou ao largo do padrão de recorrentes crises financeiras e instabilidade econômica que assolaram os EUA nos anos 1800 e início dos anos 1900.

Tal como o Banco da Inglaterra, o recém-criado FED assumiu os papéis de gestor da oferta monetária (aos moldes do padrão ouro) e de emprestador de última instância para os bancos que optassem por integrar-se ao Sistema de Reserva Federal — os assim chamados membros bancários.* Uma vez que apenas bancos solventes eram elegíveis para tomar empréstimos do FED, ao novo BC era dada a competência de examinar as demonstrações financeiras dos bancos membros, competência compartilhada com o Comptroller of the Currency — uma agência [independente do Tesouro] estabelecida durante a Guerra Civil cuja função era monitorar nacionalmente as licenças de funcionamento dos bancos — e com órgãos reguladores bancários estaduais, que supervisionavam tais licenças no âmbito estadual. Até hoje, a política monetária, a supervisão bancária e a tarefa de responder a ameaças à estabilidade financeira são uma descrição muito boa das principais responsabilidades do FED.

Houve um debate incessante sobre a administração do novo banco central: se deveria ser centralizado em Washington (como defendia a maioria dos banqueiros) ou mais descentralizado, o que daria maior poder para

* Bancos com licenças nacionais eram obrigados a aderir ao Sistema, mas aqueles com licenças estaduais podiam optar. O sistema bancário dos EUA, hoje, ainda tem três tipos de bancos: bancos nacionais, bancos estaduais que são membros do Sistema da Reserva Federal e bancos estaduais não membros, cada qual com uma combinação diferente de reguladores. [N. do A.]

as sedes regionais do banco central (o modelo preferido pelos produtores agrícolas do meio-oeste e outros que temiam a concentração de poder nos interesses dos financistas do leste do país). Wilson apoiou uma solução de compromisso: o Sistema da Reserva Federal consistiria tanto de um Board of Governors [Conselho de Governadores] em Washington com poderes gerais de supervisão, quanto de doze Federal Reserve Banks, cada um com considerável autonomia, localizados nas maiores cidades do país. Cidades puseram-se em campanha para sediarem os FEDs regionais, que por fim se estabeleceram em Boston, Nova York, Filadélfia, Cleveland, Richmond, Atlanta, Chicago, St. Louis, Mineápolis, Kansas City, Dallas e São Francisco. Essas cidades continuam até hoje como sedes dos FEDs regionais, não obstante a mudança para o oeste das atividades econômicas desde a fundação do FED. (A regional do FED de São Francisco representa mais de 1/5 da atividade econômica dos EUA.)

A Grande Depressão

A economia dos EUA prosperou, de forma equilibrada, ao longo dos primeiros 15 anos do FED, mas em 1929 uma depressão tomou conta do mundo. As origens da Grande Depressão são complexas, mas o padrão ouro internacional, que após ser suspenso durante a Primeira Guerra Mundial foi reinstituído pela maioria dos países, é apontado como a principal causa. A conflagração global foi acompanhada por uma substancial inflação conforme as finanças governamentais dos países beligerantes vinham abaixo e a escassez de mercadorias essenciais se multiplicava. Como houve a volta ao padrão ouro depois da guerra, restabelecendo o vínculo entre a oferta monetária e a quantidade de ouro disponível, ficou evidente que não havia ouro suficiente no mundo, nem distribuído de forma equânime entre os países, para sustentar os preços de bens e serviços, então ocupando patamares mais elevados.

Uma solução teria sido reduzir os valores oficiais das moedas em relação ao ouro, permitindo que a quantidade disponível do metal fosse capaz de sustentar maiores níveis de ofertas monetárias e preços; entretanto em vários países a depreciação das moedas era incompatível com o próprio conceito do padrão ouro. (Adquirentes de títulos públicos eram particularmente contrários à depreciação, pois ela diminuía o valor real desses ativos.) Em vez disso, improvisou-se maneiras de compensar a escassez de ouro. Por exemplo, alguns países se propuseram a manter moedas lastreadas em ouro, como a libra britânica, no lugar do metal. Essa era uma praxe do próprio Banco da Inglaterra, que detinha um estoque de ouro pequeno em comparação com o número de notas de libras em circulação, contando com a confiança do investidor no compromisso da Inglaterra com o padrão ouro, em vez do ouro real para sustentar a libra.

As condições políticas e financeiras internacionais permaneceram altamente instáveis após a guerra; contudo exacerbaram-se diante dos desacordos a respeito do quanto a Alemanha deveria pagar a título de reparação e das demandas dos EUA de que a França e a Grã-Bretanha fizessem os pagamentos totais relacionados aos empréstimos concedidos durante a guerra." Essas desavenças abalaram a convicção na reconstrução do sistema monetário global, que depende fundamentalmente da confiança e cooperação mútua. Enquanto cresciam o medo e a incerteza, governos e investidores deixaram de guardar a libra e outros substitutos do ouro e foram em busca do metal em si, resultando em uma competição frenética que provocou corridas às reservas de ouro mantidas pelos bancos centrais. Conforme a escassez global do ouro começava a se reafirmar, o suprimento de moeda e os preços colapsavam nos países submetidos ao padrão ouro. Os preços de bens e serviços nos EUA, por exemplo, caíram cerca de 30% entre 1931 e 1933.

Por sua vez, com a deflação do nível de preços, vários devedores foram à falência — pense nos agricultores tentando pagar suas hipotecas enquanto os preços de suas colheitas definhavam —, o que ajudou a deprimir o sistema financeiro e, com ele, a economia.[6] Corridas a bancos por depositantes temerosos causaram uma onda crescente de quebras dessas instituições financeiras — nos EUA, milhares de pequenos bancos fecharam as portas — agravando o estresse financeiro, reduzindo ainda mais a oferta monetária e restringindo o crédito empresarial e agrícola. Com poucas exceções, a Depressão foi global, embora consistente com a visão de que uma das principais causas da recessão foi o padrão ouro, as economias dos países que escolheram ou foram forçados a abandoná-lo antes também se recuperaram mais rapidamente.[7]

Em 1933, o recém-eleito presidente Franklin Delano Roosevelt [FDR] colocou em ação uma série de novas políticas na tentativa de dar fim à Depressão. Duas delas eram particularmente importantes: a primeira foi a quebra do vínculo entre dólar e ouro, que acabou com a deflação e permitiu uma incipiente recuperação até que um prematuro aperto fiscal e monetário levou a nova recessão em 1937.* A segunda foi um "feriado

* Vestígios do padrão ouro internacional permaneceram até os anos 1970, mas depois de 1933 o padrão ouro essencialmente não restringia as políticas do Federal Reserve. [N. do A.].

bancário", uma suspensão das atividades de todos os bancos com o propósito de reabertura somente das instituições solventes. Ao lado da criação do Federal Deposit Insurance [entidade que, no Brasil, equivale ao Fundo Garantidor de Crédito], que protege pequenos depositantes contra perdas provocadas pela quebra de um banco, essa medida encerrou de maneira definitiva o pânico bancário.

Em *Monetary History*, Friedman e Schwartz realçam o papel do colapso monetário e de preços no nascedouro da Grande Depressão. Logo após minha entrada no FED como membro do Board of Governors, fiz um pronunciamento na festa de aniversário de 90 anos de Friedman. Concluí minha fala pedindo desculpas pela atuação do FED na catástrofe: "Gostaria de dizer a Milton e Anna: a respeito da Grande Depressão, vocês estão certos, nós agimos errado. E sentimos muito. Mas graças a vocês, não faremos isso de novo."[8]

Colocar a culpa da Depressão inteiramente nos ombros do FED é um exagero; porém, o desempenho do novo e inexperiente banco central foi medíocre, para dizer o mínimo. Os aumentos nas taxas de juros promovidas na década de 1920 visando esfriar a especulação no mercado de ações, contribuíram tanto para o crash das ações de 1929 quanto para a primeira recessão global. Comprometido com o padrão ouro, o FED viu-se incapaz de responder adequadamente à corrosiva deflação do início da década de 1930. E fez muito pouco para conter a sequência de pânicos financeiros, ainda que eliminá-los tenha sido uma das motivações para sua criação.* O malogro do FED em preservar a estabilidade monetária e financeira só fez piorar a intensidade da Grande Depressão.

Um deficiente arcabouço intelectual — no qual se inclui a aderência ao padrão ouro além do viável — foi a razão principal do insucesso do FED e de outros formuladores de políticas em evitar a Depressão. Mas uma outra explicação para a relativa passividade do FED na crise dos anos 1930, enfatizada por Friedman e Schwartz, pode ser imputada tanto à estrutura descentralizada quanto à ausência de uma liderança eficaz. (Benjamim Strong, homem à frente do FED de Nova York e líder

* As razões para o fracasso do FED em dar um fim ao pânico bancário dos anos 1930 são uma questão bastante debatida. Naquela ocasião, os bancos eram em sua maioria de pequeno porte e de produtos não diversificados, e rapidamente ficaram insolventes; não tinham, por conseguinte, garantias a oferecer para tomar empréstimos do FED. Muitos outros não eram membros do Sistema de Reserva Federal e, portanto, não eram elegíveis para empréstimos do FED. Contudo, a maioria dos historiadores concorda que o FED poderia ter feito mais para estabilizar o sistema bancário. [N. do A.].

inconteste do sistema do FED, tinha morrido de tuberculose em 1928.) O Congresso lidou com essa debilidade remodelando a estrutura organizacional do banco central. Como parte do Banking Act [Lei Bancária] de 1935, foi aumentado o poder do Federal Reserve Board de Washington e reduzida a autonomia dos FEDs regionais, criando sua estrutura básica de tomada de decisão vigente até hoje.

As reformas também levaram a um maior grau de independência do FED em relação ao poder executivo ao abolir os assentos na diretoria até então destinados ao Secretário do Tesouro e ao Comptroller of the Currency (regulador nacional das licenças de funcionamento dos bancos) e — em um importante gesto simbólico, transferir a Diretoria, antes alojada no Departamento do Tesouro, para uma nova e ampla sede — um projeto do Works Progress Administration [programa criado em 1935 pelo presidente FDR para ajudar com trabalho e renda milhões de norte-americanos desempregados] — na Constitution Avenue, em frente ao Mall. O edifício recebeu mais tarde o nome de Marriner Eccles, presidente do conselho de 1934 a 1948. Eccles, fundamental na elaboração do Banking Act de 1935, viria a preencher o vazio de liderança deixado pela morte de Strong. Diferentemente de muitos de seus predecessores no FED, Eccles reconheceu a necessidade de uma ação enérgica do governo para combater a Depressão, e suas ideias — algumas das quais antecipavam as teorias de Keynes — ajudaram a constituir a base do New Deal de Roosevelt.

A Depressão se alongou até que a atividade econômica dos EUA, impulsionada pelo esforço maciço de guerra entre 1941 e 1945, alcançou o pleno emprego e além. Durante e logo após a guerra, por solicitação do Tesouro, o FED manteve os juros baixos no intuito de diminuir os custos do governo com o financiamento da guerra. A seguir, porém, enfrentando novas hostilidades na Coreia, o presidente Truman o pressionou a manter as taxas baixas. Mas a liderança do FED receava que taxas muito baixas alimentassem a inflação, que havia dado um salto quando o fim do racionamento de guerra estimulou a demanda por bens de consumo. Como veremos no Capítulo 1 o FED se rebelou e, em março de 1951, por um acordo com o Tesouro, eliminaria aos poucos essa política de paridade da taxa de juros, ficando livre para usar a política monetária nas questões macroeconômicas, incluindo a meta de estabilização da inflação. Esse acordo histórico, conhecido como Treasury-FED Accord de 1951, ajudou no estabelecimento da moderna política monetária.

A Estrutura do Federal Reserve

A atual estrutura do Federal Reserve reflete em grande parte as escolhas do Congresso feitas ao ser fundado em 1913 e as reformas de 1935.

Desde sua origem, o Sistema da Reserva Federal consiste de um Conselho de Governadores em Washington e doze Reserve Banks [bancos regionais]. Os sete membros do Conselho são nomeados pelo presidente e confirmados pelo Senado para mandatos escalonados de 14 anos. O mesmo rito acontece, mas com mandatos de quatro anos para o presidente e o vice-presidente do Conselho — e também, desde a aprovação das reformas regulatórias em 2010, com um segundo vice-presidente, que é responsável pelo monitoramento das atividades de supervisão bancária. Por lei, e ao contrário dos secretários de estado [equivalente, no Brasil, a "ministros"], os membros do Conselho não podem ser demitidos pelo presidente por divergências políticas, só por prevaricação ou impeachment.

De acordo com os compromissos assumidos quando da criação do FED, os doze Reserve Banks são tecnicamente instituições privadas, embora tenham finalidade pública. Cada um deles tem um Conselho de Administração composto por banqueiros, empresários e líderes comunitários locais. Isso ajuda a monitorar as operações de seu Reserve Bank e, vale citar, os diretores (excluindo os banqueiros desde 2010) escolhem seu presidente, cuja efetivação depende da aprovação de Washington.

Refletindo as reformas de 1935, bem como o fato de que os membros do Conselho — ao contrário dos presidentes dos Reserve Banks — são indicações presidenciais, hoje compete ao Conselho grande parte da atribuição de formular as políticas do FED. Cabe ressaltar que lhe cabe a política de emprestador de última instância; ele define a *taxa de redesconto* — a taxa de juros dos empréstimos do FED aos bancos — e determina se deve pôr em prática os poderes de empréstimo de emergência do FED. O Conselho também estabelece regras, tais como requerimentos mínimos de capital para bancos e holdings bancárias (empresas que possuem bancos e possivelmente outras instituições financeiras) que o FED regula e supervisiona.* Os funcionários dos Reserve Banks regionais são os res-

* O capital de um banco corresponde, grosso modo, ao excesso de seus ativos sobre passivos, que por sua vez é igual ao patrimônio de seus acionistas. O capital está disponível para absorver perdas em empréstimos e outros investimentos, evitando uma situação falimentar; portanto, um banco com um grande montante de capital corre menos risco de quebrar. [N. do A.]

ponsáveis pela supervisão prática das instituições financeiras, de forma a garantir que sigam as regras estabelecidas pelo Conselho em seus distritos.

Há uma exceção muito importante ao princípio de que é atribuição do Conselho definir as políticas do FED: *a política monetária*, que abrange a fixação de taxas de juros de curto prazo e outras medidas cujo objetivo é afetar as condições financeiras gerais e, por meio delas, a saúde da economia. A legislação determina que a elaboração da política monetária é tarefa de um grupo maior chamado *Federal Open Market Committee* (o FOMC ou Comitê, para abreviar) — um órgão semelhante, no Brasil, ao COPOM, sigla para Comitê de Política Monetária. Nas reuniões do FOMC participam 19 formuladores de políticas (quando não há vacância) — os 7 membros do Conselho e 12 presidentes dos Reserve Banks — além de funcionários do Conselho e de cada um dos Reserve Banks. Por tradição, o Comitê elege anualmente o presidente do Conselho como seu presidente. O FOMC se reúne oito vezes por ano em torno de uma enorme mesa de mogno e granito preto na sala de reuniões da diretoria no edifício Eccles, em Washington. O presidente também pode convocar reuniões extraordinárias, antes realizadas por telefone e agora por videoconferência.

As regras de votação do FOMC são intrincadas. Dos 19 governadores e presidentes que comparecem e participam, apenas 12 podem votar em qualquer reunião. Os 7 membros do Conselho e o presidente do FED de Nova York (que tradicionalmente é também o vice-presidente do FOMC) votam em todas as reuniões. Os 4 votos restantes são alternados anualmente entre os outros 11 presidentes dos Reserve Banks. Essa configuração complexa dá voz aos presidentes regionais, mas a maioria dos votos (dependendo das vacâncias do Conselho) fica com os membros do Conselho nomeados politicamente. No jargão do FED, os 19 formuladores de políticas com presença nas reuniões do FOMC são chamados de *participantes*, ao passo que os eleitores são chamados de *membros*.

O presidente do FED, em sua condição de presidente do FOMC, tem apenas um voto sobre política monetária, mas lhe é privativa a capacidade de estabelecer a agenda e recomendar ações de política, uma premissa que, ao lado da tradição do Comitê de tomadas de decisão por consenso, confere ao presidente uma influência tal que o torna o primeiro entre iguais. O vice-presidente do Conselho e o presidente do FED de Nova York também costumam ser bastante influentes e trabalham em estreita colaboração com o presidente.

Em última análise, é claro que o governo e o Congresso estabelecem as metas, a estrutura e a competência do FED por meio da legislação.

O critério que baliza a tarefa do Congresso de monitorar a política monetária do FED, formalmente estabelecida na Lei de Reforma do FED de 1977, é o chamado *duplo mandato*: a instrução do Congresso ao FOMC para perseguir as metas econômicas de pleno emprego e preços estáveis. Não obstante os objetivos da política monetária do FED estejam ancorados na legislação, aos formuladores de políticas do FED cabe a responsabilidade de gerenciar as taxas de juros e outros instrumentos de política para atingir esses objetivos. Em uma distinção popularizada por Stanley Fischer, o FED não tem *independência para estabelecer metas* — seus objetivos são definidos pelo presidente e pelo Congresso, por meio da legislação — mas tem, ao menos em princípio, o que chamarei de *independência para implementação de políticas*, que se trata da capacidade de utilizar as ferramentas disponíveis do modo que achar mais apropriado para alcançar as metas estabelecidas.[9] Vários aspectos da estrutura do FED — entre eles os mandatos longos e sobrepostos dos governadores; a cláusula de que os governadores são indemissíveis pelo presidente em virtude de diferenças políticas; o fato de que os presidentes dos Reserve Banks regionais não são nomeados politicamente, e a capacidade do FED de financiar suas operações com os retornos dos títulos que possui em vez de depender de deliberações do Congresso — ajudam a preservá-lo de pressões políticas de curto prazo, permitindo-lhe agir com maior independência em relação aos secretários de estado e com maior foco em resultados de longo prazo.

O Balanço Patrimonial e a Política Monetária do FED

O FED, como qualquer banco, tem balanço patrimonial com passivos e ativos.* No passivo, dois itens se destacam: papel-moeda em poder do público – dinheiro, conhecido como notas do FED — e reservas bancárias. É enorme o total de dólares em circulação: cerca de US$2,15 trilhões em 2021, ou mais de US$6 mil por norte-americano. (Claro, são poucos os que têm tanto dinheiro em mãos; muitos dólares são mantidos no exterior, com frequência como proteção contra a inflação ou instabilidade da moeda local.)

Reservas bancárias são depósitos que os bancos comerciais mantêm no FED. (O dinheiro guardado pelos bancos em seus cofres também conta

* Mais precisamente, cada FED regional tem seu próprio balanço patrimonial, um resquício da época em que cada um deles atuava como emprestador de última instância independente para bancos em seu distrito. Juntos, os balanços regionais do FED compõem o balanço consolidado do Federal Reserve System. [N. do A.]

como reservas.) Atualmente, os bancos não precisam mais manter reservas para atender aos requisitos regulatórios, como acontecia no passado, mas ainda as consideram úteis. Por exemplo, se um banco em São Francisco precisa remeter fundos para um banco em Nova York, pode fazer isso facilmente instruindo o FED a transferir reservas de sua conta para a do banco de Nova York. As reservas bancárias também são seguras e líquidas, podendo ser rapidamente convertidas em dinheiro para atender às necessidades dos depositantes.

Se um banco deseja reservas adicionais, pode tomá-las emprestadas de outro banco, em geral por um prazo de um dia. A taxa de juros que os bancos cobram uns dos outros para emprestar reservas é chamada de *taxa de depósitos interbancários* [TDI] – taxa básica de juros*. Apesar do nome, essa taxa é determinada pelo mercado. No entanto, a taxa básica de juros do mercado de reservas bancárias é um elemento-chave para os formuladores de política monetária. No decorrer da maior parte da sua história moderna, o FOMC implementou a política monetária por meio de sua capacidade de influenciar a taxa básica de juros, embora às vezes a taxa de juros do redesconto também tenha sido utilizada para sinalizar mudanças de política monetária.

Quanto aos ativos do balanço, as rubricas principais do FED são títulos do Tesouro dos EUA (dívida do governo federal) com vencimentos variados, e títulos lastreados em hipotecas (papéis que consolidam um grande número de hipotecas individuais). Os títulos lastreados em hipotecas mantidos pelo FED são emitidos por *empresas patrocinadas pelo governo*, ou GSEs, na sigla em inglês. As GSEs — organizações com os nomes fantasias Fannie Mae, Freddie Mac e Ginnie Mae — foram criadas pelo governo federal para facilitar o fluxo de crédito para o mercado imobiliário. O FED tem permissão para adquirir e manter em carteira todos os títulos emitidos pelas GSEs, que são atualmente garantidos pelo governo. Além disso, quaisquer empréstimos que o FED faça —

* No Brasil, temos duas taxas de juros similares, a taxa DI (depósitos interbancários) e a taxa Selic, ambas taxas de juros do mercado de reservas bancárias. A diferença entre as duas é que nas operações envolvendo a taxa DI o banco que toma emprestado emite um título de renda fixa (CDI, certificado de depósito interbancário) sem garantia, enquanto que no mercado Selic, os empréstimos são feitos por operações compromissadas, nas quais o banco devedor coloca um título público federal como garantia da operação. A taxa de juros que o Banco Central do Brasil utiliza para fazer política monetária é a taxa Selic, que seria a taxa básica de juros da economia por aqui. [N. do T.]

digamos, a um banco, em seu papel de credor de última instância — contam como ativos.

As receitas do FED costumam ser substanciais. Do lado dos ativos, o FED aufere juros sobre os títulos que tem. Do lado do passivo, paga juros sobre reservas bancárias, mas não sobre o papel-moeda em poder do público. Parte da receita destina-se a financiar as próprias operações, mas a maior parte é transferida para o Tesouro, reduzindo o déficit orçamentário do governo.

Importante citar que o FED usa seu balanço patrimonial para implementar suas decisões de política monetária. Suponha que haja necessidade de taxas de juros mais altas para atingir as metas econômicas do FOMC. Com essa decisão tomada, o Comitê elevaria a meta (ou, mais recentemente, a banda) para a TDI.

Nos últimos anos, o FED atuou sobre a TDI estabelecendo e variando duas taxas administradas — as chamadas "bandas" —, incluindo a taxa de juros que remunera os bancos pelas reservas que mantêm no FED. Porém durante a maior parte de sua história moderna o FED aumentou a TDI, com isso gerando uma escassez de reservas bancárias que, por sua vez, fez com que os próprios bancos elevassem a TDI. Para reduzir a oferta de reservas bancárias, o FED, por meio do Open Market Desk do FED de Nova York, vendeu títulos do Tesouro a investidores privados por meio de um rol designado de empresas financeiras privadas, chamadas de *revendedores primários* [os chamados "dealers" no mercado brasileiro], como seus agentes. Conforme os investidores pagavam pelos títulos, as reservas no sistema bancário diminuíam em igual medida. (Pense nos compradores de títulos como se estivessem preenchendo cheques para o FED; para liquidá-los, os bancos dos compradores devem sacar suas reservas.) Com menos reservas disponíveis, a taxa (o preço) que os bancos pagaram para tomar emprestado das reservas uns dos outros elevou-se naturalmente, o objetivo do FOMC. Da mesma maneira, para baixar a TDI (o preço das reservas cedidas como empréstimos), o Open Market Desk compra títulos do Tesouro no mercado aberto, aumentando a oferta de reservas no sistema bancário. Outras formas de política monetária, como compras de títulos em larga escala [a chamada "quantitative easing" ou, relembrando, a "flexibilização quantitativa"], também implicam em mudanças no balanço do FED.

Como os mercados financeiros estão intimamente correlacionados, a capacidade do FED de alterar a TDI lhe permite agir sobre as condições financeiras de forma mais ampla. Facilitar as condições financeiras significa promover empréstimos e gastos e, consequentemente, a atividade econômica. Para aliviar as condições financeiras, o FOMC reduz sua meta para a TDI, o que influencia outras variáveis financeiras. Por exemplo, uma TDI mais baixa normalmente estaria associada a taxas hipotecárias e de títulos corporativos mais baixas (a título de apoiar os gastos com habitação e investimento de capital), preços de ações mais altos (ao aumentar a riqueza, aumentam os gastos) e uma desvalorização cambial (que incentiva as exportações, barateando os preços dos produtos). Para apertar as condições financeiras, o FOMC elevaria sua meta para a TDI, revertendo os efeitos da política de alívio das condições financeiras.

A TESE DESTE LIVRO

Como a resposta do FED sob Powell à pandemia mostrou, suas ferramentas, formação do elenco de políticas e comunicações mudaram radicalmente desde que o acordo de 1951 com o Tesouro liberou o FED para perseguir objetivos macroeconômicos. A tese unificadora deste livro é que tais correções de rumo, em sua maioria, foram provenientes não de mudanças nas teorias econômicas ou nos poderes formais do FED, mas de três grandes desdobramentos econômicos que, em conjunto, moldaram a maneira como o Banco Central dos EUA vê seus objetivos e restrições.

O primeiro deles *é a alteração em curso no comportamento da inflação e, em especial, de sua relação com o emprego*. Desde os anos 1950, a política monetária dos EUA tem sido fortemente influenciada pelas visões de economistas e formuladores de políticas a respeito da relação entre inflação e mercado de trabalho. Os formuladores de políticas das décadas de 1960 e 1970 se equivocaram ao avaliar essa relação e deixaram de considerar os efeitos desestabilizadores do que os economistas chamam de "psicologia da inflação", erros duplos que contribuíram para uma década e meia de rápidos aumentos de preços — a Grande Inflação.

A credibilidade no combate à escalada dos preços, restaurada nas décadas de 1980 e 1990 sob as presidências de Volcker e Greenspan, traria benefícios importantes, e o controle da inflação tornou-se central na estratégia política do FED durante esse período. Entretanto, como veremos, nos anos seguintes ocorreram alterações significativas no comportamento da inflação, entre elas um aparente e acentuado afrouxamento da relação entre inflação e desemprego. Os formuladores de políticas monetárias também reconheceram, depois de 2000, que a inflação pode ser tanto muito baixa quanto muito alta. Essas mudanças levaram a novas estratégias e táticas de política, incluindo uma nova estrutura do FED presidido por Powell em agosto de 2020. Então, em 2021, a escassez e os gargalos associados à reabertura pós-pandêmica ajudaram a desencadear um acentuado processo inflacionário, em que pese o fato de que o nível de emprego permaneceu bem abaixo do que era antes da Covid-19. Por que o comportamento da inflação, bem como sua relação com o emprego, mudaram ao longo do tempo? Quais as implicações disso para a política monetária e para a economia, agora e no futuro?

O segundo fator *é o declínio de longo prazo do nível normal das taxas de juros*. Em parte devido à inflação mais baixa, o nível geral das taxas de juros — mesmo quando a política monetária não está voltada para estimular a economia — é muito inferior ao que era no passado. É importante frisar que isso reduz o escopo do FED e de outros bancos centrais para cortar as taxas de juros visando apoiar a economia no caso de recessões. Em 2008 durante a crise financeira global, e novamente em 2020 com a economia paralisada por uma pandemia, a TDI chegou a zero, mas a economia requeria muito mais estímulo. Como o FED e outros bancos centrais podem apoiar a economia quando as taxas de juros de curto prazo permanecem relativamente próximas de zero? Quais ferramentas foram usadas, como funcionaram e quais novas ferramentas podem ser utilizadas no futuro? Qual o papel que deve ser desempenhado pela política fiscal — gastos do governo e tributação — na estabilização da economia?

O terceiro e último desdobramento de longo prazo é o *aumento do risco de instabilidade financeira sistêmica*. O FED foi fundado para ajudar a manter estável o sistema financeiro, evitar pânicos e quebradeiras, que colocam a economia em perigo. Não foi o que aconteceu durante a Depressão. Entre a Segunda Guerra Mundial e a crise financeira global de 2007-2009, os EUA enfrentaram ameaças periódicas, ainda que limitadas, à estabilidade financeira. A crise financeira global revelou, no entanto, que a instabilidade financeira aguda não é uma curiosidade histórica ou algo que só pode ocorrer em mercados emergentes. Pode acontecer e causar danos terríveis até mesmo nas economias mais avançadas e nos sistemas financeiros mais sofisticados. A crise de 2007-2009 obrigou o FED, ao longo de meu mandato como presidente, a desenvolver novas ferramentas para combater a instabilidade financeira e a crise da era pandêmica de março de 2020 levou o FED a expandir ainda mais seu conjunto de ferramentas para tal fim. O agravamento da instabilidade também motivou reformas regulatórias significativas e o monitoramento ainda mais criterioso do sistema financeiro. Essas medidas são suficientes? O que mais pode ser feito? Até que ponto, se for o caso, a política monetária deve levar em conta os riscos de estabilidade financeira?

Esses três elementos são principalmente econômicos; porém entender as escolhas de políticas do FED também exige atenção ao seu ambiente político e social. Entre os determinantes políticos mais relevantes das tomadas de decisão do FED está o grau de independência da instituição. Já vimos que seus aspectos estruturais, como os longos mandatos dos governadores e a autonomia orçamentária, proporcionam sua independência política. Por outro lado, o Congresso pode mudar a estrutura e as atribuições do FED a qualquer momento, e a legitimidade democrática do FED requer dele a submissão à vontade popular expressa por meio dos poderes legislativo e executivo. Qual é o argumento moderno para a independência do banco central? Quando o banco central deve cooperar com o Tesouro ou outros segmentos governamentais? As políticas monetária e fiscal devem ser mais coordenadas? O FED deveria ter um papel na busca de objetivos sociais mais amplos, tais como diminuir a desigualdade econômica ou refrear as mudanças climáticas?

Respostas abstratas às questões críticas levantadas aqui devem ser descartadas; tais questionamentos somente podem ser respondidos por meio da compreensão do contexto histórico em que surgiram e no qual a política do FED foi elaborada. As Partes I a III deste livro examinam a evolução das políticas do Federal Reserve à medida que ele reagia a um ambiente econômico e político em mudança desde o início do período pós-guerra até hoje. A Parte IV é um olhar à frente, aproveitando as lições dessa experiência para ponderar sobre as controvérsias atuais e as perspectivas futuras da política monetária e demais políticas dos EUA voltadas à manutenção da estabilidade financeira.

■

PARTE I

A POLÍTICA MONETÁRIA DO SÉCULO XX

Ascensão e Declínio da Inflação

1

A GRANDE INFLAÇÃO

A PALAVRA "GRANDE" TEM GERALMENTE uma conotação positiva. Em economia, nem tanto. Durante a Grande Depressão da década de 1930 e a Grande Recessão de 2007-2009, o desemprego foi às alturas e a renda afundou. A chamada Grande Inflação, que afligiu os EUA de meados dos anos 1960 até meados dos anos 1980, ocasionou menos problemas econômicos do que os outros dois "grandes" episódios. No entanto, a era — simbolizada pelas filas nos postos de gasolina e pelos famosos e fúteis "botons" Whip Inflation Now (WIN) do governo Ford* — minou a confiança dos norte-americanos na economia e no governo. Para o FED, o período foi marcado por altos e baixos. Em face de pressões políticas e evoluções da visão sobre o papel apropriado da política monetária, o FED agiu de forma hesitante e inadequada à inflação galopante do final dos anos 1960 e 1970. Mas, sob Paul Volcker, encarou e venceu a batalha contra a inflação na década de 1980. A vitória teve um custo elevado, mas ajudou a restaurar a confiança na formulação de políticas econômicas, aplainando o terreno para duas décadas de forte desempenho econômico.

Tal como um trauma de infância molda a personalidade de um adulto, a Grande Inflação moldou a teoria e a prática da política monetária nos anos seguintes, nos EUA e no mundo. Os BCs, considerando seriamente as lições do período, as incorporaram em uma estrutura de política com ênfase no controle da inflação e na administração das expectativas

* Os "botons" Whip Inflation Now ["Dê um Chega Pra Lá na Inflação Agora Mesmo", em tradução livre, cuja sigla "Win" significa "Vencer"] faziam parte de uma campanha de combate à inflação, liderada por Gerald Ford, então presidente dos EUA, que estimulava a participação voluntária da população. [N. da T.]

inflacionárias — uma estrutura que se manteve altamente influente, inclusive quando a inflação recuou. A experiência da Grande Inflação, que mostrou como a pressão política consegue distorcer a política monetária, também convenceu muitos de que os formuladores de política monetária deveriam tomar suas decisões, na medida do possível, de forma independente, baseados em análises objetivas e no interesse econômico de longo prazo.

A GRANDE INFLAÇÃO: UMA VISÃO GERAL

Antes da década de 1960, excetuando-se o período da guerra e as desmobilizações subsequentes, a inflação raramente havia sido um problema nos EUA. Puxando pela memória, as piores inflações em solo norte-americano ocorreram durante a Guerra da Independência — quando colônias emitiram suas próprias moedas — e em seguida ao colapso da moeda confederada durante a Guerra Civil. Nenhum desses eventos, porém, envolveu uma moeda emitida pelo governo federal. Na Grande Depressão, o que preocupava era a deflação — a queda rápida dos preços — e não a inflação. Esta aumentou brevemente no fim da Segunda Guerra Mundial e, de novo, no início da Guerra da Coreia. Mas a inflação esteve dormente do início dos anos 1950 até meados dos anos 1960. O CPI (Consumer Price Index) [equivalente ao "Índice de Preços ao Consumidor" — IPC — no Brasil], um indicador do custo de um conjunto de bens de consumo, cresceu em média apenas cerca de 1,3% ao ano entre 1952 e 1965.

Isso começou a mudar por volta de 1966, quando o IPC cresceu surpreendentes 3,5%. O ritmo se acelerou a partir daí, dando início ao que se tornaria uma década e meia de inflação elevada e instável. Do final de 1965 ao final de 1981, a inflação média foi mais de 7% ao ano e a quase 13% em 1979 e 1980. Os norte-americanos nunca haviam experimentado uma inflação tão renitentemente severa e não gostaram disso. No término dos anos 1970, a inflação elevada era tida como a principal preocupação econômica e as pessoas demonstravam cada vez mais, pouca ou nenhuma confiança nas políticas econômicas do governo.

Por que a inflação aumentou tanto após 1965? À primeira vista, as doutrinas econômicas da época pareciam explicar o fenômeno. As ideias que baseavam a explicação constavam em um artigo publicado em 1958 por A. W. Phillips, um neozelandês que passou a maior parte da carreira na London School of Economics. Valendo-se de quase um século de dados do Reino Unido, Phillips estudou a relação entre o crescimento médio dos salários e os períodos de calmaria no mercado de trabalho, cuja medida era a taxa de desemprego. Descobriu que baixas taxas de desemprego tendiam a ser acompanhadas por um crescimento salarial mais rápido. Essa relação empírica ficou conhecida como *Curva de Phillips*.[1]

Havia na Curva de Phillips uma noção intuitiva: se a demanda por trabalhadores for alta em relação à oferta — isto é, se os empregadores tiverem dificuldades de atrair e reter trabalhadores —, estes podem vir a exigir salários mais altos. A mesma ideia básica, como muitos economistas foram ligeiros em apontar, deve se aplicar aos preços de bens e serviços.[2] Se a demanda for aguda, a ponto de as empresas terem problemas para atender aos pedidos de seus clientes, haverá mais espaço para aumentar os preços. (Os economistas agora admitem uma Curva de Phillips salarial, que vincula o crescimento salarial ao desemprego como na original, e uma Curva de Phillips de preços, que vincula a inflação dos preços ao consumidor ao desemprego ou a outras medidas de inatividade econômica.) Em essência, a lógica da Curva de Phillips é que a inflação deve acelerar quando a demanda total dos setores público e privado ultrapassar persistentemente a capacidade de produção da economia.

Essa percepção simples parecia descrever o final dos anos 1960, ocasião em que a demanda agregada por bens e serviços cresceu rapidamente. Os principais impulsionadores do crescimento da demanda foram as políticas *fiscal*, tributária e de gastos do governo federal. A insatisfação com a economia ajudou John F. Kennedy a vencer por estreita margem a eleição de 1960. Quando a campanha eleitoral estava em andamento em 1960, a economia, que havia se recuperado lentamente de uma recessão em 1957-1958, via começar outra breve recessão, aumentando o desemprego ao longo do ano e em 1961. Ele havia prometido aos eleitores "fazer os EUA se moverem novamente."[3] Para cumprir a promessa, integrou em seu governo uma nova geração de conselheiros que, na linha do que escrevera Keynes na década de 1930, defendiam uma gestão ativa da economia para promover o emprego. Entre os luminares econômicos que serviram na Casa Branca de Kennedy estavam futuros ganhadores do Prêmio Nobel: James Tobin, Kenneth Arrow e Robert Solow. Walter Heller, um respeitado economista da Universidade de Minnesota, liderou a equipe econômica como presidente do Council of Economic Advisers [Conselho de Consultores Econômicos, em tradução livre].

Keynes havia defendido usar ativamente a política fiscal para combater o desemprego. O novo presidente, seguindo as recomendações de seus assessores, propôs um corte de impostos generalizado para estimular os gastos dos consumidores e das empresas. Kennedy foi assassinado antes que sua proposta pudesse se tornar lei, entretanto a medida entrou em vigor em 1964, no mandato de Lyndon B. Johnson, seu sucessor.

O corte de impostos foi considerado um amplo sucesso. Ajudou a diminuir o desemprego, que caiu de um pico de 7,1% em meados de 1961, quando Kennedy passou a presidir o país, para 4% no final de 1965.* Em termos de política macroeconômica, seria esse o momento lógico de aliviar a pressão no acelerador, mas a política externa e os objetivos sociais tiveram prioridade sobre a estabilidade econômica. A política fiscal sob Johnson continuou a acelerar para dar espaço não só para o aumento dos gastos na Guerra do Vietnã como também para financiar os ambiciosos programas da Great Society [Grande Sociedade] do presidente — um caso de escolha tanto de armas quanto de pão. As tropas dos EUA no Vietnã aumentaram de 23 mil em 1964 para 184 mil em 1965, e chegaram a mais de meio milhão em 1968.[4] Nesse meio-tempo, Johnson anunciou sua Guerra à Pobreza em janeiro de 1964, e tanto Medicare quanto Medicaid começaram a atuar em 1965, levando o governo a arcar com as despesas médicas dos aposentados e de baixa renda. Muitos programas da Great Society trariam benefícios importantes, entre eles uma redução significativa nas taxas de pobreza dos norte-americanos com mais de 65 anos, mas ao custo da intensificação dos dispêndios governamentais.

Conforme a economia aquecia e o desemprego declinava (para cerca de 3,5% em 1968-1969), salários e preços começaram a crescer, como teria previsto a lógica simples da Curva de Phillips. Um exemplo está na assistência médica: com a chegada do Medicare e do Medicaid impulsionando a procura por serviços de saúde, a taxa de aumento no preço da assistência médica saltou de cerca de 4% em 1965 para 9% em 1966 em função, principalmente, da elevação dos honorários médicos.[5] Enquanto isso, os gastos em termos nominais com a defesa aumentaram 44% entre 1965 e 1968, levando os empreiteiros militares a aumentar a produção e o emprego. O impacto inflacionário na economia como um todo poderia ter sido menor se impostos mais altos tivessem compensado ao menos parcialmente a ampliação dos gastos, reduzindo assim o poder de compra

* Tanto os keynesianos, que se concentraram nos efeitos do corte de impostos no lado da demanda, quanto os economistas do lado da oferta, que acreditavam que taxas de impostos marginais mais baixas induzem maior atividade econômica, reivindicaram o crédito por esse sucesso. Uma vez que ao corte de impostos seguiu-se uma inflação mais alta, ou seja, um sinal de forte demanda, os keynesianos provavelmente têm o melhor argumento neste caso. [N. do A.]

do setor privado. Todavia, dada a impopularidade da guerra, Johnson resistiu a qualquer acréscimo significativo de impostos receando que isso diminuísse ainda mais o apoio da população. (O presidente aprovou, em 1968, uma sobretaxa de 10%, pelo período de um ano, sobre o imposto de renda de pessoas físicas e jurídicas, mas tal medida pouco fez para desacelerar os gastos privados, provavelmente porque foi entendida como algo puramente temporário.)

A política fiscal, aumentando tributos ou cortando gastos, não é a única ferramenta capaz de esfriar uma economia superaquecida. A política monetária também o faz. Nos anos 1960, uma política monetária mais apertada — com taxas de juros mais elevadas — poderia ter reduzido de modo suficiente a construção de moradias, o investimento de capital e outras despesas do setor privado a fim de compensar a expansão dos gastos federais. Contudo, o FED não apertou a política monetária o bastante ou com a devida persistência para contrabalançar as crescentes forças inflacionárias. As razões para isso serão discutidas mais à frente.

Richard Nixon, sucessor de Johnson em 1968, reconheceu que a inflação era um problema de proporções cada vez maiores, porém, tal como seu antecessor, não queria assumir os custos políticos de ações fiscais ou monetárias mais rígidas, especialmente com a economia sofrendo uma leve recessão em 1970. Alguns anos depois, o economista Ray Fair documentaria o poderoso efeito do crescimento econômico nos resultados de eleições presidenciais, mas Nixon entendeu essa conexão intuitivamente sem precisar consultar um modelo econométrico.[6]

Haveria uma maneira de lidar com o crescimento da inflação sem desacelerar a economia? Nixon, com os olhos voltados para a eleição de 1972 que se aproximava, e depois de certa relutância, valeu-se da autoridade que o Congresso lhe conferiu em 1970 e aprovou controles diretos sobre salários e preços. O programa teve início em 15 de agosto de 1971 com a chamada Fase 1, que congelou os preços por noventa dias e instituiu regras salariais e de preços. A Fase II do programa, que se estendeu até janeiro de 1973, limitava a maioria dos reajustes salariais a 5,5% e exigia que a maioria dos aumentos de preços fosse justificada para uma Comissão de Preços. A Fase III pretendia ser uma transição entre controles e restrição voluntária de salários e preços, mas depois que uma forte elevação nos preços dos alimentos e dos combustíveis aumentou novamente a inflação, o governo instituiu um segundo congelamento em junho de 1973, desta vez por sessenta dias. Este foi seguido pela Fase IV, um período de não controle seletivo de alguns preços. Os controles de preços e salários finalmente tiveram fim em abril de 1974.[7]

Inicialmente, os controles ganharam apoio popular. Foram vistos como um sinal de que o governo finalmente combatia de verdade a inflação. Mas eles, em última análise, fracassariam, e a um custo elevado. Em uma economia de mercado, salários e preços são indicadores essenciais, que coordenam decisões de trabalhadores, produtores e consumidores. Um preço relativo alto para uma mercadoria, por exemplo, incentiva produtores a fabricar mais e consumidores a utilizar menos desse bem. Ao provocar um curto-circuito nesse mecanismo de coordenação, controles de preços e salários podem ser altamente disruptivos. À imposição dos controles de Nixon seguiu-se uma escassez de bens de consumo e de insumos vitais para a produção. Por exemplo, os pecuaristas e avicultores, tolhidos entre o aumento dos preços da ração (estabelecidos nos mercados mundiais sem controle) e os limites dos preços de varejo da carne bovina e de aves, abateram seus animais em vez de criá-los com prejuízo. Nesse ínterim, as prateleiras dos supermercados estavam vazias. Burlar os controles tornou-se prática comum. As empresas encontraram maneiras de contornar regras ou pressionar por exceções.

O efeito dos controles sobre a inflação também não foi duradouro. O nível de preços recuou modestamente em 1971 e 1972, mas voltou a subir com a suspensão dos controles. Da forma como os controles foram aplicados, era como desativar o medidor de temperatura para lidar com um motor superaquecido. Para que tivessem alguma chance de funcionar, precisariam ser acompanhados de medidas para esfriar a demanda geral, tais como redução de gastos do governo ou política monetária mais rígida. Em tempos de guerra, por exemplo, os controles de preços geralmente são complementados por medidas para reduzir o poder de compra do consumidor (impostos mais elevados, vendas de títulos para financiamento da guerra) e racionamento (é preciso uma senha para comprar determinados produtos). Em situações desse tipo, a concordância inspirada pelo patriotismo também pode ajudar. No entanto, com a campanha eleitoral de 1972 já em andamento, nada foi feito para restringir a demanda agregada. Ao contrário, tanto a política fiscal quanto a monetária foram expansionistas no período pré-eleitoral, focadas na redução do desemprego.

Em certo aspecto, a estratégia de Nixon teve êxito: foi reeleito de forma retumbante. Mas a inflação piorava conforme a década avançava. Além do rebote inflacionário após cessarem os controles, dois eventos importantes elevaram ainda mais a taxa de inflação: os preços do petróleo e a psicologia humana.

Em outubro de 1973, em resposta à Guerra do Yom Kippur entre Israel e seus vizinhos, os produtores de petróleo árabes impuseram um embargo às exportações. Entre 1972 e 1975, a cotação do petróleo mais do que quadruplicou.[8] Os preços mais salgados das importações de petróleo refletiram-se nos preços mais altos da gasolina e dos combustíveis usados para aquecimento. Mas o petróleo mais caro também fez subir os preços de bens e serviços cuja produção demandava muita energia. Por exemplo, táxis e caminhões aplicaram sobretaxas para ajudar a cobrir os custos adicionais de combustível.

Alguns controles salariais permaneceram na época do embargo e, em novembro de 1973, o governo norte-americano adicionou alguns controles sobre determinados preços relacionados ao petróleo. Como era previsível, a limitação dos preços levou à escassez e, com elas, às infames filas nos postos de gasolina, as quais (ao lado da "disco music" e do Watergate) se transformaram em símbolos daquele período. Em 1974, muitos motoristas só podiam comprar gasolina em dias pares ou ímpares, dependendo do último dígito da placa. Algumas vezes ocorriam brigas entre motoristas frustrados que esperavam sua vez na bomba. Mundialmente, os preços do petróleo permaneceram elevados ao longo dos anos seguintes, apesar da desaceleração significativa do crescimento global que diminuiu a demanda em meados da década de 1970. Em 1979, a revolução iraniana e a derrubada do xá interromperam o abastecimento novamente, ocasionando uma quase duplicação dos preços do petróleo e um outro surto inflacionário.

Nesse meio-tempo, uma nova psicologia da inflação, em um desenvolvimento ainda mais preocupante, ganhou protagonismo. Nos anos 1950 até o início dos anos 1960, a inflação era tão baixa que as pessoas podiam ignorá-la em suas decisões diárias sem tomar sustos. Porém, à medida que a inflação aumentava e as tentativas do governo de contê-la se mostraram inadequadas ou mesmo contraproducentes, as pessoas passaram a considerar a inflação alta e volátil como o novo normal. Começou a se tornar rotineiro, nas negociações salariais, os trabalhadores exigirem compensação pela inflação, muitas vezes informalmente, mas em alguns casos mediante mecanismos de indexação automática (COLAs, ou "ajustes de custo de vida", na sigla em inglês), que proliferaram na década de 1970. Os empregadores, com pouco incentivo para resistir aos reajustes salariais, limitavam-se a repassar os custos crescentes aos consumidores. Em um ciclo que se autoalimentava, as expectativas de inflação mais altas impulsionavam os preços, que por sua vez corroboravam as expectativas. O termo "espiral de preços e salários" entrou no léxico popular.

Expectativas instáveis de inflação também reforçaram os efeitos dos choques do preço do petróleo. Um aumento apenas no preço do petróleo ou de outra commodity crítica, por si só, causa um crescimento temporário da inflação. Mas se há um surto inicial da inflação, as pessoas deduzem que a inflação será persistentemente mais alta, e isso pode se confirmar, pois trabalhadores e empresas passam a incorporar expectativas de aumentos recorrentes de preços nas próprias demandas de salários e preços. Esse padrão ficou evidente durante a década de 1970.

Expectativas de inflação rápida são um problema, mas talvez seja ainda pior a incerteza sobre o nível de inflação. Ao menos em princípio, ajustar-se a, digamos, uma taxa de inflação de 8% [o autor se refere a taxas anuais] — caso fosse realmente estável e previsível — pode não ser tão difícil. Individualmente falando, salários e preços fixados pelas empresas poderiam se ajustar sem sobressaltos a uma taxa que levasse em conta o aumento de 8% nos preços gerais, e as taxas de juros poderiam incluir um prêmio de 8% como forma de compensar investidores e credores pela perda antecipada do poder aquisitivo de seus investimentos.

Na prática as pessoas podem ficar confusas mesmo com uma inflação relativamente estável. Em particular, isso pode acontecer em horizontes de longo prazo — planejar a aposentadoria, por exemplo. Mas seja como for, quando a inflação é elevada, é também volátil e difícil de prever. Com certeza foi esse o caso durante a Grande Inflação nos EUA. Ao longo de quase toda a década de 1970, a inflação do IPC oscilou descontroladamente, passando de 3,4% em 1972 para 12,3% em 1974, voltando a 4,9% em 1976 e subindo para 9,0% em 1978. A inflação difícil de prever gera confusão e risco econômico. As pessoas ficam inseguras sobre o futuro poder de compra de seus salários ou economias. Famílias de baixa renda são particularmente vulneráveis, pois mantêm grande parte de suas economias em dinheiro ou em conta-corrente e são menos capazes de se proteger das alterações de preços. A insegurança econômica e a incerteza provocadas pela alta inflação ajudam a explicar por que, no final dos anos 1970, tantas pessoas nos EUA consideravam a inflação como um problema devastador.

FIGURE 1.1. INFLAÇÃO, 1950–1990

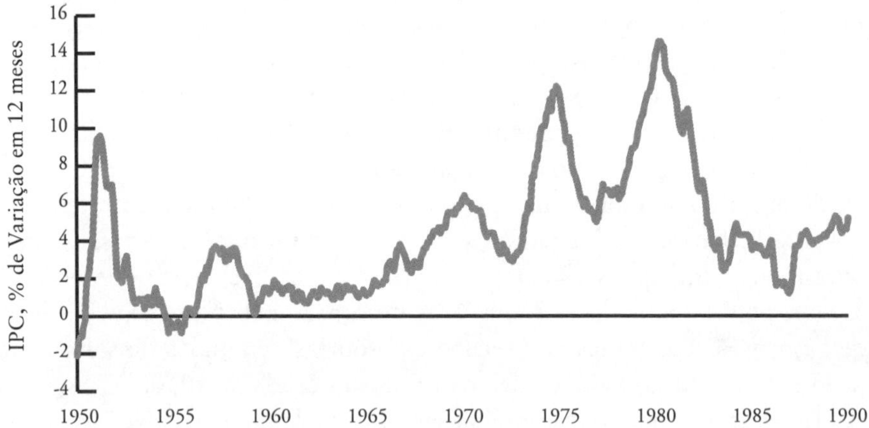

A inflação, estável nos anos 1950 e início dos anos 1960, subiu no final desta década e foi elevada nos anos 1970. Por fim, foi colocada sob controle na década de 1980. Fonte: Bureau of Labor Statistics e FRED.

A combinação entre choques no preço do petróleo e expectativas de inflação desestabilizadas foi poderosa. A inflação parecia cada vez mais fora de controle, chegando a 13,3% em 1979 e 12,5% em 1980. Essas taxas, acompanhadas da inflação de 12,3% em 1974, foram as mais elevadas desde 1946.

A EVOLUÇÃO DA CURVA DE PHILLIPS

A inflação dos anos 1970 teria deixado perplexo um economista familiarizado apenas com a curva de Phillips original de 1958, pela qual haveria inflação alta apenas em combinação com taxas de desemprego extremamente baixas. Todavia o desemprego, em média, não era particularmente baixo na época e, de fato, subiu para 9% após a forte recessão de 1973-75. A angustiante junção de inflação alta e crescimento econômico estagnado foi chamada de *estagflação*. Em meados daquela década, a curva de Phillips, ao menos como era entendida na ocasião, parecia não mais funcionar.

Mas os economistas do período mostraram que o núcleo da ideia da curva de Phillips poderia ser salvo e reformularam a teoria da inflação em algo próximo de sua forma moderna, por meio de duas emendas sensatas.

Primeiro, subjacente à curva de Phillips original, havia a premissa (muitas vezes implícita) de que a maioria das mudanças na inflação e no desemprego reflete mudanças na *demanda* por bens e serviços da economia como um todo. Aumentos na demanda (como maiores gastos do governo para a Guerra do Vietnã e a Grande Sociedade) devem aumentar o emprego, os salários e os preços, tal como um aumento na demanda por batatas deve aumentar a produção, os preços e o emprego naquela área. Se alterações na demanda são a principal razão para as flutuações econômicas, então uma inflação relativamente alta deve acompanhar o baixo desemprego, conforme previsto pela curva de Phillips original.

Mesmo assim, às vezes a economia sofre choques de oferta em vez de demanda. Os aumentos acentuados nos preços do petróleo em 1973-74 e 1979, que são exemplos clássicos, elevaram a inflação ao inflar os custos de produção e transporte de muitos bens e serviços. Tal como uma praga nos batatais reduz a produção e o emprego no segmento enquanto aumenta os preços do produto, um choque macroeconômico de oferta é estagflacionário, elevando tanto a inflação quanto o desemprego. Assim, para que a curva de Phillips explique os dados, é preciso separar a inflação causada por choques de oferta da inflação decorrente de choques de demanda. Os economistas desenvolveram métodos para fazer essa distinção.

Uma abordagem rudimentar é focar no *núcleo da inflação*, uma medida que exclui os preços de energia e alimentos, que são voláteis e particularmente sujeitos a distúrbios de oferta. Graças a essa metodologia, o núcleo da inflação pode ser um indicador melhor de como aumentos e reduções na demanda estão influenciando o nível de preços. O comportamento do núcleo da inflação durante os anos 1970 sugere que, mesmo quando os choques de oferta se tornaram mais proeminentes, a inflação continuou a responder também à demanda. Por exemplo, o núcleo da inflação diminuiu significativamente após as recessões de 1969-1970, 1973-1975 e 1980, sugerindo que o crescimento mais lento e o desemprego mais alto ainda tiveram a capacidade de reduzir a taxa de aumento de preços, em que pese a influência dos fatores de oferta.

Além de adicionar choques de oferta, a segunda alteração na curva de Phillips tradicional foi dar um espaço explícito para as expectativas de inflação. Como por presciência, os futuros ganhadores do Nobel, Milton Friedman e Edmund Phelps, anteciparam no final dos anos 1960 a possibilidade da psicologia da inflação autorreforçada que marcou os anos 1970. Friedman, em seu discurso presidencial de dezembro de 1967 para a American Economic Association, previu que a tradicional relação da curva de Phillips entre inflação e desemprego se tornaria instável caso as expectativas de inflação aumentassem, como provavelmente aconteceria se a inflação real permanecesse alta.[9] Se as pessoas esperam que a inflação suba, argumentou Friedman, haverá a tentativa de proteger o poder de compra com o aumento das demandas por elevações de salários e preços mais ou menos na mesma proporção. Assim, um aumento de 1% na inflação ocorrida pelas famílias e empresas deve levar com o tempo, a uma taxa de inflação efetiva 1% maior. Phelps apresentou pontos semelhantes em um artigo de 1968.[10] Os anos 1970 demonstrariam a relevância da teoria de Friedman-Phelps.

O que faz com que as expectativas de inflação das pessoas mudem? Debates a esse respeito e sobre como os bancos centrais podem afetá-las têm sido centrais para a análise e prática da política monetária desde ao menos a década de 1960, se não antes. Contudo, ninguém duvida que as pessoas aprendem a partir da experiência, então não é de admirar que o fracasso do governo em controlar a inflação no final dos anos 1960 e início dos anos 1970 tenha frustrado as expectativas de que a inflação permaneceria baixa. Por sua vez, sendo mais altas, as expectativas de inflação ajudaram a aumentar a inflação real, gerando um círculo vicioso. Voltar a estabilizar a inflação e as expectativas inflacionárias em um nível razoavelmente baixo provaria ser um enorme desafio.

Modificada pela experiência dos anos 1970 e pelas percepções de Friedman, Phelps e outros, a curva de Phillips continua sendo uma peça central do pensamento econômico atual sobre a inflação. Para resumir, em sua forma contemporânea a curva de Phillips faz três afirmações:[11]

- Primeira: a expansão econômica, quando impulsionada por aumentos na demanda sem contrapartida na oferta, elevará a inflação, tanto dos salários quanto dos preços. Essa é a mensagem da curva de Phillips original de 1958 e da pesquisa que se seguiu ao artigo de Phillips.
- Segunda: choques de oferta são estagflacionários, aumentando a inflação mas reduzindo a produção e o emprego, ao menos por um tempo. Foi o que ocorreu após os choques do preço do petróleo nos anos 1970.
- Terceira: ao manter constante o nível de desemprego e os efeitos dos choques de oferta, aumentos nas expectativas de inflação das famílias e empresas fazem com que a inflação ocorrida seja proporcionalmente maior na razão de um para um. A inflação mais alta pode, por sua vez, chancelar as expectativas altistas de inflação, podendo gerar um círculo vicioso.

A versão atualizada da curva de Phillips explica razoavelmente bem a Grande Inflação dos EUA. A política fiscal — cortes de impostos, gastos sociais e de guerra — foi expansionista por muito tempo sob os presidentes Kennedy e Johnson, levando ao superaquecimento e ao início de um processo inflacionário. O presidente Nixon continuou a estimular a demanda, esperando esfriar a inflação por meio de controles diretos sobre salários e preços, mas sem êxito. Os controles de Nixon causaram escassez e má alocação de recursos, com a volta da inflação mesmo após os controles serem suspensos. Os aumentos globais do preço do petróleo e outros choques adversos de oferta pioraram as relações de troca da curva de Phillips, levando a economia à estagflação. E, a cada dia, era maior a influência da psicologia da inflação, criando uma espiral autoperpetuada de inflação e de expectativas de inflação mais altas.

Embora uma versão modernizada da curva de Phillips ajude a explicar a Grande Inflação, uma questão se impõe: onde estava o FED? Por que ele deixou a inflação sair de controle e, por que não atuou mais para dar um basta ao ciclo inflacionário quando isso aconteceu? A resposta curta é que uma mistura de políticas em estado bruto e visões distorcidas do processo de inflação levaram os líderes do Fed a não agir em momentos cruciais, evitando as medidas dolorosas que teriam controlado a inflação.

WILLIAM MCCHESNEY MARTIN, LYNDON B. JOHNSON E O INÍCIO DA GRANDE INFLAÇÃO

Como acontece hoje, os presidentes do FED nos anos 1960 e 1970 tiveram grande influência nas políticas da instituição. Ao longo de um período de 27 anos entre o início e o auge da Grande Inflação, somente duas pessoas estiveram à frente do FED: William McChesney Martin Jr. (presidente de 1951 a 1970) e Arthur Burns (presidente de 1970 a 1978). Para entender por que o FED falhou em conter a Grande Inflação, é preciso entender as ideias e as forças políticas por trás das decisões desses dois homens.

Martin Jr., o presidente do FED de mais longo mandato da história, serviu sob cinco presidentes. Pode-se dizer que pertencia a uma linhagem do FED. Seu pai, William McChesney Martin Sr., ajudou a redigir a lei que criou o FED e depois presidiu o FED de St. Louis. Martin Jr. estudou inglês e latim em Yale e considerou seriamente se tornar um ministro presbiteriano — não fumava, bebia ou jogava. Mas também herdou o interesse paterno por negócios e finanças. Seu primeiro emprego foi trabalhar para o pai como técnico bancário no FED de St. Louis.[12] Mais tarde, trabalhou como financista e funcionário público. Em 1938, aos 31 anos, tornou-se presidente da Bolsa de Valores de Nova York, onde atuou para restaurar a confiança no mercado de ações. Depois disso, chefiou o Export-Import Bank e serviu como secretário adjunto no Tesouro.

No Tesouro, Martin tornou-se o principal negociador no histórico Acordo do Tesouro com o Federal Reserve de 1951, tomando as rédeas das negociações quando o Secretário do Tesouro, John Snyder, foi hospitalizado para uma cirurgia de catarata. Desde 1942, a pedido do Tesouro, o FED havia limitado as taxas de juros de curto e longo prazo para reduzir o custo do governo com o serviço das dívidas de guerra. Com o fim dos controles de guerra e do racionamento houve um forte, mas curto, surto inflacionário. Não obstante, nos anos seguintes o FED ficou cada vez mais preocupado com o fato de que manter fixadas as taxas de juros em níveis baixos estimularia demais a economia. Consequentemente, procurou acabar com a política de paridade da taxa de juros.

Com uma nova guerra surgindo na Coreia, a Casa Branca e o Tesouro resistiram à proposta de mudança de política do FED. Houve uma marcante luta pública, com destaque para um episódio no qual o presidente Truman convocou o Federal Open Market Committee à Casa Branca para uma palestra. Após a reunião, ele divulgou um comunicado afirmando que o FOMC havia concordado em manter a paridade. O FOMC, porém, não havia feito tal acordo, e Marriner Eccles — o ex-presidente, então membro do Conselho — vazou um relato dizendo o contrário para a imprensa. Com a intransigência do FED e com pouco apoio vindo do Congresso ou da mídia, o governo cedeu.[13] O Acordo que sobreveio com o Tesouro permitiu ao FED eliminar gradualmente a paridade fixa, liberando-o para determinar as taxas de juros conforme necessário para a estabilização econômica, incluindo o controle da inflação.*[14]

A mudança implícita no Acordo quanto ao modo de atuação do FED estava alinhada ao crescente consenso político e intelectual da época, que — acolhendo os receios de uma nova Depressão após a guerra e a influência do pensamento keynesiano — defendia que as políticas governamentais deveriam agir ativamente na busca pela estabilização da economia, incluindo a inflação, em lugar de aceitar expansões acentuadas e

* A breve declaração conjunta foi bastante vaga, afirmando apenas que o Tesouro e o FED "chegaram a um acordo total com relação à gestão da dívida e às políticas monetárias a serem adotadas [...] para garantir o financiamento com sucesso das necessidades do Governo e, ao mesmo tempo, minimizar a monetização da dívida pública." O FED interpretou a última frase como liberação da obrigação de fixar as taxas nos títulos do Tesouro. [N. do A.]

recessões como naturais e inevitáveis. Sob o ângulo legal, a Employement Act [Lei do Emprego] de 1946 refletia essa visão. Demandava do governo federal o uso de todos os meios possíveis para alcançar "o máximo de emprego, produção e poder de compra". De fato, o desejo do Congresso de envolver o FED na busca por uma economia mais forte e estável provavelmente fortaleceu a posição do FED na disputa com o Tesouro.[15] Do ponto de vista do FED, o Acordo foi uma reviravolta em sua busca por maior independência da política monetária; neste caso, a liberdade de implementar políticas para promover objetivos econômicos amplos, em vez de atender às necessidades de financiamento do Tesouro.

Pouco depois que o Acordo foi alcançado, Truman nomeou Martin para substituir o presidente do Fed, Thomas McCabe, que havia renunciado por acreditar que após a disputa às vezes amarga entre o Tesouro e o FED, não poderia mais trabalhar com o governo. Truman esperava que Martin, em virtude de seu cargo anterior no Tesouro, atuasse no FED em concordância com os objetivos políticos do presidente, mantendo a política monetária frouxa. Martin, todavia, provou ser íntegro, recusando-se a aceitar instruções da Casa Branca às custas da recém-conquistada liberdade política do FED. (Posteriormente, Truman, em um encontro casual com Martin, disse apenas uma palavra: "Traidor"[16]) Paul Volcker, presidente do FED nos anos 1980 — também nada maleável — escreveria mais tarde que Martin, "a despeito de sua maneira amigável de ser e modéstia pessoal, tinha uma espinha dorsal de ferro quando se tratava da política e defesa da independência do FED."[17] Essa postura seria testada.

Martin não se identificava fortemente com nenhuma escola de pensamento econômico em particular. Sua visão básica era simples: acreditava que a política monetária deveria ser contracíclica, operando para conter tanto as recessões quanto expansões econômicas insustentáveis, evitando os excessos inflacionários.[18] Em termos práticos, isso significava elevar os juros durante as expansões, antes que a inflação se tornasse um problema, ou permitir que as taxas caíssem em meio às recessões ou quando o crescimento desacelerasse. Ele comparou o FED a uma governanta que manda "levar embora a tigela de ponche bem quando a festa está realmente esquentando".[19] Acreditava que a inflação baixa promovia um desenvolvimento econômico saudável, ao menos no longo prazo, em vez de ser algo que se deixava de lado para que houvesse crescimento e emprego: "A estabilidade de preços é essencial para o crescimento sustentável", disse ele em 1957.[20]

Ao gerir a política monetária com o objetivo de estabilizar a economia e reter a inflação em níveis baixos, em vez de — como em épocas anteriores

— manter o valor do dólar em ouro, impedir os excessos especulativos ou facilitar o financiamento da dívida do governo, Martin ajudou a criar o modelo para o BC moderno. Os historiadores econômicos Christina Romer e David Romer argumentaram que a política monetária de Martin nos anos 1950, centrada em se posicionar contra ventos cíclicos e evitar pressões inflacionárias quando necessário, assemelhava-se mais às políticas dos anos 1980 e 1990 do que às do final dos anos 1960 ou 1970.[21] Não resta dúvida de que ajudou o fato de o presidente Eisenhower, eleito em 1952, convencido da importância de manter a inflação baixa, não se opôs aos aumentos anti-inflacionários das taxas de juros de Martin — as retiradas de ponche — durante aquela década.

Durante a administração Kennedy, o ambiente político e de adoção de políticas mudou acentuadamente, ainda mais quando Johnson assumiu a presidência após o assassinato de Kennedy. Antes de 1960, o Employment Act de 1946, que tornava o governo responsável por alcançar o "máximo emprego", era antes de tudo uma pretensão. Em contraste, o governo Kennedy, particularmente o Council of Economics Advisers da Casa Branca [CEA] — uma agência criada pelo Employment Act — procurou dar operacionalidade à legislação, definindo quantitativamente o "pleno emprego", uma expressão que se tornou mais comum. Isso forneceria uma meta explícita para a política econômica e, portanto, uma referência para o êxito da política.[22]

Então, como agora, definir o pleno emprego era mais arte do que ciência. Em 1962, valendo-se do conceito da Curva de Phillips, Arthur Okun, um economista influente que assessorou Kennedy e Johnson, definiu pleno emprego como o nível mais alto de emprego alcançável "sem pressões inflacionárias".[23] Uma vez que, com exceção das recessões, a taxa de desemprego ficava normalmente abaixo de 4% durante a década de 1950, um período sem inflação alta, os economistas do CEA estimaram que, na prática, o pleno emprego ocorria quando a taxa de desemprego fosse de cerca de 4%. Essa estimativa tornou-se amplamente aceita pelos formuladores de políticas e pelos economistas em geral.*

A taxa real de desemprego ultrapassou 7% logo após a posse de Kennedy e ficou por volta de 5,5% no final de 1962, dando a entender que ainda havia espaço considerável no mercado de trabalho. Em outras

* Tomada ao pé da letra, a taxa de desemprego correspondente ao pleno emprego pode ser considerada zero; porém os economistas reconhecem que, mesmo nos mercados de trabalho mais fortes, sempre haverá algum desemprego, pois as pessoas mudam de emprego ou carreira e outras atividades, como escolaridade ou não ter as habilidades necessárias, são impeditivos para o preenchimento de certas vagas. [N. do A.]

palavras, o país apresentava um *output gap* ["hiato do produto", como conhecido no Brasil], uma queda na produção em relação ao que poderia ser produzido havendo pleno emprego. Okun estimou que a cada ponto porcentual de elevação do desemprego correspondia uma perda de produção de cerca de 3%, uma regra prática que ficou conhecida como Lei de Okun.[24] Para o CEA, a eliminação do hiato do produto deveria ser um objetivo político central e isso poderia ser feito sem criar pressões inflacionárias, contanto que o desemprego permanecesse próximo de 4%.

O emprego pleno ou máximo, segundo Okun, e a taxa de desemprego que define o pleno emprego continuam sendo conceitos importantes na macroeconomia contemporânea. Hoje, os economistas costumam se referir à taxa de desemprego mais baixa compatível com a inflação estável como *taxa natural de desemprego* — às vezes é chamada de "u-estrela". O termo "taxa natural" é um tanto quanto enganador, pois sugere imutabilidade. Na verdade, u-estrela pode variar com o tempo — devido a mudanças demográficas da força de trabalho ou na estrutura econômica, por exemplo. E reduzir u-estrela, digamos mediante políticas que aprimorem habilidades ou o "encaixe" entre empregadores e trabalhadores, pode levar a melhores resultados no mercado de trabalho. Apesar disso, o termo "taxa natural" tem sido largamente adotado.

Embora o conceito de taxa natural não tenha mudado muito desde os anos 1960, na prática as estimativas de u-estrela podem ser bastante precárias, o que implica a necessidade de muito cuidado ao utilizá-las na formulação de políticas. Essa precariedade é relevante para nossa narrativa porque — apesar da generalizada aceitação da estimativa de 4% do CEA para a taxa natural de desemprego durante os anos 1960 e 1970 — em retrospecto, a taxa de desemprego sustentável "sem pressões inflacionárias", na frase de Okun, demonstrou ser significativamente superior a 4% na época, um fato cujas implicações seriam profundas. O Congressional Budget Office (CBO), que elabora estimativas retrospectivas do produto potencial e a correspondente taxa natural de desemprego, hoje estima que u-estrela estava na verdade próxima de 5,5% na década de 1960 e 6% durante a década de 1970.* Se estimativas modernas — feitas com

* Segundo o CBO, o aumento de u-estrela no final dos anos 1960 e 1970 em relação aos anos 1950 refletiu mudanças demográficas da força de trabalho e mudanças estruturais na economia as quais ampliaram o tempo necessário para o preenchimento de vagas. Ver Brauer (2007). Orphanides (2003) argumenta que os formuladores de políticas dos anos 1970 não se deram conta da desaceleração do crescimento da produtividade nos anos 1970 em tempo hábil e, consequentemente, superestimaram o produto potencial da economia. [N. do A.]

a vantagem da retrospectiva — estiverem corretas, então o hiato do produto nos 1960 e 1970 não apenas era muito menor do que os formuladores de políticas de então acreditavam, mas frequentemente negativo, com produção bem acima do potencial sustentável da economia. Para dizer o mínimo, com certeza os formuladores de políticas daquela época confiavam bastante em sua estimativa de u-estrela, mantendo-a mesmo quando a inflação aumentou.[25]

Seguindo o consenso keynesiano então vigente de que caberia à política fiscal assumir a liderança na estabilização da economia — posição apoiada pelo fato de que as substanciais despesas de guerra haviam dado fim à Grande Depressão —, o governo Kennedy se concentrou, em vez de uma política monetária, em cortar impostos, uma medida fiscal, para ajudar a fechar o hiato do produto percebido. Entretanto, com o apoio de muitos congressistas, o governo presumiu que o FED estaria de acordo com os esforços do governo de estímulo ao crescimento. A partir de 1961, tiveram início as reuniões regulares de um grupo apelidado de Quadriad, que incluía o presidente do FED, o Secretário do Tesouro, o diretor de orçamento da Casa Branca, o presidente do CEA e, às vezes, o presidente.[26] O objetivo era coordenar as políticas econômicas, que a Casa Branca interpretou como ter o FED a seu lado. Os presidentes Kennedy e Johnson também nomearam para o Board of Governors do FED quem fosse simpático à visão expansionista, mais um fator restritivo para Martin.

Martin era cético em relação à nova ortodoxia keynesiana, e a via como demasiadamente otimista quanto ao que poderia ser alcançado na prática, mas a inflação ficou comportada no início dos anos 1960. No entanto, em maio de 1965, após o corte de impostos de Kennedy-Johnson e o crescente envio de tropas para o Vietnã, Martin expôs publicamente sua preocupação com as possíveis consequências inflacionárias de "déficits perpétuos e política monetária frouxa".[27] Em dezembro de 1965, com a taxa de desemprego no nível crítico de 4% — pleno emprego, inclusive pelas estimativas da Casa Branca — Martin ganhou o apoio de seu Conselho, por 4 votos a 3, para implementar uma ação preventiva pública contra a inflação, elevando em meio ponto percentual a taxa de redesconto do FED.* Assim como nos anos 1950, Martin se viu no papel de tirar o ponche da sala.

---

* O FED permitiu que a taxa básica de juros aumentasse em 1965, mas na época as mudanças na meta dessa taxa não foram anunciadas publicamente, como ocorreu com a taxa de redesconto. Esta taxa foi, portanto, frequentemente usada para sinalizar alterações na orientação da política monetária. [N. do A.]

O presidente Johnson ficou furioso. Após a decisão do FED, convocou Martin para seu rancho no Texas e lhe fez uma reprimenda. "Martin, meus rapazes estão morrendo no Vietnã e você não imprimirá o dinheiro que preciso", disse Johnson.[28] Mais pressão veio dos democratas no Congresso: o aperto do FED adiaria desnecessariamente a geração de empregos. De fato, alguns congressistas argumentaram que 4% de desemprego deveria ser considerado o nível máximo e não o mínimo que os formuladores de políticas deveriam aceitar.

Martin, buscando uma solução de compromisso, consultou o CEA de Johnson.[29] Para ele, a economia corria perigo de entrar em um processo inflacionário. Caso o Congresso e o governo apertassem a política fiscal, esfriando a economia superaquecida e limitando as pressões inflacionárias, sugeriu, talvez não houvesse necessidade de uma política monetária restritiva. O pessoal do CEA estava receptivo a tais argumentos e concordaram que, se o aperto fosse necessário, seria preferível que a política fiscal tomasse a frente. Mas o presidente estava relutante em apoiar uma legislação que aumentasse os impostos ou reduzisse os gastos.

Em decorrência, o FED continuou a aumentar as taxas em 1966 e, usando de sua influência como regulador, pressionou os bancos a serem mais rigorosos na concessão de crédito. Os resultados foram muito graves, além do que Martin esperava. A economia desacelerou quase de ime diato — em especial o mercado imobiliário, particularmente sensível às taxas de juros e disponibilidade de crédito. A possibilidade de uma recessão mais ampla acionou o alarme no FED e na Casa Branca. Em face das garantias do CEA de que Johnson pediria um aumento de impostos ao Congresso para ajudar a reduzir os riscos de inflação Martin recuou, revertendo o aperto anterior do FED. Porém, vendo no aumento de impostos um fator de perda de seu prestígio político, Johnson não conseguiu seguir adiante.

Em 1967, enquanto o medo do crescimento arrefecia, a preocupação com a inflação aumentava, renovando o impasse entre o FED e a Casa Branca. No outono, o FED de Martin recomeçou o aperto de política monetária. A Casa Branca, por sua vez, de novo concordou em buscar um aumento de impostos. O ambiente político em 1968 — um ano que incluiu os assassinatos de Martin Luther King Jr. e Robert F. Kennedy, protestos intensos e desordem civil, bem como uma eleição presidencial — não contribuía para obter concessões no Congresso. Mesmo assim, preocupado com a inflação e a estabilidade do dólar que se valorizava, o presidente assinou em junho um projeto de lei que sobretaxava temporariamente o imposto de renda em 10%, Presumindo que a medida frearia a economia, o FED de Martin mais uma vez interrompeu o aperto monetário, cortando a taxa de desconto em agosto.

Isso demonstraria ser um erro de cálculo. A despeito de ter levado a um superávit orçamentário de curta duração, a sobretaxa conteve a demanda geral muito menos do que o FED ou o CEA esperavam. Cientes de que a elevação de impostos era temporária, a maioria das pessoas e empresas usou suas economias para quitá-los e manteve o nível de gastos. No final de 1968, a taxa de desemprego havia caído para 3,4% e a inflação só crescia. Recuando mais uma vez, o FED voltou a apertar, mas o tempo de Martin no FED estava terminando. Quando seu mandato expirou em janeiro de 1970, Martin reuniu os outros presidentes na biblioteca do Conselho e lhes disse: "Fui um fracasso"[30]. A inflação em 1969 chegou a quase 6%.

Martin fracassou? A Grande Inflação começou em seu mandato, em parte porque o FED — na esperança de que uma política fiscal mais restritiva faria o trabalho pesado — foi inconsistente e tardou a elevar as taxas de juros. Todavia, no geral, Martin foi um co-conspirador obstinado que, sob enorme pressão política, resistiu quanto pôde à expansão desmedida da economia. A inflação da segunda metade dos anos 1960 decorreu, principalmente, da ação de políticas fiscais agressivas e, como Martin havia receado, excesso de otimismo sobre a taxa natural de desemprego e a capacidade das novas políticas keynesianas de ajustar a economia.

Já nos anos 1970 a história foi outra. Sob Arthur Burns, sucessor de Martin, o FED fez apenas esforços limitados para manter a independência política e, por razões doutrinárias e de políticas, viabilizou uma década de inflação alta e volátil.

■

2

BURNS E VOLCKER

EM NOVEMBRO DE 1969, O PRESIDENTE RICHARD NIXON nomeou Arthur Burns para suceder Martin como presidente do FED a partir de fevereiro de 1970. Burns (nascido Burnseig, em 1904) emigrou ainda menino com seus pais da Galícia (Polônia austríaca) para os EUA.* Homem refinado e apreciador de fumo de cachimbo, Burns — um professor da Universidade de Columbia, na qual um ex-presidente do FED, Alan Greenspan, foi um de seus alunos — parecia o distinto economista acadêmico que era. O jovem Burns, estudioso, publicou algumas das primeiras e mais influentes análises empíricas de expansões e recessões, ao lado do economista Wesley C. Mitchell, seu mentor naquela universidade. O índice de indicadores econômicos antecedentes ainda em uso tem sua origem nos estudos históricos dos ciclos econômicos de Burns e Mitchell, bem como os princípios de datação do início e fim de recessões. Burns também foi presidente da American Economic Association e esteve à frente do National Bureau of Economic Research, que se mantém como um dos principais centros de pesquisa sobre inúmeros assuntos econômicos.

Burns, no entanto, não era apenas um acadêmico encastelado em uma torre de marfim. Participou de muitos Conselhos de Administração de empresas e foi assessor de confiança no governo Eisenhower, chefiando o Council of Economic Advisers. Tinha orgulho de suas habilidades preditivas, aprimoradas por sua longa vivência em meio aos dados econômicos. De fato, a precisão de suas previsões ao assessorar Eisenhower o ajudaram a ganhar a confiança de Nixon, o vice-presidente de Eisenhower.

* Meus avós paternos, Jonas e Lina Bernanke, também nasceram naquela região e imigraram para os EUA em 1921. [N. do A.]

E, assim como Martin, Burns alertava com frequência para os danos latentes de uma inflação muito elevada. Entre eles, Burns preocupava-se particularmente com os estragos na confiança empresarial, que acreditava ser a força propulsora do ciclo econômico.[1] Contudo, nem suas qualificações profissionais, nem sua aversão tantas vezes declarada à inflação, impediram-no como presidente do FED de se mostrar relutante em apertar a política monetária o suficiente para controlar a inflação.

ARTHUR BURNS E A "ANGÚSTIA DO BANCO CENTRAL"

O modo de agir de Burns tornou-se evidente logo após assumir a função. A economia dos EUA estava desacelerando — uma leve recessão ocorreu em 1970, em parte graças ao aperto da política monetária de Martin no ano anterior — mas a inflação ainda era uma preocupação significativa, com os preços subindo 5,6% ao longo do ano. Burns priorizou o crescimento de curto prazo e respondeu afrouxando a política monetária. A taxa básica de juros, de 9% quando ele assumiu, caiu para cerca de 5% no outono [do hemisfério norte] de 1972. As taxas mais baixas favoreceram a recuperação econômica — a taxa de desemprego caiu de um pico da ordem de 6% em meados de 1971 para menos de 5% no final de 1973 — mas foi inócua quanto a limitar a inflação, que cresceu depois que os controles de preços e salários de Nixon foram suspensos. Por que Burns aceitou essa troca?

A política certamente tinha a ver com isso. Como Martin antes dele, Burns foi pressionado pelo presidente, neste caso, Nixon — que o indicou e o renomearia em 1973. Burns foi assessor econômico de Nixon durante a campanha presidencial de 1968 e se tornou peça importante na Casa Branca após a eleição. Com Burns chefiando o FED, Nixon não hesitou em usar o relacionamento entre eles para obter vantagens políticas. Com o aumento do desemprego na recessão de 1970, o presidente queria uma economia forte nas eleições de 1972. Gravações da Casa Branca revelam Nixon apelando para a lealdade pessoal e partidária de Burns, pressionando-o a manter frouxa a política monetária na campanha, com o Secretário do Tesouro, George Shultz, reforçando a mensagem.

Desconheço alguma evidência concreta de que Burns tenha concordado explicitamente com suas exigências, mas a política monetária foi expansionista antes da eleição, assim como foi a política fiscal. Em seu diário, reconheceu o golpe baixo de Nixon: "Estou convencido de que o presidente fará qualquer coisa para ser reeleito", escreveu. "O assédio ao FED pelo presidente e sua equipe pusilânime continuará e pode até mesmo se intensificar." Ele acrescentou uma afirmação de independência: "Felizmente, ainda que eu não saiba com certeza se o presidente reconhece isso, ainda sou seu melhor amigo. Ao permanecer firme, prestarei um serviço melhor à economia — e, portanto, também ao presidente." Ainda assim, as gravações mostram que Burns telefonou para o presidente antes das decisões do FED e discutiu considerações políticas com ele de uma forma que hoje seria considerada deveras inapropriada.[2] O diário de Burns também o mostra agindo mais como um membro do governo — tramando estratégias políticas nas reuniões da Casa Branca e debatendo iniciativas políticas nada coerentes com as atribuições do FED — do que como líder de um banco central independente.[3]

Dito isso, a relutância de Burns em combater a inflação não se limita inteiramente às maquinações presidenciais, especialmente considerando sua mesma postura após a renúncia de Nixon em 1974. Segundo argumentam o historiador econômico Robert Hetzel e outros, as opiniões pessoais de Burns sobre as causas da inflação e o papel da política monetária provavelmente o teriam inclinado para uma abordagem mais passiva, mesmo livre da influência de Nixon.[4]

Ele não se considerava um keynesiano, mas compartilhava da visão de muitos adeptos de Keynes da época segundo a qual a economia dos EUA havia se tornado mais predisposta à inflação por motivos não relacionados à política monetária. Essa tendência, na opinião de Burns, refletia a crescente capacidade das grandes corporações e dos sindicatos de trabalhadores a se isolarem das forças do mercado, um fator que usavam para aumentar preços e salários à vontade. O compromisso do governo de manter o pleno emprego — apoiado por Burns — aumentou ainda mais o poder de mercado daqueles participantes ao reduzir a dolorosa disciplina das recessões periódicas.

Ele via a inflação como impulsionada principalmente por "choques de custos" (como o poder das corporações e sindicatos de aumentar preços e salários), e não por "choques de demanda" (como o aumento dos gastos do governo e do consumidor). Esse diagnóstico o levava a considerar a política monetária, que opera sobretudo freando o crescimento da demanda, como uma forma cara e ineficiente de reduzir a inflação. Argumentou que, por si só, a política monetária poderia eliminar a inflação apenas provocando uma recessão tão profunda que os poderosos formadores de salários e preços não teriam escolha a não ser recuar. No processo, alegou que muitos trabalhadores perderiam seus empregos e pequenas empresas sem poder de mercado seriam seriamente atingidas. Ademais, acreditava que os efeitos da política monetária restritiva seriam desiguais, onerando injustamente certos setores econômicos. Dinheiro caro levaria ao chão os setores de construções e de imóveis que são sensíveis ao juros, por exemplo, enquanto teria muito menos efeito sobre os gastos do consumidor ou investimentos de capital por grandes corporações.

A teoria da inflação por choque de custos de Burns levou-o a crer que os controles impostos pelo governo, que restringiam diretamente a capacidade dos sindicatos e das empresas de aumentar salários e preços, eram uma medida menos dispendiosa de segurar a inflação do que uma política monetária apertada ou uma política fiscal rigorosa. Ou seja, ele foi um forte defensor dos controles de preços e salários, ou o que se chamava na época de políticas de renda.[5] De fato, é improvável que Nixon tivesse determinado os controles sem o aconselhamento e incentivo de Burns. Portanto, influenciou e foi influenciado por Nixon. Ele também não acatou a ideia de que controles de preços e salários devem vir acompanhados de restrições aos gastos em geral. Em vez disso, via uma divisão do trabalho: os controles limitariam o comportamento dos que determinam salários e preços, o que deixaria a política monetária e fiscal livres para apoiar o crescimento e o emprego. Importante frisar que a teoria da inflação de custos de Burns também explica como pôde observar elevações sustentadas na inflação sem concluir que a economia estava operando acima do potencial e que as políticas monetária e fiscal eram, portanto, muito expansionistas.

A convicção de Burns de que fatores não monetários eram, em grande parte, responsáveis pela inflação viu-se reforçada pelo choque do preço do petróleo em 1973 que resultou em um aumento da inflação. Afinal, esse choque parecia ser, basicamente, uma decorrência da geopolítica e das condições econômicas globais, não da política monetária frouxa ou de uma economia doméstica superaquecida nos EUA. Sua resposta preferida a esse novo salto inflacionário foi voltar aos controles abrangentes de preços e salários, mas os fracassos anteriores dessas medidas para acabar com a inflação tinham instaurado o descrédito na mente da maioria dos norte-americanos. Na tentativa de conter o aumento da inflação, o FED deu início a uma sequência de aumentos de juros em 1973, que foram amplamente revertidos quando a economia entrou em recessão. Esse padrão "vai e volta" — política restritiva quando a inflação disparava, depois afrouxada assim que o desemprego começava a subir — mostrou-se ineficaz e permitiu que a inflação e as expectativas de inflação aumentassem.

Burns deu-se conta de que o estado da economia nos estagflacionários anos 1970 estava longe de ser satisfatório. Para ele, a inflação era custosa e desestabilizadora, mas o desemprego não ficava atrás. Não achava que o público toleraria um desemprego alto o bastante para controlar totalmente a inflação usando tão somente a política monetária, ou que coubesse ao FED tomar essa decisão. Essa foi, sem dúvida, a mensagem que estava recebendo do Congresso. Em 1976, mesmo com o FED relaxando sua política e a economia em recuperação, o senador Hubert Humphrey (Minnesota) e seus aliados reclamaram que o BC não estava fazendo o suficiente para aumentar o emprego. Humphrey defendia metas de emprego específicas para o governo — incluindo garantias de empregos governamentais, se necessário — e um papel maior para o presidente na determinação da política monetária. Suas propostas não foram aprovadas, mas Humphrey continuou a pressionar por uma legislação junto de seu colega na Câmara, Augustus Hawkins (Califórnia).

Um resultado importante do debate legislativo então em andamento foi a aprovação de emendas ao Federal Reserve Act que instruíam o FED a gerir a política monetária de maneira a buscar "preços estáveis, emprego máximo e taxas moderadas de juros de longo prazo", em 1977. Como preços estáveis e emprego máximo normalmente são provenientes de taxas de juros moderadas de longo prazo, o terceiro objetivo é geralmente tido como redundante e os líderes do FED, a partir daí, com frequência se referem ao duplo mandato da instituição: promover preços estáveis e emprego máximo. O mandato duplo foi, em si, um compromisso entre os democratas — detentores da maioria na Câmara e no Senado nos anos 1970 — que pressionavam por maior ênfase no emprego, e os republicanos, que insistiam que a estabilidade de preços tivesse status igual.

Segundo a lógica da Curva de Phillips, os formuladores de políticas monetárias terão que, às vezes, optar entre inflação e desemprego. A lei de 1977 não dizia especificamente como os dois objetivos deveriam ser ponderados nas decisões políticas. Ao longo das décadas, tomando de empréstimo a linguagem diplomática, os formuladores de políticas do FED ganharam apelidos: os mais inclinados ao mandato do emprego foram chamados de *pombos* e os mais focados na inflação, de *falcões*. Claro, as definições são fluidas, com os formuladores de políticas às vezes mudando de falcão para pombo e vice-versa, dependendo da conjuntura econômica.

O senador Humphrey faleceu em janeiro de 1978, mas o debate no Congresso sobre suas propostas continuou. Mais tarde naquele ano, o Congresso aprovou e o presidente Carter sancionou a Full Employment and Balanced Growth Act, uma lei mais conhecida como Humphrey-Hawkins Act. Essa lei (que se aplicava a todo o governo, não apenas ao FED) estabeleceu metas ambiciosas para o emprego, entre as quais que a taxa de desemprego para pessoas com 20 anos ou mais não deveria exceder 3%, um número ainda menor do que os 4% de pleno emprego de referência do CEA de Kennedy. Também foram estabelecidas metas para a inflação, incluindo reduzi-la a zero em uma década, mas o projeto de lei deu precedência à meta de emprego.[6] A lei também exigia que o Federal Reserve Board apresentasse um relatório semestral de política monetária ao Congresso, descrevendo o progresso do FED em relação às metas de seu mandato.* Burns certamente sabia que as metas quantitativas da lei Humphrey-Hawkins eram inviáveis, ao menos em um prazo razoável, mas é provável que ele tenha considerado o projeto de lei, e também a aprovação do mandato duplo no ano anterior, como uma confirmação de que o Congresso não toleraria medidas de controle da inflação que envolvessem aumentos significativos no desemprego.

Em resumo, suas motivações durante a Grande Inflação eram complexas. Houve influência política; no sentido estrito, possivelmente de ceder à pressão do presidente Nixon, e certamente no sentido mais amplo, de julgar que o país não toleraria políticas monetárias que provocassem alto desemprego. Mas as políticas de Burns também refletiam suas próprias opiniões sobre as causas da inflação. Diferentemente de seu predecessor Martin (e, diga-se, de seu sucessor Volcker), não acreditava que a inflação fosse derivada principalmente de forças monetárias e, em consequência, via a política monetária restritiva como uma ferramenta indireta, onerosa e grandemente ineficaz para controlar a inflação. A política do "vai e volta" do FED de Burns, alternando aperto e afrouxamento monetário, não redundou em inflação baixa nem desemprego consistentemente baixo. Em vez disso, a inflação continuou sua espiral ascendente.

Em 1979, pouco depois de deixar o FED, Burns deu uma palestra intitulada "A Angústia do Banco Central", uma fala em parte *mea culpa* e em parte legítima defesa.[7] Nela, reconheceu que o insucesso em controlar

* O depoimento do presidente aos comitês de supervisão do FED da Câmara e do Senado que acompanha esse relatório ainda é conhecido como depoimento Humphrey-Hawkins. [N. do A.]

a psicologia inflacionária piorou muito a inflação: "Hoje, empresários, agricultores, banqueiros, sindicalistas, operários e donas de casa geralmente têm a expectativa da continuidade da inflação no futuro, não importando a alta ou recuo da atividade econômica. Se tal psicologia se tornar dominante em um país, a influência de um erro do banco central que intensifica a inflação pode se alongar por anos." Também reconheceu o demasiado otimismo dos formuladores de políticas do FED, e de muitos outros, sobre como se poderia diminuir o desemprego sem desencadear pressões inflacionárias. Em retrospecto, considerou que aquilo que hoje chamamos de taxa natural de desemprego, u-estrela, não eram os 4% (ou menos) ditados pela sabedoria convencional de seu tempo, mas algo como 5,5% a 6%, compatível com as estimativas atuais para aquele período. E admitiu que, em princípio, os banqueiros centrais poderiam, limitando o crescimento da oferta monetária, ter detido a inflação "com pequeno atraso", embora por métodos que teriam criado "tensões" nos mercados financeiros e na economia.

Então, por que o FED de Burns não fez isso? "Não o fez", disse, "porque o próprio FED foi na esteira das correntes filosóficas e políticas que estavam transformando a vida e a cultura norte-americanas". Em suma, ele acreditava que o pacto social, no qual constava a promessa do governo de pleno emprego, tornava politicamente impossível para o FED, agindo por moto próprio, aplicar o remédio amargo e sua prolongada posologia que uma terapia bem-sucedida contra a inflação exigiria. A ação de combate à inflação teria que esperar não só por um novo consenso político, proveniente da crescente convicção popular de que a inflação era o maior desafio econômico do país, mas também por uma nova perspectiva e personalidade do FED. Na plateia de Burns naquele dia estava a pessoa que daria essa nova perspectiva — Paul Volcker.

PAUL VOLCKER: O TRIUNFO DA PERSISTÊNCIA

A carreira de Volcker, tal como William McChesney Martin, se estendeu pelos setores público e privado. Nascido e criado em Nova Jersey, onde seu pai foi gerente municipal de Teaneck, Volcker cursou a Princeton University, graduando-se em economia. Como prenúncio de suas visões políticas posteriores, sua tese de conclusão de curso criticou o FED por permitir o breve aumento da inflação após a Segunda Guerra Mundial. Seu primeiro emprego, de 1952 a 1957, foi como economista no FED de

Nova York. Depois, alternando entre o setor privado e o público, trabalhou no Chase Manhattan Bank, no qual viria a se tornar vice-presidente, e cargos no Tesouro dos EUA. De 1969 a 1974, foi subsecretário de assuntos internacionais do Tesouro, função na qual desempenhou um papel na decisão do governo Nixon de cortar os laços formais remanescentes do dólar com o ouro.*

Em agosto de 1975, com o apoio de Burns, Volcker foi nomeado para o comando do FED de Nova York; com isso, ganhou um voto no FOMC e, por tradição, tornou-se vice-presidente desse Comitê. O líder do Fed de Nova York provavelmente exerce a segunda maior influência no Comitê depois do presidente e representa os olhos e ouvidos do Fed em Wall Street, supervisionando os grandes bancos do distrito de Nova York e fornecendo serviços de inteligência aos participantes dos principais mercados e instituições financeiras. Com sua experiência em finanças e no Tesouro, estava preparado para essa função, e sua posição no FOMC o deixaria exposto a debates sobre política monetária durante um período difícil. Reclinado em sua cadeira por quatro anos, observou com frustração a inflação piorar. Ele defendeu políticas mais rígidas, mas a tradição de que o vice-presidente do FOMC vota com o presidente nas decisões políticas finais foi preponderante.

No final do segundo mandato de Burns, em março de 1978, o presidente Carter nomeou G. William Miller, um ex-executivo do setor aeroespacial, para liderar o FED. Volcker estava entre os candidatos, mas não levou.[8] Tal como Burns, Miller hesitava em lidar com a inflação, mas de todo modo, era uma escolha questionável para a presidência do FED. Tanto por não ser um especialista em política monetária quanto, culturalmente, não se encaixar bem com o FED inclinado para o consenso. Ele não podia dar ordens aos membros do FOMC, como fazia com seus funcionários no mundo dos negócios. (Ele nem mesmo conseguiu impedir que fumassem na sala de reuniões, mandando retirar os cinzeiros:

* O "fechamento da janela do ouro", como ficou conhecido o episódio, foi o último passo no desbaratamento do sistema Bretton Woods pós-Segunda Guerra Mundial, que estabelecia taxas de câmbio fixas entre o dólar e outras moedas importantes. Alguns relatos atribuem parte ou toda a inflação dos anos 1970 ao abandono pelos EUA até mesmo de uma conexão simbólica com o ouro; na realidade, porém, a causalidade ia na direção oposta. Como outras moedas estavam atreladas ao dólar, a inflação dos EUA levou a um desalinhamento entre as taxas de câmbio oficiais e as taxas que seriam definidas por um sistema de livre mercado. A inflação dos EUA levou ao colapso de Bretton Woods e ao fechamento da janela do ouro, e não o contrário. [N. do A.]

vários fumantes inveterados do Conselho começaram a trazer os seus.) Após apenas 17 meses no FED, em face de uma reformulação ministerial, Carter colocou Miller no posto de Secretário do Tesouro. Mais tarde, a tradicional "boca pequena" dos corredores do FED descreveu a transferência de Miller como um malsucedido presidente do FED sendo "demitido para cima" após um breve teste. Contudo, Volcker disse em uma entrevista que Carter via a posição do Tesouro como mais importante, e a transferência, uma promoção.[9] Seja como for, a mexida prenunciou uma grande mudança na política do FED.

A inflação crescia ainda mais e, com Miller indo para o Tesouro, Carter precisava de um substituto rapidamente. Volcker, recomendado por alguns dos assessores econômicos de Carter (mas não pelos assessores políticos), reuniu-se com Carter e lhe disse que acreditava que uma política monetária mais rígida era necessária com urgência para combater a inflação.[10] "Eu teria uma política mais rígida do que aquele nosso amigo ali", disse Volcker, apontando para Miller, presente na entrevista. Volcker diz em sua autobiografia que esperava que isso inviabilizasse a nomeação. Porém, na manhã seguinte, ainda na cama, recebeu um telefonema do presidente, oferecendo-lhe o emprego.[11]

A decisão de Carter de nomear Volcker não foi nada alvissareira. O presidente havia provavelmente presumido que ele promoveria um ataque à inflação, já que lhe dissera isso. Também devia saber que políticas monetárias rígidas — taxas de juros mais altas — poderiam provocar aumento do desemprego e um ritmo de crescimento mais lento e que, ainda que a inflação retrocedesse, haveria um pesado ônus político. E, de fato, foi o que aconteceu. Uma economia enfraquecida ajudou a garantir que Carter não se reelegesse. Como lembrou o vice-presidente Walter Mondale, a política de Volcker "por fim arrancou a inflação da economia, mas também ajudou a nos arrancar da Casa Branca".[12] Sendo assim, por que Carter — em uma virada de 180° em relação à abordagem de Nixon e a de si própria ao nomear Miller — escolheu o falcão Volcker?

Em prol da economia, se não necessariamente para a sorte política pessoal de Carter, escolher Volcker ou alguém como ele, era algo lógico. O FED havia perdido credibilidade no combate à inflação, e o desafio para o novo presidente era restaurá-la. Credibilidade — a reputação de cumprir os compromissos — é essencial na formulação de políticas em geral, bem como na vida cotidiana. Mas credibilidade pode ser especialmente importante para combater a inflação em face do papel da psicologia pública. Em 1979, com a inflação anual em dois dígitos, qualquer novo presidente do FED diria que ela precisava ser reduzida, mas os participantes do mercado, líderes empresariais e consumidores acreditariam em tal declaração? Se assim não fosse, as expectativas inflacionárias se manteriam teimosamente altas, dificultando e onerando ainda mais a derrota da inflação. Porém, se o novo presidente tivesse a fama de ser duro e avesso à inflação, haveria uma chance maior de que as pessoas confiassem que uma guerra contra a inflação seria sustentada, levando as expectativas de inflação — e, portanto, a própria — a cair mais rapidamente. Indiscutivelmente, Volcker e sua reputação de falcão — para não mencionar seu porte físico avantajado e voz rouca — transmitiria mais credibilidade nessa questão do que um colega evidentemente "menos falcão" nomeado para comandar o FED.[13]

Em termos de argumentação, trata-se de uma sutileza, e não é certo ter sido essa a linha de pensamento de Carter. Sabemos que ele o escolheu às pressas e que vários proeminentes executivos do banco declinaram de ser considerados antes de Volcker ser abordado. Além de não conhecê-lo bem, nem sabia a que partido político pertencia (ele era um democrata, como Carter). Pode ser que Carter tenha tomado uma das decisões mais relevantes de sua presidência sem levar em conta suas ramificações totais. Miller, do Tesouro, se opôs à nomeação e Mondale lembrou que se sentia apreensivo. Mas, por outro lado, o presidente certamente avaliou que o país estava à beira de uma crise econômica e financeira e que Wall Street exigia na chefia do FED alguém com reputação de ser determinado e de independência política. Volcker preenchia esses quesitos.

Volcker, por sua vez, entendeu o que era necessário. Declararia sua filosofia no primeiro depoimento semestral no Congresso como presidente, em fevereiro de 1980.[14] Sua abordagem diferiu muito da adotada por Burns. "No passado", disse, "em momentos críticos para a política de estabilização econômica, geralmente estávamos mais preocupados com a possibilidade de queda a curto prazo da atividade econômica, ou em outros objetivos, do que com as implicações de nossas ações para a inflação futura". Ele continuou batendo forte na política do "vai e volta": "Como consequência, as políticas fiscais e monetárias muitas vezes têm sido prematura ou excessivamente estimulantes, ou insuficientemente restritivas. O resultado tem sido nosso agora crônico problema inflacionário... Quebrar esse padrão ameaçador deve ser o objetivo geral das políticas. É por isso que lidar com a inflação foi devidamente alçado a uma posição de alta prioridade nacional. O êxito exigirá uma política consistente e persistentemente orientada para esse fim. Vacilar e procrastinar, por receio de recessão ou outra forma, seria correr sérios riscos". Consistência e persistência foram suas marcas registradas.*

Apesar de sua postura "falcão", Volcker levou um tempo para definir um novo rumo para a política e trazer seus colegas do FOMC, alguns dos quais puseram em dúvida sua abordagem, e seus primeiros passos como presidente foram vistos por muitos como hesitantes. Uma viagem à Iugoslávia para participar, ao lado de Miller, Secretário do Tesouro, da reunião do outono [no hemisfério norte] de 1979 do FMI, reforçou sua determinação. Volcker recebeu uma longa reclamação dos europeus de lá — especialmente na Alemanha, onde fez uma escala — sobre suas preocupações com os efeitos da inflação na estabilidade do dólar, a moeda de reserva global. Ele também assistiu à palestra "angústia do banco central" dada por Burns em conjunto com a reunião do FMI. Parecia a Volcker algo movido pelo desespero, uma admissão de que o FED nada podia fazer contra a inflação, dadas as realidades econômicas e políticas. Ele não aceitou essa conclusão e voltou a Washington determinado a agir.[15]

Uma Nova Abordagem

Volcker e seus colegas deram um passo crítico em uma rara (e não anunciada) reunião de sábado do FOMC, em 6 de outubro de 1979, em Washington. Volcker tinha iniciado as conversações em uma reunião do Board of Governors na quinta-feira, continuando-as em uma teleconferência com todo o Comitê na sexta-feira. O Papa João Paulo II visitava Washington naquele fim de semana e isso ajudou a distrair a mídia do que acontecia no FED.

As discussões, que envolveram questões técnicas de implementação da política monetária, foram superficiais. Quando Volcker assumiu o cargo, e como era de praxe na maior parte da história do FED desde a Segunda Guerra Mundial, a principal ferramenta de política monetária do FED era sua capacidade de influenciar as taxas de juros de curto prazo — principalmente a TDI, aquela pela qual os bancos emprestam uns aos outros durante a noite. Na época, o FED administrou essa taxa variando o montante de reservas no sistema bancário, tornando-as escassas quando queria forçar a taxa para cima e gerando um superávit quando queria

* Muito adequado, o subtítulo da biografia de Volcker escrita por William Silber é *The Triumph of Persistence.* ["O Triunfo da Persistência"]. A autobiografia de Volcker é intitulada *Keeping At It.* [N. do A.]

empurrar a taxa para baixo. Então, para todos os efeitos, na ocasião em que Volcker convocou a fatídica reunião, a abordagem padrão para implementar a política monetária envolvia visar o preço do dinheiro — a taxa interbancária — no nível necessário para obter os resultados econômicos almejados. Então o FED ajustaria a oferta monetária — mais precisamente, as reservas bancárias, um importante fator determinante da oferta monetária — conforme necessário para atingir a meta de taxa de juros.

Na reunião de 6 de outubro, Volcker colocou em discussão inverter a abordagem padrão e o Comitê votou favoravelmente. Em vez de fixar um nível para a TDI e ajustar as reservas bancárias e a oferta monetária de sorte a impor aquela taxa, ele sugeriu estabelecer uma meta para a taxa de crescimento da oferta monetária e deixar que a taxa interbancária se acomodasse livremente conforme necessário para ser consistente com a meta de crescimento monetário. A razão alegada para a mudança foi o *monetarismo*, doutrina defendida por Milton Friedman e seguidores, que sustentava que o crescimento monetário estava intimamente vinculado à inflação. Se tal vinculação fosse de fato tão íntima quanto os monetaristas pregavam, então tornar o crescimento monetário o foco da política deveria possibilitar um controle mais preciso da inflação do que a prática tradicional de metas de taxas de juros. Ideias semelhantes foram influentes no Reino Unido ao longo do governo de Margaret Thatcher, quando o país também lutava contra inflação e estagnação econômica.

Em um olhar mais cínico, uma eventual vantagem da nova atuação operacional era que centrar-se no crescimento monetário poderia ajudar o FED a se esquivar das críticas políticas ao comportamento das taxas de juros de curto prazo, que logo subiriam para 20%. Em especial, a nova estratégia afastou a prática tradicional de mexer na taxa básica de juros em pequenos incrementos, algo que se revelou insuficiente para conter a inflação. É como disse o veterano membro do conselho Henry Wallich: “Acho que o principal argumento a favor da estratégia de reservas é que ela nos permite implementar medidas mais fortes do que provavelmente poderíamos com a outra técnica... Na nova estratégia, as taxas de juros se tornam quase um subproduto de uma busca mais firme pelos agregados [monetários].”[16]

Em última análise, é preciso dizer, o experimento de Volcker não faria muito para melhorar a reputação do monetarismo. Embora haja, no longo prazo, ao menos em certas circunstâncias, alguma relação entre crescimento da oferta monetária e inflação, no curto prazo a conexão pode ser instável e de difícil previsão, como o FOMC logo aprenderia após adotar a nova abordagem. De fato, até mesmo definir a oferta monetária se mostrou um desafio. Em princípio, a oferta de moeda deve incluir qualquer ativo utilizável em transações comuns, por exemplo, saldos de contas correntes, bem como moeda corrente. Entretanto, na prática, alguns tipos de ativos são mais convenientes para transações do que outros. De que maneira as alternativas de pagamento devem ser computadas na oferta monetária e com qual peso? A desregulamentação financeira que caracterizou aquele período, eliminando pouco a pouco os tetos das taxas de juros sobre os depósitos bancários e permitindo que novas modalidades de contas de depósito surgissem, complicou ainda mais a mensuração da moeda. Em parte em razão dessas dificuldades práticas, o Comitê abandonaria sua estrutura monetarista passados apenas três anos, em outubro de 1982, voltando à sua abordagem tradicional de metas para a taxa de depósitos interbancários.

Embora a mudança para uma abordagem monetarista não fosse duradoura, a reunião de 6 de outubro de 1979 foi significativa, uma vez que tornou pública uma quebra na forma de atuação do FED voltada para mostrar a Wall Street — e ao resto do país — que o FED estava determinado a derrotar a inflação. Ao reformular suas táticas, em uma reunião de emergência, o FOMC deu um recado ao mundo: o status quo não era mais aceitável. Foi esse o sinal que Volcker pretendia.

Para salientar a importância da decisão do FOMC, complementou a reunião do Comitê com uma rara (para um presidente do FED na época) coletiva de imprensa — ainda mais incomum por ser realizada em um sábado à noite. Além da alteração de procedimentos de implementação da política monetária, ele também divulgou que o Conselho tinha elevado a taxa de desconto em um ponto percentual, para 12%. E, ademais, com a aprovação unânime do Conselho e outros membros do FOMC. Claramente, algo havia mudado.

A Guerra de Volcker contra a Inflação

Não obstante toda essa sinalização, o apoio à guerra de Volcker contra a inflação ora aumentava ora diminuía, tanto no FED quanto lá fora. O próprio Volcker muitas vezes tinha dúvidas. Mas ele persistiu, não raro contra intensa oposição, e conseguiu reduzir a inflação — que caiu de aproximadamente 13% em 1979 e 1980 para cerca de 4% em 1982, patamar em que se estabilizou pelo resto do mandato de Volcker no FED. Assim, em apenas alguns anos, o FED reverteu amplamente a elevação acumulada da inflação ao longo de uma década e meia.

Tal feito foi uma conquista marcante, de benefícios duradouros, mas realizada à custa de pesados ônus. Após uma breve recessão em 1980, seguida de rápida recuperação, a economia sofreu profunda queda em 1981 e 1982, com a taxa de desemprego chegando a dolorosos 10,8% em novembro e dezembro deste último ano. A Curva de Phillips tradicional, cuja previsão era de que uma queda pronunciada da inflação seria acompanhada por aumentos significativos do desemprego, voltou à baila, agora com toda a força.

A primeira recessão relativamente curta, em 1980, estava ligada a uma experiência mal-aconselhada com controles de crédito.[17] Em março de 1980, por solicitação do governo Carter e com sua autorização, o FED impôs controles sobre os bancos e outros concedentes de crédito. (Volcker inicialmente foi contrário à política, mas depois aceitou cooperar.) Quanto aos bancos, a recomendação era manter o crescimento anual de seus empréstimos entre 7% e 9%, e eles seriam penalizados caso realizassem certos tipos de empréstimos. O intuito era conter o crescimento geral dos empréstimos, em particular ao consumidor, com exceção dos destinados à compra de carros ou casas. O raciocínio subjacente era de que se o crédito pudesse ser direcionado, afastando-o dos chamados usos improdutivos, então talvez os gastos e a inflação poderiam ser reduzidos de forma menos problemática para a economia. Todavia, o programa, que dava apenas uma orientação geral, confundia os bancos e o público sobre quais tipos de empréstimos eram permitidos. Seja como for, as pessoas relutaram em tomar empréstimos, e os gastos diminuíram mais acentuadamente do que o esperado. Quando a economia entrou em recessão, o governo e o FED desistiram rapidamente da estratégia e a economia se recuperou.

As elevadas taxas de juros — em parte consequência do aumento dos empréstimos do governo para financiar os déficits ocorridos durante o governo Reagan, mas principalmente provocadas pelas políticas de aperto monetário de Volcker — foram, sem dúvida nenhuma, a principal causa da segunda e mais profunda recessão cujo início oficial foi julho de 1981, de acordo com o National Bureau of Economic Research. Naquela ocasião, por exemplo, as taxas hipotecárias de 30 anos ultrapassaram 18%, algo desastroso para o setor imobiliário. Arthur Burns não se equivocara ao prever que conter a inflação criaria grandes tensões econômico-financeiras. Mas houve um aspecto positivo: após o FED desistir do regime de metas para agregados monetários em outubro de 1982 e relaxar um pouco a política, ocorreu uma forte recuperação que seguiu pelo resto da década. O crescimento do Produto Interno Bruto (PIB) real (ajustado pela inflação) em 1983 foi de quase 8%, e a taxa de desemprego caiu de 10,8% em dezembro de 1982 para 8,3% um ano depois. O presidente Reagan figurava entre os beneficiados por esses fatos, reelegendo-se facilmente em 1984. Quando o mandato de Volcker se encerrou em 1987, a taxa de desemprego havia caído para cerca de 6%.

Embora o público certamente quisesse que algo fosse feito contra a inflação, o nível alto do desemprego e dos juros era, inevitavelmente, uma combinação politicamente tóxica. Volcker teve que enfrentar audiências controversas no Congresso, além de uma ameaça de impeachment do congressista democrata do Texas, Henry Gonzalez, um crítico constante do FED. Os agricultores protestaram contra as altas taxas de juros dirigindo seus tratores pela Constitution Avenue em Washington e se reunindo em frente à sede do FED. Os construtores de casas enviaram pedaços de madeira de construção para o FED com mensagens suplicando por alívio. Algumas dessas mensagens ainda decoravam meu escritório quando eu era presidente. Reminiscências de um período crítico da história do FED, bem como lembretes dos custos de controlar uma inflação elevada.

Ajudou muito que a Casa Branca geralmente apoiasse Volcker em meio a tais circunstâncias. O presidente Carter criticou abertamente suas políticas apenas uma vez, no calor de sua corrida à reeleição em 1980.[18] Já o apoio do presidente Reagan foi mais errático. Ainda que ele raramente fizesse críticas públicas ao FED, Volcker entrou em conflito com altos funcionários do governo. Em suas memórias, relata uma reunião na Casa Branca no verão [do hemisfério norte] de 1984 na qual James Baker, então chefe de gabinete de Reagan, diante do presidente, lhe disse para não aumentar as taxas de juros antes da eleição. Volcker, determinado a evitar outro cenário Nixon-Burns, saiu sem responder.[19] E por pouco não renunciou quando os nomeados por Reagan, em uma reunião de diretoria em fevereiro de 1986, votaram contra suas objeções ao corte da taxa de desconto, o que não se consumou em face da reconsideração daqueles diretores mais tarde no mesmo dia.[20] Mesmo assim, Reagan aceitou que, em sua quase totalidade, o controle da inflação era vital para uma economia saudável. Segundo Volcker, ele certa vez lhe explicou "que um professor de sua pequena faculdade em Illinois o havia feito entender os perigos da inflação".[21] No final, para o que importa, o presidente não ficou contra Volcker, renomeando-o para um novo mandato em 1983. Demonstrando sua confiança em Volcker e sua luta contra a inflação, o Senado confirmou a indicação com uma votação de 84 a 16.

Além dos juros elevados e da alta do desemprego, a guerra contra a inflação de Volcker teve outros efeitos colaterais significativos. As altas taxas de juros nos EUA atraíram fundos de investidores estrangeiros, o que apreciou drasticamente o dólar no mercado de câmbio; e mesmo quando as taxas dos EUA caíram, a moeda continuou muito forte. O que tornou as importações mais baratas, ajudando a segurar a inflação mas também afastando dos mercados estrangeiros alguns exportadores dos EUA. Volcker, que entre suas primeiras experiências no Tesouro estava a lidar com um dólar fraco, agora tinha de administrar uma situação oposta. Junto com James Baker, então Secretário do Tesouro de Reagan, participou de reuniões internacionais cujo objetivo era conter a alta do dólar. Após um acordo de 1985 com França, Alemanha, Reino Unido e Japão — o qual viria a ser conhecido como Plaza Accord, em homenagem ao hotel de Nova York onde foi negociado — o FED e o Tesouro coordenaram a venda de dólares no mercado aberto, pressionando para baixo as taxas de câmbio do dólar em relação às outras moedas.

Os juros lá no alto e a crise econômica dos EUA também pioraram as tensões financeiras globais. Os exportadores de petróleo durante os anos 1970 obtiveram lucros substanciais com os altos preços do produto. Parte desses recursos fluíram para grandes bancos norte-americanos, que os emprestaram para economias de mercados emergentes na América Latina. Havia a expectativa de que esse processo, conhecido como "reciclagem de petrodólares", ajudasse países como o México a desenvolver suas próprias reservas de petróleo. Mas o dólar forte e os juros altos dos EUA dificultaram a quitação desses empréstimos (denominados em dólares), mesmo quando a economia mais fraca dos EUA e o declínio dos preços do petróleo e de outras commodities reduziram a renda dos devedores latino-americanos. O resultado foi uma crise internacional da dívida.

Em agosto de 1982, o México havia consumido suas reservas internacionais — seus depósitos oficiais de dólares — e estava à beira da inadimplência dos empréstimos bancários contraídos. A dívida do México e de outros países latino-americanos em dificuldades representavam uma fração importante do capital dos principais bancos dos EUA; com isso, a inadimplência potencial dos países era uma ameaça à estabilidade financeira norte-americana. Volcker pressionou os bancos a conceder crédito adicional ao México até que este pudesse recorrer ao FMI, criado após a Segunda Guerra Mundial, para obter tais empréstimos. Ele foi hábil na gestão da crise, valendo-se de uma combinação de apoio e trabalho com os banqueiros na busca de soluções, e isso ajudou a consolidar sua reputação de talentoso banqueiro central. Por outro lado, e os críticos do Congresso foram rápidos em apontar, como presidente do FED de Nova York de 1975 a 1979, supervisionou muitos dos bancos que haviam emprestado a latino-americanos. Em sua defesa, na época era limitada a autoridade legal do FED para questionar as decisões de empréstimos dos bancos ou exigir maior retenção de capital contra eventuais perdas.

Mais problemas financeiros se seguiram à crise latino-americana, agora em casa. Em 1984, adequação inadequada de capital e concentração de empréstimos — neste caso, tanto para países em desenvolvimento quanto para projetos domésticos especulativos de petróleo e gás — quase quebraram o Continental Illinois, o 7º maior banco do país em ativos e seu maior credor comercial e industrial. Após enfrentar uma corrida de seus depositantes, o banco foi salvo pelo governo dos EUA, com o Federal Deposit Insurance Corporation (FDIC) injetando capital e protegendo até mesmo os credores não segurados. O FED emprestou ao banco com as taxas de redesconto e, em estreita colaboração com o FDIC e outros reguladores, engajou-se na operação de salvamento.[22] O episódio deu origem à expressão "grande demais para quebrar" para se referir a instituições cuja falência pode colocar em risco a estabilidade do sistema financeiro.[23]

Também o setor de poupança e empréstimo [S&L, na sigla em inglês] nos EUA foi vítima financeira da Grande Inflação e da resposta política do FED de Volcker. As S&Ls usaram depósitos de curto prazo garantidos pelo governo federal para financiar empréstimos hipotecários de longo prazo. A lei federal datada dos anos 1930 limitava as taxas de juros que S&Ls e bancos podiam pagar sobre seus depósitos — o objetivo era impedir o que era percebido como uma competição destrutiva de taxas de juros entre aquelas instituições. Quando a luta do FED contra a inflação levou às alturas as taxas de curto prazo, os depositantes sacaram seu dinheiro para buscar retornos maiores em outros lugares. A legislação de 1980 foi eliminando gradualmente os controles de taxa de juros sobre depósitos, permitindo que elas pagassem as taxas mais altas necessárias para reter os depositantes. Essas taxas sobre depósitos nas S&Ls, porém, superavam em muito as que eram cobradas nas antigas hipotecas, quando as taxas eram bem menores.[24] Ao mesmo tempo, as taxas mais altas geradas pelas políticas do FED diminuíram a demanda por novas hipotecas. Muitas S&Ls efetivamente ficaram insolventes.

Em 1982, no intuito de dar um fôlego para as instituições, o Congresso aprovou uma legislação que possibilitava às S&Ls investir em ativos de maior risco e retorno. Mas para aquelas à beira da falência, há pouco incentivo para cautela, e muitas procuraram a salvação assumindo riscos extremos ou até mesmo agindo fraudulentamente na esperança de voltar a uma situação de solvência. Várias não tiveram sucesso. Como seus depósitos eram garantidos pelo governo, suas perdas, que somaram ao longo do tempo cerca de US$124 bilhões, foram repassadas aos contribuintes. Nos debates sobre a relação entre a política monetária e a estabilidade financeira geralmente se postula que dinheiro fácil e baixas taxas de juros são desestabilizadores financeiros. A era Volcker mostrou que dinheiro curto e altas taxas de juros também podem ter efeitos colaterais deletérios.

Volcker e a Credibilidade do FED

A despeito das motivações do presidente Carter para nomear Volcker não estarem totalmente claras de início, uma razão plausível era que sua reputação como um falcão da inflação poderia ajudar a restaurar a credibilidade do FED. Segundo esse argumento, com as pessoas mais suscetíveis a acreditar que o FED não abriria mão de lutar contra a inflação, elas poderiam atenuar suas expectativas inflacionárias, permitindo que a inflação declinasse mais rapidamente e com um custo menor em empregos e produção. Volcker e outros membros do FOMC com certeza tiveram essa compreensão. Nesse sentido, cabe notar que ele coreografou a dramática reunião e a mudança nos procedimentos de política em outubro de 1979 para dar mostras de uma reviravolta estratégica decisiva do FED, elaborada com a esperança de reforçar a credibilidade da instituição e dar um basta na psicologia do público quanto à inflação.

Em retrospecto, houve mesmo um "bônus de credibilidade" que tenha feito a luta de Volcker contra a inflação menos custosa do que seria de outra forma? Há um misto de evidências. De um lado, a inflação caiu rapidamente após 1980, acompanhada também por uma queda marcante nas expectativas inflacionárias, ao menos de acordo com pesquisas domiciliares e analistas profissionais. Por exemplo, a pesquisa de consumidores da Universidade de Michigan revelou que as expectativas de inflação um ano à frente diminuíram por volta de 10% em 1980 para menos de 3% em 1982. Os custos de produção da campanha de Volcker contra a inflação também foram menores do que alguns economistas previram. Por exemplo, em 1978, Arthur Okun, com base na Curva de Phillips padrão, estimou que controlar a inflação com uma política monetária rígida induziria uma desaceleração comparável à Grande Depressão. As perdas reais de produção sob Volcker foram muito menores do que as previsões.[25]

No entanto, o que se perdeu de produção e empregos ao longo das recessões de 1980 e (em especial) de 1981-82 não foi pouca coisa; o pico de 1982 na taxa de desemprego não seria superado até a pandemia de 2020. Além disso, mesmo após o declínio da inflação, os juros de longo prazo permaneceram elevados por algum tempo, com as taxas hipotecárias ainda acima de 10% em 1987, por exemplo. Evidentemente, havia ceticismo entre os investidores de que a inflação tinha sido realmente vencida, e o temor de que pudesse explodir novamente permanecia, reduzindo o poder de compra de seus títulos e empréstimos. Em face disso, exigiram uma compensação extra para manter esses ativos.

No geral, parece que as promessas de Volcker de controlar a inflação, ao menos nos primeiros passos de sua campanha, não eram consideradas inteiramente viáveis, frustrando qualquer esperança de êxito sem custos significativos. Tais custos, porém, precisam ser comparados com benefícios futuros substanciais. A inflação e as expectativas inflacionárias permaneceram baixas e estáveis por décadas após o mandato de Volcker, sugerindo que a credibilidade do FED de agir contra a inflação havia sido restaurada. Essa credibilidade não só facilitaria o controle da inflação, mas também aumentaria o escopo do FED para reagir a quedas na produção e no emprego sem o receio de que flexibilizar temporariamente a política monetária pudesse desestabilizar as expectativas de inflação. Em última análise, o sucesso de Volcker na luta contra a inflação ajudou a sustentar várias décadas de crescimento forte e estável, um período conhecido entre os economistas como a Grande Moderação. Uma lição mais ampla que, talvez, se possa tirar disso é que, na formulação de uma política monetária, credibilidade é um ativo valioso, mas obtido principalmente por meio de ações e resultados, não apenas de palavras.

Em setembro de 1990, três anos após deixar o FED, Volcker deu uma palestra em Washington na mesma série em que Arthur Burns havia descrito a "angústia do banco central", dez anos antes. Desta feita, porém, intitulou sua palestra de "O Triunfo do Banco Central?"[26] (Note o ponto de interrogação.) Em contraste com Burns, Volcker pôde dizer que "os bancos centrais têm uma reputação excepcionalmente boa hoje em dia", pois contiveram a inflação e surfaram nas correntes financeiras e econômicas resultantes. Sem surpresa nenhuma, frisou que o bom desempenho econômico requer inflação baixa, bem como "a importância de lidar com a inflação em um estágio inicial", antes que ela tome impulso e se entranhe nas expectativas. Ele também enfatizou que um banco central flexível e independente seria mais apropriado para controlar a inflação.

Cunhando uma frase, chamou o Banco Central de "the only game in town" [literalmente, "o único jogo na cidade", expressão idiomática cujo sentido é de que não há alternativa melhor] quando se trata de inflação.

A palestra de Volcker resumiu bem o aprendizado que os banqueiros centrais, economistas e até políticos da época tiveram com a Grande Inflação. Para começar, que uma inflação comedida é fundamental para uma economia saudável e estável. Outra lição é que os bancos centrais são capazes de manter a inflação baixa se tiverem credibilidade e persistência suficientes para combater a psicologia da inflação e ancorar as expectativas de inflação em um nível baixo. E, finalmente, que os bancos centrais, para serem confiáveis, necessitam de espaço para tomar decisões de política monetária com um grau razoável de independência da pressão política de curto prazo — um fator que ele, com o apoio de Carter e Reagan, desfrutou até certo ponto e que faltou a seus antecessores imediatos. O sucessor de Volcker, Alan Greenspan, aceitando esses princípios, faria do controle da inflação e da manutenção da credibilidade anti-inflacionária duramente conquistada por Volcker a peça chave de sua estratégia monetária.

Após o final de seu mandato no FED, Volcker continuou no serviço público, como quando presidiu uma comissão de auxílio às vítimas do Holocausto reavendo ativos de bancos suíços. Suas opiniões influenciaram as reformas financeiras efetuadas após a crise financeira global de 2007-2009, entre elas a adoção da chamada regra Volcker, cuja finalidade é impedir que os bancos especulem com depósitos garantidos pelo governo. Ele faleceu em 2019 aos 92 anos.

■

3

GREENSPAN E O BOOM DOS ANOS NOVENTA

Em agosto de 1987, o presidente Reagan indicou Alan Greenspan para chefiar o FED. Ele exerceria essa função por dezoito anos e meio, ficando apenas quatro meses aquém do recorde de William McChesney Martin.

Greenspan nasceu em 1926 no bairro Washington Heights da cidade de Nova York. Estudou clarinete na Juilliard após o colegial, durante a Segunda Guerra Mundial, tendo uma curta carreira como músico de jazz, tocando com luminares como o saxofonista Stan Getz. Apesar disso, mostrou uma inclinação para questões de dinheiro e finanças. Ele fazia as declarações fiscais de seus companheiros de banda.

Ele saiu da banda e foi estudar na New York University, graduando-se e obtendo o mestrado em economia. Trabalhou como analista de negócios e também se inscreveu no programa de doutorado da Columbia University, estudando com Arthur Burns. Desistiu do curso em face do aumento das exigências de seu trabalho, porém, mais de duas décadas depois, aos 51 anos, doutorou-se em economia ao enviar como dissertação à NYU uma compilação de artigos que havia escrito ao longo dos anos. Em sua carreira como consultor de negócios, grande parte dela como presidente e CEO de uma empresa chamada Townsend-Greenspan, adquiriu um conhecimento refinado e frequentemente idiossincrático da economia norte-americana.

Republicano e falcão do déficit, Greenspan serviu em meados dos anos 1970 como presidente do Council of Economic Advisers de Gerald Ford. Em sua juventude, tinha sido um devoto de Ayn Rand, a filósofa libertária e autora de *A Revolta de Atlas* — gerando certo pesar entre os liberais quando Reagan o indicou para o FED. Entretanto, como presidente, Greenspan mostrou pragmatismo e experiência política. Sempre presente na cena social de Washington, foi capaz de estabelecer relações estreitas com presidentes e legisladores de ambos os partidos. Suas opiniões sobre questões políticas fora do domínio usual do banco central eram amplamente procuradas. Sua disposição de se envolver em uma série de questões, especialmente a política fiscal, às vezes criava riscos políticos para o FED. Circulava em grande parte desses meandros arriscados, contudo, e durante seu mandato, a reputação e a independência política do FED alcançaram novos patamares.

No FED, Greenspan teve dois desafios políticos principais. O primeiro foi consolidar as vitórias de Volcker contra a inflação sustentando um vigoroso crescimento econômico. Nesse ponto ele foi muito bem-sucedido. A inflação subiu brevemente em 1990, graças em especial a um pico temporário nos preços do petróleo, mas logo se manteve relativamente baixa e estável, com uma média de cerca de 3% em todo seu longo mandato. É admirável que, em contraste com os anos 1960, a inflação tenha permanecido comparativamente baixa mesmo quando a economia crescia de forma rápida, com a produção aumentando a uma taxa anual de 3,3% ao longo da década de 1990. O objetivo dos formuladores de políticas econômicas nos anos 1960 era domar o ciclo econômico, moderar os vaivéns do binômio recessão/expansão, e manter a inflação sob controle. Com um toque brilhante calcado em seu conhecimento de dados econômicos, Greenspan teve êxito onde seus predecessores falharam. Ele engendrou um difícil "pouso suave" da economia, desenvolveu uma nova visão sobre gestão dos riscos macroeconômicos e administrou a política monetária durante uma década na qual as mudanças estruturais e tecnológicas tornaram obsoleto grande parte do que se conhecia sobre a inflação. A expansão econômica ao longo dos anos 1990 é a segunda mais duradoura da história dos EUA, atrás apenas da expansão de 2009 a 2020 que se seguiu à crise financeira global.

O segundo desafio político de Greenspan era assegurar a estabilidade financeira em um período no qual aumentava consideravelmente o grau de complexidade, interconexão e internacionalização dos mercados financeiros. Eventos no México, sudeste da Ásia e Rússia ocasionaram numerosas crises financeiras estrangeiras durante os anos 1990. Ele teve uma postura construtiva em cada uma, trabalhando em estreita colaboração com o Tesouro e o Fundo Monetário Internacional, enquanto delineava a política monetária a fim de evitar danos colaterais à economia dos EUA. O mercado acionário norte-americano, cujo rumo parecia ser apenas um na década de 1990 — para cima — deu vez a questões particularmente difíceis. Nesse quesito houve críticas de alguns comentaristas a Greenspan. Sebastian Mallaby, em uma biografia ampla e das mais simpáticas, *The Man Who Knew: The Life and Times of Alan Greenspan*, [sem publicação no Brasil] o criticou por, implicitamente, escolher atingir a taxa de inflação dos preços de bens de consumo e serviços sem dar a devida atenção aos preços dos ativos, em particular os das ações.[1] Na visão de Mallaby, a estabilidade econômica requer que a política monetária "navegue contra a maré" para evitar oscilações excessivas nos mercados de ativos, tal como os banqueiros centrais desde Martin navegaram contra a maré inflacionária.

Obviamente, preservar a estabilidade financeira é uma responsabilidade fundamental dos bancos centrais. No entanto, as ferramentas tradicionais destinadas a limitar riscos financeiros sistêmicos são a regulamentação, a supervisão das instituições financeiras e dos mercados e, caso sobrevenha uma crise, prover liquidez como emprestador de última instância. Se a política monetária deve ser configurada tendo em vista a estabilidade financeira, além de buscar preços estáveis e emprego máximo, persiste uma questão difícil e controversa. Greenspan, um sofisticado observador dos mercados, ao menos de início estava receptivo ao argumento de Mallaby. No decorrer de seu mandato, tentou em diversas ocasiões ir contra o que via como uma potencial bolha nos preços das ações, valendo-se tanto de ações monetárias quanto do seu poder de persuasão. Contudo, cada vez aumentava mais sua frustração com sua incapacidade de controlar simultaneamente a exuberância do mercado e promover um bom desempenho econômico; com o passar do tempo, mais agudo foi se tornando seu foco na inflação dos preços ao consumidor e no emprego.

Em retrospecto, como Greenspan reconheceria, ele tinha um ponto cego quanto aos riscos à estabilidade financeira — mas não era uma falta de atenção aos valores dos ativos, mas um excesso de confiança na capacidade das forças de mercado para disciplinar a assunção de riscos nas instituições financeiras e mercados. Essa deficiência viria a ter consequências importantes, para o mundo e para a reputação de Greenspan como um banqueiro central.

A SEGUNDA-FEIRA TRÁGICA E A RECESSÃO DE 1990—1991

Os contatos mais próximos de Greenspan com o mercado acionário começaram logo depois de assumir o FED. Em outubro de 1987, a cotação das ações nos EUA caiu drasticamente, chegando a terríveis 23% em um único dia, 19 de outubro, na média do Dow Jones — a segunda-feira trágica. A queda nos preços das ações foi global, com recuos severos registrados do Japão à Grã-Bretanha e ao México. Embora as preocupações com a economia estivessem se infiltrando há meses, tal evento não teve um gatilho claro. Alguns observadores atribuíram a velocidade sem precedentes do declínio às primeiras versões de negociações via computadores, em particular aos programas de "seguro de portfólio" que emitiam ordens de venda sempre que os preços caíam — uma receita autorreforçada para a instabilidade. O próprio Greenspan julgava que o mercado estava apreciado demais nos meses anteriores àquele trágico dia, embora, como todos, tenha ficado espantado com o tamanho da queda.[2]

Nos anos subsequentes, os operadores de mercado se referiram ao "Greenspan put", a ideia de que, ao menos de vez em quando, o FED corta as taxas de juros no intuito de proteger os investidores em ações, no lugar de estabilizar a economia como um todo. (Ironia pura. Um "put" é uma opção de venda de uma ação ou outro ativo a um preço predeterminado, usada pelos investidores como proteção contra declínios de preços.) A resposta do FED ao crash de 1987 não apoia a noção de "put". Deixando de lado a tentativa de reverter a desvalorização das cotações das ações ou atingir um determinado nível de preço desses ativos, o FED concentrou-se em amortecer o impacto do crash no sistema financeiro e na economia.

Para combater os efeitos negativos, Greenspan e sua equipe seguiram a cartilha padrão do Banco Central. Em primeiro lugar, conforme havia sido originalmente criado para fazer, o FED estava a postos como emprestador de última instância, garantindo que corridas às instituições financeiras não exacerbassem a crise. Nesse contexto, Greenspan aprovou o anúncio sucinto, mas eficaz, na manhã seguinte ao crash: "O FED, em face de suas responsabilidades como banco central do país, asseverou hoje estar pronto para atuar como fonte de liquidez no apoio ao sistema econômico-financeiro." Em suas memórias, Greenspan escreveu que achava que a declaração "foi tão curta e concisa quanto o Discurso de Gettysburg*... ainda que possivelmente não tão emocionante."[3] Com efeito, o comunicado afirmava que o FED estava preparado para emprestar dinheiro com as taxas de redesconto (tomando empréstimos e títulos como garantia) para auxiliar os bancos a cumprir suas obrigações de curto prazo, evitando

* O mais famoso discurso do presidente dos EUA, Abraham Lincoln, decisivo para o resultado da Guerra da Secessão. [N. da T.]

assim que a iliquidez de curto prazo (falta de dinheiro suficiente para honrar as demandas de credores) fosse aos poucos se transformando em inadimplência e insolvência dos bancos, muito mais perigosas.

O segundo elemento da cartilha de crise tradicional é a *persuasão moral* — um eufemismo para uma "chave de pescoço" oficial — que visa convencer os principais atores financeiros a trabalharem uns com os outros, e não contra os outros. Em 1987, Greenspan delegou a maior parte dessa responsabilidade a Gerry Corrigan, rude presidente do FED de Nova York. Veterano do FED e ex-assessor especial de Volcker, Corrigan pressionou as empresas financeiras a manter a concessão de empréstimos aos clientes nas condições usuais, não obstante a situação conturbada do mercado. A atitude do FED ajudou a impedir que o colapso do mercado de ações se irradiasse por todo o sistema financeiro. Os investidores que se desfizeram de seus papéis no crash sofreram perdas, mas nenhuma grande instituição financeira ficou inadimplente, nenhuma bolsa fechou (mesmo que temporariamente) e os mercados financeiros logo voltaram a operar como de costume.

Prevendo uma possível desaceleração econômica, o FED cortou a TDI em relativamente modestos 3/4 de ponto porcentual nos meses imediatamente seguintes ao crash. A economia, porém, não precisava de muita ajuda e, no início de 1988, o Federal Open Market Committee começou a reverter os cortes nas taxas. Em dois dias o Dow recuperou mais da metade de suas perdas e superou seu auge anterior ao crash em menos de dois anos; nesse meio tempo a economia mantinha seu vigor, crescendo rapidamente. Como recordaria Greenspan: "Esse colapso do mercado é hoje uma memória distante sem nenhum interesse recorrente, pois não teve nenhum efeito duradouro visível na economia como um todo, mas não sabíamos disso na época... No final, para minha surpresa, o efeito da crise foi mínimo."[4] Greenspan concluiu que o declínio do mercado de ações ocasionou poucos danos econômicos porque — além da reação rápida e tranquilizadora do FED — a maioria das ações não era financiada por dívidas. A consequência foi que a queda dos preços não levou os investidores em ações à inadimplência ou a se desfazer de outros ativos financeiros no mercado.[5] E, como se viu, em vez de precisar responder a uma desaceleração, na primavera de 1988 o FOMC se preocupou com o aumento das pressões inflacionárias. O Comitê, a par da reversão dos cortes pós-crash, foi além, iniciando uma série de aumentos adicionais de taxas, elevando a TDI em cerca de 3 pontos percentuais no ano seguinte.

Embora o crash de 1987 não tenha prejudicado a economia, o mandato de Greenspan marcou o início de uma mudança nas origens das recessões norte-americanas. A partir dos anos 1950 até os anos 1980, as recessões geralmente eclodiam após um aperto do FED estimulado por uma inflação muito alta. O exemplo mais evidente foi a profunda recessão de 1981-1982 que se seguiu à guerra de Volcker contra a inflação. Todavia, a recessão de 1970 e a profunda desaceleração de 1973-1975 também resultaram, em parte, das tentativas dos formuladores de políticas monetárias de controlar a inflação, embora, em última instância, o FED não tenha feito o bastante nesses casos para diminuir a inflação de modo permanente. Em contraste, desde 1990 e com a inflação bem comportada, as disrupções financeiras têm sido cada vez mais importantes nas recessões econômicas. O maior tamanho e complexidade do setor financeiro, a globalização dos mercados financeiros, a inovação financeira e a desregulamentação, sejam quais forem seus benefícios, aumentaram tanto o risco de instabilidade financeira quanto suas consequências econômicas.

Em julho de 1990 teve início uma recessão moderada que durou oito meses — foi um caso pontual. Restrições monetárias e tensões financeiras estavam entre as causas. O aperto promovido pelo FED a título de precaução naquela primavera de 1988 ajudou a esfriar a economia; outro fator foi uma queda aguda e repentina nos empréstimos bancários. Conhecida como "credit crunch", foi o ponto culminante de uma forte expansão seguida de uma acentuada queda nos empréstimos imobiliários comerciais durante os anos 1980, que por sua vez refletiu vários fatores, entre eles mudanças no tratamento tributário do setor de imóveis.[6] Quando, no final da década de 1980, as perdas nos ativos imobiliários dos bancos começaram a consumir seu capital, sua disposição e capacidade de emprestar diminuiu consideravelmente. Os últimos estágios da crise do S&L, que levou à quebra de cerca de metade dessas instituições entre meados dos anos 1980 e meados dos anos 1990, restringiram ainda mais a oferta de crédito. Na Nova Inglaterra a crise foi das mais severas, pois os bancos haviam se envolvido em empréstimos imobiliários arriscados.[7]

O FED teve a seu favor haver antecipado a recessão, encerrando o aperto monetário em fevereiro de 1989, ocasião em que o crescimento do emprego havia desacelerado e, em seguida, ter iniciado em junho uma longa série de cortes de juros. A taxa de juros — que alcançara quase 10% em 1989 — caiu para 3% em setembro de 1992. Embora a recessão tenha sido curta, o corte sustentado da taxa parecia necessário dada a falta de dinamismo do mercado de trabalho. O desemprego, de 5,3% em média no primeiro semestre de 1990, chegou a 7,8% em junho de 1992 e se manteve em 7,0% em meados de 1993, mais de dois anos após o fim da recessão. (Recessões terminam oficialmente quando a atividade econômica deixa de se contrair e reinicia um processo de crescimento, não necessariamente quando o desemprego começa a cair ou as condições econômicas se normalizam.) Uma "recuperação sem empregos" após uma recessão se tornaria um padrão familiar nos ciclos econômicos subsequentes.*

Em julho de 1991, o presidente George H. W. Bush indicou Greenspan para um segundo mandato de quatro anos.[8] A decisão estava longe de ser aceita tranquilamente. Em que pese o bom desempenho do FED após o crash de 1987, parcela importante nesse sentido viera da liderança de Gerry Corrigan e do FED de Nova York. E Greenspan irritou o então candidato à presidência ao aumentar os juros pouco antes da eleição de 1988, mesmo depois de Bush ter advertido publicamente o FED contra ações capazes de desacelerar a economia.[9] A meia-volta do FED ao cortar os juros em 1989, após Bush assumir o cargo, abrandou, mas não evitou a recessão de 1990-1991 ou a recuperação do desemprego que se seguiu.

Mais à frente, outros conflitos entre o FED e o governo ocorreriam. Em março de 1990, o *Los Angeles Times*, citando uma fonte anônima, publicou que Greenspan não seria renomeado porque sua demora em cortar as taxas havia deixado o presidente "louco da vida".[10] Em uma fala deveras incomum, Bush pediu taxas mais baixas em seu discurso do Estado da União de janeiro de 1991: "Vejam, realmente acho que há muito pessimismo por aí. Bancos sólidos devem estar fazendo empréstimos sólidos agora, e os juros devem ser mais baixos agora", disse, sob aplausos.[11]

Greenspan também se distinguiu em questões alheias à política monetária. Ele se opôs com sucesso a um plano de 1991 do Tesouro para abrir uma nova agência bancária federal consolidada, algo que teria retirado a maior parte da autoridade do FED para regular e supervisionar os bancos. Não lhe faltavam bons motivos para resistir à proposta. Em termos concretos, a supervisão dos bancos pelo FED ajuda a promover a estabilidade financeira e servir como credor de última instância. E as informações oriundas dos supervisores bancários auxiliam o FED a

* A queda da participação do emprego na indústria pode ajudar a explicar a recuperação mais lenta do nível de emprego. No passado, os trabalhadores demitidos quando as fábricas estavam ociosas podiam ser rapidamente readmitidos assim que a demanda se recuperasse. As dispensas temporárias de fábricas ociosas são hoje uma parcela menor das flutuações de desemprego. [N. do A.]

diagnosticar melhor a economia. Do ponto de vista burocrático, perder a supervisão bancária teria sido um desastre para ele e o FED. A função principal dos Reserve Banks regionais é essa, e Greenspan precisava protegê-los (e aos empregos associados) se quisesse o apoio dos presidentes do Reserve Bank em outros assuntos, incluindo a política monetária. Sua atuação bem-sucedida ajudou a engavetar o plano do Tesouro.

Outro ponto em que também ganhou destaque ao se afastar da política monetária foi no debate sobre a política fiscal, apoiando a redução do déficit. Ele já era um grande interessado em questões fiscais bem antes de seu tempo no FED; havia presidido uma comissão de 1981 que recomendou reformas para melhorar a situação financeira de longo prazo da Seguridade Social. Contudo, envolver-se na política fiscal, área típica do Congresso e do governo, trás consigo riscos políticos para um presidente do FED, em particular quando é algo visto como alinhamento a um partido ou outro.

Evidentemente, Greenspan considerou que para obter as políticas que considerava necessárias o risco valia a pena. Trabalhou em estreita colaboração com membros da Casa Branca para elaborar uma legislação de redução do déficit e publicamente defendeu o aperto do cinto federal. Adotando uma linha de ação que lembra as negociações de William McChesney Martin com os assessores de Johnson nos anos 1960, Greenspan também parecia ser favorável a recompensar com juros menores os políticos que conseguissem reduzir o déficit. Quando o presidente Bush quebrou sua famosa promessa de "leia meus lábios: sem novos impostos" ao divulgar um plano de redução do déficit em 30 de setembro de 1990, Greenspan, em 2 de outubro, continuou persuadindo seus colegas do FOMC, valendo-se de 4 votos contrários altamente incomuns, a autorizá-lo a anunciar até dois cortes de juros de 1/4 de ponto porcentual após o Congresso aprovar o acordo. Quando esse acordo foi aprovado, cortou a TDI em 1/4 de ponto percentual.[12] Observando a questão de uma perspectiva atual, seu envolvimento em questões fiscais parece não somente um exagero político, mas também um erro analítico, pois a experiência recente, assim como a pesquisa acadêmica, sugerem que, em uma economia avançada como a dos EUA, os riscos econômicos de déficits moderados do governo são baixos.[13]

Então, por que Bush indicou Greenspan novamente? Greenspan era, sem dúvida, competente e contava com muitos apoiadores em Wall Street e no Congresso. Ele tinha bom trânsito com políticos de ambos os partidos e seria facilmente confirmado pelo Senado. Em um período de incertezas, a continuidade do FED era um fator de confiança. Ao mesmo tempo, quando as cartas na mesa fossem ruins, os assessores de Bush esperavam que o presidente continuasse apoiando a agenda republicana.

Entretanto, manter Greenspan em seu cargo não foi um bom presságio para a candidatura de Bush à reeleição como a Casa Branca esperava. O FED continuou cortando as taxas durante 1992, mas de forma relativamente lenta, e o desemprego permaneceu alto, acima de 7%. Ao ser confrontado com o tema da campanha de Bill Clinton, "É a economia, estúpido", Bush perdeu uma disputa tripla que incluía o candidato independente H. Ross Perot. Em uma entrevista de 1998 com o jornalista da televisão britânica David Frost, Bush culpou Greenspan. "Acho que se os juros tivessem baixado mais drasticamente eu teria sido reeleito presidente... Eu o renomeei e ele me decepcionou", disse.[14]

A eleição de um presidente democrata não alterou o estilo operacional de Greenspan. Ele logo cultivou um relacionamento pessoal com Bill Clinton, e de novo pressionou pela redução do déficit. Seu apoio público à disposição de Clinton de apertar o cinto incluiu não apenas os comentários positivos que ele fez em depoimento no Congresso, mas também um endosso mais simbólico: quando Clinton anunciou a intenção de reduzir o déficit em seu Discurso do Estado da União de 1993, Greenspan sentou-se com destaque entre Hillary Clinton e Tipper Gore.

As investidas de Greenspan para além da área da política monetária, especialmente em questões fiscais, atraíram críticas do Congresso e até de colegas do FED, mas ele estava convicto de que a importância das questões nas quais se envolveu valiam o risco de reação. E, embora soubesse que muitas vezes parecia tímido e reservado, confiava em suas habilidades políticas. Seja como for, o relacionamento próximo de Greenspan com Clinton funcionou para o FED e seu próprio benefício. Clinton, tal como a maioria dos presidentes, preferia políticas mais de incentivo à economia e indicou diretores para o conselho do FED que esperava que levassem Greenspan nessa direção. Porém, reconhecendo a crescente influência da presidência do FED em Washington, ele renomearia o republicano Greenspan duas vezes.

O POUSO SUAVE, 1994–1996

Conter a inflação de dois dígitos exigiu persistência e coragem de Volcker, mas, talvez, não muita sutileza ou sofisticação teórica. Ao compará-lo com seu antecessor, nota-se que a tarefa de Greenspan de baixar a inflação a um patamar sustentável sem prejudicar o crescimento econômico foi politicamente mais fácil, porém tecnicamente mais difícil. Ele foi bem-sucedido. Entre 1994 e 1996, ajudou a economia dos EUA a fazer um *pouso suave* ["soft landing", no original em inglês], que significa que o FED apertou a política o bastante para segurar a inflação, mas não tanto a ponto de provocar uma recessão.

A noção de um pouso suave está intimamente vinculada ao raciocínio da Curva de Phillips padrão. Segundo ela, quando a economia está em recessão, as pressões inflacionárias devem ser baixas em virtude da significativa ociosidade dos mercados de trabalho e de produção. Em resposta, o FED normalmente afrouxa a política monetária para estimular a colocação de mão de obra e capital não utilizados de volta ao setor produtivo. Mas em uma economia em expansão a tendência é que a forte demanda faça salários e preços subirem mais rapidamente. Para não deixar que a inflação dispare, em algum momento o FED precisa acabar com o afrouxamento da política monetária — na medida e ocasião certas. Um aperto muito rápido e forte pode abortar a recuperação. Já um aperto muito pequeno ou muito lento poderia levar a um rebote inflacionário, o que por sua vez exigiria um aperto adicional da política monetária e, consequentemente, mais desemprego lá na frente. Para os formuladores de políticas, a resposta "Goldilocks" ["moderada" ou "no ponto"], primeiro auxilia a economia a se recuperar e depois a desacelera apenas o suficiente para possibilitar que cresça de maneira constante, com pleno emprego e inflação baixa e estável. Em princípio, um pouso suave parece bastante viável, mas na prática é complicado de realizar, uma vez que é difícil prever ou mesmo mensurar com precisão o andar da economia, sem contar a incerteza sobre os efeitos das mudanças na política monetária e de parâmetros chaves como a taxa natural de desemprego.

A oportunidade de Greenspan de engendrar uma aterrissagem suave apareceu durante a prolongada recuperação da recessão de 1990-1991. O fato de que a recuperação inicialmente não criou muitos empregos, levou o FED a atrasar o aperto. Mas no começo de 1994, circunstâncias favoráveis estavam se formando. Quando o FOMC se reuniu em 4 de fevereiro de 1994, a taxa de desemprego havia diminuído de 7,8% para 6,6% e caía decisivamente conforme o crescimento econômico aumentava. Em 3%, a TDI era relativamente baixa — perto de zero em termos reais, subtraída a inflação. Os presidentes dos Reserve Bank regionais repassaram os relatórios de seus contatos distritais informando sobre o aumento das pressões de preços, mas a inflação medida mantivera-se estável recentemente, entre 2,5% e 3%. O FED devia agir?

Para a maioria dos participantes do Comitê, a resposta foi sim. Na mesa do FOMC eram muitos os que queriam aumentar a TDI em meio ponto porcentual. Greenspan concordou que o FED precisava se antecipar à inflação antes que ela acelerasse; ele também se preocupou com os sinais de que as expectativas de inflação poderiam estar subindo. Todavia, receando a possibilidade de que agir de modo muito repentino pudesse impactar os mercados financeiros, ele conseguiu que o Comitê concordasse com um aumento mais moderado, de 1/4 de ponto.[15] Nada comum para a época, Greenspan divulgou um comunicado à imprensa anunciando a decisão. Como era o primeiro aumento de taxa em cinco anos, queria se certificar de que os mercados entenderiam a mensagem.

Por que começar a aumentar os juros com a inflação ainda baixa e o desemprego ainda elevado? Greenspan explicou o raciocínio do Comitê em depoimento ao Congresso algumas semanas depois: "[A] política monetária afeta a inflação só após uma demora significativa", disse. "Adotada uma postura de política excessivamente estimulante, o efeito sobre os índices de preços não ficará evidente por talvez um ano ou mais. Por via de consequência, se o FED esperasse aumentos nas expectativas de inflação das famílias e empresas fariam com que a inflação ocorrida fosse proporcionalmente maior na razão de um para um. A essa altura, medidas corretivas modestas não seriam mais suficientes... Em vez disso, seriam necessárias ações mais severas, com inevitáveis efeitos colaterais adversos na atividade econômica de curto prazo." Para Greenspan, o último ponto era importante. Para ele, atitudes preventivas contra a inflação não eram um elemento contrário ao crescimento caso fosse evitada a necessidade de um aperto mais radical posteriormente. Ao agir cedo, o FED esperava "preservar e proteger a expansão econômica em andamento, prevenindo um futuro aumento desestabilizador da pressão inflacionária", disse.[16] A ideia de um aperto antes da inflação se realizar — tática que ficou conhecida como *ataque preventivo* — fez vir à mente a abordagem do ponche de Martin nos anos 1950.

O aumento dos juros em fevereiro de 1994 foi apenas o início de um novo ciclo de aperto. Em fevereiro de 1995, em face das pressões inflacionárias, o Comitê dobrou a TDI, de 3% para 6%. A política parecia frear a economia, como se esperava, mas houve efeitos colaterais. O mercado de títulos reagiu fortemente à mudança de política, com as taxas de juros de longo prazo acompanhando a elevação da TDI e da expectativa de novas subidas por vir. Os rendimentos dos títulos do Tesouro de dez anos, que eram inferiores a 6% no final de 1993, dispararam para quase 8% no final de 1994. Como os preços dos títulos se movem inversamente aos seus rendimentos, os detentores de títulos — entre eles, bancos, seguradoras e fundos de pensão — tiveram grandes perdas no que ficou conhecido como o Great Bond Massacre de 1994 [Uma crise decorrente de uma queda repentina dos preços do mercado de títulos no mundo desenvolvido].* Entre as vítimas estava a Orange County, condado do estado da Califórnia, que quebrou após sofrer prejuízos em contratos de derivativos relacionados a títulos.

O aperto do FED também teve desmembramentos políticos. Em 1993, o presidente Clinton, ao ser empossado, tinha concordado com um plano de redução do déficit orçamentário recomendado por Greenspan, em parte devido à promessa de seus assessores econômicos e de Greenspan de que a estabilização das condições fiscais do governo federal aumentaria a confiança dos investidores em títulos e reduziria os juros de longo prazo. Estes caíram após o anúncio do plano. Mas as ações do FED e o subsequente Great Bond Massacre faziam com que as taxas longas voltassem a subir. Políticos democratas expressaram seu descontentamento. O senador Paul Sarbanes, de Maryland, comparou o FED a "um homem-bomba atingindo uma casa de fazenda"[17] No entanto, Greenspan e o Secretário do Tesouro, Robert Rubin, convenceram Clinton de que criticar o FED seria contraproducente, argumentando que o objetivo da política de Greenspan era controlar a inflação; no longo prazo, não obstante o choque de curto prazo nos rendimentos dos títulos, uma inflação menor levaria para baixo as taxas de juros. (De fato, as taxas de longo prazo caíram em 1995 e nos anos seguintes.) Na argumentação, disseram que caso os mercados acreditassem que o presidente estava tentando obstruir os esforços do FED para evitar uma inflação sustentada, as taxas de longo prazo poderiam subir ainda mais em vez de cair. A atitude de Clinton estabeleceu um precedente importante ao não pressionar ou criticar Greenspan publicamente: um novo padrão para a independência política do FED. George W. Bush e Barack Obama seguiriam seu exemplo.

Quando a taxa básica de juros bateu em 6% em fevereiro de 1995, Greenspan julgou que o aperto já fora o suficiente e insinuou, em depoimento ao Congresso no final daquele mês, que novos aumentos nas taxas eram improváveis. Após os cortes em julho e dezembro de 1995, a

* Rendimentos e preços dos títulos se movem em direções opostas. Considere um título que paga US$1 ao ano e é negociado a US$10. Esse título tem um rendimento anual de 10% (US$1 / US$10). Porém, se a oferta desse título for baixa e levar os investidores a fixar o preço em até US$20, o rendimento cairá para 5% (US$1 / US$20). [N. do A.]

TDI caiu para 5,5%. A economia respondeu bem, o desemprego continuou a diminuir gradualmente e a inflação permaneceu estável, abaixo dos 3%. Parecia que o pouso suave havia ocorrido e a expansão continuaria. Ele escreveria em suas memórias que esse feito foi seu momento de maior orgulho como presidente do FED. A economia assim fortalecida ajudaria a reeleger Clinton em novembro de 1996, recompensando-o por sua paciência.

A CRISE DO PESO MEXICANO

Os aumentos dos juros sob a gestão de Paul Volcker em 1982 ajudaram a provocar uma crise financeira no México e em outras nações devedoras da América Latina. O aperto de Alan Greenspan em 1994 também repercutiu no México, que, tal como em 1982, estava quase inadimplente. Porém a crise mexicana de 1994 foi diferente, refletindo importantes mudanças no sistema financeiro internacional na década anterior. Em 1982, os credores do México e de outros países latino-americanos eram grandes bancos dos EUA, e com isso a crise da dívida também era potencialmente uma crise do sistema bancário dos EUA. Em 1994, contudo, a dívida do México não era constituída por empréstimos bancários — sim, os bancos aprenderam com 1982 — mas principalmente por títulos vendidos a credores em todo o mundo. É importante frisar que muitos títulos mexicanos — como a maioria dos títulos vendidos no exterior por países de mercados emergentes — eram de fato denominados em dólares, uma medida destinada a poupar os credores do risco de mudanças na taxa de câmbio peso/dólar. Mas o risco cambial não havia desaparecido, pois o governo mexicano via-se na contingência de ser forçado a pagar em dólares mais caros se o peso perdesse valor. Além disso, grande parcela da dívida mexicana indexada ao dólar — os *tesobonos* — era de curto prazo, ou seja, os credores, assim como os depositantes em um banco com problemas, poderiam retirar seu financiamento caso perdessem a confiança.

O México assinou o Acordo de Livre Comércio da América do Norte com os EUA em 1994 e nos anos anteriores tinha efetuado reformas pró-mercado, que incluíam o aumento da independência do Banco Central mexicano e uma meta formal para a inflação. Com isso, o otimismo sobre as perspectivas do país atraiu dinheiro estrangeiro.

Confiança, porém, pode ser frágil. Com o aperto do FED o dólar se valorizou, elevando o custo real dos pagamentos da dívida do México.

Além disso, em 1994, a situação política do México foi tumultuada por uma rebelião no estado de Chiapas e o assassinato de um candidato presidencial. As pressões políticas levaram o governo a afrouxar as políticas monetária e fiscal no período que antecedeu a eleição. O intuito das medidas tomadas era fortalecer a economia no curto prazo, mas elas também colocavam em dúvida o compromisso de longo prazo do país com reformas, em particular o controle do déficit orçamentário do governo e da inflação. Esse conjunto de eventos causou uma fuga de recursos investidos, forçando o Banco Central mexicano a usar sua oferta limitada de reservas em dólares na tentativa de sustentar o valor do peso.* Em dezembro, faltava ao banco central reservas suficientes para manter a taxa de câmbio fixa do peso, obrigando o novo presidente a anunciar uma surpreendente desvalorização da moeda. Os investidores estrangeiros, receosos de que o México fosse incapaz de pagar sua dívida indexada ao dólar, passaram a sacar seu dinheiro em um ritmo ainda maior. Sem ajuda, o México logo ficaria inadimplente com suas obrigações internacionais.

Greenspan poderia ter adotado em seus dias de libertário a solução simples de livre mercado, que seria deixar o México dar um calote, evitando o "risco moral" de o México e seus credores pensarem que o governo dos EUA sempre os protegeria das consequências de seus erros, o que os encorajaria a assumir riscos excessivos. Contudo, como presidente do FED, ele temia que um calote colocaria o sistema financeiro internacional em xeque, com os investidores perdendo a confiança em outras economias de mercados emergentes, o que levaria a mais corridas de detentores de títulos. Além disso, como o México é um grande parceiro comercial dos EUA, uma forte retração de sua economia poderia restringir o crescimento dos EUA. Por fim, um argumento dos mais convincentes para Greenspan em seu papel de banqueiro central foi que, tal como um banco sólido enfrentando uma corrida de depositantes, o problema do México era claramente mais uma falta temporária de liquidez do que uma insolvência fundamental. Levando tudo em conta, seria o caso de os EUA servirem como um emprestador internacional de última instância para o México, evitando assim a inadimplência e as consequentes perdas. Quanto às questões de risco moral, poderiam ser ao menos parcialmente

* As saídas de investimentos, entre elas a venda de ativos denominados em pesos, como ações, inundaram o mercado de câmbio com pesos. Para sustentar o valor da moeda, o BC usou suas reservas em dólares para comprar os pesos excedentes. [N. do A.]

amenizadas estabelecendo certas penalidades onerosas para o México e seus investidores.

Greenspan, o Secretário do Tesouro, Rubin, e o Subsecretário do Tesouro, Larry Summers, concordaram que prevenir um calote mexicano era do interesse dos EUA e convenceram o presidente Clinton. Entretanto, não conseguiram fazer o Congresso liberar os recursos necessários para o que parecia ser uma assistência financeira impopular para um país estrangeiro. O trio Rubin-Summers-Greenspan chegou a uma solução alternativa. Com o apoio de Greenspan, o Tesouro usou seu Exchange Stabilization Fund para ajudar a financiar um pacote para o México. Esse fundo foi criado pelo Congresso durante a Depressão para capacitar o Tesouro a comprar e vender dólares conforme necessário para estabilizar o valor do dólar nos mercados cambiais. Mas como qualquer crise provavelmente teria impacto no dólar, na prática a utilização do fundo era bastante flexível. O FMI e o Bank for International Settlements da Suíça, uma instituição multilateral que auxilia a coordenar as atividades dos bancos centrais, contribuíram para o que se tornaria um pacote de US$50 bilhões ao México, dos quais US$20 bilhões vieram dos EUA.

No final das contas, o México reembolsou inteiramente a ajuda, sendo obrigado a realizar reformas econômicas e adotar políticas monetárias e fiscais mais rígidas sob a supervisão do FMI. O México não deu um calote, mas sofreu grave recessão em 1995. Infelizmente, do ponto de vista do risco moral, os investidores em seus títulos da dívida indexadas ao dólar se deram melhor, sendo em grande parte ressarcidos. Porém, outros investidores estrangeiros — incluindo investidores no mercado de ações do país e dívida denominada em pesos — sofreram perdas substantivas.

A atuação de Greenspan nesse caso reforçou sua reputação de negociador financeiro e formulador de políticas cuja influência ia além da fixação de taxas de juros. O significado maior do episódio foi que ele se tornaria um modelo para crises financeiras no final da década.

"UM RESMUNGÃO GRANDEMENTE INCOERENTE": GREENSPAN COMO COMUNICADOR

Os banqueiros centrais são, historicamente, um grupo discreto. Os primeiros bancos centrais, entre os quais o centenário Banco da Inglaterra, começaram como instituições privadas, e seus presidentes mantiveram a atitude reservada e o sigilo esperados de banqueiros profissionais. Com o tempo, os BCs assumiram uma postura mais pública, mas por muitos anos se manteve a prática de preservar a sensação mística de que os banqueiros centrais sabiam mais do que deixavam transparecer, algo importante tanto para a flexibilidade das políticas quanto para maximizar o impacto de quaisquer anúncios no mercado. Montagu Norman, o excêntrico presidente do Banco da Inglaterra entre 1921 e 1944, supostamente adotou como lema pessoal: "Nunca explique, nunca desculpe"[18] Ele rotineiramente rejeitava como atrevidos os pedidos para depor no Parlamento.

No âmbito internacional, a aura de confidencialidade dos BCs começou a sair de moda nas décadas de 1980 e 1990. Uma data relevante foi 1990, quando o Banco Central da Nova Zelândia, que combateu uma inflação de dois dígitos nos anos 1980, anunciou, em cooperação com o governo, uma meta formal de inflação de zero a 2%. O exemplo foi seguido por diversos bancos centrais, em economias avançadas e mercados emergentes.[19] Além do estabelecimento de metas oficiais, entre as iniciativas de transparência estava a disponibilização ao público de outras informações, como previsões e análises econômicas dos bancos centrais.

Duas foram as razões para tal abertura. A primeira é que haveria maior eficácia da política monetária se os participantes do mercado financeiro entendessem melhor o pensamento dos formuladores de políticas. Afinal, a política monetária se transmite para a "economia real", em grande parte, por meio do seu efeito em preços e rentabilidade dos ativos, e uma melhor compreensão das metas e estratégias de quem as implementa ajuda os mercados financeiros a refletir melhor as intenções subjacentes. Em segundo lugar, após a Grande Inflação, tida como resultado ao menos em parte, da influência dos políticos na política monetária, o FED e outros bancos centrais tornaram-se mais independentes de tais pressões de curto prazo. Por outro lado, se os funcionários não eleitos tiverem o poder de tomar decisões de política monetária — de consequências sempre relevantes para o mercado —, deve-se esperar que se expliquem. Essa responsabilidade só pode ser alcançada se houver transparência.

Greenspan foi uma figura de transição na mudança global rumo a uma maior transparência do banco central. Suas inclinações vinham da velha escola. Valorizava a flexibilidade e a imprevisibilidade, mantinha as informações por perto. Logo que assumiu o cargo, brincou: "Aprendi a resmungar com grande incoerência."[20] Ele era realmente um mestre em dizer pouco e falar muito. Ao mesmo tempo, entendia que a comunicação sobre políticas era, com frequência, necessária e às vezes até útil. Assim, embora em termos de transparência o FED geralmente ficasse atrás de outros bancos centrais — um exemplo é que Greenspan resistiu à ideia de uma meta de inflação formal — a instituição deu passos importantes sob sua gestão. Muitos desses passos envolveram a evolução das declarações que acompanham as decisões do FOMC.

Notável como possa parecer hoje em dia, em que há uma análise minuciosa de cada mudança de redação ou tom das declarações após as reuniões do FOMC, as alterações da política monetária não eram, antes de fevereiro de 1994, anunciadas rotineiramente no dia em que eram feitas.* (Aliás, nenhuma mudança era imediata — o FOMC dava ao presidente do BC a liberdade para determinar o momento exato.) Nessa época, os jornalistas financeiros consultavam analistas de Wall Street que monitoravam as oscilações das taxas de juros de curto prazo do mercado e opinavam se havia ocorrido uma mudança na política. Não era inédito que um repórter da área de finanças citasse analistas dizendo que uma ação na política do FED havia ocorrido quando, de fato, nada tinha acontecido.

No entanto, o aumento da taxa em fevereiro de 1994, que deu o pontapé inicial nos pousos suaves, foi especial. Tratava-se da primeira mudança de política desde setembro de 1992 e do primeiro aperto desde 1989. Greenspan queria se certificar de que a mudança ficasse bem evidente para os mercados e, portanto, merecia um anúncio formal após a reunião do FOMC.[21] Paralelamente, preservando sua preciosa flexibilidade, Greenspan avançou em pequenos passos. A declaração pós-reunião foi do próprio Greenspan, não do Comitê como um todo, o qual não teve chance de editá-la ou aprová-la. Redigida de forma opaca e indireta, indicava apenas que se esperava um "pequeno aumento nas taxas de juros do mercado monetário de curto prazo", mas não o quantificava. E Greenspan indicou ao FOMC que não haveria declarações após todas as reuniões futuras, em especial aquelas em que nenhuma ação fosse tomada. Ainda assim, a declaração de fevereiro de 1994 inovou e teve consequências.

* Uma exceção ocorria quando o conselho de governadores mexia na taxa de redesconto. Como os bancos que desejavam tomar empréstimos precisavam saber a taxa, não havia outra opção a não ser anunciá-la. Mudanças na taxa de redesconto muitas vezes acompanhavam mudanças na TDI e, assim, serviam como um sinal de alterações na política monetária; foi o caso do FED de Paul Volcker quando anunciou uma mudança na taxa de redesconto na importante reunião de outubro de 1979. Mudanças na taxa de redesconto eram um sinal forte e, portanto, às vezes eram chamadas de "soar o gongo" [N. do A.]

Além de seu desejo de enfatizar a mudança de rumo da política, Greenspan tinha outra motivação para aumentar a transparência: a pressão do Capitólio. O presidente do House Committee on Banking, Housing, and Urban Affairs, Henry B. Gonzalez (do Texas), por algum tempo esteve à frente das demandas do Congresso por maior divulgação das deliberações políticas do FOMC. Em resposta, o FOMC, em março de 1993, concordou em passar a liberar as atas de cada reunião depois da reunião seguinte do Comitê — ou seja, com um atraso de cerca de sete semanas.[22] Insatisfeito, Gonzalez agendou uma audiência sobre um projeto de lei exigindo que o FOMC liberasse uma transcrição completa e um vídeo de cada reunião em 60 dias. Convidou todos os 19 participantes do FOMC (membros do Conselho e presidentes dos FEDs regionais) para depor em conjunto. Na notável audiência de 19 de outubro de 1993, cinco membros do Conselho e dez presidentes dos FEDs regionais se juntaram a Greenspan, com outros participantes do FOMC submetendo as declarações.

A audiência ganhou ainda mais notoriedade quando Greenspan revelou que as reuniões do FOMC eram gravadas há muitos anos e transcritas para ajudar a equipe a elaborar as atas. As fitas eram rotineiramente apagadas, mas as transcrições não editadas dos últimos 17 anos ainda existiam. A maioria dos participantes do FOMC não sabia das transcrições, e ele escreveu em suas memórias que tomou conhecimento delas apenas em sua preparação para o depoimento. Mas o FED estava claramente na defensiva. No compromisso final, ainda em vigor, o FOMC concordou em liberar transcrições completas e ligeiramente editadas de todas as reuniões com um intervalo de cinco anos. (As transcrições estão no site do Conselho.) Esse material, valioso para os historiadores, imputa alguma responsabilidade para os formuladores de políticas, apesar do longo atraso. Mas a divulgação das transcrições diminuiu a troca de ideias e a discussão espontânea nas reuniões.

A experiência com as transcrições pode ter persuadido Greenspan de que as decisões envolvendo a transparência do FED nem sempre lhe seriam privativas, e que permitir espiar os bastidores poderia servir a propósitos de políticas internas do BC mas também a interesses dos políticos. Após fevereiro de 1994, as declarações pós-reunião, ainda que escassas e normalmente divulgadas só depois das reuniões em que a ação foi tomada, passaram a acontecer. Com o tempo, o FOMC começou a dar informações mais explícitas sobre a mudança na meta da TDI, primeiro quanto à sua relação com a taxa de redesconto e mais tarde (em julho de 1995) em termos da meta da própria TDI. Mais adiante, as declarações também continham mais informações sobre a justificativa para a ação política. De fato, na declaração de agosto de 1994 estava o que hoje chamaríamos de "forward guidance" ou FG [orientação sobre o curso futuro da política monetária]. Tendo notado um acréscimo de 1/2 ponto porcentual na taxa de redesconto, o que permitiria "revelar completamente" as taxas de mercado, na declaração pós-reunião de Greenspan constava que "espera-se que essas ações sejam suficientes, ao menos por um tempo," sinalizando a expectativa de uma pausa. (Mas a orientação se mostraria falha, pois o Comitê elevou as taxas em mais 3/4 pontos porcentuais em novembro.)

Duas questões marcaram o que restava da década de 1990. A primeira era a orientação sistemática sobre a provável direção futura da política, além de informar os mercados sobre as ações em curso. O Comitê, em portaria, já havia instruído o FED de Nova York sobre o rumo presumível das taxas de juros. (O Open Market Desk no FED de Nova York era responsável pela implementação da política monetária, comprando e vendendo títulos do Tesouro conforme necessário para administrar o suprimento de reservas bancárias e a taxa básica de juros.) Essa orientação foi chamada de "viés" da política. O viés pode ser ascendente (ou seja, as taxas provavelmente aumentarão), descendente ou neutro. Obviamente, o viés era uma informação potencialmente relevante para os participantes do mercado, mas foi divulgado apenas na ata da reunião, por volta de sete semanas depois, tornando obsoleta a informação. Após intenso debate, o Comitê, em dezembro de 1998, concordou em incluir mudanças significativas no viés em sua declaração pós-reunião.

O "viés", por sua vez, evoluiu. Em fevereiro de 2000, o Comitê mudou sua linguagem, construindo-a em torno do conceito de "balanço de riscos" para a economia. Se esta parecesse estar enfraquecendo, o comunicado diria que os riscos "foram ponderados principalmente para condições que podem gerar fraqueza econômica". Se a economia dava sinais de superaquecimento, então os riscos "foram ponderados principalmente em relação às condições capazes de gerar maiores pressões inflacionárias". Em sua formulação, o balanço de riscos incorporou, implicitamente, o raciocínio inerente à Curva de Phillips, segundo o qual a inflação e o crescimento econômico eram cotejados. A possibilidade de que, digamos, houvesse fraca atividade econômica e ao mesmo tempo a inflação fosse muito alta — como foi o caso da estagflação na década de 1970 — era algo difícil de captar na linguagem do balanço de riscos.

A segunda questão dizia respeito a quem era o dono da declaração. Greenspan fez as primeiras pessoalmente, sem nenhuma contribuição do Comitê. Mas não tardou para ficar evidente que as declarações em si, ao moldar as expectativas do mercado para as taxas futuras, eram uma forma de política. Com o passar do tempo, foi pressionado para permitir que o Comitê influenciasse a declaração. No início de 1995, Al Broaddus, presidente do FED de Richmond, sugeriu que a equipe elaborasse declarações alternativas, talvez com vieses diferentes, e que o FOMC colocasse o texto em votação formal. Greenspan reconheceu que o viés era um elemento de política, mas argumentou que editar a declaração durante a reunião não era viável e o assunto parou por aí. Por algum tempo, ele ou seu imediato, Don Kohn, liam a declaração somente no final da reunião, depois que o Comitê tivesse votado a ação de política.

Conforme ficava mais evidente a capacidade da declaração de influenciar as expectativas de políticas, a postura de Greenspan se modificou. Em maio de 1999, o FOMC anunciou pela primeira vez uma mudança em seu viés (em direção ao aperto) sem alterar a taxa. Os mercados reagiram fortemente, como se houvesse de fato um anúncio de aumento de taxa e não apenas uma eventualidade. Na reunião de dezembro de 1999, Greenspan distribuiu declarações alternativas para avaliação e, a partir da reunião de fevereiro de 2000, o Comitê passou a colocar em votação a aprovação da declaração, bem como a ação política.

Em março de 2002, em outro passo rumo à transparência, o FOMC passou a liberar imediatamente os votos sobre a ação e declaração de política, inclusive os de dissidentes. Isso era, em parte, provocado por aspectos legais — a Lei de Acesso à Informação parecia possibilitar a obrigatoriedade da liberação imediata dos votos. Ter conhecimento da dissidência na declaração da reunião se tornaria um meio de os oponentes de uma mudança de política ganharem maior atenção para seus pontos de vista.

Em que pesem as mudanças a partir de 1994 e de 2002 em diante, a transparência do FED sob Greenspan permaneceu limitada, se a compararmos com muitos outros bancos centrais. No entanto, as mudanças nos ambientes econômico e político subjacentes logo provocaram mudanças também na comunicação.

E SURGE O MAESTRO

A expansão entrou em seu sexto ano com o pouso suave de 1994 a 1996. Conseguiria o FED prolongar a série de vitórias — crescimento sólido, baixo desemprego, inflação estável? Sim, e observadores contemporâneos deram a Greenspan grande parte do crédito. Em 2000, Bob Woodward, do *Washington Post*, famoso por Watergate, publicou um livro sobre a liderança de Greenspan no FED, intitulado *Maestro: Greenspan's Fed and the American Boom* [Sem publicação no Brasil].[23] A alcunha pegaria, sinalizando sua ascensão ao status de estrela do rock. Greenspan lidou com êxito o período pós-pouso suave, mas a história é mais complicada do que retratada nos relatos sobre pessoas veneradas.

Em meados de 1996, o FED havia enfrentado uma situação que lembrava 1994. A economia crescia em ritmo vigoroso — cerca de 3% no primeiro semestre — e o desemprego, em 5,5%, tinha diminuído pouco, aquém da estimativa da taxa natural feita pelo corpo técnico. Pela lógica usual da Curva de Phillips, a inflação logo se mostraria um problema, e a estratégia de ataque preventivo defendida por Greenspan em 1994 recomendava iniciar os aumentos de juros em breve. Vários dos membros do FOMC foram a favor dessa estratégia.

Mas Greenspan não estava tão certo disso e tendia a ser cauteloso. Ele sabia, desde 1994, que promover uma sequência de aumentos de taxas após um período de taxas fixas ou decrescentes poderia repercutir muito mal nos mercados, em particular no de títulos. Ademais, a conjuntura em 1996 era um tanto diferente da vivida dois anos antes. Por um lado, era evidente que as condições monetárias em 1996 não eram tão frouxas. A TDI, de 5,5%, estava em um nível relativamente normal para a época, não os 3% de 1994. Mais importante, em meados de 1996 havia poucos sinais de inflação. Medida pelo núcleo do índice de preços ao consumidor, a inflação se estabilizara em 2,7%, e os FEDs regionais relataram na reunião de julho que seus contatos empresariais não conseguiram elevar os preços sem perder vendas. O custo da mão de obra também parecia comportado, observando-se apenas indicações pontuais de salários subindo mais rapidamente. Prevenir inflação era uma coisa; atirar nas sombras, outra.

Se a ausência de pressões inflacionárias evidentes justificava uma abordagem cautelosa do FOMC, por outro lado levantou uma questão: com uma economia forte e desemprego em queda, por que a inflação não era mais alta, segundo o raciocínio padrão da Curva de Phillips?

Greenspan via um motivo para essa situação: uma aceleração no ritmo da mudança tecnológica. No final dos anos 1990, a revolução da internet gerava conversações a respeito de uma Nova Economia, e ele estava se convertendo.* Acreditava que os ganhos de *produtividade* da Nova Economia — isto é, incrementos de produção que poderiam ser obtidos por qualquer combinação de capital e trabalho — estavam reduzindo a inflação de dois modos. Primeiro, mudanças tecnológicas, como robôs em fábricas ou softwares avançados em escritórios, deixaram os trabalhadores menos seguros em seus empregos, dada a maior facilidade de substituição. De acordo com a *hipótese de insegurança do trabalhador* de Greenspan, esse era um fator que desestimulava os trabalhadores a lutar por aumentos salariais, apesar do baixo desemprego. Em segundo lugar, os ganhos de produtividade ajudaram a compensar os efeitos dos aumentos salariais sobre os custos de produção de bens e serviços, amenizando as pressões inflacionárias. Concluiu assim que, não obstante a economia forte, rápidos aprimoramentos tecnológicos e, portanto, maior produtividade, ajudaram a manter a inflação sob controle, diminuindo a necessidade de ação preventiva do FED.

A influente equipe profissional do FED discordou de ambos os argumentos de Greenspan, ao menos inicialmente. A equipe havia levantado a hipótese da insegurança do trabalhador na reunião do FOMC de setembro de 1995, antes que Greenspan se concentrasse nela. Naquela reunião, Mike Prell, o diretor de pesquisas, disse ao Comitê que a equipe havia utilizado dados de pesquisas e medidas de risco de perda de emprego para examinar a hipótese, e nada encontrara que fosse convincente. No entanto, casos e relatos da mídia levaram muitos membros do FOMC a acatar as opiniões de Greenspan quanto a uma mudança no equilíbrio de poder no mercado de trabalho.[24] O Comitê manteve seu posicionamento durante o verão de 1996, deixando as taxas inalteradas.

Segundo Greenspan, os dados entre as reuniões de julho e setembro de 1996 eram "nebulosos". O mercado de trabalho se contraiu ainda mais,

* Assisti a uma palestra de Greenspan sobre essa época. Ele enaltecia o fato de que o peso físico do PIB dos EUA era muito menor do que no passado. Fiquei intrigado no começo, mas depois entendi que ele estava contrastando uma economia antiquada, baseada na manufatura de bens físicos, com a economia baseada na internet, na qual o valor é incorporado em artefatos leves ou virtuais, como software ou design avançado. Greenspan não considerava inteiramente como metáfora medidas baseadas em peso; solicitava que a equipe do FED fornecesse estimativas do peso da produção em vários setores. [N. do A.]

com a taxa de desemprego caindo para 5,1%. Os trabalhadores também se sentiram um pouco menos inseguros, uma vez que alguns indicadores mostraram uma aceleração dos aumentos salariais. No entanto a inflação medida pelo índice de preços ao consumidor permaneceu baixa.

Greenspan, ainda hesitando em elevar as taxas, voltou-se para a segunda parte de seu argumento: mesmo que os salários subissem moderadamente, o aumento da produtividade impediria o repasse desses ganhos salariais para a inflação. Aqui, de novo, Greenspan e a equipe, que tinha a seu favor os dados oficiais, discordavam. A produção por hora de trabalho no segundo trimestre de 1996 — um indicador simples de produtividade — cresceu apenas 0,9% em relação ao mesmo período do ano anterior, conforme os dados então disponíveis, uma taxa não particularmente impressionante e menor do que quando o FED havia começado a aumentar as taxas em 1994. Todavia, Greenspan (e muitos no FOMC), mais uma vez influenciado por relatos de seus contatos empresariais sobre melhoras de eficiência, solicitou à equipe para pesquisar mais. Argumentou que os dados disponíveis poderiam estar subestimando os ganhos reais de produtividade por dois motivos: primeiro, os lucros corporativos foram altos, não obstante os aumentos salariais, sugerindo que o aumento da eficiência estava reduzindo os custos. Em segundo lugar, o crescimento da produtividade na manufatura — na qual a produtividade é mais fácil de medir — foi bem forte, enquanto o crescimento da produtividade no setor de serviços — medida com menos precisão, na visão de Greenspan — parecia implausivelmente baixo.*

Uma minoria não desprezível do Comitê defendia um endurecimento, mas os argumentos e a influência pessoal de Greenspan os persuadiram a esperar para obter mais informações. Em vez de iniciar um ciclo de aumentos de taxas em setembro de 1996, o FOMC as manteve estáveis até o fim do ano. E, de fato, a economia continuou com bom desempenho, sem aumento da inflação. A previsão de Greenspan estava certa, a equipe e os participantes mais radicais do FOMC estavam errados.

Mas o aperto não tardou muito a acontecer. No início de 1997, apesar das poucas alterações evidentes na economia, as opiniões de Greenspan começaram a mudar. Na reunião de fevereiro de 1997, ele anunciou que

* Mensurar a produtividade requer dados precisos da produção, cuja obtenção pode ser mais fácil para a manufatura do que para os serviços. Por exemplo, é mais fácil medir quantas toneladas de aço uma usina produz do que determinar a quantidade de serviços financeiros realizados por um banco. [N. do A.]

achava que a hora de mudar aproximava-se rapidamente. "Estamos chegando em um ponto — março pode ser a ocasião adequada — em que teremos que nos mover caso não surjam evidências bem claras de que a expansão está diminuindo de modo significativo."[25] O Comitê elevou as taxas em março, mas suspenderia os aumentos quando outra crise financeira internacional, agora na Ásia, causasse dificuldades econômicas.

A atuação de Greenspan em 1996 e 1997 justifica a adulação que recebeu no livro de Woodward e em outros lugares? De muitas maneiras, sim. Mais importante, os resultados econômicos foram bons. O vigor do crescimento e o nível baixo de inflação continuaram. E, não há como negar, a situação mostrou os pontos fortes de Greenspan, entre eles sua habilidade em administrar o Comitê e sua capacidade de ver além dos dados econômicos padrão. Sua percepção sobre produtividade foi particularmente impressionante. Dados revisados posteriormente mostraram que o crescimento da produtividade em 1996 e 1997 foi, de fato, notavelmente maior do que a mensuração inicial, como havia previsto.[26]

Já em certos aspectos, a análise de Greenspan merece reparos. Sua hipótese de insegurança do trabalhador, abandonada por ele quando os salários passaram a subir, não se sustenta bem em retrospecto. Estudos posteriores demonstraram que a maioria dos trabalhadores considerou o risco de perda de emprego menor, e não maior, do que o usual durante aquele período; e que se pode dizer, ainda que com certa reserva, que a segurança real do emprego na década de 1990 era maior do que nas décadas anteriores.[27] Ademais, os ganhos de produtividade identificados por ele provavelmente explicaram apenas parcialmente a não subida da inflação. Alan Blinder e Janet Yellen — ambos economistas proeminentes e membros do Conselho do FED na época — escreveram, mais tarde, um livro sobre o FED e a economia dos anos 1990 que minimizava o papel do crescimento da produtividade na supressão da inflação.[28] Analisando em retrospecto, argumentaram que boa parte da fraqueza inesperada da inflação naquela ocasião pode ser devida a outros fatores de curto prazo, como uma apreciação do dólar, preços declinantes do petróleo e mudanças metodológicas na forma de cálculo da inflação.

São muitas as evidências que, hoje, também sugerem que naquela época a inflação estava, por razões subjacentes a ela, mudando para uma direção favorável. Embora as estimativas da taxa natural de desemprego não sejam precisas, ao que parece essa taxa caiu cerca de um ponto porcentual entre mais ou menos 1980 e meados da década de 1990.[29] Em um artigo de 1999, os economistas que estudam o mercado de trabalho

Larry Katz e Alan Krueger atribuíram essa aparente diminuição a vários fatores. Em primeiro lugar, com o envelhecimento dos baby boomers [os nascidos nos anos que se seguiram à Segunda Guerra Mundial], a força de trabalho se tornou mais experiente e mais instruída do que em 1980 — em geral, quanto maior o nível educacional, menor o desemprego. Em segundo lugar, as mudanças estruturais do mercado de trabalho, com o surgimento da indústria do trabalho temporário, proporcionaram um meio alternativo para os desempregados encontrarem trabalho.[30] Uma taxa natural de desemprego mais baixa permitiu à economia crescer mais, com uma taxa de desemprego mais baixa, e sem pressão inflacionária.

Outro fator importante da redução das pressões inflacionárias foi a restauração (principalmente sob Volcker, e que continuou com Greenspan) da credibilidade do FED no combate à inflação. Com as famílias e empresas confiando mais no compromisso do FED com a estabilidade de preços, a disparada de preços e salários provocada pelo aumento das expectativas de inflação deixou de ser uma preocupação relevante. Consequentemente, era provável que as pressões inflacionárias, decorrentes do rápido crescimento da demanda ou de choques de oferta, teriam apenas efeitos transitórios sobre a taxa de aumento de preços, em vez de efeitos persistentes como nos anos 1970. Ao antecipar o comportamento da inflação com base em sua reconhecida presciência sobre a produtividade, e não em outros fatores, Greenspan pode ter tido um pouco de sorte — embora, como o executivo do beisebol Branch Rickey costumava dizer, a sorte é o resíduo do design.[31]

Por fim, a percepção de Greenspan sobre a produtividade postergou o aperto por apenas seis meses — talvez não o bastante para ter feito uma grande diferença — e a produtividade (agora sabemos) estava realmente acelerando quando o FED implementou o aperto em março de 1997. Então, talvez se tenha dado a isso mais importância do que merece. O fato é que melhorou ainda mais sua reputação, aumentando sua influência não apenas no FED, mas na política econômica em geral.

A CRISE FINANCEIRA ASIÁTICA: GERENCIANDO OS RISCOS

A economia dos EUA, com a ajuda da hábil gestão política de Greenspan, saiu-se bem no final dos anos 1990, até que novamente enfrentou o reflexo de atribulações financeiras do exterior. Desta vez, o epicentro foi o sudeste da Ásia, em especial na Indonésia, Coreia do Sul, Malásia, Filipinas e Tailândia. Tais países apresentaram um crescimento robusto por várias décadas, com rendas em rápida elevação, altas taxas de investimento e aumento dos preços dos ativos. Não surpreende que o dinheiro estrangeiro atrás de retorno tivesse sido aplicado em suas economias.[32]

Então, em julho de 1997, em um acontecimento inesperado, o governo tailandês viu-se obrigado a depreciar sua moeda, o baht, devido ao esgotamento de suas reservas cambiais. Nos meses seguintes, as moedas de outras economias do sudeste asiático foram pelo mesmo caminho. Tal como na ocasião em que o México desvalorizou o peso em 1994, o sentimento dos investidores mudou abruptamente e os credores retiraram seu capital das economias asiáticas em desenvolvimento. O pânico — ao qual se chamou de crise financeira asiática — alcançou os mercados globais, e os países afetados sofreram desacelerações ou recessões significativas.

Qual foi a causa da inversão? Como sempre, a junção de fatores políticos e econômicos combinados, com as vulnerabilidades ficando mais visíveis quando observadas em retrospecto. Para começar, os bancos locais, em muitos casos com problemas de gestão e sob regulamentação deficiente, intermediavam grande parte dos empréstimos estrangeiros ao leste asiático. E, no ambiente embriagador da época, os bancos assumiram riscos excessivos. Era comum os políticos direcionarem os empréstimos para empresas favoritas — o chamado capitalismo clientelista. Assim, embora as perspectivas econômicas do leste asiático como um todo parecessem promissoras, grande parte do capital vindo do exterior era mal investido.

O formato dos influxos de capital também importava. Era muito grande a dependência dos bancos asiáticos locais do financiamento de curto prazo, mais barato e fácil de obter do que o financiamento de longo prazo, mas também mais sujeito a corridas bancárias. Assim como ocorreu no México, os bancos locais tomavam empréstimos no exterior em títulos indexados ao dólar, emprestando-os em moeda local. Essa diferença de denominação não era necessariamente um problema, desde que a taxa de câmbio entre o dólar e a moeda local permanecesse fixa, como os governos do leste asiático haviam se comprometido. Mas tão logo os investidores estrangeiros começaram a sacar seu dinheiro, os governos cujas reservas em dólares eram limitadas perceberam a impossibilidade de manter estáveis suas taxas de câmbio. A desvalorização das moedas asiáticas afetou seriamente a lucratividade e o capital dos bancos domésticos, pois seus empréstimos a empresas locais e outros ativos (principalmente em moedas locais) perderam valor em comparação com seus passivos (em dólares). Um círculo vicioso se instaurou, com a ameaça de falências bancárias levando a novas retiradas de dólares por parte de investidores estrangeiros e a uma desvalorização ainda maior.

Greenspan e o FED encararam a situação com calma, ao menos inicialmente. A economia dos EUA parecia sólida em 1997. De fato, o FOMC citou forte demanda e crescentes riscos de inflação quando elevou a taxa de juros em 1/4 de ponto porcentual em março. Esse aumento, e indícios de que outros o seguiriam, atraiu capital para os EUA e apreciou o dólar, provavelmente contribuindo para que a crise asiática eclodisse alguns meses depois. Mas por um tempo a volatilidade financeira na Ásia pareceu ter pouca relevância para os EUA. Quando os preços das ações dos EUA por fim reagiram à crescente turbulência asiática — principalmente por uma queda de 7% em 27 de outubro — Greenspan não perdeu o otimismo. Ele observou que, ao ajudar a limitar os riscos de inflação emergentes e esfriar o mercado de ações que achava estar superaquecido, os problemas da Ásia haviam feito parte do trabalho de aperto do FOMC.[33]

Como no caso do México três anos antes, Greenspan e o FED trabalharam em estreita colaboração com o Secretário do Tesouro, Rubin, e seu representante, Summers. Como sempre nas crises internacionais de dívida, era necessário convencerem os credores a cooperar não repatriando seus fundos, e os países devedores a firmar acordos com o FMI. Esta instituição concederia empréstimos aos países problemáticos desde que realizassem reformas. Muitas das condições do FMI, como cortar déficits orçamentários do governo ou aplicar políticas monetárias mais rígidas, eram um remédio amargo a tomar no curto prazo na esperança de sanear as finanças no longo prazo; isso significava negociações tensas.

Uma ocasião particularmente difícil ocorreu em novembro de 1997, quando se soube que a Coreia do Sul tinha bem menos reservas em dólares do que se supunha. Nessa época, a Coreia do Sul era um país economicamente significativo, um importante parceiro comercial dos EUA, e o receio era que, se houvesse uma grande e descontrolada desvalorização de sua moeda, o país deixaria de honrar muitas de suas dívidas denominadas em dólares. Caso acontecesse, isso poderia provocar falências bancárias (os bancos dos EUA estavam entre os principais credores) e quebras do mercado de ações em outros países, espalhando o pânico. A Coreia do Sul também era importante para os EUA do ponto de vista estratégico por ser fronteiriça com a Coreia do Norte e ter uma grande presença militar norte-americana. Trabalhando com o Tesouro e o FED, que persuadiram os bancos dos EUA a renovar seus empréstimos de curto prazo à Coreia do

Sul, o FMI desarmou a crise com um pacote de auxílio de US$55 bilhões. A revista *Time* estampou Summers, Rubin e Greenspan na capa com a legenda: "O Comitê para Salvar o Mundo". A capa, com Greenspan no centro, ladeado por Rubin e Summers, capturou o relacionamento próximo que ele desenvolveu com o governo Clinton e seu papel central em uma série de questões fora da política monetária doméstica.

A economia dos EUA permaneceu forte no primeiro semestre de 1998, apesar dos problemas asiáticos. Mas em agosto, a Rússia inesperadamente deu um calote da dívida, refletindo a desaceleração da economia global e da queda associada no preço do petróleo (uma das principais exportações russas) para US$11 o barril. A inadimplência ocorreu após o FMI interromper seus empréstimos à Rússia porque esta não aceitaria as condições da reforma. Os mercados globais ficaram em choque, a ponto de também abalar a confiança de Greenspan de que os distúrbios financeiros estrangeiros não eram uma ameaça à economia dos EUA.

Em um evento na Universidade da Califórnia em Berkeley, Greenspan disse à plateia que o calote russo havia levado a uma "grande reformulação no FED"[34] "Não é aceitável", afirmou, "que os EUA possam continuar sendo um oásis de prosperidade não afetado por um mundo que está passando por uma experiência tão estressante". Em outras palavras, para dar conta de seu mandato doméstico, o FED teve que considerar o que ocorria no resto do mundo, especialmente os acontecimentos financeiros que poderiam causar impactos fortes instantâneos e globais. Esse era um posicionamento muito diferente da relativa despreocupação que Greenspan projetara no início da crise asiática.

Nos EUA, um grande fundo de hedge, o Long-Term Capital Management (LTCM), destacou-se como vítima da volatilidade financeira pós-Rússia. Fundada em 1994 pelo famoso "trader" da Salomon Brothers, John Meriwether, seu Conselho de Administração tinha como membros dois economistas ganhadores do Nobel, Myron Scholes e Robert Merton. O ex-vice-presidente do Conselho do FED, David Mullins, que serviu sob Greenspan, também era diretor. A empresa usou estratégias quantitativas sofisticadas e inicialmente foi extraordinariamente lucrativa. Estava também altamente alavancada. Quando 1997 se encerrou, o LTCM devia cerca de US$30 para cada dólar de capital.[35] A estratégia da empresa envolvia explorar variações temporárias de preços de ativos específicos do que se pensava serem seus níveis normais. A aposta era que, ao longo do tempo, tais variações desapareceriam conforme os relacionamentos fossem voltando à normalidade. No entanto, o calote surpresa da Rússia comprometeu seriamente essa estratégia ao amplificar a volatilidade do mercado, o que levou os preços a se moverem em direções inesperadas, impondo grandes perdas ao LTCM. Ficou claro que a empresa pouco capitalizada provavelmente não sobreviveria.

Como o LTCM havia sido financiado pesadamente pela maioria das grandes empresas de Wall Street, o FED temeu que uma quebra descontrolada pudesse afetar gravemente os mercados, em especial se a empresa fosse forçada a se desfazer de seus ativos por preços irrisórios. Greenspan concordou em tentar encontrar uma solução. Em 23 de setembro de 1998, executivos de alto escalão de 16 grandes instituições de Wall Street se reuniram no FED de Nova York, sob o olhar de seu presidente, William McDonough. O FED apenas disponibilizava o local (e sanduíches e café, segundo o folclore do FED). Instados por McDonough, 14 das 16 empresas concordaram com uma injeção de US$3,6 bilhões, que evitou o colapso imediato do LTCM, abrindo espaço para uma liquidação mais ordenada. (Uma das duas empresas que se recusaram a participar foi o Bear Stearns; LTCM era seu cliente e as chamadas de margem do Bear ajudaram a precipitar a crise. O próprio Bear Stearns precisaria de ajuda do governo dez anos depois.) Em 2000, o LTCM foi finalmente liquidado.

O FED foi alvo de críticas na época por criar risco moral com sua intervenção, o que estimularia outras empresas a serem imprudentes na assunção de riscos, tal como o governo foi criticado por intervir nas crises mexicana e asiática. Anos depois, em uma entrevista, Greenspan mostrou-se um tanto desconfortável com o envolvimento do FED.[36] Tais auxílios raramente são populares, mas parece que no caso do LTCM foi algo razoável e justificado. Primeiro, baseou-se no julgamento dos formuladores de políticas de que a quebra descontrolada do LTCM representaria graves riscos financeiros sistêmicos e, consequentemente, para a economia. Em contraste, em 1990, o FED havia concluído que o sistema poderia lidar com a quebra do banco de investimento Drexel Burnham Lambert e optou pela não intervenção quando ele faliu. Em segundo lugar, o risco moral da intervenção provavelmente foi mínimo. Os recursos usados para evitar a falência do LTCM, todos eles, vieram de seus credores; nada foi proveniente de dinheiro público. E os proprietários da LTCM acabaram perdendo a maior parte do que investiram, além de ver manchadas suas reputações — dificilmente era um roteiro que outros gostariam de reprisar. Mais legítima foi a crítica de que a assistência financeira foi feita *ad hoc*, gerando incerteza no mercado e preocupações quanto à imparcialidade. A esse respeito, o caso LTCM equipara-se a auxílios financeiros anteriores (e futuros) do governo dos EUA, que foram dificultados pela não existência uma clara estrutura legal capaz de lidar com o eventual falência de uma organização financeira crítica do ponto de vista sistêmico.

Antes e durante o episódio do LTCM, Greenspan mostrou-se cada vez mais preocupado com os efeitos combinados das crises asiática e russa (que se espalharam para a América Latina) na economia dos EUA. Em uma teleconferência com o FOMC, em 21 de setembro de 1998, ele disse que "a economia tem resistido, mas agora mostra sinais claros de deterioração".[37] O ciclo de corte de juros do FOMC prosseguiu com mais três de 1/4 de ponto porcentual no outono de 1998. Após o último, em novembro, o FOMC deu sinais fortes em sua declaração de que havia feito o suficiente, a despeito da persistente volatilidade dos mercados financeiros. O FOMC voltaria a aumentar as taxas em junho de 1999, considerando que, com as condições financeiras se tornando mais estáveis, parte da flexibilização de 1998 poderia ser removida com segurança.

Aqueles três cortes de juros de Greenspan em 1998 sinalizaram uma mudança sutil na estratégia de política monetária no sentido de levar mais em conta, ao lado da perspectiva mais provável para a economia, também o conjunto de resultados possíveis. O melhor palpite em setembro de 1998 era que a crise asiática teria como consequência a desaceleração do crescimento econômico dos EUA. Em uma teleconferência em outubro de 1998, Greenspan disse ao Comitê: "Seria um evento extremamente raro que esse tipo de ambiente financeiro surgisse e por fim retrocedesse sem ocasionar nenhum impacto na economia."[38] Portanto, a flexibilização da política certamente tinha por objetivo melhorar a trajetória mais provável da economia. Ao mesmo tempo, ele pensava em termos probabilísticos. Ao defender o primeiro corte de juros, observou que a desaceleração projetada era provável, mas não garantida. "É concebível que acabemos vendo essa ação [o corte de juros] não como a primeira de uma série, mas como um prêmio de seguro", disse.[39] Ou seja, os cortes propostos talvez tenham sido um pouco maiores do que o justificado pela previsão mais provável, com a flexibilização adicional pretendendo ser uma proteção contra resultados menos possíveis, porém mais graves.

Os "cortes a título de seguro" de 1998 se enquadrariam perfeitamente naquilo que Greenspan viria a conceber como sua abordagem de gestão de risco, à qual tentou embutir a inevitável incerteza do Comitê sobre os vários riscos em jogo. Na prática, a estratégia de gestão de risco de Greenspan envolvia pender a política conforme necessário para combater os riscos mais sérios para a economia, mas ao mesmo tempo relativamente menos prováveis, no intuito de retomar a apólice de seguro se os riscos temidos não ocorressem. Greenspan consideraria a crise asiática e suas decorrências como a gênese dessa abordagem. Em suas memórias, escreveu que a resposta do FED aos eventos na Ásia e na Rússia "refletiu um afastamento gradual do manual de formulação de políticas. Em vez de colocar toda nossa energia visando alcançar a melhor previsão e depois apostar tudo nisso, baseamos nossa resposta política em uma gama de cenários possíveis."[40] Greenspan não foi o primeiro presidente do FED a incorporar o equilíbrio de riscos na análise de políticas, mas a partir de seu mandato os formuladores de políticas explicitaram mais suas considerações de como a previsão central para a economia pode se mostrar errada e como as políticas podem se preparar melhor para cenários alternativos.

EXUBERÂNCIA IRRACIONAL: GREENSPAN E O MERCADO DE AÇÕES

A quebra do mercado de ações em 1987 foi o primeiro teste de Greenspan como presidente. O FED agiu prontamente, ajudando a limitar os efeitos danosos da quebradeira na economia como um todo. Mas o mercado de ações permaneceria no centro dos acontecimentos econômicos durante a década de 1990.

Os preços das ações mais do que triplicaram ao longo da década, conforme a economia crescia ano após ano e a inflação permanecia em nível baixo. Economistas da época divergiam quanto a problemas futuros que poderiam advir do aumento das ações. A doutrina dos mercados eficientes, associada mais intimamente à Universidade de Chicago, desconsidera o pensamento de que o mercado de ações pode ser previsivelmente supervalorizado ou subvalorizado. Em vez disso, defende que os preços das ações e de outros ativos financeiros, que sintetizam a visão de milhões de investidores, refletem de modo apropriado todas as informações disponíveis sobre a economia — por mais imperfeitas, inevitavelmente, que essas informações sejam — em um dado momento qualquer. Segundo essa doutrina, um boom no mercado de ações é uma resposta racional a um maior otimismo sobre a economia, taxas de juros mais baixas (que tornam as ações relativamente mais atraentes em comparação aos títulos) ou outros fundamentos. Se os mercados são eficientes, então — ainda que os mercados às vezes possam errar — os formuladores de políticas não devem tentar suplantar os juízos do mercado.

Não obstante suas raízes libertárias e sua grande confiança nos mercados em geral, Greenspan não era um fundamentalista de mercados eficientes. Nas reuniões do FOMC, frequentemente expressava sua opinião sobre a propriedade ou não dos valores do mercado de ações. Além disso, ao menos em seus primeiros anos no FED, estava preparado para usar a política monetária como sustentáculo contra o que via como oscilações sem justificativa no sentimento do mercado, alegando que tais oscilações, ou sua inevitável reversão, poderiam colocar em risco a economia.

Um exemplo importante foi sua decisão de iniciar um aperto de 3 pontos percentuais em fevereiro de 1994. Os principais objetivos dos aumentos das taxas eram antecipar-se à inflação e conduzir a economia para um pouso suave. Mas Greenspan também tinha um olho no mercado de ações. "Acho que pode ser muito útil ter antecipações no mercado agora que aumentaremos as taxas", disse ao FOMC na reunião de 4 de fevereiro, "porque isso conterá a especulação no mercado de ações... Se tivermos a capacidade de ter uma Espada de Dâmocles no mercado, podemos evitar que ele escape."[41] Pouco mais de duas semanas depois, em uma teleconferência, reputou como um sucesso o esforço inicial: "Deixe-me dizer que, olhando em retrospectiva nossa ação, me parece que tivemos um impacto muito maior do que prevíamos. Acho que quebramos parcialmente a espinha de uma especulação emergente em ações." Ele também observou, quanto aos títulos: "Furamos essa bolha também."[42]

Mas sua declaração de vitória foi prematura. Não se pode ter certeza se uma bolha insustentável de títulos foi estourada pelo aumento da taxa ou, em vez disso, se os traders estavam simplesmente mudando de opinião sobre os fundamentos econômicos e as perspectivas para as políticas. Seja como for, se havia uma bolha de títulos, ela desinflou não suavemente, mas de maneira violenta, em uma "carnificina" de títulos que teve efeitos colaterais na estabilidade financeira. Ademais, a elevação dos rendimentos dos títulos seria revertida tão logo o aperto da política chegasse ao fim. No que diz respeito ao mercado de ações, a média do Dow Jones cresceu apenas 2% em 1994, consistente com os efeitos restritivos do aperto da política e os aumentos acentuados decorrentes das taxas de juros de longo prazo. A desaceleração, porém, foi temporária. O mercado de ações voltou a disparar em 1995, quando houve um modesto afrouxamento da política, subindo mais de 33%. As políticas monetárias que pareciam tão bem-sucedidas em orientar a inflação e o crescimento revelaram-se muito menos precisas para administrar os caprichos dos rendimentos dos títulos de longo prazo e dos preços das ações.

O episódio do Maestro de 1996 é ilustrativo de uma abordagem diferente em relação ao mercado de ações. Greenspan segurou o aperto argumentando que um crescimento mais forte da produtividade diminuiria as pressões inflacionárias. Pela lógica, um crescimento mais forte da produtividade também justificaria ganhos expressivos nas ações, mas os membros do FOMC favoráveis a um início antecipado de aumentos de taxas citaram não só os riscos de inflação, mas também o risco de que os preços das ações superassem seus fundamentos. Convencido de que elevar as taxas cedo demais para esfriar o mercado frearia desnecessariamente a economia, Greenspan experimentou uma nova tática para limitar os ganhos das ações: o apelo público. Ele poderia apelar para que a cotação das ações diminuísse?

Em dezembro de 1996, Greenspan e o Conselho participaram de uma apresentação de dois conhecidos economistas financeiros, Robert Shiller (futuro ganhador do Nobel) e John Campbell, que argumentavam que a alta proporção dos preços das ações em relação aos dividendos indicava que o mercado de ações estava seriamente supervalorizado.[43] Passado algum tempo, em uma palestra de caráter conservador no American Enterprise Institute, Greenspan tornou públicas suas preocupações com o mercado ao perguntar: "Como sabemos quando a exuberância irracional aumentou indevidamente o valor dos ativos, que depois se sujeitaram a retrações, como ocorreu no Japão na última década?" Ele disse nessa ocasião que, para os banqueiros centrais, bolhas de ativos só importam caso ameacem prejudicar a economia, mas que mesmo assim, "não devemos subestimar ou nos tornar complacentes com a complexidade das interações dos mercados de ativos e da economia".[44] O Dow caiu mais de 2% na primeira meia hora de negociações na manhã seguinte, talvez porque os operadores pensaram que Greenspan sinalizava um aumento iminente da taxa. Mas foi algo transitório e o mercado retomou o caminho da valorização.

Olhando em retrospectiva, na época do discurso de Greenspan é provável que os preços das ações não estivessem seriamente supervalorizados. Algumas métricas convencionais — como o prêmio de risco das ações, a diferença nos retornos esperados entre ações e títulos seguros do governo — não fugiam da normalidade histórica. De fato, se você comprou uma cesta representativa de ações no final de 1996, quando Greenspan se preocupava com a "exuberância irracional", e a vendeu no final de 2002, ano em que o mercado de ações atingiu o fundo da bolha dos pontocom, você ainda teria obtido um ganho nominal total de 32%, incluindo dividendos reinvestidos.[45] Somente perto do final da década, com o boom da internet, os indícios de um comportamento típico de bolhas se tornariam mais evidentes.[46]

Houve outro movimento de Greenspan no sentido de controlar o mercado de ações. Ao aumentar as taxas do FOMC em março de 1997, que marcou o fim do episódio do Maestro, o objetivo principal era evitar quaisquer pressões inflacionárias. Mas Greenspan escreveu mais tarde que o aperto em março também fora motivado por sua preocupação "de que uma bolha no mercado acionário pudesse causar instabilidade inflacionária".[47] Ele lembrou que na reunião de fevereiro de 1997, tinha "dito ao Comitê que poderíamos precisar de um aumento nos juros para tentar controlar a alta [do mercado]". Mas nem esse aumento, nem as crises subsequentes na Ásia e na Rússia afetaram muito os preços das ações.

Os ganhos no mercado continuaram nos três anos seguintes, a cada dia mais impulsionados pela febre da internet. O Dow fechou acima de 10.000 pela primeira vez em 29 de março de 1999. Como Greenspan escreveria em suas memórias: "O boom atingiu um crescendo no final do ano... As pessoas que investiram em ações estavam, em sua maioria, se sentindo meio ruborizadas, e por uma boa razão. Para o FED isso se apresentava como um quebra-cabeça fascinante: Como traçar uma linha entre um boom econômico saudável e empolgante, e uma bolha especulativa e temerária do mercado de ações insuflada pelos aspectos menos respeitáveis da natureza humana? Como apontei secamente à Comissão Bancária da Câmara, a questão era ainda mais complicada porque ambos podem coexistir".[48]

Longe de estar de acordo com a visão de que os mercados financeiros são eficientes e racionais, Greenspan, durante a década de 1990, tinha sérias reservas sobre se as ações eram devidamente avaliadas. Esforçou-se várias vezes para retardar o que acreditava serem ganhos insustentáveis, valendo-se tanto de aumentos nos juros quanto de apelos públicos. No entanto, obteve, na melhor das hipóteses, um êxito temporário e, com o passar do tempo, foi se tornando menos confiante em sua capacidade de separar o joio do trigo ente os booms do mercado de ações ou de prever como a cotação das ações reagiria às intervenções do FED. Seja qual for a teoria para tal, as incertezas criam dificuldades praticas substanciais.

Apesar das preocupações com o mercado expressas por alguns presidentes regionais do FED, o FOMC não elevou as taxas no início de 1999. Mas, preocupado com o crescimento da inflação, o FED iniciou um aperto monetário significativo no final do ano. Ironicamente, pois não era um objetivo declarado, os aumentos das taxas sem dúvida contribuíram para o que se tornaria uma queda acentuada nos preços das ações a partir da primavera de 2000.

■

PARTE II

A POLÍTICA MONETÁRIA DO SÉCULO XXI

A Crise Financeira Global e a Grande Recessão

4

NOVO SÉCULO, NOVOS DESAFIOS

Conforme o novo milênio se aproximava, o temor dos funcionários do FED (e outros) era que os computadores do mundo não se ajustassem à mudança de data do ano 2000 [o "Bug do Milênio"], afundando a nova economia global digitalizada no caos. Era um alarme falso. Seja pela preparação que houve, seja por boa sorte, nada aconteceu.

Mas o ano 2000 foi prenúncio de grandes mudanças. A economia parecia ter deixado para trás a vitalidade dos anos 1990 e, em contraste com boa parte do período pós-Segunda Guerra Mundial, a inflação muito baixa e as taxas de juros superbaixas começavam a causar enorme preocupação aos banqueiros centrais. As restrições à política monetária impostas pelas baixas taxas de juros se tornariam evidentes quando uma crise financeira global, a pior ao menos desde a década de 1930, e talvez até hoje, levou a economia a uma profunda recessão.

A BOLHA DAS PONTOCOM E A RECESSÃO DE 2001

O verdadeiro choque do Bug do Milênio ocorreu no mercado de ações. Greenspan e muitos no FOMC se preocuparam com a "exuberância irracional" ao longo de grande parte dos anos 1990, quando o mercado ignorou várias crises financeiras internacionais, ataques preventivos da política monetária contra a inflação e apelos públicos de Greenspan. Mas, em retrospecto, a cotação das ações durante a maior parte da década — um período de crescimento sustentado, inflação baixa e taxas de juros comparativamente baixas — provavelmente foram menos irracionais do que ele e alguns dos colegas do FOMC receavam. Com a economia forte e a inflação baixa, e devido à frequência alarmante das crises financeiras internacionais nos anos 1990, as ações dos EUA prometiam, em relação a investir no exterior, ser um porto seguro em termos de retornos.

Sinais mais claros de especulação doentia ocorreram nos últimos anos da década. Com a internet estava surgindo a ideia de uma "nova economia", que às vezes encantava até o próprio Greenspan. Parecia que toda empresa pontocom era um achado, não importando quão pouco consistente fosse sua proposta de negócios. As pessoas desistiram de seus empregos para se tornar "day traders", usando seus computadores domésticos para comprar e vender ações. Por um tempo parecia impossível perder dinheiro. Como observou Robert Shiller, especialista em psicologia das bolhas financeiras, as narrativas populares podem ter um poder extraordinário, nos mercados e na economia em geral.[1] O sinal mais certo de uma bolha é quando todos confiam que os enormes ganhos de preço continuarão indefinidamente. O índice de ações Nasdaq de empresas de tecnologia triplicou entre o final de 1997 e o início de 2000.

Como Greenspan havia comentado, um boom no mercado de ações pode ser ao mesmo tempo racional e irracional. O entusiasmo do final dos anos 1990 sobre o potencial econômico da internet não estava errado — mas apenas no início. As empresas de tecnologia estão hoje entre as maiores e mais dinâmicas da economia dos EUA, e o "carimbo" da internet e de outras novas tecnologias é evidente em muitos setores, do varejo às comunicações e finanças. Porém, como no boom da década de 1920, por sua vez também instigado pelas expectativas de uma "nova economia" fundamentada em tecnologias como a do automóvel e do rádio, o mercado exagerou. Ao virar o século, estava se tornando claro que muitas empresas pontocom não seriam lucrativas por muito tempo, se é que o fariam. Em março de 2000, um artigo de capa da revista *Barron* alertou que, com receitas bem aquém de suas previsões otimistas, muitas empresas de internet estavam ficando sem caixa.[2] Enquanto isso, preocupado que uma economia turbulenta pudesse alimentar a inflação, o FED começou a aumentar as taxas de juros. Na segunda metade de 1999 retirou o "seguro" dos três cortes de ¼ de ponto percentual feitos após o calote russo, depois elevou as taxas em um ponto percentual adicional, para 6,5%, em três momentos na primeira metade de 2000. Era o maior nível da TDI [taxa básica de juros] em quase uma década.

Combinado com a narrativa inconstante sobre as perspectivas das empresas pontocom, o aperto monetário de 1999 a 2000 ajudou a desencadear o que as ações de políticas e os apelos de Greenspan na década anterior nunca alcançaram: uma freada decisiva no mercado. Após o auge de março de 2000, o índice Nasdaq caiu 47% no final do ano. Chegou ao fundo do poço em outubro de 2002, 72% abaixo do pico. Índices de ações mais amplos caíram menos, mas dificilmente ficaram imunes. Nos mesmos dois anos e meio, por exemplo, o índice S&P 500, que reflete os valores de 500 das maiores empresas dos EUA, caiu quase pela metade.

A quebra de outubro de 1987 demonstrou que mesmo grandes quedas no mercado de ações podem afetar apenas modestamente a economia, desde que não sejam acompanhadas por alta alavancagem e distúrbios mais amplos nos mercados de crédito. Essa lição foi, de maneira geral, reafirmada em 2001. Apesar do forte declínio das cotações das ações e do abalo extraordinário dos ataques terroristas de 11 de setembro, a economia experimentou apenas uma recessão moderada de oito meses, de março a novembro de 2001.* O consumo foi esfriando à medida que os ganhos dos preços das ações evaporaram e os consumidores ficavam pessimistas.[3] O investimento no setor de tecnologia caiu drasticamente, bem como o investimento em atividades correlacionadas como construção de escritórios no Vale do Silício e instalações de redes de fibra ótica.

O FOMC logo reverteu o aperto anterior, fato que ajudou. Após uma teleconferência em 3 de janeiro de 2001, implementou um corte de meio ponto percentual nas reuniões, de 6,5% para 6%. Na sequência, novos cortes na taxa levaram-na para 3,5% antes dos ataques de 11 de setembro e depois para 1,75% no final de 2001. A economia sofreu uma retração no terceiro trimestre de 2001, período que incluiu os ataques terroristas, voltando depois a crescer. Ou seja, o impacto econômico imediato do estouro da bolha foi limitado. Mas algo mudou, e o clima nacional no início dos anos 2000 parecia bem diferente do otimismo dos anos 1990. Embora a recessão de 2001 não tenha sido particularmente profunda ou longa, a recuperação, como aconteceu com a recessão de 1990 a 1991, foi lenta.

A mudança de humor refletiu, em parte, os eventos de 11 de setembro, que chocaram o país; muitos se convenceram de que mais ataques, e talvez uma guerra total no Oriente Médio, eram inevitáveis. Os ataques

* Na época eu era um acadêmico e fazia parte do comitê do National Bureau of Economic Research que constatou a recessão. [N. do A.]

foram um teste sem precedentes para o FED, que se saiu bem. Com a fumaça do ataque ao Pentágono visível da janela de seu escritório, o vice-presidente Roger Ferguson — único membro do Conselho do FED em Washington naquele dia — trabalhou com funcionários do Conselho e do FED de Nova York (que fica a apenas alguns quarteirões do World Trade Center) para ajudar a restaurar o funcionamento do sistema financeiro do país.[4] (Greenspan e o presidente do FED de Nova York, Bill McDonough, voltavam de uma reunião na Suíça naquele dia.) Uma das primeiras providências de Ferguson foi divulgar uma declaração, que remete àquela do FED após o crash de 1987: "O FED está aberto e operacional. Os empréstimos com as taxas de redesconto estão disponíveis para atender às necessidades de liquidez." Com a ajuda do FED, as operações financeiras mais críticas continuaram, apesar do trágico custo humano no World Trade Center e dos extensos danos à infraestrutura, entre eles as redes de telecomunicações. O mercado de ações reabriu em menos de uma semana.

Além do declínio das ações e dos reflexos negativos da nova ameaça terrorista em setores como viagens aéreas e seguros, diversos outros fatores aumentaram a incerteza e diminuíram a confiança empresarial no início dos anos 2000. Incluem-se aí uma série de escândalos corporativos (Enron, WorldCom, Arthur Andersen); a lei Sarbanes-Oxley, que em resposta aos escândalos endureceu as exigências contábeis e de auditoria das empresas listadas em bolsas de valores; e a crescente possibilidade de que os EUA invadissem o Iraque, o que aconteceu em março de 2003. (Em sua declaração de março de 2003, o FOMC fez a admissão incomum de que, em virtude do grau de incerteza geopolítica, não poderia caracterizar de maneira útil o equilíbrio de riscos para a economia.) O clima de elevada incerteza e o ambiente de crescimento lento levaram o investimento empresarial a perder o ímpeto. Particularmente preocupante, o mercado de trabalho continuou fraco mesmo com a produção voltando a crescer. Mais uma vez, ouvia-se a expressão "recuperação sem emprego". A taxa de desocupação, de 5,5% quando a recessão terminou em novembro de 2001, continuou a subir, chegando a 6,3% em junho de 2003.

A política fiscal pode estimular uma economia pouco dinâmica, e Greenspan, reprisando o que fizera nos governos de George H. W. Bush e Clinton, envolveu-se na ação política do novo presidente, George W. Bush. O acentuado crescimento econômico dos anos 1990 e os ganhos de capital no mercado de ações elevaram a arrecadação de impostos e geraram um raro superávit orçamentário federal. A equipe do FED chegou a ponderar como conduzir a política monetária caso, em decorrência dos superávits contínuos, o governo federal pagasse sua dívida. (Não havendo dívida pública, o FED não teria mais de negociar títulos do Tesouro para ajustar as reservas bancárias nem, portanto, manipular as taxas de juros da maneira habitual.) Durante a campanha, Bush havia prometido um corte de impostos de US$1,6 trilhão, que graças à perspectiva de superávits orçamentários, Greenspan, apesar de seu conservadorismo fiscal, inclinava-se a apoiar. Mas se protegeu em depoimento no Congresso. Sempre preocupado com as perspectivas fiscais de longo prazo do governo, propôs colocar no projeto de lei "gatilhos" que revogariam os cortes se o superávit caísse muito. Mas seus comentários, em geral favoráveis, foram interpretados como um endosso incondicional ao plano de Bush e, por anos, deixaram ressentidos muitos democratas.* O corte de impostos de US$1,35 trilhão (ao longo de dez anos) veio em uma lei de junho de 2001.

O superávit federal projetado provou ser efêmero. A combinação de recessão, menor preço das ações (o que reduziu a arrecadação de impostos sobre ganhos de capital) e o corte tributário levaram o orçamento de volta para o déficit. Greenspan se opôs ao próximo corte de impostos de Bush (US$350 bilhões em dez anos), aprovado em 2003. Ainda assim, manteve um relacionamento próximo com o governo. Em abril de 2003, mais de um ano antes do término do mandato de Greenspan chefiando o FED, Bush disse que o renomearia para um quinto mandato.

O foco principal de Greenspan, é claro, era a política monetária, e a lenta recuperação e a conjuntura pós-2001 traziam novas preocupações. Muitos economistas e investidores receavam que os níveis inesperadamente baixos dos juros e da inflação, mesmo após a economia começar a crescer novamente, pudessem ser parte de um novo normal, e não uma aberração temporária. O FED cortou a TDI rapidamente em 2001 para combater a recessão e a reduziria para 1% em 2003 em resposta à lenta recuperação e à queda da inflação. Além disso, a Curva de Phillips, que parecia adormecida nos anos 1990, dava sinais de estar funcionando novamente, desta vez na direção descendente, com a ociosidade persistente no mercado de trabalho diminuindo os aumentos de preços e salários.

Por razões técnicas, para monitorar a inflação, o FED nessa época se concentrava menos no IPC e mais em uma medida alternativa baseada

* No início de meu mandato como presidente do FED, o líder democrata do Senado, Harry Reid, mencionou o apoio de Greenspan aos cortes de impostos de Bush em um alerta para não me intrometer na política fiscal. [N. do A.]

nos gastos de consumo pessoal (IPCE).* Em meados de 2003, o núcleo da inflação do IPCE (excluindo preços de alimentos e energia) era de cerca de 1% e o Conselho projetou uma queda ainda maior no próximo ano, com uma chance em quatro, segundo os modelos, de deflação total (preços declinantes). Para os banqueiros centrais formados nos anos 1970 e 1980 — basicamente todos os formuladores de políticas da época — a combinação de taxas de juros muito baixas e inflação baixa era desorientadora. Poderia a inflação, a ruína dos banqueiros centrais de Martin a Burns e Volcker, ser realmente muito baixa? A resposta ficaria clara nos anos seguintes: sim, poderia.

O DECLÍNIO DE LONGO PRAZO DAS TAXAS DE JUROS E INFLAÇÃO

No curto prazo, os bancos centrais têm um controle considerável sobre os juros, em especial das taxas de curto prazo, como a TDI. No entanto, em períodos mais longos, há outros fatores econômicos estruturais que determinam o nível geral ou "normal" das taxas de juros. Adotando as ideias do economista sueco do final do século XIX, Knut Wicksell, os economistas definiram a *taxa de juros neutra* — R* (pronuncia-se R-estrela) para abreviar — como aquela que prevalece quando a economia está em pleno emprego com inflação estável.**[5] Assim como a taxa natural de desemprego, u*, a taxa de juros neutra pode mudar ao longo do tempo. De fato, desde o início dos anos 1980 — mesmo quando o FED promoveu diversas sequências de aperto e flexibilização, aumento e diminuição das taxas de curto prazo — a tendência geral das taxas de juros foi consistentemente descendente, tanto nos EUA quanto em outras economias desenvolvidas. Por exemplo, como mostrado na Figura 4.1, o rendimento dos títulos do

* O IPCE é calculado pelo Bureau of Economic Analysis como parte de seu cálculo do PIB. Um motivo para a mudança foi que o IPCE permite atualizar o mix de bens e serviços adquiridos pelos consumidores, enquanto no IPC as parcelas dos gastos nas principais categorias de bens e serviços são fixas (com pesos ajustados apenas periodicamente). Historicamente, a inflação medida pelo IPCE tem sido geralmente alguns décimos de ponto percentual menor do que a inflação medida pelo IPC, embora os dois índices geralmente se movam juntos. [N. do A.]

** Uso R* (maiúsculo) para representar a taxa neutra em termos de mercado ou nominais. A taxa neutra real, que desconsidera a inflação, é muitas vezes designada por r* (minúsculo). Neste livro, costumo usar R* para me referir à taxa de juros neutra de curto prazo, mas as de curto e longo prazo geralmente se movem juntas. [N. do A.]

Tesouro de dez anos atingiu um pico acima de 15% no início do mandato de Volcker, mas caiu de forma bastante constante a partir daí, para menos de 2% no período anterior à pandemia de 2020. Essa queda de longo prazo nas taxas de juros, que continuou tanto em recessões quanto em expansões econômicas, sugere fortemente que a taxa de juros neutra está muito mais baixa hoje do que há algumas décadas.

Qual o motivo de R* ter caído tanto, em média, nos últimos 40 anos, e por que isso importa? A vitória sobre a inflação de Volcker e Greenspan tem muito a ver com a queda da taxa de juros neutra. Como observou o economista do início do século 20, Irving Fisher, a preocupação dos poupadores não é com o montante de dinheiro que recebem, mas com o poder aquisitivo dos retornos de seus investimentos.[6] Para preservá-lo, eles exigirão, grosso modo, um ponto percentual extra de juros para cada ponto percentual adicional na inflação esperada, uma regra prática conhecida como Princípio de Fisher. Devido a esse princípio, o declínio do núcleo da inflação nos últimos 40 anos — o IPCE teve uma média de quase 7% de 1975 a 1980 e um pouco mais de 1,5% de 2015 a 2020 — pode explicar uma parte substancial da tendência de queda da taxa de juros neutra.

FIGURA 4.1. RENDIMENTO DO TESOURO (TÍT. DE 10 ANOS), 1980–2021

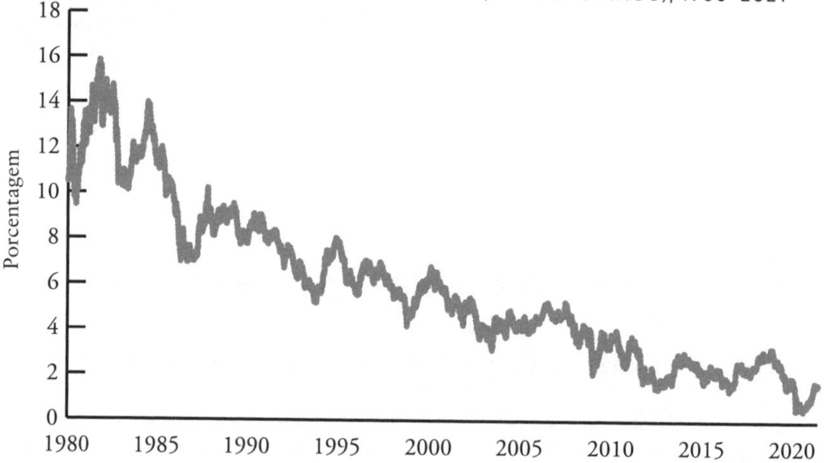

Mesmo com o FED aumentando e reduzindo a TBI para atingir suas metas macroeconômicas, desde o início dos anos 1980 a tendência de longo prazo nas taxas de juros do mercado tem sido descendente. Fonte: banco de dados FRED, Federal Reserve Bank of St. Louis.

A queda da inflação nos EUA, porém, é apenas parte da história, pois as taxas de juros nas últimas quatro décadas caíram ainda mais do que a inflação. Em outras palavras, as taxas de juros reais ou ajustadas pela inflação, dos títulos do Tesouro e outros investimentos — a taxa de juros menos a taxa de inflação — também caíram, e bastante, em muitos casos.*[7] O que mais está acontecendo?

Há duas teses relacionadas e complementares que procuram explicar a queda de longo prazo das taxas de juros reais. Larry Summers, um economista cujo papel na luta contra as crises financeiras internacionais dos anos 1990 foi descrito no capítulo anterior, e que mais tarde foi Secretário do Tesouro do presidente Clinton, popularizou a chamada *hipótese da estagnação secular*.[8] A expressão foi cunhada em 1938 por Alvin Hansen, um proeminente economista de Harvard.[9] Hansen tinha receio de que fatores como um menor crescimento populacional e um ritmo decrescente de inovação tecnológica deixassem a economia dos EUA estagnada mesmo após o fim da Grande Depressão. Claro, isso não aconteceu — à Depressão e Segunda Guerra Mundial seguiu-se um boom econômico — mas para Summers havia uma nova relevância nas ideias de Hansen.

Na atualização de Summers da hipótese de Hansen, a economia moderna dos EUA padece de entraves persistentes, entre os quais a desaceleração do crescimento da força de trabalho conforme a população envelhece, uma insuficiência de avanços tecnológicos importantes em comparação com períodos anteriores, e o fato de que os setores de crescimento mais rápido não exigem uma grande proporção de capital físico (pense nas necessidades relativamente modestas de equipamentos e prédios do Facebook em confronto com, digamos, a General Motors nos anos 1950). Segundo a variante de Summers da hipótese da estagnação secular, esses fatores se associam a uma demanda fraca por novos bens de capital, bem como a uma expansão econômica mais lenta de modo geral. Uma economia menos dinâmica e oportunidades limitadas para investimentos de capital produtivo, por sua vez, restringem a demanda por fundos para investimento, diminuindo a taxa de juros neutra. É importante enfatizar que a estagnação secular implica que as lentas recuperações econômicas dos EUA das últimas décadas não resultaram principalmente de fatores pontuais, como o estouro da bolha tecnológica, o 11/9 ou escândalos

* Conforme uma metodologia desenvolvida em 2003 pelos economistas do FED Thomas Laubach e John Williams (atual presidente do FED de Nova York), a taxa de juros real neutra nos EUA caiu de mais de 3,5% em 1985 para menos de 0,5% hoje, com um declínio particularmente acentuado quando da crise financeira de 2007-2009. Um artigo subsequente de 2017 dos mesmos autores, com Kathryn Holston, encontrou resultados semelhantes para outras economias avançadas. [N. do A.]

corporativos. Em vez disso, o crescimento lento e as baixas taxas de juros são provenientes de forças fundamentais que provavelmente persistirão.

Existem soluções para a estagnação secular? Políticas públicas podem influenciar as tendências demográficas e o crescimento da produtividade, mas normalmente apenas após um longo período. Em princípio, o investimento público — construção de novas rodovias, aeroportos e pontes, por exemplo — poderia compensar a ausência ou morosidade do investimento privado, e Summers defendeu com vigor políticas fiscais agressivas para ajudar a reparar a estagnação secular. Os déficits fiscais no mundo são, de fato, bem grandes há algum tempo, antes mesmo de crescerem durante a pandemia. Mas Summers, em trabalho com Łukasz Rachel, concluiu que sem déficits fiscais sustentados, as taxas de juros reais neutras seriam ainda mais baixas, provavelmente bastante negativas.[10]

A segunda e complementar explicação para o declínio das taxas de juros reais é uma hipótese conhecida como *excesso de poupança global*. Como presidente do FED, apresentei o conceito em um discurso de 2005.[11] Em essência, a ideia é que, dado o patamar das taxas de juros reais que prevaleceu ao longo de grande parte do período pós-Segunda Guerra Mundial, a poupança global hoje ultrapassa significativamente a demanda global por novos investimentos de capital — a qual, ao lado dos déficits governamentais, é o principal destino da poupança. Com a oferta superando a demanda para investimento, a poupança gera retornos menores do que no passado. De onde vêm essas economias extras? Em meu discurso de 2005, concentrei-me na alta propensão à poupança das pessoas na China e em outros países do leste asiático em rápido crescimento, bem como na poupança de produtores de petróleo com elevados rendimentos, como a Arábia Saudita. Mais recentemente, nas maiores fontes de poupança global estava incluída a Europa, em particular a Alemanha.

Em uma leitura mais fundamental, porém, o aumento da poupança global vincula-se ao crescimento da renda mundial e à demografia. A renda de bilhões de pessoas no mundo aumentou significativamente nas últimas décadas, e com isso cresceram as chances de construir riqueza. Ao mesmo tempo, é maior a longevidade das pessoas nas economias de mercados emergentes e nas economias mais desenvolvidas, levando a aposentadorias esperadas mais extensas, o que por sua vez requer que as pessoas poupem mais. Com a capacidade e a necessidade de poupar muito aumentadas e as oportunidades de investimento limitadas pelo lento crescimento da população em idade ativa e da produtividade, as taxas de retorno reais (ajustadas pela inflação) caíram, não apenas nos EUA, mas globalmente.

Há uma certa diferença de ênfase entre as narrativas de estagnação secular e excesso de poupança global. Os argumentos em prol da estagnação secular, ao menos no início, concentraram-se nos EUA, ao passo que a tese do excesso de poupança global atentava para o caráter mundial dos fluxos de poupança e investimento e a crescente integração dos mercados de capitais globais facilitadores desses fluxos. A estagnação secular salientou a importância da demanda por fundos para investimento (para financiar a formação de capital empresarial ou déficits governamentais), enquanto a hipótese do excesso de poupança global se fixou mais na oferta de fundos. No entanto, uma tese reforça a outra. Ambas alegam que, por diversas razões demográficas, econômicas e tecnológicas, a oferta global de poupança tem sido cada vez maior que a demanda por esses recursos. Tal desequilíbrio mantém persistentemente baixas as taxas de juros reais, mesmo quando a economia está em pleno emprego e a política monetária não é expansionista.

Surgiram outras teorias, mais recentes, para explicar o declínio de longo prazo em R*. Alguns economistas argumentaram que, nas últimas décadas, houve uma escassez global crônica de ativos seguros — títulos cujo valor se mantém durante as crises econômicas.[12] Uma escassez geral de ativos seguros pode ajudar a explicar a razão pela qual os rendimentos de títulos como os do Tesouro dos EUA, que tendem a ter uma demanda especialmente alta em períodos de incerteza econômica, tiveram uma tendência de queda particularmente acentuada.* Recentemente, sugeriu-se também que a maior desigualdade de riqueza pode ajudar a explicar o declínio da taxa neutra, já que os mais ricos tendem a economizar uma proporção maior de sua renda.[13] (Todavia, ainda que a desigualdade tenha aumentado nos EUA e em algumas outras economias desenvolvidas, isso não ocorreu globalmente nas últimas décadas.) Embora não haja plena concordância entre os economistas com respeito às razões para a diminuição de longo prazo na taxa neutra, é indiscutível que ela caiu significativamente nos últimos 40 anos ou mais.

Por que é importante o declínio de longo prazo em R*, a taxa de juros neutra? Obviamente, diz respeito a poupadores e investidores, que obtêm retornos menores. Já os tomadores de empréstimos — incluindo governos, proprietários de imóveis e emissores de títulos corporativos — se beneficiam de taxas de juros mais baixas, tudo o mais constante.

* Os déficits federais dos EUA na pandemia, que aumentaram a oferta de títulos do Tesouro, deveriam, conforme essa teoria, ajudar a aliviar a escassez de ativos seguros e aumentar os rendimentos do Tesouro ao longo do tempo. [N. do A.]

O nível mais baixo da taxa de juros neutra é importante para o FED (e para outros bancos centrais) uma vez que, potencialmente, limita o escopo da política monetária. Nos anos 1980 e 1990, uma flexibilização monetária substancial poderia ter sido implementada simplesmente reduzindo a TDI. Em uma recessão típica, o FED, antes da crise financeira global, estimulava a economia cortando a TBI entre 5 e 6 pontos percentuais. Mas quando a taxa de juros neutra — a que prevalece no pleno emprego — já é muito baixa, digamos apenas 2% ou 3%, há menos espaço para os formuladores de políticas promoverem cortes quando ocorre uma recessão e, portanto, menos poder para estimular o crescimento.

O menor nível no qual os formuladores de políticas monetárias desejam (ou são capazes) de estabelecer sua taxa de juros de curto prazo denomina-se *limite inferior efetivo*. Antes da crise financeira de 2007-2009, o limite inferior efetivo na maioria dos países era considerado zero, ou talvez ligeiramente positivo devido à preocupação dos formuladores de políticas de que taxas zero poderiam interferir no funcionamento do sistema financeiro.* Após a crise, alguns BCs revisaram para baixo suas estimativas do limite inferior, definindo seus juros em zero ou, como veremos, até mesmo em taxas modestamente negativas. (Taxas de juros negativas podem ser aplicadas exigindo que os bancos paguem uma taxa sobre as reservas que mantêm no BC.) A questão principal é que, quando a taxa de juros neutra é baixa, um piso efetivo na taxa de juros —em geral nas proximidades de zero — limita o escopo para os banqueiros centrais confiarem nos cortes tradicionais de juros de curto prazo.

Causa muita preocupação a possibilidade de que, em face do limite inferior, a política monetária não possa ser suficientemente estimulante. Um círculo vicioso, porém, pode se instaurar, piorando o problema. Se o limite inferior efetivo impedir que a política monetária dê estímulo adequado, então, ao longo do tempo, o desemprego crescerá e (devido ao aumento da mão de obra ociosa), a inflação será menor do que os formuladores de políticas monetárias gostariam. Pelo Princípio de Fisher, a inflação em declínio tende, por sua vez, a reduzir a taxa de juros neutra. Mas uma taxa de juros neutra menor diminui ainda mais o escopo da política monetária para estimular a economia, completando o círculo vicioso. Essa situação é chamada de *armadilha do Japão*, porque descreve

* Exemplo: bancos e fundos mútuos do mercado monetário, cuja promessa a seus depositantes e investidores de varejo é de ao menos um retorno zero, teriam dificuldade em obter lucro caso seus investimentos de curto prazo também pagassem zero. [N. do A.]

a experiência daquele país nas últimas décadas, quando a inflação e os juros giraram em torno de zero e a política monetária teve efeito limitado.

O MEDO DA DEFLAÇÃO EM 2003: O FORWARD GUIDANCE NA VANGUARDA

As baixas taxas de juros e a inflação declinante após a recessão de 2001 trouxeram ao debate a possibilidade de que os EUA caíssem na armadilha do Japão. Levando em conta as dificuldades de sair de uma inflação muito baixa ou deflação, a maioria dos participantes do FOMC concordava que tal situação devia ser evitada a todo custo. Como Greenspan escreveria mais tarde, em meados de 2003 a deflação era o "Tópico A" nas discussões do Comitê.[14]

O que fazer para prevenir a conjunção de inflação persistentemente baixa e taxas de juros baixas nos EUA? Em 2003, com a TDI já muito baixa, a questão passou a ser: Além de novos cortes de juros de curto prazo, outras ferramentas poderiam ajudar uma economia em declínio? Os economistas estudaram alternativas possíveis, com frequência considerando a longa batalha do Japão contra a deflação.[15] Em outubro de 1999, o FED realizou em Woodstock, Vermont, um encontro reunindo pesquisas efetuadas sobre políticas relativas ao limite inferior efetivo, da qual participei quando ainda era professor. Em novembro de 2002, e recém-integrado ao Conselho como diretor, fiz um discurso intitulado "Deflação — Certificando-se de que 'Isso' não Aconteça Aqui", no qual discuti ferramentas monetárias alternativas, e publiquei uma pesquisa sobre o tema com a equipe do FED.[16] No entanto, antes de 2003, o FOMC nunca havia examinado sistematicamente como poderia agir caso a economia necessitasse de estímulo monetário, mas novos cortes na TBI eram inviáveis ou indesejáveis.

Greenspan solicitou que a equipe apresentasse opções ao Comitê para tratar do limite inferior. A equipe elaborou um extenso trabalho que seria útil alguns anos depois, quando os problemas derivados do limite inferior não eram mais tão hipotéticos. Algumas das medidas aventadas pela equipe, como a compra de grandes quantidades de títulos do Tesouro para diminuir as taxas de juros de longo prazo, pareciam bastante exóticas e não pareciam necessárias ou desejáveis em 2003. (Isso, porém, não impediu algumas especulações nos mercados de títulos de que tais compras poderiam ocorrer.) Em vez disso, o Comitê escolheu confiar na comunicação pública para atingir seus objetivos.

Mas por que essa escolha? De que modo o simples fato de falar sobre políticas pode ajudar? O que houve após a declaração da reunião promovida por Greenspan, mostrando que os mercados responderam não só às ações políticas atuais, mas também às sugestões do Comitê sobre políticas futuras, apontou o caminho. A taxa de juros que o FED controla mais diretamente, a TBI, não é em si muito relevante. Ela é aplicável somente em um prazo muito curto (de um dia para o outro ou ao longo do fim de semana) e a um mercado relativamente pequeno (empréstimos de reservas entre bancos). As mudanças na TBI afetam a economia principalmente por meio de sua influência nos preços e rendimentos de outros ativos, entre eles as taxas de juros de longo prazo, como taxas de hipotecas e de títulos corporativos.

O vínculo com aquelas taxas mais importantes acontece porque, em parte, as taxas de juros de longo prazo dependem das expectativas do mercado sobre as taxas de juros futuras de curto prazo. Por exemplo, se os investidores acreditarem que o FED manterá as taxas de curto prazo mais altas do que antes se pensava, as taxas de longo prazo também tenderão a se elevar. Se as taxas de longo prazo não subissem, os investidores ganhariam mais investindo em títulos de curto prazo, rolando-os no vencimento, do que detendo títulos de prazo mais longo. Da mesma forma, se os investidores acreditarem que o FED pretende manter baixas as taxas de curto prazo por um certo tempo, as de longo prazo também devem cair. Em resumo, ao instalar as expectativas do mercado sobre onde a TBI será definida no futuro, o FOMC pode influenciar as taxas atuais de longo prazo, as que mais afetam a economia. Por analogia, as expectativas do mercado sobre a TBI afetam os preços de outros ativos importantes, como a cotação das ações e a taxa de câmbio do dólar, fatores que também têm efeitos econômicos.

O presidente e outros participantes do FOMC comunicam suas intenções sobre as políticas de várias maneiras, mas a essa altura a declaração pós-reunião refletia melhor a visão coletiva do FOMC e era observada de perto pelos mercados. O Comitê decidiu explorar esse fato. Na reunião de maio de 2003, o FOMC revelou pela primeira vez sua preocupação de que a inflação pudesse cair muito. Na declaração, o Comitê incluiu a frase (reconhecidamente intrincada): "a probabilidade, embora secundária, de um declínio substancial indesejado da inflação excede a de uma recuperação da inflação a partir de seu nível já baixo." Se os formuladores de políticas estivessem preocupados com a queda da inflação, a implicação era que a política continuaria expansionista. De fato, em junho, o Comitê reduziu a TBI para 1%, seu patamar mais baixo desde 1958.

Entretanto a insinuação não foi eficaz o bastante. Na reunião de agosto, os mercados ignoraram a mensagem sutil do FED e começaram a antecipar o aperto de curto prazo. No Comitê, os participantes se concentraram novamente em como poderiam alinhar melhor as expectativas do mercado para a TBI com as deles. Greenspan sugeriu incluir na declaração orientações mais explícitas sobre o rumo futuro da política, e o FOMC concordou. A declaração pós-reunião de agosto reiterou as preocupações do Comitê sobre um "declínio substancial indesejado da inflação... a partir de seu nível já baixo", mas acrescentou: "Nestas circunstâncias, o Comitê acredita que a acomodação da política pode ser mantida por um período considerável."

Mudar a linguagem em maio e agosto de 2003 foi importante de várias maneiras. A referência, desde maio, a um declínio "indesejável" da inflação contrariava fortemente a política do FED das décadas anteriores, quando a inflação baixa ou em queda sempre foi considerada desejável. Com isso, o FED reconheceu publicamente que tinha uma meta de inflação e que ela era maior que zero, ainda que não estivesse disposto a dar um número exato. Além disso, segundo a declaração de maio, a inflação baixa provavelmente seria a "preocupação predominante do Comitê para o futuro próximo".

A declaração de agosto também explicava a pretensão do Comitê quanto ao declínio "indesejável" da inflação: manter flexível a política "por um período considerável". Apesar de inespecífica, essa linguagem indicava que as expectativas do mercado, de aperto no curto prazo, não tinham razão de ser. Desta vez o sinal veio alto e claro; as taxas de longo prazo diminuíram acentuadamente nas semanas seguintes. "É muito evidente que nosso esforço para comunicar essa mensagem [de política expansionista] teve êxito", disse Greenspan na reunião de dezembro.[17] A declaração de agosto de 2003 é um exemplo do que hoje chamamos de *forward guidance*, ou orientação dos formuladores de política monetária sobre o curso provável da política. O forward guidance [FG] como ferramenta para administrar as expectativas de política e, portanto, afetar as condições financeiras mais amplas, se tornaria cada vez mais importante, principalmente quando a TBI se aproximasse de seu limite inferior.

O Comitê manteve o "período considerável" até janeiro de 2004, quando iniciou uma reviravolta suave, afirmando que poderia "ser paciente ao remover sua acomodação política". Ou seja, o FOMC sinalizou que agora buscava endurecer a política, mas com cautela. Após um período de crescimento acentuado e melhora do mercado de trabalho — a taxa de desemprego vinha caindo continuamente há mais ou menos um ano — o aperto teve início com um acréscimo da taxa em junho de 2004, acompanhado de uma orientação [FG] de que a acomodação política deveria ser retomada "a um ritmo que provavelmente será comedido". Os aumentos que se seguiram foram de fato comedidos. Nunca superaram 1/4 de ponto percentual de cada vez. Mas ocorreram em 17 reuniões consecutivas, até junho de 2006. Quando terminaram, a meta da TBI havia retrocedido para 5,5%, um nível indistinto do historicamente normal, o desemprego caíra para menos de 5% e o núcleo da inflação estava perto de 2%. Por essas métricas, as políticas do FED pareciam bem-sucedidas.

Em agosto de 2005, o Federal Reserve System realizou suas reuniões anuais em Jackson Hole, Wyoming. Essas ocasiões eram realizadas desde 1982 no majestoso Grand Tetons pelo FED de Kansas City. A de 2005 atraiu, como sempre, uma distinta lista de participantes de todo o mundo, tanto de bancos centrais quanto da mídia e academia. Greenspan, então em seus últimos meses como presidente, muito festejado, foi saudado por Alan Blinder, seu ex-vice-presidente e crítico ocasional, como tendo "uma reivindicação legítima de ser o maior banqueiro central que já existiu."[18]

A BOLHA IMOBILIÁRIA

A despeito dos fartos elogios a Greenspan, havia perigo no horizonte. Os preços das casas vinham subindo rapidamente desde o final dos anos 1990. E aumentaram ainda mais rapidamente no final do mandato de Greenspan, chegando a mais de 13% em 2004 e 2005.[19] Combinada com o empobrecimento dos padrões de empréstimos hipotecários que ajudaram a alimentá-la, o que demonstrou ser uma enorme bolha imobiliária seria o estopim da pior crise financeira desde a Grande Depressão.

O que causou a bolha? Alguns argumentaram que a política monetária flexível foi um estímulo aos preços da habitação, mas as evidências disso são escassas e têm pouco apoio entre os economistas.*[20] Assim como outras taxas de juros, as hipotecárias de 30 anos haviam caído lentamente desde os anos 1980, mas em 2004 e 2005 giraram em torno de

* Em 2017, a Initiative on Global Markets entrevistou especialistas econômicos nos EUA e Europa sobre o que consideraram os principais fatores que contribuíram para a crise financeira global de 2008, dando 12 alternativas. Regulamentação e supervisão financeira deficientes foram classificadas em primeiro lugar, seguidas pela subestimação dos riscos de novos instrumentos financeiros e empréstimos hipotecários ruins. Política monetária frouxa ficou em penúltimo lugar [N. do A.]

6%, ou 4% a 5% quando ajustadas pela inflação, níveis não associados, antes ou depois, com ganhos extraordinários nos preços dos imóveis. Um estudo retrospectivo mostrou que as mudanças nas taxas de juros reais (as quais não decorreram inteiramente da política monetária) são capazes de explicar apenas cerca de 1/5 do aumento nos preços das casas entre 1996 e 2006.[21] Outro estudo confirmou que, embora juros baixos tendam a elevar o preço da habitação, a relação histórica entre ambos é consistente com os movimentos das taxas de juros, implicando em uma contribuição no máximo moderada para a bolha do início dos anos 2000.[22] Ademais, aumentos acentuados dos preços das casas ocorreram quase simultaneamente em outros países, como o Reino Unido, cujas políticas monetárias eram mais restritivas do que a dos EUA.[23]

Se nem as taxas de juros nem a política monetária são as causas, então o que seria? A maioria das pesquisas sobre as origens da bolha [nos EUA] focou três fatores: psicologia de massa, inovações financeiras que diminuíram o incentivo para empréstimos mais cautelosos, e regulamentação inadequada de práticas de empréstimo e tomada de risco em geral.

A habitação vista como um investimento foi algo que a psicologia de massa apoiou com otimismo generalizado e crescente. A rápida valorização das residências no final dos anos 1990 e início dos anos 2000, especialmente em algumas grandes cidades, levaram muitos a acreditar que os preços das casas inevitavelmente continuariam a subir, uma crença reforçada graças a interações sociais ("Meu cunhado fez uma fortuna vendendo casas!") e pela mídia. A teoria das narrativas populares de Robert Shiller — histórias simples que estruturam o pensamento das pessoas sobre eventos econômicos e que "viralizam" no inconsciente coletivo — parece bem apropriada nesse caso.[24] Shiller notou que os preços das casas começaram a acelerar nos EUA por volta de 1998 e atribuiu o boom ao superotimismo que ajudou a gerar a bolha das pontocom.

A inovação financeira, aliada à excessiva poupança global e à percepção da escassez de ativos seguros, também colaborou para inflar a bolha imobiliária. No início da década de 2000, poupadores globais — entre eles a China, cuja integração ao comércio global e aos mercados de capitais era crescente na época — debatiam-se à procura de investimentos que tivessem ao menos uma taxa razoável de retorno e aparentassem certa segurança e liquidez. Esses ativos eram cada vez mais raros à medida que o excesso de poupança aumentava. Em particular, a mudança de postura do governo federal para déficits menores ou mesmo superávits limitou a oferta dos ativos seguros mais cobiçados, os títulos do Tesouro dos EUA.

O intuito da engenharia financeira de Wall Street era atender à forte demanda por ativos (supostamente) seguros; para isso, elaborou e comercializou papéis complexos que embutiam uma série ampla de hipotecas (e muitas vezes outros tipos de crédito privado). A suposição era que a diversificação combinada de muitos e diferentes ativos de crédito reduzia o risco geral do título resultante, e que este poderia ser dividido em componentes de maior e menor risco. Esse processo criou novos ativos aparentemente seguros que poderiam ser vendidos para investidores do mundo todo. A enorme demanda por fundamentos para esses títulos garantidos por crédito, por seu turno, encorajou os financiadores hipotecários a reduzir drasticamente os padrões para gerar mais empréstimos. Afinal, na hipótese de a hipoteca não ser honrada, o problema não era de quem lhe dava origem, mas do comprador final do título nela lastreado. Padrões de crédito mais flexíveis, por sua vez, aumentaram a demanda efetiva por habitação, alimentando a bolha.

Finalmente, o descuido dos reguladores em prevenir a proliferação de empréstimos hipotecários modernosos e ilusórios. Em alguns casos, os contratos dos tomadores lhes permitiam pagar tão pouco a cada mês que seu saldo principal aumentava em vez de cair ao longo do tempo. Os reguladores também não insistiram que os credores hipotecários exigissem documentação comprobatória para garantir a solvência. Uma consequência foi o infame empréstimo NINJA [sigla em inglês para — sem renda, sem emprego, sem ativos"]; os credores verificavam apenas a classificação de crédito do pretendente.

Quanto às deficiências regulatórias, decorreram de vários fatores, sem contar a falta de zelo e criatividade dos reguladores. Cumpre frisar que por razões históricas e políticas, a regulamentação financeira dos EUA tinha por característica ser mal projetada e não refletir adequadamente a natureza evolutiva do sistema financeiro moderno. A estrutura regulatória tinha grandes lacunas — por exemplo, muitos credores hipotecários não bancários e investidores hipotecários careciam de uma supervisão cuidadosa — e sobreposições, com vários reguladores distintos entrando em conflito e às vezes competindo por "clientes". Em março de 2007, o credor "subprime" (hipotecas para tomadores com histórico de crédito fraco) Countrywide, ao alterar o estatuto da instituição depositária de sua propriedade, substituiu o FED como seu principal supervisor pelo Office of Thrift Supervision do Departamento do Tesouro, na expectativa de obter maior tolerância.[25] Lacunas regulatórias — particularmente graves quando fora do sistema bancário tradicional — comprometeram a capacidade dos reguladores de monitorar e responder às tendências no setor de hipotecas. Em 2005, por exemplo, apenas cerca de 20% dos empréstimos subprime foram concedidos por credores sob supervisão federal direta, ao passo que aproximadamente 50% foram efetuados por instituições licenciadas e supervisionadas por reguladores estaduais, cujos recursos e eficácia variaram muito.*[26]

Também havia a questão de que, no período anterior à crise, a conjuntura política favorecia padrões de hipoteca menos rígidos. Muitos legisladores e reguladores não queriam ser vistos como obstáculo a uma expansão tardia da propriedade de casas para minorias e outros grupos tradicionalmente à margem. Se acordos de empréstimo não tradicionais que acomodassem uma menor reputação de crédito fossem necessários para proporcionar moradia para pessoas de baixa renda, então — na visão amplamente aceita da época — o risco poderia valer a pena.** Infelizmente, o golpe mais forte quando eclodiu a crise das hipotecas recaiu nesses compradores de imóveis em frágil situação financeira.

Quando argumento que aspectos psicológicos, a inovação financeira de Wall Street e um sistema regulatório deficiente impulsionaram a bolha imobiliária dos EUA, não isento o FED de sua parcela de culpa; e, depois de agosto de 2002, isso me inclui pessoalmente. A regulamentação financeira fragmentada — em particular a ausência de uma agência responsável pela estabilidade do sistema financeiro como um todo — e o apoio político para a expansão da casa própria teriam minado quaisquer esforços do FED ou de outros reguladores no sentido de retardar ou reverter os riscos em construção nos mercados habitacional e hipotecário. No entanto, ao menos em retrospecto, é possível identificar medidas que o FED e outros reguladores poderiam ter tomado. Por exemplo, Greenspan e outros diretores de agências poderiam ter utilizado suas tribunas de forma mais agressiva para apontar os riscos crescentes ou as falhas do

* Os outros 30% eram credores não bancários pertencentes a holdings bancárias que eram supervisionadas pelo FED. Porém, no que ficou conhecido como a cláusula "Fed lite", a lei de revisão regulatória financeira Gramm-Leach-Bliley de 1999 presumia que o FED, como supervisor da holding, os cederia aos supervisores primários (geralmente no nível estadual) das holdings subsidiárias. [N. do A.]

** Reguladores e políticos da época faziam uma forte distinção entre empréstimos subprime, cujo objetivo era ajudar pessoas com baixa pontuação de crédito a se tornarem proprietários de imóveis, algo desejável, e empréstimos predatórios que envolviam práticas injustas ou ilusórias que visavam tirar vantagem de tomadores de empréstimos menos sofisticados e deveriam ser proibidas. [N. do A.]

sistema regulatório. Muito provavelmente tal atitude não teria provocado mudanças dramáticas — durante anos, Greenspan fez críticas constantes e ineficazes das agências hipotecárias federais, Fannie Mae e Freddie Mac, em razão de seu capital inadequado e práticas arriscadas — mas o apelo público teria, no mínimo, aumentado a consciência do Congresso e da população. O FED também poderia ter pressionado os bancos a reservar mais capital para absorção de perdas e a mensurar e administrar melhor os riscos que estavam assumindo. E poderia ter feito uso melhor de sua autoridade contingente para proibir práticas de empréstimo consideradas "injustas ou ilusórias", para examinar com mais frequência empresas não bancárias pertencentes a holdings bancárias, e para avaliar de forma mais sistemática os riscos para o sistema financeiro.[27]

Será que Greenspan deveria ter percebido em tempo real que era preciso estabelecer uma regulamentação mais rígida? Fica difícil julgar para alguém como eu que esteve no FED durante parte desse período e não antecipou a crise. De todo modo, acredito que seu ponto cego *não foi* a falta de atenção a eventuais riscos. Nos últimos anos como presidente, ele demonstrou sua preocupação com a "espuma" no mercado imobiliário (embora o visse restrito principalmente a certas áreas do país) e o aumento geral na assunção de riscos nos mercados financeiros.[28] Em princípio, não obstante suas raízes libertárias, ele também não era contrário à regulamentação financeira. Seu erro foi confiar em demasia na capacidade das forças do mercado de impor limites aos empréstimos ruins e à admissão de riscos excessivos, inclusive no interesse próprio dos executivos e conselhos do BC. Além do mais, ele estava pessimista sobre a perícia dos funcionários do governo de opinar e rediscutir as decisões dos bancos na maioria dos casos. Via esses técnicos, apesar das boas intenções, em número muito inferior e menos equipados em relação aos milhares de funcionários altamente remunerados e especializados dos bancos internacionais. Assim, avaliando em retrospecto, houve da parte dele muita passividade, até mesmo naquilo que estava sob a autoridade do FED no sistema financeiro. Greenspan viria a reconhecer isso. Em depoimento ao Congresso em outubro de 2008, expressou sua "descrença chocada" de que as forças do mercado e o interesse próprio dos banqueiros não foram mais eficazes na prevenção dos maus empréstimos que levaram à crise.[29]

Essa "fenda" no pensamento de Greenspan, segundo ele mesmo, foi compartilhada por muitos economistas e formuladores de políticas da era pré-crise. Os anos 1980 e 1990 caracterizaram-se pela desregulamentação substancial em muitos setores, que ocorria conforme os formuladores de políticas se tornavam cada vez mais receptivos aos argumentos do livre mercado. A crise de poupança e empréstimos em particular, tida como ocasionada em parte pela regulamentação excessiva das taxas de depósito e atividades de empréstimo do S&L, foi um estímulo à desregulamentação e inovação financeiras, que por seu turno abriram maior espaço para a tomada de riscos. A lição mais geral pode ser que os presidentes do FED e outros líderes devem ter cuidado com a sabedoria convencional. Como outros, critiquei Arthur Burns por deixar a inflação fora de controle nos anos 1970, mas suas políticas monetárias estavam em conformidade com as opiniões de muitos economistas e políticos de então. O não ortodoxo da época foi Volcker em seu ataque cerrado à inflação. A necessidade de ouvir uma variedade de pontos de vista é outro argumento para os bancos centrais serem transparentes sobre o que pensam e abertos a trocas com terceiros.

Seja qual tenha sido sua origem, a bolha imobiliária deixou os formuladores de políticas monetárias diante de uma difícil decisão. Se os aumentos dos preços das casas eram insustentáveis, como alguns suspeitavam (incluindo Greenspan), então a questão era o que fazer a respeito. Apertar fortemente a política monetária relativamente cedo, digamos em 2002 ou 2003, no intuito de desacelerar os ganhos dos preços dos imóveis, parecia uma ideia destinada ao fracasso. Os imperativos de curto prazo de apoiar a lenta recuperação econômica e evitar a deflação apontavam para políticas mais frouxas, e não mais rígidas, nos anos seguintes à recessão de 2001. Ademais, em 2002 ou 2003, a visão de que os preços das casas flanavam em uma bolha insustentável não era de forma nenhuma uma unanimidade.

A solução do FOMC foi manter baixas as taxas por um período relativamente curto — a TBI permaneceu em seu ponto mínimo de 1% por apenas cerca de um ano, de meados de 2003 a meados de 2004 — e, assim que os sinais de recuperação estivessem bem estabelecidos, começar um aperto gradual mas prolongado. Caso a bolha imobiliária se desinflasse aos poucos e suavemente, talvez a economia como um todo pudesse fazer um pouso suave. Tal abordagem parecia promissora em 2006 e no início de 2007, quando a economia continuou a crescer apesar da diminuição dos preços das casas e do aumento da inadimplência das hipotecas subprime. No entanto, essa estratégia não detectou de maneira suficiente as sérias vulnerabilidades financeiras geradas por uma década de maus empréstimos.

■

5

A CRISE FINANCEIRA GLOBAL

EU ME TORNEI PRESIDENTE DO FED EM 2006, com a tarefa nada invejável de substituir o lendário Greenspan. Antes de ingressar no FED como membro do Conselho em 2002, passei mais de 20 anos no setor acadêmico, começando na Graduate School of Business de Stanford em 1979 e depois, em 1985, em Princeton, onde minha esposa Anna e eu criamos nossos dois filhos. Minha carreira foi gratificante como pesquisador e professor, com foco em política monetária, mercados financeiros e história econômica. Meu trabalho sobre a Grande Depressão se alinhava com o crescente consenso de que o colapso econômico dos anos 1930 foi obra do mau funcionamento do padrão ouro internacional e de uma crise financeira global que as autoridades não conseguiram conter.[1]

No início de 2002, fui convidado para uma entrevista com o presidente George W. Bush para um cargo no Conselho de Presidentes do FED. A oportunidade parecia ideal para colocar em uso o que havia aprendido em minha pesquisa e escritos. Aceitei ser indicado, o Senado avalizou sem controvérsias e comecei minha carreira de formulador de políticas em agosto de 2002. Encontrei no FED um ambiente estimulante e de coleguismo (alguns de meus ex-alunos de pós-graduação estavam na equipe). Participei dos debates sobre o risco de deflação, apoiei cortes de juros e uso de forward guidance em 2003. Também me expressei publicamente sobre questões importantes para mim, inclusive defendendo que o FED adotasse uma meta numérica para a inflação como um passo rumo a uma política mais eficaz e transparente.

Em junho de 2005, fui para a Casa Branca, onde chefiei o Council of Economic Advisers do presidente Bush por sete meses. Dirigir esse Conselho era fascinante, mas de alta pressão. Fomos obrigados, meus colegas e eu, a desenvolver perícia instantânea em inúmeras questões, de assistência médica a imigração. Quando o furacão Katrina atingiu Nova Orleans, nos vimos às voltas com problemas como redirecionar carregamentos de gasolina para abastecer a área atingida. Frequentemente informei o presidente e o vice-presidente sobre economia, construindo relacionamentos pessoais que seriam úteis durante a crise financeira.

Meu relacionamento com o presidente Bush foi, com certeza, um elemento importante na indicação de meu nome para suceder Greenspan. O Senado novamente me aprovou sem contestação. Prometi dar continuidade às políticas do Maestro. Meu objetivo, ao menos inicialmente, era cumprir o prometido. Trabalhei com o FOMC para continuar a longa sequência de aumentos de juros de 1/4 de ponto iniciada sob Greenspan em 2004, que se encerrou em junho de 2006. Àquela altura, a economia parecia finalmente ter se recuperado por inteiro da recessão de 2001, com o desemprego girando estreitamente em torno de uma taxa de 4,5% desde o outono de 2006 até a primavera de 2007. Aliado a um aumento modesto no núcleo da inflação que deu fim às preocupações de deflação, tudo fazia crer ser possível que outro pouso suave estivesse ocorrendo.

As maiores incertezas, quando assumi meu novo cargo, estavam nos mercados hipotecário e de imóveis. A prolongada política de aumento das taxas do FED deve, provavelmente, ter contribuído para o declínio dos preços dos imóveis que começou no verão de 2006, pouco depois de me tornar presidente, embora as taxas hipotecárias tenham subido surpreendentemente pouco, mesmo com o aperto do FOMC.[2] Conforme dramatizado pelo livro de Michael Lewis, *A Jogada do Século*, e o filme subsequente (A grande aposta), alguns participantes do mercado financeiro daquela época tornaram-se cada vez mais céticos sobre o boom imobiliário e das hipotecas, e instrumentos financeiros derivativos recém-estruturados vinculados aos valores das hipotecas subprime faziam com que ficasse mais fácil para os céticos monitorar e apostar contra o mercado subprime.[3] Seja como for, o FOMC observava de perto a evolução dos mercados de habitação e das hipotecas. Estávamos particularmente preocupados com o aumento das taxas de inadimplência entre os mutuários de hipotecas de baixa renda e o aumento associado de execuções das garantias imobiliárias desses papéis.

Nossa expectativa era de um resultado relativamente benigno se — e isso revela a importância do condicional — o declínio dos preços das moradias continuasse a uma escala moderada e o aumento da inadimplência das hipotecas subprime (que constituíam uma parcela relativamente pequena das hipotecas e do crédito em geral) não infectasse mercados financeiros mais amplos. Em março de 2007, em depoimento ao Congresso, eu disse que, com base no que víamos até então, os problemas do subprime "provavelmente serão contidos".[4] Era tanto uma expressão de esperança quanto uma previsão, mas na época parecia uma avaliação razoável. Eu acreditava que, ao dar um fim aos aumentos de taxas em meados de 2006 — apesar das objeções de alguns falcões do Comitê — estávamos evitando um aperto demasiado. Caso a inflação permanecesse moderada, como se esperava, encerrar o aperto deveria dar à economia o fôlego necessário para absorver os efeitos da perda de dinamismo do mercado imobiliário. Isso de fato aconteceu: não obstante a queda contínua nos preços da habitação, a economia continuou sua trajetória de expansão constante, crescendo cerca de 2,5% ao ano nos 3 trimestres restantes de 2007.

Nosso otimismo precavido sobre a economia não implicava que pretendíamos ignorar a evolução da questão das moradias e hipotecas. Em fóruns públicos, defendi uma abordagem pela qual, com o incentivo de seus supervisores, os bancos e outros credores deveriam dar uma solução aos problemas já evidentes no mercado hipotecário. Argumentei com os detentores em geral de hipotecas de mutuários inadimplentes que, em muitos casos, seria melhor uma renegociação visando reduzir os pagamentos mensais, mantendo as pessoas em suas casas. Tais modificações no financiamento, obviamente boas para os mutuários, também beneficiariam os credores e a economia em geral, argumentei, porque as moradias executadas muitas vezes ficam vazias e negligenciadas, perdendo valor enquanto fazem cair os preços dos imóveis na vizinhança.

O FED incentivou os bancos que supervisionava a cooperar com um programa voluntário de renegociação de empréstimos — o Hope Now —, liderado por Hank Paulson, Secretário do Tesouro do presidente Bush, e por Alphonso Jackson, Secretário de Habitação e Desenvolvimento Urbano. Os FEDs regionais organizaram eventos locais para promover e agilizar as renegociações. Mas os benefícios do programa seriam limitados. Os banqueiros atuaram de acordo, mas seu ceticismo em relação ao argumento de que renegociar hipotecas problemáticas seria lucrativo continuou de pé, em especial se isso encorajasse alguns mutuários não inadimplentes a realizar uma "inadimplência estratégica", ou seja, deixar de pagar para obter melhores condições. Além disso, muitas hipotecas, envoltas em títulos complexos, não podiam ser renegociadas legalmente sem a permissão de investidores dispersos pelo mundo. E aqueles que administravam esses papéis —as empresas ou divisões bancárias responsáveis em executar a renegociação dos empréstimos — estavam totalmente despreparados para lidar com uma leva de renegociações ou inadimplência, algo que prejudicaria todos os esforços subsequentes para limpar a desordem instaurada pela questão hipotecária.

O GRANDE PÂNICO FINANCEIRO

O FED, portanto, operava de duas maneiras em 2006 e 2007: usando a política monetária com o propósito de manter a economia saudável e implantando instrumentos regulatórios (entre os quais a persuasão moral) para lidar com a deterioração da situação das hipotecas. Porém, no verão [do hemisfério norte] de 2007, surgiram as primeiras evidências de que os problemas do subprime ameaçavam o sistema financeiro como um todo.

Em agosto de 2007, o banco francês BNP Paribas informou, surpreendentemente, que havia interrompido os resgates em três de seus fundos detentores de títulos lastreados por hipotecas subprime dos EUA. Segundo o banco, as condições de mercado correntes o impediam de avaliar esses títulos. Em outras palavras, naquela ocasião os investidores começaram a desconfiar de tal maneira dos títulos hipotecários subprime que não estavam dispostos a comprá-los qualquer que fosse o preço. O comunicado, tido por muitos como um alerta, desencadeou um pânico de vendas no mundo, com todos querendo se desfazer deles.

Qual a razão para os investidores de repente ficarem tão receosos? Nos anos em que os preços habitacionais só subiram, tanto os mutuários quanto os credores viam nos empréstimos subprime um risco relativamente baixo. De acordo com o que se raciocinava, se os mutuários não pudessem pagar as prestações, poderiam vender sua casa e quitar a hipoteca (valendo-se de uma cláusula contratual), e ainda se beneficiavam de um lucro por ganhos de capital na operação. Ambos, credor e mutuário, ganhavam. A estratégia deixou de ser interessante quando os preços dos imóveis começaram a cair: os tomadores de empréstimos subprime que não podiam pagar ficaram inadimplentes e foram despejados de suas casas, e os credores e investidores subprime mantiveram hipotecas que poderiam muito bem se mostrar sem valor.

Ainda assim, na época, menos de 8% das hipotecas nos EUA pendentes de pagamento eram empréstimos subprime com taxas de juros variáveis, a categoria mais exposta aos aumentos das taxas do FED de 2004 a 2006.[5] De fato, no início de 2007, o FED calculou que a inadimplência imediata de todas as hipotecas subprime (com taxas variáveis e fixas — 13% de todas as hipotecas) imporia perdas aos credores e investidores que, somadas, eram menores do que as perdas de um único dia ruim no mercado de ações global. A maioria das outras hipotecas, incluindo as hipotecas "prime", emitidas para mutuários com bom crédito, e as chamadas hipotecas Alt-A, para mutuários com crédito de qualidade média, ainda tinham bom desempenho em 2007. Além disso, os bancos pareciam estar bem financeiramente, com apenas um banco com seguro federal* tendo falido nos últimos dois anos e meio, e com os bancos atraindo depósitos e outros financiamentos de curto prazo sem maiores dificuldades.** Com níveis de capital que pareciam adequados, ao menos em conformidade com os padrões regulatórios de então, os bancos pareciam capazes de absorver as perdas esperadas com as hipotecas.

Essas considerações ajudaram a motivar meu comentário "provavelmente serão contidos" em março, mas eram um falso consolo. Embora as perdas reais e futuras com as hipotecas subprime não fossem extraordinariamente grandes, o desastre do subprime foi muito prejudicial porque desencadeou um pânico financeiro no estilo de antigamente — ainda que de maneira desconhecida. O pânico teve início com as hipotecas subprime, mas por fim se transformou em uma perda de confiança em praticamente todas as formas de crédito para famílias e empresas, quase levando ao chão o sistema financeiro e, com ele, a economia.

Sendo um historiador de economia, eu conhecia alguma coisa sobre pânicos financeiros, que datam de séculos, senão milênios (o imperador romano Tibério interrompeu uma crise em 33 EC oferecendo empréstimos sem juros).[6] A maioria dos pânicos tem uma trajetória semelhante, ocorrendo após um período em que os bancos ou outras instituições financeiras ampliaram muito seus empréstimos ou investimentos especulativos, financiados em grande parte por endividamento, em especial a curto prazo. Tudo vai bem por um tempo, pois o otimismo dos tomadores e credores alimenta um boom de crédito. Chega-se até a falar de uma "nova era", livre das velhas regras. Vez por outra o otimismo se justifica, mas de vez em quando más notícias sobre alguns dos investimentos — possivelmente

* Os clientes têm a proteção da Federal Deposit Insurance Corporation para depósitos até certo valor. No Brasil, isso é feito pelo Fundo Garantidor de Créditos. [N. da T.]

** Esse fato contrasta, por exemplo, com as mais de 100 falências de instituições depositárias a cada ano, de 1984 a 1992, durante uma crise de poupança e empréstimo e uma crise de crédito. [N. do A.]

concretas, embora falsos rumores também possam ser um gatilho — mudam a atitude dos investidores de forma repentina. Quem pode sair, sai. Aqueles com dinheiro de curto prazo em instituições financeiras, que podem sacar seus fundos com facilidade e têm pouco a perder com isso, são os mais propensos a cair fora. Como o proverbial grito de "fogo!" (seja verdade ou não) em um cinema lotado, é do interesse individual de todos estar entre os primeiros a sair pela porta, mesmo que uma saída ordenada seja melhor para o bem coletivo.

Uma corrida bancária à dívida de curto prazo das principais instituições financeiras, por sua vez, as deixa sem condições de financiar seus investimentos, normalmente de prazo mais longo e *ilíquidos* — não é fácil vender pelo valor total de uma hora para outra. Caso não consigam repor o financiamento perdido, elas podem ter pouca escolha a não ser vender seus ativos, os bons e os nem tanto, pelo preço possível. Uma corrida geral para vender — um "fire sale" ["queima de estoque"] — resulta na queda dos preços dos ativos, levando as instituições à insolvência e aumentando o pânico. Nem é preciso dizer que ninguém faz novos empréstimos durante o pânico, pois não há razão para isso quando empréstimos antigos podem ser comprados a preços baixíssimos. A falta de novos créditos e a queda dos preços dos ativos e da confiança derrubam toda a economia.

Vimos que os pânicos financeiros disruptores ocorridos ao longo do século XIX levaram o Congresso a criar o FED para servir como emprestador de última instância, e ondas de falências bancárias pioraram muito a Grande Depressão. Mas no verão de 2007, o pânico financeiro parecia coisa dos velhos tempos, ao menos nos EUA.* A criação do seguro federal de depósitos pelo Congresso em 1933 deixou para trás grande parte das corridas bancárias por depositantes comuns, sabedores de que estariam protegidos caso seu banco quebrasse. As cerca de sete décadas que se seguiram a essa e outras reformas das medidas de combate à Grande Depressão [o chamado "New Deal"] — apelidadas de "período de calmaria" nas finanças dos EUA pelo historiador financeiro Gary Gorton — foram testemunhas de inúmeras perturbações financeiras, entre elas

* As crises no México, sudeste da Ásia e Rússia durante os anos 1990 foram, em essência, pânicos impulsionados pela retirada de financiamento de curto prazo pelos investidores. Porém, muitos economistas racionalizaram que esses países eram de mercados emergentes, com sistemas financeiros subdesenvolvidos e pouco regulamentados. As crises nas décadas de 1980 e 1990 no Japão e nos países nórdicos também foram frequentemente consideradas como consequência de fatores específicos desses países. [N. do A]

crises estrangeiras e das poupanças e empréstimos, mas sem grandes pânicos ou crises domésticas que ameaçassem seriamente a economia como um todo.[7] Entretanto, durante esse longo período, surgiram novas e complexas vulnerabilidades que se tornariam vetores de uma crise financeira global de escala sem precedentes. Entre os mais importantes estavam o rápido crescimento do sistema bancário paralelo, do financiamento por atacado e da securitização.

Sistema Bancário Paralelo e Financiamento por Atacado

Por Sistema Bancário Paralelo [em inglês, "Shadow banking"] entende-se uma rede de instituições e mercados financeiros não bancários que se desenvolveu nos EUA à margem do sistema bancário comercial tradicional; ele oferece, coletivamente, muitos dos mesmos serviços que os bancos — inclusive empréstimos para empresas e famílias e a produção de ativos líquidos de curto prazo para investidores. Nos anos anteriores à crise, o sistema bancário paralelo [SBP] abrangia um grupo diversificado de empresas muito pouco regulamentadas, como empresas hipotecárias e de financiamento ao consumidor que concediam empréstimos em especial para famílias, além de instituições como bancos de investimento e fundos de hedge que operavam principalmente no mercado de títulos mobiliários. Outro componente-chave do sistema bancário paralelo, os fundos mútuos do mercado monetário, investia em ativos de curto prazo relativamente seguros e prometia liquidez sob demanda a seus acionistas, algo semelhante aos depósitos bancários. As instituições bancárias do SBP competiam com o sistema bancário tradicional, mas também o complementavam. Por exemplo, era comum os maiores bancos terem empresas bancárias paralelas, como corretoras de hipotecas ou valores mobiliários, ou atividades bancárias paralelas patrocinadas, como por exemplo vários instrumentos de investimentos fora de balanço [em inglês, "off balance sheet"].

Todos os provedores de crédito precisam de fontes de recursos financeiros e os bancos paralelos não são exceção. Depósitos garantidos pelo governo federal estão disponíveis apenas para bancos comerciais e associações de poupança; assim, no SBP, as instituições geralmente recorrem a várias fontes de recursos de curto prazo não segurados, conhecidas como "financiamento de atacado" [em inglês, "wholesale funding"], para diferenciá-las do "financiamento de varejo" [em inglês, "retail funding"], tais como depósitos pessoais em bancos comerciais. Exemplos importantes de financiamento por atacado incluem títulos da dívida [em inglês, "commercial papers"] e acordos de recompra — os repos.

Títulos da dívida, uma forma muito antiga de financiamento de negócios, é um tipo de dívida de curto prazo, tradicionalmente usados por empresas não financeiras para financiar estoques ou outras necessidades de curto prazo. Historicamente, esse papel geralmente não era garantido, ou seja, era uma obrigação geral da empresa mutuária, não havendo uma garantia específica que lhe desse uma retaguarda, e sujeito a perdas caso o mutuário quebrasse. Contudo, nos anos anteriores à crise, algumas instituições financeiras começaram a redirecionar esse título, utilizando-o como fonte de financiamento das chamadas "Special Purpose Vehicles" [SPV], estruturas jurídicas criadas apenas com o objetivo de manter uma variedade de empréstimos e títulos. Os SPV, legalmente separados dos bancos ou outras instituições financeiras que os criaram, tornaram-se um importante meio de manter e financiar ativos no SBP. A regulamentação prevê que os financiadores do SPV, em caso de inadimplência, não teriam direito de acionar a instituição que o formou, mas recebiam uma parte dos ativos da empresa falida. O papel emitido para financiar os SPVs ficou conhecido como "título da dívida garantido por ativos" [ABCP, na sigla em inglês]. Refletindo a expansão dos SPV, os ABCP cresceram rapidamente antes da crise, chegando a cerca de US$1,2 trilhão no verão de 2007.[8]

Os *Repos*, segundo tipo principal de financiamento de atacado, são de fato empréstimos com garantia de curto prazo — muitas vezes, de um dia para o outro.* Cada empréstimo repo tem garantias específicas, na forma de um ativo financeiro aportado pelo tomador. Se o mutuário não pagar, o credor executa a garantia, sem ter que passar por um processo formal de falência. O valor da garantia que um credor de repo exige depende do risco e de quão comercializável ela é. Por exemplo, para cada dólar de títulos do Tesouro dos EUA (altamente seguros e líquidos) colocados como garantia, um mutuário pode obter um empréstimo de US$0,99, enquanto um dólar de hipotecas subprime pode garantir um empréstimo de apenas US$0,60. Nesse exemplo, a margem de avaliação [em inglês, "haircut"] nos títulos do Tesouro (a diferença entre seu valor de mercado e o que

* Na prática, os repos não são legalmente estruturados como empréstimos. Em uma transação típica de repos, uma instituição que precisa de fundos, como um fundo de hedge ou uma corretora, vende um título (do Tesouro, por exemplo) a um fornecedor de fundos (um fundo mútuo, por exemplo. Por contrato, o vendedor do título compra-o de volta a um preço um pouco mais alto no dia seguinte — daí o nome "acordo de recompra" ou repo. Economicamente, esse acordo equivale a um empréstimo garantido de um dia para o outro. [N. do A.]

pode ser emprestado em razão disso) é de 1%, enquanto nas hipotecas subprime é de 40%. Essas margens variavam de acordo com as condições do mercado: havendo volatilidade, garantias arriscadas ou ilíquidas seriam aceitas pelos credores só com uma grande margem, se tanto.

O SBP, valendo-se do financiamento por atacado, bem como de fontes de financiamento de longo prazo, tais como dívida corporativa e capital de acionistas, pôde executar atividades bancárias típicas: novos empréstimos, manter — e/ou empacotar para venda a outros investidores — empréstimos e valores mobiliários. Na verdade, na época da crise financeira, o SBP fornecia mais crédito para empresas e famílias dos EUA do que o setor bancário tradicional.[9]

Por que os bancos paralelos se expandiram e prosperaram nas décadas anteriores à crise, não obstante sua impossibilidade de usar depósitos garantidos pelo governo federal? Uma vantagem importante era que, de acordo com as práticas regulatórias dos EUA, as instituições que constituíam o SBP poderiam evitar muitas das regras aplicadas aos bancos comerciais tradicionais, como requisitos mínimos de capital e outras restrições. Esse estado de coisas lhes permitiu serem mais flexíveis e inovadores, por exemplo, na oferta de novos produtos, mas também implicou poucas restrições em seus empréstimos ou assunção de riscos. Investimentos considerados muito arriscados para os bancos tradicionais muitas vezes migravam para o SBP, fora do alcance dos reguladores bancários.*

Ademais, em que pese a ausência de seguro do governo, é bem provável que a dependência do financiamento por atacado tenha promovido o rápido crescimento do SBP, em vez de restringi-lo. Provedores de financiamento por atacado, como fundos mútuos do mercado monetário, fundos de pensão, companhias de seguros e tesoureiros corporativos, gostaram dos retornos potencialmente mais altos e custos de transação mais baixos de aplicar seu dinheiro nos mercados de atacado. Seja como for, o seguro do governo cobria apenas depósitos até limites comparativamente baixos por conta individual, ao passo que grande parte do financiamento por

* Em sua maioria, os bancos paralelos, se regulamentados pelo governo federal, são supervisionados pela Securities and Exchange Commission, que historicamente se vê como órgão protetor dos investidores contra desinformação ou fraude, e garantidor da integridade do mercado — impedindo o uso de informações privilegiadas, por exemplo — em vez de monitorar a alavancagem ou tomada de risco de empresas reguladas. Contrastando com essa posição, os reguladores bancários (incluindo o FED) estão mais focados na "segurança e solidez" das empresas, por exemplo exigindo que os bancos mantenham capital compatível com os riscos que assumem. [N. do A.]

atacado (como empréstimos repos) era totalmente garantido por ativos específicos. Os credores atacadistas não esperavam perder dinheiro, mesmo emprestando a um banco paralelo (digamos, um banco de investimento ou um fundo de hedge) que falisse — se não fossem reembolsados, executariam a garantia. De fato, muitos bancos comerciais também começaram a confiar no financiamento de atacado, ao lado dos depósitos de varejo. No final de 2006, às vésperas da crise, os depósitos bancários garantidos pelo governo nos EUA somavam US$4,1 trilhões, enquanto o financiamento por atacado não segurado das instituições financeiras totalizava US$5,6 trilhões. O uso do financiamento por atacado permitiu que as empresas financeiras ampliassem seus empréstimos e investimentos, mas em contraposição, também as tornou mais vulneráveis a corridas bancárias.[10]

Em suma, o SBP em rápido crescimento funcionou coletivamente como qualquer sistema bancário: atraindo fundos de curto prazo de investidores, emprestando esses fundos a famílias e empresas, e vendendo esses empréstimos a investidores ou mantendo-os em suas próprias carteiras. Muitos bancos paralelos também fazem hedge ou especulam ativamente nos mercados financeiros. Isento do regime regulatório bancário tradicional, incluindo a supervisão do FED e de outras agências bancárias, o SBP ganhou amplo escopo, incluindo a capacidade de assumir maiores riscos e ter menos capital. A crítica que cabe é que os bancos paralelos tiveram um papel importante no desenvolvimento e comercialização dos empréstimos hipotecários exóticos que ajudaram a alimentar a crise financeira, e uma parcela desproporcional de perdas e problemas financeiros ocorreria nesse setor. Em teoria, ser um banco paralelo trazia desvantagens, principalmente a falta de acesso não só a depósitos segurados, mas também a empréstimos de curto prazo do FED no redesconto, que em circunstâncias normais só estão disponíveis para bancos comerciais tradicionais. No entanto, quando a crise financeira colocou em risco todo o sistema, os bancos paralelos se veriam, afinal, protegidos pela rede de segurança do governo.

Securitização

A *Securitização* — empacotamento de diversos tipos de empréstimos em títulos complexos — ainda que conceitualmente separada do SBP, está intimamente relacionada a ele na prática, pois oferece uma alternativa ao sistema bancário tradicional. Já vimos como a criação de títulos pela engenharia financeira debilitou os padrões de empréstimos hipotecários e contribuiu para a bolha imobiliária. O rápido crescimento dessa prática provocaria mais danos ao intensificar o pânico financeiro, e por essa razão iremos analisá-la mais de perto aqui.

O próprio setor de hipotecas ilustra as motivações para a securitização. Os empréstimos hipotecários eram, em grande parte, um negócio de varejo. O agente hipotecário do banco local ou de poupança e empréstimo conhecia pessoalmente muitos potenciais tomadores de empréstimo, ou, no mínimo, tinha feito um dever de casa cuidadoso com cada candidato. A hipoteca, caso emitida, era financiada pelos depósitos do banco, e este a mantinha contabilmente. Havia nesse sistema algumas vantagens decisivas: usava o conhecimento local e, como os bancos detinham as hipotecas que faziam, arcando com eventuais perdas, eram motivados a avaliar com todo o cuidado seus potenciais tomadores de empréstimos.

O sistema também tinha desvantagens. Decisões de empréstimo podem ser lentas, ineficientes e sujeitas à subjetividade do responsável pelo empréstimo. A falta de diversificação também era um problema já que os credores locais eram vulneráveis a quedas nos preços dos imóveis na região. E a capacidade de um banco conceder empréstimos muitas vezes dependia da disponibilidade de depósitos. Quando nos anos 1980 as S&Ls sofreram uma saída líquida de depósitos, por exemplo, sua capacidade de fazer novos empréstimos hipotecários diminuiu.

Com o passar dos anos, mudanças tecnológicas e inovações financeiras solucionaram alguns dos pontos fracos dos empréstimos tradicionais. Pontuações de crédito padronizadas e o uso de computadores para registro de dados tornaram os empréstimos hipotecários mais eficientes, mais competitivos e menos subjetivos. As instituições de crédito de âmbito nacional, com vantagens tecnológicas e economias de escala, deixaram para trás muitos bancos locais.* É importante frisar que os bancos e outros credores hipotecários já não eram limitados pelo volume de depósitos que podiam ter, pois poderiam vender as hipotecas que emitiram a terceiros, incluindo Fannie Mae e Freddie Mac.** Esses terceiros, por sua vez, empacotavam as hipotecas — securitizando-as — e mantinham os títulos

---

* A lei Riegle-Neal, de 1994, permitiu a ramificação irrestrita de bancos comerciais pelo país, abrindo caminho para criar instituições de âmbito nacional. [N. do A.]

** Fannie Mae e Freddie Mac são nomes fantasias da Federal National Mortgage Association e da Federal Home Loan Mortgage Corporation, respectivamente. Embora sejam patrocinadas pelo governo, com direitos e deveres especiais previstos em lei, ambas as firmas eram negociadas publicamente antes da crise financeira. Com sua atuação no estabelecimento de um mercado hipotecário nacional, elas ajudaram a criar a prática da securitização. [N. do A.]

recém-criados ou os vendiam a investidores globais. A securitização permitiu que os financiadores de hipotecas — mesmo uma empresa sem uma base de depósitos ou capacidade de levantar fundos no atacado — tivessem acesso a um enorme conjunto mundial de poupanças.

O novo sistema agradou aos mutuários e credores hipotecários. E aos investidores também. Os novos títulos lastreados em hipotecas poderiam ser estruturados para reduzir o risco, por exemplo fazendo uma combinação de hipotecas de diferentes regiões do país, oferecendo assim proteção contra quedas regionais nos preços das casas. Os títulos também podem ser desmembrados em frações, chamadas *tranches*, cada uma delas vendida separadamente, permitindo que os investidores, ao menos em princípio, optassem pelo nível de risco preferido. À medida que a popularidade da securitização crescia, o mix de ativos incluídos nos títulos se expandia, incluindo diversos tipos de crédito privado e público, não apenas hipotecas, com arranjos cada vez mais complexos de ativos e modos de financiamento. Não raro, essas tranches eram agrupadas e novamente securitizadas em mais uma camada de títulos complexos. Os bancos paralelos, como os de investimento, muitas vezes assumiram a liderança na criação e comercialização desses títulos lastreados em ativos, ou ABS [na sigla em inglês], e também os mantiveram em suas próprias carteiras.

Em teoria, os títulos foram projetados para atender às preferências de risco e liquidez de diferentes investidores, mas no final das contas, os ativos securitizados ficaram tão complexos e obscuros que até mesmo investidores sofisticados tinham dificuldade em avaliá-los com segurança. Assim, eles se baseavam nas notas que as agências de classificação de crédito, como Moody's e Standard and Poor's, atribuíam a cada título e suas tranches. Contudo, confiar em agências de classificação era algo problemático, pois as agências eram remuneradas por emissores desses títulos e, portanto, havia potenciais conflitos de interesse; e, em retrospecto, as agências se revelariam muito crédulas quanto à capacidade dos engenheiros financeiros de metamorfosear créditos ruins em títulos bons. Essas desvantagens, entretanto, não foram obstáculo para que a crescente oferta de poupança global gerasse um apetite enorme por ativos padronizados, líquidos e de alto retorno. As securitizações foram ao encontro dessa necessidade, ou assim se pensava. Uma consequência da securitização foi que as hipotecas subprime dos EUA se tornaram, de fato, um ativo global, mantido por entidades tão diversas quanto caixas econômicas alemãs e fundos de pensão japoneses, além de investidores norte-americanos.

Os Estágios do Pânico

O que deixou perplexos o FED e outros reguladores foi a razão pela qual quantidades relativamente pequenas de hipotecas problemáticas estavam ligadas a tanto estrago no sistema financeiro no verão e no outono de 2007. A resposta foi que o dano das hipotecas subprime e outros produtos de crédito arriscados foi amplificado por sua securitização e ressecuritização em títulos garantidos por ativos. Quando as hipotecas subprime passaram a ter um desempenho ruim, que atitude os investidores em títulos lastreados em ativos complexos deveriam tomar? Em um mundo ideal, avaliariam os fundamentos dos ativos vinculados a esses títulos e aceitariam que agora valem menos. Mas a complexidade dos títulos tornava difícil e oneroso determinar os fundamentos, e as agências de classificação de risco não desfrutavam de credibilidade. A opção mais simples era despejar os títulos no mercado, não só as hipotecas subprime neles ancoradas, mas também todos os outros instrumentos de crédito enredados no título. Como resultado, houve uma venda a preços irrisórios de todos os ativos de crédito privado — de dívidas de cartão de crédito a financiamentos de automóveis —, bem como de hipotecas subprime.

Os provedores de financiamento por atacado estavam ainda menos dispostos a dar o benefício da dúvida aos ativos securitizados. Assim como os depositantes, antes do advento do seguro federal, correram para sacar seu dinheiro de instituições cujos empréstimos eram duvidosos, os investidores que concediam financiamento de curto prazo entraram em pânico e fugiram das SPVs, bancos de investimento e outras instituições que detinham crédito securitizado. Por exemplo, os títulos comerciais garantidos por ativos pendentes de pagamento começaram a cair acentuadamente após o anúncio do BNP Paribas, pois os provedores de financiamento foram ficando cada vez mais hesitantes em renovar seus empréstimos. Entre agosto de 2007 e agosto de 2008, o montante de títulos comerciais lastreado em ativos caiu 1/3, espremendo os SPVs que eles financiaram.[11]

É de admirar que até mesmo os fornecedores de empréstimos compromissados — linha de crédito que, não custa lembrar, é totalmente garantida e, em geral, de vencimento muito curto — mostraram sinais de pânico após agosto de 2007. Conforme documentado pelos economistas Gary Gorton e Andrew Metrick, a corrida ao mercado de repos não necessariamente assumiu a forma de investidores se recusando a fazer empréstimos compromissados.[12] Em vez disso, os credores exigiam muito mais garantias (maior margem de negociação) como lastro para seus empréstimos.

Por exemplo, se antes da crise US$1 de determinado título poderia ter sido garantia suficiente para US$0,95 de crédito, à medida que a corrida ao repo acelerou, os credores poderiam oferecer apenas US$0,70 de financiamento para a mesma garantia. Com margens de negociação maiores — e com alguns tipos de ativos não mais aceitos como garantia seja qual fosse o preço — o financiamento adequado nos mercados de repo tornou-se cada vez mais difícil de obter.

Uma vez iniciado, o pânico se espalhou além dos ativos securitizados, pressionando as grandes instituições financeiras. Estas estavam diretamente expostas a perdas em hipotecas subprime e títulos lastreados em ativos mantidos em suas próprias carteiras, mas também indiretamente expostas de um modo que nem elas nem seus reguladores avaliaram inteiramente. Por exemplo, um banco pode não apenas manter em carteira empréstimos subprime, mas também ter instrumentos derivativos cujos valores dependem de maneiras complexas do desempenho das hipotecas. Os SPVs que algumas instituições patrocinavam para deter um mix de hipotecas e outros ativos eram, como dissemos, legalmente separados. Mas as instituições patrocinadoras podem também estar expostas aos SPVs de uma forma indireta; por exemplo, mediante compromissos anteriormente assumidos para substituir o financiamento perdido ou, por meio de motivos ligados à reputação, escorar os SPVs ou compensar as perdas dos investidores. Reduções do valor de ativos, seguidas por dificuldade crescente em obter financiamento apropriado, forçaram as principais instituições financeiras — em particular os bancos de investimento sob cerco — a se desfazer de ativos mais arriscados e menos líquidos no mercado seja qual for a oferta. Sem ninguém ansioso para manter até mesmo empréstimos razoavelmente bons, como cartões de crédito e compra de automóveis, os preços dos ativos relacionados ao crédito desabaram, levando muitas instituições financeiras a quebrar ou ficar à beira da insolvência.

O pânico avançava e retrocedia conforme os formuladores de políticas respondiam e os investidores avaliavam e reavaliavam os riscos. Em março de 2008, o FED e o Tesouro colaboraram para evitar a quebra do banco de investimentos Bear Stearns, estruturando sua aquisição por um grande banco comercial, o JPMorgan Chase. Isso pareceu acalmar os ânimos por um tempo, e a economia e os mercados deram sinais de melhora nos meses seguintes. Mas a crise de longa duração eclodiu em setembro de 2008. O mês havia começado com a aquisição pelo governo da Fannie Mae e Freddie Mac, atingidas duramente por perdas de trilhões de dólares em hipotecas que detinham ou garantiam, incluindo títulos garantidos por subprime ou outras hipotecas de baixa qualidade que elas adquiriram. Então veio a fatídica semana de 14 de setembro. O banco de investimentos Lehman Brothers declarou falência. O FED, valendo-se de sua prerrogativa, fez um empréstimo de emergência à AIG, a maior seguradora do mundo, também gravemente afetada por exposições a hipotecas. O Bank of America comprou o banco de investimentos Merrill Lynch, evitando outra provável quebra. E teve início uma corrida aos fundos mútuos do mercado monetário, até então considerados garantidos, embora não tivessem o seguro federal. Esses golpes, e os que viriam, convenceram os investidores de que não havia porto seguro a não ser os títulos do Tesouro. O pânico recrudesceu, levando o sistema financeiro à beira do abismo.

Em linhas gerais, pode-se dizer que a crise seguiu o roteiro usual de um pânico financeiro clássico: 1) uma acumulação de empréstimos arriscados, acompanhada de uma perda de confiança dos investidores na solidez desses empréstimos; 2) uma corrida às instituições de crédito por provedores de financiamento de curto prazo; 3) vendas a preços irrisórios de ativos problemáticos, contribuindo para forte depreciação dos preços dos ativos; e 4) insolvências de credores e devedores, insuflando a espiral descendente. Porém, em tempo real, a complexidade e a falta de transparência do sistema financeiro global enfraqueceram, ao menos a princípio, a analogia entre a crise de 2007-2009 e os pânicos financeiros anteriores. Os reguladores do FED e de outros subestimaram, em particular, o potencial de uma corrida ao financiamento de atacado, imaginando que as garantias que lastreavam grande parte desse financiamento tranquilizaria os investidores. Mas os provedores de financiamento por atacado não ansiavam receber garantias em vez de reembolso dada a incerteza de que poderiam vender rapidamente os ativos oferecidos em garantia em mercados voláteis e desnorteados. Eles só queriam o dinheiro de volta.

Segundo um olhar crítico, na perspectiva dos formuladores de políticas do FED os choques do pânico ecoaram muito além de Wall Street. A atividade econômica desacelerou seriamente quando o crédito desapareceu, os preços dos ativos caíram vertiginosamente e empresas e famílias apavoradas seguraram os gastos, acumulando dinheiro vivo quando podiam. A magnitude e rapidez do colapso foram impressionantes. A redução dos preços da habitação e da construção, iniciada em 2006, freou a economia até certo ponto; no mesmo sentido, a pressão crescente sobre os tomadores de hipotecas em dificuldades os levou a cortar outras despesas a fim de evitar a inadimplência e execução hipotecária. O National Bureau of Economic Research dataria o início da recessão em dezembro de 2007, quatro meses após o fatídico anúncio do BNP Paribas. Mas a escalada do pânico em setembro de 2008 e nos meses seguintes sinalizaram uma nova fase na recessão.

Para mencionar apenas um indicador-chave, os empregos nos EUA cresceram em 2006 e no início de 2007, ficaram praticamente estáveis desde os primeiros abalos provenientes do subprime em agosto de 2007 até o auxílio ao Bear Stearns em março de 2008, e depois disso caíram de forma relativamente modesta até a quebra do Lehman, mesmo com os preços dos imóveis diminuindo e os mercados hipotecários se deteriorando ao longo de todo o período. Em contraposição, nos últimos 4 meses de 2008, quando o sistema estava no pior estágio do pânico, 2,4 milhões de empregos desapareceram, com outros 3,8 milhões de empregos sendo perdidos no 1º semestre de 2009. Os gastos do consumidor ajustados pela inflação caíram a uma taxa anual de 1,2% entre agosto e dezembro de 2008, e o investimento de capital das empresas teve queda ainda mais expressiva. A agudização da crise financeira — que deixou na defensiva instituições financeiras, famílias e empresas, paralisadas pelo medo do colapso financeiro — tornou enorme a Grande Recessão que se seguiu.[13]

A RESPOSTA DO FEDERAL RESERVE: EMPRESTADOR DE ÚLTIMA INSTÂNCIA

O FED respondeu à crise financeira com base em dois modos conceitualmente distintos — ainda que, na prática, às vezes se sobreponham. No primeiro, começando no verão de 2007, e em nosso papel de credor de última instância e de combate à crise, trabalhamos para estabilizar o sistema financeiro e restaurar o fluxo normal de crédito. No segundo, tentamos amortecer os efeitos econômicos da crise utilizando a política monetária, de início mediante cortes padrão nas taxas e, mais tarde, implementando políticas cada vez mais inovadoras.

Nossas tentativas de acalmar o pânico e restaurar a estabilidade financeira, o primeiro dos dois modos, foram de escala e escopo sem precedentes na época, compatíveis com a magnitude da crise que afligia o sistema e o porte, complexidade e interconectividade global que caracterizam as finanças modernas. Em termos fundamentais, todavia, os banqueiros centrais de 150 anos atrás teriam reconhecido nossa estratégia. Em 1873, o jornalista e economista britânico Walter Bagehot, em seu pequeno livro *Lombard Street: A Description of the Money Market*, deu a receita clássica para os bancos centrais que enfrentavam um pânico.[14] Para dar um fim a ele, Bagehot aconselhava os bancos centrais a emprestar, rápida e livremente, para empresas adimplentes com boas garantias, a uma "taxa [de juros] de penalidade", um princípio hoje conhecido como ditado de Bagehot.* O FED de Greenspan invocou o papel do Banco Central como emprestador de última instância em sua declaração concisa dada após a quebra do mercado de ações em outubro de 1987, deixando clara sua disposição de fornecer empréstimos de curto prazo a bancos que enfrentam problemas de liquidez. Roger Ferguson fez uma declaração semelhante após os ataques de 11 de setembro. Na linha de Bagehot, começando depois do anúncio do BNP Paribas, procuramos maneiras de atuar como um eficaz emprestador de última instância para empresas e mercados financeiros, assegurando liquidez para substituir o financiamento perdido e reduzir a necessidade das vendas de ativos desestabilizadoras a preços irrisórios. De maneira mais geral, pusemos em prática todas as nossas atribuições disponíveis e trabalhamos com legisladores, executivos financeiros e outros para tentar restaurar a confiança no sistema financeiro.[15]

Desde a fundação do FED, a sua ferramenta básica como emprestador de última instância tem sido as operações de redesconto, por meio das quais o FED fornece empréstimos de curto prazo aos bancos, tomando os empréstimos e outros ativos deles como garantia. Embora, após o anúncio do BNP Paribas, tenhamos flexibilizado substancialmente os termos desses empréstimos e incentivado os bancos a fazê-los, logo ficou claro que não seria o bastante. Nos anos anteriores à crise, com muitas alternativas para os bancos que precisavam de liquidez e com os funcionários de crédito do FED tradicionalmente franzindo a testa em desaprovação à rotina

* Bagehot defendia que o banco emprestasse a uma taxa alta ("penalização") para proteger as reservas de ouro, nada a ver com 2007–2009. Contudo, seguimos esse conselho ao estabelecer taxas de empréstimo acima das taxas normais (sem crise), o que incentivou as empresas financeiras e os mercados a voltar às fontes privadas de financiamento quando as condições se acalmaram. [N. do A.]

de concessão desses empréstimos, essa sistemática caiu em desuso.* Os bancos ficaram com receio de que tomar tais empréstimos — caso isso se tornasse público — sinalizaria que tinham problemas financeiros. Tal estigma significava que mesmo os bancos mais desesperados por dinheiro relutavam em usá-lo.

Nossa primeira atitude para superar a barreira do estigma foi convencer alguns grandes bancos a tomar esses empréstimos na expectativa de que isso servisse de exemplo para outros bancos. No entanto, esse esforço foi por água abaixo quando os bancos em questão, embora atendendo à solicitação, fizeram o possível para divulgar que na verdade não precisavam do dinheiro e que os empréstimos que tomavam eram algo estritamente simbólico. Por fim, resolvemos o problema do estigma criando um novo mecanismo, o Term Auction Facility, que distribuía esse tipo de empréstimos em leilões regulares, com a taxa de juros do FED definida por lances competitivos entre os bancos. Como o leilão resultava em um custo baixo para esse crédito e porque o crédito era distribuído com um atraso de dois dias (sinalizando que as empresas participantes não precisavam do dinheiro imediatamente), o Term Auction Facility não herdou o estigma e os bancos o usaram livremente.

Além do estigma, outra limitação significativa dessa sistemática era que — como o FED foi estabelecido em uma época na qual os bancos dominavam o cenário financeiro — apenas os bancos, entre todas as instituições financeiras, eram legalmente elegíveis para usá-la. Mas a crise de 2007-2009 concentrou-se no SBP, que por definição abrangia somente instituições não bancárias. Para controlar o pânico, precisávamos servir como emprestador de última instância para esse rol mais amplo de

* Os funcionários da chamada "janela de desconto" [em inglês, "discount window"] do FED desencorajavam os empréstimos rotineiros da janela porque, até 2003, a taxa de redesconto era estabelecida abaixo do mercado (abaixo da TDI) e eles não queriam que os bancos explorassem a janela como uma fonte regular de financiamento barato. Assim, para tomar emprestado da janela, um banco tinha que mostrar que não podia tomar emprestado no mercado. A taxa sobre os empréstimos da janela ficou aquém da TDI em meados da década de 1960 porque, de acordo com a tradição do FED, era politicamente mais fácil para o FOMC apertar a política monetária aumentando a TDI, o que foi feito sem anúncio público até 1994, do que aumentar a taxa de redesconto, que necessariamente deve ser anunciada aos bancos. A partir de janeiro de 2003, após uma revisão dos procedimentos de empréstimo, a taxa de redesconto primária (para bancos em condições financeiras sólidas) foi elevada acima da TDI, e o FED e outros supervisores bancários começaram a encorajar os bancos a usar a janela de desconto, caso fosse necessário. [N. do A.]

empresas e mercados. Para tanto, invocamos a Seção 13(3) do Federal Reserve Act, que permite ao FED — sob "circunstâncias incomuns e urgentes", quando os canais normais de crédito estão bloqueados — conceder empréstimos fora do sistema bancário. O FED não fazia tais empréstimos desde a Grande Depressão, quando lhe foi dada a autorização, mas desde 2008 usamos essa prerrogativa ativamente, emprestando a bancos paralelos (como bancos de investimento), apoiando o mercado de financiamento de atacado e fornecendo liquidez como parte dos esforços do governo para evitar o colapso de empresas críticas do ponto de vista sistêmico.

Os mercados financeiros são internacionais; como as securitizações, incluindo ativos dos EUA, eram amplamente difundidas no exterior, e considerando que vários países sofreram com suas próprias e acentuadas expansões e retrações imobiliárias, a crise financeira foi global. Os principais bancos centrais, como o Banco Central Europeu e o Banco da Inglaterra, juntaram-se ao FED como emprestadores de última instância, fornecendo euros ou libras para instituições financeiras em suas jurisdições, conforme necessário. Todavia, o que os bancos centrais estrangeiros não podiam fazer com facilidade era fornecer dólares norte-americanos — a moeda de reserva mundial, usada em muitos negócios bancários internacionais — para suas instituições financeiras locais. A escassez internacional de dólares, por sua vez, obrigou os bancos estrangeiros a tentar adquirir dólares nos mercados dos EUA, aumentando a pressão sobre o financiamento disponível para as empresas norte-americanas. Para resolver esse problema, estabelecemos acordos, conhecidos como linhas de swap cambial, com 14 bancos centrais estrangeiros, entre eles os bancos centrais de 4 grandes economias de mercados emergentes.* Segundo esses acordos, trocamos dólares temporariamente com nossos parceiros dos bancos centrais por moedas estrangeiras. Eles poderiam, então, emprestar esses dólares a instituições financeiras em suas próprias jurisdições, amenizando as tensões nos mercados de dólares em todo o mundo. Com efeito, por intermédio das linhas de swap atuamos como emprestador de última instância em âmbito mundial, embora nossa motivação fosse defender a estabilidade do dólar e da própria economia dos EUA. No auge, as linhas de swap envolveram muitas centenas de bilhões de dólares.

* As linhas de swap cambial estão dentro das atribuições normais do FED — tínhamos pequenas linhas com Canadá e México desde que o North American Free Trade Agreement entrou em vigor em 1994 — e não exigem autorização da 13(3). [N. do A.]

O contribuinte dos EUA, entretanto, nunca esteve em risco. Todo o risco de crédito em empréstimos a instituições estrangeiras foi suportado por bancos centrais estrangeiros.

Os empréstimos tradicionais de última instância visavam neutralizar corridas bancárias e garantir que as instituições financeiras tivessem liquidez suficiente para evitar que vendessem ativos a qualquer preço e continuar operando. Mas a crise levou a distúrbios nos principais mercados de crédito, assim como nas instituições financeiras. Essa situação e os riscos que representava para a economia nos levaram a emprestar diretamente a empresas não financeiras e a adotar medidas mais amplas de apoio aos fluxos de crédito; ou seja, nos tornamos o *emprestador de última instância também para tomadores de empréstimos não financeiros*. Por exemplo, quando o mercado de títulos da dívida deixou de funcionar, impedindo até mesmo empresas com as melhores classificações de risco de obter o financiamento de curto prazo necessário, estabelecemos um mecanismo — o Commercial Paper Funding Facility — para conceder empréstimos de curto prazo a essas empresas. Também emprestamos (por meio de um programa chamado Term Asset-Backed Securities Loan Facility, ou TALF) a investidores que adquirem securitizações lastreadas em crédito, colaborando para restaurar a liquidez em mercados de crédito críticos. Ambos os programas exigiam que invocássemos nossa autorização pela 13(3).

Em sua maior parte, os estudos dos programas de empréstimos do FED durante a crise concluem por sua eficácia em disponibilizar dinheiro onde era necessário e ajudar a tranquilizar os mercados-alvo, ou no mínimo prevenir danos maiores.[16] Contudo, nossos empréstimos não deram fim à crise. Em retrospecto, não obstante o âmbito e tamanho sem precedentes dos programas do FED, eles evidentemente não foram tempestivos ou grandes o suficiente para evitar totalmente a escassez de financiamento e as vendas a preços irrisórios. Antes do anúncio do BNP Paribas, nossa compreensão dos riscos era insatisfatória e nosso desejo era não sermos vistos como exagerados ou salvando investidores imprudentes. Isso, aliado à hesitação em invocar nossas pouco usadas autorizações de empréstimos de emergência — cujo uso, diga-se, foi legalmente restrito a condições extremas não evidentes de início — postergaram uma ação suficientemente forte nos primeiros meses da crise. Mesmo quando o FED disponibilizou fundos adequados, algumas instituições demoraram a aceitar os empréstimos, receando que isso as identificasse como lidando com problemas financeiros — de novo, o problema do estigma. Algumas empresas com ativos problemáticos, como as SPVs, não estavam preparadas para usar nem mesmo as ofertas de crédito facilitado dos programas de ajuda financeira do FED. Em termos líquidos, nossos empréstimos substituíram muito, mas não todo o financiamento perdido, diminuindo mas não eliminando o pânico.

Além disso, para que os empréstimos de última instância funcionem, os mutuários devem ser solventes. Se não forem — isto é, caso seus ativos valham menos que seus passivos — então os empréstimos do BC podem adiar, mas não evitar a falência. (Na verdade, a lei exige que as empresas que recebem empréstimos do FED sejam capazes de garantir seus empréstimos com ativos apropriados.) Os formuladores de políticas não podiam fazer muito sobre a repentina ojeriza dos investidores por hipotecas e títulos lastreados em ativos. Em decorrência dessa situação, as empresas financeiras com forte exposição a hipotecas de baixa qualidade e outros ativos arriscados, e com baixos colchões de capital, foram rapidamente levadas à beira — ou além — do abismo da insolvência.

Conforme a iliquidez piorava, rumo à insolvência, trabalhamos com o Tesouro, o FDIC, o Congresso e o próprio setor financeiro para tentar restaurar a confiança. Nossas ferramentas incluíam persuasão moral, capacidade de supervisão e, em alguns casos, as autorizações da 13(3). O objetivo era ajudar as partes relevantes a trabalhar unidas para evitar o desastre coletivo, tal como o FED fizera antes sob Volcker, na crise da dívida latino-americana, ou sob Greenspan, no crash da bolsa de 1987.

Uma vez que as principais empresas financeiras estão tão interconectadas, com extensas redes de clientes, credores e contrapartes, nos conscientizamos desde o início que uma quebra descontrolada de uma grande empresa só faria aumentar a incerteza e o pânico. Essa preocupação levou o FED e o Tesouro a mediar, em março de 2008, a aquisição do Bear Stearns pelo JPMorgan Chase. A iminente falência do Bear se deu após os investidores se recusarem a fornecer financiamento de curto prazo (repo), apesar de garantido por títulos da mais alta qualidade emitidos pelo Tesouro e GSEs [como Freddie Mac e Fannie Mae]. Para convencer o CEO do JPMorgan Chase Jaime Dimon a dar andamento ao acordo, em uma etapa controversa, o FED concordou em disponibilizar financiamento (e, portanto, assumir a responsabilidade por eventuais perdas) para uma carteira composta por cerca de US$30 bilhões em empréstimos e títulos de risco do Bear. Julgamos que tais ativos se valorizariam o bastante para pagar o empréstimo do FED, o que de fato ocorreu (e até gerou lucro). O FED obteve uma proteção adicional nessa transação pouco ortodoxa com a concordância do JPMorgan em arcar com as perdas iniciais da carteira do Bear, de até US$1 bilhão. Também apoiamos o Tesouro enquanto ele fazia gestões no Congresso durante o verão de 2008 para obter autorização para assumir o controle da Fannie Mae e Freddie Mac — algo que o Tesouro esperava não precisar, mas que teria de usar em setembro. Para preservar o funcionamento do mercado hipotecário, Fannie e Freddie foram autorizadas a continuar operando, mas sob estrito controle do governo.

No entanto, nossas ações ad hoc com o Tesouro e outros reguladores não foram bem-sucedidas com o Lehman Brothers, um banco de investimento como o Bear Stearns só que maior. O Lehman, que assumiu riscos de grande envergadura, expondo-o a perdas incapacitantes, também sofreu com uma corrida a seus financiamentos cuja consequência foi uma saída tão rápida de clientes e contrapartes que o colocou a poucas horas da falência. Assim como no Bear Stearns, a estratégia do Tesouro e do FED era conseguir que uma empresa mais forte comprasse a instituição, garantisse seus passivos e estabilizasse seus negócios. Uma reunião fatídica no FED de Nova York reuniu dois potenciais compradores — o Bank of America e o Barclays, um banco britânico —, bem como líderes de outras grandes empresas de Wall Street. O secretário do Tesouro, Hank Paulson, e o presidente do FED de Nova York, Tim Geithner, conduziram a reunião. Após uma análise minuciosa do balanço do Lehman, os especialistas de Wall Street lá presentes avaliaram que o banco era de tal modo insolvente que o tornava inviável a não ser que uma empresa solvente o adquirisse. O Bank of America, por fim, recusou-se a comprar o Lehman sem uma grande injeção de capital do governo, algo que naquela altura o Tesouro não tinha autorização para fornecer. Enquanto isso, os reguladores britânicos, com medo de se tornarem responsáveis pelos ativos ruins do Lehman, efetivamente proibiram o Barclays de comprar a empresa.

Incapaz de ficar de pé sozinho, mesmo com empréstimos do FED, e sem nenhuma instituição que aceitasse garantir seus passivos, o Lehman declarou falência em 15 de setembro de 2008. Mas no dia seguinte o FED e o Tesouro conseguiram salvar a AIG, a maior companhia de seguros, que tinha enormes pagamentos prestes a vencer de apostas ruins feitas em empréstimos subprime. A diferença em relação ao Lehman era que, baseados no que pudemos discernir na época, a AIG nos parecia ser fundamentalmente viável; e tinha garantias suficientes, na forma de seguradoras subsidiárias lucrativas, para justificar um empréstimo do FED grande o bastante para honrar as obrigações imediatas da empresa.

Com a quebra do Lehman o pânico aumentou e muitos mercados financeiros quase interromperam de vez seu funcionamento. Embora o Lehman tivesse apenas cerca de 1/3 do porte dos maiores bancos comerciais, a extensa interconectividade com outras instituições financeiras logo se revelou profundamente alarmante. Convém ressaltar que um importante fundo mútuo do mercado monetário, o Reserve Primary Fund, havia sofrido perdas em suas participações em títulos da dívida do Lehman, o que significava que não poderia mais cumprir sua promessa implícita de honrar as retiradas dos investidores, centavo por centavo. No jargão de Wall Street, o Reserve Primary Fund havia "broke the buck" ["quebrado a bola"]. O medo de que outros fundos pudessem agir da mesma maneira levou a uma corrida generalizada aos fundos mútuos. Como muitos investidores em fundos mútuos do mercado monetário eram norte-americanos comuns, a corrida trouxe para a rua a crise dos lares. Trabalhando rapidamente e usando dinheiro do Exchange Stabilization Fund (o mesmo fundo usado para conceder empréstimos ao México em 1994), o Tesouro criou um programa de seguro (análogo ao seguro sobre depósitos FDIC) para proteger os investidores nos fundos mútuos. O FED também forneceu liquidez a esses fundos indiretamente, por intermédio de um programa que incentivou os bancos a comprar os ativos dessas instituições. A ação do governo deu fim às corridas, mas não antes de causar muitos danos à confiança — e, em particular, ao mercado de financiamento por atacado, do qual os fundos mútuos eram uma parte importante.

O fato de o pânico ter se intensificado muito após a quebra do Lehman levanta dois pontos.[17] Primeiro, e o Lehman poderia ter sido salvo? Segundo, se tivesse sido possível salvá-lo, teria evitado a aceleração da crise no outono de 2008? As respostas, acredito, são não e não.

Todos os especialistas que examinaram os livros do Lehman naquele fim de semana de setembro concluíram por sua total incapacidade de se tornar adimplente de moto próprio (e isso foi antes que irregularidades contábeis viessem à tona, deixando claro que a situação do banco era ainda pior do que se pensava). O FED, portanto, não poderia fornecer o dinheiro que ele precisava para cumprir suas obrigações, ao mesmo tempo que satisfazia a exigência de que seus empréstimos tivessem as garantias adequadas. No entanto, mesmo que o Lehman fosse um solvente limítrofe, algo contra todas as evidências disponíveis na época, a viabilidade de seu negócio simplesmente dependia de uma empresa suficientemente capaz de comprá-lo e garantir seus passivos. As companhias financeiras, em especial as altamente alavancadas e não transparentes como o Lehman, não têm como operar de forma lucrativa sem a confiança daqueles com quem negociam. Nos dias que antecederam o colapso, seus credores habituais declinaram de financiá-lo no overnight, mesmo com o anteparo da melhor garantia que a empresa poderia oferecer, incluindo títulos do Tesouro. Nesse meio tempo, os clientes retiraram seus ativos da custódia da empresa e os credores (contrapartes em operações de derivativos, por exemplo) buscaram obter seus haveres o mais rápido possível. Com tão pouca confiança de financiadores, clientes e contrapartes, ele não poderia ter atuado por muito tempo autonomamente, mesmo que um empréstimo do FED tivesse adiado suas deficiências operacionais por alguns dias. Naquela altura, vale dizer, tanto o FED quanto o Tesouro não tinham autorização para suprir novos fundos ao Lehman, nem qualquer investidor privado o faria, a despeito dos esforços do governo para convencê-los. A única opção plausível para salvar o Lehman — como aconteceu com o Bear Stearns no mês de março anterior — era que uma ou mais instituições financeiras solventes o adquirissem. Mas isso se mostrou impossível.

Quanto a saber se salvar o Lehman — caso fosse viável — teria parado o pânico: em meados de setembro de 2008, muitas instituições financeiras, não só ele, estavam prestes a falir. Fannie e Freddie tinham sido recém-assumidas pelo governo. A AIG deu sinais de sua situação difícil durante as negociações sobre o Lehman e nossa intervenção ocorreu no dia seguinte à sua quebra. Naquela semana, o Merrill Lynch só não faliu graças à sua aquisição pelo Bank of America (que mais tarde tentou revertê-la). Outras grandes empresas financeiras logo exigiram intervenções de um tipo ou de outro, entre elas Morgan Stanley, Goldman Sachs, Wachovia, Washington Mutual, Citibank e depois o próprio Bank of America. Todas elas tiveram grandes perdas por manterem hipotecas e outras formas de crédito privado. O FED, sozinho e em tais condições, não teria como restaurar a estabilidade. As intervenções do emprestador de última instância podem ajudar somente empresas ilíquidas de forma temporária, mas fundamentalmente solventes. O que era necessário — um grande compromisso fiscal do governo dos EUA para recapitalizar o sistema financeiro — foi afinal obtido.

O Congresso, entretanto, não concordaria com uma medida politicamente tão pouco palatável se não estivesse convencido de que não existia nenhuma alternativa viável.* De fato, a primeira tentativa de aprovar o projeto de lei de recapitalização de US$700 bilhões, conhecido como Troubled Asset Relief Program (TARP), fracassou apesar das consequências caóticas da quebra do Lehman. Vimo-nos, então, em meio a um círculo vicioso: sem evidências da necessidade urgente de intervenção, o Congresso não agiria. Se o FED e o Tesouro tivessem de alguma forma o salvado, presumivelmente organizando uma aquisição por uma empresa mais forte, não haveria TARP até que alguma outra empresa, possivelmente maior e mais interconectada, tivesse quebrado. A demora do Congresso, em virtude da grande impopularidade dos auxílios financeiro a firmas de Wall Street, era politicamente compreensível, mas muito onerosa em termos econômicos. Já os sistemas políticos de alguns outros países importantes eram mais ágeis do que os dos EUA. Por exemplo, o Reino Unido, sob o primeiro-ministro Gordon Brown, agiu proativamente para assegurar que nenhuma das várias instituições financeiras britânicas problemáticas falisse de maneira caótica, embora várias delas tivessem que ser apoiadas pelo governo.

A aguda deterioração das condições econômicas e financeiras que se seguiram à quebra do Lehman em setembro levou o Congresso a finalmente adotar medidas enérgicas para combater a crise. Mais importante ainda, Paulson, o Secretário do Tesouro, propôs e o Congresso (na segunda tentativa) aprovou o TARP de US$700 bilhões. Inicialmente, o TARP foi anunciado como um fundo para comprar ativos problemáticos dos bancos. Logo ficou claro, porém, não só que essa abordagem seria muito complexa e demorada, mas também pouco eficaz dadas as enormes quantidades de tais ativos no sistema. Paulson então redirecionou o programa para injetar capital diretamente nos bancos dos EUA e outras instituições financeiras, uma medida que ajudaria a restaurar a solvência do sistema financeiro e seria vital para controlar o pânico. Os recursos do TARP também foram usados para auxiliar empresas automobilísticas e dar um fôlego aos proprietários de imóveis que estavam "com a água subindo pelo pescoço", ou seja, cujo saldo devedor hipotecário era maior do que o valor reduzido de suas casas.

* Ao longo do verão anterior, o secretário Paulson e eu aventamos a possibilidade de o Congresso disponibilizar capital para tais contingências. Disseram-nos que obter tal autorização, se possível, teria sido um processo complicado e moroso. [N. do A.]

A RESPOSTA DO FEDERAL RESERVE: POLÍTICA MONETÁRIA

Enquanto trabalhávamos para estabilizar o sistema financeiro, também usávamos a política monetária para tentar conter os efeitos econômicos da crise.[18] De início, para explicar melhor nossas ações ao Congresso e ao público, procuramos diferenciar conceitualmente as políticas de combate à crise, como as atividades de emprestador de última instância e a política monetária comum. Na prática, a distinção entre política monetária e ferramentas de combate à crise era muitas vezes turva. A flexibilização monetária ajudou os mercados: diretamente, pela redução do custo de financiamento e, indiretamente, por gerar melhores perspectivas econômicas. No que se refere às medidas de combate à crise, ajudaram a economia, por exemplo, melhorando a disponibilidade de crédito, elevando os preços dos ativos e robustecendo a confiança.

Depois que surgiram os primeiros sinais de crise no verão de 2007, nos concentramos em tomar medidas para tranquilizar o mercado, como nossos programas de empréstimos de emergência e linhas de swap com bancos centrais estrangeiros. Uma vez que a economia permaneceu crescendo razoavelmente bem apesar das tensões financeiras, à primeira vista não parecia haver necessidade de cortes agressivos nas taxas de juros. Além disso, com o mercado de trabalho relativamente saturado e os preços da energia subindo rapidamente, não poderíamos ignorar por completo as pressões inflacionárias. No entanto, como a volatilidade financeira persistia e os membros do Comitê se preocupavam ainda mais com seus efeitos na economia em geral, o FOMC cortou a TDI em um ponto percentual, para 4,5%, no final de 2007.

Apesar das ações do FED, as condições financeiras e econômicas pioraram no início de 2008. O mercado acionário caiu por volta de 10% nas três primeiras semanas do ano e a instabilidade econômica só aumentava. Nossa preocupação era que a relutância dos bancos e outras instituições financeiras em emprestar anulasse os benefícios dos cortes nas taxas, mas não apenas isso; temíamos que um feedback cíclico entre o sistema financeiro e a economia pudesse se desenvolver, no qual o agravamento das condições financeiras freava a economia e isso, por seu turno, a uma deterioração das perspectivas econômicas, que por sua vez arrastavam para baixo o sentimento do mercado. Preocupado com a possibilidade de a situação ficar fora de controle, em uma reunião não programada (via teleconferência) no dia de Martin Luther King Jr. em janeiro, o comitê, por insistência minha, cortou a TDI em 3/4 de ponto percentual. Passada uma semana, na reunião regular de janeiro, coloquei em pauta, e o Comitê aprovou um corte adicional de 1/2 ponto. Mais cortes viriam. Ainda que a aquisição do Bear Stearns em março tenha acalmado um pouco os mercados, cortamos as taxas em 3/4 de ponto no final de março e 1/4 de ponto em abril, elevando a TDI para 2%. Outros grandes bancos centrais também estavam cortando as taxas, embora a resposta do FED tenha sido a mais rápida.

Em seguida, observamos e esperamos, sem tomar nenhuma atitude ao longo da primavera e verão. Com a situação financeira mostrando alguma melhora após o resgate do Bear Stearns, a economia parecia estar se dando melhor do que se temia. Dados contemporâneos, constantes dos materiais informativos da equipe para a reunião do FOMC de agosto de 2008, mostravam que a economia havia crescido a um ritmo perto de 2% no 1º semestre do ano. Outro salto da inflação também levantou preocupações. Um aumento nos preços do petróleo — o preço do barril de petróleo atingiu o recorde histórico de US$135 em junho — aumentou a inflação geral para quase 4% durante o verão, ao passo que as medidas de núcleo da inflação superaram os 2%. Nossa expectativa era que essas pressões inflacionárias diminuíssem, mas reconhecemos nossa incerteza sobre as perspectivas de inflação nas declarações pós-reunião.

Foi nessa época que começamos a ter problemas para controlar a TDI. Fiel à abordagem tradicional, o FED administrou a TDI indiretamente, variando a oferta de reservas bancárias. Contudo, ao exercer o papel de emprestador de última instância, injetamos centenas de bilhões de dólares no sistema financeiro. Conforme os mutuários depositavam os recursos dos empréstimos em seus bancos e estes os redepositavam em suas contas do FED, as reservas bancárias cresciam. Com muitas reservas disponíveis, a TDI — a taxa que os bancos cobram uns dos outros para emprestar reservas — caiu regularmente abaixo da meta de política de 2% do FOMC. Resumindo: ao provermos liquidez, em nosso papel de emprestador de última instância, estávamos interferindo em nossa capacidade de conduzir a política monetária.

Para ajudar a recuperar o controle da taxa básica de juros, vendemos títulos do Tesouro e tomamos outras medidas para absorver algumas das reservas extras, um procedimento conhecido como esterilização. E, mais importante, o Congresso nos deu uma nova ferramenta.[19] Dois anos antes, o Congresso havia autorizado o FED a pagar juros sobre as reservas mantidas pelos bancos. Essa autorização entraria em vigor somente em outubro de 2011, mas fizemos gestões para mudar a data efetiva para outubro de 2008, e tivemos êxito. Com a possibilidade de remunerar as reservas pudemos tentar uma nova maneira de estabelecer um piso para a TDI. Nossa presunção era que os bancos não emprestariam uns aos outros a uma taxa menor do que poderiam ganhar mantendo reservas no FED; portanto, variando a taxa de juros paga sobre as reservas, poderíamos controlar também a TDI. Ter o poder de pagar juros sobre as reservas se tornaria uma ferramenta essencial no longo prazo, mas, a partir do final de 2008, a questão de como evitar que a TDI caísse logo estaria sujeita a controvérsia.

Embora trabalhássemos de perto com o Tesouro e outras agências para controlar o pânico, administrar a política monetária — em circunstâncias que rapidamente se revelavam sem precedentes — era de nossa exclusiva responsabilidade, em consonância com a política de independência do FED. Olhando em retrospecto, a princípio subestimamos os estragos na economia resultantes da aceleração do pânico, em parte porque os modelos de previsão que embasaram nossas análises não levavam em conta de modo apropriado a possibilidade de uma quebradeira generalizada nos mercados de crédito.[20] Na reunião do FOMC de setembro de 2008, um dia após a falência do Lehman, a equipe do FED ainda supunha que a economia cresceria um pouco no restante do ano. E, focados na salvação da AIG e incertos sobre o impacto dos últimos acontecimentos na economia, não reduzimos nossa meta de taxa na reunião — um erro claro, em retrospecto. Mas com o decorrer das semanas e a deterioração dos mercados de crédito, ficou evidente que mais afrouxamento seria necessário.

Não obstante nossa maior preocupação fosse a trajetória da economia dos EUA, acompanhávamos atentamente o que ocorria no mundo todo. Os distúrbios financeiros mais intensos ocorreram nos EUA e na Europa Ocidental. Porém, em virtude da importância financeira e econômica dessas duas regiões, os efeitos da crise se fizeram sentir rapidamente na América Latina e Ásia, incluindo Japão e China. Eu mantinha conversações regulares por telefone e em reuniões internacionais, com banqueiros centrais de todo o mundo. Em outubro de 2008, na busca de uma forma de mostrar aos mercados que os bancos centrais do mundo estavam trabalhando unidos, defendi um corte conjunto de juros a ser anunciado simultaneamente pelo FED, Banco da Inglaterra, Banco Central Europeu (BCE) e outros grandes bancos centrais. Essa medida também daria cobertura para o BCE reverter o curso de um aumento imprudente da taxa durante o verão, efetuado em reação a um forte aumento nos preços do petróleo que elevou temporariamente a inflação acima da meta do BCE. Após discussões com Mervyn King (presidente do Banco da Inglaterra) e Jean-Claude Trichet (presidente do BCE), demos esse passo sem precedentes.

A simultaneidade do corte da taxa foi uma orquestração das mais complicadas. Comitês de política monetária com diferentes horários de reuniões em diferentes fusos horários tinham que concordar, evitando vazamentos. Por fim, em 8 de outubro, às 7h em Nova York e Washington, o FED, o BCE, o Banco da Inglaterra, o Banco do Canadá, o Banco Nacional Suíço e o Riksbank da Suécia anunciaram cortes de juros de 1/2 ponto percentual cada um. O Banco do Japão (BOJ), com taxas já próximas de zero, declarou seu forte apoio. Não havíamos consultado o Banco Popular da China, mas ele também cortou as taxas naquela manhã.

Ainda que tenha sido um sucesso logístico, o corte conjunto de taxas não se mostrou particularmente eficaz. Os mercados deram um pulo com o anúncio, mas o dia terminou em baixa. Talvez os participantes do mercado tenham julgado a ação como inadequada, ou quem sabe a natureza inusual da medida os tenha feito inferir que as perspectivas eram ainda piores do que temiam. O episódio deixa uma lição: o contexto e a comunicação que cercam qualquer ação política podem ser tão importantes quanto a própria ação.

O corte de outubro nas taxas trouxe a TDI para 1,5%, mas não notamos muitas evidências de que nosso afrouxamento monetário estivesse conseguindo ajudar a economia. No FED, os economistas da equipe agora previam uma recessão que se estenderia até meados de 2009. Seu timing foi certeiro, mas nem a equipe nem o FOMC avaliaram quão profunda seria a desaceleração. Sabemos hoje que a economia dos EUA encolheu a uma taxa anual acentuada de 8,5% no 4º trimestre de 2008 e a uma taxa mais lenta, mas ainda bastante alta, de 4,6% no 1º trimestre de 2009. Enquanto isso, a inflação cedia rapidamente, refletindo as fortes quedas nos preços do petróleo e da demanda de consumidores e empresas.

Em nossa reunião no final de outubro, três semanas após o corte coordenado da taxa, o FOMC votou de forma unânime para reduzir a TDI em mais 1/2 ponto percentual, para 1%, igualando a baixa alcançada em 2003. Tal como em 2003, a TDI foi descendo rumo a seu limite inferior efetivo, deixando pouca margem de ação à política monetária convencional em seu papel de combate da crise ainda fora de controle. O Comitê dividiu-se sobre a possibilidade de diminuir ainda mais a TDI, com alguns dos membros preocupados que taxas ainda menores pudessem ser desestabilizadoras — por exemplo, aumentando o risco de um fundo mútuo obter retornos tão baixos que poderia "quebrar a bola" e iniciar uma nova corrida. Mas ficar empacado não era uma alternativa viável. Os danos à economia cresciam a cada dia, com mais pessoas perdendo seus empregos e suas casas. À medida que o horizonte econômico escurecia ainda mais, ficou claro que precisaríamos ser criativos.

■

6

UM NOVO REGIME MONETÁRIO

Da QE1 à QE2

A SITUAÇÃO SE COMPLICOU RAPIDAMENTE após a quebra do Lehman e o caos financeiro que se seguiu ameaçou colapsar a economia. O FED encharcou de liquidez o sistema por meio de seus vários programas de empréstimos e acordos de swap de moeda, o FOMC deu sequência à série de cortes nas taxas iniciadas em 2007, e a aprovação da legislação TARP deu início à recapitalização do trôpego sistema financeiro dos EUA. Mas claramente, em virtude da dimensão do choque e dos danos econômicos já ocorridos, seria necessário uma dose maior de apoio para restaurar a estabilidade e garantir a recuperação. Assim, a partir do final de 2008, o FED voltou-se para novas e experimentais ferramentas de política monetária.

Quando eu estava à frente do departamento de economia de Princeton, liderava com um estilo deliberativo e de construção de consenso, e tentei trazer essa abordagem para o FED. Porém, com a desordem que imperava nos mercados e todos os indicadores econômicos apontando para baixo, não foi possível, ao menos por um tempo, adotar essa abordagem. Em 25 de novembro de 2008 — entre as reuniões regulares do FOMC e sem a aprovação formal do Comitê — o FED, sob minha direção, anunciou uma nova ferramenta: compras em larga escala de títulos de longo prazo, no caso, papéis lastreados em hipotecas com a garantia do governo, ou MBS [na sigla em inglês]. Essa ferramenta se tornaria, de várias maneiras, a peça central de nossa estratégia monetária nos anos seguintes. No FED, a chamaríamos de "LSAPs", abreviação, em inglês, de compras de ativos em larga escala. Todos os outros a chamavam de "QE", abreviação de "quantitative easing" [ou "flexibilização quantitativa"].

O novo programa tinha como objetivo imediato estabilizar os mercados imobiliários e hipotecários ora em rápida deterioração. Uma semana e meia antes da quebra do Lehman, o governo federal encampou as GSEs* Fannie Mae e Freddie Mac. Aqueles que haviam investido em seus títulos, incluindo os trilhões de dólares em MBS emitidos pelas duas companhias, há muito presumiam que o governo dos EUA os protegeria caso elas tivessem problemas, apesar de não existir nenhuma garantia formal. Com a aquisição do Tesouro, as GSEs passaram a ser totalmente protegidas pelo governo — o que era implícito tornou-se explícito. Mas muitos compradores tradicionais de títulos emitidos por GSEs, incluindo governos estrangeiros, ficaram abalados com a extensão da deterioração das empresas e a intervenção inesperada do governo. Incertos sobre o futuro das empresas, os proprietários de títulos das GSEs receavam que seus investimentos fossem menos sólidos do que pensavam. Eles despejaram MBS emitidos pelas GSEs no mercado, derrubando seus preços e aumentando seus rendimentos. As taxas de juros sobre novos créditos hipotecários, mesmo quando disponíveis, subiram por similaridade, ameaçando eliminar o que restava do mercado imobiliário.

Eu esperava que as compras em larga escala de títulos das GSEs pelo FED — nosso compromisso era comprar US$500 bilhões em MBS e US$100 bilhões em outras dívidas emitidas pelas GSEs nos próximos trimestres — pudessem servir de garantia à demanda dos investidores por hipotecas, adicionassem liquidez a um mercado estressado, e sinalizassem de modo ainda mais categórico o compromisso do governo em proteger as GSEs e o mercado hipotecário em geral. Agora, além de servir como emprestador de última instância para empresas financeiras e não financeiras, o FED atuaria como *comprador de última instância* para títulos lastreados em hipotecas. Estávamos ultrapassando em muito a máxima de Bagehot.

O programa alcançou o que pretendia: ajudou a acalmar o tumulto dos mercados hipotecários e evidenciou logo de início que as compras de títulos do FED poderiam aliviar as condições financeiras de um modo geral. Ainda que as compras não ocorressem de imediato, o próprio anúncio

* Abreviatura em inglês para Empresa Patrocinada pelo Governo, são agências que visam elevar o fluxo de crédito para setores específicos da economia dos EUA. [N. da T.]

do programa repercutiu muito favoravelmente. O spread entre o rendimento dos MBS da Fannie e do Freddie e o dos títulos do Tesouro de longo prazo, um indicador sensível do risco percebido pelos investidores nos títulos das GSEs, caiu significativos 0,65 pontos percentuais poucos minutos após o comunicado à imprensa. As taxas de hipotecas de trinta anos, por sua vez, caíram cerca de um ponto percentual em dezembro. Era uma promessa de certo alívio para o cambaleante mercado imobiliário, bem como para investidores individuais e institucionais em MBS. Confiante, eu disse em um discurso em 1º de dezembro em Austin, Texas, que o FOMC poderia considerar o uso mais amplo de compras de títulos como ferramenta de política, incluindo compras de títulos do Tesouro.[1]

Embora tenha obtido os efeitos desejados, o anúncio do programa MBS também levantou a questão correlata: Quem decide? Como presidente, eu havia aprovado as compras dos títulos das GSEs — não o Comitê. Discuti a iniciativa com muitos membros do FOMC em uma série de ligações, mas não segui a linha normal de ampla discussão, construção de consenso e aprovação formal. Em vez disso, e considerando o que vi como uma emergência, recorri a uma regra do FOMC que permitia ao presidente, baseado na conjuntura econômico-financeira durante o período entre as reuniões, ordenar compras de títulos de maneira independente, com o objetivo de aumentar as reservas do sistema bancário e ajustar a TDI. Mas mesmo estando conforme a letra da lei, minha decisão unilateral de comprar títulos ligados a hipotecas em grande escala foi além do que a regra do FOMC contemplava. Isso estabeleceu um precedente para o que poderia vir a ser uma nova dimensão crítica da política monetária dos EUA.

Após ouvir os insatisfeitos presidentes dos FEDs regionais, percebi que a preocupação deles não era o conteúdo do programa de compras — a maioria não tinha restrições a ele — ou mesmo quanto a legalismos, mas sobre o processo e a legitimidade. Conforme o FOMC avaliava as opções de políticas, ficava cada vez mais claro que, com a TDI próxima do limite inferior efetivo, outras medidas, entre elas as compras de títulos em grande escala, poderiam se tornar parte integrante da política monetária. Nesse caso, fazia sentido que o FOMC, supervisor oficial da política monetária, exercesse sua autoridade sobre elas. Pedi ao FOMC a aprovação formal do programa, o que foi feito na reunião de dezembro de 2008, antes de qualquer compra de MBS. E na reunião de janeiro de 2009 eu disse que doravante seguiria o princípio de que, havendo dúvida sobre se uma ação fazia parte da política monetária, envolveria totalmente o Comitê.

A POLÍTICA MONETÁRIA NO LIMITE INFERIOR EFETIVO

Na reunião de dezembro de 2008, apesar do pequeno percalço sobre o programa de compra de títulos das GSEs, todos nos demos conta da situação em que estávamos. A equipe revisou para cima a previsão de desemprego, estimando que a taxa excederia 8% até o final de 2009. Um número que parecia terrível, mas se revelaria muito otimista. Analisando como o FOMC havia reagido a recessões anteriores, a equipe também projetou que a meta do Comitê para a TDI chegaria a zero em breve e permaneceria assim até 2013 — por mais cinco anos — um indicativo claro de quão grave esperava que a recessão fosse ser.

Houve plena concordância de que, embora a TDI estivesse agora perto de seu limite inferior efetivo, restringindo o espaço dos cortes tradicionais de taxas, precisávamos providenciar mais estímulos. A equipe preparou ou atualizou 21 memorandos sobre opções políticas fora do padrão para a reunião. Considerados em conjunto, os memorandos — muitos baseados no trabalho da equipe desde o medo da deflação de 2003 — consistiram em uma revisão exaustiva dos custos e benefícios potenciais de estratégias alternativas. Finda a reunião, o Comitê havia concordado em vários pontos. Primeiro, cortou a meta da TDI de 1% para uma faixa de zero a 0,25%. Segundo, já tendo endossado o programa de compra de títulos das GSEs que anunciei em novembro, ele foi além e afirmou estar pronto para expandir essas compras "conforme as condições as justificarem". Terceiro, de acordo com meu discurso de 1º de dezembro em Austin, o Comitê recomendou fortemente ações futuras ao dizer que também estava "avaliando os benefícios potenciais da compra de títulos do Tesouro de prazo mais longo". E, por fim, disse esperar que a faixa-alvo próxima de zero para a TDI persistisse "por algum tempo".

O corte da meta da TDI para perto de zero justificava-se pelas perspectivas econômicas, mas também foi um reconhecimento de que nossos empréstimos emergenciais, ao inundarem o sistema com reservas bancárias, já haviam obrigado a TDI a cair para perto de zero. Esperávamos que a recente autorização para remunerar as reservas bancárias colaborasse para manter a TDI dentro da meta, o que ainda não havia acontecido. Em princípio, a capacidade de remuneração dos bancos sobre suas reservas no FED deveria ter estabelecido um piso para a TDI, pois eles não têm incentivo para emprestar a outros bancos a uma taxa menor do que podem ganhar no FED. Mas, ao menos de início, o piso se mostrou permeável, com a TDI frequentemente caindo bem aquém da taxa de juros das reservas. O problema era que nossa autorização para remunerar as reservas excluía os poucos participantes não bancários do mercado de fundos federais, principalmente as GSEs, que por via de consequência, eram incentivadas a emprestar o dinheiro extra que tivessem a uma taxa mais baixa.*

O corte que fizemos na taxa-alvo em dezembro, então, apenas validou o que já estávamos vendo no mercado. Da mesma forma, nossa mudança de uma meta pontual da TDI para uma faixa-alvo reconhecia a dificuldade que tínhamos em controlá-la com rigor. Retomar um controle mais firme da TDI seria uma tarefa para depois, mas no final de 2008 a economia precisava de uma TDI próxima de zero.

Além do corte nas taxas, as medidas tomadas na reunião de dezembro de 2008 eram um prenúncio das que se tornariam as duas principais abordagens do FOMC para flexibilizar a política quando as taxas de curto prazo não pudessem cair: forward guidance [FG] e compras de títulos em larga escala.

Na época de Greenspan, o FOMC usou a orientação de taxa futura com resultados geralmente positivos. Em resposta ao medo da deflação de 2003, o FED de Greenspan moldou as expectativas do mercado ao anunciar que antevia que as taxas permaneceriam baixas "por um período considerável". Outros bancos centrais foram ainda mais longe. O Banco do Japão, cuja luta contra a deflação vinha desde meados dos anos 1990 e havia topado com o limite inferior antes de qualquer outro BC, foi pioneiro em uma "política de juros zero", conhecida como ZIRP [na sigla em inglês]. Especificamente, em abril de 1999 o BOJ prometeu manter as taxas de curto prazo em zero "até que a preocupação deflacionária fosse dissipada". Ancorar a orientação das taxas futuras à situação

* Em princípio, os bancos deveriam ter um incentivo para resolver esse problema para nós, tomando empréstimos das GSEs a uma taxa logo abaixo da TDI e depois depositando os recursos no FED para ganharem juros sobre as reservas, cuja taxa era a do topo da faixa-alvo da TDI, embolsando a diferença. Mas, nas condições financeiras caóticas de então, os bancos não tinham interesse em usar o espaço limitado de seus balanços para obter os pequenos retornos disponíveis naquela atividade. [N. do A.]

econômica — no caso do Japão, à inflação — foi um passo inovador que o FED adotaria posteriormente.*

Quando 2008 chegou ao fim, ainda não estávamos prontos para assumir um compromisso de longo prazo com taxas zero ou próximas de zero, mas estávamos preocupados com algumas previsões de mercado que indicavam que a TDI aumentaria nos próximos trimestres. Internamente, segundo a previsão pessimista da equipe, a maioria dos participantes do FOMC considerava que as taxas provavelmente permaneceriam muito baixas por mais tempo do que isso. Concordamos em usar a frase "por algum tempo" no comunicado para tentar convencer os mercados que não havia pressa para começar o aperto.

Contudo, na declaração pós-reunião de dezembro, as frases de maior relevância foram as relativas à aceitação oficial do Comitê das compras de títulos em larga escala como ferramenta de política. Como isso funcionaria e como tais compras ajudariam o Comitê a atingir seus objetivos?

Mecanicamente, o processo foi simples. Se, por determinação do FOMC, o FED de Nova York comprasse, digamos, US$1 bilhão em títulos do Tesouro de corretores desses papéis, os ativos do FED aumentariam, é claro, nesse valor. Para pagar os títulos adquiridos, o FED creditaria as contas bancárias dos vendedores, o que apareceria como reservas mantidas pelos bancos comerciais no FED. Como reservas bancárias são passivos do FED, o lado do passivo do balanço do FED também cresceria em US$1 bilhão, deixando inalterado o patrimônio líquido do BC, mas ambos os lados de seu balanço patrimonial maiores em US$1 bilhão. Em resumo, nosso plano era comprar títulos de prazo mais longo do setor privado, cujo pagamento seria feito com igual montante de reservas dos bancos comerciais. A propósito, embora as compras de ativos do BC sejam às vezes chamadas de "impressão de dinheiro", elas na verdade não têm efeito direto sobre a quantidade de moeda em circulação.**

* No entanto, em um movimento que, em retrospecto, foi amplamente considerado como um erro, o Banco do Japão elevou sua taxa básica de juros em agosto de 2000, não obstante a deflação em curso e seu compromisso anterior. A economia japonesa, mais tarde, caiu em recessão. Talvez pior que isso, pois não cumpriu seu compromisso, o Banco do Japão comprometeu sua credibilidade e, portanto, sua capacidade de usar o forward guidance no futuro. [N. do A.]

** As escolhas do público determinam a quantidade de moeda em circulação, não a política do FED. Por exemplo, quando as pessoas fazem saques em suas contas correntes para compras de Natal, a quantidade de moeda em circulação aumenta automaticamente. [N. do A.]

Ainda que a mecânica fosse clara e o FED de Nova York tivesse uma longa experiência na compra e venda de títulos no mercado aberto, discordávamos sobre o efeito de nossas compras em larga escala nos mercados financeiros e na economia. Alguns membros do FOMC, como o presidente do FED de Richmond, Jeff Lacker, argumentaram que a expansão das reservas bancárias seria, por si só, o principal benefício das compras. Reservas bancárias, que os bancos utilizam para liquidar obrigações mútuas, incluem-se na medida mais restrita da oferta monetária nacional (a chamada base monetária). E, caso os bancos optem por emprestar suas reservas, aumentando assim o meio circulante, as medidas mais amplas da oferta monetária também poderão aumentar. Seguindo ideias monetaristas como as que influenciaram Paul Volcker, esses membros acreditavam que a expansão da oferta de moeda levaria, por fim, diretamente a um crescimento da produção e da inflação.

De fato, o ponto de vista monetarista ajudou a definir o único exemplo recente de compras de ativos em larga escala por bancos centrais: o Japão. Em 2001, com as taxas de curto prazo próximas de zero e o país passando por uma moderada deflação, o Banco do Japão começou a comprar uma série de ativos financeiros na tentativa de estimular a economia. Para avaliar seu programa, o BOJ considerou principalmente o efeito nas reservas bancárias. Uma vez que seu foco era aumentar a quantidade de moeda (incluindo reservas bancárias), o BOJ chamou seu programa de "quantitative easing" [QE], denominação que posteriormente seria dada a outros programas de compra dos bancos centrais, incluindo o nosso.

Entretanto, a maioria do FOMC, inclusive eu, era cética quanto à QE ao estilo japonês, centrado nas reservas. "Acho que o veredicto... é deveras negativo", disse eu na reunião de dezembro.[2] Para fazer funcionar a QE baseado em reservas, os bancos [nos EUA] teriam que emprestar grandes quantias de suas novas reservas para financiar projetos lucrativos e novos gastos. Porém, em uma economia deprimida, com o ato de emprestar correndo altos riscos, haveria pouco incentivo para os bancos, que ficariam bem satisfeitos deixando suas reservas no FED. A maioria de nós acreditava que contar tão somente com a expansão das reservas para estimular a economia seria como o proverbial erguer-se do chão puxando os próprios cabelos. Em suma, embora as compras de títulos pelo FED aumentem as reservas bancárias, a não ser que os bancos as coloquem para trabalhar, isso por si só não resultaria automaticamente em crescimento do crédito e da atividade econômica. Por consequência, tais compras provavelmente teriam apenas efeitos mínimos por meio do canal de reservas.[3]

Essa lógica não demoveria as convicções de alguns opositores externos cujas críticas eram que a expansão maciça das reservas bancárias resultante das compras em larga escala do FED ameaçava causar hiperinflação, o colapso do dólar e outros desastres. Essa visão tinha raízes em uma forma extrema da teoria monetarista que sustentava que a quantidade de moeda e o nível de preços não estão apenas relacionados, como alguns membros do Comitê de fato argumentaram, mas são diretamente proporcionais no longo prazo. Por esse raciocínio, um aumento de dez vezes (digamos) nas reservas bancárias deve, em última análise, traduzir-se em aumentos semelhantes na oferta monetária mais ampla (que inclui, por exemplo, depósitos em contas correntes e poupança) e, subsequentemente, nos preços de bens e serviços. Como nossas políticas de QE multiplicariam muitas vezes as reservas bancárias, o pensamento monetarista extremo previa uma inflação descontrolada.

Milton Friedman, o criador do monetarismo, morto em 2006 aos 94 anos, teria desautorizado esses argumentos. (Ele havia, na verdade, defendido a QE no Japão.) Em seus escritos, Friedman reconheceu a variedade de fatores envolvidos na relação entre oferta monetária e preços, e avaliou que, em particular, quando os juros são muito baixos e as oportunidades de empréstimo escassas, os bancos podem simplesmente reter a maior parte das reservas extras, neutralizando a maior parte do efeito da criação de reservas sobre a oferta monetária e a inflação. Expliquei esse arrazoado em uma palestra em janeiro de 2009 na London School of Economics.[4] Usando a lógica da curva de Phillips, eu disse que em uma economia com um grande contingente de trabalhadores desempregados, capital não utilizado e sem grandes choques de oferta, é improvável que as pressões inflacionárias sejam fortes. Eu poderia ter acrescentado que, nos trinta anos desde que Paul Volcker presidiu o FED, a instituição ganhou grande credibilidade, ancorando as expectativas de inflação e eliminando a tendência de uma inflação mais alta gerar espirais de preços e salários nos moldes dos anos 1970. Mas persistiu a acusação de que nossas compras de ativos provocariam hiperinflação ou "rebaixariam" o dólar, principalmente na direita política. No entanto, em geral a inflação foi muito baixa, não muito alta, durante o período da QE, mais ou menos como a maioria do Comitê (e da equipe) esperava.

Se nossas compras, aumentando as reservas bancárias, não influenciassem a economia, como poderíamos estimulá-la? O que se constituiria na visão majoritária do Comitê teve início com a observação de que o limite inferior efetivo restringia as taxas de juros de curto prazo, mas não as de longo prazo, que no final de 2008 permaneciam bem acima de zero. (O rendimento dos títulos do Tesouro de 10 anos chegava a 4% em fins de outubro e ainda estavam em cerca de 2,25% no final do ano.) A compra de títulos do Tesouro com vencimento longo poderia ajudar a estimular a economia, forçando uma queda dos rendimentos desses títulos. À medida que retirávamos os títulos do Tesouro de prazo mais longo do mercado, investidores, como fundos de pensão e seguradoras, com forte preferência por títulos do Tesouro de prazo mais longo, iriam competir entre si pela oferta restante, elevando seus preços e (de modo equivalente) reduzindo seus rendimentos. Assim como conseguimos diminuir as taxas hipotecárias adquirindo grandes quantidades de MBS, pensamos que poderíamos fazer cair as taxas do Tesouro de longo prazo comprando e mantendo títulos do Tesouro de longo prazo.

Em última análise, nosso intuito era influenciar as decisões do setor privado, que geralmente não dependem diretamente dos rendimentos do Tesouro. Mas nossa expectativa era que os rendimentos mais baixos no mercado do Tesouro resultariam em rendimentos mais baixos em outros itens — por exemplo, em hipotecas residenciais e comerciais e títulos corporativos. Os rendimentos do Tesouro são usados como referência para os rendimentos em outros mercados, e os investidores que venderam títulos do Tesouro de longo prazo para o FED em tese usariam os recursos para comprar outros tipos de ativos de longo prazo, reduzindo também esses rendimentos. Taxas de juros mais baixas de longo prazo do setor privado devem estimular o investimento empresarial e os gastos do consumidor em carros e casas novas. Taxas de juros de longo prazo mais baixas também elevariam os preços de outros ativos financeiros, como ações, e desvalorizariam o dólar, facilitando as condições financeiras de maneira mais ampla. Se a política monetária ordinária consistisse em alterar as taxas de juros de curto prazo, influenciando indiretamente as de longo prazo e outros preços de ativos, essa nova abordagem visaria afetar diretamente os juros de longo prazo, que ainda não haviam sido restringidas por um limite inferior. Nessa perspectiva, esse meio alternativo de condução da política monetária não seria afinal uma mudança tão radical.

Como o Banco do Japão chamou seu programa de compras com foco em reservas de "quantitative easing", tentei diferenciar nossa abordagem referindo-me a ela como "credit easing" ["flexibilização de crédito"], para dar ênfase à redução das taxas de juros de longo prazo pagas pelas famílias e empresas. Mas, como os "LSAPs" da equipe, esse nome nunca pegou. Seria QE mesmo.

Apesar de nosso ceticismo com relação à abordagem japonesa de um modo geral, havia um aspecto de seu programa particularmente instrutivo. Eu tinha apontado em um artigo de 2004 com dois economistas do FED, Vincent Reinhart e Brian Sack, e as apresentações da equipe explicaram, que o início da quantitative easing do Banco do Japão em 2001 pareceu fortalecer a crença do mercado de que o Banco manteria sua taxa básica de juros de curto prazo em zero por muito tempo.[5] Em outras palavras, a adoção da quantitative easing, uma ação relativamente nova e dramática, foi como que uma *sinalização* das intenções de políticas mais amplas do Banco do Japão. Ao transmitir o compromisso de manutenção da política expansionista, a quantitative easing no Japão parecia ter funcionado, ao menos por algum tempo, como uma espécie de "forward guidance" [orientação futura]. Infelizmente, os banqueiros centrais japoneses às vezes desdenhavam sua mensagem, demonstrando falta de confiança sobre a eficácia do programa ou insinuando que ele e outras medidas extraordinárias seriam tão curtas quanto possível. A lição que tiramos dessa atitude foi que o discurso sobre as novas ferramentas políticas pode ser muito importante.

Tínhamos uma teoria de como a QE poderia funcionar, mas não sabíamos muito. Havia dúvidas, na verdade, quanto ao tamanho necessário de nossas compras para obter uma determinada redução nas taxas de juros de longo prazo. A equipe estimou que adquirir US$50 bilhões em títulos do Tesouro (equivalente a pouco menos de 1% da dívida do Tesouro em poder do público na época) reduziria as taxas de longo prazo entre 0,02 e 0,10 pontos percentuais. Esse intervalo amplo veio principalmente de estudos (entre os quais meu artigo com Reinhart e Sack) que observaram o movimento das taxas dos títulos do Tesouro quando o Departamento do Tesouro mexia na oferta relativa de diferentes vencimentos de títulos. Um exemplo notável: depois que o Tesouro anunciou, em outubro de 2001, que interromperia a emissão de títulos do Tesouro de 30 anos, os rendimentos desses títulos nas mãos de investidores caíram em função da competição pela oferta repentinamente reduzida.

Essa e outras experiências semelhantes serviram de indicação de que nossa abordagem básica era sólida, mas demonstraram também que era difícil avaliar com precisão sua amplitude. Nossas compras seriam maiores do que as mudanças de emissão normalmente feitas pelo Tesouro, ocorreriam em mercados altamente confusos e poderiam dar uma ideia sobre nossas intenções futuras. A principal conclusão que fizemos foi que um efeito palpável nas condições financeiras e na economia só aconteceria no caso de nossas compras serem substanciais. Também seria importante que o Departamento do Tesouro não contrabalançasse nossas compras de títulos do Tesouro de prazo mais longo aumentando sua emissão de novas dívidas de prazo mais longo para aproveitar as taxas mais baixas. (Tim Geithner, que seria nomeado Secretário do Tesouro pelo presidente Obama, mais tarde me assegurou que o Tesouro seguiria seus planos de emissão anunciados anteriormente, o que de fato aconteceu.)

Ao lado da incerteza que tínhamos sobre a eficácia de nossas compras estava a incerteza a respeito de possíveis efeitos colaterais. O FED, ao se inserir como um novo e grande comprador, expulsaria os compradores privados e, assim, em vez de ajudar, prejudicaria o funcionamento dos mercados de títulos do Tesouro e de títulos lastreados em hipotecas? (Tentamos evitar isso limitando o porcentual de cada emissão de títulos que compramos.) A enxurrada de liquidez, refletida na expansão das reservas bancárias, estimularia novos riscos à estabilidade financeira? Será que o FED, ao expandir seu balanço patrimonial várias vezes, ficaria exposto a futuras perdas de capital se as taxas de juros subissem inesperadamente, fazendo com que o valor dos títulos que adquirimos caísse abaixo do que havíamos pago? Como poderíamos parar de comprar títulos, quando chegasse o momento certo, e retornar a procedimentos monetários mais normais? Discutiríamos essas e muitas questões relacionadas longamente nas reuniões seguintes do FOMC. A maioria de nós, contudo, não estava preocupada que as compras de títulos em grande escala pudessem causar inflação excessiva ou derrubar o dólar. Ao contrário, nossa principal preocupação era que nossas compras tivessem efeitos apenas modestos, praticamente ineficazes para neutralizar o tsunami de notícias ruins que atingiu os EUA e as economias globais.

QE1: O VELEIRO

Barack Obama assumiu em janeiro de 2009. Minha esposa e eu assistimos à posse em um dia gelado em Washington. No FED, continuamos a trabalhar com o presidente Bush, o secretário do Tesouro Hank Paulson e equipe em suas últimas semanas no cargo, com Obama permanecendo criteriosamente fora de cena. Mas teríamos pela frente sérios desafios, como as assistências ao Citibank e Bank of America, sem o benefício do conhecimento e experiência de Tim Geithner. Após Obama ter anunciado que o nomearia para Secretário do Tesouro, Tim não poderia continuar a exercer suas funções no FED de Nova York.

Como Secretário do Tesouro, Geithner assumiu a gestão dos fundos de resgate do TARP, que Paulson começou a usar para recapitalizar o sistema bancário dos EUA. (Ficou bem conhecido o episódio da convocação de Paulson dos CEOs de nove grandes bancos em uma reunião no [feriado de] Columbus Day de 2008, na qual conseguiu que concordassem em aceitar um total de US$125 bilhões em capital do governo.) Geithner continuou o trabalho de Paulson e, em cooperação com o FED, obteve uma inovação importante: *testes de estresse* abrangentes dos 19 maiores bancos, elaborados pelo FED e outros reguladores bancários. Os testes de estresse (que a partir daí se tornaram um elemento central da supervisão bancária de rotina, tanto nos EUA quanto no exterior) foram projetados para estimar o montante de capital que os bancos testados precisariam para sobreviver a uma hipotética recessão — ainda mais profunda que aquela que ocorria no país — e a uma deterioração significativa nos mercados financeiros. Pelo plano Geithner, os bancos sem capital suficiente para sobreviver aos piores cenários hipotéticos e continuar a emprestar teriam seis meses para levantar capital nos mercados privados. Caso fracassassem nesse intento, seriam obrigados a aceitar o capital do TARP em condições difíceis. Seja como for, esperávamos que os testes provassem a viabilidade dos bancos e restaurassem a confiança neles.

A nova administração também agiu rápido e montou um pacote fiscal para dar assistência a famílias e empresas. Em 17 de fevereiro de 2009, com menos de um mês de mandato, o presidente Obama sancionou a lei American Recovery and Reinvestment de 2009. Os US$787 bilhões do programa incluíam cortes de impostos — a destacar, uma redução temporária dos impostos relacionados a Seguridade Social que incidem sobre a folha de pagamentos das empresas — e ajuda para estados e governos locais. O restante estava distribuído entre programas de gastos federais, que contemplavam benefícios a desempregados e investimento em infraestrutura. Medidas fiscais adicionais ao longo de alguns anos vindouros, tais como a extensão do corte dos impostos sobre a folha de pagamentos das empresas relacionados à Seguridade Social, complementaram o pacote original.[6]

Não obstante as promissoras iniciativas bancárias e fiscais, seu êxito estava longe de ser garantido quando o FOMC se reuniu em 18 de março de 2009. Faltavam ainda dois meses para o término dos testes de estresse dos bancos, e receávamos que a conclusão a que se chegasse parecesse otimista demais para ser crível ou, ao invés, que apresentasse perdas tão grandes que não poderiam ser cobertas pelo que restava dos fundos do

TARP. Também havia dúvidas no FED sobre se o porte do programa fiscal do governo era compatível com a dimensão do problema, ou quanto à rapidez de sua implementação.

Assim, enquanto o FOMC se reunia, uma reversão na crise permanecia indefinida. A economia encolheu rapidamente por dois trimestres, a taxa de desemprego superou 8% e estava subindo, a estabilidade do sistema bancário continuava uma questão em aberto e o mercado de ações havia caído pela metade nos últimos 18 meses. Os dados do mercado de trabalho mostraram a perda de 651 mil postos de trabalho em fevereiro. (Uma revisão posterior elevou o número para 743 mil.) Também no exterior, seja nas economias avançadas seja nos mercados emergentes, a situação se deteriorava rapidamente.

Economistas da equipe do FED revisaram sua projeção de pico de desemprego para 9,5% (mais próximo, mas ainda aquém do que seria o auge de 10%) e previram que, com tanta gente desempregada, o núcleo da inflação cairia para quase zero. Eles estimaram que, em um mundo hipotético sem limite inferior para as taxas de juros, o FOMC teria que diminuir a TDI para *menos* de 6,5% a fim de reanimar a economia.[7] Claro, o limite inferior existia e, consequentemente, outra maneira de proporcionar um estímulo adicional significativo teria que ser encontrada.

A discussão na reunião daquele março foi a mais sombria que já ouvi como banqueiro central, antes ou depois. Os presidentes dos FEDs regionais, contando anedotas e em conversas com contatos de seus distritos, transmitiram uma sensação de medo crescente e generalizado. Richard Fisher, do Fed de Dallas, relatou que um de seus contatos perguntou se ele queria boas notícias. Quando Fisher disse sim, ouviu: "Ligue para outra pessoa." Essa foi uma das poucas risadas da reunião.[8] Charlie Evans, presidente do FED de Chicago, resumiu o sentido do Comitê: "Acho importante que façamos algo grande."[9]

A maioria dos participantes do FOMC deu seu aval à expansão significativa de nossas compras de títulos, uma medida que antes seria vista como radical. Mas naquela ocasião mais evidências sugeriam que as compras poderiam dar certo. A equipe analisou a reação do mercado a vários eventos recentes, entre eles: 1) o anúncio do programa de compra de títulos hipotecários em novembro; 2) meu discurso de 1º de dezembro dizendo que consideraríamos a compra de títulos do Tesouro; 3) a declaração do FOMC após a reunião de dezembro, que afirmava essa possibilidade de compras do Tesouro; e 4) o comunicado depois da reunião de janeiro, que decepcionou os mercados por não anunciar novas compras. A direção e o tamanho das mudanças nas taxas de juros em cada um desses dias, conforme os participantes do mercado reavaliavam a probabilidade e o tamanho de novas compras, sugeriam que um grande programa poderia reduzir substancialmente os rendimentos de longo prazo e, assim, impulsionar a economia.

Agora também contávamos com um novo exemplo internacional. Em 5 de março, o Banco da Inglaterra cortou sua taxa básica de juros para 0,5% e anunciou que compraria, nos 3 meses seguintes, £75 bilhões (principalmente) em títulos do governo britânico de prazo mais longo — conhecidos como gilts — algo por volta de 10% da dívida do governo em poder do público. Havia também a promessa do Banco de comprar quantidades menores de passivos do setor privado, incluindo títulos comerciais e corporativos. Nos dois dias subsequentes, o rendimento da dívida do governo britânico de 10 anos caiu mais de 1/2 ponto percentual, com os rendimentos de outros tipos de dívida acompanhando. O Banco da Inglaterra estenderia o programa de compras três vezes no ano seguinte.

A equipe do Conselho colocou na mesa opções de políticas alternativas para o FOMC considerar, uma delas com o foco em compras de títulos lastreados em hipotecas, e outra dando ênfase às compras de títulos do Tesouro de prazo mais longo. O Comitê decidiu implementar as duas. Aos já prometidos US$500 bilhões em compras de MBS, adicionamos US$750 bilhões em compras planejadas e aumentamos o compromisso de adquirir dívidas emitidas pelas GSEs de US$100 bilhões para US$200 bilhões, elevando nosso total de compras planejadas de títulos das GSEs para US$1,45 trilhão. E, pela primeira vez, também dissemos que compraríamos títulos do Tesouro até US$300 bilhões nos seis meses seguintes, aumentando o compromisso total de compra de ativos para US$1,75 trilhão. Em uma reunião, decidimos quase dobrar o tamanho do balanço patrimonial do FED.

Também reforçamos nosso forward guidance. Informamos que víamos a TDI em "níveis excepcionalmente baixos" por "um período estendido" em vez de "por algum tempo". E anunciamos o Term Asset-Backed Securities Loan Facility (TALF), destinado a melhorar o mercado de títulos lastreados por empréstimos a famílias e empresas. Naquela fase, havia muita incerteza de nossa parte sobre como essas novas ferramentas funcionariam, mas sentíamos que ao menos estávamos jogando tudo o que tínhamos no problema — como constava na declaração, o FOMC estava preparado para se valer de "todas as ferramentas disponíveis". A votação da Comitê foi unânime. E, de forma encorajadora, o efeito no mercado foi drástico. Os rendimentos dos títulos do Tesouro de dez anos caíram cerca de 1/2 ponto percentual naquele dia, à semelhança do ocorrido no Reino Unido. Afinal, parecia que as compras de títulos poderiam ser eficazes. Mas ainda era cedo.

Os meses que se seguiram mostraram uma certa melhora. O mercado de ações chegou ao fundo do poço em março e deu início ao que se tornaria um longo período de alta. O Dow subiria mais de 40% entre a reunião de março e o final do ano.

Nossa iniciativa QE mostrou que não carecíamos de munição. Mas os rendimentos de longo prazo, que haviam declinado após os anúncios, passaram a subir. Os céticos argumentaram que isso significava que os efeitos de nossas compras eram apenas temporários ou mesmo contraproducentes. Mas, como eu disse ao Comitê em uma teleconferência em junho, os rendimentos mais altos, que foram acompanhados por aumentos na cotação das ações e melhores condições nos mercados de crédito, provavelmente refletiam maior otimismo sobre o crescimento econômico global, expectativas de inflação ligeiramente mais elevadas e demanda reduzida pela dívida do Tesouro dos EUA como um porto seguro. Em outro bom sinal, a procura por empréstimos de emergência do FED diminuía conforme crescia a disponibilidade de crédito do setor privado. E, mais importante, víamos indícios preliminares de melhora, ou no mínimo de estabilização, nos dados econômicos. Conversamos na reunião do FOMC de abril sobre "brotos verdes" nos mercados e na economia, que geraram muitas analogias relacionadas a hortas. "No reino dos brotos verdes", disse Nathan Sheets, diretor da divisão de Finanças Internacionais do Conselho, "nossa previsão é mais como um pequeno vaso de plantas ou um pequeno e vulnerável canteiro de aspargos do que uma árvore grande e frondosa.[10] Mas nos meses seguintes surgiriam ao menos mais alguns brotos verdes.

Os resultados dos testes de estresse bancários anunciados em maio também ajudaram a restabelecer a confiança.[11] O Conselho do FED e outros reguladores bancários decidiram divulgar para o público os resultados detalhados, apesar de certa relutância do Tesouro e até mesmo de alguns de nossos supervisores, que temiam que a publicação inédita de dados internos dos bancos tornasse mais difícil levá-los a compartilhar informações confidenciais no futuro. Nossa esperança era que a total transparência traria maior credibilidade dos resultados junto aos mercados. Não deixou de ser uma aposta, pois a divulgação de um aspecto falho inesperado poderia ter minado ainda mais a confiança e talvez até desencadeado novas pressões sobre o financiamento de curto prazo dos bancos. Felizmente, a aposta deu certo. Analistas externos avaliaram que os testes de estresse foram rigorosos e confiáveis e que os resultados foram consistentes com estimativas independentes. Também ficou evidente que, em parte graças à melhoria das condições econômicas e financeiras, as necessidades de capital estimadas dos grandes bancos eram administráveis e poderiam ser cobertas pelos fundos remanescentes do TARP, caso fosse necessário. E aconteceu que a maioria dos bancos conseguiu obter capital adicional em mercados privados, sem assistência governamental, com exceção de um, o GMAC, braço financeiro da General Motors, que precisou do dinheiro do TARP em decorrência do resultado dos testes de estresse. Dissipados os temores de grandes falências ou tomadas de controle pelo governo, o sistema bancário parecia estar dando a volta por cima. A cotação das ações dos principais bancos subiu de modo acentuado em 2009 e os empréstimos começaram a se recuperar.

Os cortes de impostos e os aumentos de gastos do governo também começavam a ajudar. Como alguns economistas temiam, incluindo muitos do FED, bem como Christina Romer, a presidente da CEA de Obama, o pacote era menor do que a economia necessitava. A severidade da crise não havia sido avaliada em toda sua extensão no momento em que foi aprovada e o Congresso, citando preocupações com o déficit, resistiu a um programa de maior alcance. Outro problema foi que estados e municípios, quase todos sujeitos a exigências de equilíbrio orçamentário, aumentaram impostos e cortaram gastos quando seus orçamentos foram fortemente pressionados pela crise econômica. Políticas contracionistas nos níveis estadual e local significaram que, em geral, o estímulo fiscal foi inferior ao que poderia ter sido. Todavia, a junção do novo poder de fogo monetário, o êxito dos testes de estresse e o programa fiscal federal ajudaram a estabilizar os mercados financeiros instáveis e a reiniciar o crescimento. O National Bureau of Economic Research viria a declarar junho de 2009 como o fim da recessão. O desemprego permaneceu elevado e a produção muito aquém do potencial, mas ao menos a economia crescia novamente.

Enquanto isso, à medida que as condições financeiras melhoravam, o uso de nossos programas de empréstimos de emergência diminuía a ponto de iniciarmos sua eliminação aos poucos. O reembolso dos empréstimos de emergência repercutia no lado dos ativos do balanço patrimonial do FED, que agora era majoritariamente composto por nossas participações em títulos do Tesouro e GSEs, que continuamos a comprar no cronograma prometido, encerrando as compras da QE1 em março de 2010.

POLÍTICA MONETÁRIA DEPOIS DE MARÇO 2009: UM PERÍODO DE CALMARIA

Após nossos anúncios dramáticos em novembro de 2008 e março de 2009 do que viria a ser conhecido como QE1, iniciamos as compras prometidas, mantivemos a TDI na faixa de 0 a 0,25% e continuamos a prever uma TDI "excepcionalmente baixa" e "por um período estendido". Entretanto, com as novas medidas fiscais, mercados mais calmos e evidências de que o sistema bancário havia dado a volta por cima, não implementamos novas medidas monetárias no ano e meio seguinte. O Comitê era pressionado em duas direções: por um lado, a economia havia melhorado o suficiente para que novas medidas políticas agressivas (e controversas) parecessem injustificadas, ao menos no momento. Mas, de outro lado, as perspectivas eram ainda tão fracas que recuar em relação ao que já havia sido feito também não era uma opção.

Houve um amplo consenso de observar e esperar, mas nesse ínterim as opiniões variaram. Alguns no FOMC eram mais "falcões": preocupados com os riscos de inflação no longo prazo e com os potenciais efeitos colaterais das novas políticas e mais inclinados a sinalizar políticas mais apertadas no futuro. Outros eram mais "pombos": preocupados com o elevado desemprego e com os ventos contrários à recuperação, mais inclinados a manter ou tornar ainda mais expansionista a política.

O debate interno se alastrou. Os falcões — representados, por exemplo, pelos presidentes dos FEDs regionais Charles Plosser (Filadélfia), Jeff Lacker (Richmond), Thomas Hoenig (Kansas City) e Richard Fisher (Dallas) — enfatizaram a atenção para a melhora econômica e financeira desde o nadir da crise. Na reunião de setembro de 2009, a equipe revisou significativamente suas previsões para a taxa de crescimento do PIB, estimando-a em 2,75% no segundo semestre de 2009 e 3,5% em 2010. Os operadores do mercado futuro esperavam que a TDI chegasse a 2% até o final de 2010, sugerindo que pensavam que o aperto da política logo seria justificado. Vários falcões levantaram a questão de quando o forward guidance de "período estendido" poderia ser reduzido ou descartado.

Os pombos do FOMC — representados, entre outros, pelos presidentes dos FEDs regionais Janet Yellen (San Francisco), Eric Rosengren

(Boston), Charles Evans (Chicago) e pelo membro do Conselho, Daniel Tarullo — reconheceram que a economia havia melhorado, mas enfatizaram que permanecia muito abaixo da linha d'água, com o desemprego (o qual cada vez mais levava em conta o desemprego de longa duração) devendo continuar excepcionalmente alto. A mesma equipe que previra um crescimento acima da tendência em 2010 também antevia que o desemprego cairia apenas para 9,6% no 4º trimestre daquele ano.

Outro argumento dos pombos foi que as previsões da equipe, apesar de projetarem uma recuperação lenta demais para reempregar muitos trabalhadores, no entanto podem se mostrar otimistas demais. Tais previsões, apontaram, basearam-se na experiência histórica com recuperações econômicas, que não incluíam crises financeiras da magnitude que havíamos suportado. Não se podia descartar a possibilidade de efeitos prolongados no comportamento econômico decorrentes da crise, que criariam mais obstáculos ao crescimento, como padrões de crédito mais rígidos por parte dos credores e aumento da poupança das famílias na tentativa de reconstruir a riqueza perdida e se proteger contra novos choques. Essa perspectiva mais pessimista foi apoiada por um livro influente (e perfeitamente oportuno) de Carmen Reinhart e Kenneth Rogoff.[12] Eles argumentaram, estudando casos históricos, que entre as recessões que se seguem às crises financeiras, as associadas ao colapso dos preços das moradias são mais profundas e têm recuperações mais lentas.

Embora os pombos defendessem manter a flexibilização da política monetária, na maioria das vezes não pressionaram muito por novas compras de títulos ou outras novas medidas ao longo de 2009 ou início de 2010. Em sua maioria, os membros do Comitê, inclusive eu, permaneceu dividida. Não tínhamos respostas definitivas para muitas perguntas. Teria a QE1 sido eficaz principalmente no sentido de haver ajudado a tranquilizar as condições financeiras altamente voláteis? Em caso afirmativo, as compras ainda seriam úteis agora dada a maior normalidade das condições financeiras e com as taxas de juros de longo prazo já bem baixas? E, considerando os poderosos ventos contrários, como crédito apertado e um excesso no mercado imobiliário remanescente da enorme expansão pré-crise, taxas de juros modestamente mais baixas seriam capazes de estimular novas atividades econômicas e contratações?

E a incerteza sobre os benefícios de novas compras estendia-se também aos riscos. Embora a maioria de nós no Comitê não acreditasse que a grande expansão das reservas bancárias provocaria inflação grave, outros — na mídia, no Congresso e nos mercados — tinham opinião contrária.

Preocupações com a inflação, ainda que não bem justificadas, podem agir contra os benefícios do aumento da confiança da ação monetária agressiva? A possibilidade não era tão somente hipotética. Em 2009, em muitas reuniões, a equipe do FED deu ênfase a sinais de nervosismo inflacionário nos mercados financeiros, entre os quais entradas crescentes em fundos mútuos que investiram em títulos protegidos contra a inflação, ouro com preços mais altos e dólar em queda. Os crescentes déficits orçamentários federais também pareciam estar contribuindo com as preocupações inflacionárias. Nenhum dos índices de inflação do mercado atingiu níveis inquietantes e alguns reverteram no final do ano, mas os falcões do FOMC pensaram que os efeitos de queda da confiança de novas compras superariam os benefícios. Outros citaram riscos para a estabilidade financeira. Com a incerteza sobre as perspectivas econômicas e a onipresença de nossas ferramentas, o FOMC, em que pesem as diferenças conceituais entre nós, concordou sem divergências em manter a política praticamente inalterada de março de 2009 até o final do ano, com exceção de um pequeno ajuste fino do cronograma de compras.

Na condição de presidente, ajudei a formar esse consenso. Tal como os pombos do Comitê, eu estava insatisfeito com o curso da economia. Eu me preocupava principalmente com a lenta recuperação do mercado de trabalho e as dificuldades que isso causava para muitas pessoas. Com base em meu trabalho acadêmico sobre a Grande Depressão, que destacava os danos causados pelas falências de bancos, concordei com os pombos que as perturbações do mercado de crédito poderiam ter efeitos econômicos duradouros. Mas também expressei incerteza sobre a eficácia das compras adicionais e preocupação quanto a efeitos colaterais negativos que pudessem superar benefícios incertos. Assim, concordei em esperar.

Considerando o que sabemos hoje sobre os benefícios e riscos da compra de ativos, fui muito tímido. A recuperação foi bastante lenta, consistentemente aquém de nossas previsões. Parte dessa lentidão refletiu, principalmente, fatores fora do âmbito de ação da política monetária, entre eles o inesperado nível medíocre da produtividade nos anos após a crise e uma mudança de rumo para políticas fiscais menos expansionistas após a aprovação do pacote original em fevereiro de 2009. Em retrospecto, provavelmente poderíamos ter fornecido mais ajuda nas fases iniciais da recuperação por intermédio de compras adicionais de títulos para diminuir ainda mais as taxas de juros de longo prazo. Nosso forward guidance também poderia ter reagido mais fortemente contra a crença dos mercados de que as taxas começariam a aumentar em um ano ou mais.

Entretanto, em vez de pressionar o FOMC para implementar novas medidas conforme a QE1 diminuísse, e diante do crescente desacordo entre os participantes do FOMC, procurei assegurar que preservaríamos nossa flexibilidade para agir. Eu queria ter certeza, em particular, de que manteríamos a opção de elevar as compras de títulos caso a recuperação vacilasse. E evitei dar qualquer sinal público de que planejávamos apertar no curto prazo. Um tanto paradoxalmente, uma das maneiras pelas quais tentei manter a opção de novas compras de títulos foi pedindo à equipe e ao Comitê que planejassem uma eventual saída de nossas novas políticas.

Eu, claro, não achava que uma saída era iminente, nem a maioria de meus colegas. Mas havíamos lançado as compras de títulos em grande escala apenas com ideias gerais sobre como elas poderiam ser revertidas quando chegasse a hora. Planejar uma eventual saída era apenas uma questão de prudência e, de fato, membros do Congresso, participantes do mercado, a mídia e outros nos pediram para explicar como reverteríamos nossas políticas incomuns. Porém, o mais importante é que eu sabia que, se mais compras se tornassem necessárias, os membros do Comitê estariam mais propensos a aprová-las se estivessem confiantes em nosso plano de saída.

Estávamos cientes de que a saída final imporia desafios. Apertar a política monetária em algum momento implicaria em aumentar uma TDI que era de quase zero. Mas supondo que o balanço patrimonial continuasse grande e o sistema bancário permanecesse encharcado de reservas, os métodos pré-crise de elevar a TDI — vendas modestas de títulos no mercado aberto para reduzir a quantidade de reservas — não funcionariam. A autorização que tínhamos para pagar aos bancos juros sobre as reservas parecia se revelar um piso para a TDI em condições financeiras mais normais, mesmo não tendo funcionado muito bem após a falência do Lehman. Mas em 2009 e no início de 2010 também consideramos outras opções para aumentar as taxas. Uma das alternativas, afinal posta em prática, era financiar parte dos títulos em nosso poder por outros meios que não a criação de reservas bancárias. Isso poderia ser feito tomando empréstimos de curto prazo de investidores institucionais que não bancos — fundos mútuos do mercado monetário, por exemplo — algo que se tornaria conhecido como operações de "repo reverso". Financiar parte de nossas participações mediante empréstimos de investidores não bancários tornaria menor o acúmulo necessário de reservas dos bancos, facilitando aumentar a TDI quando chegasse a hora de fazê-lo.

É claro que poderíamos começar a endurecer a política reduzindo as reservas bancárias pela reversão da QE, ou seja, vendendo os títulos que havíamos comprado. Caso as reservas fossem reduzidas a níveis historicamente mais normais, então a TDI poderia ser aumentada pelo método padrão anterior à crise de administrar o suprimento de reservas bancárias. Contudo, a maioria de nós, eu inclusive, ficou desconfortável com essa abordagem. Se a experiência servisse de guia, o eventual aperto da política monetária teria de ser mais gradual e calibrado do que o afrouxamento. (Pense na longa sequência de movimentos de 1/4 de ponto porcentual iniciada em 2004, em contraste com os cortes acentuados em 2001.) Não havia certeza de que seríamos capazes de administrar com precisão a retirada do estímulo da política com a venda de títulos e não podíamos antecipar como os mercados reagiriam se anunciássemos vendas.

Assim, em sua maioria, os membros do FOMC concordaram em adiar as vendas de títulos. Em vez disso, começaríamos um processo de saída deixando de fazer novas compras e tomando outras medidas (além de vender títulos) para diminuir as reservas bancárias, incluindo a não substituição de títulos em nosso balanço patrimonial à medida que vencessem. Em seguida, passaríamos a elevar a TDI, usando a taxa de juros sobre reservas excedentes e possivelmente outras ferramentas, como operações de repo reverso. Uma vez que a TDI tivesse se movido decisivamente acima de zero, tentaríamos, de forma ordenada e previsível, desfazer as compras de QE restantes, vendendo títulos apenas se necessário.[13]

Em agosto de 2009, o presidente Obama me disse que me indicaria novamente para um segundo mandato de quatro anos como presidente do FED a partir de fevereiro de 2010. A votação do Senado ficou em 70 a 30 a meu favor, uma grande queda em comparação à unanimidade de minha primeira indicação. A oposição republicana à nossa política monetária agressiva e a aversão de ambos os partidos às assistências financeiras durante a crise explicaram a maioria dos votos "não". O presidente Obama apoiou consistentemente o FED e sua independência. Mas nossas relações com o Congresso costumavam ser complicadas e continuariam difíceis.

UMA MUDANÇA DE PERSPECTIVA

A recuperação econômica deu sinais de estar mais ativa no final de 2009 e início de 2010, embora o mercado de trabalho continuasse defasado, reprisando o que estava se tornando um padrão estabelecido de recuperação do desemprego. A inflação era menor do que gostaríamos, mas os temores de inflação muito baixa e muito alta estavam começando a se dissipar (embora os críticos externos do FED permanecessem insistindo nos riscos de inflação). Conforme planejado, as compras QE1 diminuíram aos poucos e terminaram em março de 2010, ainda que — como nossas participações continuaram a reduzir a oferta líquida de títulos de prazos mais longos disponíveis para os investidores — esperássemos que nosso balanço patrimonial expandido, então em cerca de US$2,3 trilhões, continuasse a pressionar para baixo as taxas de longo prazo, sustentando o crescimento econômico. Com os sinais preliminares de melhora, os falcões do FOMC passaram a falar mais sobre a preparação dos mercados para uma saída. Em janeiro de 2010, Hoenig, o presidente do FED de Kansas City discordou, alegando que a linguagem do "período estendido" já não era apropriada. Minha preferência, todavia, era manter nossas políticas onde estavam e monitorar o desenvolvimento da recuperação.

No entanto, após esse período de relativa calmaria, o verão de 2010 trouxe nova volatilidade financeira, vinda principalmente da Europa Ocidental. A crise da dívida soberana da Europa, uma espécie de réplica da crise de 2007-2009, colocou em risco não apenas a lenta recuperação da própria Europa, mas também as recuperações dos EUA e global.

Em 1999, como parte de um processo de maior integração política e econômica, 11 dos 28 países da União Europeia, entre os quais Alemanha, França, Espanha e Itália (mas, note-se, não o Reino Unido), concordaram em adotar uma moeda comum, o euro, a ser administrado pelo recém-criado Banco Central Europeu. Com a eliminação de moedas nacionais como o marco, o franco, a peseta e a lira, os bancos centrais dos países membros não podiam mais executar políticas monetárias independentes. Em vez disso, se tornaram integrantes do sistema do euro, desempenhando funções análogas aos FEDs regionais.* Ao lado de regras para promover a livre circulação de capital, mercadorias e mão de obra, a adoção do euro pretendia criar uma nova e substancial área de livre comércio na Europa, cujo tamanho era semelhante aos Estados Unidos. Com uma moeda única, negociar além das fronteiras nacionais ficaria mais fácil. Para países como Itália ou Grécia, com históricos de inflação

* Por exemplo, os presidentes dos BCs nacionais, tal como seus colegas dos FEDs regionais, monitoravam as condições locais e se uniram ao comitê que fazia a política monetária para a zona do euro. Como os FEDs regionais, os BCs nacionais europeus também mantiveram algumas responsabilidades de supervisão bancária. [N. do A.]

e desvalorização da moeda, o euro tinha como potencial benefício extra gerar credibilidade anti-inflacionária instantânea — desde que o BCE, modelado segundo do Bundesbank, banco central alemão, estivesse comprometido, e com credibilidade, a manter baixa a inflação, como pretendiam seus idealizadores. E, além dos benefícios econômicos, o euro (esperava-se) promoveria a cooperação política em um continente que havia sido o centro de duas guerras mundiais devastadoras no século anterior.

No entanto, em 2010, a zona do euro era um projeto ainda em andamento, com vulnerabilidades que a crise financeira global revelaria.[14] Em primeiro lugar, com uma moeda única, a zona do euro poderia ter apenas uma política monetária única e comum, criando um problema quando diferentes países necessitassem de diferentes graus de flexibilização ou aperto monetário. Em segundo lugar, embora a política monetária tenha sido unificada pela adoção do euro, a política fiscal não foi. Cada país reteve o controle de seu próprio orçamento governamental. Na ausência de um orçamento comum, uma ação fiscal coletiva exigiria negociações complexas e politicamente estressantes entre os países membros, cada um deles temeroso de que seus contribuintes arcassem com erros ou desperdícios de outros países. E, por fim, o sistema bancário da Europa e sua regulamentação não foram integrados. Não havia ali um sistema de seguro de depósitos para a zona do euro como um todo análogo ao FDIC nos EUA, por exemplo, nem políticas e recursos centralizados para lidar com bancos em dificuldades, que continuaram sendo uma responsabilidade nacional. Essa falta de coordenação tornou mais séria a crise europeia, complicando os esforços para combatê-la.

A crise de 2007-2009 atingiu duramente a Europa, em parte porque muitas instituições financeiras europeias tiveram a mesma compulsão de aplicar nos mesmos títulos questionáveis que suas congêneres dos EUA. Muitos países passaram por sérios problemas bancários, e as perdas de produção e emprego que se seguiram foram comparáveis às dos EUA. Ademais, as respostas monetárias e fiscais da Europa foram menos eficazes do que as dos EUA ou do Reino Unido. Em grande parte, a culpa por esse estado de coisas era das doutrinas conservadoras da Alemanha e de países com ideias similares no norte da Europa. Talvez devido a uma memória cultural da desastrosa hiperinflação dos anos 1920, os alemães favoreciam orçamentos governamentais apertados e se opunham à QE, que viam como financiamento ilícito de governos pelo Banco Central. Em virtude de preocupações com as barreiras legais e políticas para a compra de dívidas governamentais em grandes quantidades, o BCE não colocaria em prática um programa de QE no estilo dos EUA até 2015. As intervenções dos governos nacionais evitaram o colapso descontrolado de qualquer grande instituição financeira — não havia um equivalente europeu do Lehman Brothers — mas várias grandes empresas, como o ABN Amro na Holanda, o Commerzbank na Alemanha e o UBS na Suíça, tiveram que ser colocados sob controle temporário do governo. É importante frisar que a não integração de políticas fiscais e bancárias — e, em alguns casos, falta de vontade política — impediu a zona do euro de recapitalizar seu prejudicado sistema bancário na mesma medida em que os EUA o fez, deixando-o debilitado e vulnerável a uma subsequente crise, e menos capaz de conceder empréstimos.

Para piorar a situação, nos anos anteriores à crise global, em vários países da zona euro suas dívidas privada e pública atingiram níveis que se revelariam insustentáveis com a recessão mundial que abalou a economia e o sistema bancário da Europa. Em outubro de 2009, o novo primeiro-ministro da Grécia, George Papandreou, anunciou que o déficit orçamentário de seu governo estava perto de impressionantes 13% da produção nacional, muito além do teto de 3% estabelecido para os países membros da zona do euro. Os investidores, pela primeira vez, consideraram a possibilidade de a Grécia dar calote em suas dívidas e até mesmo abandonar o euro. E se isso acontecesse, os investidores perderiam a confiança em outros países fortemente endividados — Portugal? Espanha? Itália? Irlanda? E mais: se a inadimplência pública e privada explodisse, o que aconteceria com o sistema bancário europeu? O euro passava por uma crise existencial.

Enquanto os líderes europeus debatiam o que fazer, as consequências de não ter uma única autoridade fiscal tornaram-se evidentes. Os auxílios financeiros propostos para a Grécia e possivelmente para outros países precisavam não apenas ser vigorosos o bastante para tranquilizar o mercado, mas também seus encargos tinham que ser percebidos como partilhados entre os países membros, caso contrário os eleitores se rebelariam. O FMI, chefiado por Christine Lagarde, ex-ministra das Finanças francesa e futura presidente do BCE, também se envolveu. As discussões se arrastaram por meses. Uma assistência financeira para a Grécia, divulgada em 2 de maio de 2010, foi amplamente considerada como inadequada e a volatilidade do mercado aumentou, assim como as taxas de juros da dívida de outros países europeus problemáticos. Apenas um ano e meio após a quebra do Lehman ter ajudado a desencadear o pânico global, questões fundamentais sobre a estabilidade do sistema financeiro global ressurgiram. Haveria como conter os efeitos da inadimplência de países inteiros? Teriam os europeus em turbulência a capacidade de responder coerentemente para o que poderia ser uma sequência de crises, caso os investidores fossem perdendo a confiança em um país após o outro? A Europa passou por uma crise financeira apenas para entrar em outra.

Ao menos a princípio, a segunda onda da crise europeia pareceu ter pouco efeito sobre os EUA. O 4º trimestre de 2009 foi forte e a recuperação do país continuou mantendo o que o FOMC caracterizou como um ritmo moderado durante o 1º semestre de 2010. Os gastos privados — consumo das famílias e investimento empresarial — estavam crescendo. O desemprego era muito alto, ainda perto de 10%, e a inflação muito baixa, mas no início de 2010 a equipe e os participantes do FOMC continuaram a projetar que ambos seguiriam na direção correta. A dissolução dos nossos programas de empréstimos de emergência prosseguiu, a política monetária permanecia inalterada, com a meta da taxa básica ainda próxima de zero, e não havia planos de nenhuma nova compra de títulos.

Porém, no verão de 2010, os mercados dos EUA e a confiança empresarial começaram a sentir os reflexos do insucesso dos europeus em resolver sua crise de dívida. Um memorando da equipe na reunião de junho do FOMC alertou que os choques financeiros da Europa poderiam levar os EUA a uma nova recessão.[15] Em agosto de 2010, os técnicos da equipe, notando uma desaceleração dos salários e da produção , revisaram significativamente a previsão de crescimento para baixo e a projeção de desemprego para cima. A partir dos números recém-revisados, verificamos que a recessão foi mais profunda e a recuperação mais fraca do que sugeriam as estimativas iniciais — uma lição objetiva das dificuldades de elaborar políticas com dados incompletos e preliminares. Com a deterioração das perspectivas e o aumento dos riscos, o período de silêncio do FED estava chegando ao fim.

UM NOVO EMPURRÃO: QE2

Conforme crescia nossa preocupação com a recuperação, o FOMC tomou uma medida técnica que também foi um importante sinal de política. Em agosto de 2010, anunciamos que os títulos vencidos (e pagos) seriam substituídos em nosso balanço patrimonial pela compra de novos, evitando qualquer redução líquida em nossas participações e, consequentemente, qualquer restrição passiva da política. Com esse passo, esperávamos enfatizar nosso compromisso com a continuidade do estímulo.

Logo depois enviei outro sinal mais direto. No simpósio anual do FED em Jackson Hole, Wyoming, no final de agosto, falei sobre a "recuperação lamentavelmente morosa do mercado de trabalho" e disse que o Comitê estava "preparado para fornecer acomodação monetária adicional por meio de medidas não convencionais [significando QE e forward guidance] caso necessário."[16] Ecoando minha linguagem, na declaração após sua reunião de setembro de 2010, o FOMC declarou que estava "preparado para fornecer acomodação adicional, caso necessário". No linguajar do FED, a palavra "preparado" sugeria uma ação iminente se não houvesse uma grande melhora de curto prazo nas perspectivas. Internamente, trabalhei para obter apoio para novas compras de títulos e estava confiante de que o Comitê seria a favor. Mas os oponentes, embora em minoria, levantaram sérias preocupações — principalmente, que as compras não seriam eficazes, gerariam riscos inflacionários futuros, ameaçariam a estabilidade financeira ou nos criariam problemas políticos.

No entanto, o argumento em prol de uma nova ação era forte e, em 3 de novembro de 2010, o FOMC aprovou uma nova rodada de compras, apelidada de QE2 pelos mercados e pela mídia. Fomos específicos: dissemos que compraríamos US$600 bilhões em títulos do Tesouro de prazo mais longo, em um montante mensal de US$75 bilhões até junho de 2011, aumentando o balanço patrimonial para cerca de US$2,9 trilhões. Houve apenas um voto contrário, de Tom Hoenig, de Kansas City. Na tradição de consenso do FED, uma dissidência formal é uma forte declaração de desaprovação; e os demais céticos da QE não estavam prontos para dar esse passo, desde que pensassem que suas opiniões seriam levadas em consideração em reuniões futuras.

Ao contrário da QE1, os participantes do mercado anteciparam quase perfeitamente a QE2, então nosso anúncio não mexeu com os mercados. Em vez disso, os efeitos foram sentidos nas semanas e meses anteriores, pois os sinais do Comitê e as perspectivas nada promissoras elevaram a probabilidade de novas compras a uma quase certeza.* De fato, nossa pesquisa regular com os "dealers" primários [bancos ou corretoras de valores homologados para negociar diretamente com o FED] mostrou que, entre junho e novembro de 2010, aumentou de 40% para quase 100% os que esperavam novas compras. A data prevista para a primeira elevação

* O Dow Jones Industrial Average subiu 12% entre meu discurso em Jackson Hole e o anúncio da QE2, por exemplo. [N. do A.]

na TDI foi postergada, passando de junho de 2011 para outubro de 2012. O episódio mostrou, de novo, o poder de comunicação do banco central.

A CONTRAOFENSIVA POLÍTICA

A nova rodada da QE causou uma reação política, como alguns falcões haviam alertado. Fiquei particularmente preocupado com uma carta sem precedentes em 17 de novembro, duas semanas depois do anúncio da QE2, dos quatro principais congressistas republicanos. John Boehner e Eric Cantor na Câmara e Mitch McConnell e Jon Kyl no Senado escreveram que nossas compras poderiam "resultar em... uma inflação de longo prazo difícil de controlar e tinha o potencial de gerar bolhas de ativos artificiais".[17] Uma carta aberta de economistas, comentaristas e gestores de ativos conservadores, publicada em 15 de novembro no *Wall Street Journal*, expressava preocupações semelhantes. Eles argumentavam que nossas compras "devem ser reconsideradas e descontinuadas".[18] Uma segunda carta dos quatro líderes republicanos em 2011 nos solicitava a "resistir a novas intervenções extraordinárias na economia".[19] Mike Pence, o representante (e futuro vice-presidente) de Indiana, e o senador Bob Corker, do Tennessee, ambos republicanos, apresentaram uma legislação que retirava uma das duas atribuições do FED, o pleno emprego. Isso exigiria que nos concentrássemos apenas na inflação, embora, com ela bastante baixa na época, a mudança para um único mandato talvez não afetasse muito nossas políticas no curto prazo.

Também houve reação de governos estrangeiros. O temor dos formuladores de políticas em países emergentes era que nossas compras de títulos reduzissem ainda mais as taxas de juros de longo prazo nos EUA (como era nossa intenção), algo que, por sua vez, poderia gerar fluxos excessivos de capital em suas economias conforme os investidores buscavam retornos mais interessantes. E, ao depreciar o dólar, as taxas mais baixas dos EUA poderiam equivaler a uma forma de "guerra cambial" (nas palavras de Guido Mantega, o Ministro da Fazenda brasileiro), que favoreceria as exportações dos EUA.[20] Tais argumentos, normalmente destinados ao público interno por políticos, não levavam em conta a probabilidade de que uma economia dos EUA fortalecida seria vantajosa para nossos parceiros comerciais ao aumentar nossa demanda por suas exportações e melhorar a situação financeira global. Os banqueiros centrais estrangeiros, por uma questão de colegialidade, eram em geral menos inclinados do que os ministros das finanças a atacar publicamente a QE2, mas em outubro respondi a muitas perguntas desafiadoras na Coreia em uma sessão a portas fechadas dos banqueiros centrais dos países do G20[21] (Grupo dos Vinte). O presidente Obama, participando de uma cúpula do G20 em Seul em novembro, também ouviu críticas às nossas políticas e teve que explicar a um público cético que o FED operava independentemente do governo.

A reação política à QE2 fazia parte de uma onda muito mais ampla de sentimento anti-FED que vinha crescendo desde a crise. Apenas 30% dos entrevistados em uma pesquisa Gallup de julho de 2009 achavam que o FED realizava um bom trabalho. O FED ficou em último lugar entre nove agências federais, atrás até mesmo da Receita Federal (40%) e do Congresso (32%). As duas pontas do espectro político estavam irritadas — à direita, o Tea Party [ala radical do Partido Republicano], que ganhou proeminência em 2009 e, à esquerda, o Code Pink [movimento social em prol da paz e justiça social] e mais tarde o Occupy Wall Street. Muitos à direita viam a experimentação monetária do FED como perniciosa e inflacionária, enquanto muitos outros, à esquerda e à direita, não perdoavam nossas ações para reerguer as empresas falidas de Wall Street na crise. Os manifestantes se reuniram em frente aos FEDs regionais, interromperam depoimentos e até vieram à minha residência. Os protestos, que lembravam aqueles durante a guerra de Volcker contra a inflação, concentraram ainda mais atenção no FED e em suas políticas.

O FED visa decidir suas políticas independentemente das pressões externas de curto prazo, e nós o fizemos, mas nos preocupamos que a onda anti-Fed pudesse ter consequências de longo prazo. Ao longo de 2010, o Congresso e o Executivo se concentraram na reforma regulatória financeira, sob a liderança de Geithner, Secretário do Tesouro, e dos democratas Christopher Dodd (Connecticut), presidente do Comitê Bancário do Senado, e Barney Frank (Massachusetts), presidente do Comitê de Serviços Financeiros da Câmara. As reformas que por fim vieram, junto com uma série de acordos internacionais, trataram de muitas — embora certamente não de todas — as debilidades que levaram à crise financeira.[22] O que viria a ser o Dodd-Frank Wall Street Reform and Consumer Protection Act — Lei Dodd-Frank para abreviar — fortaleceu os requisitos de capital e liquidez para os bancos (incluindo a exigência de testes de estresse regulares), ampliou a transparência dos mercados de derivativos financeiros, criou uma nova agência de proteção ao consumidor e, da maior importância em razão da experiência com o Lehman e outras empresas, estabeleceu procedimentos para destravar instituições financeiras cuja quebra iminente representava sérios riscos à estabilidade financeira.

Em meio às considerações do Congresso sobre essas reformas, o FED passava um bocado de tempo na mira legislativa. O senador Dodd, em particular, conhecedor da irritação generalizada, e no intuito de construir um consenso bipartidário para seu projeto de lei, propôs retirar do FED praticamente toda sua autoridade reguladora e supervisora, restringindo-a à política monetária. O Congresso também considerou seriamente as propostas de "Auditoria do FED" apoiadas pelo senador democrata Bernie Sanders (Vermont) à esquerda e pelo deputado republicano Ron Paul (Kentucky) à direita, as quais sujeitariam as decisões cotidianas de política monetária do FED a uma supervisão política direta. As propostas Sanders-Paul de auditoria do FED, como seriam mais tarde apresentadas pelo filho de Paul, o senador republicano Rand Paul (Kentucky), nada tinham a ver com auditoria financeira (as demonstrações financeiras do FED são regular e publicamente auditadas). Em vez disso, essas propostas teriam autorizado o Government Accountability Office (GAO), um órgão do Legislativo, a relatar e opinar sobre cada decisão de política monetária, fornecendo ao Congresso um novo veículo para os legisladores questionarem e pressionarem o FOMC. Em suas primeiras versões, a legislação de reforma financeira foi um pesadelo para o FED.

Minha forte resistência a tais propostas tinha por escudo as mesmas razões de Alan Greenspan em 1991, quando ele se opôs às tentativas de consolidar a supervisão bancária em uma nova agência. A autoridade do FED, de regulação e supervisão do sistema bancário, foi essencial para que atuássemos como um emprestador eficaz de última instância e para monitorarmos o sistema financeiro e a economia. E a política monetária imune a pressões políticas de curto prazo prestaria um serviço melhor para os interesses de longo prazo da economia.

No final, a maré virou graças à ação de uma série de forças políticas. Os presidentes dos FEDs regionais, em face de suas muitas conexões locais, entre as quais seus conselhos de cidadãos proeminentes, foram um fator importante. Era grande a motivação dos presidentes, pois a supervisão bancária era uma das principais funções dos FEDs regionais. Nosso posicionamento também obteve o apoio crítico de Geithner, o Secretário do Tesouro, de bancos comunitários e de alguns senadores republicanos importantes, incluindo Kay Bailey Hutchison do Texas, e Judd Gregg de New Hampshire. O projeto de lei Dodd-Frank impunha alguma limitação à faculdade de ações emergenciais que o FED, o Tesouro e o FDIC usaram para estabilizar o sistema financeiro durante a crise. Mas o FED manteve suas autoridades reguladoras e supervisoras, com exceção da regulamentação de proteção ao consumidor, que foi designada para uma nova agência, o Consumer Financial Protection Bureau. E não perdeu sua independência quanto à política monetária; a "Auditoria do Fed" não prosperou. Acredito que esses resultados tenham sido os corretos para o país, mas o episódio ilustrou vividamente que o FED não pode deixar de levar em conta a política.

Por que a retórica anti-FED no Congresso foi tão acalorada? Uma explicação que reverbera em mim é a teoria do "bode expiatório", apresentada por Sarah Binder e Mark Spindel.[23] Na visão deles, o Congresso dá um grau de independência ao FED para tomar medidas necessárias, mas impopulares, que o próprio Congresso, por razões políticas, não quer tomar. Essa dinâmica ficou patente ao longo da crise financeira, quando, entre suas muitas ações para estabilizar o sistema, o FED ajudou a impedir a quebra de várias instituições financeiras importantes. Em minha opinião, essa assistência financeira foi necessária para proteger tanto o sistema financeiro quanto a economia, mas também altamente impopular, o que é compreensível. Ela foi considerada como um benefício para aqueles que ajudaram a criar a crise, ao mesmo tempo que muitas pessoas comuns ficaram desprotegidas.* Consistente com o que pensavam Binder-Spindel, eu sabia, por conversas privadas, que muitos congressistas viam os auxílios financeiros como questionáveis, mas necessários para proteger a economia. Porém, em público, muitos alinhavam-se à ira popular, deixando o FED e os governos de Bush e Obama assumirem o ônus político.

Quanto à oposição parlamentar à nossa política monetária, em especial a doméstica, acho mais difícil encontrar uma explicação. Em substância, havia desonestidade intelectual nos argumentos contrários às compras de títulos, como aqueles, por exemplo, colocados nas cartas ao FOMC de líderes republicanos do Congresso. Por exemplo, o risco de que as compras levariam a um descontrole inflacionário ou a uma queda do

* Uma particular fonte da irritação popular foi o fato de nenhum CEO de uma empresa salva ter sido preso. Os processos criminais são de responsabilidade do Departament of Justice (DOJ), não do FED. Na maioria dos casos, o DOJ determinou que não poderia abrir ações vencedoras contra indivíduos — correr riscos excessivos não é ilegal na maioria das vezes — e se concentrou em impor multas pesadas a empresas que empregaram práticas questionáveis. N. do A.]

dólar era muito baixo, e não era suportado nem pela análise convencional nem pela experiência inicial com o QE nos EUA e no Reino Unido. E com a economia profundamente deprimida, havia muito pouca pressão para elevar salários e preços.* E, de fato, os indicadores de mercado das expectativas de inflação revelaram que, quando obrigados a fazer alguma coisa com seu dinheiro, os investidores esperavam que a inflação permanecesse baixa, até muito baixa. Ficamos atentos ao risco de que taxas baixas pudessem promover instabilidade financeira, mas em 2010 os investidores assumiam muito pouco em vez de muito risco em benefício da saúde da economia.

Em vez de se basear em questões ligadas a princípios, grande parte da oposição a medidas monetárias não tradicionais parece ter sido uma política de "terra arrasada" da direita partidária — oposição a políticas que poderiam melhorar a economia com um democrata na Casa Branca. A retórica anti-FED da era da crise financeira se disseminaria para a campanha da indicação presidencial republicana. O governador do Texas, Rick Perry, chamou nossos esforços para apoiar a economia de "quase traidores". O ex-presidente da Câmara, Newt Gingrich, disse que me demitiria caso fosse eleito e me chamou de "o presidente mais inflacionário, perigoso e centrado no poder... da história do FED".[24]

O furor político provocou uma mudança em nossa estratégia de comunicação. Nos cerca de 12 anos antes da crise, o FED havia se tornado decididamente mais aberto, mas sua comunicação continuou grandemente centrada em influenciar as expectativas de políticas dos participantes do mercado financeiro. Todavia, com o FED na alça de mira da mídia e da política parlamentar, era preciso apresentar nosso caso ao público em geral. Assumi a liderança nessa tarefa começando por participar (algo raro para um presidente do FED) no programa *60 Minutes* da TV CBS em março de 2009.[25] Dei continuidade a essa estratégia com outras aparições na mídia, prefeituras e, na primavera de 2012, em uma série de palestras na George Washington University que serviram de base para um pequeno livro.[26]

Em abril de 2011, depois de muita discussão e planejamento, e com o apoio do FOMC, passei a dar coletivas de imprensa trimestrais

* É possível haver inflação elevada em uma economia em depressão se as finanças do governo estiverem péssimas. Mas o governo dos EUA, desfrutando de uma enorme demanda global por seus títulos, não estava nem remotamente perto desse ponto em 2010. [N. do A.]

pós-reunião. Embora rotineiras em muitos outros bancos centrais, os presidentes do FED raramente as realizavam. Elas ganhariam protagonismo nas iniciativas do FED de informar a população e orientar os mercados. Olhando de maneira mais geral, a mudança na estratégia de comunicação para um público mais amplo demonstrou ser uma mudança duradoura e construtiva que, entre outras coisas, possibilitou ao FED avaliar melhor os efeitos (assim como as percepções) de suas ações nos cidadãos norte-americanos de forma geral.

■

7

EVOLUÇÃO MONETÁRIA

QE3 e o Taper Tantrum

Minha primeira coletiva de imprensa, em 27 de abril de 2011, ocorreu oito meses após eu haver sugerido pela primeira vez a QE2 em Jackson Hole. A situação financeira melhorou consideravelmente nesse meio tempo, com um aumento de 25% na cotação das ações, um indício de otimismo crescente. Os rendimentos dos títulos do Tesouro de longo prazo caíram no período que antecedeu a QE2 à medida que crescia a probabilidade de novas compras, mas depois se recuperaram conforme os investidores se tornavam mais confiantes sobre o crescimento futuro e menos preocupados com a queda da inflação. Esse padrão era semelhante ao que vimos após a introdução da QE1 em 2009.

A facilitação das condições financeiras, por sua vez, parecia estar ajudando a economia. A taxa de desemprego caiu de 9,8% em novembro de 2010, quando a QE2 foi anunciada, para 9,0% em março de 2011 — melhor, mas ainda muito alta. Na entrevista coletiva eu disse que esperávamos que a recuperação continuasse em ritmo moderado, com o desemprego diminuindo aos poucos. Alertei, porém, que alguns eventos, principalmente o desastroso terremoto e tsunami no Japão em 11 de março, poderiam reduzir temporariamente o crescimento (por exemplo, interrompendo o envio de peças automotivas japonesas para as montadoras dos EUA). A inflação também havia dado um salto recentemente, em grande parte em decorrência dos aumentos globais nos preços do petróleo e dos alimentos. No entanto, com o núcleo e as expectativas de inflação estáveis, confiávamos que o aumento na inflação geral seria passageiro.

Acertamos no que dizia respeito à inflação, cujo recuo foi rápido, porém apesar dos sinais positivos no início do ano, 2011 seria uma decepção. Após sua queda inicial, a taxa de desemprego se estabilizou durante a maior parte do ano, caindo apenas em dezembro para 8,5%. O crescimento da produção girou em torno de 2%, provavelmente próximo ao ritmo potencial de longo prazo da economia. Mas isso não era rápido o bastante. Para uma queda relevante do desemprego, com recursos subutilizados voltando ao trabalho, o crescimento do produto precisava ser maior, e não simplesmente igual, à sua taxa normal de longo prazo. Nas reuniões do FOMC, procuramos identificar as causas da aparente incapacidade da economia de atingir a "velocidade de escape", uma trajetória autossustentável de crescimento saudável. O debate se concentrou em supostos "ventos contrários" — fatores que retardavam a recuperação mais do que esperávamos.

A crise europeia em andamento foi o vento contrário mais relevante. Em função do risco contínuo de que um ou mais países da zona do euro pudessem decretar uma moratória ou abandonar o euro, os mercados financeiros permaneceram voláteis, e com o retorno precoce para a austeridade fiscal — priorizando o equilíbrio fiscal em detrimento da recuperação econômica — o crescimento na Europa desacelerou ainda mais. A política fiscal dos EUA também estava se tornando um vento contrário. Os efeitos do grande pacote de estímulo federal de 2009 estavam desaparecendo, e os governos estaduais e locais cortavam gastos e empregos como reação à queda nas receitas fiscais.

Um golpe injustificado atingiu em cheio a recuperação em agosto de 2011, quando o Congresso se recusou até o último instante a aumentar o limite da dívida nacional. Sem o aumento, o governo federal não conseguiria pagar suas contas; em alguns cenários, até os juros da dívida nacional. No FED, que é responsável pelo processamento de muitos pagamentos governamentais, incluindo juros, simulamos como lidaríamos com um calote do governo, enquanto eu e outros no FED implorávamos ao Congresso que evitasse um desastre desnecessário. A quase inadimplência impensável dos títulos do governo dos EUA elevou a tensão do mercado financeiro, levando a agência de classificação Standard & Poor's a rebaixar a classificação de crédito dos EUA. Em consequência da desaceleração global e da má conduta fiscal, o Dow caiu por volta de 16% entre o final de julho e o início de outubro.

Outros ventos contrários pareciam ser sequelas da própria crise, compatíveis com a observação de Carmen Reinhart e Kenneth Rogoff de que recessões profundas e recuperações lentas geralmente decorrem de crises financeiras.[1] Apesar da recapitalização do sistema bancário ocorrida após os testes de estresse, o crédito permaneceu relativamente limitado, em particular para os mutuários hipotecários, porque tanto credores como reguladores estabeleceram normas mais rigorosas. Famílias em melhor situação se dedicaram ao pagamento das dívidas e a reconstruir o patrimônio em vez de novos empréstimos e gastos, ao passo que os menos afortunados apenas lutavam para sobreviver. O legado da crise imobiliária foi uma dolorosa ressaca na forma de casas não vendidas e hipotecadas. Os construtores iniciaram as obras de apenas cerca de 600 mil novas casas em 2011, em comparação com as mais de 2 milhões em 2005. A crise também pode ter contribuído para ganhos de produtividade inesperadamente tacanhos, que combinados com um crescimento mais lento da força de trabalho — conforme os baby boomers se aposentavam e a imigração diminuía — retardou ainda mais o crescimento econômico. Algumas pesquisas descobriram que a desaceleração da produtividade pode ter se iniciado por volta de 2005, antes da crise, e que ela teria resultado, em grande parte, de mudanças constantes e normais, dos avanços tecnológicos e de sua aplicação comercial, e não da crise em si.[2] Pode ser, mas intuitivamente, fazia sentido que a crise financeira também afetasse negativamente o crescimento da produtividade. A crise arrefeceu a pesquisa e o desenvolvimento, o ritmo de novas startups e o investimento empresarial em novos equipamentos de capital, além de delimitar a demanda do consumidor. É de se esperar que tais fatores retardem a introdução de novos produtos e novos métodos de produção mais eficientes.

Em razão da clara mediocridade das perspectivas, e sem novas iniciativas do Congresso, a política monetária tornou-se "a única saída" na luta contra o desemprego, para usar a frase que Paul Volcker cunhou em relação à luta contra a inflação. Mas o limite inferior efetivo das taxas de juros de curto prazo continuava sendo um problema. Taxas de curto prazo quase zero, compras de títulos no montante de vários trilhões de dólares e forward guidance ajudaram a economia a voltar a crescer, mas não restauraram a plenitude de sua saúde total. Mais uma vez, era hora de algo novo. De 2011 a 2013, reconsideramos nossas ferramentas políticas, nossa forma de comunicação e até mesmo nossa estrutura de políticas abrangente. Nem todas essas iniciativas se mostraram isentas de problemas, como seria exemplificado por uma "birra" do mercado de títulos em 2013. Em última análise, contudo, as mudanças ajudaram a melhorar a economia e o mercado de trabalho e, a longo prazo, deixaram uma marca duradoura na conduta da política monetária.

AMPLIFICANDO O FORWARD GUIDANCE

O FOMC, desde Greenspan e durante meu tempo como presidente, foi se tornando cada vez mais desejoso de usar o forward guidance como ferramenta de política. Em março de 2009, ao divulgar a QE1, o Comitê tentou orientar as expectativas do mercado dizendo que previa "níveis excepcionalmente baixos da TDI por um período estendido". Mais de dois anos depois, essa frase permanecia na declaração pós-reunião.

A julgar pelos padrões tradicionais do FED, era uma linguagem arrojada, mas nem tanto como poderia ter sido. Primeiro, era vaga. Não especificava a duração de um "período estendido" nem orientava sobre em que condições as taxas seriam aumentadas. Segundo, a orientação não era, na verdade, um compromisso. Dizia apenas que o Comitê *antecipava* que as taxas permaneceriam baixas. De fato, alguns críticos, e cabe destacar meu ex-colega de Princeton, Michael Woodford, apontariam que a linguagem do "período estendido" poderia ser interpretada como o FOMC dizendo somente que era pessimista sobre as perspectivas, não assumindo nenhuma incumbência clara sobre a política futura.[3] Se lida dessa maneira, nosso forward guidance causaria pessimismo nas famílias e empresas, e isso poderia ter sido contraproducente.

Considerei que nossa orientação, embora não expressada como um compromisso firme, gerou um pressuposto de que seríamos pacientes e manteríamos as taxas próximas de zero por algum tempo. Além disso, as compras contínuas de títulos e outras formas de comunicação — entre elas discursos e depoimentos no Congresso — reforçaram nosso sinal de que planejávamos manter a flexibilização da política. Messo assim, concordo com o argumento de Woodford de que uma orientação mais específica e contundente teria sido ainda melhor.

Com o passar do tempo, ficou cada vez mais evidente que a orientação de "período estendido" não satisfazia. Em 2009 e 2010, mesmo com as análises da equipe — e muitos, mas não todos, eram participantes do FOMC — concluindo que a TDI provavelmente precisaria ficar próxima de zero por anos, o mercado de futuros (nos quais os investidores apostam no curso da TDI) antecipou o primeiro aumento da TDI não mais do que alguns trimestres de distância. O "período estendido" não foi, portanto, tão estendido nas mentes de muita gente do mercado como a maioria do Comitê teria preferido. Muito provavelmente, esse mercado usou como referência os ciclos anteriores de política do FED, nos quais o período típico entre a flexibilização e o aperto havia sido mais curto. Era preciso fazer mais para convencer o mercado de que não aumentaríamos nossa taxa-alvo por um tempo.

Demos o próximo passo na reunião de 9 de agosto de 2011. Em nossa declaração, após observar que o crescimento econômico até aquela altura havia sido decepcionante, apresentamos um forward guidance mais explícito. Nele, prevíamos "níveis excepcionalmente baixos da TDI *ao menos até meados de 2013* [grifo do autor]", ou seja, dali a dois anos. A declaração acrescentava que o Comitê estava discutindo uma "série de ferramentas políticas", indicando que outras inovações políticas poderiam ocorrer em breve. Três presidentes regionais do FED discordaram — Richard Fisher, de Dallas, Charles Plosser, da Filadélfia, e Narayana Kocherlakota, de Minneapolis. Os três consideraram desnecessário o novo estímulo monetário e preferiam deixar inalteradas as orientações do comunicado. Três votos "não" é muita coisa para uma decisão política do FED; sugere um desagrado considerável com ela.

Plosser e vários outros também argumentaram que, para assumir um novo compromisso sobre as taxas, seria preciso vinculá-lo a um conjunto específico de condições econômicas, não a uma data fixa. Na declaração do FOMC de agosto de 2011 o compromisso era *dependente do tempo*, vinculando o andamento futuro da TDI apenas ao calendário. Se fôssemos nos comprometer, argumentou Plosser, deveria ser adotando o "state-contingent"*, especificando as condições econômicas que levariam a um aumento na TDI.

Um compromisso state-contingent é, ao menos em princípio, mais flexível e responsivo às notícias econômicas que vão surgindo. Plosser e os que partilham de sua opinião receavam que no caso de as condições econômicas melhorarem mais rapidamente do que esperávamos, nosso compromisso dependente do tempo nos obrigaria a manter a taxa de juros baixa por mais tempo do que, idealmente, deveríamos. Já um compromisso state-contingent — que vincule, digamos, a elevação da TDI ao nível de desemprego — nos daria flexibilidade para apertar mais rapidamente. É claro que a orientação state-contingent também pode funcionar na outra direção, estendendo efetivamente a duração de nosso compromisso se a economia piorar inesperadamente. Compromissos dependentes do

* Política na qual a autoridade monetária se compromete a manter sua taxa básica de juros até que as condições limites para uma variável macroeconômica sejam quebradas. [N. da T.]

tempo não têm essa capacidade de se autoajustar. De fato, devido às recorrentes decepções com as perspectivas, em janeiro de 2012 concordamos em estender nosso compromisso por um ano e meio para "ao menos até o final de 2014" e, novamente, em setembro de 2012, "até meados de 2015". Cabe notar que essas duas últimas promessas iam além do final provável de meu mandato como presidente, então não deixou de ser encorajador que houvesse apenas um dissidente: o presidente do FED de Richmond, Lacker, nos dois casos.

Plosser tinha feito um argumento conceitual válido, ainda que sua previsão econômica fosse demasiado otimista. E, na verdade, o FOMC mais tarde usaria orientação state-contingent para informar seus planos sobre taxas de juros de curto prazo e compras de títulos. No entanto, em agosto de 2011, eu estava convicto de que a orientação dependente do tempo era nossa melhor opção. Em virtude da divergência entre as expectativas de política do mercado e as nossas, tínhamos de colocar em prática algo impactante para chamar a atenção dos mercados. Ambiguidade e risco de mal-entendidos estão presentes na orientação state-contingent, uma vez que os formuladores de políticas nunca podem especificar totalmente as condições que provocariam uma mudança de política. Uma data, ao contrário, é simples e direta. Na ocasião, a abordagem parecia a melhor.

Na prática, a forma correta de orientação depende das circunstâncias e, de fato, as duas abordagens — dependente do tempo e state-contingent — permanecem em uso. Por exemplo, o Banco do Japão prometeu em 2016 continuar com suas políticas altamente expansionistas pelo tempo que fosse necessário para elevar a inflação acima de sua meta de 2% "de maneira estável" (uma forma de orientação state-contingent), enquanto o BC Europeu, em diversas ocasiões nos últimos anos, prometeu manter baixa sua taxa básica de juros até ao menos uma certa data (orientação dependente do tempo). Seja como for, nossa orientação de agosto de 2011 pareceu eficaz. Os juros caíram e nossas pesquisas apontaram que, refletindo a orientação, os participantes do mercado financeiro esperavam que tivéssemos mais paciência para aumentar as taxas.[4]

Não obstante o estímulo provocado pela nova orientação, não esperávamos que ela, por si só, virasse jogo. Nas reuniões seguintes do FOMC discutiu-se intensamente opções adicionais, inclusive a possibilidade de rever nossa estrutura subjacente de política monetária.

O PROGRAMA DE EXPANSÃO DA MATURIDADE

No outono de 2011, muitos de meus colegas e eu estávamos convencidos que a política monetária não só precisava fazer mais, mas também encontrar novas maneiras de fazer mais. Explorar opções e construir um consenso levaria tempo. A economia, contudo, carecia de apoio adicional quanto antes. Como medida provisória, em setembro de 2011, decidimos comprar US$400 bilhões em títulos do Tesouro com vencimentos mais longos (seis a trinta anos) até o final de junho de 2012.

Nossa expectativa era que essa nova rodada de compras de títulos, tal como as anteriores, aumentaria a demanda, reduzindo assim o rendimento dos títulos de longo prazo e facilitando as condições financeiras em geral. Porém, em vez de financiar as compras gerando novas reservas bancárias, como ocorrera em QE1 e QE2, decidimos pagar por essas compras vendendo uma quantidade igual de títulos do Tesouro de curto prazo cuja maturidade [prazo de vencimento] era de três anos ou menos. O resultado dessa ação, embora as compras tenham aumentado significativamente o vencimento médio dos títulos em poder do FED, não alterou o tamanho do balanço patrimonial.

Esse programa refletia nosso entendimento de que tais compras funcionavam principalmente diminuindo a oferta líquida de títulos de longo prazo, elevando seus preços e reduzindo seus rendimentos, e não aumentando reservas bancárias ou oferta monetária. Esperávamos que fosse ao menos tão eficaz quanto as compras anteriores, enquanto talvez acalmasse os críticos internos e externos cujo receio era que a criação de mais reservas bancárias causasse inflação mais alta ou instabilidade financeira.

Havia, também, deficiências em nossa nova abordagem. Primeiro, seu tamanho era limitado pela quantidade de títulos com vencimentos de três anos ou menos que tínhamos em carteira. Após vendê-los, teríamos que voltar a financiar as compras criando reservas bancárias. Segundo, a mudança para títulos de prazo mais longo complicaria o ajuste de nosso robusto balanço patrimonial quando chegasse a hora, pois nossas participações teriam, em média, um prazo de vencimento maior. Ainda assim, parecia, interinamente, um passo útil. A equipe avaliou que isso proporcionaria um estímulo adicional importante e, também, daria ao Comitê tempo para debater uma estratégia mais abrangente.

Chamamos o novo programa de Programa de Extensão da Maturidade [MEP, na sigla em inglês]. Os mercados e a mídia, como de costume, ignoraram o nome oficial e o apelidaram de Operation Twist, em homenagem a um programa do FED dos anos 1960. Na Operation Twist original, sob a presidência de Martin, o FED comprou títulos de prazo mais longo e vendeu títulos de prazo mais curto na tentativa de "torcer" a curva de rendimentos, ou seja, baixar as taxas de prazo mais longo (para incentivar os gastos da economia) e, ao mesmo tempo, elevar as taxas de curto prazo (com o objetivo de sustentar o valor cambial do dólar). Mais à frente, os analistas julgaram que a operação anterior teve apenas efeitos modestos, talvez porque fosse pequena e temporária.[5] O MEP era maior e mais duradouro do que seu precursor dos anos 1960. Tal como a Operation Twist original, visava reduzir as taxas de longo prazo, mas não esperávamos que as de curto prazo subissem porque o alto nível de reservas bancárias já existentes no sistema as mantinha próximas de zero.

AUMENTANDO A TRANSPARÊNCIA: A META DE INFLAÇÃO E O RESUMO DAS PROJEÇÕES ECONÔMICAS

As discussões internas sobre como tornar a política monetária mais eficaz apesar do limite inferior, levaram a uma questão mais ampla: a própria estruturação de nossas políticas. Orientação e explicações a respeito de nossos planos de políticas seriam úteis e coerentes se fôssemos mais específicos sobre nossos objetivos, perspectivas e opiniões sobre políticas apropriadas. Para mim, e para a maioria dos participantes do FOMC, isso significava ser mais claro sobre a estrutura que moldava nossas ações. O Comitê passou muitas horas considerando uma série de possibilidades.

Após essas deliberações, o Comitê aprovou em janeiro de 2012 uma declaração de princípios de política monetária, documento desse tipo pioneiro na história do FED. Nele, anunciamos uma meta formal de inflação — 2% ao ano, medida pelo índice de preços de despesas de consumo pessoal [PCE, na sigla em inglês]. Nossa declaração frisou que a adoção da meta não implicava que não tínhamos mais interesse em promover o pleno emprego. Em vez disso, dizia que adotaríamos uma "abordagem equilibrada" que daria peso aproximadamente igual a ambos os objetivos de estabilidade de preços e pleno emprego determinados pelo Congresso.

A ideia de uma meta de inflação não era inédita. Em 2012, na verdade, tornava-se cada vez mais a norma internacional. Começando com a Nova Zelândia em 1990, muitos BCs anunciaram metas (ou às vezes intervalos) para a inflação. Nas economias avançadas, incluíam o Banco da Inglaterra, o Banco Central Europeu, o Riksbank da Suécia, o BC da Austrália e o Banco do Canada. Entre os países de renda média com metas de inflação estão Brasil, México, Chile, Israel e África do Sul.

Por que ter uma meta de inflação? *Não* se trata de que a inflação era ou deveria ser a única preocupação da política monetária. Todos os bancos centrais que as adotam praticam metas de inflação "flexíveis", o que significa que eles mantêm espaço para perseguir múltiplos objetivos, entre os quais emprego e crescimento econômico, desde que isso seja condizente com alcançar a meta de inflação ao longo do tempo. Deve-se à preocupação com o emprego e outras metas que nenhum BC tenha estabelecido uma meta de inflação de zero — ou seja, estabilidade de preços literal. Metas de inflação média de zero reduzem as expectativas de inflação dos operadores de mercado, o que se traduziria em taxas de juros nominais muito baixas. Uma baixa taxa de juros neutra, por sua vez, aumentaria o risco de o limite inferior impedir os formuladores de políticas monetárias de reagir com força às recessões. Nossa meta de 2% visava, portanto, equilibrar as duas partes de nosso duplo mandato — inflação baixa o bastante para ser consistente com a estabilidade de preços, mas alta o suficiente para preservar nossa capacidade de buscar o pleno emprego, abrindo algum espaço para diminuir as taxas sem atingir o limite inferior.

Como acadêmico, contribuí para a pesquisa sobre metas de inflação — principalmente no trabalho com Frederic (Rick) Mishkin, da Universidade de Columbia, que foi membro do Conselho durante a crise financeira.[6] Eu considerava a meta de inflação como elemento-chave de uma estrutura mais transparente e sistemática que facilitaria o entendimento e previsão da política pelos mercados e o público. Para fazerem valer todos os benefícios das metas de inflação, como Mishkin e minha pesquisa documentaram, os BCs iam muito além de simplesmente anunciar uma meta. Eles também forneciam muito mais informações sobre suas previsões, avaliação de riscos e respostas políticas esperadas, incluindo — em certos casos — previsões de sua taxa básica de juros. Mishkin e eu argumentamos que essa transparência tornava o forward guidance mais eficaz e diminuía a incerteza, pois as pessoas lá fora poderiam obter mais informações sobre as considerações que embasavam a política. A transparência também servia de apoio à independência do BC, ajudando os políticos e o público a compreender melhor a lógica das decisões de políticas, com isso aliviando a tensão entre a supervisão democrática e a delegação desses poderes a banqueiros centrais não eleitos.

O debate sobre uma meta de inflação se sobrepõe a um outro de longa data: se a política monetária deve ser conduzida por *regras* ou por um *critério discricionário*. Os defensores da primeira, como a regra canônica proposta pelo economista John Taylor em 1993, sustentam que os formuladores de políticas devem definir as taxas de juros de curto prazo por meio de uma fórmula numérica simples, que inclui apenas os níveis atuais de desemprego e inflação.[7] Políticas regradas, se seguidas de perto, tornariam as mudanças fáceis de prever, evitando que os formuladores de políticas se desviassem muito das normas estabelecidas — por exemplo, respondendo a um aumento da inflação de modo muito diferente do que em situações anteriores. O problema é que regras estritas de política são impermeáveis a juízos que levem em conta informações não incluídas na regra e, portanto, não podem acomodar com facilidade circunstâncias especiais — como o pânico financeiro de 2008 ou a pandemia de coronavírus em 2020. Alterações recorrentes na estrutura da economia, como na relação entre desemprego e inflação ou na influência das taxas de juros sobre os gastos, também representam um problema para regras fixas.

Ao contrário, na outra forma de implementação das políticas, a discricionária, as decisões sobre taxas de juros são tomadas de maneira criteriosa, reunião por reunião, usando todas as informações disponíveis. Essa abordagem tem a vantagem de levar em consideração fatores especiais ou mudanças estruturais, e os formuladores de políticas que valorizam muito a flexibilidade a preferem. Mas as políticas puramente discricionárias são mais difíceis para os participantes do mercado entenderem ou preverem, têm menos salvaguardas contra opções arriscadas ou não testadas, e se caracterizam por menor responsabilização dos gestores de política monetária em geral. Ao impedir que os formuladores de políticas se comprometam com ações futuras, uma abordagem discricionária também restringe o uso de forward guidance como uma ferramenta política.

Mishkin e eu argumentamos que a meta de inflação está em um meio caminho razoável entre políticas submetidas a regras estritas e políticas inteiramente discricionárias, permitindo aos formuladores de políticas o que chamamos de *discricionariedade restrita* [em inglês, "constrained discretion"]. Com seu arbítrio restringido, os formuladores de políticas podem usar seu tirocínio para explicar circunstâncias especiais e comparar os objetivos da política uns com os outros. Por outro lado, há a limitação imposta pelos requisitos: primeiro, alcançar o nível de inflação desejado ao longo do tempo e, segundo, explicar publicamente suas decisões. Tais exigências aumentam a previsibilidade e a responsabilização pessoal/de um grupo. Ademais, um regime de metas de inflação confiável tende a estabilizar ao redor da meta as expectativas inflacionárias das pessoas. Tentativas de Arthur Burns de controlar a inflação nos anos 1970 foram prejudicadas por expectativas de inflação mal ancoradas, o que contribuiu para dinâmicas destrutivas de preços e salários. Anunciar e, mais importante, atingir de modo consistente uma meta de inflação pode ajudar a prevenir essa dinâmica. Caso a meta de inflação seja crível, as pessoas podem considerar a inflação provocada por movimentos ascendentes nos preços, como choques nos preços de alimentos e energia, como algo temporário, sem incorporá-la em suas expectativas de longo prazo e no comportamento de fixação de salários e preços.

Dada a tendência internacional de metas de inflação, não surpreende que o tema tenha sido discutido pelo FOMC. Já em 1989, Lee Hoskins, presidente do FED de Cleveland, havia sugerido que uma meta de inflação aumentaria a coerência da formulação de políticas do FOMC.[8] Greenspan permitiu diversos e extensos debates sobre a ideia nas reuniões do FOMC, incluindo um encenado em 1995 entre Janet Yellen, então no Board of Governors, e Al Broaddus, presidente do FED de Richmond. Nesse debate, Yellen argumentou contra as políticas voltadas somente para a inflação, mas posteriormente se revelou grande defensora de uma meta de inflação flexível o suficiente para incorporar as metas de emprego do FED junto com as metas de inflação. Em julho de 1996, o Comitê apoiou a condução de uma política baseada em uma meta informal de inflação de 2%. Greenspan concordou — mas apenas se não houvesse discussão pública ou compromisso com a meta, uma condição que eliminava muitos dos benefícios de se ter uma meta.[9]

O FOMC, reconhecendo em 2003 que a inflação tanto pode ser muito baixa quanto muito alta — o que revelou que o FED tinha uma meta implícita — fez voltar a questão à tona mais uma vez. Em fevereiro de 2005, Greenspan permitiu outra extensa discussão sobre metas de inflação pelo FOMC. Mas continuou a se opor a estabelecer formalmente uma meta pública e a ideia não vingou. Greenspan prezava a discrição e temia que uma meta de inflação pudesse delimitar desnecessariamente a política monetária. Ele também tinha preocupações políticas. Se o FED anunciasse unilateralmente uma meta de inflação, o Congresso poderia achar que sua prerrogativa de definir as metas da política monetária havia sido usurpada e reagiria restringindo a independência operacional do FED?

Quando fui nomeado para o Conselho em 2002, a mídia especulou que Greenspan e eu entraríamos em desacordo sobre as metas de inflação. Falei publicamente a respeito. Observei em um discurso que a mídia dos

EUA tratava as metas de inflação como o sistema métrico: algo "estrangeiro, impenetrável e ligeiramente subversivo" — e continuei a promover a ideia.[10] Greenspan nunca se opôs abertamente. Tivemos algumas conversas amigáveis, mas não me iludi sobre como superar sua resistência.

Ao assumir o comando do FED em 2006, trilhei com cautela o caminho para estabelecer uma meta. Eu ainda achava ser essa a abordagem correta, mas reconheci que era necessário um trabalho de campo substancial com o Comitê. Em minha nova função, também avaliei melhor a questão política levantada por Greenspan. Em alguns países, entre eles Canadá e Reino Unido, o regime de política monetária, incluindo a meta de inflação, é determinado em conjunto pelo governo e pelo BC. Em outras jurisdições, incluindo a zona do euro, o BC determina as metas numéricas de inflação que considera em linha com seu mandato, além dos elementos de apoio, como a divulgação de previsões. Em minha opinião o FED estava mais bem equipado para determinar a meta e desenvolver a estrutura para implementar seu mandato de estabilidade de preços do Congresso. Mas a consulta e a construção de apoio com o governo e o Congresso pareciam algo muito sensato.

No lugar de agir imediatamente na tentativa de introduzir uma meta formal, ampliei as informações que fornecíamos sobre nossas perspectivas para a economia e a política, etapas que dariam suporte à eventual adoção de uma estrutura formal de metas de inflação. Desde 1979, o FOMC divulgava projeções econômicas duas vezes por ano, como parte de seu *Monetary Policy Report to Congress*, mas recebia pouca atenção dos parlamentares. Na reunião de setembro de 2007, em meu segundo ano como presidente, o FOMC avalizou meu plano de divulgar projeções trimestrais, em vez de semestrais, com um horizonte de três anos em vez de dois. As projeções eram feitas individualmente pelos membros do FOMC, não pelo Comitê coletivamente, e o documento resultante foi chamado de Summary of Economic Projections [SEP, na sigla em inglês]. As projeções, que eram elaboradas para quatro variáveis — crescimento do produto, desemprego, inflação geral e núcleo da inflação — foram divulgadas sem serem atribuídas a indivíduos. A ideia era mostrar de forma mais explícita como o Comitê via a evolução da conjuntura econômica.

Ampliamos o SEP ao longo do tempo. Em janeiro de 2009, acrescentamos projeções, sob a hipótese de "política monetária apropriada", para inflação, desemprego e crescimento econômico "no longo prazo", definido como aproximadamente três a cinco anos. Essas estimativas de longo prazo transmitiam informações importantes sobre o pensamento do Comitê. Em particular, a projeção de inflação de longo prazo, sob uma política monetária apropriada, era uma maneira indireta de indicar o efetivo intervalo da meta de inflação do FOMC. A maioria dos participantes recomendava uma meta de cerca de 2% ou um pouco abaixo. Quanto ao nível de desemprego, a projeção de longo prazo podia ser interpretada como revelando as estimativas do Comitê para a taxa natural de desemprego, u-estrela.

Enquanto isso, continuei as consultas, interna e externamente, sobre a adoção formal de uma meta de inflação. Em sua maioria, os componentes do FOMC tornaram-se suscetíveis (ou talvez apenas estivessem cansados de discutir o assunto em nossas reuniões, como comentou Betsy Duke, membro do Board of Governors). Encontrei-me com os assessores de Obama e depois com o próprio Obama, que me disse que o governo não tinha objeções. Todavia, Barney Frank, democrata de Massachusetts que presidiu o House Financial Services Committee, estava nervoso. Com emprego e a produção entrando em colapso, o momento psicológico era errado, ele acreditava, para dar a entender, mesmo equivocadamente, que o FED se preocupava principalmente com a inflação. Até certo ponto, então, a adição de projeções de inflação de longo prazo em janeiro de 2009 se mostrou uma solução para as contestações de Frank. Foi uma etapa muito mais discreta do que anunciar uma meta, porém, implicitamente, definia ao menos um intervalo para a meta. E, como também havíamos feito projeções de longo prazo para o desemprego, acreditei que não seríamos vistos como priorizando a inflação em detrimento do emprego.

Quando o FOMC voltou a considerar sua estrutura de política em 2011, pedi a Janet Yellen, que havia recentemente sucedido Don Kohn como vice-presidente do Conselho, que liderasse um subcomitê para estudar a questão. O subcomitê de Janet recomendou adotar formalmente uma meta de inflação de 2%, mas também enfatizar uma abordagem equilibrada para buscar a estabilidade de preços e o pleno emprego. O termo "abordagem equilibrada" refletia a realidade (implícita na Curva de Phillips) de que a política monetária pode às vezes ter de enfrentar uma opção de curto prazo entre suas metas de inflação e desemprego — embora não em 2011, quando tanto o elevado desemprego quanto a baixa inflação justificavam mais estímulos. Sob uma abordagem equilibrada, quando os objetivos conflitassem, os formuladores de políticas escolheriam um caminho intermediário no qual a importância de ambos os objetivos era respeitada, mas que também priorizasse aquele mais distante do nível desejado.

Os princípios da política levantaram uma questão óbvia: Por que não tínhamos uma meta numérica para a taxa de desemprego, tal como havia para a taxa de inflação? A diferença é que, no longo prazo, a política monetária é o principal determinante da taxa de inflação, mas não da taxa de desemprego. Os formuladores de políticas monetárias podem estabelecer uma meta para a inflação e, a não ser por complicações como o limite inferior efetivo, esperar atingi-la, ao menos ao longo de vários anos. É de se notar que não existe uma taxa "natural" de inflação para a qual a taxa de inflação tende. No longo prazo, a inflação reflete as ações dos formuladores de política monetária (e fiscal).

Em contraposição, enquanto a política monetária afeta o desemprego no curto prazo, no longo prazo, em uma economia saudável, o desemprego tende para sua taxa natural, que é determinada por fatores amplamente fora do controle da política monetária — entre os quais, dados demográficos, habilidades da força de trabalho, necessidades e estratégias das empresas (por exemplo, confiança na automação) e a eficiência do mercado de trabalho em adequar mão de obra e postos de trabalho. Além disso, a taxa natural não pode ser observada diretamente nem é provável que fique estável ao longo do tempo. Não se pode, assim, esperar que os formuladores de política monetária mantenham o desemprego indefinidamente em uma meta arbitrária de longo prazo. A despeito da inviabilidade de estabelecer e esperar atingir uma meta fixa para o desemprego, a estimativa do FOMC do nível sustentável de desemprego de longo prazo (conforme mostrado no SEP trimestral) pode ser considerada uma meta provisória para a taxa de desemprego, mesmo que sujeita a incertezas e mudanças relevantes. Nessa interpretação, a simetria da abordagem subjacente e equilibrada torna-se mais aparente.

Em janeiro de 2012, ocasião em que adotamos e anunciamos os novos princípios de política monetária, eu já havia persuadido Barney Frank. Tínhamos desenvolvido confiança mútua no decorrer da crise financeira e suas sequelas. O mais importante, ele agora compreendia a natureza equilibrada de nossa abordagem. E não atrapalhou que, com a inflação abaixo da meta, a nova estrutura de políticas se mostrasse totalmente consistente com a continuidade das políticas de flexibilização que Barney favorecia. O anúncio dos princípios da política, incluindo a meta de inflação, transcorreu sem problemas e sem objeções do Congresso ou do governo.

O SEP também continuou a evoluir. O SEP de janeiro de 2012, divulgado simultaneamente com a nossa declaração de princípios, foi o primeiro a conter projeções (feitas individualmente por participantes do

FOMC) da trajetória futura da TDI. Os observadores do FED chamaram de *gráfico de pontos* a figura que mostra as projeções de taxas. O Comitê também começou a divulgar um gráfico de barras resumindo as projeções dos participantes para o ano em que a TDI aumentaria pela primeira vez.

A meta de inflação e as projeções econômicas do SEP ganharam ampla aceitação como elementos essenciais da comunicação do FED. Já o gráfico de pontos tem sido objeto de controvérsia. Entendido simplesmente como uma compilação das visões correntes de participantes individuais do FOMC, fornece informações úteis sobre como esses participantes gostariam de ver a política evoluir, mas de uma forma mais sistemática do que a transmitida por discursos e entrevistas individuais. Em muitos casos, o gráfico de pontos fornece indícios do provável rumo da política, ao menos com base nas informações correntes, e os mercados reagem de acordo com mudanças significativas. Durante minha gestão como presidente, por exemplo, as projeções de taxas reforçaram a mensagem de flexibilização contínua, em contraste com 2009-2010, quando os mercados, equivocadamente, consideraram que o FED estava "normalizando" as taxas em um futuro próximo. Por outro lado, o gráfico de pontos é uma coleção de visões individuais das políticas apropriadas, com base nas suposições de cada pessoa sobre fatores externos, como preços do petróleo ou política fiscal, não na visão coletiva ou no forward guidance oficial do Comitê como um todo.* Por não estarem creditadas, as projeções do gráfico de pontos também não refletiam a maior influência da liderança do Comitê, especialmente do presidente, nas decisões de políticas. As projeções de taxa do SEP publicadas a cada trimestre, portanto, nem sempre se alinhavam exatamente com a orientação de taxa na declaração pós-reunião do Comitê. Essas discrepâncias arriscavam confundir a mensagem política e sobrecarregar o presidente na tarefa de esclarecer as intenções conjuntas do Comitê na coletiva de imprensa. No entanto, combinados, a meta de inflação, o SEP (incluindo o gráfico de pontos), as coletivas de imprensa e o uso de um forward guidance mais explícito, proporcionaram muito mais transparência à política monetária.

* Tentamos elaborar projeções econômicas e de taxas de juros que seriam de propriedade de todo o Comitê, como fazem alguns outros BCs (o Banco da Inglaterra, por exemplo), mas nossos experimentos nos convenceram de que o FOMC era muito grande, diverso e geograficamente disperso para que isso fosse prático. [N. do A.]

QE3: COMPRAS DE ATIVOS EM ABERTO

A economia cresceu em 2012, mas o ritmo de recuperação — em um refrão familiar e frustrante — continuou a decepcionar, em especial no mercado de trabalho. Por ocasião de nosso encontro para o simpósio anual de Jackson Hole no final do verão, a taxa de desemprego ainda era de 8,2%, com cerca de 40% de pessoas sem trabalho há seis meses ou mais. As projeções do FOMC liberadas em junho refletiam um pessimismo crescente, com o desemprego superando 7% até o final de 2014, mais de dois anos depois, e mais de cinco anos desde o início da recuperação. Elas também rebaixavam significativamente o crescimento econômico esperado para 2012 e 2013. Esperava-se que a inflação permanecesse abaixo da nossa meta recentemente estabelecida também.

A política fiscal do governo, que havia impulsionado a economia nos primeiros anos após a crise, agora inibia o crescimento. O governo federal seguia em direção a um "abismo fiscal" — a confluência de três prazos fiscais no final de 2012. Se o Congresso não agisse, em 31 de dezembro o governo federal atingiria seu limite de endividamento, os cortes de impostos da era Bush expirariam e teriam início profundos cortes automáticos de gastos. Felizmente, o Congresso evitou os piores resultados, mas os aumentos de impostos (entre eles o fim de uma redução temporária de 2 pontos percentuais nos impostos sobre a folha de pagamento) e os cortes de gastos estavam prestes a golpear a economia em um momento em que a recuperação permanecia morna. O Congressional Budget Office, um órgão apartidário, estimou em 1,5 ponto percentual o impacto no crescimento em 2013 em função do aperto fiscal.[11] Preocupado com a independência do FED, eu normalmente evitava a prática de Greenspan de se envolver em deliberações de política fiscal, mas daquela vez abri uma exceção, acreditando que o rumo da política fiscal poria em risco a realização dos objetivos do FED. Eu havia apoiado o estímulo fiscal em 2009 e, em 2012, reagi com depoimentos e discursos contra o que me parecia ser uma austeridade contraproducente. Em um Congresso cada vez mais partidário e ideológico, minha fala teve pouca receptividade perceptível.

A situação da Europa também continuava preocupante. Em novembro de 2011, Mario Draghi substituiu Jean Claude Trichet como presidente do BC Europeu. Draghi já estivera à frente do banco central italiano e chefiado o influente Financial Stability Board, um organismo internacional de reguladores. Ele era doutor em economia pelo MIT, onde, como eu, estudou com Stan Fischer. Draghi logo levou o BCE a uma postura de pombo, revertendo dois aumentos de juros em 2011. E, ainda mais importante, Draghi prometeu, em um discurso em Londres em julho de 2012, "fazer o que for preciso para preservar o euro", o que ajudou a acalmar uma crise crescente nos mercados de dívida da Itália, Espanha e outros países.[12] Porém, em face da oposição da Alemanha e seus aliados, o BCE de Draghi não acompanhou outros grandes bancos centrais na realização de compras de títulos em grande escala, ao mesmo tempo em que o apoio fiscal europeu também era limitado. Governos fortemente endividados foram obrigados a adotar medidas austeras (cortes orçamentários e aumentos de impostos) e governos com espaço para gastar geralmente escolheram não fazê-lo. Como resultado, a economia europeia permaneceu debilitada, com riscos crescentes de deflação total. A fraqueza da zona do euro se espalhou para seus parceiros comerciais, incluindo os EUA.

As perspectivas econômicas em meados de 2012 fortaleciam o argumento de proporcionar ainda mais estímulo monetário — desde que tivéssemos as ferramentas para tal. Já havíamos mudado a data de vencimento do Programa de Extensão da Maturidade, de junho de 2012 para o final do ano. Com isso nos comprometemos a comprar mensalmente US$45 bilhões em títulos do Tesouro de prazo mais longo por mais seis meses, financiados pelas vendas do que restava de nossos títulos de curto prazo. Parecia improvável que isso bastasse. Na mesma declaração que anunciou a extensão do MEP, o FOMC disse que estava "preparado para tomar outras medidas conforme apropriado". Em Jackson Hole, em 31 de agosto, reforcei esse sinal chamando os fracos números de empregos de "uma grande preocupação" e afirmando que iríamos "fornecer acomodações políticas adicionais conforme necessário para promover... uma melhoria sustentada das condições do mercado de trabalho."[13]

Depois desse meu prognóstico, havia poucas dúvidas de que o FOMC seguiria em frente. Em setembro, o Comitê aprovou um novo programa de compra de títulos que ficaria conhecido, é claro, como QE3. Com o objetivo de fornecer mais ajuda ao mercado imobiliário, primeiro adicionamos US$40 bilhões por mês em compras de títulos lastreados em hipotecas garantidos pelas GSEs aos já pactuados US$45 bilhões em compras mensais de títulos do Tesouro ["Treasuries"] de prazo mais longo sob o MEP estendido, o que levou nossas compras totais para US$85 bilhões por mês. Na mesma reunião, também estendemos nosso forward guidance para prometer taxas baixas "ao menos até meados de 2015", dali a quase três anos. Em dezembro, para substituir o MEP expirado, o

Comitê concordou em continuar comprando US$45 bilhões por mês em Treasuries (financiados pela criação de reservas bancárias), mantendo o fluxo geral de compras em US$85 bilhões por mês — US$45 bilhões em Treasuries e US$40 bilhões em MBS. Nesse ritmo (perto de US$1 trilhão por ano), a QE3 logo superaria a QE2.

Um aspecto decisivo, ao contrário de nossos programas anteriores de compra de títulos, foi que a QE3 foi lançada "em aberto" ["open ended", em inglês], isto é, sem informar o valor integral da compra ou a data final. Em vez disso, o FOMC escreveu que "se as perspectivas para o mercado de trabalho não melhorarem substancialmente", as compras continuarão até que isso ocorra. Em outras palavras, a duração e a magnitude das compras não eram predeterminadas, mas dependiam de nossa avaliação do mercado de trabalho. Era um compromisso state-contingent, não um compromisso dependente do tempo. Minha expectativa era que o compromisso aberto assegurasse que, no espírito da promessa de Draghi de "fazer o que for preciso", o FED estaria a postos o tempo que fosse necessário — sem idas e vindas.

Apesar de apenas um voto contra a QE3 — de Jeff Lacker, do FED de Richmond, um adversário regular da flexibilização das políticas —, ela gerou controvérsias dentro do Comitê que só cresceram ao longo do tempo. Infelizmente, esse desacordo complicaria nossa comunicação e criaria incertezas, no FOMC e nos mercados, sobre por quanto tempo continuaríamos a comprar títulos e em que condições eles terminariam.

As apreensões dentro do Comitê assemelhavam-se às preocupações sobre as rodadas anteriores de QE, mas eram mais agudas devido à natureza aberta da QE3. De um modo geral, as reservas enquadravam-se em duas categorias: dúvidas sobre a provável eficácia da QE3 e preocupações quanto a seus custos e riscos potenciais. Sobre a eficácia, as análises dos economistas da equipe sugeriam que novas compras de títulos ajudariam a acelerar a recuperação pressionando as taxas de juros de longo prazo, mas vários membros do FOMC, céticos, argumentaram que os benefícios projetados eram irrealisticamente grandes. Eles observaram, corretamente, que a recuperação continuou a ser decepcionante apesar das rodadas anteriores de compras e que as estimativas dos efeitos dessa ferramenta comparativamente não testada eram, na melhor das hipóteses, altamente incertas. Caso as compras não fossem de fato muito eficazes, então um compromisso em aberto de comprar até que as coisas melhorassem poderia levar apenas a inchar o balanço patrimonial do FED, dificultando a saída final do programa sem muito ganho em termos de empregos ou crescimento. (O membro do conselho Jeremy Stein chamou isso de cenário de Groundhog Day*: compras contínuas, com resultados decepcionantes, forçando ainda mais compras e assim por diante.) De fato, argumentaram os céticos, implementar um programa ineficaz poderia ser pior do que não fazer nada, pois minaria a confiança pública e prejudicaria a credibilidade do FED no mercado financeiro.

No que tange aos custos e riscos, alguns participantes do FOMC argumentaram que manter taxas de juros baixas por um longo tempo pode levar, cedo ou tarde, à instabilidade financeira. Por exemplo, rendimentos persistentemente baixos podem fazer com que investidores assumam riscos excessivos para obter retornos mais elevados ("buscar rendimentos") ou tomar empréstimos em demasia, ficando vulneráveis a choques futuros. Outra preocupação era que, se as taxas de juros de longo prazo subissem inesperadamente, o valor de mercado dos títulos mantidos pelo FED poderia cair drasticamente, resultando em grandes perdas no papel em nossa carteira.** Da mesma forma, nosso plano para aumentar as taxas de curto prazo quando chegasse a hora era pagar juros aos bancos sobre suas reservas no FED. Novas compras de títulos, financiadas pelo aumento das reservas bancárias, elevariam os pagamentos de juros agregados que teríamos de fazer aos bancos no futuro, diminuindo os lucros que enviávamos ao Tesouro. Como o presidente do FED de St. Louis, Jim Bullard, e outros assinalaram, a combinação de perdas em nossa carteira e uma redução ou cessação de nossos pagamentos regulares ao Tesouro (com o dinheiro indo para os bancos em vez disso) poderia dar poder de fogo para nossos numerosos críticos no Capitólio.

Os membros do FOMC, em uma pesquisa interna antes da reunião de dezembro de 2012, quando anunciamos que a QE3 seria em aberto, identificaram a instabilidade financeira e a possibilidade de perdas em nossa carteira como os dois riscos mais preocupantes. Além de possíveis dificuldades de saída de um balanço patrimonial historicamente grande, outras inquietações incluíam o risco de prejudicar o funcionamento dos mercados de valores mobiliários e, para alguns membros mais radicais,

---

* Referência a um filme de 1993 , exibido no Brasil com o título de *Feitiço do Tempo*, no qual o protagonista revive o mesmo dia indefinidamente até se aprimorar como ser humano. [N. da T.]

** Não passou de um modesto consolo que, em conformidade com os procedimentos contábeis do FED, quaisquer perdas seriam formalmente reconhecidas apenas se os títulos fossem vendidos. [N. do A.]

a possibilidade de que a enxurrada de estímulos monetários em algum momento provocasse um aumento na inflação. Repercutindo a sensação geral de incerteza, vários entrevistados também citaram a possibilidade de efeitos colaterais "inesperados" ou "desconhecidos". Considerei como um fator positivo que os participantes do FOMC não tenham classificado nenhum desses riscos como mais do que "moderado", sugerindo que a maioria via as possíveis desvantagens de novas compras como toleráveis.

Pessoalmente, eu estava cada vez mais convencido de que novas compras de títulos dariam fôlego a uma economia ainda muito necessitada delas, e que uma abordagem aberta poderia se mostrar mais poderosa e indutora de confiança do que os programas anteriores de tamanho determinado. Eu também disse ao Comitê em dezembro que, com base em nossa experiência até então, a maioria das preocupações com custos e riscos não eram aflitivas o suficiente para nos impedir de ir em frente, embora reconhecesse que não entendíamos muito bem os vínculos entre política monetária e estabilidade financeira em particular. Mas, como Janet Yellen argumentou na reunião, devido à nossa perspectiva pessimista para a economia, não fazer nada também envolvia um risco significativo.

No entanto, em face das preocupações do Comitê, concordei que havia mais a aprender sobre a eficácia e os custos das compras de títulos em larga escala, e que o aprendizado pode afetar nossas opiniões sobre sua continuidade. Consequentemente, embora convicto de que era hora de tentar uma abordagem aberta e state-contingent, não pressionei o Comitê a vincular o término das compras a um indicador específico, como o nível da taxa de desemprego. Em vez disso, para manter alguma flexibilidade, apoiei a linguagem mais qualitativa sobre exigir melhorias substanciais nas perspectivas do mercado de trabalho antes de finalizar a QE3.

Também propus, com ampla concordância, que deveríamos dizer que, ao determinar o ritmo futuro das compras, era preciso "levar em conta de modo apropriado [sua] eficácia e custos prováveis..." Esse fraseado era uma válvula de escape. Deixava em aberto a possibilidade de que as compras de títulos pudessem terminar, não em razão de que nossos objetivos econômicos tivessem sido totalmente alcançados, mas porque havíamos determinado que o programa não estava funcionando ou era excessivamente oneroso. Esperávamos não ter de nos valer da válvula de escape. Seria uma admissão de fracasso. Ademais, seria difícil determinar e depois comunicar que os custos do programa começaram a superar os benefícios. Mas a linguagem confortou os participantes do FOMC cujo receio era que ficássemos presos no Groundhog Day.

Em dezembro de 2012, além de anunciar a extensão da QE3, e no intuito de reafirmar nosso compromisso de manter as taxas baixas, também alteramos nosso forward guidance sobre a TDI. Assim como nas compras da QE3, fizemos nossa orientação de taxa contingente com os resultados econômicos, embora, à luz de nosso maior entendimento e experiência com mudanças nas taxas de juros, neste caso estivéssemos confortáveis em quantificar as contingências. Adotando uma formulação defendida por Charles Evans, presidente do FED de Chicago, e substituindo a promessa de taxas baixas até meados de 2015, dissemos que nossa expectativa era que a TDI permanecesse baixa ao menos enquanto (1) a taxa de desemprego continuasse acima de 6,5% e (2) nossas projeções para a inflação no decorrer dos próximos um a dois anos se mantivessem ou fossem menores que 2,5%. Ou seja, em conformidade com a "abordagem equilibrada" que anunciáramos no início daquele ano, nos dispusemos a tolerar uma modesta superação de nossa nova meta de inflação, se a opção fosse menor desemprego.* É importante salientar que essas novas condições mais explícitas eram limites, não gatilhos, uma diferença que às vezes parecia invisível para investidores e comentaristas externos. Ali não se afirmava que certamente aumentaríamos as taxas quando o desemprego atingisse 6,5%. Dizíamos que nem mesmo *se levaria em conta* um aumento de taxa até que o desemprego caísse para 6,5%. Na verdade, como ficou claro, o FOMC não aumentaria a meta da TDI até que a taxa de desemprego caísse para 5%, sugerindo, em retrospecto, que nossa orientação poderia ter sido ainda mais forte.

No geral, flexibilizamos substancialmente a política monetária ao introduzirmos uma orientação dependente do tempo mais forte entre agosto de 2011 até dezembro de 2012, quando confirmamos o ritmo de US$85 bilhões de compras em aberto na QE3, ao lado das previsões da orientação state-contingent. As novas medidas refletiram nossa recorrente decepção com o progresso da economia. Pessoalmente, também considero que nossa compreensão aprimorada de nossas novas ferramentas políticas, adquirida ao longo de quatro anos de experiência, ainda que imperfeita, inclina a relação custo-benefício em favor da ação que executamos.

* O SEP divulgado naquela reunião mostrou que o desemprego atingiu 6,5% perto do final de 2015; portanto, como o Comitê observou em seu comunicado, a nova orientação condizia com a orientação dependente do tempo que substituiu. [N. do A.]

O TAPER TANTRUM

Lamentavelmente, do meu ponto de vista, a paciência de muitos participantes do FOMC com a QE3 se revelou menor do que eu esperava, embora a continuação da QE3 tenha sido apoiada por uma sequência de 11 votos a 1 durante a maior parte de 2013, com apenas a presidente do FED de Kansas City, Esther George, discordando. (A lista de membros votantes mudou no início do ano e Jeff Lacker não votou.) Mas as reservas que outros participantes do FOMC haviam expressado provisoriamente quando a QE3 foi implementada pareciam crescer com o tamanho de nosso balanço patrimonial.

Uma nova pesquisa da equipe foi apresentada na reunião de março de 2013, novamente argumentando que as compras de títulos reduziriam as taxas de juros de longo prazo e ajudariam a economia, e que os custos potenciais continuariam moderados e administráveis. Entretanto, decorridos alguns meses após a QE3, muitos no Comitê pareciam ter dúvidas. Na ata da reunião de março, divulgada em 10 de abril, lia-se que muitos participantes achavam que um ritmo mais lento de compras poderia ser justificado "começando em algum momento nas próximas reuniões."[14]

Na condição de acadêmico, critiquei o Banco do Japão por não se comprometer de fato com suas políticas monetárias inovadoras no final dos anos 1990, argumentando que a ambivalência do Banco restringiu os efeitos dessas políticas nas expectativas dos participantes do mercado e, portanto, na economia.[15] Meu temor era que a continuidade das divergências dentro do FOMC levasse à mesma situação. Em vez disso, surgiu um problema diferente. Apesar de membros influentes do FOMC defenderem publicamente um programa limitado e nossa ata da reunião de março ter informado que alguns participantes apoiavam a desaceleração das compras da QE3 para o final de 2013 ou até antes, nossos contatos e pesquisas de mercado indicavam que muitos investidores viam a QE3 prolongando-se por muito mais tempo em seu ritmo atual, talvez até 2014. Essa desconexão me deixou bastante preocupado.

Como presidente, me cabia a tarefa cada vez mais delicada de transmitir as decisões e os planos do Comitê para o público externo. Por um lado, meu desejo era comunicar o compromisso contínuo do FED em apoiar a recuperação e a criação de empregos, em particular agora que a política fiscal estava se tornando mais um entrave do que uma ajuda. Por outro lado, alguns sinais de melhora econômica começaram a surgir. A taxa de desemprego havia caído de 8,1% pouco antes do anúncio das primeiras compras da QE3, em setembro de 2012, para 7,5% em abril de 2013. E, com a crescente ansiedade do Comitê sobre os eventuais efeitos colaterais das compras, precisei explicar que alguma desaceleração no ritmo de compras poderia ocorrer antes do que alguns participantes dos mercados aparentemente esperavam. Como as condições estabelecidas para continuar a QE3 eram qualitativas e subjetivas, havia muito espaço para mal-entendidos.

Fiz minha primeira tentativa de obter alguma flexibilidade nas compras no meu depoimento para o Joint Economic Committee do Congresso em 22 de maio de 2013. Disse que, de modo geral, o ritmo de nossas compras de títulos dependeria do avanço da economia. Também reiterei a orientação que havia sido adicionada ao comunicado de maio do FOMC, que enfatizava que, mesmo depois de finalizadas as compras, o FOMC não teria pressa em aumentar sua meta para a TDI.

Na sessão de perguntas e respostas, os legisladores procuraram me fazer definir quando poderíamos encerrar a QE3. Ao ser pressionado, concentrei-me no objetivo do programa — melhoria expressiva nas perspectivas para o mercado de trabalho — e disse: "Se verificarmos uma melhoria contínua e acreditarmos que ela é sustentável, então poderemos nas próximas e poucas reuniões, diminuir o ritmo de compras." E ofereci uma qualificação: "... se o fizermos, isso não significa que estamos automaticamente apontando para uma desaceleração completa. Em vez disso, estaríamos olhando mais além para ver como a economia evolui e poderíamos aumentar ou diminuir o ritmo de compras dali em diante."[16]

A imprensa repercutiu meu comentário sobre a possibilidade de "dar um passo atrás" no ritmo de compras "nas próximas reuniões". Mais tarde, no mesmo dia, a ata da reunião de abril do FOMC foi divulgada e mostrou tensões emergentes dentro do Comitê. Por um lado, segundo as atas, embora "a maioria" dos participantes do FOMC tenha visto uma evolução positiva no mercado de trabalho desde a introdução da QE3, "vários" deles desejavam uma evolução ainda maior antes de desacelerar o ritmo das compras. Por outro lado, "um bom número" de participantes, de acordo com a nova ata, opinaram por ajustar o fluxo de compras para baixo "já na reunião de junho" — no mês seguinte — se as evidências de melhora fossem suficientemente fortes.[17] No geral, as comunicações do FED do dia sinalizaram que as compras poderiam começar a decrescer no fim do ano, mas as condições sob as quais isso ocorreria permaneciam indistintas. Os mercados interpretaram a comunicação como um indicativo de contração monetária. O índice de ações S&P 500 caiu moderadamente

— por volta de 3,5% entre 22 de maio e 5 de junho. O rendimento dos títulos Tesouro de dez anos, cujo montante movimentado foi mais significativo, aumentou cerca de 0,5% entre a reunião de 30 de abril e 1º de maio e a reunião de junho.

A reunião de junho do FOMC, que incluiu a divulgação de novas projeções econômicas e foi seguida por minha coletiva de imprensa, foi de crucial importância. As notícias econômicas eram levemente encorajadoras e, no SEP, os membros do FOMC reduziram suas previsões da taxa de desemprego para os dois anos seguintes. O Comitê, de modo geral, previa que a taxa de desemprego cairia para 7% em meados de 2014 e no início de 2015 deveria atingir 6,5%, o nível que o Comitê havia indicado como o limite para considerar aumentos nas taxas. Na reunião, o Comitê começou a se concentrar em 7% de desemprego como um patamar que poderia, de modo razoável, ser considerado representativo de uma melhoria substancial no mercado de trabalho, em comparação com a posição em que estava no início da QE3. A equipe também relatou que sua pesquisa com os dealers primários sugeria que parecia ter se reduzido a aparente divergência entre nossas expectativas e as do mercado quanto à duração da QE3, talvez refletindo meus comentários públicos e certa melhora nas perspectivas. Os dealers nos disseram que esperavam que a "redução gradual", ou seja, a diminuição das compras, iniciasse em dezembro de 2013 (embora setembro de 2013 também fosse uma possibilidade), com as compras se encerrando de vez em 2014. Dadas nossas projeções econômicas, tais perspectivas alinhavam-se razoavelmente bem com um plano para interromper as compras de títulos em meados de 2014, quando se esperava que a taxa de desemprego fosse de 7%.

No FOMC, a discussão a respeito foi conturbada e inconclusiva; no final, decidiu-se deixar a declaração inalterada e me pedir para explicar nossos planos na coletiva de imprensa pós-reunião. Minha tarefa era traçar um cenário de desaceleração das compras condicionada à melhora da economia conforme esperávamos. Para os membros do Comitê, a taxa de desemprego de 7% poderia ser mencionada como um indicador do grau de melhoria do mercado de trabalho que precisaríamos ver, porém, como outros fatores além da taxa de desemprego eram relevantes para avaliar o progresso do mercado de trabalho, a data final para nossas compras não estaria formalmente vinculada ao patamar de 7%.

Na coletiva de imprensa, revisei as projeções trimestrais do FOMC e depois expliquei nosso plano, enfatizando que era contingente e dependia da evolução da economia:

"Caso os dados compilados sejam amplamente consistentes com essa previsão", eu disse, "o Comitê atualmente antecipa que seria apropriado moderar o ritmo mensal de compras este ano ainda. E se as informações subsequentes se mantiverem amplamente em linha com nossas expectativas atuais para a economia, continuaremos a reduzir o ritmo de compras meticulosamente até o primeiro semestre do próximo ano, encerrando as compras em meados desse ano. Nesse cenário, quando as compras de ativos terminarem, a taxa de desemprego provavelmente estaria ao redor de 7%... uma melhoria substancial em relação àquela de 8,1% existente quando o Comitê anunciou este programa". Frisei novamente que "qualquer necessidade de considerar a aplicação de freios aumentando as taxas de curto prazo ainda está distante".[18]

Ao voltar ao escritório, pensei que na entrevista coletiva havíamos alcançado nossos principais objetivos. Eu havia narrado um plano para diminuir e encerrar a QE3 que, com base em nossas pesquisas, era coerente com o que acreditávamos serem as expectativas do mercado. De fato, contrastando com as opiniões do Comitê reveladas nas recentes atas do FOMC, que mostravam que eram muitos os membros favoráveis à interrupção das compras até o final do ano, eu indicava que elas provavelmente continuariam em 2014. E reiterei que desacelerar as compras não significava que planejávamos aumentar a TDI em breve — muito ao contrário.

Não obstante, a reação do mercado foi negativa. O rendimento dos títulos do Tesouro de 10 anos subiu entre 1/10 e 2/10 de ponto percentual e as ações caíram cerca de 2% no dia. O movimento de longo prazo causou mais preocupação: desde meu depoimento em maio ao Joint Economic Committee até setembro, o rendimento de 10 anos aumentou um ponto percentual, de cerca de 2% para 3%. Isso implicava em um aperto significativo nas condições monetárias. O episódio, que lembra o "massacre" dos títulos de 1994, seria chamado de "taper tantrum"*. Essa conduta me deixou intrigado: eu havia antecipado que falar sobre a diminuição das compras provocaria alguma reação, mas também pensava que o plano que tracei estava próximo das expectativas do mercado, o que deveria ter limitado a resposta.

Em retrospecto, parece que a pesquisa entre os dealers primários não captou toda a variedade de pontos de vista dos detentores de títulos. Alguns operadores de mercado ["traders"] aparentemente interpretaram que as compras continuariam por muito mais tempo — o bordão era "QE infinita". Quando esses traders acordaram para a realidade de que a QE3

* O termo pode ser traduzido como "ataque de birra" ou "acesso de raiva". [N. da T.]

era finita, trataram de se livrar de seus títulos do Tesouro de longo prazo. A surpresa provocada por essas vendas reverberou nos mercados. Outro sinal de falha na recepção de nossa mensagem foi que, após a coletiva de imprensa, os mercados passaram a precificar aumentos relativamente de curto prazo na TDI, inferindo que se o FED estivesse diminuindo as compras de títulos, logo aumentaria as taxas de curto prazo também — apesar das condições que havíamos estabelecido para sequer considerar um aumento de taxa.

No mês seguinte, colegas do FOMC e eu procuramos corrigir os equívocos. Nossa mensagem era de uma política monetária altamente acomodatícia e assim permaneceria; que a queda do ritmo de compras seria prolongada e postergada caso a economia desacelerasse; e que as grandes participações em títulos do FED continuariam a deprimir as taxas de juros de longo prazo, mesmo após a interrupção das novas compras. E, criticamente, repetindo a mensagem de meu depoimento de maio e coletiva de imprensa de junho, as taxas de curto prazo seriam mantidas baixas por muito tempo após o fim da QE3. A mensagem foi sendo bem entendida e os mercados financeiros começaram a se acalmar.

Em setembro, a expectativa dos mercados era que o FOMC anunciasse uma diminuição no ritmo de compras. Em uma surpresa no estilo "pombo", porém, adiamos o anúncio para assegurar que a política se mantivesse suficientemente flexível para sustentar a melhoria contínua do mercado de trabalho. Também estávamos preocupados com uma possível paralisação do governo federal, que na verdade começou em 1º de outubro. E, em dezembro de 2013, divulgamos o primeiro passo para encerrar a QE3, reduzindo as compras mensais de US$85 bilhões para US$75 bilhões. Tal como eu havia indicado em junho, a queda gradual das compras continuou bem em 2014, terminando finalmente em outubro. Enquanto isso, no intuito de manter nossa política de taxas de juros separada de nossas compras de títulos, reforçamos o forward guidance de dezembro de 2012, afirmando que manteríamos as taxas baixas "bem depois" que a taxa de desemprego caísse abaixo de 6,5%, especialmente se a inflação continuasse a ficar abaixo da meta de 2%.

Felizmente, foram poucos os danos aparentes à recuperação dos EUA causados pelo taper tantrum. Esperávamos que o desemprego caísse para 7% quando a QE3 terminou, em meados de 2014. Mas foi melhor do que isso: o desemprego já estava em 6,7% em dezembro de 2013, ocasião em que divulgamos que as compras diminuiriam. E quando elas cessaram, em outubro de 2014, a taxa de desemprego atingiu 5,7%, cerca de dois pontos e meio abaixo de onde estava no anúncio da QE3. Além disso, a economia cresceu a um ritmo relativamente forte de 2,5% ao longo de 2013, não obstante os obstáculos fiscais de aumentos de impostos e cortes de gastos. De todo modo, alcançou-se uma melhoria substancial nas perspectivas para o mercado de trabalho e na economia em geral. Apesar dos problemas de comunicação, a política monetária quase certamente contribuiu para isso.

Já em algumas economias de países de mercados emergentes o taper tantrum teve efeitos consideravelmente mais negativos. Quando o FED reduz as taxas de juros dos EUA, alguns investidores são atraídos pelos rendimentos mais altos normalmente disponíveis nesses países. A entrada de recursos fortalece suas moedas, eleva as cotações de seu mercado acionário e outros ativos e aumenta os empréstimos do sistema bancário doméstico, às vezes resultando em uma expansão excessiva. Por outro lado, quando o FED aumenta as taxas dos EUA — ou se espera que o faça, como no taper tantrum — o processo se inverte. Vimos durante as crises financeiras do México e da Ásia nos anos 1990, que se seguiram ao aperto nos EUA, que o "dinheiro quente" — investimentos de curto prazo — sai dos mercados emergentes, provocando quedas acentuadas em suas moedas (e aumentando a inflação doméstica), declínio na cotação das ações e redução dos empréstimos bancários. São países dependentes de dinheiro estrangeiro para financiar grandes déficits comerciais ou orçamentários ou cujos regimes regulatórios financeiros subdesenvolvidos são particularmente vulneráveis. Entre os países mais atingidos pelo taper tantrum em 2013 estavam os chamados Cinco Frágeis: Brasil, Índia, Indonésia, África do Sul e Turquia.

No caso da Índia, as condições deram uma trégua quando o ex-professor da Universidade de Chicago e economista-chefe do FMI, Raghuram Rajan, passou a chefiar o BC, o que proporcionou maior credibilidade à política monetária da Índia. Ele instituiu reformas financeiras e se tornou um crítico frequente e eloquente da política monetária das economias avançadas (em especial dos EUA), a qual, segundo ele, não dava a devida atenção aos reflexos financeiros danosos nos mercados emergentes. Rajan não discordava que o FED precisava, às vezes, tomar medidas fortes no interesse da economia dos EUA, mas defendia uma abordagem cautelosa e previsível para minimizar os efeitos colaterais. Para mim, os potenciais efeitos colaterais das políticas dos EUA foram outro argumento poderoso para maior transparência no FED.

O taper tantrum me trouxe várias lições. Idealmente, em retrospecto, precisaríamos ter, desde o início, fornecido critérios mais inequívocos para frear e interromper as compras de títulos, bem como mais informações sobre como sequenciaríamos as mudanças nas compras de títulos e nas taxas de juros de curto prazo. Infelizmente, a incerteza e desacordo internos quanto aos benefícios e custos de mais QE dificultaram o acordo sobre orientações mais categóricas. Além disso, em 2013, a inteligência de mercado inadequada nos fez pensar em um alinhamento entre as expectativas do mercado e as nossas. Desde essa ocasião, o FED ampliou suas pesquisas e outras coletas de informações para diminuir o risco desse tipo de mal-entendido.

A origem primária do taper tantrum, contudo, foi a inconsistência entre o que a economia necessitava do FED em 2012 e o que a maioria do FOMC se dispunha a dar. Acredito que a QE em aberto foi a política certa e que, apesar dos problemas de comunicação, atuou em prol da economia e do mercado de trabalho. No entanto, para ser mais eficaz, o programa exigia uma mentalidade de "fazer o que for preciso", algo que não consegui convencer os participantes do Comitê a adotar. O taper tantrum resultou da desconexão entre a lógica do "fazer o que for preciso" que motivou as compras sem um limite definido de ativos na QE3, cuja percepção ampla não escapou dos participantes do mercado, e nossa hesitação em seguir essa lógica.

Hoje em dia há consideravelmente mais evidências da eficácia das compras de títulos e mais confiança de que os custos, ainda que não sejam zero, são geralmente administráveis. Como demonstraria a resposta do FED e de outros BCs à crise pandêmica de 2020, os formuladores de políticas monetárias estão agora mais dispostos a "fazer o que for preciso" para dar uma resposta a grandes riscos econômicos, diminuindo (embora não eliminando) o perigo de uma desconexão entre formuladores de políticas e mercados.

UMA INSTITUIÇÃO EM MUDANÇA

Minha última reunião como presidente foi em janeiro de 2014. A crise e suas consequências, evidentemente, permearam meus oito anos à frente do FED. Mas, como coloquei em um discurso para a American Economic Association já próximo ao final de meu mandato, parte substancial de meu legado foram as mudanças no FED como instituição, particularmente em três áreas.[19]

Primeira: transparência e comunicação. Ao longo de minha gestão, o FED deu muito mais informações públicas sobre seus objetivos, perspectivas e planos de políticas. As principais mudanças foram: a introdução da meta de inflação; a declaração formal de princípios de política monetária; a expansão substancial do Summary of Economic Projections, incluindo projeções de longo prazo das variáveis econômicas e da própria taxa básica de juros; e coletivas de imprensa pós-reunião. De forma geral, o FED agora atua mais para explicar suas ações aos norte-americanos de maneira ampla, não se restringindo aos participantes do mercado financeiro.

Segunda: atenção mais sistemática às ameaças à estabilidade financeira. Ficou nítido, com a crise de 2007-2009, que lidar com riscos de estabilidade financeira, em vez de uma preocupação pontual a ser tratada caso a caso, é uma necessidade fundamental para a missão do FED e de outros bancos centrais. Atualmente, o FED monitora o sistema financeiro de maneira muito mais estruturada do que antes da crise. Em 2010, criei o Office of Financial Stability [OFC] no FED, destinado a supervisionar e coordenar essa tarefa dentro do FED e com outras agências. Nellie Liang, uma economista sênior, foi a primeira diretora do OFC. Hoje em dia o OFC é uma divisão, o que significa que tem um status igual ao das divisões responsáveis pela análise de política monetária, pesquisa e previsão econômica e supervisão bancária. A divisão informa o Conselho e o FOMC e, sob a presidência de Jay Powell, o Conselho passou a emitir relatórios públicos regulares avaliando os riscos de estabilidade financeira.

Em terceiro, principalmente por necessidade, desenvolvemos ou ampliamos durante meu período no FED um rol de ferramentas de política. Estão entre elas compras de títulos em larga escala pelo FED — uma novidade —, e forward guidances mais explícitos. Além disso, durante a crise, introduzimos ou expandimos nossas formas de empréstimo, algumas baseadas na Seção 13(3) do Federal Reserve Act, cuja última utilização havia ocorrido durante a Grande Depressão. Essas modalidades permitem que o FED empreste não apenas a bancos, mas a outros tipos de instituições financeiras e até mesmo a empresas não financeiras. Não obstante o debate a que estão sujeitos, ainda hoje, os efeitos finais dessas ferramentas no papel do FED na economia e em sua independência, o FED contemporâneo tem a seu dispor — para o bem ou para o mal — um arsenal muito maior do que no passado.

■

PARTE III

A POLÍTICA MONETÁRIA DO SÉCULO XXI

Da Decolagem à Pandemia da Covid-19

8

DECOLAGEM

Janet Yellen, escolhida pelo presidente Obama para me suceder na chefia do FED, prestou juramento em 3 de fevereiro de 2014, tornando-se a primeira mulher a liderar o FED. Veterana do BC, Janet trabalhou comigo durante a crise e suas consequências. Fiquei feliz com a escolha.

Yellen assumiu o cargo com uma experiência mais relevante do que qualquer um de seus predecessores — um indicador, talvez, dos obstáculos adicionais enfrentados pelas mulheres que buscam cargos de liderança na formulação de políticas econômicas. Seu primeiro contato profissional com o FED foi como economista convidada no Conselho no verão de 1974. Ela voltou ao Conselho como economista da equipe em 1977-1978, que também mostrou ser uma outra mudança de vida: conheceu George Akerlof, seu futuro marido e coautor frequente, na cantina do Conselho.* No entanto, assim como eu, passou a maior parte do início de sua carreira como professora de economia, começando em Harvard, indo para a London School of Economics e depois para a Universidade da Califórnia, em Berkeley.

Yellen foi governadora no Conselho do FED (de 1994 a 1997), tornando-se presidente do Council of Economic Advisers do presidente Clinton, de 1997 a 1999. Também comandou o FED de San Francisco (de 2004 a 2010), que lhe deu um assento no Federal Open Market Committee durante aquele período crítico. E, em 2010, tornou-se vice-presidente do Conselho. Ali, ajudou a moldar as políticas e liderou esforços para aprimorar nossas comunicações, incluindo a adoção da meta formal de

* Akerlof ganhou o Prêmio Nobel de Economia em 2001 por seu trabalho sobre como informações incompletas podem impedir que os mercados funcionem bem. [N. do A.]

inflação em 2012. Mais tarde Yellen seria Secretária do Tesouro do presidente Biden, ampliando seu currículo sem precedentes.

Com essa promoção de Yellen o cargo de vice-presidente ficou vago. Querendo um forte número dois com experiência e reputação internacional, recomendou ao presidente nomear Stanley Fischer, meu antigo mentor. Fischer foi, como Yellen, um importante colaborador acadêmico para a modernização da economia keynesiana. Excepcionalmente para um nomeado do FED, sua experiência política se deu fora dos EUA: chefiou o Banco Central de Israel de 2005 a 2013.

Com base na vivência, pesquisa acadêmica e histórico de políticas de Yellen, os observadores da atuação do FED tinham motivos para esperar que, na presidência, ela adotasse uma abordagem no estilo "pombo", priorizando a metade "pleno emprego" do mandato duplo do FED. Nascida em agosto de 1946, ela cresceu no bairro operário de Bay Ridge, no Brooklyn, onde seu pai, médico, tratava de estivadores e outros operários e suas famílias. Seu mentor na pós-graduação em Yale, James Tobin, era um proeminente economista liberal (e, em 1981, ganhador do Prêmio Nobel) e ex-integrante do grupo de inteligência que persuadiu o presidente Kennedy a adotar políticas keynesianas pró-emprego. Com a mesma visão de Tobin, o trabalho acadêmico de Yellen apoiou a ideia de que o governo deveria combater vigorosamente as recessões. E, ao longo e após a crise financeira, esteve entre os defensores mais consistentes e persuasivos do FED de flexibilização monetária sustentada visando restaurar quanto antes um mercado de trabalho saudável.

A percepção de que Yellen se importava sobremaneira com a redução do desemprego com certeza estava correta, mas como presidente viu-se às voltas com um quadro de equilíbrio complexo. Estava em uma posição quase análoga à de Alan Greenspan. A direção necessária das políticas implementadas pelo predecessor de Greenspan, Paul Volcker, havia sido clara: dinheiro mais curto para controlar a inflação. Contida a inflação, embora à custa de uma recessão profunda, a tarefa mais sutil de Greenspan, mas ainda exigente, foi consolidar os ganhos da era Volcker — manter a inflação baixa ao mesmo tempo que promovia o crescimento econômico e a estabilidade. Durante a maior parte do meu mandato como presidente, assim como Volcker, a direção necessária da política havia sido evidente: expansão monetária, usando todas as ferramentas disponíveis para diminuir o desemprego e elevar a inflação muito baixa. Tal como Greenspan, a principal tarefa de Yellen era preservar e estender o progresso alcançado enquanto se preparava para um retorno final a condições econômicas e monetárias mais normais — baixo desemprego, inflação em torno de 2% e taxas de juros de curto prazo acima de zero.

Alcançar esse nirvana econômico exigiria avaliações judiciosas sobre quando e com que rapidez sair das políticas monetárias pós-crise de cunho extraordinário. Muitos BCs empurraram as taxas de curto prazo para zero (ou abaixo), mas na época em que Yellen assumiu o cargo, nenhum conseguiu reverter as políticas de taxa zero. Muito dependia de acertar: uma decolagem muito cedo ou muito breve poderia anular a recuperação e forçar as taxas de volta ao limite inferior efetivo, ao passo que uma decolagem tardia demais poderia gerar inflação ou riscos para a estabilidade financeira.

A saída do regime vigente na crise teve início em dezembro de 2013, perto do final de meu mandato, quando decidimos começar a desacelerar as compras da QE3, no aguardo de uma melhoria contínua no mercado de trabalho. As últimas compras foram feitas, sob Yellen, em outubro de 2014. Elas marcaram o fim, ao menos por um tempo, do rápido crescimento pós-crise do balanço do FED. A essa altura, o balanço era de US$4,5 trilhões, contra US$875 bilhões em agosto de 2007. Com o FED continuando a substituir títulos vencidos por novos, por ora o balanço equiparava-se, aproximadamente, ao de outubro de 2014.

As tarefas futuras eram, em última recurso, reduzir os títulos do FED e começar a aumentar a TDI, sem interromper a recuperação. Ambos os aspectos do aperto da política prosseguiriam mais lentamente do que o esperado. O atraso, em parte, refletia desenvolvimentos globais que obscureceram as perspectivas dos EUA. Mas também refletia a reavaliação contínua do FED da economia dos EUA, incluindo o reconhecimento dos formuladores de políticas de que a taxa de juros neutra havia dado continuidade a seu longo declínio; e também que a economia se tornara mais capaz de sustentar níveis muito baixos de desemprego sem estimular a inflação e, de fato, o próprio comportamento da inflação estava mudando fundamentalmente. Conforme Yellen e seus colegas lidavam com o "novo normal", deram-se conta de que a política monetária em curso não era tão expansionista e os mercados de trabalho não estavam tão aquecidos quanto pensavam.

PREPARANDO A DECOLAGEM

A parte relativamente direta da tarefa da nova presidência era supervisionar a desaceleração contínua nas compras da QE3. A atualização do forward guidance [FW] do Comitê sobre o provável rumo futuro da TDI exigiu atenção mais cuidadosa. Desde minha última reunião do FOMC, o FW — originalmente divulgado em dezembro de 2012, junto com o anúncio das compras de títulos do Tesouro da QE3 — ainda estabelecia um nível de desemprego de 6,5% como o limite para quando o Comitê poderia considerar um aumento da taxa, embora tivéssemos adicionado a condição de que o primeiro aumento da taxa provavelmente viria "bem depois" que o limite do desemprego fosse atingido. No início de 2014, parecia que o limite de 6,5% logo poderia ser alcançado, aumentando a possibilidade de um aperto de curto prazo. De fato, desde a primeira reunião regular de Yellen como presidente em março de 2014, a taxa de desemprego já estava em 6,7% e a maioria dos participantes do FOMC projetava que, até o fim do ano, cairia para uma faixa de 6,1 a 6,3%, abaixo do nível do FW.

Como já observei, sempre pretendemos que o nível de desemprego de 6,5% fosse um limite, não um gatilho. Ou seja, atingir 6,5% de desemprego não levaria necessariamente a um aumento da taxa; a decisão real sobre o aperto dependeria da avaliação do FOMC sobre durabilidade de recuperação e perspectivas de inflação na época. Yellen temia que a diferença entre limite e gatilho não fosse bem compreendida. Era possível que a orientação existente levasse os mercados a precificar em um aperto antes do momento apropriado. Ela sabia que em uma economia ainda vulnerável, decolar do zero provavelmente seria complicado em qualquer caso, com efeitos incertos nos mercados. Em uma ligação do FOMC em março, antes da reunião agendada regularmente, ela enfatizou a necessidade de paciência: "Peço a todos que permaneçam atentos... quanto às inúmeras 'falsas auroras' que a economia apresentou."[1]

A declaração pós-reunião de março de 2014, como esperado, anunciou outra diminuição no ritmo de compras de títulos e reiterou que elas provavelmente continuariam a cair em "etapas calculadas". Mais importante foi a mudança do FED de Yellen no forward guidance sobre a meta da TDI. O Comitê reduziu o limite de desemprego de 6,5% e indicou que planejava manter as taxas perto de zero "por um tempo considerável após o término do programa de compra de ativos, em especial se a inflação projetada continuar aquém da meta de longo prazo de 2% do Comitê". Com as compras de títulos provavelmente concluídas no outono de 2014, a intenção da orientação era dar um alento nas expectativas do primeiro aumento de taxa até 2015. A declaração também sugeria, pela primeira vez, que o ritmo de aumentos de taxa, uma vez iniciados, seria lento, com a TDI permanecendo "por algum tempo" abaixo da taxa de juros neutra, a referência para uma taxa de juros normal.

Na coletiva de imprensa após a reunião, Yellen definiu a frase "tempo considerável" como "da ordem de seis meses, ou algo assim".[2] Essa datação teria colocado o primeiro aumento da taxa no início de 2015, evidentemente antes da expectativa de muitos nos mercados. A resposta improvisada à pergunta de um repórter seria um raro passo em falso para Yellen, uma comunicadora meticulosa e cuidadosa. Os mercados venderam, embora apenas temporariamente. No entanto, agora circulava a ideia de que 2015 poderia ser o primeiro ano desde 2006 no qual o FED poderia aumentar sua taxa básica de juros.

Desde o início de taxas próximas de zero e compras de títulos QE em 2008, houve um debate interno recorrente quanto à nossa estratégia de saída, com o objetivo de assegurar aos mercados — e a nós mesmos — que poderíamos, com o passar do tempo, voltar a uma política mais normal. Na ata da reunião de junho de 2011, o Comitê havia publicado um conjunto de princípios para guiar a eventual saída. O FED de Yellen aprimorou e esclareceu o plano. Em setembro de 2014, com um anúncio confirmando que as compras da QE3 estavam prestes a terminar e com possíveis aumentos nas taxas, o FOMC divulgou um documento intitulado "Princípios e planos de normalização de políticas".[3]

O documento afirmava que, com a normalização da política monetária, a taxa básica de juros retomaria sua função de principal instrumento de política, com as mudanças no balanço patrimonial desempenhando, no máximo, um papel coadjuvante. O FED tinha décadas de experiência no uso da TDI e os participantes do mercado sabiam como interpretar os sinais do FOMC sobre as taxas. Em 2008, quando a TDI atingiu o limite inferior efetivo, tivemos pouca escolha a não ser recorrer à flexibilização quantitativa. Mas a QE foi uma ferramenta marcante — sua eficácia e possíveis efeitos colaterais permaneceram em debate mesmo em 2014. O FOMC ansiava voltar a administrar as políticas por meio da TDI, em vez do balanço patrimonial.

Em consonância com a abordagem básica estabelecida em 2011, o Comitê concordou em elevar primeiro a TDI — por meio do aumento da taxa de juros paga aos bancos sobre suas reservas mantidas no FED. Uma vez a TDI subindo o suficiente para criar algum espaço para cortes nas taxas se necessário, o balanço patrimonial poderia diminuir. Isso seria feito, segundo os princípios, deixando de substituir títulos vencidos por novos. Conforme os títulos vincendos fossem se esgotando, o balanço encolheria sem que o FED tivesse que realizar vendas definitivas de títulos.

Os novos princípios de saída não especificavam o tamanho final do balanço patrimonial. Mas segundo eles, em um aceno para os opositores da QE, internos e externos, no longo prazo o FED não manteria mais títulos do que os necessários para implementar a política monetária "com eficiência e eficácia". O sentido exato dessa frase seria debatido pelo Comitê por algum tempo. O FOMC também disse que, em última recurso, as participações em títulos do FED incluiriam principalmente títulos do Tesouro. A posse de títulos lastreados em hipotecas seria minimizada, ao menos em tempos normais, para evitar favorecer excessivamente a construção e venda de moradias em detrimento de outros setores.

DECOLAGEM ATRASADA, DECOLAGEM REALIZADA

A recuperação econômica continuou em 2014. Quando o Comitê se reuniu em março de 2015, o nível de desemprego havia caído para 5,4%, não muito acima da estimativa da taxa natural de desemprego na época, de 5% a 5,2% segundo a maioria dos participantes do FOMC. O pleno emprego parecia estar à vista. Como a política monetária funciona com um atraso e como a TDI quase zero permanecia longe de seu nível neutro — estimado pela maioria dos participantes do FOMC em março de 2015 entre 3,5 e 3,75% — a maior parte do Comitê acreditava que os aumentos das taxas precisariam começar logo. John Williams, então presidente do FED de São Francisco, diria mais tarde: "Quando você está atracando um barco... não o leva rapidamente em direção à costa e espera poder dar ré no motor com força mais tarde. Em vez disso, a regra fundamental da atracação é: jamais vá em direção a uma doca mais rápido do que deseja atingi-la."[4] O argumento, que faz lembrar os ataques preventivos contra a inflação adotados pelos presidentes Martin, Volcker e Greenspan, ressoou na maioria dos membros do Comitê. O gráfico de pontos de março de 2015 teve, em média, dois aumentos de taxa de 1/4 de ponto esperados em 2015 e mais quatro em 2016.

Na declaração de março de 2015, o FOMC sinalizou, portanto, que a tão esperada elevação da TDI, embora não seja iminente, poderia acontecer em breve. Como se viu, em vez de aumentar a meta para a TDI duas vezes em 2015 e quatro vezes em 2016, o Comitê o faria apenas uma vez em 2015 e outra em 2016. As taxas já não estavam mais em zero, mas condições historicamente normais pareciam mais distantes do que o previsto.

O que aconteceu? A advertência de "falsas auroras" de Yellen se mostrou presciente. Primeiro, os desenvolvimentos internacionais repercutiram nos EUA e atrasaram a decolagem. Porém, mesmo quando os ventos contrários internacionais diminuíram, os formuladores de políticas do FED se viram reavaliando alguns de seus pressupostos básicos sobre o que era normal na economia norte-americana pós-crise.

A Desvalorização Cambial da China

O primeiro choque do exterior veio, inesperadamente, da China. Esse país saiu relativamente ileso da crise financeira global. Seu crescimento econômico permaneceu muito expressivo ao longo da recessão global, estimulado por um grande pacote fiscal e um enorme aumento nos empréstimos bancários dirigido pelo governo. De um ponto de vista mais fundamental, nas três décadas anteriores a China havia se beneficiado de uma estratégia de desenvolvimento que combinava planejamento central do governo e mercados descentralizados. Da mesma forma que a União Soviética planejada centralmente décadas antes, a China investiu na indústria pesada e na infraestrutura e deu protagonismo às empresas estatais favorecidas. Suprimiu o consumo privado, levando a uma taxa de poupança nacional muito alta, e estimulou milhões de trabalhadores rurais a migrar para as cidades para trabalhar na manufatura e na construção. No entanto, diferentemente da União Soviética, o modelo chinês incluía um papel para as forças de mercado. Com o tempo, foi permitindo cada vez mais que os preços fossem determinados pela oferta e procura, abrindo espaço para que empresas privadas nacionais e (com restrições) empresas estrangeiras competissem com as estatais pelo enorme mercado doméstico da China.

A China também usou a disciplina de mercado indiretamente ao estimular indústrias-chave para o mercado exportador, em especial após sua admissão na Organização Mundial do Comércio em 2002. Como Japão e Coreia do Sul, e outros países asiáticos antes dela, a China começou exportando produtos manufaturados baratos. Mas conforme suas empresas aprendiam com a competição nos mercados globais, tornando-se a cada dia mais integradas nas cadeias de suprimentos globais, passou a exportar uma variedade maior de produtos de alto valor, firmando-se como um participante cada vez mais dominante no comércio mundial.

A estratégia de exportação da China tinha como reforço uma controversa política cambial. Havia um controle rígido do valor de sua moeda, o renminbi — primeiro fixando-o em relação ao dólar e, em seguida, após julho de 2005, permitindo apenas ajustes graduais. É importante destacar que durante a maior parte do seu rápido crescimento, o renminbi foi mantido barato em relação a outras moedas, dando às exportações chinesas uma vantagem de preço. Passada a crise financeira, isso mudou, com a China gradualmente permitindo que o renminbi se valorizasse. A mudança de postura foi fruto de fatores como a pressão diplomática dos parceiros comerciais da China, o desejo do país de tornar o renminbi uma importante moeda global (o que exigia que seu valor respondesse às forças do mercado) e sua decisão de promover o crescimento menos por meio de exportações e mais mediante a expansão da demanda doméstica.[5] A par disso, a intenção do FED de elevar as taxas de juros dos EUA atraiu capital e fortaleceu o dólar. Isso agravou o problema de supervalorização cambial da China. Não obstante o renminbi não estivesse mais rigidamente fixado ao dólar, o vínculo persistia; portanto, quando o dólar se fortaleceu em relação ao euro e ao iene, o renminbi seguiu o mesmo caminho.

Xi Jinping assumiu o cargo de presidente da China em março de 2013, prometendo amplas reformas e estabelecendo metas econômicas ambiciosas. No entanto, após anos de impressionante crescimento econômico, Xi também herdou sérios desequilíbrios. Os empréstimos de empresas e consumidores, há tempos estimulados pelo governo para promover gastos e investimentos domésticos, tinham aumentado muito desde 2008, contribuindo para o excesso de capacidade da indústria pesada e um setor imobiliário sobrecarregado. Tentativas posteriores de frear a economia e controlar a grande expansão de crédito tiveram êxito. O mercado de ações chinês começou a declinar em junho de 2015, com o Shanghai Composite Index decrescendo 30% em três semanas. Conforme o crescimento econômico caía de 7,8% em 2013 para 6,9% (ainda alto) em 2015, o fluxo de dinheiro de investidores estrangeiros e chineses inverteu sua direção, saindo da China e pressionando sua moeda para baixo.

Em 11 de agosto de 2015, em um comunicado de duas frases, o Banco Popular da China, BC chinês, anunciou uma mudança no sistema de fixação da taxa de câmbio e uma desvalorização de 1,9% do renminbi. A moeda depreciou mais 1% no dia seguinte. A queda — ainda que pequena em termos absolutos — provocou o receio de que uma desvalorização maior estava por vir. A desvalorização em si, aliada à ausência de explicação oficial, levou os investidores a temer que a desaceleração na China pudesse ser mais severa do que se pensava e que poderia causar danos ao restante da economia global. A cotação das ações caiu acentuadamente em todo o mundo.

Havia incerteza quanto às implicações para a economia dos EUA e para a política do FED. Até a desvalorização surpresa, esperava-se que o FOMC aumentasse a TDI para quase zero em setembro de 2015. Isso agora não estava tão claro. Uma divergência pública incomum ocorreu entre os líderes do FED. Em 26 de agosto, o presidente do FED de Nova York, Bill Dudley, disse em uma coletiva de imprensa que "a decisão de iniciar o processo de normalização na reunião do FOMC de setembro parece menos atraente para mim do que há algumas semanas".[6] Tais comentários foram feitos depois que o Dow caiu mais de 10% nos cinco pregões anteriores. Com as observações de Dudley, as ações se recuperaram mais de 6% nos dois dias seguintes. Mas então, em uma entrevista com Steve Liesman da CNBC de Jackson Hole, o vice-presidente do Conselho Stan Fischer disse: "Eu não gostaria de ir em frente e decidir agora qual é o caso — mais convincente, menos convincente, etc." Ele acrescentou que "havia um argumento muito forte" para um aumento da taxa de juros em setembro, embora isso ainda não tivesse sido cabalmente decidido.[7] Considerando que o presidente do FED de Nova York e o vice-presidente do Conselho são geralmente vistos como os membros mais influentes do FOMC após o presidente, seus comentários públicos revelaram que o Comitê estava divergindo nas discussões sobre a tomada de decisão.

Como se viu, o Comitê deixou a TDI inalterada em sua reunião de setembro. No comunicado, observou que estava "monitorando os desenvolvimentos no exterior", uma referência à China. Todavia, 13 dos 17 participantes continuaram a projetar um aumento da taxa até o final do ano. Na coletiva de imprensa, Yellen explicou a inação do Comitê observando que o aperto das condições financeiras após o ocorrido na China — incluindo a queda na cotação das ações e a valorização do dólar — poderia frear a economia dos EUA. Mas ficou evidente que o Comitê, bem como os participantes do mercado, perguntavam-se se a desvalorização sinalizava um enfraquecimento mais profundo na China, com consequências para as economias em desenvolvimento e outros países que dependiam da exportação de seus produtos para esse país. Seja como for, como poucos esperavam que a política monetária dos EUA fosse apertar rapidamente, parecia valer a pena esperar um pouco mais.

Por ocasião da reunião de dezembro, a situação estava mais clara. Os temores sobre a China refluíram, as perspectivas econômicas nos EUA melhoraram e os mercados financeiros se recuperaram. O FOMC, pela primeira vez em quase uma década, elevou sua meta para a TDI, estabelecendo-a entre uma faixa de 0,25% e 0,50%. Em sua coletiva de imprensa, Yellen observou que os critérios estabelecidos pelo Comitê para a decolagem — melhora considerável no mercado de trabalho e razoável confiança de que a inflação estava retornando para 2% — haviam sido atendidos. Em novembro de 2015, a taxa de desemprego, de 5%, representava metade de seu pico após a Grande Recessão. Yellen admitiu que muitos participantes não viram a inflação atingir a meta do FED até 2018, mais de dois anos depois. Porém, em uma explicação que ecoou a estratégia de ataque preventivo de Greenspan, ela disse: "Se o FOMC atrasasse por muito tempo o início da normalização da política, provavelmente teríamos que apertar a política de forma relativamente abrupta em algum momento para evitar que a economia superaqueça e a inflação ultrapasse significativamente nosso objetivo. Um aperto tão abrupto poderia aumentar o risco de levar a economia à recessão."[8] Em outras palavras, a melhor maneira de alcançar e manter o pleno emprego era assegurar que a inflação ficasse sob controle.

Consistente com essa lógica, os membros do FOMC continuaram a projetar aumentos lentos, mas constantes nas taxas — quatro aumentos de 1/4 de ponto em 2016 e mais quatro em 2017. No caso de esses aumentos ocorrerem, a TDI ultrapassaria 2% — ainda bastante baixa, mas ao menos rumo à velocidade de escape da atração gravitacional do limite inferior zero. Mais uma vez, a projeção se mostraria muito ambiciosa.

A Minirrecessão e o Brexit

Vários fatores contribuíram para isso após o aumento inicial. Primeiro, embora a TDI permanecesse muito baixa, o FOMC, valendo-se de discursos e projeções de taxas, havia comunicado que no mínimo mais dois anos de aperto estavam por vir. Em mais uma demonstração de que na política monetária as palavras podem ter tanta consequência quanto as ações, os mercados e a economia reagiram mal. Os planos de aperto do FED pareciam demasiados para uma economia ainda em recuperação.

Em uma coluna de setembro de 2018 no *New York Times*, Neil Irwin considerou o mau resultado do aumento da taxa de dezembro de 2015, que chamou de "minirrecessão de 2015-16". Poucas semanas após a ação do FED, escreveu Irwin, "os mercados globais estavam enviando uma mensagem: não tão rápido. O dólar permaneceu se fortalecendo, o preço das commodities continuou caindo e o S&P 500 teve uma queda de cerca de 9% em três semanas no final de janeiro e início de fevereiro.

Os rendimentos dos títulos despencaram, sugerindo que os EUA corriam o risco de recessão".[9] Embora a economia continuasse a crescer no início de 2016 e o desemprego continuasse caindo, a minirrecessão se manifestou em diminuições dos investimentos empresariais, na energia e na agricultura (com a queda dos preços do petróleo e das commodities) e na manufatura (porque o fortalecimento do dólar desestimulou as exportações). O FOMC, dadas as condições financeiras mais apertadas e alguma desaceleração do crescimento, não mexeu na TDI na reunião de janeiro de 2016.

A minirrecessão e o consequente nervosismo financeiro teriam curta duração, em grande parte graças a dois fatores supervenientes. Primeiro, dois dias após uma reunião no final de fevereiro em Xangai dos ministros das finanças e presidentes de BCs do G20, a China tomou medidas de apoio à sua economia. Incentivou os empréstimos reduzindo a parcela de ativos que seus bancos eram obrigados a manter em caixa e em reservas líquidas. Também acalmou os mercados quanto a uma desvalorização adicional do renminbi ao esclarecer como administraria sua moeda no futuro. Segundo, em março, o FOMC não apenas deixou a TDI inalterada, como havia feito em janeiro, mas fez um ajuste no estilo "pombo". Formuladores de políticas diminuíram de quatro para dois o número de aumentos de taxas esperados em 2016. A abordagem mais cautelosa do FED e a menor perspectiva de que um dólar mais forte desacelerasse ainda mais as exportações dos EUA, aliviaram os mercados.

Em 1985, o então presidente do FED, Paul Volcker, ajudou a negociar o Plaza Accord, que visava enfraquecer o que era visto como um dólar supervalorizado. Ainda que esse acordo fosse formal e público, observadores do mercado começaram a especular em 2016 que um acordo informal e secreto, apelidado de "Shanghai Accord", havia sido fechado na reunião do G20. O suposto objetivo — como no Plaza Accord — era depreciar o valor de troca do dólar. Um dólar mais fraco, segundo a teoria, favoreceria a China no sentido de reduzir a sobrevalorização do renminbi indexado ao dólar; nos EUA, por sua vez, isso daria um alento a seu pouco dinâmico setor manufatureiro e, devido aos maiores preços das commodities, para seus agricultores e produtores de energia. À medida que a especulação avançava, o FED havia concordado com uma postura política mais expansiva em troca da China deixar claro que não desvalorizaria ainda mais o renminbi. O Japão e a Europa supostamente também fariam parte do acordo, comprometendo-se a não enfraquecer suas próprias moedas em relação ao dólar.

Em uma entrevista com Irwin, Yellen reconheceu que as autoridades dos EUA e chinesas discutiram extensivamente a economia global em Xangai, como é praxe em reuniões internacionais. Mas ela disse que nenhuma combinação secreta — nem promessas, nem acordos explícitos — foi feita. Participei de muitas reuniões semelhantes, e tenho certeza de que isso é verdade. Nenhum presidente do FED faria algo assim, pois isso significaria se apropriar indevidamente das prerrogativas do FOMC e das responsabilidades de supervisão do Congresso. Yellen não tinha como garantir que o FOMC aceitaria um acordo ou que as projeções de taxas dos participantes individuais estariam na mesma linha. De qualquer forma, deixando de lado as teorias da conspiração, a política na China e nos EUA bandeou-se para uma direção expansionista no início de 2016.

O Brexit — proposta de saída da Grã-Bretanha da União Europeia — retardou ainda mais a normalização da política monetária dos EUA na primavera de 2016. Um referendo, marcado para 23 de junho, parecia apertado, e preocupações sobre o que um voto "sim" significaria para os mercados financeiros e a economia global deram ao FOMC motivos para manter as taxas estáveis. De fato, a turbulência financeira decorrente do voto sim levou Yellen a cancelar uma viagem ao fórum anual do BC Europeu em Portugal (o equivalente a Jackson Hole do BCE). A incerteza sobre o Brexit — quando e como ocorreria, e quais seriam as implicações econômicas — se manteria uma preocupação por anos.

AVALIANDO O "NOVO NORMAL"

Em meados de 2016, passados dois anos e meio à frente do FED, Yellen presidiu apenas um aumento na TDI, bem aquém do que muitos no FOMC, incluindo a própria Yellen, esperavam. O ritmo lento pode ser explicado como resultado de cautela razoável e fatores externos inesperados. No entanto, a minirrecessão havia sugerido outra explicação: que os planos de endurecimento da política eram muito ambiciosos desde sempre e que as mudanças estruturais na economia dos EUA exigiam uma abordagem mais comedida. Os membros do FOMC mudariam pouco a pouco para essa visão sob Yellen e seu sucessor, Jay Powell.

Ylan Mui, do *Washington Post*, colocou em destaque algumas das visões em evolução do FED em um artigo de julho de 2016, "Por que o FED está repensando tudo".[10] Como Mui descreveu, para o FED, durante meu mandato e no início do mandato de Yellen, era frequente considerar que o ritmo relativamente lento da recuperação da Grande Recessão resultava de "ventos contrários", entre eles política fiscal restritiva, crédito ainda apertado e um excesso de casas não vendidas após a crise imobiliária. A ideia implícita nesse diagnóstico era que o crescimento aumentaria quando os ventos contrários diminuíssem. Entretanto, com o passar do tempo e o lento crescimento, autoridades do FED passaram a colocar mais peso na possibilidade — condizente com a hipótese de estagnação secular de Larry Summers — de que o potencial de crescimento de longo prazo da economia havia de fato diminuído.

Dois elementos determinam o potencial de produção de uma economia no longo prazo: tamanho da força de trabalho e quantidade de bens e serviços que cada trabalhador pode produzir (produtividade do trabalho). As taxas de crescimento de ambos diminuíram durante a recuperação da Grande Recessão. No caso da força de trabalho foi, em grande parte, resultado de fatores demográficos, como o envelhecimento da geração baby boom, que havia sido antecipado. Já a desaceleração da produtividade, ao contrário, não era esperada. Muitos no FOMC, inclusive eu, entendiam que a diminuição da produtividade era, em parte, um efeito colateral da crise. Com a crise perdendo força, esperávamos que o crescimento da produtividade se recuperasse. Outros, no entanto, começaram a ver a desaceleração como mais duradoura. Por exemplo, em seu livro influente de 2016, *The Rise and Fall of American Growth* [sem publicação no Brasil], Robert J. Gordon argumentava que o rápido crescimento da produtividade dos EUA durante as décadas imediatamente após a Segunda Guerra Mundial foi historicamente excepcional, proveniente da aplicação comercial de um número incomum de novas tecnologias, de aviões a jato à televisão, cujo uso civil foi postergado pela depressão e pela guerra.[11] Consequentemente, continuou Gordon, o crescimento mais lento da produtividade nos últimos anos não foi uma anomalia, mas simplesmente um retorno a uma taxa historicamente mais normal. Gordon sem dúvida está correto ao afirmar que — não obstante a excitação em torno da internet — as novas tecnologias das últimas décadas não foram tão transformadoras em nossas vidas diárias quanto as de meados do século XX. Se isso se manterá verdadeiro daqui a uma ou duas décadas, em face das inovações promissoras na inteligência artificial, nas ciências biológicas e além, é outra história.

Quaisquer que tenham sido as razões, o crescimento potencial mais lento na década após a crise implicou retornos mais baixos para novos investimentos de capital, o que — ao lado de outros fatores, incluindo o aumento da poupança global e inflação moderada — pode explicar a aparente queda da taxa de juros neutra, R*. Autoridades do FED, é claro, reconheceram que o declínio da taxa de juros neutra havia sido expressivo desde os anos 1980. Devido a isso o limite inferior efetivo das taxas se tornou um desafio. A novidade era uma apreciação crescente de que a taxa de juros neutra poderia ter caído ainda mais após a crise financeira.

Do ponto de vista do FOMC, uma estimativa mais baixa da taxa de juros neutra apoiava um ritmo mais lento de aperto nas políticas. Como a taxa neutra é, por definição, o final do processo de retorno das taxas a níveis mais normais, um R* mais baixo significa que seria necessário um aperto menor para alcançar os níveis de emprego e inflação objetivados pelo FED. Além disso, pode-se medir os efeitos de uma certa taxa básica de juros considerando quanto ela está abaixo de seu nível neutro. Com uma taxa neutra mais baixa, uma TDI fixada próxima de zero — embora baixa em termos absolutos — pode não ter sido tão estimulante quanto o FOMC supôs. Assim, como Yellen passou a dizer em discursos e coletivas de imprensa, uma taxa de juros neutra baixa era outro motivo para apertar a política de modo apenas gradual. A noção de que havia na economia um "novo normal" de juros baixos, no qual o retorno da política a um patamar neutro pudesse parecer bem diferente do que era no passado, tornou-se tema recorrente da comunicação do FED.

Reavaliar a taxa natural de desemprego, u*, seria de igual importância para a política. Tal como a taxa de juros neutra, a taxa de desemprego natural é um elemento crítico para a formulação de políticas. Todos os membros do FOMC conheciam a história da Grande Inflação e o papel desempenhado pelas tentativas dos formuladores de políticas de reduzir o desemprego para 4% ou menos, bem aquém do que os economistas agora acreditam ter sido a taxa natural na época. Essa experiência serviu como alerta de que empurrar o desemprego para níveis muito baixos rápido demais pode alimentar a inflação e desestabilizar a economia.

Em que patamar ficou a taxa natural em 2016? Por um lado, alguns economistas receavam que a severidade da Grande Recessão, ao intensificar o desalinhamento entre as habilidades dos trabalhadores e as necessidades das empresas, e ao elevar o grau de incerteza econômica, pudesse ter aumentado a taxa natural de desemprego, ao menos temporariamente.[12] Por outro lado, fatores como o envelhecimento da força de trabalho (trabalhadores mais velhos e experientes tendem a ter taxas de desemprego mais baixas) e uma melhor correspondência na oferta e procura de postos de trabalho (por intermédio de sites de busca de empregos, por exemplo) devem ter pressionado a taxa natural de desemprego para baixo. Como esta não pode ser observada diretamente e é influenciada por muitos fatores, os economistas reconheceram há algum tempo que as estimativas disponíveis de u* pecam, inevitavelmente, pela imprecisão.[13]

Valendo-se de sua vivência como economista especializada no estudo do mercado de trabalho, Yellen argumentava que a taxa de desemprego não deveria ser o único indicador de ociosidade no mercado de trabalho, em particular durante períodos de estresse agudo ou mudança estrutural. Ela fez comentários públicos a respeito de uma lista de indicadores alternativos, como taxa de participação na força de trabalho, número de pessoas trabalhando meio período que prefeririam estar em período integral e taxa de demissão voluntária (um indicador da confiança dos trabalhadores em sua capacidade de encontrar um novo emprego).[14] Os que observavam a atuação do FED passaram a atualizar regularmente o "painel de monitoramento" do mercado de trabalho de Yellen para tentar entender melhor a visão do FED quanto às condições desse mercado.[15]

Lá por meados de 2016, a taxa de desemprego estava abaixo de 5% e em queda. Como a inflação permanecia contida — na verdade, muito aquém da meta — apesar da contínua diminuição do desemprego, a equipe do Conselho e participantes do FOMC começaram a revisar para baixo suas estimativas da taxa natural de desemprego. Mais baixa, essa taxa significava que a economia poderia aquecer sem alimentar a inflação e, portanto, tal como uma taxa de juros neutra mais baixa, implicava uma menor necessidade de aperto conforme a economia se recuperava. O FOMC poderia, então, ser paciente, permitindo que o mercado de trabalho se fortalecesse sem preocupações com a inflação.

A reavaliação do FOMC dessas duas variáveis principais pode ser vista no Summary of Economic Projections, que trimestralmente inclui estimativas dos participantes sobre TDI de longo prazo (uma medida da taxa de juros neutra) e taxa de desemprego sustentável de longo prazo, que pode ser interpretada como uma estimativa da taxa natural de desemprego. Na tabela, a evolução dessas estimativas de 2012 a 2021.[16]

Estimativas do FOMC para a taxa de desemprego natural e para a taxa de juros neutra decresceram ao longo desse período. Dadas essas reavaliações, fica mais fácil entender o ritmo lento dos aumentos de taxas nos primeiros três anos do mandato de Yellen. O Comitê estava aprendendo em tempo real quanto aperto a economia precisava e podia tolerar.[17]

TABELA 8.1. ESTIMATIVAS DO FOMC DAS TAXAS DE DESEMPREGO E JUROS		
ANO	TAXA NATURAL DE DESEMPREGO	TAXA DE JUROS NEUTRA
2012	5,2 a 6,0	4,25
2013	5,2 a 6,0	4,0
2014	5,2 a 5,5	3,75
2015	5,0 a 5,2	3,75
2016	4,7 a 5,0	3,0
2017	4,5 a 4,8	3,0
2018	4,3 a 4,6	2,9
2019	4,0 a 4,4	2,5
2020	4,0 a 4,3	2,5
2021	3,8 a 4,3	2,5

Fonte: *Summary of Economic Projections*, junho de cada ano. A taxa de desemprego natural é a taxa de desemprego de longo prazo projetada (tendência central, excluindo-se as três projeções mais altas e as três mais baixas). A taxa de juros neutra é a TDI projetada de longo prazo (mediana).

A MORTE DA CURVA DE PHILLIPS?

O pensamento sobre política monetária no mandato de Yellen, à parte da questão da taxa de juros neutra e da taxa de desemprego natural, foi além, investigando uma questão mais ampla: A Curva de Phillips, modelo básico de inflação do FED desde os anos 1960, ainda era válida? Ou, como muitos comentaristas formularam a pergunta: A curva de Phillips estava morta?

Cabe lembrar que a Curva de Phillips descreve a relação entre inflação (em termos de salários ou preços ao consumidor) e medidas de ociosidade, como taxa de desemprego. Ela embute a intuição de que em mercados de trabalho e produção apertados, salários e preços tendem a subir mais rápido, levando a uma opção entre desemprego e inflação.

A Curva de Phillips tradicional parecia explicar o aumento da inflação nos EUA no final dos anos 1960. Entretanto, como o Capítulo 1 detalhou, a inflação ainda mais alta da década de 1970 levou os economistas a fazer duas adaptações na curva original. Primeira: a Curva de Phillips tradicional baseia-se, implicitamente, na suposição de que na economia ocorrem principalmente choques de demanda, que forçam os preços e o emprego a seguirem na mesma direção. Mas também há choques de oferta, como grandes aumentos nos preços do petróleo. Choques de oferta podem fazer os preços subirem mas o emprego cair, levando à estagflação (combinação de alta inflação e alto desemprego). Segunda: a Curva de Phillips tradicional também ignora mudanças nas expectativas de inflação. Mas se, por experiência, as pessoas esperam uma inflação alta, como acontecia nos anos 1970, essas expectativas podem se confirmar conforme os trabalhadores pressionam por salários mais altos para manter seu poder de compra e as empresas aumentam os preços para cobrir seus custos mais altos.

O aspecto tradicional da Curva de Phillips deu mostras de forte reafirmação no início dos anos 1980, quando o aperto do FED sob Volcker para reduzir a inflação elevada aumentou drasticamente o desemprego. No entanto, economistas estão de acordo de que, por volta de 1990 ou talvez um pouco antes, houve uma quebra significativa no comportamento da inflação e na própria natureza da Curva de Phillips. Tal como nos anos 1960, nos anos 1990 houve acentuado crescimento com baixo desemprego, mas a inflação permaneceu baixa e estável, ao contrário do que ocorreu na década de 1960. Parte disso pode ter sido resultado da hábil administração de Alan Greenspan, e parte graças a quedas na taxa natural de desemprego não inteiramente avaliadas na época. Mas, ao menos em retrospecto, há fortes evidências de que o próprio comportamento da inflação estava mudando, no mínimo de dois modos distintos.

Primeiro, após 1990, a inflação começou a responder menos do que antes a mudanças de curto prazo no desemprego (ou outras medidas de ociosidade econômica). Em termos gráficos, a Curva de Phillips — relação de curto prazo entre inflação e desemprego — parecia ter "achatado".[18] O fraco reflexo da inflação à ociosidade do mercado de trabalho persistiu durante a Grande Recessão e a subsequente recuperação — e, se vale alguma coisa, foi ainda menor depois de 2008. Durante minha gestão como presidente, apesar de estarem conscientes das mudanças no comportamento da inflação nas duas últimas décadas, analistas da equipe e participantes do FOMC surpreenderam-se com o modesto declínio da inflação após a crise financeira, apesar do aumento da taxa de desemprego para 10%.[19] Durante o mandato de Yellen, em meio à preparação do FED para apertar a política, o dilema da inflação ressurgiu, mas de outra maneira. A inflação permanecia *abaixo* da meta e das projeções do FED, a despeito da melhora no mercado de trabalho. Revisões para baixo na taxa de desemprego natural estimada, junto com vários fatores especiais — como mudanças pontuais nas taxas de reembolso do Medicare ou no custo de planos de telefonia celular — ajudaram a explicar algumas falhas de previsão, mas para muitos parecia que a relação tradicional da Curva de Phillips, sem prévio aviso, havia desaparecido.

A segunda mudança importante no comportamento da inflação foi que, novamente depois de 1990, a inflação parecia ter se tornado muito mais estável de ano para ano. Embora choques econômicos, como grandes alterações nos preços do petróleo, ainda pudessem aumentar ou diminuir temporariamente a inflação, ela tendia a voltar sem demora a seu nível preestabelecido, em vez de subir para um patamar mais alto, como havia ocorrido durante os anos 1970.[20] Como a política de "normalização" exigia elevar a inflação de volta à meta de 2%, o FED sob Yellen — e pesquisadores de economia em geral — se concentraram em tentar entender de que maneira e por que a dinâmica da inflação havia mudado.[21]

Estudos empíricos recentes sobre a relação de curto prazo entre inflação e desemprego concluíram que a Curva de Phillips ainda respira. Por exemplo, análises de dados de muitos países, estados e áreas metropolitanas dos EUA revelam que a inflação continua sensível a métricas da ociosidade da força de trabalho, ainda que menos acentuadamente do que no passado.[22] A concordância não é tanta, porém, quanto às causas do aparente enfraquecimento da relação desemprego/inflação. Alguns estudos relacionaram o achatamento da Curva de Phillips a mudanças na estrutura da economia. Por exemplo, alguns economistas argumentaram que o aumento da globalização achatou a Curva de Phillips, uma vez que empresas que comercializam seus produtos em muitos países e enfrentam mesmo em casa a concorrência de empresas estrangeiras têm menos probabilidade de elevar os preços considerando somente condições econômicas domésticas.[23] Outro argumento plausível é que a inflação responde menos à ociosidade hoje porque consumidores gastam mais agora em bens e serviços pouco influenciados pelas forças de mercado — como assistência médica, na qual os preços são em grande parte, agora, frequentemente vinculados a políticas governamentais.[24] Outra possibilidade vem do fato de que devido a mudanças de longo prazo no mercado de trabalho — como maior flexibilidade do horário de trabalho e expectativas sociais menos rígidas para a divisão do trabalho dentro da família —, as pessoas hoje são mais livres para entrar e sair da força de trabalho caso as condições econômicas mudem. Ou seja, a oferta de trabalho é mais elástica, então as alterações na demanda induzem mudanças menores nos salários do que no passado.

Ainda que permaneça inconclusiva uma explicação completa da fraca sensibilidade no curto prazo da inflação ao desemprego, temos uma compreensão maior da outra mudança importante no comportamento da inflação: sua tendência, quando não houver grandes choques de oferta, de permanecer estável ao longo do tempo. A explicação mais convincente para isso é a condução da própria política monetária — especificamente, a restauração da credibilidade do FED após a desinflação de Volcker nos anos 1980. A vitória, com um grande ônus, de Volcker sobre a inflação, seguida por três décadas em que o FED manteve a inflação baixa e estável, ajudou a ancorar em nível baixo as expectativas de inflação do público. Quando política monetária inspira credibilidade, as pessoas tendem a reagir menos a mudanças de curto prazo na inflação, a qual — de forma autoconfirmada — eles, em última análise, esperam que se reverterá.[25]

Que implicações essas mudanças na dinâmica da inflação — achatamento da Curva de Phillips e expectativas de inflação mais bem ancoradas — trazem para a política monetária e a economia? Do lado positivo, com inflação mais estável e menos propensa a reagir a mudanças no desemprego, os formuladores de política monetária têm mais condições de flexibilizar a política para combater recessões. E estas, quando ocorrem, têm menor probabilidade de reduzir a inflação a níveis indesejavelmente baixos. Expectativas de inflação bem ancoradas também dão aos formuladores de políticas monetárias mais espaço para "inspecionar" choques temporários de oferta, como aumentos no preço do petróleo, sem a preocupação de que esses choques, ao elevar as expectativas de inflação, provoquem aumentos duradouros na inflação geral, como ocorreu na década de 1970. (Choques de oferta generalizados e prolongados, como aqueles que se seguiriam à reabertura da economia após a pandemia de 2020-21, representam um desafio mais difícil.) De modo geral, as alterações das últimas décadas no comportamento da inflação devem permitir aos formuladores de políticas alcançar, em média, uma inflação mais estável e um mercado de trabalho mais saudável. Tais resultados são a recompensa mais importante da restauração de Volcker da credibilidade anti-inflação do FED nos anos 1980.

Existem desvantagens, no entanto. Uma Curva de Phillips plana significa que a inflação é um indicador menos confiável de superaquecimento econômico. Se a inflação é muito alta, os custos, em termos de desemprego, de trazer a inflação de volta à meta podem ser maiores do que no passado. E embora a credibilidade anti-inflacionária do FED lhe proporcione no curto prazo maior margem de manobra para flexibilizar a política, no longo prazo essa credibilidade é como um ativo que se depreciará caso não seja mantido. O FED ainda tem de garantir que a inflação não se afaste demais ou por muito tempo da meta, e que retorne a ela de maneira confiável ao longo do tempo após ser desviada por algum choque. Formalizar uma meta de inflação; estabelecer uma estrutura de política que deixe claro como a meta de inflação será cumprida no decorrer do tempo; monitorar cuidadosamente as expectativas de inflação e, mais importante, cumprir os compromissos de manutenção da estabilidade de preços, tudo isso ajuda o FED a manter sua credibilidade anti-inflacionária.

A RETOMADA DE AUMENTOS DA TAXA

Em meados de 2016, com o desemprego continuando a cair e o fim da minirecessão, a pressão para mudar crescia dentro do Comitê. A votação do FOMC para se manter em espera em junho, pouco antes da votação do Brexit, foi unânime. Contudo, na reunião de julho, Esther George, de Kansas City, discordou dessa decisão. Na reunião de setembro, ela foi acompanhada por Loretta Mester, de Cleveland, e Eric Rosengren, de Boston. A votação de 7 a 3 (com dois assentos vagos no Conselho) para deixar as taxas inalteradas foi próxima dos padrões do FOMC.

Embora o Comitê não tenha mexido nas taxas em setembro, em sua declaração citava uma melhora no mercado de trabalho e um crescimento mais rápido, e dava um forte indício de que um segundo aumento pós-crise se avizinhava: "O Comitê julga que o caso para um aumento na TDI se robusteceu, mas decidiu, por enquanto, esperar por mais evidências de progresso contínuo em direção a seus objetivos." De fato, 14 dos 17 participantes do FOMC projetaram um aumento de pelo menos 1/4 de ponto até o final do ano.

Dada a elevada probabilidade de outro aumento de taxa, por que o FOMC não subiu em setembro? Yellen havia mantido anteriormente o conceito de Alan Greenspan de ataques preventivos à inflação. Ela agora mudou, sutilmente, para a abordagem de gerenciamento de risco de Greenspan, com uma mudança gerada pela proximidade do limite inferior efetivo. Com TDI próxima de zero, havia assimetria dos riscos, argumentou ela em entrevista coletiva. Caso a economia se mostrasse mais forte do que o esperado, criando uma incipiente pressão ascendente sobre a inflação, o FED sempre poderia compensar elevando um pouco mais as taxas. Mas se ela fosse mais fraca do que o previsto, o fato de a TDI já estar próxima do limite inferior dificultaria a resposta do FED, ao menos pelos métodos tradicionais. Essa assimetria reforçou a ação cautelosa, ela argumentou. Implícita no raciocínio estava a suposição de que a inflação, se viesse, o faria lentamente, não havendo necessidade de uma série rápida de aumentos de juros para controlá-la. Essa suposição se revelou correta, pois o núcleo da inflação continuou flutuando aquém da meta de 2%.

Quando o Comitê finalmente agiu, em 14 de dezembro, a taxa de desemprego havia caído para 4,7%, perto das estimativas do FOMC da taxa natural de desemprego na ocasião (4,8%, conforme a mediana dos participantes). A votação para aumentar a TDI em 1/4 de ponto porcentual — para uma faixa de 0,50% a 0,75% — foi unânime. Mas o tom da declaração pós-reunião não mudou seu estilo "pombo". Ele indicava que novos aumentos das taxas provavelmente seriam graduais e reiterou que "a TDI provavelmente permanecerá, por algum tempo, abaixo dos níveis que devem prevalecer no longo prazo", ou seja, abaixo da taxa neutra.

Porém, era menor a feição "pombo" da projeção mediana da TDI, com o Summary of Economic Projections mostrando três aumentos de taxa previstos para 2017. Desta vez, o gráfico de pontos se mostraria correto. O Comitê aumentou a TDI em 1/4 de ponto cada um em março, junho e dezembro, encerrando o ano com uma meta de 1,25% a 1,5%. A economia resistiu ao aperto, com o desemprego caindo para 4,1% em dezembro de 2017.

Em 2017, o balanço patrimonial do FED por fim começou a encolher. Em junho, expandindo sua declaração de princípios anterior, o FOMC divulgou mais detalhes sobre como procederia. A partir de outubro — exatamente três anos após o término da QE3 — haveria um reinvestimento em novos títulos de somente uma parte dos rendimentos dos títulos vencidos. A redução mensal no balanço seria limitada, mas esse limite seria estendido aos poucos ao longo do tempo. Conforme anunciado anteriormente, o FED não venderia títulos que ainda não tinham vencido. Essa abordagem passiva e previsível — tão empolgante quanto "ver a tinta secar", como disse o presidente do FED da Filadélfia, Patrick Harker — pretendia minimizar a incerteza do mercado.[26] A expectativa dos formuladores de políticas era que os participantes do mercado resistissem a fazer ilações injustificadas a respeito do provável rumo da TDI, como aconteceu durante o taper tantrum. Porém, ainda faltava ao plano uma orientação explícita sobre quando o balanço patrimonial deixaria de encolher. Isso dependeria de vários elementos desconhecidos. Mais importante ainda, o Comitê tinha decisões técnicas a tomar quanto à melhor maneira de controlar taxas de juros de curto prazo, decisões essas que tinham implicações sobre o tamanho que o balanço patrimonial deveria ter.

A abordagem de "secagem da tinta" do FOMC significava que o processo seria lento. Na prática, a maior parte da redução do balanço patrimonial não se verificou até os dois primeiros anos do mandato de Jay Powell, iniciado em 2018.

POLÍTICA: RELAÇÕES COM O CONGRESSO E A DECISÃO DE REINDICAR DE TRUMP

Ao logo de meu mandato como presidente, o FED esteve sob constante fogo político, em especial vindo do Congresso, em razão de suas falhas regulatórias antes da crise, dos resgates de empresas financeiras falidas e outras ações extraordinárias durante a crise, e da implementação da quantitative easing e outras novas ferramentas monetárias. As dificuldades nas relações com o Congresso se estenderam até o mandato de Yellen.

Como aconteceu no meu caso, os republicanos do Congresso permaneceram sendo os críticos mais fervorosos, ainda que os democratas muitas vezes tenham sido críticos duros das políticas regulatórias do FED por considerá-las muito favoráveis aos bancos. Yellen teve uma amostra do que estava reservado em 11 de fevereiro de 2014, oito dias após sua posse. No evento foi divulgado o Monetary Policy Report, um relatório semestral que o presidente do FED apresenta aos comitês de supervisão da Câmara e do Senado. O depoimento do presidente do FED é, em geral, limitado a mais ou menos três horas. Entretanto, no que parecia um aflitivo ritual de iniciação, o republicano Jeb Hensarling, do Texas, que presidia o Comitê de Serviços Financeiros da Câmara, submeteu Yellen a uma exaustiva audiência de seis horas, marcada por questionamentos hostis.

Muitos dos entreveros com o Congresso durante o mandato de Yellen foram sobre questões pouco relevantes, ao menos em relação às decisões críticas do FED sobre como e quando apertar a política monetária. Por exemplo, em outubro de 2014 os republicanos da Câmara criticaram Yellen por um discurso sobre a desigualdade de renda, que os republicanos consideraram um apoio às políticas liberais. (Yellen respondeu que seu discurso não continha recomendações políticas.) Hensarling também pressionou Yellen gerando notícias negativas sobre o FED com exigências frequentes e públicas por informações a respeito de um vazamento de informações confidenciais do FOMC em outubro de 2012 — durante meu mandato como presidente. Um boletim informativo para investidores, publicado pela Medley Global Advisors, incluía informações não públicas sobre deliberações do FOMC na QE3. Ordenei uma investigação interna, que não encontrou a origem do vazamento. Mas a Commodity Futures Trading Commission [uma agência governamental independente que regula os mercados de futuros e opções] abriu um caso de negociação com informações privilegiadas, levando o assunto para o procurador dos EUA, que iniciou uma investigação criminal mas não apresentou acusações. Em 4 de abril de 2017, o presidente do FED de Richmond, Jeffrey Lacker, renunciou abruptamente, reconhecendo que havia comentado com o autor do boletim informativo sobre deliberações confidenciais.[27]

Apesar da relação difícil com o Congresso, o FED foi poupado de grandes mudanças legislativas no decorrer do mandato de Yellen. O senador republicano Rand Paul (Kentucky) continuou a pressionar pela legislação Audit the Fed, que teria submetido decisões de política monetária do FED à revisão do Congresso. Dois senadores — a democrata Elizabeth Warren (Massachusetts) e o republicano David Vitter (Louisiana) — propuseram em 2015 limitar ainda mais a capacidade do FED de atuar como emprestador de última instância em uma crise financeira.[28] (Eles consideravam os empréstimos do FED como uma assistência injusta a certos interesses financeiros às custas de todos os outros; no entanto, não levavam em conta que a saúde de todos dependia de um sistema financeiro funcional.) Nenhuma das propostas avançou.

Em setembro de 2016, Hensarling colocou para deliberação o Financial CHOICE Act. Uma versão revisada desse projeto de lei foi aprovada pela Câmara de maioria republicana em junho de 2017. Seu principal objetivo era reverter certas reformas da lei Dodd-Frank de 2010. Também incorporou a legislação de auditoria do FED de Paul. De modo radical, o projeto de lei exigiria do FOMC a declaração de uma regra matemática de política para justificar suas escolhas de taxa de juros, e relatar aos comitês de supervisão da Câmara e do Senado do FED e ao GAO [sigla para "Government Accountability Office", agência independente legislativa que monitora e audita os gastos e operações federais] após cada reunião. A regra de política padrão seria a regra simples desenvolvida por John Taylor, que vincula as mudanças na TDI apenas aos níveis atuais de inflação e desemprego. O FOMC seria obrigado a definir taxas de acordo com a regra ou justificar qualquer desvio.

A proposta de Hensarling fez ressurgir a questão de saber se a política monetária deveria ser conduzida discricionariamente ou por regras. Como observei, proponentes das regras de política argumentam que elas trariam maior previsibilidade e responsabilização das decisões do FED sobre taxas de juros. Os oponentes argumentam que o uso de uma regra daria aos formuladores de políticas pouco ou nenhum espaço para lidar com circunstâncias incomuns — como pânico financeiro — ou mudanças na estrutura da economia. Com vigor, Yellen fez uma crítica contra as regras em uma conferência em Stanford em janeiro de 2017, com o principal defensor das regras simples, John Taylor, presente.[29] Reconheceu que regras simples de política "podem ser úteis para fornecer orientação ampla", mas segui-las mecanicamente pode provocar resultados muito ruins. Ela mostrou que, considerando as taxas de desemprego e inflação da época, a regra padrão de Taylor prescreveria uma TDI muito mais elevada do que o FOMC considerava razoável e explicou por que o FOMC havia feito escolhas diferentes. Ademais, a regra de Taylor apenas implicava um valor para a TDI. Não levava em conta o limite inferior efetivo da taxa de curto prazo nem o uso potencial de ferramentas alternativas, como quantitative easing.

O projeto de lei CHOICE não foi adiante. No entanto, Yellen e Hensarling tiveram uma espécie de reaproximação na questão das regras. O relatório semestral de política monetária do FED passou a incluir regularmente uma discussão sobre o papel de regras simples no processo de suas políticas (essencialmente, elas são usadas como referência e quadro de referência) e comparava decisões de política do FOMC com previsões de cinco regras alternativas. Em uma audiência em julho de 2017, Hensarling declarou-se "muito animado" com o novo material, embora tenha solicitado ao FED dar explicações mais completas sobre o motivo de haver se desviado das regras ali descritas.[30]

Tal como em 2012, quando os candidatos presidenciais republicanos enxovalharam o FED e a mim pessoalmente, a campanha presidencial de 2016 atacou Yellen. O candidato Donald Trump criticou Yellen por ser "uma pessoa muito política", disse que ela mantinha baixas as taxas de juros para agradar o presidente Obama e que ela deveria "ter vergonha de si mesma" por "criar um falso mercado de ações".[31] E dias antes da eleição, ele foi o narrador de um anúncio de televisão amplamente considerado antissemita, que apresentava o dístico do FED e difamava, além de

Hillary Clinton, a adversária de Trump, três pessoas (todas judias) ligadas às finanças: Lloyd Blankfein do Goldman Sachs, o investidor húngaro-americano George Soros e Yellen. Com uma música sinistra ao fundo, Trump entoava as palavras "interesses especiais globais" enquanto a foto de Yellen aparecia na tela.[32]

Após ser eleito, Trump deixou o FED por conta própria — durante um tempo. Dezoito dias depois de tomar posse, em 7 de fevereiro de 2017, ele se encontrou brevemente com Yellen no Salão Oval. Na reunião, segundo relatou o *Wall Street Journal* baseado em uma fonte anônima, ele disse a Yellen que ela fazia um bom trabalho e que ela era uma "pessoa de juros baixos", como ele.[33] E, provavelmente sob a influência de Gary Cohn, primeiro diretor do National Economic Council de Trump, o presidente não tuitou sobre o FED ou a política monetária durante a primeira parte de seu mandato. Yellen, em entrevista após deixar o cargo, disse que Trump não tentou influenciar as decisões do FED ao longo de seu mandato, nem publicamente nem em particular.[34]

O mandato de quatro anos de Yellen expirou em janeiro de 2018. Não obstante as duras críticas de Trump durante a campanha, parecia possível que ele a renomeasse, uma "pessoa de juros baixos". Os precedentes eram muitos. Paul Volcker, Alan Greenspan e eu fomos renomeados por presidentes do partido oposto ao presidente que nos havia nomeado inicialmente. Trump, ao que se dizia, tinha quatro candidatos para o cargo: Yellen, John Taylor, ex-membro do Conselho Kevin Warsh e o atual membro do Conselho Jerome (Jay) Powell. Cada um tinha apoiadores no governo, mas o Secretário do Tesouro, Steven Mnuchin, atuou fortemente a favor de Powell.

Coerente com suas declarações de campanha de que provavelmente substituiria Yellen por um republicano, em 2 de novembro de 2017 Trump anunciou que nomearia Powell para a chefia do FED em fevereiro de 2018. Quebrando a tradição, Yellen não foi convidada para a cerimônia de nomeação no Rose Garden. Conforme relatos da imprensa, Powell era visto pelo governo como em sintonia com as inclinações de política monetária no estilo "pombo" de Yellen (e de Trump), mas potencialmente mais simpático à filosofia de desregulamentação do governo. Em discurso em agosto de 2017 em Jackson Hole, Yellen, em contraste, elogiou as reformas financeiras pós-crise e pediu para manter as lições da crise "frescas em nossas memórias".[35]

■

9

POWELL E TRUMP

DEPOIS DE TRÊS PRESIDENTES COM DOUTORADOS EM ECONOMIA, Jay Powell trouxe uma experiência diferente para o trabalho. Nascido em Washington, DC, Powell se formou na Universidade de Princeton e na Georgetown Law School, na qual foi editor da revista jurídica. Em seguida foi trabalhar para a empresa de investimentos Dillon, Read & Company, tornando-se um protegido do presidente da empresa, Nicholas Brady. Quando Brady foi nomeado Secretário do Tesouro pelo presidente George H. W. Bush, Powell foi com ele para Washington, ocupando cargos de primeiro escalão. No Tesouro, Powell supervisionou a investigação e sanção do Salomon Brothers após um de seus traders ter apresentado lances falsos em um leilão de novas dívidas do Tesouro. De 1997 a 2005, Powell foi sócio do The Carlyle Group, uma empresa de private equity com sede em Washington. Depois de Carlyle, Powell atuou como pesquisador visitante no Bipartisan Policy Center em Washington, na qual, durante as querelas do Congresso em 2011 sobre o teto da dívida do governo, trabalhou nos bastidores para informar os legisladores sobre os riscos de inadimplência na dívida nacional.

O presidente Obama nomeou Powell para membro do Conselho do Fed em maio de 2012. Obama combinou a indicação do republicano Powell com a indicação do democrata Jeremy Stein, professor de Harvard, para aumentar as chances de confirmação de Stein. Ainda presidente na época, fiquei satisfeito com as nomeações. Ambos os novos membros do Conselho eram altamente capazes e ansiosos para contribuir. Eu mantinha encontros frequentes com eles — tínhamos uma sessão semirregular nas manhãs de sábado — para discutir política monetária e economia.

Eu havia convencido Stein e Powell a apoiar a QE3 ao anunciá-la em 2012, embora ambos tivessem reservas. Tal como Betsy Duke, membro do Conselho, e vários dos presidentes dos FEDs regionais, Stein e Powell preocupavam-se com a eficácia da QE3 e potenciais riscos à estabilidade financeira. As divergências no FOMC contribuíram para o que provou ser um compromisso não amplo com a QE em aberto, o que provocou ruídos em nossa comunicação e ajudou a desencadear o taper tantrum de 2013. Mas Powell não era um ideólogo, e como a recuperação continuou sem uma nova crise financeira ou outros efeitos colaterais graves, ele mudou de opinião. Em um discurso em fevereiro de 2015, ainda membro do Conselho, Powell disse: "Eu também expressei dúvidas sobre a eficácia e os riscos de novas compras de ativos. Mas deixemos os dados falarem: as evidências até agora são claras de que os benefícios dessas políticas foram substanciais e que os riscos não se materializaram."[1]

No decorrer de seus mais de cinco anos como membro do Conselho, Powell mostrou-se eficaz e comprometido. Ele foi fundo não só na política monetária, mas também nas questões menos charmosas e altamente técnicas da regulamentação financeira e da "tubulação" financeira, a infraestrutura crítica por meio da qual as negociações são executadas e registradas. Ele estava, portanto, bem equipado para seu novo trabalho. Indicado pelo presidente Trump, Powell foi confirmado no Senado por uma ampla margem bipartidária, 84 a 13. Em sua cerimônia de posse em 5 de fevereiro de 2018, Powell observou a importância da independência do FED: sua "tradição de longa data e apartidária de tomar decisões objetivamente, com base apenas nas melhores evidências disponíveis."[2]

Powell não seria o único novo componente da liderança do FED. Em julho de 2017, Trump nomeou o veterano formulador de políticas e investidor Randal (Randy) Quarles para vice-presidente de supervisão (uma nova posição criada pela Lei Dodd-Frank). Em abril de 2018, Trump nomeou o proeminente economista da Universidade de Columbia, Richard Clarida, para vice-presidente do Conselho. Bill Dudley se aposentou como presidente do FED de Nova York e foi sucedido em junho de 2018 pelo presidente do FED de São Francisco, John Williams, um economista especializado em economia monetária de longa data do Conselho e do FED de São Francisco.

Conforme observado no capítulo anterior, muito do caso de Powell com relação a Yellen, do ponto de vista do governo, foi a suposta abertura de Powell à agenda de desregulamentação do presidente. Em questões regulatórias, contudo, Powell ficaria no meio do caminho. Trabalhando com Quarles, ele procuraria maneiras de aliviar encargos regulatórios e racionalizar as regras e a supervisão do FED, incluindo a simplificação dos requisitos de capital e testes de estresse para todos, com exceção dos bancos maiores. Lael Brainard, a última indicada remanescente de Obama no Conselho, foi contrária a muitas das mudanças regulatórias propostas durante o mandato de Powell, argumentando que elas exageraram no enfraquecimento das proteções necessárias. Nitidamente, Powell tinha uma inclinação mais desreguladora do que Yellen (ou Brainard), e não haveria grandes iniciativas regulatórias sob seu comando. Mas, por outro lado, Powell também não estava interessado em desmantelar o quadro regulatório fortalecido criado por Dodd-Frank e os acordos internacionais desde a crise. "A ideia é preservar... as importantes reformas centrais", disse ele.[3]

NOVAS INICIATIVAS NA "NORMALIZAÇÃO"

No que se refere à política monetária, Powell logo deixou claro que, a despeito das preferências do presidente, planejava continuar caminhando gradualmente em direção a uma postura política mais neutra ou "normal". Em sua primeira reunião como presidente, em março de 2018, o FOMC, em votação unânime, decidiu aumentar a banda da TDI em mais 1/4 de ponto percentual, que passou a ser de 1,5% a 1,75%. Doze dos quinze participantes da reunião projetaram mais dois ou três aumentos de 1/4 de ponto em 2018 e mais em 2019. Na coletiva de imprensa, Powell disse que "o processo de redução gradual da acomodação da política monetária... tem servido — e deve continuar a servir — bem a economia".[4] Ele observou que as reduções do balanço patrimonial iniciadas em outubro na gestão de Yellen também continuariam.

Membros do FOMC projetaram crescimento acima da tendência e desemprego baixo, refletindo parcialmente uma potencial ampliação dos cortes de impostos corporativos e pessoais assinados por Trump no último dezembro, como justificativa para o aperto contínuo. Algumas salvas de artilharia iniciais na guerra comercial de Trump provocaram riscos — tarifas sobre máquinas de lavar e painéis solares importados em janeiro de 2018 e sobre importações de aço e alumínio em março — mas Powell indicou que as tarifas, até agora, não haviam afetado as perspectivas econômicas de caráter mais geral. Em junho, o Comitê elevou a banda da TDI em mais 1/4 de ponto percentual, para 1,75% a 2%.

O presidente Trump elogiou Powell no anúncio de sua nomeação: "Ele é forte. Ele está comprometido. Ele é inteligente." E Trump ficou em silêncio sobre a política monetária no decorrer dos primeiros cinco meses e meio de Powell. A lua de mel acabou em 19 de julho de 2018, quando Trump, em entrevista à CNBC, disse "não estou entusiasmado" com os aumentos das taxas de juros do FED. Um dia depois, em um tuíte, Trump lamentou que "os EUA estão aumentando as taxas enquanto os dólares [sic] ficam cada vez mais fortes a cada dia que passa, tirando nossa grande vantagem competitiva" em relação à China e União Europeia.[5] Suas críticas públicas às decisões políticas do FED não ficariam por aí — uma quebra radical da norma que, com poucas exceções, foi seguida pelos presidentes depois de Nixon. As reclamações de Trump também reverteram sua retórica de campanha de que políticas de flexibilização monetária criaram um mercado de ações "falso".

A estratégia de Powell para lidar com Trump tinha múltiplas facetas. Tal como havia feito em sua cerimônia de posse e, anteriormente, no anúncio de sua nomeação, enfatizou regular e publicamente que a independência dá ao FED a faculdade de tomar decisões de interesse público com base em dados e análises objetivas, sem se submeter a influências políticas de curto prazo. Para ajudar as pessoas a entender melhor o que o FED fazia e por quais motivos, pretendia explicar as decisões políticas do FED "em linguagem simples". Ele também anunciou que, começando em janeiro de 2019, daria uma entrevista coletiva após cada reunião do FOMC, ou oito vezes por ano, em vez de trimestralmente, como Yellen e eu tínhamos feito. Resoluto, também se absteve de comentar políticas fora âmbito que cabia ao FED — até mesmo a guerra comercial do presidente, que criou riscos para a economia e foi amplamente criticada por economistas. Sempre se recusou a responder diretamente às críticas feitas por Trump ou outros políticos. E, por fim, de forma crucial, Powell agiu no sentido de equilibrar os ataques do presidente desenvolvendo relacionamentos e cultivando apoio às políticas do FED no Congresso. "Vou desgastar os tapetes do Capitólio de tanto andar por aqueles corredores e me reunir com os parlamentares", disse ele em uma entrevista.[6] Yellen e eu também passamos um tempo considerável com os congressistas, ao telefone e em reuniões individuais, explicando nossa estratégia e respondendo a perguntas. Mas Powell levou esses esforços a um novo patamar, que valeram a pena ao construir um relacionamento suprapartidário muito melhorado.

Powell definiu sua abordagem de política monetária em um discurso em sua primeira reunião em Jackson Hole como presidente, em agosto de 2018. Na ocasião, enfatizou que formuladores de políticas devem estar sempre atentos à nossa incerteza generalizada sobre a estrutura da economia.[7] Mudanças nas estimativas do FOMC da taxa de juros neutra (R*) e da taxa natural de desemprego (u*) manifestaram essa incerteza. Considerando o estágio de nosso conhecimento, argumentou ele, bons formuladores de políticas devem ser humildes e flexíveis. Assim, levou o revisionismo do FED sob a chefia de Yellen um passo adiante — desde a reavaliação das estimativas de variáveis críticas como R* e u*, até a ênfase de que os formuladores de políticas devem estar sempre abertos a ajustar a política em reação aos dados recebidos, mesmo quando (ou especialmente quando) tais dados pareçam inconsistentes com os modelos econômicos.

Naquele discurso, Powell discutiu R* e u* ("R-estrela" e "u-estrela") brincando com o tema da navegação espacial. "Navegar pelas estrelas pode parecer simples", disse ele. "Na prática, todavia, orientar a política pelas estrelas tem sido bastante desafiador ultimamente porque nossas melhores avaliações da localização das estrelas têm mudado significativamente... As estrelas às vezes estão longe de onde as percebemos." Como exemplo das armadilhas de levar muito a sério as "estrelas" estimadas, Powell citou os formuladores de políticas dos anos 1970, cujo excesso de confiança em suas estimativas da taxa natural de desemprego contribuiu para a Grande Inflação. Por outro lado, argumentou, a abordagem de gestão de risco com base em dados de Alan Greenspan, que colocou a incerteza dos formuladores de políticas sobre a economia no centro das atenções, ajudou o FED a promover um forte crescimento sem inflação no decorrer dos anos 1990. Na época, minha impressão do discurso era que Powell estava sinalizando um retrocesso nas previsões baseadas em modelos e análises de políticas em favor de uma abordagem mais agnóstica, com maior confiança nos mergulhos profundos de Greenspan nos dados econômicos e narrativas de situações obtidas com contatos comerciais e outros, ou seja, lá onde as coisas estão acontecendo.*

O que significava tudo isso para as decisões políticas de curto prazo? Levando em conta que a inflação ficou vários anos aquém das previsões dos modelos da Curva de Phillips do FED, apesar das muitas tentativas de conciliá-las, Powell pode ter visto a incerteza sobre os modelos e a localização das "estrelas" como uma razão para interromper ou

* O FOMC faz tempo leva em conta narrativas de situações fornecidas por contatos pessoais, e um resumo delas é divulgado antes de cada reunião em uma publicação conhecida como *Beige Book*. A maior ênfase de Powell em informações qualitativas, portanto, deu-se em função de uma estratégia existente, não estabelecendo uma direção totalmente nova. [N. do A.]

diminuir o aperto monetário. Mas ele deixou claro em seu discurso que não fez essa inferência. Em vez disso, argumentou que, dadas as inevitáveis incertezas, apertos muito rápidos ou muito lentos envolviam riscos. Consequentemente, a melhor política, concluiu, era continuar a política de Yellen de aumentos graduais das taxas, com muita atenção aos desenvolvimentos econômicos e disposição para se ajustar com agilidade. Em linha com o prenunciado no discurso de Powell, o FOMC elevou a banda da TDI novamente em setembro, fixando-a entre 2% e 2,25%.

A reunião de setembro de 2018 foi a primeira do novo vice-presidente do Conselho, Richard Clarida. Sua posse marcou o fim de quase nove meses com apenas três das sete cadeiras do Conselho ocupadas — por Powell, Quarles e Brainard. Em novembro, Michelle Bowman ingressou no Conselho, e o número de membros subiu para cinco. Bowman, que havia sido superintendente de bancos estaduais no Kansas e vice-presidente do banco comunitário de sua família, cumpriu um requisito da lei Dodd-Frank de que um membro tivesse experiência em trabalhar ou supervisionar bancos comunitários.

Além de Quarles, Clarida e Bowman, Trump nomeou mais dois possíveis membros do Conselho com qualificações convencionais: o professor de economia da Carnegie Mellon e ex-economista do FED de Richmond, Marvin Goodfriend, e a economista Nellie Liang, ex-diretora da Division of Financial Stability do FED. A indicação de Goodfriend não vingou após a oposição dos democratas do Senado e do republicano Rand Paul. (Goodfriend morreu de câncer em dezembro de 2019.) Liang retirou-se da consideração em janeiro de 2019 em virtude da oposição de lobistas bancários e republicanos do Senado. Mais tarde, ela se tornaria subsecretária de finanças domésticas na Secretaria do Tesouro de Yellen no governo Biden.

Em 19 de dezembro de 2018, perto do fim do primeiro ano de Powell como presidente, o FOMC elevou a meta da TDI para 2,25% a 2,5%. Foi o nono aumento de 1/4 de ponto desde que o endurecimento da política começou três anos antes sob Yellen, e o quarto sob a chefia de Powell. A votação foi novamente unânime. No final das contas, também seria o patamar mais alto da TDI, embora o Comitê não tenha mudado sua orientação anterior de que "alguns aumentos graduais adicionais na banda da TDI serão consistentes" com seus objetivos de emprego e inflação.

Os mercados estavam voláteis naquele outono, com o Dow caindo 8,3% nas duas semanas que antecederam o anúncio de dezembro. Powell, em sua coletiva de imprensa — e sem dúvida com essa situação do mercado em mente —, procurou dar um tom no estilo pombo sobre o aumento da taxa do FOMC e as projeções de novos aumentos. "Vimos desenvolvimentos que podem sinalizar algum abrandamento em relação ao que esperávamos há alguns meses", disse ele. E observou que "algumas contracorrentes surgiram" desde a reunião de setembro, incluindo uma moderação no crescimento econômico global, aumento da volatilidade do mercado financeiro, diminuição do estímulo dos cortes de impostos de Trump e condições financeiras mais rígidas em geral. Ele deu a entender fortemente que o Comitê tinha um espaço pequeno para recuar de seu plano de novos aumentos de taxas. E observou que o aumento mais recente havia colocado a TDI "na extremidade inferior da faixa de estimativas da taxa normal de longo prazo fornecida pelo Comitê"[8] Isso ia de encontro a um comentário em uma entrevista no início de outubro com Judy Woodruff, da PBS, uma semana depois do aumento anterior da taxa, na qual ele deixou os mercados agitados ao dizer: "Provavelmente estamos muito longe de ser neutros neste ponto."[9] Por outro lado, Powell sinalizou falta de flexibilidade no balanço patrimonial do FED ao sugerir que a redução planejada estava no "piloto automático".[10]

Não obstante os esforços de Powell para suavizar o golpe, os mercados — reagindo de uma forma que lembra o episódio da minirrecessão na gestão Yellen — nitidamente interpretou que o aperto do FED era exagerado e ia rápido demais. Quatro aumentos de juros em 2018, a promessa de mais em 2019 e o encolhimento contínuo do balanço patrimonial — que os traders apelidaram de "aperto quantitativo" [em inglês, "quantitative tightening"] — somaram-se a um aperto prospectivo significativo, cuja justificativa parecia difícil quando comparado à postura agnóstica que Powell havia captado em Jackson Hole ou às contracorrentes econômicas que ele citou na coletiva de imprensa. O índice Dow Jones caiu mais 1,5% no dia do anúncio e coletiva de imprensa. Mercados continuaram em queda após a reunião de dezembro, reagindo não apenas aos desenvolvimentos no FED, mas também às preocupações com a desaceleração do crescimento global, tensões comerciais entre os EUA e a China, lucros corporativos pouco expressivos e um impasse orçamentário entre Trump e os democratas do Congresso sobre o financiamento de um muro ao longo da fronteira com o México. Em 22 de dezembro, com Trump e os democratas se recusando a ceder, começou o que se tornaria a mais longa paralisação do governo federal (35 dias).

Em 21 de dezembro, a Bloomberg News informou que Trump havia discutido a demissão de Powell; uma medida de legalidade duvidosa, já que os membros do Conselho podem ser removidos apenas "por justa causa", ou seja, violações da lei, não por diferenças políticas. A equipe de Trump procurou voltar atrás nessa questão. Mas o descontentamento do presidente era evidente. Em 24 de dezembro, em meio a um mercado de ações desabando, ele tuitou: "O FED é como um jogador de golfe poderoso que não consegue marcar porque não tem toque — ele não consegue dar uma tacada."

REVIRAVOLTA

O declínio do mercado de ações no final do ano — aquele foi o pior dezembro para o mercado desde 1931 — ajudou a convencer Powell e seus colegas de que quatro aumentos de juros em 2018, mais os prometidos, eram demasiado para uma economia que enfrentava desaceleração no crescimento e piora das tensões comerciais. Era preciso sinalizar uma mudança de política. Convenientemente, sua presença estava agendada — bem como a de Janet Yellen e a minha — em 4 de janeiro de 2019, na reunião anual da American Economic Association, em Atlanta. Como novo presidente da Professional Association for Economists, consegui que Neil Irwin, do *New York Times*, entrevistasse nós três juntos no palco.

A primeira pergunta de Irwin para Powell foi: "Qual é sua perspectiva para 2019 e além?" Lendo notas manuscritas, Powell reconheceu a recente melhora no mercado de trabalho, mas observou que "os mercados financeiros têm enviado sinais diferentes, de preocupação com os riscos de desaceleração do crescimento global, em particular com relação à China, com as negociações comerciais em andamento, com o que talvez chamemos de incerteza política geral vinda de Washington..."[11]

A política monetária "tem muito a ver com gerenciamento de risco", disse Powell, reprisando suas observações em agosto anterior no simpósio de Jackson Hole. Em seguida, acrescentou que "particularmente com as leituras de inflação amainada que nos chegam, seremos pacientes, observando como a economia evolui". Ele se lembrou de 2016: a mediana da projeção do Copom era de quatro aumentos de juros, mas em face da minirrecessão o Copom elevou a meta para a TDI só uma vez. "Ninguém sabe se este ano será como 2016", disse, "mas o que sei é que estaremos prontos para ajustar a política com rapidez e flexibilidade, usando todas as ferramentas para apoiar a economia, caso seja apropriado..."

A mensagem principal foi paciência política — sem mais aumentos de juros no futuro previsível. Mercados suspiraram aliviados com o Dow saltando 3,3% no dia. Em sua próxima reunião, em 30 de janeiro de 2019, o FOMC manteve a meta da TDI inalterada e repetiu a mensagem de Powell em sua declaração: "o Comitê será paciente quanto a determinar quais ajustes futuros no intervalo da meta para a TDI podem ser adequados..." Não foram divulgadas projeções econômicas naquela reunião, mas na seguinte, em março, a projeção da taxa média era de nenhum aumento em 2019 e somente um em 2020. O Comitê também deixou claro, em nota à parte, que o encolhimento do balanço patrimonial — o "aperto quantitativo" que vinha preocupando os mercados — não estava no "piloto automático", como Powell havia sugerido em dezembro. Em vez disso, o FOMC estava preparado para parar de enxugar o balanço se a conjuntura econômica ou financeira o justificassem. A reviravolta da política, em resposta aos sinais do mercado e a uma mudança nas perspectivas, foi acentuada, mas também alinhada à ênfase de Powell na formulação de políticas flexíveis e responsivas aos dados.

O ambiente político, contudo, complicava todas as decisões de políticas. Na coletiva de imprensa de janeiro, Jim Puzzanghera, do *Los Angeles Times*, perguntou se o FED, ao mudar para políticas mais brandas, "simplesmente cedeu à exigência do presidente". Powell respondeu: "[Nós] sempre faremos o que achamos ser a coisa certa. Nunca levaremos em consideração aspectos políticos ou os discutiremos como parte de nosso trabalho. Veja, nós somos humanos. Cometemos erros. Mas não cometeremos erros de caráter ou integridade."[12]

TRUMP, A GUERRA COMERCIAL E OS CORTES A TÍTULO DE PROTEÇÃO

Em 2019, Powell e o restante do FOMC foram alvo de pressão contínua do presidente. Tiveram que, ao mesmo tempo, evitar ceder às exigências de Trump, mas também não permitir que a vontade de demonstrar independência distorcesse suas decisões.

Após rumores em dezembro de que o presidente estava pensando em demitir Powell, assessores do presidente procuraram agendar um encontro entre os dois. Trump e Powell não haviam tido uma discussão substantiva desde novembro de 2017, quando a nomeação de Powell foi anunciada. Em 4 de fevereiro de 2019, a convite do presidente, Powell e o vice-presidente Clarida jantaram com Trump e o secretário do Tesouro Mnuchin na Casa Branca.

Desde o fiasco Nixon-Burns, os líderes do FED geralmente tentam manter uma distância discreta da Casa Branca. A comunicação com o governo se dá principalmente por meio do Secretário do Tesouro e de outras autoridades econômicas de alto escalão. Contudo, há reuniões informais entre os presidentes do FED e dos EUA. Quando eu estava na chefia do FED, almoçava algumas vezes por ano com o presidente Bush, para quem havia trabalhado na Casa Branca. Também me reuni, ocasionalmente, com o presidente Obama, na maioria das vezes para discutir as perspectivas econômicas ou questões regulatórias. Mas em razão das críticas públicas e recorrentes do presidente Trump e a suspeita dos mercados de que ele havia influenciado a reviravolta do FED, o jantar poderia dar a impressão de influência indevida.

Para prevenir más interpretações — e quaisquer tuítes falaciosos do presidente — o FED divulgou um comunicado à imprensa imediatamente após o jantar, que dizia: "Os comentários do presidente Powell [no jantar]... foram condizentes com as observações que fez em sua coletiva de imprensa na semana passada. Ele não discutiu suas expectativas para a política monetária, a não ser para frisar que o rumo da política dependerá inteiramente das informações econômicas recebidas e o que isso significa para as perspectivas." O comunicado de imprensa reiterava que o FOMC tomaria suas decisões "com base exclusivamente em análises cuidadosas, objetivas e não políticas".[13]

Ironicamente, a nítida insatisfação do presidente com o FED deu credibilidade às repetidas afirmações de Powell de que a tomada de decisões do FED era independente e apolítica, não obstante a reviravolta à la "pombo". Os comentários de Trump, em entrevistas e tuítes, foram se tornando mais estridentes e específicos. Funcionários do governo, ocasionalmente, os acompanharam. Em 29 de março, o presidente do National Economic Council, Larry Kudlow, solicitou ao FED cortar imediatamente as taxas de juros em meio ponto percentual. Em 5 de abril, o presidente disse a repórteres que o FED deveria cortar as taxas e, em 30 de abril, tuitou que a economia "subiria como um foguete" se o FED reduzisse sua taxa de referência em um ponto percentual. "Eles [funcionários do FED] não têm a menor ideia do que está acontecendo", tuitou ele em 11 de junho. Powell recebeu telefonemas de Trump em 8 de março e 11 de abril. Ele se encontraria novamente com Trump e Mnuchin na Casa Branca (sem Clarida) em novembro, com o FED mais uma vez divulgando, logo em seguida, uma declaração preventiva.

É uma tarefa árdua exagerar quão chocantes foram as táticas de Trump, particularmente em comparação com o respeito contínuo demonstrado por seus predecessores pela independência do FED. Compreendendo a importância de não morder a isca, funcionários do FED respondiam com os dentes cerrados, as inevitáveis perguntas da imprensa sobre tuítes e comentários do presidente. Durante décadas, o discurso presidencial não se mostrou eficaz em influenciar a política do FED, e não foi desta vez. O canal de influência mais direto, utilizado por todos os presidentes, ocorre por intermédio de indicações para o Conselho do FED. Em que pese sua irritação com o FED, as primeiras nomeações de Trump, incluindo Powell, Clarida e Quarles, foram escolhas convencionais e bem qualificadas, elogiadas de modo amplo e facilmente confirmadas pelo Senado. Suas indicações subsequentes, de Marvin Goodfriend e Nellie Liang, não se consubstanciaram mas também foram escolhas sólidas. Na primavera de 2019, no entanto, o presidente mudou de atitude, propondo apoiadores irrestritos, sem qualificações convencionais, para os dois assentos vazios no Conselho. Ele indicou Stephen Moore (um comentarista de televisão e ex-membro do conselho editorial do *Wall Street Journal*, que havia trabalhado na conservadora Heritage Foundation) e Herman Cain (antigo executivo-chefe da rede Godfather's Pizza e candidato presidencial republicano em 2012). Ambos eram partidários de Trump que haviam repercutido os apelos do presidente para cortar drasticamente as taxas. Todavia, nenhum dos dois foi formalmente nomeado depois que os principais republicanos do Senado expressaram sua preocupação — que, em um mau augúrio para a futura independência do FED, tinha mais a ver com as histórias pessoais dos dois homens do que com suas qualificações ou opiniões políticas.[14] (Cain faleceu em julho de 2020 após testar positivo para o vírus covid-19.)

Em janeiro de 2020, Trump faria outra indicação não convencional para o Conselho, a escritora conservadora Judy Shelton. Shelton, uma defensora de longa data da volta ao padrão ouro (e de outras posições radicais, como a abolição do seguro de depósitos), reverteu convenientemente sua visão de "falcão" da vida inteira, em favor da postura de flexibilização monetária de Trump. Shelton tinha como adversário um candidato convencional, Christopher Waller, diretor de pesquisa do FED de St. Louis e ex-professor de economia da Notre Dame. Shelton também não teve apoio do Senado, neste caso em virtude de suas opiniões bizarras e inconsistentes, e não foi confirmada. (Waller seria confirmado em dezembro de 2020.) Certamente, havia candidatos para o Conselho que teriam apoiado as preferências políticas de Trump e sido confirmados, mas a inclinação do presidente para indicações marginais lhe custou a oportunidade de controlar indiretamente as políticas monetárias e regulatórias do FED.

Além de tentar interferir indevidamente na política monetária, Trump alimentou a incerteza econômica ao rejeitar sumariamente a perspectiva em geral internacionalista de administrações anteriores de ambos os partidos. Ele abriu várias frentes de guerras comerciais, impondo ou aumentando tarifas (impostos sobre importações) sobre diversos produtos e parceiros comerciais, que por sua vez desencadeou retaliações no mesmo sentido. Projetar os efeitos da guerra comercial foi um desafio para os economistas do FED. Segundo a teoria econômica padrão, o comércio entre as nações é mutuamente benéfico por permitir que países se especializem nos bens e serviços em que têm, relativamente, maior vantagem comparativa.* Em vez disso, o presidente tinha uma visão de soma zero do comércio, argumentando que se o país A exportasse para o país B mais do que importasse, então A estava ganhando e B perdendo. Em termos mais amplos, ele via as restrições comerciais como ferramentas para alcançar objetivos políticos, como o isolamento de regimes hostis. O Congresso deu ao presidente considerável poder de decisão sobre as regras comerciais, então Trump tinha a capacidade de impor — ou ameaçar impor — tarifas mais ou menos à vontade.

As investidas comerciais do presidente aumentaram e diminuíram ao longo de 2018 e no início de 2019. Em 5 de maio de 2019, Trump anunciou que os EUA elevariam uma tarifa, já anunciada, de 10% sobre US$200 bilhões em produtos chineses, para punitivos 25%. Em 30 de maio, Trump ameaçou estabelecer tarifas de até 25% sobre todos os produtos mexicanos, a menos que o México conseguisse fazer mais para conter o fluxo de migrantes da América Central que cruzavam seu território em direção aos EUA. No mesmo período de maio, o Dow caiu 6,4%.

Em uma guerra comercial de represálias, como a desencadeada por Trump, consumidores se veem diante de preços mais altos em produtos

* Essa visão do comércio, conhecida como teoria da vantagem comparativa, foi apresentada pelo economista britânico David Ricardo no início do século XIX. Essa teoria não implica que o livre comércio melhora a situação de todos, apenas que cria excedente suficiente para que, em princípio, os que se dão bem no comércio possam compensar os perdedores. Na prática, essa compensação raramente acontece, de modo que o livre comércio pode piorar a situação de algumas pessoas, como os trabalhadores de indústrias que competem com as importações. [N. do A.]

importados sujeitos a tarifas e, por causa da retaliação, exportadores (como os agricultores norte-americanos) têm mais dificuldade de vender seus produtos no exterior. Alguns produtores domésticos podem se beneficiar se as tarifas aumentarem os preços dos bens concorrentes importados. Tais efeitos diretos são relativamente fáceis de mensurar, bastando observar as mudanças nos preços e quantidades dos bens comercializados após as restrições comerciais. Diferentemente das alegações do governo, estudos demonstraram que os custos impostos pelas tarifas recaíram principalmente nos consumidores e empresas dos EUA.[15] Esse aspecto foi implicitamente reconhecido por Trump quando ele subsidiou agricultores que sofreram perdas na guerra comercial, como quando a China embargou a soja norte-americana. Em 2020, os subsídios chegaram a US$50 bilhões, mais de 1/3 da renda agrícola.[16] Embora as tarifas representassem um aumento de impostos sobre os norte-americanos, os efeitos diretos desse aumento nao foram grandes ou amplos o suficiente para afetar de maneira significativa o emprego ou a inflação agregados nos EUA.

Ainda que indiretamente, o custo maior das guerras comerciais foi a incerteza que elas geraram sobre a globalização e as relações dos EUA com outros países, em particular a China.[17] A economia global passou por um processo de integração cada vez maior, e não apenas em função do incremento do consumo proporcionado pelo comércio de bens e serviços. Com o desenvolvimento das cadeias de abastecimento globais, os processos de produção se expandiram, cada vez mais, para além das fronteiras nacionais, com os produtores valendo-se de insumos de muitos países. As implicações no longo prazo da política comercial de Trump para esse intrincado sistema de dependência mútua eram impossíveis de determinar. As guerras comerciais talvez fossem resolvidas rapidamente, com mudanças modestas no comércio global e até mesmo algumas concessões benéficas dos parceiros comerciais dos EUA. Mas talvez elas revertessem a tendência rumo a um comércio mais aberto — no caso mais extremo, a uma "dissociação" da economia dos EUA, da China e de outros parceiros comerciais — o que elevaria os custos de produção em muitos setores e desaceleraria os ganhos de produção e padrão de vida médio.

Mercados reagem mal à incerteza, como demonstrou o mercado acionário. A incerteza também pode ser ruim para a economia como um todo no caso, por exemplo, de as empresas postergarem o investimento de capital ou a contratação de pessoal até dispor de mais informações sobre seu acesso a fornecedores e mercados estrangeiros. De fato, o FOMC observou em sua reunião de maio de 2019 que o investimento empresarial havia diminuído no primeiro trimestre e, em suas reuniões de junho e julho, que o investimento permanecia baixo, apesar do recente corte nos impostos corporativos dos EUA. As economias europeia e japonesa — mais abertas ao comércio do que os EUA — também estavam desacelerando, com a incerteza comercial sendo um fator importante.

Enquanto procuravam avaliar quanto as guerras comerciais, a diminuição do estímulo fiscal e uma economia global mais fraca impediam o crescimento dos EUA na primavera de 2019, membros do FOMC também notaram um fenômeno nos mercados de títulos: uma curva de rendimento invertida. Essa inversão acontece quando as taxas de juros de longo prazo (digamos, em títulos do Tesouro de dez anos) são mais baixas do que as de curto prazo (em títulos do Tesouro de três meses, por exemplo). Após breve inversão em março, a curva de rendimentos inverteu-se de forma mais decisiva em maio e manteve-se assim durante o verão, com o rendimento dos títulos de dez anos caindo meio ponto percentual abaixo do rendimento dos títulos de três meses no final de agosto.

Formuladores de políticas e participantes do mercado ficaram atentos, pois uma curva de rendimento invertida tende a prever recessões. Por que? Uma explicação é que uma curva de rendimento invertida é um sinal de política monetária restritiva. A taxa de juros de curto prazo pode ser vista como uma medida da orientação corrente da política monetária, ao passo que a de longo prazo — que reflete o nível médio esperado das taxas de juros de curto prazo no futuro — pode ser considerada como uma "aproximação" para a taxa de juros neutra, R-estrela. Por essa lógica, quando a curva de juros é invertida a política monetária é restritiva, ou seja, a taxa de juros de curto prazo está acima da neutra, o que pode dar a entender que virá uma recessão. Dito de outra maneira, uma curva de rendimento invertida indica que os operadores de títulos esperam que o FED corte as taxas de juros de curto prazo nos próximos anos, sugerindo que enxergam uma desaceleração econômica no horizonte.

Se a curva de rendimento invertida anunciava uma recessão vindoura, neste caso foi amplamente debatido. Outros fatores, como a quantitative easing em andamento na Europa e no Japão e o tamanho ainda grande do próprio balanço patrimonial do FED, podem ajudar a explicar por que as taxas de longo prazo em todo o mundo estavam extraordinariamente baixas. Outra possibilidade era que, com a inflação baixa e a expectativa de que continuasse assim, detentores de títulos de longo prazo não estavam exigindo retorno extra como compensação pelo risco de inflação. Ainda assim, e levando em conta as incertezas da guerra comercial e algumas outras indicações de desaceleração econômica, a curva de rendimento invertida aumentou as preocupações do FED de que a política monetária estivesse excessivamente contracionista. Em 4 de junho, em um discurso em Chicago, Powell deu o primeiro indício de que estava pensando em cortar taxas. "Estamos monitorando de perto as implicações desses desenvolvimentos [comerciais] para as perspectivas econômicas dos EUA e, como sempre, agiremos como for adequado para sustentar a expansão..." disse ele.[18] A reação foi um salto de 2,1% no índice Dow.

Apesar disso, Trump aumentou novamente a pressão. Em 18 de junho, a Bloomberg News informou que a Casa Branca estava explorando a legalidade de retirar Powell da presidência e rebaixá-lo a apenas um membro do Conselho. Questionado por repórteres no mesmo dia se queria rebaixar Powell, Trump respondeu: "Bem, vamos ver o que ele faz."

Em 19 de junho de 2019, o Comitê votou, com um placar de 9 a 1, para manter a meta da TDI entre 2,25% e 2,50%. O presidente do FED de St. Louis, Bullard, discordou (a primeira divergência do mandato de Powell) em favor de um corte de 1/4 de ponto. O gráfico de pontos deixou claro, porém, que o sentimento no Comitê estava mudando. Embora a maioria dos participantes não tenha projetado nenhuma alteração nas taxas até o final de 2019, sete dos dezessete projetaram dois cortes nas taxas até o fim do ano e um participante projetou um único corte nas taxas. Em sua coletiva de imprensa, Powell disse que o Comitê não vê "nenhum caso forte" para uma flexibilização imediata da política monetária.[19] Entretanto, mesmo tendo o cuidado de não opinar sobre os méritos das políticas comerciais do presidente, observou que elas estavam criando maior incerteza para os negócios e deteriorando o sentimento nos mercados financeiros. Ficou claro para que lado o FOMC estava se inclinando.

Na coletiva de imprensa, Heather Long, do *Washington Post*, perguntou a Powell sobre a ameaça de Trump de rebaixá-lo. Ele respondeu: "Penso que a lei é clara de que tenho um mandato de quatro anos [como presidente] e pretendo cumpri-lo inteiramente."[20]

O prenúncio de corte de juros, bem como o fim antecipado da segunda rodada do balanço patrimonial do FED, vieram na próxima reunião, no final de julho. Em sua coletiva de imprensa, Powell explicou o corte dizendo que "se destinava a garantir contra riscos negativos..."[21] Em outras palavras, mesmo que uma desaceleração ainda não fosse evidente, o intuito do corte de juros era proteger a economia dos EUA dos riscos impostos pela incerteza comercial, desaceleração da economia global e outros fatores. A linguagem lembrava a abordagem de gestão de risco de

Alan Greenspan, que Powell havia elogiado em seu discurso em Jackson Hole um ano antes — elogio que repetiria em seu segundo discurso em Jackson Hole no mês seguinte. Dois membros do FOMC foram contrários. Em uma declaração incluída na ata da reunião, Esther George, de Kansas City, rejeitou o argumento da proteção, dizendo que um corte seria justificado tão somente pela evidência de uma "perspectiva materialmente mais fraca". Já Eric Rosengren, de Boston, em sua declaração discordante, temia que baixar demais as taxas elevaria os riscos para a estabilidade financeira.

Como sempre, os participantes do mercado e outros observadores do FED tentaram adivinhar se esse corte de juros seria seguido por outros. Na coletiva de imprensa, Powell pareceu sugerir que a disposição do FED de flexibilizar a política monetária tinha limites, ao se referir ao corte como um "ajuste no meio do ciclo", uma frase não indicativa de um início de uma longa sequência de cortes nas taxas.[22] No dia seguinte, 1º de agosto, Trump ameaçou tarifar ainda mais os produtos chineses, e a China interrompeu as compras de produtos agrícolas dos EUA em 5 de agosto. A beligerância comercial, aliada à percepção de que o FED não podia fazer muito mais, fez com que o Dow Jones desabasse 6,3% desde antes da reunião do FOMC de 30 a 31 de julho, até 14 de agosto.

Apesar do corte de juros, o primeiro do FED em uma década, Trump não interrompeu seus ataques ao presidente do BC. Em 14 de agosto, chamou Powell de "sem noção". Em 19 de agosto, criticou a "terrível falta de visão" de Powell. Em 22 de agosto, Trump declarou que a venda de títulos de taxa negativa pela Alemanha deu àquele país uma vantagem competitiva sobre os EUA. Evidentemente, os títulos do governo com taxas negativas eram, na verdade, mais um sinal de fraqueza da zona do euro do que de força. Eles refletiam a falta de oportunidades de investimento privado, a demanda dos investidores europeus por um porto seguro em face da incerteza econômica e as tentativas agressivas do Banco Central Europeu de estimular a economia da zona do euro.

Em 23 de agosto, no mesmo dia em que Powell discursava em Jackson Hole, Trump perguntou: "... Quem é nosso maior inimigo?" — Powell ou o presidente chinês Xi Jinping. O tuíte aconteceu embora Powell, em sua fala, estivesse prestes a sinalizar ao menos mais um corte nas taxas, repetindo: "Agiremos conforme apropriado para sustentar a expansão", depois de citar as novas tarifas da China, turbulência financeira e uma série de riscos geopolíticos, "entre eles a possibilidade crescente de um Brexit difícil, tensões crescentes em Hong Kong e a dissolução do governo italiano."[23] Em 28 de agosto, Trump disse que o FED não pode acompanhar "mentalmente" os países concorrentes. Em 11 de setembro, exortou o FED a "baixar nossas taxas de juros para ZERO, ou menos", rotulando os membros do FOMC, em um segundo tuíte, de "cabeças-ocas".

Tal como se esperava, o FOMC, na reunião de setembro, cortou a banda da TDI em mais 1/4 de ponto, para 1,75% a 2%. Como ocorreu em sua reunião de julho, o comunicado do Comitê dizia que "agiria conforme apropriado para sustentar a expansão", deixando claro que estava aberto a novas reduções. Em sua coletiva de imprensa em 18 de setembro, Powell citou novamente a justificativa da ação protetiva para flexibilizar. Questionado sobre o uso do termo "ajuste no meio do ciclo", ele comentou dois episódios anteriores — 1995-96 e 1998, ambos na gestão de Greenspan. Cada um abrangeu três cortes de juros de 1/4 de ponto. A inferência lógica de que um terceiro corte na taxa provavelmente viria em uma próxima reunião foi prejudicada em parte pelo fato de que a maioria dos membros do FOMC não projetou outro corte na taxa em 2019. Mas ele veio na reunião seguinte, em 30 de outubro. Desta vez, porém, o Comitê abandonou a linguagem de que iria "agir conforme apropriado", sugerindo que por ora a flexibilização se encerraria. Em sua coletiva de imprensa, Powell confirmou essa impressão, dizendo que a política monetária estava agora "em um bom lugar" e que uma mudança na política exigiria "uma reavaliação material de nossas perspectivas".[24]

Os três cortes consecutivos entre julho e outubro pareciam ter dado certo. Antes deles, os mercados financeiros precificavam uma probabilidade significativa de desaceleração econômica, preocupações que haviam se dissipado em grande parte em outubro. Com o crescimento econômico e o aumento na criação de empregos a calma voltou aos mercados financeiros. A curva de rendimento não estava mais invertida, sugerindo que os operadores de títulos não viam mais uma recessão no horizonte. No geral, as três etapas da política monetária em 2019 — a reviravolta, a pausa e os cortes nas taxas a título de proteção — ajudaram a economia a enfrentar guerras comerciais e outras fontes de incerteza. Parecia que o FED de Powell havia conseguido a proverbial aterrissagem suave, como Alan Greenspan fizera em meados dos anos 1990.

Contudo, se as políticas de Powell em 2019 tinham um quê de Greenspan, é discutível se os três cortes nas taxas no verão e no outono foram verdadeiros cortes preventivos, no sentido que tiveram os de Greenspan. Seus cortes de juros ao longo da crise financeira asiática em 1998, por exemplo, ajudaram a proteger contra os riscos ao crescimento e ao emprego, porém, como qualquer apólice de seguro, envolviam um prêmio, ou seja, maiores riscos percebidos de inflação mais elevada. Por esse motivo, quando uma desaceleração econômica não se materializou, o FED de Greenspan reverteu os cortes e foi além, aumentando as taxas em um total de 1,75 pontos percentuais desde a baixa de 1998. Em contraste, os cortes de Powell poderiam ser justificados por razões não relacionadas a prevenções, tanto pela desaceleração econômica em desenvolvimento quanto pela inflação que, exceto por curtos períodos, permaneceu aquém da meta e mostrou pouca força ascendente. Assim, ao contrário dos verdadeiros cortes protetivos, as reduções de taxas de 2019 não envolveram o pagamento de um prêmio — a menos que você considere as preocupações de Eric Rosengren sobre a estabilidade financeira — nem se esperava que fossem revertidas em breve. É óbvio que a terminologia era menos importante do que os resultados. Independentemente do nome que se dê à mudança de política, no final de 2019 parecia ter sido uma resposta ágil a um conjunto complicado de circunstâncias, evitando o que poderia ter sido uma desaceleração econômica dolorosa.

O FED ESCUTA: A REVISÃO DA ESTRATÉGIA

Não é incomum que bancos centrais revisem periodicamente estruturas ou estratégias intelectuais por trás de suas escolhas políticas. O Banco do Canadá revisa sua estrutura a cada cinco anos, e a revisão do Banco do Japão em 2016 levou a grandes mudanças em sua abordagem política, entre as quais a decisão de orientar diretamente as taxas de juros de longo prazo ("controle da curva de rendimento"). O FED fez essas revisões de forma fragmentada, a maioria recentemente, antes de introduzirmos a meta de inflação em 2012. Entretanto, os desafios políticos após a crise financeira ocuparam toda a atenção dos formuladores de políticas e da equipe do FED, impedindo um autoexame mais abrangente.

Em 2018, com a economia em relativa boa forma e com a TDI em zero, parecia um momento oportuno para olhar para trás na última década e tirar algumas lições. Em novembro, Powell anunciou que o FED iria, no ano seguinte, "revisar estratégias, ferramentas e práticas de comunicação" que usou para cumprir seu mandato. A revisão, disse Powell, incluiria "alcançar uma ampla série de partes interessadas."[25]

Powell encarregou o vice-presidente Clarida de fazer a revisão. Clarida, em um discurso em fevereiro de 2019, disse que a revisão consideraria o duplo mandato estatutário do FED como fato consagrado. E acrescentou que a meta de inflação de 2% do Comitê era "mais consistente" com o mandato; com isso, descartou as propostas de alguns economistas para aumentar a meta como forma de elevar a taxa de juros de política neutra (R-estrela) ainda mais acima de seu limite inferior efetivo.[26] Clarida disse que a revisão se concentraria em três questões. Primeira: O FED deve manter a estratégia de metas de inflação adotada em 2012? Em particular, a estrutura de políticas poderia ser alterada de modo a ajudar o FED a lidar melhor com a restrição do limite inferior efetivo? Segunda: As novas ferramentas de forward guidance e quantitative easing foram eficazes após a crise, mas com o aumento das preocupações com o limite inferior, elas foram suficientes? Para ter certeza de que estímulos suficientes possam ser entregues quando necessário, o FED deveria adotar ferramentas adicionais, incluindo várias que já estavam nos conjuntos de ferramentas de outros grandes bancos centrais? Finalmente, a terceira: O FED deve modificar suas abordagens na comunicação sobre políticas?

O alcance prometido por Powell foi realizado em quinze eventos públicos "Fed Listens" no Conselho em Washington e nos FEDs regionais por todo o país. Nas listas de convidados, que iam muito além dos conselheiros habituais do FED — economistas acadêmicos, gente do mercado, banqueiros e empresários — estavam também especialistas em desenvolvimento comunitário, dirigentes sindicais, líderes de grupos representando minorias e idosos, e cidadãos comuns. Os eventos deram aos formuladores de políticas a oportunidade de defender que as políticas do FED têm o intuito de beneficiar o público em geral, não grupos de interesses especiais como os banqueiros de Wall Street. Essa mensagem caía como uma luva nos esforços de Powell, em coletivas de imprensa e depoimentos, para explicar as decisões de política monetária "em linguagem simples". Formuladores de políticas que participaram dos eventos Fed Listens também aprenderam mais sobre as percepções do público sobre o FED e suas políticas. Eles diziam repetidamente que mercados de trabalho apertados traziam benefícios generalizados. Com uma forte demanda por trabalhadores, mais pessoas eram atraídas para a força de trabalho, em especial pessoas de baixa renda e comunidades minoritárias. Com a inflação também baixa e dando poucos sinais de elevação, esse feedback fortaleceu o compromisso de Powell e seus colegas do FOMC de pressionar por um mercado de trabalho ainda mais robusto.

A revisão estava quase concluída em meados de 2020, mas a pandemia da covid19 atrasou sua conclusão por vários meses — ainda que a nova recessão induzida pela pandemia tornasse as conclusões da revisão mais relevantes e urgentes.

A TURBULÊNCIA NO MERCADO MONETÁRIO

Uma questão de caráter técnico, mas importante, também chamou a atenção do FOMC: a metodologia de implementação da política monetária no futuro, também conhecida como sua estrutura operacional (em oposição à estrutura de políticas). A questão era que, tendo os formuladores de políticas estabelecido o rumo a seguir ao escolher uma banda para a TDI, como eles garantiriam que essa taxa permaneceria nesse intervalo? Obviamente, uma política monetária eficaz requer que o FED tenha um controle razoavelmente rígido sobre as taxas de juros de curto prazo. Ademais, a escolha da estrutura operacional estava intimamente relacionada à questão de qual deveria ser o tamanho do balanço patrimonial do FED no longo prazo.

Antes da crise financeira, o FOMC havia implementado a política monetária utilizando o que era conhecido como regime de "reservas escassas". O FED controlava a TDI variando a oferta de reservas no sistema bancário por meio da venda de títulos do Tesouro no mercado aberto para diminuir reservas ou comprando-os para aumentá-las. Essa abordagem exigia um monitoramento rigoroso da demanda dos bancos por reservas. Por exemplo, nos EUA a demanda por reservas geralmente cresce junto com os gastos do consumidor no decorrer da temporada de férias e quando os pagamentos trimestrais de impostos são feitos. Como as necessidades dos bancos por reservas flutuavam, o FED de Nova York realizou frequentes — quase diárias — operações de mercado aberto para manter a TDI na meta.

Com a instituição da quantitative easing em 2008, o FED efetivou a transição para uma nova estrutura operacional, conhecida como sistema de "ampla reserva". Uma vez que o FED pagava por suas compras de títulos criando reservas bancárias, após a crise os bancos tinham, em conjunto, muito mais reservas do que anteriormente. Com as reservas excedendo em muito suas necessidades diárias típicas, os bancos não viam razão para tomar emprestado reservas de outros bancos, e em consequência disso a TDI — a taxa paga em empréstimos interbancários — permaneceu próxima de zero. Claro que, de 2008 a 2015, uma TDI quase zero era consistente com os esforços do FOMC para incentivar o crescimento econômico e trazer a inflação para a meta.

Ao chegar o momento de começar a apertar a política monetária, o FED teve que garantir que seria capaz de aumentar a taxa de juros quando necessário. Nesse sentido, em virtude do excesso de reservas no sistema, operações tradicionais de mercado aberto seriam inócuas. Assim, o FED aumentou a TDI aumentando a taxa de juros paga aos bancos sobre suas reservas, usando a autorização concedida pela primeira vez pelo Congresso em 2008. Entretanto, como em 2008, fatores técnicos introduziram alguma "slippage" [diferença não esperada] entre a taxa de juros sobre reservas e a TDI. Para aprimorar seu controle das taxas de curto prazo, o FED criou em setembro de 2013 um mecanismo que permitia que certas instituições não bancárias elegíveis, como fundos mútuos do mercado monetário e GSEs, fizessem o que eram, de fato, depósitos de curto prazo com o FED. Esses depósitos ganharam outra taxa de juros, um pouco menor, definida pelo FED, conhecida como taxa de recompra reversa overnight, ou taxa ONRRP na sigla em inglês. Por meio da gestão de suas duas taxas administradas, a taxa de juros sobre reservas e a taxa ONRRP, o FED conseguiu manter a TDI perto da meta durante a decolagem, apesar da abundância de reservas mantidas pelo sistema bancário.

Com o aperto começando, o FOMC teve que decidir se continuaria usando sua nova estrutura de reservas amplas ou retornaria à sua abordagem de reservas escassas pré-crise. Em janeiro de 2019, o FOMC adotou permanentemente o método de reservas amplas, uma estrutura mais direta. Ela não exigia monitoramento contínuo e ajuste do suprimento de reservas para manter a taxa básica de juros em sua meta — razões pelas quais essa sistemática há muito é usada pela maioria dos principais bancos centrais. E tinha no mínimo duas outras vantagens importantes: a primeira é que o FED poderia, em algum momento, recorrer novamente à QE, expandindo seu balanço patrimonial e a quantidade de reservas bancárias. Nesse caso, o método de amplas reservas facilitaria o aumento da TDI assim que chegasse a hora de sair, como aconteceu de 2015 a 2018. A segunda vantagem é que o aumento do nível de reservas no sistema bancário, implícito nessa abordagem, promoveria estabilidade financeira ao tornar os bancos menos vulneráveis à perda de financiamento de curto prazo durante um pânico. De fato, novos regulamentos após a crise financeira global exigiram que os bancos mantivessem quantidades muito maiores de ativos líquidos, incluindo reservas.

A adoção da abordagem de amplas reservas também significava que o balanço patrimonial do FED ficaria, permanentemente, muito maior do que no passado. Essa abordagem assume que a oferta de reservas atende de modo pleno as necessidades dos bancos, e tais necessidades (por razões regulatórias e de precaução) cresceram enormemente desde a crise financeira. Por outro lado, em seus princípios de saída de junho de 2011, o

FOMC prometeu que o balanço não seria maior do que o necessário para a implementação eficiente da política monetária. Juntas, essas condições implicavam que o FED procuraria ter um balanço grande o bastante para garantir amplas reservas bancárias na maioria ou em todas as condições, mas não muito maior do que isso.

Ninguém realmente sabia qual era o nível de reservas capaz de satisfazer as necessidades dos bancos na maioria das circunstâncias, então o nível ideal do balanço patrimonial do FED teria de ser determinado por tentativa e erro. Em sua próxima reunião, em março de 2019, o FOMC anunciou que em maio daria início à desaceleração do enxugamento do balanço patrimonial, acompanhando de perto as reservas bancárias e o comportamento do mercado de fundos federais. O FED interrompeu esse procedimento em agosto, com ativos totais de cerca de US$3,75 trilhões, abaixo dos US$4,5 trilhões no início dos aumentos de juros em outubro de 2017. As reservas bancárias caíram mais, de um máximo de US$2,8 trilhões em outubro de 2014 para cerca de US$1,4 trilhão em meados de setembro de 2019. Uma pesquisa do FED com bancos verificou que o nível confortável mais baixo de reservas era de cerca de US$900 bilhões. Com reservas amplas, estimadas em US$100 bilhões ou mais acima do nível mínimo de conforto, o suprimento de reservas parecia adequado.[27]

Essa conclusão se mostrou incorreta. Em setembro de 2019, a turbulência tomou conta dos mercados de repo, e a taxa de repo, que geralmente é negociada perto da TDI, disparou quando o FOMC estava se reunindo. Com o topo da banda da TDI em 2,5%, a taxa de recompra saltou para 10%. Powell, em sua coletiva de imprensa regular de pós-reunião em 18 de setembro, atribuiu o aumento da taxa de recompra a um repentino crescimento da demanda do mercado por liquidez, impulsionado por fatores especiais, incluindo a necessidade dos corretores de valores mobiliários de financiar uma emissão crescente de novas dívidas do Tesouro. Mas o maior enigma era por que o pico na taxa de recompra havia persistido. Em princípio, os bancos poderiam ter retirado fundos de suas contas de reserva no FED, pagando pouco mais de 2%, para emprestar no mercado de repo, ganhando até 10%. Essa entrada de caixa deveria, por sua vez, ter revertido o aumento da taxa de recompra. O fato de os bancos não terem se comportado assim sugere que o FED tinha calculado mal. Talvez preocupados com as restrições regulatórias, os bancos *não* acreditaram que tivessem reservas suficientes em setembro de 2019, ao menos não o suficiente para usar uma parte para conceder empréstimos no mercado de repo. O encolhimento do balanço patrimonial do FED e o consequente declínio nas reservas bancárias tinham ido longe demais.

O mercado de repo, enorme e amplamente utilizado por instituições financeiras, é um elo crítico na transmissão das decisões de taxas do FED para a economia em geral. Felizmente, o FED dispunha de ferramentas para restaurar seu funcionamento normal. No curto prazo, em lugar dos bancos relutantes, o FED fornecia recursos ao mercado de repo, tomando como garantia títulos do Tesouro. Essas operações assemelharam-se em muito com tradicionais operações de mercado aberto sob o regime de reservas escassas, mas a escala era bem maior; empréstimos também foram concedidos a longo prazo, além do overnight. Isso deu certo e a volatilidade no mercado de repo diminuiu.

No longo prazo, a solução para a escassez de liquidez foi expandir novamente o balanço patrimonial do FED, aumentando assim as reservas bancárias. Em um anúncio intercalado em 11 de outubro, o FOMC divulgou que começaria a aumentar as reservas e o balanço patrimonial comprando US$60 bilhões em títulos do Tesouro de curto prazo por mês, no mínimo até o segundo trimestre de 2020. Além disso, o FED de Nova York continuaria a injetar temporariamente fundos no mercado de repo. A declaração do FOMC enfatizava que essas ações não significavam uma mudança na política monetária — em particular, não eram uma QE por não envolver compras de títulos de longo prazo — mas eram "medidas puramente técnicas". Porém o efeito foi expressivo. No final de janeiro de 2020, o balanço patrimonial era de quase US$4,2 trilhões e as reservas bancárias haviam subido para US$1,6 trilhão, um crescimento de US$200 bilhões em relação a meados de setembro. As intervenções do FED restauraram a estabilidade dos mercados monetários, mas a redução do balanço patrimonial teve fim de forma decisiva.* Durante o processo de afirmação do controle sobre as taxas de juros de curto prazo, o FED também estabeleceu um novo padrão para o tamanho de seu balanço patrimonial.

■

* Em julho de 2021, o FOMC anunciou uma solução de longo prazo. Criou dois programas de assistência financeira permanentes de repo, um para os dealers primários (e, porventura, outras instituições depositárias) e outro para instituições oficiais estrangeiras, como outros bancos centrais. Esses programas oferecem fundos aos mutuários no mercado de repo, com o objetivo de evitar picos nas taxas de repo, mesmo que os credores no mercado não ofereçam fundos suficientes.

10

PANDEMIA

À PARTE O SURTO NOS MERCADOS DE REPO, o FOMC estava otimista no início de 2020. Em sua coletiva de imprensa em 29 de janeiro, Powell observou que a expansão econômica estava em seu 11º ano, um recorde, e que a taxa de desemprego (3,6% em dezembro) permanecia em mínimos históricos. Confiantes, consumidores gastavam, a incerteza sobre o comércio parecia ter diminuído e o crescimento global mostrava sinais de estabilização. Projeções mais recentes dos participantes do FOMC sobre a TDI (na reunião anterior em dezembro) mostravam uma longa pausa nas políticas e, por implicação, a expectativa era de uma aterrissagem suave. Na mediana, os participantes não projetavam nenhuma elevação de taxa em 2020 e apenas um aumento de 1/4 de ponto em 2021 e outro em 2022. Powell disse que nenhuma mudança de taxa devia ser esperada "desde que as informações recebidas sobre a economia permaneçam amplamente consistentes" com as perspectivas do Comitê.[1] Em outras palavras, a política monetária estava em posição de espera.

Algo, então, mudou. Notícias de um surto de um novo coronavírus em Wuhan, na China, chegaram no início do ano. Powell observou que o surto representava algum risco para a economia dos EUA e que o FED estava "monitorando com muito cuidado" a situação.[2] Mas tais riscos eram indiretos e limitados. Por exemplo, doenças e paralisações na China podem afetar seus parceiros comerciais, principalmente os países asiáticos vizinhos. A avaliação do FED refletia a da maioria das autoridades de saúde pública, que durante janeiro e grande parte de fevereiro subestimaram amplamente os riscos de propagação global da infecção.

No final de fevereiro, porém, a situação parecia muito diferente. No domingo, 23 de fevereiro, a Itália colocou em lockdown 11 cidades do norte após um grande surto de casos de coronavírus, levantando o fantasma da propagação mundial. Em 25 de fevereiro, os Centers for Disease Control and Prevention de Atlanta alertaram para a possibilidade de um surto nos EUA. Na sexta-feira, 28 de fevereiro, "casos em 14 outros países; podem ser rastreados até a Itália",[3] de acordo com o *New York Times*, enquanto a Califórnia e o Oregon identificavam casos cujas origens eram desconhecidas. O vírus já não era um problema dos outros.

Os mercados financeiros desabaram. Na última semana de fevereiro, as ações dos EUA registraram sua maior queda semanal desde 2008, mais de 12%. (No final de março, o Dow perderia, cumulativamente, mais de 1/3 de seu valor.) Em 28 de fevereiro, o rendimento dos títulos do Tesouro de dez anos caiu para o menor patamar já registrado, 1,13%. Em 9 de março, diminuiu ainda mais: 0,54%. O declínio nos rendimentos do Tesouro sugeriu que, num padrão frequentemente observado durante as crises, os investidores estavam migrando para o refúgio considerado seguro da dívida pública dos EUA. Em 28 de fevereiro, Powell divulgou uma declaração de quatro frases que citava os "riscos em evolução" do coronavírus e prometia que o FED "usaria nossas ferramentas e agiria conforme apropriado para apoiar a economia."[4]

A declaração incomum aliada à frase "agir conforme apropriado" sinalizou que o FOMC poderia cortar as taxas de juros antes de sua próxima reunião agendada. E, de fato, três dias depois, na noite de 2 de março, o FOMC realizou uma reunião de emergência e decidiu cortar a meta da TDI em meio ponto porcentual. Em uma coletiva de imprensa agendada às pressas após o anúncio da decisão na manhã seguinte, Powell disse que os fundamentos da economia dos EUA permaneciam fortes, mas os riscos para as perspectivas mudaram o bastante para atender ao padrão estabelecido em outubro para uma alteração de taxa. A essa altura, o alcance da epidemia e a quantidade de danos econômicos que ela poderia causar ainda não estavam claros. Talvez os efeitos se restringissem a setores específicos, como turismo e viagens. Mas talvez forçasse uma paralisação muito mais abrangente da economia. Nesse caso, taxas de juros mais baixas poderiam proporcionar apenas uma ajuda indireta, apoiando a confiança dos investidores e das empresas e ajudando a manter condições financeiras estáveis. No entanto, com riscos aumentando e sinais vermelhos do mercado, o FOMC não quis esperar.

Nas semanas seguintes, a ameaça do vírus à economia mundial ficou evidente. Em 11 de março, a Organização Mundial da Saúde declarou o surto da covid-19 uma pandemia global, com 118 mil casos identificados em 114 países.[5] No mesmo dia, o presidente Trump anunciou que bloquearia as viagens da Europa para os EUA. E o Dr. Anthony Fauci, diretor de longa data do National Institute of Allergy and Infectious Diseases do National Institutes of Health, disse ao Congresso: "Isso irá piorar."[6] Vários países europeus instituíram lockdowns — confinando todos, exceto trabalhadores essenciais, em suas casas. Empresas e escolas nos EUA começaram a fechar, dizendo a funcionários e alunos para não sair de casa até novo aviso. Para retardar o contágio, as autoridades de saúde pública dos EUA recomendaram "distanciamento social" em larga escala — ficar em casa, evitar grandes grupos, manter pelo menos 1,5m de distância de outras pessoas. A esperança era "achatar a curva", ou seja, reduzir suficientemente a taxa de novos casos para evitar sobrecarregar o sistema de saúde. No final de março, os casos confirmados nos EUA ultrapassaram 100 mil — acima dos mil de algumas semanas antes — e estados e cidades começaram a emitir solicitações formais de "ficar em casa". De fato, ficaria muito pior, tanto nos EUA quanto no exterior.* Uma contração histórica da atividade econômica parecia inevitável.

O PÂNICO DA PANDEMIA

Com o aumento dos riscos econômicos, os mercados financeiros sucumbiram, recuperando as memórias dolorosas da crise de 2008. Em 9 de março e novamente em 12 de março, os preços das ações caíram acentuadamente, o suficiente para acionar o "circuit breaker" (interrupções temporárias de negociação na Bolsa de Valores de Nova York quando há uma situação de emergência). Menos visíveis publicamente, mas talvez ainda mais perigosas, foram as perturbações no mercado de títulos do Tesouro. A demanda dos investidores pela percepção de segurança e liquidez da dívida do governo dos EUA manteve os rendimentos do Tesouro de longo prazo baixos em fevereiro e início de março, mas a partir de 9 de março — alguns dias antes da Organização Mundial da Saúde declarar uma pandemia global — as condições no mercado de títulos do Tesouro pioraram de um momento para o outro. Preços e rendimentos oscilaram descontroladamente e a liquidez evaporou, tornando caro e dificílimo

* Em novembro de 2021, de acordo com o painel de controle da covid-19 do *New York Times*, os casos mundiais ultrapassariam 260 milhões e as mortes seriam superiores a 5 milhões. Nos EUA, os casos ultrapassaram 48 milhões e as mortes se aproximaram de 800 mil. [N. do A.]

executar até mesmo transações de porte modesto. As medidas de volatilidade do mercado de títulos atingiram seus níveis mais altos desde a crise financeira, enquanto os mercados de derivativos, muito utilizados para títulos do Tesouro, quase deixaram de funcionar.

O quase colapso sinalizou um pânico intensificado, desencadeado por notícias sinistras sobre a propagação do vírus. De repente, todos queriam manter os ativos mais seguros e de curto prazo — a "corrida por dinheiro", como o vice-presidente de supervisão do FED, Randy Quarles, chamaria — e a maneira mais rápida de obter dinheiro era vender títulos do Tesouro de prazo mais longo, geralmente reservados para esse fim.[7] Os bancos precisavam de dinheiro para emprestar a empresas preocupadas em sacar suas linhas de crédito pré-aprovadas. Os operadores do mercado financeiro e os fundos de hedge altamente alavancados precisavam de dinheiro para liquidar dívidas de curto prazo ou atender às chamadas de margem. Gestores de ativos — entre eles fundos mútuos com aplicações em títulos corporativos relativamente ilíquidos — precisavam de dinheiro para honrar as solicitações de resgate de investidores receosos. As seguradoras e outros investidores institucionais queriam ter mais caixa (em vez de ações e títulos) para reduzir sua exposição geral ao risco. E governos estrangeiros e bancos centrais precisavam de dólares para manter a cotação de suas moedas no mercado de câmbio ou para emprestar a seus próprios bancos domésticos.

Normalmente, quando participantes do mercado vendem títulos do Tesouro, bancos e corretoras formadores de mercado compram e mantêm os título até que outros compradores possam ser encontrados. Todavia, em março de 2020, as instituições formadoras de mercado, que já enfrentavam dificuldades para administrar grandes aumentos nas novas dívidas do Tesouro emitidas para financiar o crescente déficit orçamentário, arcaram com restrições adicionais ocasionadas por regulamentos de capital e por seus próprios limites autoimpostos à assunção de riscos. Eles foram sobrecarregados pelo enorme volume de ordens de venda. Com muitos vendedores e quase nenhum comprador, as condições do mercado tornaram-se caóticas.

Os distúrbios do mercado de títulos do Tesouro reverberaram em todo o sistema financeiro. Os títulos do Tesouro de longo prazo não só oferecem (em condições normais) segurança, liquidez e retorno, mas também desempenham múltiplos papéis nos mercados financeiros. Eles são uma referência para rendimentos de todos os tipos de títulos, servem de garantia para levantar caixa ou financiar compras de outros ativos, e se constituem em uma ferramenta para proteger riscos financeiros. Como ficaram sem títulos do Tesouro para vender, os investidores em pânico começaram a se desfazer de outros títulos de longo prazo, como dívidas corporativas, títulos municipais e títulos lastreados em hipotecas. As taxas dispararam, a liquidez secou e as emissões colapsaram em cada um desses mercados críticos. Tal como ocorreu depois de a quebra do Lehman em 2008, os fundos mútuos do mercado monetário começaram a sofrer corridas, e o mercado de títulos da dívida — do qual muitas empresas dependem para empréstimos de curto prazo — deu sinais de colapso.

As disrupções do mercado deram fôlego aos temores sobre a capacidade de empresas, famílias e governos locais de acessar crédito e pagar suas dívidas. O *Wall Street Journal* descreveu a turbulência do mercado em meados de março como ainda mais intensa do que em 2008 e escreveu que "poucos percebem quão perto do colapso o sistema financeiro chegou em 16 de março", um dia em que o Dow caiu quase 13%. "A crise financeira de 2008 foi um acidente de carro em câmera lenta. Isso se parece com um estrondo!" disse Adam Lollos, chefe de crédito de curto prazo do Citigroup, ao *Journal*.[8]

Com as lições de 2008 em mente, o FED prontamente assumiu seu papel de emprestador de última instância. Ele vinha injetando fundos nos mercados desde setembro, quando a turbulência atingiu o mercado de repo, mas estava em processo de reversão antes da pandemia. Em 12 de março, o FED inverteu o curso, aumentando acentuadamente empréstimos a bancos e dealers sedentos de recursos, tomando títulos do Tesouro como garantia. Em 16 de março, o Open Market Desk do FED de Nova York oferecia US$1 trilhão em empréstimos overnight diários, bem como outro US$1 trilhão para prazos mais longos. Um dia antes, para proteger ainda mais os dealers e o mercado do Tesouro, o FED também havia começado a atuar como comprador de última instância, adquirindo títulos em definitivo para sua carteira. Em uma ação que lembra nossas compras de MBS em 2008, o FED anunciou que compraria ao menos US$500 bilhões em Treasuries e US$200 bilhões em MBS.

Bancos centrais e governos estrangeiros foram os principais vendedores de títulos do Tesouro em março, motivados em parte pela necessidade de aliviar a escassez de dólares em seus sistemas bancários domésticos. (Como em 2008, os bancos estrangeiros ainda conduziam muito de seus negócios em dólares.) E, assim como havia acontecido na crise anterior, o FED tornou-se o emprestador mundial de dólares de último recurso. No intuito de prevenir que tensões no exterior agravassem o tumulto nos mercados dos EUA, o FED forneceu dólares a bancos centrais estrangeiros mediante linhas de swap, tomando moeda estrangeira como garantia. Na crise financeira global, o FED estabeleceu linhas de swap com 14 grandes bancos centrais estrangeiros. Cinco dessas linhas com os mais importantes bancos centrais estrangeiros haviam se tornado permanentes. Em 19 de março, o FED restabeleceu as 9 linhas adicionais que havia usado 12 anos antes. No final de abril, bancos centrais estrangeiros haviam captado mais de US$400 bilhões.[9] Além disso, o FED estabeleceu um mecanismo especial de repo que permitia às autoridades estrangeiras, inclusive aquelas sem linhas de swap formais, tomar empréstimos em dólares usando títulos do Tesouro como garantia, evitando a necessidade de vender títulos imediatamente. O FED deixou claro que todas essas operações — empréstimos em mercados de repo e dealers, compras diretas de Treasuries e MBS e linhas de swap — continuariam pelo tempo que se fizesse necessário.

Nesse meio tempo, o FOMC tentava avaliar os efeitos econômicos da pandemia. O choque foi sem precedentes, então a incerteza era alta. O FOMC se reuniu (virtualmente) no domingo, 15 de março, em vez de esperar por sua reunião regular na terça e quarta-feira seguintes. No lugar de uma única previsão, a equipe forneceu dois cenários alternativos.[10] Em ambos a economia entraria em recessão no segundo trimestre, conforme as pessoas se distanciavam socialmente, ficavam em casa sem trabalhar e reduziam gastos. No primeiro cenário, a economia iniciava uma sólida recuperação no terceiro trimestre — a chamada recuperação em forma de V. No segundo, a recessão se prolongava até o final do ano. Nos dois cenários havia um aumento acentuado do desemprego. Em comum, antecipavam um declínio de curto prazo na inflação, resultante de uma demanda mais fraca à medida que as pessoas ficavam em casa, preços mais baixos do petróleo e um dólar mais forte decorrente da busca dos investidores por um porto seguro.

Com a deterioração contínua das perspectivas, o FOMC reduziu a banda da TDI em um ponto porcentual total (além do corte de meio ponto porcentual duas semanas antes) fixando-a entre 0% e 0,25%, igual ao seu ponto mais baixo durante a crise de 2008. Segundo o Comitê, as taxas ficariam perto de zero até que ele estivesse "confiante de que a economia resistiu aos eventos recentes e está no caminho de atingir suas metas máximas de emprego e estabilidade de preços". Essa orientação, qualitativa e vaga, refletia a incerteza do Comitê quanto à provável extensão e duração da recessão, mas em sua entrevista coletiva, Powell deixou claro que o FOMC esperava manter as taxas baixas por um longo tempo. Ele também discutiu os planos recentemente anunciados pelo FED de adquirir grandes quantidades de Treasuries e MBS. O objetivo principal, explicou, era estabilizar os mercados financeiros críticos, não sinalizar uma nova rodada de quantitative easing. As novas compras tinham vários vencimentos, enquanto a QE da era da crise financeira se concentrava em títulos de prazo mais longo para pressionar para baixo as taxas de juros de prazo mais longo. Mas os mercados entenderam que a reinstituição das aquisições de títulos em larga escala, uma vez que as condições do mercado melhorassem, poderia estabelecer as bases para um programa sustentado de QE destinado a apoiar a recuperação econômica.

A resposta do FED à crise pandêmica foi admiravelmente rápida e decisiva, mas os efeitos devastadores do vírus seriam de longe a influência mais importante na economia. Uma semana após a reunião de 15 de março, a atividade econômica estava se contraindo com uma rapidez sem paralelo. Com mais cidades e estados ordenando que as pessoas ficassem em casa, negócios não essenciais estavam fechando, eventos esportivos e de entretenimento foram suspensos e gastos com viagens e turismo estavam colapsando. O Labor Department relataria que mais de 3 milhões de trabalhadores entraram com novos pedidos de seguro-desemprego naquela semana, quase cinco vezes o maior total semanal ocorrido durante a Grande Recessão.

Se em meio à recessão de 2020 havia algo de bom foi que — em total contraste com a Grande Recessão — os EUA entraram nela com o sistema bancário muito mais capitalizado e mais líquido do que em 2008. Não haveria necessidade de intervenções de fim de semana do FED e do Tesouro para sustentar instituições insolventes. No entanto, credores enfrentaram enormes incertezas em março de 2020, inclusive sobre a resiliência financeira não só de tomadores de empréstimos pessoa física e jurídica, individualmente falando, mas de setores inteiros. Hotéis, restaurantes, shopping centers e companhias aéreas retornariam às operações mais ou menos normais após o recuo da pandemia? Ou haveria um novo mundo, no qual o medo residual de infecção mudaria para sempre a maneira como trabalhávamos, fazíamos compras e íamos à escola? Avaliar os riscos de crédito nessa conjuntura parecia quase impossível. À sombra dessa incerteza, apesar dos sólidos balanços dos bancos, o congelamento de novos empréstimos ameaçou se espalhar.

Com a finalidade de promover o crédito e preservar a confiança no sistema financeiro, o FED voltou a agir como em 2008, servindo como emprestador de última instância para empresas financeiras e não financeiras. Em sua reunião de 15 de março, afrouxou os termos de suas taxas de redesconto e incentivou os bancos a tomar empréstimos. Em poucos dias, anunciou que estava restabelecendo vários outros programas sob a autorização de empréstimos de emergência 13(3) usada na crise financeira. Por meio do Commercial Paper Funding Facility, o FED faria novamente empréstimos de curto prazo para empresas. A Primary Dealer Credit Facility emprestaria aos dealers do mercado de títulos contra uma ampla gama de garantias. O Money Market Mutual Fund Liquidity Facility ajudaria os fundos monetários a levantar os recursos necessários para atender as solicitações de resgates dos investidores. (O mecanismo fornecia crédito aos bancos para que pudessem comprar ativos dos fundos.) Na semana seguinte, o FED reabilitou outro programa de emergência, o Term Asset-Backed Securities Loan Facility, para apoiar a securitização de crédito para famílias e empresas. Como os detalhes legais e operacionais desses programas não precisavam ser desenvolvidos do zero, sua implementação poderia ser feita rapidamente.

Talvez o aspecto de maior relevância para a estabilidade financeira tenha sido a atuação contínua do FED para restaurar a ordem nos mercados de títulos do Tesouro. Em 23 de março, ele anunciou que suas compras de Treasuries e MBS emitidas por GSE seriam em aberto, "nas quantias necessárias para apoiar o bom funcionamento do mercado e a transmissão eficaz da política monetária". E disse que, além de MBS residenciais, compraria títulos garantidos por hipotecas de imóveis comerciais, fortemente afetados pelo fechamento de shopping centers e escritórios durante os lockdowns. Entre a primeira semana de março e o final de julho, o FED adquiriu quase US$1,8 trilhão em títulos do Tesouro e US$600 bilhões em MBS emitidos pela GSE, ultrapassando em muito todos seus outros programas em conjunto.

O FED também se valeu de suas faculdades regulatórias para ajudar a tranquilizar os mercados. Em 1º de abril, suspendeu temporariamente a exigência de que os grandes bancos mantivessem um nível mínimo de capital relativamente a seus títulos do Tesouro e suas reservas no FED. A medida deu a essas organizações bancárias e suas subsidiárias distribuidoras mais capacidade e estímulo para gerar mercados de títulos do Tesouro, ao mesmo tempo que evitava a possibilidade de que grandes aumentos nas reservas — resultantes das compras ativas de títulos do FED — "amarrassem" o capital do banco que, em caso contrário, poderia ser usado para apoiar empréstimos ou criação de mercado.

Refletindo o impacto global da pandemia, outros grandes bancos centrais também intervieram com força. Em março, o Banco da Inglaterra cortou sua taxa básica de juros para 0,1%, expandiu seus programas para incentivar empréstimos bancários e reiniciou suas compras de títulos governamentais.[11] Além disso, o Banco da Inglaterra, em conjunto com o Tesouro do Reino Unido, estabeleceu o Covid Corporate Financing Facility para fornecer crédito direto de curto prazo às empresas. O Banco do Japão também aumentou suas compras de ativos, incluindo compras de títulos da dívida e títulos corporativos, e criou um mecanismo para incentivar empréstimos bancários a empresas.[12]

O Banco Central Europeu, sob a nova presidente Christine Lagarde, foi talvez o banco central estrangeiro mais ativo.[13] O BCE não reduziu sua taxa básica de juros, já em menos 0,50%, mas expandiu drasticamente seus programas de compra de títulos. Em março, em razão da pandemia, criou um novo programa de compras, emergencial, de €750 bilhões, aumentando para €1,35 trilhão em junho, ao mesmo tempo em que ampliava programas existentes.[14]

É importante ressaltar que o novo programa de emergência foi mais flexível e agressivo do que a QE anterior do BCE. No transcurso da crise da dívida europeia, o BCE tentou estabilizar os mercados de dívida soberana comprando, já em 2010, a dívida de países problemáticos da zona do euro. Vimos, porém, que ele não adotou até janeiro de 2015, a QE completa à moda EUA, envolvendo compras em larga escala de títulos de longo prazo como uma ferramenta de política monetária. O adiamento se deveu à oposição política da Alemanha e outros países do norte da Europa e por causa de preocupações sobre possíveis entraves legais baseados no tratado fundador da União Europeia, que proibia o financiamento monetário de governos. Quando o BCE iniciou a QE, teve o cuidado de impor restrições para diminuir riscos políticos e legais, inclusive garantindo que suas compras de dívida governamental não favorecessem alguns países da zona do euro em detrimento de outros. Já no programa da era da pandemia, em contraste, o cronograma e os vencimentos das compras de títulos do BCE seriam determinados somente pelo mercado e pelas condições econômicas, não havendo requisitos rígidos para quais dívidas dos países poderiam ser compradas ou em que proporções. Em particular, diferentemente dos programas regulares de QE do BCE, a dívida grega seria elegível.

Para estimular a ampliação do crédito privado, o BCE também expandiu substancialmente seus subsídios de empréstimos bancários em 2020, fornecendo financiamento de longo prazo a taxas tão baixas quanto menos 1% para bancos que aumentaram seus empréstimos a tomadores qualificados.[15] A resposta positiva dos bancos seria grande. Do lado fiscal, em um avanço político, os líderes da União Europeia concordaram em julho em patrocinar coletivamente um pacote de resgate de €750 bilhoes para conceder empréstimos e doações a países membros duramente atingidos.[16] A pandemia fez com que os europeus adotassem inovações de política fiscal e monetária que as crises financeira global e de dívida soberana não haviam feito.

A LEI "CARES"

Em 27 de março, o presidente Trump assinou um pacote fiscal de emergência bipartidário de US$2,2 trilhões — a Lei CARES (Coronavirus Aid, Relief, and Economic Security Act). Ela tinha como premissa que, para vencer o vírus, grande parte da economia teria que ficar paralisada por um tempo. O principal objetivo dessa lei era ajudar pessoas e empresas a sobreviver ao fechamento, minimizando perdas desnecessárias de empregos e quebradeira de empresas. Esse auxílio incluía: US$500 bilhões em pagamentos a indivíduos e famílias (se constituindo em um seguro-desemprego mais generoso e inclusivo, e pagamentos diretos de até US$1.200 por adulto e US$500 por criança); US$150 bilhões para governos estaduais e locais, US$150 bilhões para apoiar os sistemas de saúde e US$350 bilhões para financiar o Paycheck Protection Program (PPP). O PPP, administrado pela Small Business Administration, oferecia empréstimos a empresas com 500 funcionários ou menos, os quais poderiam ser perdoados se a empresa mantivesse sua folha de pagamento.

Do ponto de vista do FED, a disposição mais relevante da Lei CARES foi uma alocação de US$454 bilhões para reforçar os empréstimos de emergência do FED. Durante a crise financeira, o FED usou muitas vezes a autorização de conceder empréstimos sob a Seção 13(3) da Lei do Federal Reserve. A lei restringia os empréstimos 13(3) a "circunstâncias incomuns e exigentes" e a tomadores de empréstimos que, em razão de mercados conturbados, não conseguiam obter crédito por meio dos canais normais. As garantias dos empréstimos do 13(3) precisavam ser suficientes para que o FED pudesse ter razoável convicção de ser reembolsado.

A Lei Dodd-Frank de 2010, reagindo ao uso que fizemos da autorização da 13(3) em salvamentos impopulares da AIG e de outras empresas, acrescentou mais restrições às prerrogativas de empréstimo do FED, incluindo requisitos de garantia mais rígidos e proibição de empréstimos a um único mutuário (em vez disso, os programas de assistência financeira tiveram que ser projetados para emprestar a uma classe bem definida que incluía no mínimo cinco potenciais tomadores de empréstimo). A lei também exigia que o FED obtivesse a permissão do Secretário do Tesouro antes de abrir um programa 13(3). Por ocasião da aprovação pelo Congresso da lei Dodd-Frank, muitos veteranos da crise financeira, inclusive eu, temiam que as novas restrições pudessem prejudicar a capacidade de emprestar do FED em uma próxima emergência financeira.

No entanto, na Lei CARES, o Congresso viu a autorização de empréstimo do FED como uma forma de ajudar a economia a enfrentar a pandemia. Aqueles US$454 bilhões permitiram ao Treasury Department oferecer o que equivalia a uma retaguarda para os novos programas 13(3) estabelecidos pelo FED. À medida que as contribuições do Tesouro fossem grandes o bastante para absorver quaisquer eventuais perdas, o FED poderia emprestar a tomadores de risco e estar em conformidade com o requisito do 13(3) de que espera ser totalmente reembolsado. Do ponto de vista do Congresso, isso tinha vantagens. Como tal retaguarda do Tesouro cobriria apenas perdas potenciais, não o valor total emprestado, passar pelo FED teve um efeito multiplicador. Com base na alocação de US$454 bilhões do Tesouro, o FED estimou que poderia conceder ao menos US$2,3 trilhões em empréstimos. Vantagens adicionais, segundo a perspectiva do Congresso, foram a experiência do FED em mercados financeiros e de crédito e sua reputação de apartidário e independência política — uma consideração importante em face da desconfiança dos democratas no governo Trump.

A postura do Congresso deu ao FED novas e poderosas ferramentas para combater a crise da pandemia, mas também representava riscos à instituição. Se os programas não tivessem êxito, a reputação e a posição política do FED seriam maculadas. Caso o fossem, o Congresso tentaria minar a independência do FED no futuro, ordenando-lhe emprestar a beneficiários privilegiados, fora do período de emergências? O FED também enfrentou desafios técnicos difíceis ao estabelecer novos e ágeis programas de empréstimos. Ainda assim, o FED tinha bons motivos para concordar — sobretudo porque a pandemia representava uma ameaça terrível a seus objetivos econômicos e à estabilidade financeira. Além disso, o projeto de lei deixava ao FED, em consulta com o Tesouro, a palavra final sobre o aspecto operacional de seus programas, incluindo os termos dos empréstimos e sua elegibilidade. Ademais, os requisitos legais de que os empréstimos 13(3) eram permitidos apenas em "circunstâncias incomuns e exigentes" e quando os mercados de crédito estivessem disfuncionais dariam ao FED uma base sólida para insistir que os programas terminassem assim que a situação emergencial terminasse. O FED de Powell aceitou a tarefa e se dedicou ao desenvolvimento de mecanismos de empréstimo — que incluíam, significativamente, programas para mutuários não financeiros — cujo escopo ultrapassava em muito o que o FED havia feito na crise financeira global.

De modo geral, três tipos de tomadores de empréstimos eram elegíveis para os programas do FED sob a Lei CARES: corporações, governos estaduais e municipais e empresas de médio porte. O FED emprestou diretamente e apoiou os mercados de dívida corporativa e municipal comprando títulos nas mãos de investidores. Os programas corporativos e municipais foram notavelmente bem-sucedidos, restaurando rapidamente o funcionamento normal desses mercados. Mesmo antes de o FED conceder um único empréstimo ou adquirir um único título, o mero anúncio desses programas reduziu os spreads das taxas de juros e aumentou a emissão nos mercados corporativos e municipais para níveis próximos do normal. A garantia do FED de estar pronto para emprestar se ninguém mais o fizesse deu aos investidores a confiança para voltar ao mercado.

O extraordinário poder dos anúncios do FED lembrou a promessa do presidente do Banco Central Europeu, Mario Draghi, em 2012, de que o BCE "faria o que fosse preciso" para preservar o euro. No propósito de cumprir a promessa de Draghi de comprar a dívida soberana de países com problemas caso se fizesse necessário, o BCE anunciou um novo programa, chamado Outright Monetary Transactions. Contudo, o BCE nunca teve que comprar um único título do governo sob esse programa. Por si só, o anúncio restabeleceu a confiança, diminuindo drasticamente, quase da noite para o dia as taxas de juros pagas pelos países problemáticos da zona do euro. Programas corporativos e municipais do FED tiveram efeitos semelhantes, alcançando seus objetivos mesmo que os empréstimos efetivamente ocorridos acabassem ficando muito aquém de sua capacidade. Observando mais amplamente, as intervenções do FED a partir de março, entre elas suas compras de Treasuries e MBS, ajudaram a persuadir os investidores a assumir riscos novamente. Isso incluiu investidores no mercado acionário, que em meados do verão havia se recuperado totalmente de sua queda anterior e a partir daí um continuado movimento de alta.

Quanto aos empréstimos para empresas de médio porte — uma variedade de empresas, a maioria sem acesso a mercados de ações ou títulos — mostrou-se um desafio e tanto. O FED anunciou seu Main Street Lending Program em 9 de abril, tendo como apoio US$75 bilhões do Tesouro.* O FED decidiu repassar aos bancos comerciais a avaliação e concessão dos empréstimos, segundo os termos que ele estabeleceu. A lógica era que os bancos têm muito mais informações do que o FED sobre potenciais tomadores de empréstimos, além da equipe e experiência necessárias para operacionalizar o que se esperava serem muitos e relativamente pequenos empréstimos. O FED então compraria uma participação de 95% de cada empréstimo, eliminando a maior parte do risco dos bancos credores, enquanto os 5% restantes dariam aos bancos um incentivo para fazer bons empréstimos. A intenção era dar às médias empresas, em condições razoáveis, o crédito necessário para sobreviver à paralisação parcial da economia. Mais à frente, organizações sem fins lucrativos também seriam elegíveis. Ao contrário do PPP para empresas menores, os empréstimos da Main Street Lending Program não eram perdoáveis, embora os prazos de pagamento permitidos fossem longos — quatro anos no início, depois estendidos para cinco anos.

Definir os termos dos empréstimos do Main Street era tarefa complicada. Seria preciso ser generoso o suficiente para atrair tomadores de empréstimos, que em muitos casos provavelmente necessitavam, para sobreviver, de subsídios (não reembolsáveis por definição) em vez de empréstimos. Ao mesmo tempo, os termos tinham de tornar os empréstimos atraentes para os bancos — que arcavam com os custos de concessão e manutenção dos empréstimos, além de deter 5% do risco —, sem deixar de serem rígidos o bastante para limitar as perdas esperadas para o Tesouro, cuja relação com o risco é, em geral, conservadora. Foi difícil

* "Main Street" era um nome um tanto impróprio, pois as empresas que empregavam até 10 mil trabalhadores ou com receitas anuais de menos de US$2,5 bilhões — mais tarde aumentados para 15 mil trabalhadores e US$5 bilhões de receita — eram elegíveis para empréstimos. Empresas menores foram contempladas por outros programas, como PPP. O FED apoiou este último programa emprestando aos bancos que operavam com essa linha, aceitando como garantia os empréstimos — que eram garantidos pela Small Business Administration — pelo valor de face. [N. do A.]

atender a essas condições e, simultaneamente, dotar os programas de assistência financeira da capacidade de acomodar diferentes tipos de negócios e ONGs com estruturas financeiras e relacionamentos bancários dos mais variados. A implantação do programa Main Street foi lenta; não houve disponibilização para registro de concedentes de empréstimos até 15 de junho. Apenas uma semana antes disso, o FED liberou os termos para os tomadores de empréstimo, diminuindo o valor mínimo da operação, aumentando seu valor máximo, estendendo seu prazo e ampliando o tempo de carência do pagamento do principal de um para dois anos. Em 30 de outubro, o FED facilitou os termos novamente, reduzindo o valor mínimo do empréstimo para US$100 mil. Não obstante, a participação de bancos e mutuários permaneceu decepcionante.

O enorme programa fiscal do Congresso e as ações do FED reduziram os danos econômicos da pandemia ao proteger a renda dos norte-americanos e o acesso ao crédito. Uma forte recessão, porém, era inevitável. O National Bureau of Economic Research (NBER) datou o início da recessão pandêmica em fevereiro de 2020, dando fim a uma expansão de 128 meses, a mais longa na história dos ciclos econômicos dos EUA datados desde 1854. A produção real no segundo trimestre sofreria a maior queda, de longe, da história dos EUA.*

No mercado de trabalho as perdas foram dramáticas. Mesmo quando não sujeitas a lockdowns oficiais, muitas pessoas optaram por ficar em casa receando serem contaminadas pelo vírus. Cerca de 1/3 dos trabalhadores conseguia realizar seu trabalho remotamente, mas a maioria não. Após uma baixa de 50 anos, o desemprego disparou: de 3,5% em fevereiro para 14,8% em abril, o mais alto registrado desde o início da coleta de dados mensais em 1948. Mesmo esse número foi subestimado: devido às dificuldades de determinar quem estava empregado durante a paralisação geral, a taxa de desemprego "real" foi provavelmente muito maior do que a oficial, como admitiu o Bureau of Labor Statistics (BLS), responsável pelas estatísticas de desemprego. Na tentativa de corrigir a subcontagem de trabalhadores demitidos, o BLS, em um cálculo alternativo, apurou que o desemprego "real" poderia ter chegado a 19,7% em abril. Só naquele

* Por mais profunda que fosse a contração, ela seria curta, com a economia voltando a crescer em abril. O NBER declararia mais tarde que a recessão (o período de contração) durou apenas dois meses. Isso também significaria um recorde como a recessão mais curta da história dos EUA. [N. do A.]

mês, houve uma diminuição de impressionantes 20,7 milhões de postos de trabalho, ou mais de 13% dos trabalhadores empregados em março.

A recessão pandêmica foi incomum em outros aspectos além da origem e gravidade. Uma recessão típica atinge com mais força a manufatura e a habitação; desta vez, os setores de serviços, que exigem contato pessoal — como lojas físicas de varejo, viagens e turismo, bares e restaurantes — foram os mais prejudicados. Como esses segmentos empregam muitas mulheres, minorias e trabalhadores com salários mais baixos, esses grupos foram afetados desproporcionalmente, bem mais do que em uma recessão típica. Alguns descreveriam a recessão como "em forma de K", o que significa que as pessoas em melhor situação se saíram extraordinariamente bem, enquanto as de renda menor suportaram o impacto maior.

Após a dramaticidade dos passos que deu em março, o FOMC entrou no modo "esperar para ver" da política monetária. O Comitê discutiu mais opções de política, porém não tomou nenhuma outra atitude, mencionando o alto grau de incerteza. Além disso, naquele momento não estava claro se a política monetária poderia fazer muito mais do que já havia feito — principalmente, estabilizar mercados financeiros e de crédito e garantir condições financeiras favoráveis. Será que com o vírus se espalhando, pequenas mudanças nas taxas de juros incentivariam as pessoas a comprar mais ou as empresas a investir ou contratar mais? Dados os riscos à saúde com as atividades econômicas normais, como comprar roupas e jantar fora, esses resultados eram desejáveis? Em um discurso em 13 de maio, Powell repetiu o que se tornaria um mantra dele: "o FED tem poder de emprestar, não de gastar".[17] Ele instou o Congresso e o governo a considerarem fornecer mais apoio fiscal por motivos humanitários e para evitar danos econômicos de longo prazo, ou "cicatrizes", que pudessem surgir, por exemplo, do fechamento de muitas pequenas empresas, da descontinuidade do relacionamento entre patrões e empregados, e da perda de habilidades e conexões com o mercado de trabalho entre os desempregados. O presidente Trump, que sempre enfatizou uma perspectiva econômica mais otimista do que Powell, falou aos repórteres no mesmo dia. Ele não avaliou o pedido de Powell por mais gastos federais, mas reconheceu a contragosto os esforços do FED naquela primavera. "Ele fez um trabalho muito bom nos últimos meses", disse Trump. "Eu o chamo de meu melhor jogador do time — 'M.I.P.' [na sigla em inglês]."[18]

A economia parecia ter melhorado um pouco no final de abril e maio, quando governos estaduais e municipais começaram a diminuir gradualmente os pedidos para não sair de casa. Em maio, 2,8 milhões de empregos foram recuperados, com a taxa oficial de desemprego caindo para 13,3%, ou 16,3% em uma base ajustada. A recuperação continuou durante o verão. A economia gerou mais 6,6 milhões de empregos em junho e julho e a taxa oficial de desemprego caiu para 10,2%.

Mas o total de salários, no entanto, permaneceu muito abaixo e a taxa de desemprego muito acima dos níveis de antes da pandemia. Durante o verão e o outono, novas ondas de infecções retardaram a recuperação e mantiveram muitas escolas e empresas fechadas. Powell, em coletivas de imprensa e depoimentos, continuou a enfatizar os riscos de longo prazo de uma recuperação incompleta e desigual. Embora tendo o cuidado de adiar os detalhes ao Congresso, ele também começou a enfatizar que o forte apoio fiscal anterior ficaria aquém do que era necessário.

Com a eleição presidencial de novembro se aproximando, o Congresso e o governo chegaram a um impasse quanto à ação fiscal. Entre outras divergências, os democratas pressionaram e o governo e muitos republicanos resistiram a fornecer mais ajuda aos governos estaduais e locais, muitos deles cujas receitas estavam sendo muito prejudicadas pelo efeito da crise nos impostos de renda e sobre as vendas. Os cortes estaduais e locais tinham atrasado a recuperação da Grande Recessão, e os formuladores de políticas do FED temiam que isso viesse a acontecer de novo.

Apesar das muitas preocupações, a economia recuperou boa parte do terreno perdido no terceiro trimestre. Depois das severas quedas em março e abril, a produção real no segundo trimestre de 2020 caiu cerca de 9% abaixo do mesmo trimestre de 2019. Por outro lado, a produção do terceiro trimestre voltou a um nível menor em apenas cerca de 3% em relação ao período correspondente do ano anterior. O desemprego também continuou a diminuir, atingindo uma taxa oficial de 6,7% em novembro. A política monetária flexível do FED ajudou na recuperação ao dar um forte empurrão no mercado imobiliário (com taxas de hipoteca em mínimos históricos) e aumentar a demanda por compras de bens de alto valor, como automóveis. Ainda assim, a economia estava longe do normal. Até novembro, havia recuperado somente pouco mais da metade dos 22 milhões de postos de trabalho perdidos em março e abril. Além disso, o ressurgimento do vírus e a diminuição do apoio fiscal frearam o crescimento durante o inverno. Os postos de trabalho de fato declinaram em dezembro e cresceram apenas modestamente em janeiro.

UMA NOVA ESTRUTURA DE POLÍTICAS

O advento da pandemia atrasou a revisão em andamento do FED de sua estrutura, ferramentas e comunicações de política monetária. Contudo, no final de agosto de 2020, em uma versão online da conferência de Jackson Hole, Powell anunciou alterações importantes na estrutura cujos efeitos seriam quase imediatos na resposta monetária do FED à crise.[19]

A revisão da estratégia, lançada em novembro de 2018 em condições muito mais propícias, foi motivada por mudanças de longo prazo no ambiente econômico e político. Uma queda sustentada na taxa de juros neutra, que aparentemente não deixou de continuar após a crise financeira global, estreitou o espaço para os formuladores de política monetária cortarem as taxas de juros de curto prazo em recessões. Essa limitação na resposta da política monetária às recessões colocou em risco períodos mais frequentes e prolongados de alto desemprego e baixa inflação. Em uma contraposição benigna, o declínio da taxa natural de desemprego, uma Curva de Phillips mais plana e expectativas de inflação bem ancoradas parecem ter dado ao FED uma condição maior para pressionar por um mercado de trabalho "aquecido" com menor preocupação com inflação alta demais. Como Powell observou em seu discurso, os participantes dos eventos Fed Listens que o Fed realizou em todo o país enfatizaram os benefícios substanciais e generalizados de um mercado de trabalho forte, especialmente para minorias, trabalhadores menos experientes ou menos qualificados e pessoas de comunidades de renda baixa e média. O pleno emprego deve, portanto, ser pensado como uma "meta ampla e inclusiva" para o FED, disse Powell.

Em face de sua revisão, o FOMC aprovou duas mudanças principais em sua estrutura de políticas. Em primeiro lugar, ao perseguir sua meta de inflação, o Comitê tentaria de agora em diante compensar as expectativas anteriores de meta de inflação abaixo do esperado (mas não acima do esperado). Se esta ficasse abaixo de 2% por algum tempo, como ocorreu durante a maior parte da expansão após a Grande Recessão, o Comitê compensaria permitindo que a inflação ficasse "moderadamente acima de 2% por algum tempo". A nova abordagem tinha como propósito manter a inflação próxima da meta *na média*. Em contraste, na abordagem tradicional de metas de inflação, os formuladores de políticas ignoravam o tamanho ou a duração dos fracassos anteriores e tentavam atingir a meta ao longo do tempo, deixando o passado ficar no passado.

Powell apelidou a composição da nova estratégia de "meta de inflação média flexível" ou FAIT [na sigla em inglês].* Essa flexibilidade tinha diversos sentidos. Em linha com o duplo mandato e a abordagem que adotamos em 2012, seria necessário que o Comitê considerasse o emprego, além da inflação. Também seria flexível à medida que não haveria fórmula exata para descrever a nova política de "ultrapassagem" [quando ocorre uma inflação acima da meta]. Por exemplo, o Comitê não especificou o período sobre o qual seria calculada a média da taxa de inflação. Também não fez definições numéricas de "moderadamente acima de 2%" ou "por algum tempo". Tais definições dependeriam da conjuntura econômica e da apreciação do Comitê. Como é praxe acontecer na comunicação do banco central, a falta de especificidade preservou, ao mesmo tempo, a flexibilidade da política e o espaço para avaliação, enquanto crescia o risco de má comunicação ou mal-entendido pelos mercados.

Caso os mercados compreendam e acreditem, Powell argumentou, a meta de inflação média flexível deve ajudar formuladores de políticas monetárias a superar a restrição imposta pelo limite inferior efetivo. Em particular, o compromisso do FOMC de permitir que a inflação ultrapasse a meta de 2% após um período abaixo da meta equivale a uma promessa de que as taxas de juros serão mantidas "mais baixas por mais tempo" conforme a economia se recupera de um período de baixa inflação e emprego. Se for crível, essa promessa deve pressionar para baixo as taxas de juros de longo prazo, aumentando o estímulo econômico mesmo que as taxas curtas estejam no limite inferior. Ademais, ao manter a inflação próxima de 2% em média, a nova abordagem deve ajudar a manter as expectativas de inflação das famílias e empresas bem ancoradas perto da meta. Expectativas de inflação bem ancoradas facilitam o controle da inflação e ajudam a evitar que as taxas de juros caiam demais, abrindo espaço para cortes de juros em recessões. Em contraste, em uma abordagem tradicional de metas de inflação — graças à restrição do limite inferior

* A meta de inflação média flexível, ampliada pela orientação do FOMC de setembro de 2020, é bem parecida com uma estratégia que propus em 2017, chamada de meta temporária de nível de preços (Bernanke, 2017a, b). Bernanke, Kiley e Roberts (2019) mostraram que a meta temporária de nível de preços pode melhorar o desempenho econômico quando o limite inferior efetivo restringe a política, ainda que a compreensão e credibilidade dessa estratégia fique limitada somente aos participantes do mercado financeiro, e não pelo público em geral. O presidente do FED de Chicago, Charles Evans, já havia feito uma proposta semelhante (Evans, 2012). Essa abordagem é discutida no Capítulo 13. [N. do A.]

da política monetária — quedas corriqueiras da inflação abaixo de 2% podem ter como resultado que a inflação média e, em última análise, as expectativas de inflação caiam perigosamente abaixo da meta do FOMC.

A segunda grande mudança na estrutura do FED foi um posicionamento mais proativo para garantir o pleno emprego. Em seu discurso, Powell disse que a política monetária passaria a responder apenas a *quedas* de emprego em relação ao seu nível máximo, e não a *desvios* (quedas ou ultrapassagens) desse nível. Em outras palavras, o FOMC não iria mais apertar a política simplesmente em resposta ao desemprego baixo ou em queda — a menos que também houvesse "sinais de aumentos indesejados da inflação" ou outros riscos, para a estabilidade financeira, por exemplo.

Desde William McChesney Martin, os presidentes do FED frequentemente optam por agir preventivamente contra a inflação, iniciando o aperto da política antes que imperem as pré-condições para uma inflação mais alta — incluindo um mercado de trabalho superaquecido. A justificativa era que há um atraso para os efeitos da política monetária serem sentidos e, ao esperar demais, o Comitê arriscava "ficar para trás da curva" da inflação, obrigando-o a, mais tarde, recuperar a defasagem com aumentos rápidos das taxas. Quanto a esta segunda mudança em sua estrutura, o FOMC deixaria efetivamente de lado os ataques preventivos. Não iria mais apertar a política baseado somente na presunção de que o baixo desemprego hoje deve levar a uma inflação alta amanhã.

Essa nova forma de atuação refletiu o maior foco do FOMC na elevada incerteza em torno das estimativas da taxa natural de desemprego, u-estrela, citada por Powell em seu discurso "navegando pelas estrelas" em Jackson Hole em 2018. Para que ataques preventivos à inflação sejam oportunos e eficazes, os formuladores de políticas precisam de uma estimativa razoavelmente boa da taxa natural. Caso contrário, os modelos da Curva de Phillips usados para prever a inflação provavelmente não seriam precisos, como ficou claro nos anos anteriores à pandemia. Em sua nova estratégia, o FOMC concordou em adotar uma visão mais agnóstica da u-estrela. Ele pressionaria por uma diminuição do desemprego até que a inflação ou outros sinais de superaquecimento evidenciassem, de modo palpável, que o pleno emprego havia sido atingido. Não há como negar que essa estratégia traria algum risco de que a inflação subisse muito, forçando uma dura resposta política. Mas o FOMC viu esse risco como limitado pela Curva de Phillips plana e expectativas de inflação bem ancoradas. E também benefícios substanciais ao pressionar por um mercado de trabalho mais forte e evitar a inflação muito baixa que assolou a Europa e o Japão.

Para formalizar sua nova estratégia, o Comitê votou por unanimidade para alterar sua Statement on Longer-Run Goals and Policy Strategy (publicada pela primeira vez em 2012 como parte da introdução da meta de inflação) e informou que revisaria sua estrutura política a cada cinco anos.* No discurso de agosto, Powell não especificou as ações políticas que se seguiriam no curto prazo. No entanto, uma orientação adicional foi dada na reunião seguinte do FOMC, em setembro, quando o Comitê anunciou que pretendia manter as taxas próximas de zero até que três condições fossem atendidas: 1) condições do mercado de trabalho consistentes com a avaliação de pleno emprego do Comitê; 2) elevação da inflação para 2%, e 3) inflação "a caminho de exceder moderadamente 2% por algum tempo". As projeções de taxas do Comitê divulgadas naquela reunião revelaram que a maioria dos participantes do FOMC não esperava que todas essas condições fossem atendidas por três anos ou mais.

Em dezembro, o Comitê também orientou sobre seus planos de compra de títulos, prometendo aumentar suas participações em títulos do Tesouro e MBS no mínimo em US$120 bilhões por mês "até que progresso substancial adicional tenha sido feito em direção às metas máximas de emprego e estabilidade de preços do Comitê". "Progresso substancial adicional" não foi definido, uma omissão surpreendente, uma vez que linguagem muito semelhante contribuiu para o taper tantrum de 2013, quando ruídos na comunicação entre o FED e os mercados levaram a aumentos acentuados nos rendimentos e volatilidade. Contudo, em relação a 2013, o Comitê parecia mais unido em sua disposição de persistir com a QE e prometeu alertar bastante os mercados antes de frear suas compras. No geral, até o final de 2020, a mensagem do FED era de que a política monetária provavelmente continuaria flexível por um bom tempo.

* Em julho de 2021, o BC Europeu também atualizou sua estratégia de política monetária, após um ano e meio de revisão. Mas não foi tão longe quanto o FED. Descartou a descrição anterior de sua meta de inflação como "abaixo, mas próxima de 2%" e, em vez de estabelecer os 2% como limite máximo, afirmou que essa seria a meta no médio prazo e que consideraria os níveis acima e abaixo dessa meta como igualmente indesejáveis. Também continuaria a utilizar as previsões de inflação para determinar quando apertar a política monetária. A nova estratégia do BCE foi influenciada pelas mudanças do FED, mas assemelhava-se mais à estratégia simétrica do "passado" do FED pré-2020 do que à sua nova abordagem. [N. do A.]

A nova estrutura do FED e as políticas mais flexíveis que ela implicava não foram imediatamente acompanhadas por uma nova ação fiscal. Todavia, o democrata Joe Biden foi eleito presidente em novembro, com controle efetivo das duas casas do Congresso; e em dezembro o Congresso "pato manco"* aprovou um novo pacote de ajuda fiscal superior a US$900 bilhões. Ainda mais importante, o desenvolvimento de várias vacinas eficazes aumentou as esperanças de controlar a pandemia.

As linhas de crédito do FED autorizadas pela Lei CARES vieram para renovação em 31 de dezembro, e o Secretário do Tesouro, Mnuchin, optou por deixá-las expirar. Powell sinalizou sua relutância em um comunicado, mas concordou em devolver as contribuições do Tesouro e deixar de fazer novos empréstimos e comprar títulos daquelas linhas. O Congresso, como parte do pacote fiscal de dezembro, confirmou a decisão de Mnuchin, mas também especificou que as autorizações da 13(3) do FED não mais seriam restringidas relativamente às condições existentes que vigoravam antes da pandemia. Assistências financeiras relativas à 13(3), não suportadas pelo financiamento da Lei CARES, como o programa de títulos da dívida, permaneceriam em aberto por enquanto. Provavelmente acreditando que tais assistências poderiam ser reiniciadas rapidamente em uma nova emergência, os participantes do mercado reagiram calmamente. A reação do mercado foi consistente com a conclusão de que não era o empréstimo efetivamente ocorrido por meio dos programas da Lei CARES que era importante — os valores emprestados eram muito pequenos em comparação com a capacidade teórica de US$2,3 trilhões desses programas assistenciais — mas a demonstração de que o FED e o Tesouro estavam prontos para fornecer um suporte para mercados disfuncionais. Em junho de 2021, o FED anunciaria sua intenção de vender os títulos corporativos que havia adquirido por intermédio de seus programas da Lei CARES.

O governo Biden tomou posse em janeiro de 2021 — com Janet Yellen como Secretária do Tesouro — e não demorou para aprovar o American Rescue Plan de US$1,9 trilhão em março para dar apoio adicional a famílias, empresas e governos estaduais e locais. Essa nova e poderosa dose de alívio fiscal, em conjunto com ações fiscais anteriores e a demanda reprimida do consumidor — segundo algumas estimativas, os norte-americanos acumularam mais de US$2 trilhões em economias extras durante

* No caso, um Congresso em fim de mandato cujos parlamentares serão em breve substituídos em sua maioria por adversários, e por isso se sentem livres para tomar decisões, muitas vezes controversas, sem receio das consequências. [N. da T.]

a pandemia — deu forte impulso a novos gastos e criação de empregos nos primeiros meses de 2021. Além disso, no início do verão, foi lançado com êxito um programa nacional de vacinação para a maioria dos adultos que desejavam se vacinar, embora os céticos e os que recusavam a vacina continuassem sendo uma minoria significativa.

O ambiente parecia pronto para um boom econômico. Na reunião de junho de 2021, participantes do FOMC projetaram que a taxa de desemprego cairia para 4,5% no 4º trimestre, com crescimento para o ano de robustos 7%. O emprego aumentou rapidamente no decorrer do verão, com quase um milhão de empregos a mais em junho e julho. Seguindo sua nova estrutura e orientação política, o FOMC manteve as taxas próximas de zero e continuou a comprar títulos.

A despeito dos poderosos ventos favoráveis fiscais e monetários, no entanto, a recuperação ficou aquém da suavidade esperada. Em outubro, a taxa de desemprego caiu para 4,6%, mas apenas porque muitos trabalhadores permaneceram fora da força de trabalho [essas pessoas, no Brasil, têm o nome técnico de "desalentados" porque desistiram de procurar um emprego]. O emprego total, apesar dos ganhos do verão, permaneceu quase 4,2 milhões de empregos abaixo do pico pré-pandêmico. Uma recuperação desigual, com alguns setores e áreas geográficas reabrindo mais rapidamente e outras não, levou a uma situação paradoxal: em um mercado de trabalho com um déficit de milhões de empregos, os empregadores, de forma generalizada, reclamavam da escassez de trabalhadores. Os fatores que deprimiam a oferta de mão de obra incluíam escolas fechadas e falta de creches, que impediam alguns pais de voltar ao trabalho, e generosos benefícios do governo que davam aos desempregados mais tempo para procurar um emprego. Os riscos de saúde, ainda presentes, também deixavam cautelosos os trabalhadores em potencial, em especial quando novas variantes do vírus — principalmente a chamada variante Delta —levaram a um novo aumento nos casos de covid-19 nos EUA durante o verão. (Devido aos riscos da variante, a reunião de Jackson Hole do FED em 2021 foi virtual pelo segundo ano consecutivo.) E, talvez após um ano e meio longe das rotinas regulares de trabalho, muitos estavam reconsiderando suas escolhas das carreiras e o equilíbrio entre trabalho e outras atividades, incluindo escola, ficar em casa com os filhos ou se aposentar.

A inflação representava outra ameaça, cada vez mais preocupante. Alguns economistas, incluindo Larry Summers, Olivier Blanchard (o ex-economista chefe do FMI) e Jason Furman (ex-chefe do CEA de Obama), expressaram o receio de que a combinação de um forte estímulo fiscal, poupança acumulada pelas famílias e política monetária flexível superaqueceriam a economia, provocando o retorno da inflação ao estilo dos anos 1970 ou um aperto precipitado do FED que causaria danos à economia e aos mercados. A inflação cresceu muito mais rápido do que os participantes do FOMC esperavam, com o núcleo da inflação do PCE nos doze meses anteriores atingindo 4,1% em outubro. (Conforme medido pelo índice de preços ao consumidor mais conhecido, incluindo preços de alimentos e energia, a inflação naquele mês atingiu chocantes 6,2%.)

O FED reconheceu que a inflação em 2021 seria maior do que o previsto, mas argumentou que tal ocorreria em função de fatores temporários relacionados à reabertura da economia, incluindo a reversão das quedas de preços em setores duramente atingidos durante a pandemia (tarifas de hotéis, passagens aéreas), gargalos na cadeia de suprimentos (como uma escassez global de chips de computador que desacelerou a produção de automóveis, elevando os preços de carros novos e usados) e aumentos nos preços do petróleo e de algumas outras commodities com a retomada da atividade econômica.

Além do mais, argumentaram as autoridades do FED, também havia diferenças importantes entre 2021 e os anos inflacionários de 1960 e 1970. Considerando que antes do início da pandemia o desemprego era de apenas 3,5% sem gerar pressões sobre os preços, era improvável que o Comitê estivesse subestimando a taxa natural de desemprego conforme fizeram os formuladores de políticas daquelas duas décadas. O programa fiscal de Biden, embora de grande porte, não seria sustentado por muitos anos, como os gastos da Guerra do Vietnã e da Grande Sociedade nos anos 1960.* Os choques de oferta de 2021, entre as quais as interrupções nas cadeias de suprimentos e na oferta de mão de obra, provavelmente diminuiriam com o passar do tempo e um controle mais rigoroso do vírus. E, mais importante, o FED de 2021 estava melhor posicionado do que nas décadas de 1960 e 1970, com as expectativas de inflação mais bem ancoradas e monitoradas de perto, e com sua independência política fora de questão. Apoiando a visão do FED da provável duração temporária do crescimento da inflação, expectativas de inflação de médio prazo

* O American Rescue Plan de US$1,9 trilhão seria seguido por medidas fiscais adicionais destinadas a restaurar a infraestrutura e ampliar os programas de bem-estar social, mas os gastos com esses programas seriam distribuídos ao longo de uma década e os recursos para tal viriam parcialmente do aumento de impostos. [N. do A.]

(medidas por pesquisas em famílias e empresas, e preços de ativos financeiros) permaneceram moderadas em 2021, não obstante a aceleração na taxa de aumentos de preços.

Contudo, as leituras inesperadamente elevadas da inflação causaram ansiedade no FOMC e na Casa Branca, e o Comitê iniciou uma mudança gradual em direção a uma política mais agressiva ao estilo "falcão". O gráfico de pontos de setembro de 2021 revelou que metade do Comitê — nove membros — antecipava que o primeiro aumento de taxa ocorreria até o final de 2022 (eram quatro em março e sete em junho), e as atas da reunião de julho mostravam que muitos membros esperavam que a diminuição gradual das compras começaria "neste ano".[20] Na reunião de novembro, o presidente Powell continuou confirmando que a redução gradual começaria naquele mês e terminaria em meados de 2022. Tendo em mente, sem dúvida, o taper tantrum de 2013, ele enfatizou que tal decisão não significava que os aumentos nas taxas eram iminentes. O anúncio, porém, abriu a possibilidade de um aumento na TDI já no verão [setentrional] de 2022.

No geral, a recuperação altamente incomum da recessão pandêmica se constituiu em um teste difícil para a nova estrutura do FED. O estímulo fiscal recorde, a reabertura desigual e o comportamento inusual tanto do emprego quanto da inflação tornaram as previsões e a comunicação ao público um desafio particularmente difícil. As expectativas de inflação de médio prazo pareciam bem controladas, mas dependendo da interpretação das pessoas sobre o estouro da inflação em 2021, a possibilidade de desancoragem das expectativas correntes de inflação — que levaria, por sua vez, a uma inflação mais sustentada — não poderia ser descartada. Sob sua estrutura FAIT, o FOMC buscou uma ultrapassagem temporária de sua meta de inflação. O risco era que essa ação fosse longe demais e persistisse por muito tempo. Evitar esse resultado testaria tanto a capacidade de previsão do FED quanto sua credibilidade.

O mandato de Powell terminaria no início de 2022. Ele foi amplamente elogiado por democratas e republicanos por sua condução da política monetária antes e durante a pandemia, por sua atuação no pânico de março de 2020, e em virtude de sua liderança e habilidade política. Quando ingressou no Conselho como presidente, ainda um novato na área monetária, provou ser um banqueiro central consumado do século XXI, implantando proativamente uma série enorme de ferramentas e estratégias que seus predecessores do século XX não teriam previsto. E também tornou o FED mais aberto, alcançando um público amplo em suas coletivas de imprensa e por intermédio de programas como o FED Listens.

Não obstante, a recondução não era uma certeza. A senadora democrata Elizabeth Warren (Massachusetts) liderou as críticas da esquerda de que Powell não havia sido agressivo o bastante em questões regulatórias, e a revelação de que dois presidentes de FEDs regionais fizeram inúmeras negociações de títulos durante 2020 ameaçaram manchar a imagem de integridade institucional que Powell havia tentado projetar. Três dias antes do Dia de Ação de Graças, o presidente Biden anunciou que nomearia Powell como presidente do FED. Lael Brainard, única candidata dos tempos de Obama no Conselho, foi nomeada vice-presidente, substituindo Clarida, cujo mandato se encerraria no início de 2022. Brainard se revelou uma adversária e tanto de Powell. Embora suas visões de política monetária fossem semelhantes às de Powell, os democratas progressistas a viam como mais severa quanto às questões de regulamentação financeira e climáticas. Ao escolher Powell, Biden optou pela continuidade e por retornar à tradição de renomear líderes do FED bem-sucedidos do partido oposto.

Mais quatro anos como presidente foi gratificante, mas Powell não teria tempo para curtir a vitória. A inflação elevada e as ameaças econômicas representadas por novas variantes do vírus eram desafios que Powell e seus colegas teriam de enfrentar e, mais uma vez, encontrar uma maneira de levar a economia a um pouso suave.

■

PARTE IV

A POLÍTICA MONETÁRIA DO SÉCULO XXI

O que Vem a Seguir

11

FERRAMENTAS DO FED APÓS 2008

Quantitative Easing e Forward Guidance

OS FORMULADORES DE POLÍTICAS MONETÁRIAS DO SÉCULO XXI enfrentaram um mundo diferente de seus predecessores do século XX — um "novo normal", no qual uma inflação muito baixa pode causar tanta preocupação quanto uma inflação muito alta, e uma taxa de juros neutra baixa, ao estreitar o espaço para cortes nas taxas de curto prazo, implica em severa diminuição da força das políticas monetárias tradicionais. Que opções os formuladores de políticas têm para responder a esses desafios? No decorrer e após a crise financeira de 2007-2009, o FED (e outros grandes bancos centrais) usou como alternativa duas ferramentas depois do esgotamento dos cortes convencionais nas taxas: "quantitative easing" em grande escala para reduzir as taxas de juros de longo prazo e um forward guidance cada vez mais explícito, com o propósito de influenciar as condições financeiras, moldando as expectativas do mercado quanto à futura política monetária [em português, "flexibilização quantitativa" e "orientação futura", respectivamente, termos também utilizados no Brasil]. Durante a pandemia, o FED e muitos outros bancos centrais novamente se apoiaram fortemente nessas ferramentas.

Quão bem essas ferramentas alternativas funcionam? Quais custos e riscos elas geram? Com taxas de juros neutras muito mais baixas do que no passado, a QE e o forward guidance darão conta? Quando introduzimos essas ferramentas no FED durante a crise financeira, fomos obrigados a fazer nossas melhores suposições, baseados nas evidências disponíveis. Agora, com uma experiência considerável nas costas, tanto nos EUA quanto no exterior, sabemos muito mais sobre essas ferramentas e como usá-las.

O que fica como resultado é que a maior parte da evidência — derivada da pesquisa formal e da experiência prática — confirma a eficácia das ferramentas alternativas de política monetária adotadas após 2008. Sua capacidade de ampliar o estímulo é significativa quando taxas curtas não podem mais ser cortadas e, principalmente, seus efeitos colaterais são controláveis. Elas se tornaram assim, e de modo apropriado, acréscimos permanentes ao conjunto de ferramentas de política monetária, nos EUA e em um número crescente de outras economias. Por outro lado, é improvável que as ferramentas pós-2008 do FED bastem em todas as circunstâncias, em particular em recessões muito graves ou quando a taxa de juros neutra for bem baixa. Isso naturalmente levanta a questão do que mais pode ser feito para fazer com que a política monetária e a política de estabilização econômica em geral sejam mais consistentes e eficazes.

QUANTITATIVE EASING

O termo *quantitative easing* tem sido usado para descrever diferentes tipos de programas. Aqui, definirei a QE como aquisições em larga escala pelo Banco Central de títulos de longo prazo, com o intuito de reduzir as taxas de juros de longo prazo, facilitar as condições financeiras e, em última análise, alcançar objetivos macroeconômicos, como pleno emprego e estabilidade de preços.

Essa definição deixa de fora, por exemplo, as compras de títulos do Banco do Japão iniciadas em 2001. Embora esse programa tenha sido o primeiro a ser chamado de "quantitative easing" e tivesse objetivos macroeconômicos — em especial derrotar uma deflação — ele envolvia principalmente compras de títulos de curto prazo e pretendia aumentar as reservas bancárias e a oferta monetária em vez de diminuir as taxas de juros de longo prazo. (Os japoneses se apoiaram em uma doutrina monetarista equivocada e simplificada demais que pressupõe uma relação direta entre a oferta de moeda e os preços.) Minha definição de QE também exclui compras de títulos estritamente destinadas a estabilizar mercados financeiros específicos, como compras de dívida de países problemáticos ao longo da crise da dívida soberana europeia ou as aquisições de títulos do Tesouro e MBS garantidos pelo governo pelo FED de Powell em sua função de comprador de última instância em março de 2020. Porém, como o último exemplo mostra, um programa de compra que começa como uma medida de estabilização do mercado pode evoluir para uma ferramenta de estabilização econômica também; então, a linha entre os dois tipos de programas nem sempre é nítida.

Quando de sua introdução nos EUA, a QE era uma medida extrema, com grande incerteza sobre sua provável eficácia e seus possíveis custos e riscos. Também enfrentou intensas críticas políticas. No entanto, como a QE demonstrou ser útil sem apresentar efeitos colaterais terríveis, sua aceitação aumentou. Surpreendentemente, quase US$5 trilhões em compras de títulos em larga escala pelo FED de Powell no decorrer da recessão e recuperação pandêmica foram alvo de relativa pouca resistência de membros do Congresso ou outros. Da mesma forma, a emergência pandêmica levou a novas compras de títulos pelo Banco da Inglaterra e pelo Banco Central Europeu, programas amplamente apoiados nessas instituições e aceitos por políticos e pela população. (O Banco do Japão, que nunca havia encerrado suas compras de ativos, continuou fazendo-as durante todo o período.) E os BCs que não usaram a QE ao longo da crise financeira global ou da Grande Recessão — incluindo o Banco do Canadá, o Reserve Bank da Austrália e até alguns bancos centrais de economias em desenvolvimento — adotaram a ferramenta durante a pandemia.*

Como Funciona a QE?

O funcionamento da QE tem sido objeto de extenso debate entre os economistas — e, de fato, se funciona. Quando o FOMC começou a discutir as compras de títulos, alguns economistas argumentaram que a QE, que afinal não passa de uma troca de um conjunto de ativos financeiros (reservas bancárias) por outro (títulos de longo prazo), deveria ter pouco ou nenhum efeito sobre preços de ativos ou a economia.[1] Como eu diria em 2014: "O problema com a QE é que funciona na prática, mas não funciona na teoria."[2]

Mas a QE realmente parece funcionar na prática, afetando os mercados financeiros — e, por meio deles, a economia — valendo-se de dois canais amplos: o canal de equilíbrio de portfólio e o canal de sinalização.[3] Discutimos muito os dois canais — que são complementos, não alternativas — conforme planejávamos a primeira QE do FED em 2008 e 2009.

* Rebucci, Hartley e Jiménez (2020) estudam os anúncios da QE da época da pandemia em 21 países. Eles descobriram que a QE não perdeu eficácia nas economias avançadas e que seu impacto nos rendimentos dos títulos de longo prazo é, na verdade, muito mais forte nos mercados emergentes. [N. do A.]

O *canal equilíbrio de portfólio* é a ideia intuitiva de que as compras de títulos de longo prazo pelo BC reduzem a oferta desses títulos em poder do público, elevando seus preços e diminuindo seus rendimentos. A premissa inerente é que muitos investidores se preocupam não só com os riscos e retornos esperados de seus ativos financeiros, mas também com outras características desses ativos. Caso as pessoas sejam indiferentes entre maçãs e peras — uma fruta é uma fruta — então mudanças na oferta relativa de maçãs e peras não afetarão seus preços. Porém, se algumas pessoas preferem o sabor das maçãs e outras o das peras, então uma redução na oferta de peras elevará o preço das peras em relação ao preço das maçãs. Ocorre a mesma coisa se alguns investidores têm *habitats preferenciais* — isto é, graças a uma expertise especializada, custos de transação, regulamentações, preferências de liquidez ou de vencimentos, ou outros motivos, eles preferem manter certas classes de ativos — então mudanças nas ofertas relativas desses ativos afetarão seus preços.*

Por motivos não circunscritos apenas a risco e retorno, muitos investidores preferem classes específicas de ativos. Por exemplo, gestores de fundos de pensão, cientes de que terão de fazer pagamentos fixos a aposentados em um futuro distante, têm preferência por ativos de longo prazo que cujos retornos são seguros e previsíveis, tais como dívidas governamentais de longo prazo. Nas carteiras dos fundos mútuos do mercado monetário há principalmente ativos líquidos de curto prazo, como títulos do Tesouro e títulos da dívida de alta qualidade, para satisfazer os reguladores e porque podem ser vendidos facilmente para atender a solicitações de resgate inesperadas de seus investidores. Os bancos de investimento tendem a manter ativos, como Treasuries e MBS, aceitos com facilidade como garantia para empréstimos de curto prazo; e assim por diante.

Em sua QE, o FED comprou grandes quantidades de títulos do Tesouro de longo prazo e MBS garantidos pelo governo, geralmente

* Isso não é o fim da história, uma vez que mesmo que alguns investidores tenham outros motivos além do risco e do retorno para manter certos ativos, outros podem não ter. O último grupo tem um incentivo para adquirir ativos de maior rendimento e vender os de menor rendimento, arbitrando desse modo alguns dos efeitos da QE. Contudo, como mostram, por exemplo, Vayanos e Vila (2021), tais efeitos serão limitados se, agindo com realismo, os arbitradores não quiserem ou não puderem assumir quantidades ilimitadas de risco. [N. do A.]

criando reservas bancárias como forma de pagamento.* Assim como o preço relativo das peras aumenta quando a oferta diminui, as compras do BC que reduzem a oferta líquida de títulos do Tesouro ou MBS de prazo mais longo devem levar os investidores a elevar seus preços. Ademais, conforme os investidores que vendem Treasuries ou MBS investem em títulos semelhantes, como dívida corporativa de longo prazo e alta qualidade, seus preços também devem subir. De novo: aumentar o preço de um título significa diminuir seu rendimento, que varia no sentido inverso ao do preço. Eis a essência do canal equilíbrio de portfólio: a capacidade da QE de influenciar os rendimentos de longo prazo, obrigando os investidores a ajustar suas participações em reação a mudanças na oferta de diferentes ativos. Mesmo com as taxas de curto prazo em zero, a QE permitiu aos formuladores de políticas reduzir as taxas de longo prazo que, ao menos nos EUA, permaneceram bem acima de zero (na verdade, acima de 1,5%) durante a Grande Recessão e a recuperação subsequente.

Uma ressalva a esse argumento intuitivo é que a oferta pendente de títulos do Tesouro dos EUA e MBS é enorme — trilhões de dólares. Os déficits do governo federal durante e depois de a crise financeira aumentaram ainda mais a oferta de títulos do Tesouro, inclusive os de prazo mais longo. Desse modo, para mexer nas taxas de juros de longo prazo o suficiente para fazer diferença para a economia, o FED e outros grandes bancos centrais tiveram que comprar enormes quantidades. Por exemplo, quando o FED concluiu a QE3 em outubro de 2014, suas aquisições líquidas totais de títulos em todos os seus programas de QE alcançaram cerca de US$3,8 trilhões. Suas participações em títulos do Tesouro, ao redor de US$2,5 trilhões em outubro de 2014, representavam por volta de 37% da dívida do governo dos EUA em poder do público. As participações em títulos do FED deram outro grande passo quando o FED de Powell respondeu à recessão pandêmica. A Figura 11.1 mostra a evolução das participações do FED em títulos do Tesouro e MBS desde 2007.

Além dos efeitos que causa na oferta relativa de títulos em poder do público, a QE também opera por intermédio do que ficou conhecido como *canal de sinalização*. Ao ser divulgado, um grande programa de QE pode sinalizar fortemente que os formuladores de políticas estão comprometidos em manter a política expansionista e taxas de curto prazo baixas

* Em seu Maturity Extension Program, o FED pagou por suas compras de títulos do Tesouro de prazo mais longo vendendo ou resgatando títulos do Tesouro de prazo mais curto de sua carteira, no lugar de criar reservas bancárias. [N. do A.]

por um longo tempo. Surgiram diversas explicações da razão pela qual a QE parece enviar essa mensagem de política flexível contínua de maneira mais convincente do que apenas mediante palavras. Alguns economistas observaram que um grande programa de QE é potencialmente oneroso para um BC como instituição. Ele é um convite à crítica política e arrisca perdas de capital se as taxas de juros de longo prazo subirem inesperadamente, ocasionando uma queda no valor dos títulos mantidos pelo BC. Ao menos em princípio, o desejo de um BC evitar perdas de capital em seu portfólio pode motivar formuladores de políticas a não apertar a política cedo demais. Assim, investidores podem ver a QE como evidência da seriedade de um BC em apoiar a economia de forma sustentada.[4]

FIGURA 11.1. PARTICIPAÇÃO DO FED EM TÍTULOS, 2007 a 2021

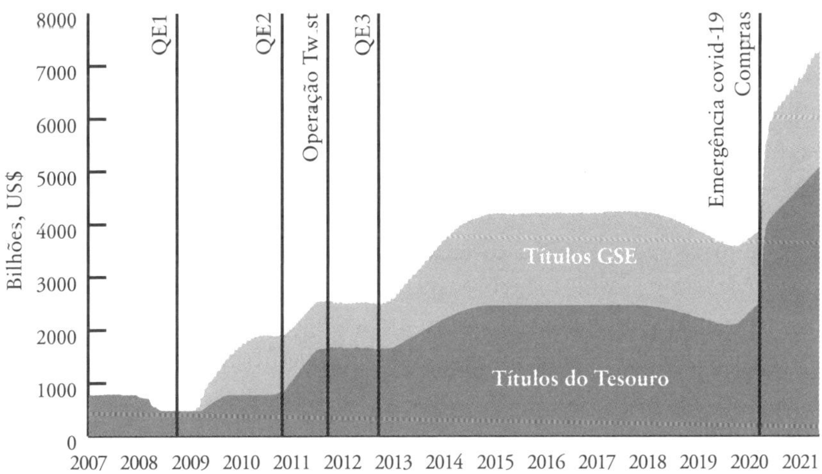

A figura mostra as participações do FED em títulos do Tesouro e títulos emitidos por GSE. As linhas verticais mostram anúncios de programas de compra de títulos. Fonte: FED e FRED.

Em que pese a lógica dessa explicação e ela possa ter algum mérito, grande parte do efeito de sinalização da QE, em minha experiência, parecia ter uma origem mais prosaica: as crenças dos investidores sobre como os BCs darão sequência a suas políticas. Participantes do mercado tendem a acreditar que os BCs não elevarão as taxas de juros de curto prazo enquanto continuarem a adquirir títulos. Afinal, não faria sentido para um banco central apertar com uma das mãos (aumentando as taxas) e afrouxar com a outra (continuar comprando títulos). Como programas de QE geralmente duram trimestres, se não anos, e raramente são encerrados prematuramente (pois isso prejudicaria a credibilidade dos formuladores de políticas), iniciar ou estender a QE geralmente posterga a data esperada do primeiro aumento na taxa de juros de curto prazo. Anúncios de quantitative easing podem, portanto, ser uma forma eficaz de forward guidance, reforçando os compromissos dos formuladores de políticas de manter as taxas baixas. Observando esse sinal de que as taxas curtas ficarão mais baixas por mais tempo do que o esperado, os investidores têm um motivo a mais para reduzir as taxas de longo prazo.

Quando a QE diminui as taxas de juros de longo prazo, por meio de equilíbrio de portfólio ou efeitos de sinalização, há um estímulo à economia através dos mesmos canais que a expansão monetária em tempos mais normais. Por exemplo, taxas de hipoteca menores devem incrementar a demanda por moradias ou elevar a renda disponível dos proprietários, possibilitando-lhes reduzir seus pagamentos de hipotecas mediante refinanciamento. Taxas de títulos corporativos mais baixas diminuem o custo de capital e tornam mais atraentes os investimentos em instalações ou equipamentos. Com as taxas de juros de longo prazo mais baixas também há a tendência de aumentar os preços dos ativos, incluindo os preços das casas e das ações, algo que faz as pessoas se sentirem mais ricas, tendendo a estimular seu consumo — o *efeito riqueza*.[5] E, tudo o mais constante, as taxas de juros mais baixas, ao reduzir os fluxos de investimento para os EUA, depreciam o dólar, favorecendo as exportações norte-americanas. O efeito combinado desses fatores é um aumento da demanda por bens e serviços produzidos internamente, o que ajuda a trazer de volta o capital e a mão de obra subutilizados.

Vale a pena definir como a QE funciona e, também, o que a QE é e o que não é. Quantitative easing não é a mesma coisa que gastos do governo, pois o BC não está comprando bens ou serviços, mas ativos financeiros que rendem juros. Em minha gestão na chefia do FED, foi extremamente frustrante ver os jornalistas somarem compras de QE e gastos do governo para determinar o "custo" dos programas monetários e fiscais usados para apoiar a economia. Era um exercício sem nenhum sentido. A quantitative easing não é análoga a uma família gastando dinheiro em mantimentos ou reparos de automóveis; é mais como a mesma família comprando um título do governo que aumenta sua poupança.

Nessa mesma linha, conforme observado anteriormente, QE não é igual a "imprimir dinheiro". Não tem efeito direto sobre a moeda em circulação, que é determinada pela quantidade de dinheiro que as pessoas desejam manter. Também não necessariamente aumenta métricas amplas da oferta de moeda, cujo crescimento é condicionado por vários fatores, entre eles o comportamento dos bancos e das famílias. Por exemplo, a chamada métrica M2 da oferta monetária (que inclui moeda e saldos totais em contas correntes, contas de poupança e fundos mútuos do mercado monetário) cresceu apenas modestamente ao longo dos programas de QE do FED no pós-crise, mas a mesma métrica aumentou acentuadamente em 2020, quando as pessoas viram suas contas bancárias crescerem com o dinheiro depositado recebido dos programas governamentais.

Estudos de Eventos QE: Algumas Evidências Iniciais

Argumentos teóricos à parte, a eficácia da QE, em última análise, é uma questão empírica. A maior parte das evidências disponíveis sobre a QE vem da Grande Recessão, ainda que as relativas à QE da era pandêmica também já tenham começado a chegar.[6]

As primeiras evidências sobre QE têm origem em estudos de eventos — uma ferramenta de pesquisa básica. Em economia financeira, um estudo de evento típico compara preços de ativos imediatamente antes e logo após algum acontecimento ou anúncio. Tais preços tendem a reagir rapidamente a novas informações, portanto essa comparação é útil para demonstrar como os investidores avaliam as consequências econômicas de um evento. Anúncios dos primeiros programas de QE tiveram, ao menos, efeitos amplos e abrangentes. Por exemplo, o anúncio do FED em novembro de 2008 de que compraria títulos lastreados em hipotecas mexeu fortemente com os rendimentos desses títulos, resultando em um declínio significativo nas taxas hipotecárias. Além disso, como sugeriria a teoria do equilíbrio de portfólio, o anúncio também fez cair drasticamente os rendimentos dos títulos do Tesouro de prazo mais longo, que são substitutos próximos dos MBS.

Considerando que as informações sobre iniciativas de políticas podem não chegar todas de uma vez, alguns estudos de eventos analisam a mudança cumulativa nos preços dos ativos em diversas datas importantes. Um memorando da equipe apresentado ao FOMC em março de 2010 avaliou os efeitos da QE1 verificando as mudanças nos preços dos ativos nos dias em que informações relevantes foram divulgadas pelo FED.[7] Entre os eventos examinados estavam nosso anúncio de compras de MBS em 25 de novembro de 2008; meu discurso de 1º de dezembro de 2008, que levantou a possibilidade de o FED comprar títulos do Tesouro, e a declaração do FOMC de 18 de março de 2009 anunciando a expansão significativa da QE1. O memorando também levou em conta outras datas relevantes de reuniões do FOMC, incluindo ao menos uma reunião (janeiro de 2009) na qual o FED surpreendeu os mercados ao não tomar nenhuma ação quando era isso que se esperava. A Tabela 11.1 registra o efeito total nos preços e rendimentos dos principais ativos em cinco datas em que informações importantes foram divulgadas ao público. As primeiras cinco linhas mostram mudanças nos rendimentos em pontos porcentuais, e a última linha mostra a variação porcentual nos preços das ações.

TABELA 11.1. REAÇÃO DE PREÇOS E RENDIMENTOS DE ATIVOS A ANÚNCIOS DE QE1	
2-year Treasuries	−0,57
10-year Treasuries	−1,00
30-year Treasuries	−0,58
Mortgage-backed securities	−1,29
AAA corporate bonds	−0,89
S&P 500 stock price index	2,32

Nota: Reações diárias, acumuladas em cinco datas de anúncio identificadas por Gagnon, Raskin, Remache e Sack (2011). A lista mostra as alterações de rendimento para [respectivamente] títulos do Tesouro [com vencimentos para 2, 10 e 30 anos], títulos lastreados em hipotecas e títulos corporativos, e mudanças no nível dos preços das ações, tudo em pontos percentuais. Cálculos do autor.[8]

A tabela revela que foram grandes os efeitos das informações divulgadas sobre a QE1 no final de 2008 e início de 2009, dentre eles (ao longo das cinco datas-chave) uma queda de um ponto porcentual completo nos rendimentos do Tesouro de 10 anos e um declínio de mais de um ponto porcentual nos rendimentos dos GSE — títulos lastreados em hipotecas emitidos. Essas respostas são muitas vezes o tamanho dos movimentos diários normais desses preços e rendimentos e espera-se que tenham efeitos econômicos de peso. Ativos, como títulos corporativos e ações, que não foram adquiridos pelo FED, mas que são sensíveis ao nível predominante das taxas de juros de longo prazo e à política monetária em geral, também mostraram grandes movimentos pós-anúncio. No câmbio, a desvalorização do dólar (não mostrada na tabela) também foi acentuada após a QE1. Estudos de eventos da introdução da QE conduzidos pelo Banco da Inglaterra mais ou menos na mesma época encontraram efeitos quantitativamente semelhantes, com rendimentos dos títulos do governo britânico de longo prazo caindo no total por volta de um ponto porcentual em relação às principais datas de anúncio.[9]

A forte reação do mercado às primeiras rodadas de QE nos EUA e Reino Unido encorajaram formuladores de políticas e com certeza contestaram as previsões de que as compras de ativos do BC teriam pouco ou nenhum efeito sobre as condições financeiras. Todavia, há cautela entre os economistas em simplesmente extrapolar esses resultados para todos os programas de QE, por no mínimo duas razões.[10]

A primeira é que, contrastando com os fortes resultados da QE1 do FED, os estudos de eventos das rodadas seguintes da QE depararam-se com efeitos menos acentuados. Por exemplo, Arvind Krishnamurthy e Annette Vissing-Jorgensen, economistas da área de finanças, analisaram as reações do mercado ao anúncio da QE2 em novembro de 2010.[11] Examinando modificações nos preços dos ativos em duas datas importantes de anúncio, eles verificaram ter ocorrido um declínio total moderado no rendimento dos títulos do Tesouro de 10 anos, de 0,18 pontos porcentuais, menor do que o efeito estimado da QE1, mesmo considerando que as compras de títulos da QE2, de US$600 bilhões, representaram apenas cerca de 1/3 das compras na QE1. Estudos de eventos de outros programas de QE lançados posteriormente, tanto nos EUA quanto em outros países, também tendem a encontrar efeitos financeiros de menor magnitude. Uma interpretação dessas descobertas é que os primeiros programas, como a QE1, tiveram efeitos substanciais principalmente porque foram introduzidos em períodos de excepcional volatilidade financeira, que ajudaram a acalmar. Se esta interpretação estiver correta, a QE pode ser de uso limitado durante tempos mais normais.

Uma segunda razão para a cautela em relação aos estudos de eventos é que, por sua natureza, eles capturam reaçoes do mercado em períodos curtos.* É possível que participantes do mercado necessitem de mais tempo para digerir informações a respeito de novas políticas como a QE, de maneira a evitar que as reações de preços de ativos de curto prazo verificadas nos estudos de eventos reflitam efeitos de longo prazo da QE. Caso isso aconteça, e se os efeitos da QE forem de fato temporários, então, de novo, compras de títulos dariam pouca ajuda sustentada para a economia.

Uma variante do argumento "efeitos da QE podem ser temporários", que adota uma certa perspectiva de longo prazo, assinala que os

* Na Tabela 11.1 as respostas são de dias inteiros. Em alguns estudos de eventos há janelas de apenas 30 minutos em torno de anúncios, cuja vantagem é reduzir a influência de outros eventos não relacionados a políticas que possam ter ocorrido no dia, mas também assume que os mercados logo incorporam informações de políticas [N. do A.]

rendimentos do Tesouro no longo prazo, não obstante sua grande reação inicial aos anúncios da QE1, não diminuíram de modo consistente no período em que o FED estava de fato cumprindo sua promessa de compra. Na verdade, quando concluímos as compras da QE1 no início de 2010, o rendimento dos títulos do Tesouro de 10 anos era cerca de 0,5 ponto porcentual *maior* do que antes do anúncio de compras expandidas em março de 2009. Teriam os investidores percebido que as compras de ativos não seriam eficazes? De novo: se os efeitos da QE não perdurarem, não serão muito úteis para a economia.

Essas críticas aos estudos de eventos de QE são importantes. Porém, como muitas pesquisas subsequentes confirmam, esses argumentos, em última instância, não prejudicam a realidade da eficácia da QE. Como explicado nas próximas seções, quando os pesquisadores controlam pelo fato de que as rodadas posteriores de QE foram amplamente antecipadas pelos mercados, as evidências mostram que a QE continua a desempenhar bem, mesmo quando os mercados funcionam normalmente. Além do mais, evidências dos melhores modelos disponíveis de determinação da taxa de juros confirmam que efeitos da QE nas taxas de juros de longo prazo são duradouros, não temporários, fazendo dela uma ferramenta útil sempre que taxas de curto prazo são restringidas pelo limite inferior.

As Rodadas Subsequentes de QE Foram Realmente Menos Eficazes?

A primeira ressalva levantada pelos estudos de eventos é que rodadas posteriores de QE tiveram efeitos menores por dólar do que anteriores, sugerindo que a QE só pode ser eficaz quando os mercados financeiros estão em crise. Para que a QE faça parte do conjunto de ferramentas monetárias padrão, é necessário haver a garantia de que ela diminuirá taxas de juros e tornará mais fáceis as condições financeiras em geral, inclusive quando os mercados estiverem operando normalmente.

Uma suposição chave inerente à abordagem de estudo de evento é que o evento ou anúncio pegou os mercados de surpresa. Como mercados olham para o futuro e incorporam as informações disponíveis, o anúncio de um acontecimento amplamente antecipado não deve ter muito efeito sobre os preços dos ativos, mesmo que, em si, seja altamente impactante. Por esse raciocínio, os resultados mais fracos encontrados para a QE posterior poderiam simplesmente refletir que os programas seguintes foram mais bem antecipados e, consequentemente, precificados pelos investidores, que já sabiam mais sobre a ferramenta e a disposição dos bancos centrais em usá-la.

As rodadas subsequentes da QE dos EUA após a crise financeira — diferentemente da QE1 — foram de fato amplamente antecipadas no momento em que foram anunciadas, como revelam as pesquisas contemporâneas dos participantes do mercado. Oito vezes por ano, antes de cada reunião regular do FOMC, o FED de Nova York pergunta aos dealers primários (que são os formadores do mercado de títulos do governo) sobre suas expectativas para a política monetária, incluindo compras de títulos. Antes do anúncio da QE2 em novembro de 2010, por exemplo, dealers primários atribuíam 88% de probabilidade de o FED adotar o programa, em parte refletindo a previsão pública minha e de outros membros do FOMC. Ademais, em média, os dealers primários esperavam que o programa fosse maior do que o FED por fim escolheu.[12] Não é de admirar, então, a pequena reação do mercado no dia do anúncio.

Pode a abordagem do estudo de eventos ser ajustada para levar em conta mudanças nas expectativas do mercado? Em princípio, seria viável medir o efeito de mercado total de um programa de QE incluindo não só o dia do anúncio formal, mas também todos os dias em que *qualquer* informação sobre o programa tenha ficado publicamente disponível. Na prática, no entanto, muitos dias satisfariam esse critério — entre os quais, por exemplo, um dia qualquer em que dados econômicos ou outras notícias mudassem a visão do mercado sobre as perspectivas e, por via de consequência, a probabilidade de uma nova QE. Incluir todos os dias possivelmente relevantes em um estudo de evento pode capturar todas as notícias que influenciam as expectativas do mercado sobre a QE, mas também incorporaria muitas notícias não relacionadas à QE. Em virtude de que essa abordagem não isolaria os efeitos das expectativas da QE nos preços dos ativos, ela não proporcionaria muita clareza.

Uma abordagem mais promissora é tentar controlar diretamente as expectativas de políticas do mercado no estudo de evento. Vamos supor que soubéssemos a expectativa do mercado para o tamanho, composição e ocasião do próximo programa de QE. Se o BC, então, anunciasse um programa com características diferentes, a reação dos preços dos ativos aos pontos *inesperados* do anúncio poderia nos ajudar a inferir o efeito do programa como um todo. Essa abordagem, é claro, requer uma medida razoavelmente precisa das expectativas do mercado.

Uma fonte de percepção dessas expectativas é a pesquisa do FED entre dealers primários. Mas pesquisadores também podem estabelecer medidas de expectativas utilizando levantamentos de dados efetuados por investidores e em relatórios da mídia. Por exemplo, um estudo de Roberto De Santis, do Banco Central Europeu, usou artigos da imprensa financeira para estimar os efeitos de mercado da primeira incursão do BCE em uma QE de grande escala, anunciada em janeiro de 2015 em resposta às crescentes preocupações sobre a ameaça de deflação.[13] Os comentários dos formuladores de políticas do BCE e da mídia nos seis meses anteriores eram um forte indício de que o início do programa ocorreria em breve, então efeitos de mercado de seu anúncio formal — como o anúncio de rodadas posteriores de QE nos EUA — foram apenas modestos. Além disso, outras notícias sobre o programa surgiram ao longo do tempo, incluindo detalhes de sua implementação e alterações em seu tamanho e duração esperada. Para controlar as expectativas do mercado, De Santis reuniu histórias da Bloomberg News que continham certas palavras-chave relacionadas ao BCE e à quantitative easing. A partir disso, ele criou um indicador de atenção da mídia e do mercado para a QE antes e depois do anúncio do BCE.

De Santis usou esse índice para medir expectativas de políticas dos mercados e, em seguida, estimou a reação das taxas de juros de longo prazo somente em relação à parte inesperada dos anúncios de políticas. Ele verificou que o programa QE de 2015 do BCE reduziu cumulativamente os rendimentos médios da dívida soberana de 10 anos em 0,63 pontos percentuais. Em termos econômicos tal redução é bastante significativa e comparável às estimativas de estudos de eventos do início da QE dos EUA e do Reino Unido, após o ajuste para as diferenças nos tamanhos dos programas. O impacto no mercado aconteceu mesmo que os mercados financeiros europeus não estivessem em dificuldades no início de 2015, como alguns anos antes.

Estudos como esse esperam que um programa de QE, quando anunciado, tenha uma diferença significativa no tamanho geral que os investidores esperavam, o que nem sempre é o caso. Contudo, mesmo sendo capazes de prever o tamanho geral de um programa de QE, os investidores ainda não podem ter certeza de *quais* títulos específicos, ou classes de títulos, o BC comprará. Uma vez que a QE funciona, em parte, afetando a oferta relativa de diferentes ativos — o efeito do equilíbrio de portfólio — notícias sobre títulos específicos que serão comprados em maiores quantidades devem elevar os preços e diminuir os rendimentos desses ativos em relação aos títulos não visados. Mensurar esses efeitos diferenciais é outra maneira de avaliar a força do canal equilíbrio de portfólio.

Muitas pesquisas foram estruturadas a partir desse insight, constituindo um corpo de trabalho que se baseia em dados de vários episódios e países.[14] Por exemplo, em um amplo estudo de 2013, Michael Cahill, Stefania D'Amico, Canlin Li e John Sears, membros da equipe do FED, utilizaram dados intradiários sobre preços de todos os títulos do Tesouro em circulação a fim de estudar os efeitos de mercado dos anúncios sobre o *mix* de títulos a serem adquiridos em vários programas de QE. Para identificar mudanças não previstas nos planos do FED, eles usaram o Primary Dealer Survey e comentários de mercado.

Para ilustrar a abordagem deles: em 3 de novembro de 2010, o FOMC anunciou US$600 bilhões em compras de títulos do Tesouro (QE2). Como os mercados anteciparam amplamente a QE2, não foi surpresa nenhuma que seu anúncio tenha causado pouco efeito visível nos rendimentos do Tesouro em geral, como já observado. No entanto, e simultaneamente, o FED de Nova York divulgou informações sobre como planejava alocar os US$600 bilhões em títulos de diferentes vencimentos. Ele surpreendeu os participantes do mercado ao revelar que títulos com vencimentos entre 10 e 30 anos representariam apenas cerca de 6% das compras planejadas, em comparação com 15% na QE1. Os acontecimentos subsequentes a esse anúncio são uma evidência de que o canal de equilíbrio de portfólio funciona. A notícia sobre o mix planejado de compras do FED foi rapidamente seguida por uma elevação nos preços e um declínio nos rendimentos dos títulos com vencimento inferior a dez anos — títulos cuja participação nas compras seria maior do que o esperado — em relação aos preços e rendimentos dos títulos de vencimento mais longo, que os investidores logo perceberam que seriam relativamente desfavorecidos pela QE2.

Aplicando essa abordagem mais amplamente, Cahill e coautores descobriram, em particular, que a QE2 e o Maturity Extension Program (Operação Twist) reduziam os rendimentos de longo prazo com a mesma eficácia que a QE1, embora os mercados financeiros não estivessem em crise quando os programas posteriores foram implementados. Tais resultados, que foram corroborados em outros estudos, incluindo vários para o Reino Unido, novamente sugerem que a QE é eficaz, inclusive quando os mercados estão operando normalmente.[15]

Programas de compra da QE do Fed diferiam não somente por sua ênfase relativa em títulos do Tesouro de diversos vencimentos, mas também nas quantidades relativas compradas de títulos do Tesouro e títulos garantidos por hipotecas GSE. Por exemplo, a maioria das compras da

QE1 foram de dívidas de MBS e GSE, mas tanto na QE2 quanto no Maturity Extension Program [MEP], o FED adquiriu apenas Treasuries. Se os efeitos do equilíbrio de portfólio ocorrerem e a mudança de ênfase nos Treasuries em relação aos MBS não forem totalmente antecipados, então a QE1 deveria ter levado a uma queda relativamente maior nos rendimentos dos MBS do que os programas posteriores. Esse parece ter sido o caso, como mostrou, por exemplo, o artigo referenciado anteriormente por Krishnamurthy e Vissing-Jorgensen que comparou QE1 e QE2.

Na mesma linha, pesquisadores também examinaram os efeitos relativos da QE do FED sobre os rendimentos dos MBS emitidos pelas GSEs, que eram objeto, por lei, para compras do FED, e os rendimentos de títulos lastreados por hipotecas "jumbo" [que excedem determinado limite] que as GSEs não podem comprar e, portanto, não eram elegíveis para compra pelo FED. Como previsto pelo efeito do equilíbrio de portfólio, programas de QE do FED que incluíam compras significativas de MBS (como a QE1) reduziram os rendimentos dos MBS emitidos pela GSE consideravelmente mais do que os rendimentos dos títulos lastreados por hipotecas jumbo. Já programas de QE (como a QE2) que não adquiriram nenhum MBS não afetaram de maneira diferente os rendimentos dos dois tipos de títulos lastreados em hipotecas.[16] Essas descobertas todas vão ao encontro da ideia de que o canal de equilíbrio de portfólio continuou a operar nas rodadas posteriores de QE pós-crise.

Não obstante o canal de equilíbrio de portfólio ter sido bem mais pesquisado, há elementos para crer que a QE também funcione enviando a mensagem de que as taxas de juros de curto prazo continuarão mais baixas por mais tempo — o efeito de sinalização. Alguns estudos de eventos atestaram a importância desse canal, mostrando que anúncios inesperados de QE tendem a estar associados a alterações na trajetória esperada do mercado para as taxas de juros de curto prazo, como observado, por exemplo, em mercados futuros, nos quais os participantes podem apostar qual o rumo esperado das taxas.[17] O "taper tantrum" de 2013 foi, em si, um tipo de estudo de eventos de efeitos de sinalização, embora não intencional. Quando meus comentários alertaram os participantes do mercado de que o ritmo de nossas compras de títulos poderia diminuir em breve, os investidores também anteciparam a data em que esperavam o primeiro aumento na TDI, levando a um acréscimo também nas taxas de longo prazo. O taper tantrum mostrou que os efeitos de sinalização da QE podem ser realmente poderosos.

Os Efeitos da QE são Temporários?

Vimos, até agora, que ao controlarmos o fato de que os mercados anteciparam substancialmente rodadas posteriores de QE, os efeitos da QE não diminuíram conforme melhoraram as condições financeiras ou cresceram os balanços dos BCs. Isso ainda deixa a segunda objeção ampla à evidência do estudo de evento: que esses estudos apenas provam que os anúncios de QE tiveram efeitos de curto prazo nos preços e rendimentos dos ativos. Se tais efeitos fossem puramente temporários, a QE seria ineficaz para estimular a economia em geral.

Um grande equívoco nesse argumento é a implicação de que os participantes do mercado no decorrer da era pós-crise financeira estavam ignorando, sistematicamente, oportunidades atraentes de lucro, algo altamente improvável. Caso os efeitos dos anúncios de QE sobre os preços das ações e títulos fossem realmente conhecidos, ou se esperasse serem de curta duração, então os investidores inteligentes poderiam ter lucrado apostando na reversão desses efeitos. É pouca a evidência de que tal especulação tenha acontecido; se tivesse, tenderia a reverter rapidamente os efeitos observados de uma QE sobre as taxas de juros, o que não ocorreu. Quanto a isso, os investidores estavam na mesma linha de muitos analistas profissionais, que também viam a QE como causadora de efeitos grandes e duradouros nos rendimentos dos títulos do Tesouro (e também em outros rendimentos, como os de títulos corporativos).[18]

É possível, ainda, que os investidores tenham pensado inicialmente que os efeitos da QE perdurariam, mas com o tempo verificaram não ser o caso, levando a uma reversão dos efeitos iniciais nos rendimentos. Por exemplo, como observei, os rendimentos dos títulos do Tesouro de 10 anos aumentaram em termos líquidos, em vez de cair, desde março de 2009, quando o FED expandiu a QE1, até o início de 2010, quando a QE1 terminou.

Uma contradita a esse argumento é que taxas de juros de longo prazo e preços dos ativos em geral são sensíveis a muitos fatores além da política monetária, incluindo política fiscal, condições econômicas globais e mudanças de opinião. Como disse ao FOMC em junho de 2009, vi o aumento nos rendimentos à medida que a QE1 estava sendo implementada não como um sinal de fracasso, mas sim como uma indicação de que nossas políticas — em conjunto com outras medidas, entre elas o estímulo fiscal do governo Obama e testes de estresse bem-sucedidos dos principais bancos — estavam melhorando a confiança do público na economia. Com base em comparações com rendimentos de títulos protegidos contra a inflação, grande parte dos acréscimos nos rendimentos de 10 anos durante a implementação da QE1 (e também da QE2) refletiu expectativas de inflação mais altas — um resultado desejado, considerando nossas preocupações com o declínio da inflação.

Contudo, para uma resposta mais incisiva a essa crítica, convém ponderar cuidadosamente sobre como devemos esperar que as taxas de juros de longo prazo se relacionem com as compras de títulos do banco central. O pressuposto embutido no argumento dos críticos é que, se a QE funcionar, as taxas de juros de longo prazo devem ser mais baixas quando o BC estiver comprando títulos ativamente do que em outras ocasiões. Sob essa premissa — às vezes chamada de *visão de fluxo* porque postula que as taxas de juros de longo prazo são determinadas pelo fluxo de novas compras do BC — a não queda das taxas de longo prazo quando o FED estava comprando na QE1 é prova da ineficácia da QE.

Mas se a QE funcionar por meio do canal de equilíbrio de portfólio, algo reforçado pela maioria das evidências, então a associação entre a QE e as taxas de juros de longo prazo é mais complicada do que sugere uma simples visão de fluxo. De acordo com a teoria do equilíbrio de portfólio, aquisições de títulos pelo banco central afetam rendimentos de longo prazo, alterando a oferta disponível — ou seja, o estoque pronto para circular — de títulos de longo prazo. Nesta *visão de estoque* da QE, o efeito das compras de títulos nos rendimentos em determinado momento não se correlaciona com o ritmo atual das compras, mas com a quantidade total de títulos que o BC acumulou e por quanto tempo se espera que os mantenha. Como mercados financeiros olham para o futuro, a teoria do equilíbrio de portfólio e a visão de estoque associada implicam que, a qualquer momento, taxas de longo prazo também dependam das expectativas dos mercados para compras *futuras* do BC.[19]

O montante esperado e atual dos títulos do banco central, uma implicação da teoria do equilíbrio de portfólio que é importante para os rendimentos de longo prazo, torna mais complicada a análise empírica dos efeitos da QE. Apesar disso, muita pesquisa cuidadosa assumiu essa tarefa. Uma abordagem, em vez de depender de estudos de eventos, usa modelos sofisticados de rendimentos do Tesouro em todos os vencimentos (a *estrutura a termo* dos rendimentos do Tesouro). Essa pesquisa, em essência, pergunta: Considerando o que sabemos sobre os fatores determinantes das taxas de juros em diferentes vencimentos, tais como condições macroeconômicas e estoque de títulos disponíveis para circulação, em que pé estaria, *na ausência* de QEs, a estrutura a termo dos rendimentos do

Tesouro nos anos após a crise financeira? O diferencial entre os níveis reais das taxas em diferentes vencimentos e as previsões do modelo provê uma estimativa dos efeitos da QE no mercado de Treasury.

Jane Ihrig, Elizabeth Klee, Canlin Li e Joe Kachovec, da equipe do Conselho, valeram-se dessa abordagem, em um artigo de 2018, para estudar de que modo os rendimentos dos títulos do Tesouro se relacionam com o montante existente e o esperado desses títulos pelo FED.[20] Eles desenvolveram medidas razoáveis de expectativas de mercado de compras futuras da QE.[21] Também incorporaram estimativas de novas emissões de dívida do Tesouro, que compensaram em parte os efeitos das compras do FED sobre a oferta líquida de dívida do governo disponível para os investidores.[22] E confiaram em modelos desenvolvidos usando dados pré-crise, ao excluir de suas estimativas os benefícios da QE em acalmar o pânico financeiro e melhorar o funcionamento do mercado. (A análise deles também ignorou os efeitos de sinalização.)

Reunindo esses elementos, esses pesquisadores descobriram que as compras de títulos do FED tiveram efeitos significativos e duradouros nos rendimentos dos títulos do Tesouro. Em suas estimativas, a QE1 reduziu persistentemente o rendimento de 10 anos em 0,34 pontos percentuais e a QE2, o MEP e a QE3, juntos, reduziram os rendimentos em mais 0,73 pontos percentuais de início e mais ao longo do tempo, quando o FED anunciou planos de substituir os títulos vencidos em seu balanço. Essas estimativas, como outras pesquisas, mostram que os programas de QE posteriores não foram menos eficazes por dólar do que os primeiros.* Embora o efeito de qualquer programa de QE diminuísse com o passar do tempo, conforme os títulos adquiridos sob o programa venciam e saíam do balanço patrimonial do FED, os autores estimaram que o efeito cumulativo das compras do FED no rendimento dos títulos do Tesouro de 10 anos excedia 1,2 pontos percentuais quando a QE terminou em outubro de 2014 e ainda estava em cerca de 1 ponto percentual no final de 2015. Outra pesquisa baseada na visão de estoque da QE obteve resultados bastante semelhantes, tanto nos EUA quanto em outros países.[23]

Uma vez que muitas decisões econômicas — como a compra de uma casa por uma família ou o investimento de uma empresa em novas

* Esses resultados são menores do que os resultados do estudo de eventos QE1 na Tabela 11.1, porém, em face da incerteza estatística, eles são consistentes com a literatura do estudo de eventos como um todo. Eles também sugerem que os efeitos da QE são economicamente significativos, bem como persistentes. [N. do A.]

instalações e equipamentos — dependem de taxas de juros de longo prazo, determinada queda nessas taxas é um estímulo maior do que a mesma redução na taxa de curto prazo. Uma regra prática, derivada de modelos macroeconômicos empíricos, é que diminuir um ponto percentual no rendimento de 10 anos equivale, em termos de estímulo, a uma redução de 3 pontos percentuais na taxa de curto prazo.[24] Por essa regra, a QE do FED após a crise financeira deu um estímulo adicional no limite inferior efetivo equivalente a cortes de 3 a 4 pontos porcentuais na TDI.

Em resumo, a pesquisa atual indica que a relação dos juros de longo prazo com as compras de títulos do BC é complexa, com compras passadas e futuras esperadas afetando as taxas. Porém, quando essas relações são levadas em consideração, as evidências revelam um efeito persistente e economicamente significativo da QE nas taxas de longo prazo. Ademais, a importância das compras *esperadas* implica, mais uma vez, na importância da forma de comunicação dos banqueiros centrais. Um compromisso confiável para continuar a QE enquanto a economia precisar é geralmente mais eficaz do que uma abordagem que evita clareza e compromisso.

FORWARD GUIDANCE

Além da QE, nos últimos anos o FED e quase todos os outros grandes BCs confiaram fortemente no forward guidance ou na comunicação dos formuladores de políticas sobre como eles esperam que a economia e a política evoluam. A comunicação do BC tem muitas formas e ocorre em muitos contextos, incluindo discursos e depoimentos de formuladores de políticas, atas de reuniões de políticas e publicações regulares, como o semestral *Monetary Policy Report to the Congress* ou o *Inflation Report*, um relatório trimestral do Banco da Inglaterra. Todavia, para o FED, a orientação de maior valor e observada de perto é a declaração pós-reunião do FOMC, conforme explicado e elaborado pelo presidente na coletiva de imprensa.

A ideia do forward guidance [FG] foi inspirada na inerente dependência das condições financeiras não apenas da atual taxa de juros de curto prazo, mas também das expectativas do mercado sobre as taxas futuras. Se os participantes do mercado acreditarem que a TDI subirá, eles também aumentarão as taxas de longo prazo, apertando as condições financeiras. Da mesma forma, se eles esperam uma TDI menor no futuro, reduzirão as taxas de longo prazo. À medida que influencia as expectativas, o FG pode se tornar uma alavanca política adicional.

Ainda que a maior parte do FG seja voltada para os mercados financeiros, os pronunciamentos do BC, em princípio, também podem afetar as expectativas do público em geral. Por exemplo, um anúncio de planos para flexibilizar a política monetária poderia, em princípio, tornar famílias e empresas mais otimistas em relação ao crescimento, levando-as a aumentar, hoje, gastos, investimentos e contratações. Por essa razão, bem como pela transparência e responsabilidade democrática, os BCs do mundo inteiro têm, nos últimos anos, se dirigido com mais frequência e mais diretamente ao público em geral sobre suas perspectivas e planos de políticas. Contudo, embora esse esforço possa um dia dar frutos, por enquanto as evidências sugerem que para as pessoas que não são investidores ativos, é mais provável que suas expectativas sejam moldadas pela experiência pessoal — no mercado de trabalho, por exemplo, ou devido a alterações no preço dos bens que compram e serviços que usam.[25] Quando a equipe do FED simula os efeitos do FG em seus modelos econômicos, geralmente o faz sob duas hipóteses alternativas. A primeira é que os participantes do mercado e os cidadãos comuns ouvem e entendem a FG; a segunda é que o entendimento fica restrito apenas aos participantes do mercado: pessoas ativamente envolvidas em investir e negociar ativos financeiros.[26] Avaliações de estilo conservador dos prováveis efeitos do forward guidance dão maior peso às simulações que assumem que somente os participantes do mercado prestam atenção.

Banqueiros centrais há muito se deram conta de que as expectativas de políticas futuras são importantes; porém, antes de meados dos anos 1990, era raro que membros do FED tentassem ativamente influenciar essas expectativas.[27] O FOMC começou a emitir declarações pós-reunião durante o mandato de Greenspan, de início apenas quando mudava as taxas. Com o decorrer do tempo, acrescentou uma linguagem que sugeria para onde os formuladores de políticas estavam se inclinando. O FG durante a era Greenspan era qualitativo e comumente indireto, no entanto parecia afetar de maneira importante as expectativas do mercado e as condições financeiras. Um artigo de 2005 de Refet Gürkaynak, Brian Sack e Eric Swanson estimou que, de 1990 a 2004, mais de 3/4 das mudanças nos rendimentos dos títulos do Tesouro de 5 e 10 anos após as declarações do FOMC e outras comunicações do FED resultaram, não de mudanças inesperadas na própria TDI, mas de uma nova orientação (explícita ou implícita) sobre a direção *futura* da TDI.[28] Como vimos, a confiança do FOMC no FG tornou-se muito maior após 2008, quando o limite inferior restringiu a capacidade dos formuladores de políticas de adicionar estímulo mediante cortes nos juros de curto prazo.

Previsões x Promessas

Na prática, a orientação do BC varia de muitas maneiras. O presidente do FED de Chicago, Charles Evans, e os economistas do FED de Chicago, Jeffrey Campbell, Jonas Fisher e Alejandro Justiniano, em um artigo de 2012, introduziram a distinção útil entre forward guidance Delphic e Odyssean.[29] A *Delphic* [em português, "Delfos"] destina-se (depois dos oráculos no Templo de Apolo em Delfos) apenas a informar, ajudando o público e os mercados a entender melhor as perspectivas econômicas dos formuladores de políticas e os planos provisórios de políticas. Em resumo, a Delphic é uma *previsão* econômica e política do BC (ou, talvez, de um indivíduo formulador de políticas), não uma promessa ou compromisso de realizar qualquer ação específica. Em contraste, tal como Odisseu se prendeu ao mastro para evitar tentações das sereias, a Odyssean tenta amarrar os formuladores de políticas a um mastro metafórico, afirmando um *compromisso*, ou ao menos uma predileção muito forte, de conduzir a política de uma maneira específica no futuro.

A orientação Delphic pode ser imediatamente útil, quer as taxas de juros sejam restringidas pelo limite inferior quer não. De fato, desde 1990, mais ou menos, o desejo de oferecer uma Delphic mais apurada ajudou a motivar a tendência global em direção à transparência do BC. A Delphic tem, como justificativa básica, que uma maior abertura deve ajudar os mercados a antecipar melhor como os formuladores de políticas reagirão às mudanças nas perspectivas, diminuindo assim a incerteza e aumentando a capacidade deles de influenciar as condições financeiras e econômicas. Quando a declaração pós-reunião ou as atas da reunião indicam que os formuladores de políticas do FOMC estão mais pessimistas do que o esperado sobre a economia, por exemplo, os mercados podem inferir que a política provavelmente será mais flexível, ao menos por algum tempo. O *Summary of Economic Projections* (SEP) do FED, assim como previsões e relatórios semelhantes fornecidos por outros BCs, são mais um canal para transmitir as perspectivas econômicas e políticas dos formuladores de políticas. Essas formas de orientação seguem o padrão Delphic, pois refletem apenas as melhores suposições do BC sobre o futuro, não envolvendo nenhuma promessa ou compromisso.

Como se trata de uma previsão, a Delphic deve mudar com o surgimento de novos dados ou outras informações relacionadas às perspectivas econômicas. Um exemplo às vezes controverso da orientação Delphic, discutido anteriormente, são as projeções da TDI dos participantes do FOMC, conforme relatado no SEP — o chamado gráfico de pontos, para os pontos na figura que mostram projeções de taxas individuais. Participantes do FOMC enviam suas projeções de forma independente, antes da reunião, e com isso o gráfico de pontos é um resumo de como os participantes individuais, não necessariamente o Comitê como um todo, acreditam que a política monetária evoluirá nos próximos anos em função da avaliação atual de cada participante sobre as perspectivas e suas preferências individuais de políticas. Comentaristas às vezes interpretam o gráfico de pontos como refletindo um compromisso político, mas isso não é correto. Projeções de taxas do FOMC estão condicionadas às perspectivas econômicas atuais e mudam quando as perspectivas mudam, como deveria acontecer com previsões de políticas. Ou seja, mesmo sem considerar que o gráfico de pontos reflete opiniões de participantes individuais e não do Comitê como um todo, o gráfico de pontos tem características típicas da orientação Delphic (uma previsão, sujeita a mudanças), não Odyssean (uma promessa ou compromisso). Em um âmbito mais geral, a orientação Delphic destina-se a mostrar os fatores subjacentes às próprias análises dos formuladores de políticas da economia e convida os participantes do mercado e outros a pensar junto com o BC.*

Em contraposição, a orientação Odyssean é útil principalmente quando taxas de curto prazo estão no limite inferior. Quando essas taxas não podem ser achatadas ainda mais, formuladores de políticas ainda podem pressionar para baixo as taxas de longo prazo, dando a entender aos participantes do mercado que eles pretendem manter a taxa de juros de curto prazo baixa por mais tempo do que os participantes do mercado podem ter pensado anteriormente — a chamada política "lower for longer". A Odyssean pode tornar claros os compromissos mais baixos e mais longos e, se críveis, mudar as expectativas do mercado de maneira a promover condições financeiras mais flexíveis, mesmo no limite inferior.

* O debate sobre a utilidade do gráfico de pontos tem um paralelo na questão de saber se os membros do FOMC — 19 deles, quando o Comitê está com força total — ajudam ou prejudicam as mensagens do FED com suas frequentes palestras ou entrevistas que destacam suas opiniões pessoais sobre perspectivas econômicas e políticas. A diversidade de pontos de vista pode às vezes confundir a orientação do Comitê, mas em termos líquidos acho que isso ajuda o público a entender as nuances do debate em andamento, garantindo que uma variedade de visões está sendo considerada. [N. do A.]

Como a Odyssean é um compromisso, ou no mínimo uma forte declaração de intenção, de conduzir a política de determinada maneira, é provável que seja mais eficaz se for explícita e verificável, em vez de vaga. O FG do FOMC logo após a crise financeira global foi qualitativo, usando frases como "período estendido". A falta de especificidade o deixou menos eficaz, pois muitos analistas esperavam que o FOMC elevasse as taxas mais cedo do que a maioria dos membros do Comitê pretendia. No fim, o FOMC recuou das expectativas excessivamente ligadas a um estilo "falcão", com uma orientação Odyssean mais precisa e contundente, incluindo inicialmente um compromisso de não aumentar as taxas até ao menos uma certa data (orientação dependente do tempo) ou, subsequentemente, até que a taxa de desemprego tivesse caído ao menos até um certo nível (orientação state-contingent). A orientação mais forte teve o efeito desejado nas expectativas do mercado sobre a política e, consequentemente, nas condições financeiras. Os analistas profissionais reagiram à orientação mais explícita do FED diminuindo recorrentemente a taxa de desemprego na qual esperavam que o Comitê aprovasse seu primeiro aumento da taxa, o que sugere que a mensagem de maior paciência política estava sendo transmitida.[30]

O forward guidance do FOMC durante a pandemia manteve a tendência de orientação mais forte e frequentemente mais explícita. A partir de setembro de 2020, o Comitê declarou que não aumentaria a TDI de seu nível próximo de zero até que "as condições do mercado de trabalho tenham atingido índices consistentes com a avaliação de pleno emprego do Comitê e a inflação tenha subido para 2% e a caminho de exceder moderadamente 2% por algum tempo". Essa orientação, complementada pelas projeções individuais dos membros do Comitê para desemprego e inflação no SEP, bem como pelos discursos e depoimentos dos formuladores de políticas, divulgava informações consideráveis sobre as condições sob as quais as taxas seriam aumentadas e que rumo seguiriam posteriormente.[31] As evidências iniciais sugeriram que a comunicação do FED, ao lado da estrutura de política mais ampla anunciada em agosto de 2020, obtiveram os efeitos pretendidos. Por exemplo, as pesquisas do FED mostraram que, seguindo a nova orientação, os dealers primários e participantes do mercado esperavam inflação consideravelmente mais alta e desemprego mais baixo no momento em que o FOMC elevasse as taxas do limite inferior.[32] Este episódio confirmou ainda que o FG pode afetar expectativas de política no futuro, uma vez que mercados da época projetavam que as taxas seriam mantidas baixas por vários anos.*

Em setembro de 2020, embora tenha divulgado aspectos substanciais de seus planos para a TDI, o FOMC foi vago em outros. Cabe notar que o Comitê se recusou a definir os termos "moderadamente" e "algum tempo", deixando o tamanho e a duração da superação da inflação a critério dos futuros formuladores de políticas. Além disso, em dezembro de 2020, ao dar mais orientações sobre suas compras de títulos, o Comitê as associou — de um modo que traz à memória a QE3 — a alcançar "progresso substancial" em direção a suas metas, um critério menos explícito. Essas ambiguidades refletem uma aparente escolha alternativa em muitos exemplos de orientação Odyssean. De um lado, um compromisso altamente específico é mais claro para os mercados e, como o não cumprimento de uma declaração nítida de intenção é mais evidente, fica mais difícil para formuladores de políticas voltar atrás. Por outro lado, em um mundo incerto, os formuladores de políticas, compreensivelmente, relutam em utilizar sua capacidade de responder em meio a circunstâncias inesperadas ou incomuns. A orientação Odyssean geralmente inclui cláusulas de escape, como a declaração do FOMC de setembro de 2020 de que estava preparado para ajustar a política "caso surjam riscos que possam impedir a consecução das metas do Comitê" — presumivelmente uma referência aos riscos de estabilidade financeira, como uma dívida excessiva — ou sua disposição em 2012 de que, ao determinar por quanto tempo buscar a QE3, o Comitê levaria em conta a "provável eficácia e custos" do programa. Banqueiros centrais ainda estão aprendendo a equilibrar a escolha alternativa entre compromisso e flexibilidade.

De uma perspectiva mais ampla, a experiência do FED desde a crise financeira ilustra o aspecto mais geral de que os BCs, coletivamente, aprenderam a usar melhor a comunicação como ferramenta de políticas. O gesto mais significativo do BC da era pós-crise financeira foi, sem dúvida, a promessa de Mario Draghi em julho de 2012 de "fazer o que for preciso" para salvar o euro, mas o Banco Central Europeu e outros BCs estrangeiros também fizeram uso extensivo de uma orientação mais convencional. O BCE iniciou sua orientação formal em julho de 2013, dizendo em uma declaração que lembra a linguagem anterior do FED sobre

* Quando este livro foi escrito, parecia provável que a política endurecesse antes do esperado em agosto de 2020. Não há nisso inconsistência com a orientação, que era state-contingent, vinculando a política futura à evolução da economia. [N. do A.]

"período estendido" — que esperava que as taxas chaves permanecessem "nos níveis atuais ou mais baixos por um período prolongado de tempo".[33] A partir daí, a orientação do BCE foi se tornando mais elaborada, abrangendo não apenas as expectativas do Governing Council do BCE para suas várias taxas de juros, mas também suas compras de títulos, reinvestimento de títulos vincendos, programas especiais de empréstimos bancários e as relações entre suas ferramentas de política.

O Banco do Japão — um pioneiro pré-crise em forward guidance — também confiou fortemente na orientação nos últimos anos, incluindo compromissos de longo prazo no sentido de manter taxas baixas e uma promessa de ultrapassar sua meta de inflação de 2%. O Banco da Inglaterra, o Banco do Canadá e outros grandes BCs também se valeram ativamente de formas de orientação mais explícitas e de caráter mais Odyssean. Estudos empíricos de BCs estrangeiros revelam que o discurso do BC pode diminuir a incerteza do mercado e ampliar estímulos, apesar da restrição do limite inferior.[34] Com uma pitada de exagero, sempre gostei de dizer que a política monetária é 98% conversa e 2% ação. Uma das principais lições das últimas décadas para os BCs é, com certeza, que uma boa comunicação contribui para a formulação de políticas eficazes.

A Credibilidade da Orientação

Para ser eficaz em estimular a economia, a orientação Odyssean precisa sinalizar que formuladores de políticas pretendem manter as taxas mais baixas por mais tempo do que os participantes do mercado esperavam anteriormente. Caso os mercados vejam as taxas ficando perto de zero por dois anos, por exemplo, uma promessa dos formuladores de políticas de mantê-las em zero por um ano não só não aliviaria condições financeiras, como, na verdade, provavelmente as apertaria.

Como, para ser eficaz, a orientação Odyssean pode ter que comprometer o BC com ações no futuro, a questão da credibilidade de tais compromissos vem à tona. Em um horizonte de vários anos, a conjuntura econômica pode mudar, e isso faz com que os formuladores de políticas tendam a renegar suas promessas anteriores. Ou os próprios formuladores de políticas podem ser outros, à medida que mandatos terminam e novas pessoas assumem. Se houver ceticismo entre participantes do mercado quanto ao cumprimento dos compromissos do BC — se a orientação Odyssean não for confiável — não haverá o efeito desejado.

De que modo os BCs podem fortalecer a credibilidade de suas orientações? Vimos que compromissos explícitos e verificáveis, que tornam fácil de detectar uma tentativa de negá-los, podem ajudar. Mas, na vida cotidiana, avaliamos a credibilidade das promessas mais pela reputação de quem as faz do que pelas palavras exatas utilizadas. O mesmo princípio se aplica às promessas do BC. A credibilidade do BC depende, em parte, da reputação pessoal e das habilidades de comunicação dos principais formuladores de políticas; porém, como os formuladores de políticas não podem vincular-se de maneira irrevogável a si mesmos ou a seus sucessores, a reputação institucional também é importante. Graças às preocupações com a reputação institucional, formuladores de políticas são incentivados a cumprir as promessas, mesmo aquelas feitas por seus antecessores. Eles sabem que, ao fazer isso, preservam a reputação do BC de cumprir o prometido e, portanto, sua capacidade de fazer promessas confiáveis no futuro.[35]

Além de um histórico de orientação clara e cumprimento consistente de promessas, ao menos dois outros fatores ajudam a determinar a credibilidade de um BC. Um deles é ter uma estrutura de políticas mais abrangente, implícita ou explícita, que gere amplo consenso dentro da instituição e descreva os princípios que orientam a abordagem do BC. Essa estrutura enquadra episódios individuais de orientação em um contexto mais largo, auxilia os mercados a compreender a lógica de orientações específicas e aumenta o ônus dos formuladores de políticas caso se desviem de seus compromissos. Pense, por exemplo, na "discricionariedade restrita" imposta aos formuladores de políticas pelas metas de inflação e estruturas semelhantes. A adoção unânime do FED comandado por Powell da meta de inflação média flexível em 2020 sugere que o FOMC seguirá essa abordagem ampla, mesmo quando a liderança do Comitê mudar.

Um outro fator que aumenta a credibilidade é a independência do BC de pressões políticas de curto prazo. Formuladores de políticas partidárias, em face de eleições regulares e oscilações no ambiente político, achariam difícil, se não impraticável, fazer promessas confiáveis sobre políticas para três ou quatro anos no futuro; e nem têm muito incentivo para cumprir compromissos assumidos pelos adversários políticos. Fatores que promovem a independência do FED, como longos mandatos dos formuladores de políticas e seu forte espírito de não partidarismo, também aumentam a credibilidade de seus compromissos, mesmo aqueles que se estendem por anos à frente.

Neste capítulo, a QE e o forward guidance foram discutidos separadamente, mas a experiência mostra que os dois estão intimamente interligados. Por um lado, a QE funciona em parte sinalizando a trajetória provável das taxas de juros (o canal de sinalização). De fato, os BCs tornaram cada vez mais explícita a conexão entre a QE e as taxas, por exemplo, prometendo não aumentá-las até bem depois de a conclusão das compras de títulos. Por outro lado, formuladores de políticas também podem oferecer orientação sobre uma futura QE ou até mesmo vincular a trajetória dos ativos ao nível das taxas. Por exemplo, o FOMC indicou em junho de 2017 que começaria a diminuir o balanço patrimonial do FED somente após o aumento da TDI estar "bem encaminhado". Dada a íntima conexão entre a QE e o forward guidance, não é algo simples separar seus efeitos nos preços dos ativos. No entanto, combinadas, essas ferramentas fornecem aos formuladores de políticas monetárias um valioso poder de fogo adicional quando cortes de juros de curto prazo já não são viáveis.

■

12

A CAIXA DE FERRAMENTAS DO FED É SUFICIENTE?

MESMO COM BANQUEIROS CENTRAIS cada vez mais confiantes de que a QE e o forward guidance podem amenizar as condições financeiras no limite inferior efetivo, há questões críticas a considerar. A primeira: Essas ferramentas também podem ajudar formuladores de políticas a obter resultados consideravelmente melhores de emprego e inflação em comparação com a alternativa de reduzir as taxas a um nível baixo sem nenhuma ação adicional? Em outras palavras, essas ferramentas extras podem compensar — e, em caso afirmativo, em que extensão — os limites da política monetária gerados pelo limite inferior? E uma segunda: Considerando eventuais efeitos colaterais, as ferramentas passam no teste de custo-benefício? Ou os custos e riscos dessas ferramentas limitam sua utilidade?

OS EFEITOS DA QE E DO FORWARD GUIDANCE NO DESEMPENHO ECONÔMICO

Um modo pelo qual os pesquisadores tentaram avaliar os benefícios econômicos da QE e do forward guidance [FG] é observar a experiência histórica (reconhecidamente limitada). Nos EUA e em outros países em que essas ferramentas foram aplicadas ativamente, o desempenho econômico foi significativamente melhor do que seria de outra forma?

QE, Forward Guidance e a Grande Recessão

Com a recuperação da recessão pandêmica ainda em andamento, a maior parte do que se tem feito até o momento se concentrou na Grande Recessão e na retomada econômica subsequente, quando o FED e outros grandes BCs usaram extensivamente a QE e os FGs cada vez mais explícitos.

Como sabemos, e não obstante o uso dessas ferramentas, a recessão foi grave, a recuperação lenta e, na maioria dos casos, a inflação permaneceu teimosamente aquém das metas do BC. Por outro lado, mesmo na era pré-crise, quando o limite inferior não era um problema, a política monetária nunca foi capaz de evitar recessões, apenas amenizá-las e dar um impulso na recuperação. Além disso, a política monetária foi apenas um dos fatores que determinaram o ritmo de expansão após a Grande Recessão. Nos EUA, muitos fatores contribuíram para a lenta recuperação, entre eles os efeitos depressivos do estouro da bolha imobiliária nas novas construções, as repercussões da crise da dívida soberana europeia no comércio internacional e nos mercados financeiros norte-americanos, a prematura austeridade após o pacote fiscal de 2009 e o lento crescimento da produtividade. A recuperação, ainda que vagarosa, foi extraordinariamente sustentada, tornando-se a mais longa expansão da história dos EUA. A questão que permanece, dado esse histórico misto, é: Quanto as novas ferramentas ajudaram?

Os economistas, para surpresa de ninguém, discordam. Alguns trabalhos sugerem que a QE e o FG superaram substancialmente a restrição do limite inferior após a crise financeira. Segundo eles, a política monetária foi tão eficaz como sempre em ajudar a colocar a mão de obra e o capital para serem utilizados novamente após a Grande Recessão, apesar do limite inferior. Em um artigo apresentado no Brookings Institution em 2017, John Fernald, Robert Hall, James Stock e Mark Watson escreveram que o ritmo lento da recuperação pode ser explicado, em grande parte, pelo crescimento moderado da produtividade e declínios na participação da força de trabalho relacionados ao envelhecimento da geração baby boom.[1] Ambas as tendências já existiam antes da crise. Esses autores também verificaram que indicadores de utilização de aspectos como a taxa de desemprego — que são mais influenciados pela política monetária do que pelo crescimento potencial — se recuperaram de forma relativamente normal.*

* Por exemplo, desde seu auge em 2009 até 2019, o hiato de desemprego (a taxa de desemprego menos a estimativa da taxa natural do Congressional Budget Office) caiu 0,14 pontos porcentuais por trimestre, aproximadamente o mesmo das recessões anteriores do pós-guerra. A relação emprego/população em idade ativa cresceu por volta de 0,12 pontos porcentuais por trimestre na década após seu ponto mais baixo, visivelmente mais lento do que nas recuperações das profundas recessões de 1973-75 e 1981-82, mas semelhante a outras recuperações, incluindo aquelas após as recessões de 1990-91 e 2001. [N. do A.]

Se a velocidade de recuperação da Grande Recessão não foi historicamente incomum, considerando o tamanho do choque e o potencial de crescimento subjacente da economia, então é possível que a política monetária, incluindo as ferramentas adicionais, não tenha sido gravemente prejudicada pelo limite inferior.

Contudo, a maioria das avaliações da resposta pós-crise chega a um misto de conclusões. Um exemplo é um artigo de 2015 de Eric Engen, Thomas Laubach e David Reifschneider, membros do Conselho do FED.[2] Eles usaram o principal modelo de previsão econômica dos EUA, conhecido como FRB/US, para simular os efeitos na economia das políticas do FED após a crise. Um modelo econômico detalhado como o FRB/US dá aos pesquisadores a condição de controlar outros fatores além da política monetária, como política fiscal e a evolução de economias estrangeiras. Essa equipe descobriu que, em conjunto, a QE e o FG facilitaram as condições financeiras, mas não impulsionaram de modo significativo o ritmo da recuperação (além do que foi alcançado apenas pelos cortes nas taxas) antes de 2011. Engen e seus coautores apontaram três razões para os benefícios econômicos limitados das novas ferramentas em 2009 e 2010: o FG inicial do FED falhou em persuadir os mercados de que as taxas permaneceriam baixas por mais tempo; os efeitos da QE foram se acumulando apenas gradualmente conforme crescia o volume de títulos em poder do FED e investidores passaram a esperar ainda mais compras de ativos; e, o mais importante, na política monetária — convencional ou não — há uma defasagem temporal entre implementação e efeito.

A partir de 2011, no entanto, esses autores descobriram que as novas ferramentas começaram a acelerar consideravelmente a recuperação. As ferramentas levaram a uma taxa de desemprego no início de 2015 cerca de 1,25 ponto porcentual menor e, um pouco mais tarde, a uma inflação ao redor de meio ponto porcentual mais elevada do que teria ocorrido se o FED tivesse cortado as taxas para zero, mas não tivesse usado QE ou FG. Esses efeitos são significativos, ainda que tardios. Por exemplo, no modelo FRB/US do FED, prevê-se que uma queda de 1 ponto porcentual na TDI reduz a taxa de desemprego em menos de 1/4 de ponto porcentual, ou perto de 1/5 do efeito estimado das novas ferramentas de política.[3]

Esses dois artigos são apenas alguns dos muitos que analisaram a recuperação da Grande Recessão, nos EUA e em outros lugares. Tiro duas conclusões desse corpo de pesquisa — conclusões compartilhadas, aliás, em um relatório da equipe do FED datado de 2020 como parte da revisão estratégica do FOMC.[4] A primeira, do lado positivo: a QE e a FG após a crise financeira global acabaram levando a resultados econômicos consideravelmente melhores quando comparados a um cenário alternativo hipotético no qual as taxas foram reduzidas a zero e não houve nenhuma outra ação política. As novas ferramentas de política do FED não só estimularam gastos e contratações de mão de obra, mas também aumentaram confiança, assunção de riscos e fluxos de crédito. Comparações internacionais também demonstraram que países que utilizaram as novas ferramentas de forma antecipada e proativa, notadamente EUA e Reino Unido, tiveram recuperações relativamente mais fortes e sustentadas e chegaram mais perto de atingir suas metas de inflação.

A segunda conclusão, porém, é que parece improvável que as novas ferramentas tenham compensado integralmente a restrição imposta pelo limite inferior. Isso refletiu, em parte, as limitações inerentes à QE e ao FG, mas também o modo como usamos ambas as ferramentas. De início, no FED, agimos com cautela, em particular com relação à QE. Não estávamos confiantes de que as novas ferramentas seriam eficazes, estávamos preocupados com seus possíveis custos e riscos e permanecemos excepcionalmente incertos sobre as perspectivas econômicas, especialmente no começo. Participantes do mercado, por sua vez, precisavam entender as estratégias de política em evolução do FED e de outros BCs. Com o passar tempo, conforme entendíamos melhor as novas ferramentas e reconhecemos que poderíamos e deveríamos fazer mais para ajudar a economia, aplicamos a QE e o FG com mais determinação e maior efeito.

Muito embora essas observações sugiram que as etapas iniciais da recuperação da Grande Recessão foram, provavelmente, um pouco mais fracos do que poderiam ter sido, elas igualmente sugerem que, em virtude do benefício da experiência, novas ferramentas políticas têm condição de se mostrarem ainda mais eficazes. O FED teve a chance de por em prática as lições que aprendeu ao responder à recessão pandêmica de 2020.

As Novas Ferramentas Monetárias na Pandemia

A pandemia bateu forte e quase sem aviso prévio, tirando dos trilhos uma economia cujo andamento era muito bom. O FED de Powell reagiu à turbulência nos mercados financeiros em março de 2020, atuando como comprador de última instância para títulos do Tesouro e títulos lastreados em hipotecas, estabelecendo linhas de swap cambial com BCs estrangeiros e retomando programas da era da crise de 2008 para dar liquidez aos principais mercados e instituições financeiras. Com o apoio do Congresso, o FED usou seus poderes de emergência 13(3) para respaldar empréstimos a corporações, municípios e empresas de médio porte.

Para amortecer o golpe econômico, formuladores de política monetária usaram a QE e o FG, mas o fizeram mais rapidamente e com mais força do que nós na crise financeira. Depois de cortar a TDI para quase zero em março, o FOMC começou a comprar grandes quantidades de títulos do Tesouro (de todos os vencimentos, não apenas de longo prazo) e títulos lastreados em hipotecas emitidos pelas GSEs. Em dezembro de 2020, comprometeu-se a continuar as compras de títulos "até que progressos substanciais" fossem obtidos em relação a seus objetivos de política. Por meio de FGs cada vez mais detalhados, em especial após a introdução de sua estrutura flexível de metas de inflação média, em agosto, o FOMC também convenceu os mercados de que era provável que a TDI permanecesse próxima de zero no futuro previsível. Como disse o presidente Powell em uma entrevista coletiva nos estágios iniciais da pandemia, o FOMC "nem estava pensando em pensar em aumentar as taxas".[5] Provavelmente refletindo ações e orientações do FED, o rendimento dos títulos do Tesouro de 10 anos, que estava um pouco abaixo de 2% antes da pandemia, ficou bem aquém de 1% no restante de 2020. O rendimento aumentou novamente em 2021 (embora tenha permanecido bastante baixo) já que o ritmo crescente de vacinações e a forte ação fiscal elevaram as expectativas de crescimento e inflação.

Teriam as ações monetárias do FED ajudado a economia a se recuperar mais rapidamente? Em face da natureza única da recessão pandêmica, qualquer avaliação será complicada. Em particular, os membros do FOMC enfrentaram a questão de saber se a flexibilização das condições financeiras podiam ou não ter contribuído muito para tal, uma vez que as decisões de muitas pessoas de não trabalhar ou comprar tinham pouco a ver com as taxas de juros, mas refletiam solicitações de fechamento de governadores e prefeitos e o medo geral de contrair o vírus. E, mesmo após vacinas ficarem disponíveis, o processo desigual de reabertura atrapalhou muito a formulação de políticas monetárias e fiscais, pois novas ondas de infecção, cadeias de suprimentos emaranhadas e hesitação em retornar ao trabalho frearam o crescimento e aumentaram a inflação.

No entanto, evidências iniciais sugerem que a resposta monetária ajudou a economia a se erguer. É de se notar que a recuperação no segundo semestre de 2020, antes da disponibilização das vacinas, foi mais rápida do que quase todos imaginavam. O FOMC não fez projeções econômicas em março, no decorrer do curto pânico financeiro, mas em junho projetou que o crescimento real ao longo do ano (do 4º trimestre de 2019 ao 4º trimestre de 2020) seria de menos 6,5% e que a taxa de desemprego no 4º trimestre seria de 9,3%. No início de julho, o Congressional Budget

Office projetou números semelhantes: crescimento de 2020 em menos 5,9% e desemprego no 4º trimestre em 10,5%.[6] Essas previsões, que levavam em conta os efeitos esperados da Lei CARES, aprovada em março, assemelhavam-se às previsões privadas.

O desempenho da economia foi substancialmente melhor do que as previsões. Houve um aumento acentuado de casos de vírus e hospitalizações no outono e inverno, mas apesar disso e da ausência de qualquer nova ação fiscal até o final do ano, o PIB, em termos reais, caiu apenas cerca de 2,5% ao longo de 2020 — por volta de 4 pontos porcentuais acima do esperado — e a taxa de desemprego no 4º trimestre ficou abaixo de 7%. Números ainda fracos, sem dúvida, e a taxa de desemprego mais baixa refletia, em parte, menos pessoas procurando ativamente trabalho. Contudo, o desempenho em relação às previsões foi encorajador e a recuperação dos EUA superou a da maioria das outras economias avançadas. A inflação caiu em 2020 (de 1,6% em relação a 2019, medida pelos preços dos gastos de consumo pessoal, para 1,3% em 2020), mas as expectativas de inflação permaneceram razoavelmente próximas da meta de 2%.

O desempenho superior ao esperado em 2020 refletiu vários fatores, entre os quais a impaciência dos norte-americanos para voltar ao trabalho e à escola e, possivelmente, benefícios maiores do que o esperado da Lei CARES. Porém, pode-se ver com clareza a influência da política monetária. Grande parte da recuperação foi proveniente de setores sensíveis a juros, com destaque na habitação, beneficiária de taxas de hipoteca de 30 anos que caíram abaixo de 2,7% no final de 2020. Outros setores em que os juros eram fator relevante também se recuperaram rapidamente, em muitos casos excedendo os níveis de atividade de antes da pandemia. Entre eles manufatura, comércio (o dólar sofreu constante desvalorização na segunda metade do ano), gastos de capital empresarial e bens de consumo duráveis. A força em setores sensíveis aos juros compensou a fraqueza recorrente em serviços, em especial aqueles dependentes de contato pessoal, como lazer e hospitalidade.

A flexibilização monetária também ajudou a dar vida nova aos mercados de crédito privados e (ao lado de ações fiscais) reduziu o estresse financeiro — medido, por exemplo, por quebras corporativas e rebaixamentos de ratings [classificações de risco], que se mostraram menos graves do que o esperado.[7] Melhor acesso ao crédito para todos os tipos de interessados impulsionou o crescimento e o emprego. Além disso, preços de ações e outros ativos mais do que se recuperaram totalmente de suas quedas iniciais, fortalecendo a situação financeira e patrimonial das famílias e empresas e aumentando sua disposição e capacidade de gastar.

O acentuado crescimento da produção e do emprego continuou em 2021, apoiado por novas iniciativas fiscais, mas também pela permanência da flexibilização da política monetária. Todavia, como vimos, as restrições do lado da oferta (como uma escassez global de chips de computador e entraves na logística de embarques) e o persistente medo de doenças (incluindo a nova variante Delta do vírus) contribuíram para um recrudescimento da inflação e aumento da incerteza sobre as perspectivas econômicas no segundo semestre. Seguindo sua orientação anterior, o FOMC anunciou a intenção de dar início à retirada do apoio proporcionado pela política monetária, começando com uma redução de suas compras de títulos, mas deixando a TDI próxima de zero. O difícil desafio do Comitê era garantir que a inflação decorrente do choque de oferta não persistisse a ponto de anular a recuperação em curso no mercado de trabalho.

Mais tempo e pesquisa serão necessários para uma análise pormenorizada das fontes da forte recuperação iniciada em meados de 2020 e que se estendeu até 2021. No geral, entretanto, a recessão e a recuperação pandêmica fundamentam a visão de que, ao enfrentar a crise, a política monetária não o fez sem munição, embora o FED tivesse apenas um escopo limitado para cortar a TDI quando a recessão começou.[8]

O PAPEL DA TAXA DE JUROS NEUTRA NA DETERMINAÇÃO DO ESPAÇO DAS POLÍTICAS

A perspectiva histórica é valiosa, mas e o futuro? Após a recuperação da recessão causada pela pandemia, até que ponto a política monetária do século XXI — que combina cortes de juros de curto prazo, QE, FG e possivelmente outras ferramentas — atenderá aos objetivos do FED e de outros BCs? A eficácia das novas ferramentas monetárias depende de muitos fatores, mas vimos que um deles, de caráter determinante, é o nível da taxa de juros neutra (nominal), R-estrela. Ela é importante porque afeta a extensão do espaço de manobra dos formuladores de política monetária.

Vamos supor que a taxa de juros neutra de curto prazo seja de 2,5% (de novo: em termos nominais ou de mercado, não ajustada pela inflação) — o valor estimado pelos membros do FOMC nos últimos anos. Se esse nível persistir, em média, em tempos normais, taxas de juros de longo prazo também ficarão ao redor de 2,5%, ignorando alguns elementos complicadores, como prêmios de risco de títulos (o rendimento extra que investidores exigem para manter títulos de longo prazo). Suponhamos agora que a economia sofra um choque recessivo. Se a taxa de juros neutra for de 2,5%, então, em média — repetindo: em tempos normais — o BC teria cerca de 2,5 pontos porcentuais de espaço para cortar as taxas de curto prazo, considerando um limite inferior zero. (Em resposta à recessão pandêmica no início de 2020, o FED de Powell cortou a TDI em cerca de 1,5 ponto porcentual, depois de já ter feito 0,75 ponto porcentual de "cortes a título de seguros" em 2019.)

Nas décadas anteriores à crise financeira, o FED normalmente reagia às recessões cortando a taxa de juros entre 5 e 6 pontos porcentuais. Se a taxa neutra for de 2,5%, os cortes convencionais de curto prazo obviamente não seriam munição suficiente para lidar com uma recessão típica, em especial se a TDI estiver abaixo da neutra quando a recessão bater. Então, a questão que fica é esta: Caso a TDI chegue a zero, quanto espaço *adicional* de política pode ser alcançado com QE e FG? Isso pressupõe, de modo implícito e apropriado, que cortar a taxa de juros de curto prazo para zero não resulta em taxas de longo prazo também chegando a zero. É precisamente porque taxas longas permanecem, em geral, acima de zero, mesmo quando as de curto prazo estão no limite inferior, que a QE e o FG podem fornecer estímulos adicionais úteis.

Em um estudo de 2020, examinei essa questão com base no modelo FRB/US do FED, realizando centenas de simulações da economia dos EUA, na hipótese de que ela seja atingida aleatoriamente por choques similares aos verificados desde 1970.[9] (Os choques que desencadearam a Grande Recessão estão incluídos, mas o estudo terminou antes da pandemia.) Nessas simulações, adotei como pressuposto uma resposta historicamente normal da política monetária a recessões econômicas e inflação, exceto que também presumi que, quando a TDI atinge o limite inferior, o FED usa a QE e o FG mais acentuadamente do que no início da recuperação da Grande Recessão, ação condizente com o crescente consenso de que a utilização proativa e vigorosa é mais eficaz.[10] Presumi, ainda, que o FED usa o FG para vincular mudanças futuras na taxa básica de juros e compras de títulos à inflação e ao desemprego (orientação state-contingent). Para cada simulação do modelo, mensurei o desempenho da economia, em média, em atender ou superar as metas de pleno emprego do FED e atingir a meta de inflação de 2%.

Minha principal descoberta foi que a QE, complementada por FGs que fazem com que formuladores de políticas se comprometam com políticas de taxas mais baixas por mais tempo, pode fornecer o equivalente a cerca de 3 pontos porcentuais adicionais de espaço para políticas. Em outras palavras, se a taxa de juros neutra for de 2,5%, aplicar a QE com vigor e o FG pode proporcionar ao FED poder de fogo monetário total equivalente a mais ou menos 5,5 pontos porcentuais dos cortes tradicionais nas taxas — algo próximo de sua resposta normal a recessões típicas antes que o limite inferior se torne um problema. No entanto, em uma recessão mais profunda do que a média que requeira mais de 5,5 pontos porcentuais de resposta da política, é provável que mesmo o uso vigoroso das novas ferramentas de política monetária se mostre insuficiente para compensar inteiramente os efeitos do limite inferior.

Minha regra prática de 3 pontos porcentuais é amplamente consistente com a literatura empírica, incluindo estudos de equilíbrio de portfólio e efeitos de sinalização da QE, bem como outros trabalhos usando FRB/US ou modelos econômicos semelhantes.[11] Entretanto, dados os diversos pressupostos que entram na modelagem dos efeitos da QE e do FG, a incerteza é inevitável. Não se pode descartar que o espaço das políticas criado pelas novas ferramentas seja inferior a 3 pontos porcentuais e, além disso, possa variar em função das condições da economia ou dos mercados financeiros. Isso recomenda ter prudência no planejamento de respostas políticas futuras e se constitui em motivação para continuar buscando novas abordagens para aumentar o espaço das políticas.

Por outro lado, muitas análises padrão de QE e FG, incluindo meu estudo, podem subestimar o efeito geral das ferramentas. Por exemplo, evidências sugerem que a QE fortalece os balanços dos bancos e leva a mais empréstimos, uma possibilidade normalmente não levada em conta nas análises convencionais, incluindo a minha.[12] Ademais, minhas simulações, para fins de simplificação, assumiram que o FED compra apenas títulos do Tesouro, ignorando os efeitos adicionais das compras de MBS, e fiz suposições conservadoras sobre os efeitos do FG nas expectativas do mercado (e ignorei por inteiro os efeitos de sinalização da QE). Como veremos no Capítulo 14, a política monetária também pode afetar a economia por meio de um canal de risco que não é considerado na maioria das simulações de política. No geral, vejo a regra prática dos 3 pontos porcentuais como um ponto de partida razoavelmente conservador.[13]

O valor da taxa de juros neutra — R-estrela, que ajuda a determinar o poder de fogo monetário total — é, contudo, outra fonte de incerteza para os formuladores de políticas. O valor de R-estrela não pode ser observado, apenas estimado, e como vimos, estimativas do FED dessa variável-chave caíram substancialmente ao longo do tempo. Para os EUA, a maioria dos estudos atualmente estima, em consonância com os 2,5% do

FED para 2021, que a taxa nominal neutra esteja na faixa de 2% a 3% — ou 0% a 1% em termos reais, ajustados pela inflação, assumindo que as expectativas de inflação se situem perto da meta de 2% do FED. Mas se a tendência de queda em R-estrela continuar, ou ela tiver sido superestimada, esse pode ser outro motivo pelo qual, mesmo com QE e FG disponíveis, o limite inferior restringirá o poder de fogo da política monetária.

Como minha regra prática de 3 pontos porcentuais baseia-se em simulações de um modelo da economia dos EUA, não pode ser aplicada diretamente a outras economias. Evidências certamente sugerem que, no mínimo, os BCs estrangeiros devem incluir QE, FG e possivelmente outras novas ferramentas em seus conjuntos de ferramentas, como de fato muitos deles fizeram. Outra lição crítica para outros países é que, para que a política monetária tenha espaço para reagir às desacelerações, a taxa de juros neutra não pode ser muito baixa. Como as taxas de retorno reais (ajustadas pela inflação) são baixas globalmente, a melhor maneira de evitar uma queda muito grande da taxa de juros neutra é evitar que a inflação (e as expectativas de inflação) caia muito abaixo da meta.[14] Dito de outro modo, atingir a meta de inflação é importante não só para obter a estabilidade de preços, mas também para garantir que a política monetária tenha o espaço de corte de juros necessário para reagir com eficácia a choques econômicos adversos.

Infelizmente, para algumas das principais economias estrangeiras tem sido difícil atingir consistentemente as metas de inflação. Na Zona do Euro, ao menos antes do choque de oferta causado pela pandemia, a inflação e as expectativas de inflação permaneceram por alguns anos bem aquém da meta de inflação do BCE, que era menor, mas próxima, de 2% (recentemente definida em 2% cheios).[15]* A inflação e as expectativas de inflação da Europa têm sido menores em relação aos EUA, porque a crise de dívida soberana lá ocorreu logo que a crise financeira global se instaurou e porque o BCE adiou o uso "lower for longer" de FG [ou seja, taxas mais baixas e por mais tempo] e QE. No Japão, décadas de inflação próxima de zero ou deflação condicionaram as pessoas a esperar que a inflação continuasse muito baixa. Mudar essas expectativas tem demonstrado ser extremamente difícil, apesar da política monetária muito ativa

* Tal como nos EUA, a inflação na maioria das economias avançadas, entre elas o Reino Unido e na Zona do Euro, saltou em 2021, resultado de restrições do lado da oferta relacionadas com a pandemia e preços mais elevados da energia. Caso esses fatores recuem, a inflação nessas economias poderá ficar abaixo da meta. [N. do A.]

desde cerca de 2013. Na Europa e no Japão, maior suporte fiscal pode ser necessário no futuro para aproximar a inflação e as expectativas de inflação da meta, o que, por sua vez, elevaria a taxa de juros neutra e aumentaria a potência da política monetária.

CUSTOS E RISCOS DAS NOVAS FERRAMENTAS DE POLÍTICA MONETÁRIA

O poder de fogo adicional que a QE e um forte FG podem proporcionar deve ser ponderado em relação aos custos e riscos não intencionais. A QE, em particular, levantou preocupações dentro e fora do FED quando foi implementada pela primeira vez após a crise financeira global. O FOMC não deixou de discutir possíveis custos e riscos ao longo da recuperação da Grande Recessão, incluindo o que poderia por em xeque a estabilidade financeira, a possibilidade de que a inflação ou as expectativas de inflação perdessem a ancoragem, potenciais dificuldades na gestão da eventual saída do QE, possíveis efeitos adversos no funcionamento dos principais mercados de títulos e o risco de perdas de capital no enorme portfólio de títulos do FED. Alguns membros do FOMC temiam que tais riscos pudessem ser amplificados por um FG "lower for longer", que poderia manter a TDI próxima de zero por anos. Hoje em dia, quando podemos contar com uma experiência substancial, tanto nos EUA quanto em outras economias, cabe a pergunta: O que podemos dizer sobre esses custos e riscos potenciais das novas ferramentas monetárias?

Muitas das preocupações sobre QE e FG "lower for longer" se revelaram infundadas. A despeito dos terríveis avisos, essas políticas não levaram a uma inflação excessiva sustentada. (De novo: atribuo o estouro da inflação em 2021 a outros efeitos, principalmente do lado da oferta, associados à reabertura da economia após a pandemia.) Ao contrário, desde 2008 a inflação nos EUA e outras grandes economias foi, em geral, muito baixa, refletindo a calmaria econômica e os efeitos do limite inferior.

Sair da QE também não foi um problema até agora, ao menos do ponto de vista técnico. Quando o FED de Yellen deu início ao aperto da política, a capacidade do FED de remunerar as reservas lhe deu condições de elevar a taxa de juros sem muita dificuldade, apesar do grande porte de seu balanço patrimonial. Com a TDI ficando acima de zero, o FED permitiu que seu balanço encolhesse ao encerrar o reinvestimento dos pagamentos do principal de seus títulos. Se tomarmos como referência o surto do mercado de repo em setembro de 2019, o FED provavelmente, se é que se pode dizer isso, reduziu demais seu balanço patrimonial e a oferta de reservas bancárias. Nesse sentido, é possível afirmar que o balanço do FED foi totalmente normalizado em 2019, em um patamar consistente com seu novo quadro operacional de amplas reservas, até que a crise pandêmica o obrigou a fazer novas compras de títulos em 2020. O Banco da Inglaterra, outro grande BC que rapidamente adotou a QE após a crise financeira, também não teve problemas técnicos para aumentar as taxas no momento adequado.

Também não há evidências de que a QE tenha impedido o funcionamento dos mercados de valores mobiliários dos EUA, seja expulsando compradores e vendedores privados, por exemplo, seja gerando escassez de emissões de títulos específicos. Bem ao contrário, ao adicionar liquidez, promover confiança e fortalecer os balanços das instituições financeiras, a QE provavelmente aprimorou o funcionamento do mercado no decorrer da crise financeira global e da crise da dívida soberana europeia. Nos primeiros dias do choque provocado pela pandemia em 2020, as aquisições de títulos do FED — embora não tecnicamente uma QE, ao menos de início, pois seu objetivo não era fornecer estímulo monetário — colaboraram para a volta ao normal dos mercados financeiros e de crédito. E, não obstante a permanência do risco de perdas no portfólio do FED, ele é moderado. Caso ocorram perdas futuras, elas devem ser cotejadas em relação aos mais de US$800 bilhões em retornos líquidos que o FED enviou ao Tesouro na década anterior à pandemia, às maiores receitas tributárias geradas por uma economia mais forte, e ao menor custo de financiamento da dívida pública.[16] Seja como for, o propósito da política monetária é ajudar a alcançar altos níveis de emprego e estabilidade de preços, não gerar lucros para o Tesouro.

Ainda que esses riscos frequentemente citados pareçam agora insignificantes, ou no mínimo insuficientes para impedir o uso de QE e FG "lower for longer" quando for preciso, o debate sobre outras questões continua. Discutirei quatro aqui: a suposta ligação entre as novas ferramentas monetárias e a instabilidade financeira; a percepção de que a QE e a flexibilização favorecem, usualmente, a desigualdade econômica; a queixa de que a QE distorce os sinais do mercado de capitais; e a preocupação de que a flexibilização cria empresas zumbis.

Instabilidade Financeira

A relação entre flexibilização monetária e estabilidade financeira é um tema amplo e controverso. Em suma, evidências sugerem que a flexibilização monetária sustentada pode promover a assunção de riscos privados, o que, se por um lado pode ajudar a acelerar a recuperação em uma economia deprimida, de outro também pode aumentar o risco de uma perigosa instabilidade financeira ao longo do tempo. A maioria dos economistas e formuladores de políticas concorda que riscos à estabilidade financeira devem ser combatidos principalmente com ferramentas específicas, como regulamentação e supervisão financeiras, deixando a política monetária livre para buscar a estabilidade de preços e metas de emprego. As principais controvérsias dizem respeito à suficiência da regulamentação e de outras ferramentas direcionadas e, caso contrário, se e em que grau formuladores de políticas monetárias devem levar em consideração preocupações com a estabilidade financeira ao definir taxas.

Deixando a questão mais ampla para um capítulo posterior, a questão mais restrita levantada aqui é se a QE e o FG têm, *em particular*, maior probabilidade de elevar os riscos financeiros. Existiria algo sobre essas ferramentas alternativas, além do fato de sua associação com taxas de juros persistentemente baixas, que deva ser particularmente preocupante para a estabilidade financeira? Ao menos até agora, a resposta parece ser não.

No mínimo, há dois argumentos principais em prol da afirmação de que a QE e o FG podem estimular mais a tomada de riscos do que outras formas de flexibilização monetária. O primeiro é que a QE funciona, em parte, induzindo investidores privados a reequilibrar seus portfólios. Investidores que vendem títulos do Tesouro e MBS ao FED presumivelmente usam uma parcela dos recursos para comprar outros ativos, alguns dos quais são mais arriscados do que aqueles vendidos ao FED. Esse rebalanceamento de portfólio faz com que a QE influencie os preços de títulos, como os corporativos, que não são comprados pelo BC. O efeito de reequilíbrio também explica a razão pela qual muitos investidores veem na QE uma forma de aumentar a liquidez do mercado: as compras da QE fornecem fundos líquidos que os vendedores de títulos empregam para comprar outros ativos possivelmente mais arriscados.

Embora a QE deixe alguns investidores com carteiras mais arriscadas, em termos líquidos ela pode realmente reduzir o risco financeiro no setor privado de duas maneiras. Primeiro, a QE injeta reservas no sistema bancário e remove títulos de longo prazo em igual quantidade. Os títulos de longo prazo são mais arriscados do que as reservas bancárias (seguras e líquidas) porque seus valores podem mudar drasticamente quando taxas de juros de longo prazo mudam. Os economistas Ricardo Caballero e Gunes Kamber constataram que, após a crise financeira, a QE possibilitou ao FED absorver, em termos líquidos, o risco antes detido pelos investidores, reduzindo o risco da carteira privada típica.[17] Segundo, ao reduzir taxas de juros de longo prazo e fortalecer balanços dos tomadores de empréstimos corporativos, a QE também, normalmente, diminui o risco de títulos corporativos existentes e ativos semelhantes.[18] Os efeitos estabilizadores das políticas do tipo QE foram particularmente evidentes durante março de 2020, quando as compras em larga escala de títulos do Tesouro e MBS pelo FED injetaram a liquidez necessária para amainar a volatilidade do mercado.

O outro argumento principal que associa as novas ferramentas monetárias à instabilidade financeira começa com a observação de que o FG "lower for longer" — e a QE, em seus efeitos de sinalização de taxa — garante aos investidores que as taxas de curto prazo serão mantidas baixas por algum tempo. O FG "lower for longer", continua esse argumento, encoraja investidores a assumir riscos indevidos porque não precisam mais se preocupar com mudanças de curto prazo na taxa básica de juros. Por exemplo, o FG "lower for longer" pode levar investidores a ir com tudo nos chamados *carry trades* — empréstimos de curto prazo para manter investimentos de maior rendimento e prazo mais longo. Uma alegação similar, incidentalmente, sustenta que a previsibilidade da longa sequência de aumentos de taxas entre 2004 e 2006 foi igualmente desestabilizadora, deixando os investidores muito confiantes quanto à trajetória futura da taxa e, portanto, menos inclinados a agir com cautela.

Esse arrazoado desconsidera um aspecto importante: mesmo em um ambiente de taxas "lower for longer", a maioria dos ativos financeiros e reais têm vencimentos esperados muito além do horizonte da FG dos formuladores de políticas. Assim, embora seja garantido (ou ao menos altamente provável) que taxas de curto prazo se mantenham baixas por um tempo, a maioria dos preços dos ativos ainda se moverá em resposta a notícias econômicas relevantes para as perspectivas de longo prazo. Um artigo de John Williams, então presidente do FED de São Francisco e agora no comando do FED de Nova York, e Eric Swanson mostrou que, mesmo depois que o FED baixou a TDI para quase zero em 2008, taxas de juros subiram e caíram em resposta a relatórios de empregos e outras notícias econômicas, tal como antes da crise.[19] Por esse motivo, na prática, o FG não neutraliza riscos financeiros inerentes a operações de carry trade e estratégias do mesmo tipo. Ao contrário, esses negócios foram comparados a catar moedas na frente de um rolo compressor. Na maioria das vezes rende um pequeno lucro, mas ocasionalmente (quando os preços dos ativos de longo prazo se movem inesperadamente) a perda com eles é enorme. As oportunidades de lucro de carry trades são ainda mais reduzidas pelo fato de que qualquer diminuição na incerteza resultante de um FG confiável provavelmente já estará precificada em ativos de longo prazo. Em particular, a orientação deve reduzir o prêmio de risco que os investidores ganham em ativos de longo prazo, diminuindo o lucro potencial de carry trades. Resumindo, o FG "lower for longer" não dá incentivo evidente para a assunção excessiva de riscos, além daqueles criados por políticas de taxas de juros baixas em geral.

Concluo que a QE e o FG não representam riscos adicionais significativos à estabilidade financeira, em relação à flexibilização monetária em geral. Na verdade, é mais provável que eles sejam utilizados em tempos de crise ou fraqueza econômica grave, quando a assunção de riscos privados é tipicamente muito baixa ao invés de muito alta. Nessas circunstâncias, novas ferramentas — melhorar a confiança, fortalecer balanços e aumentar acesso ao crédito — têm tanta probabilidade de diminuir quanto de aumentar os riscos à estabilidade financeira.

Desigualdade Econômica

Nas discussões do FOMC às vezes são citados os efeitos distributivos da política monetária, porém, na prática, o mandato do FED e seus instrumentos de política pouco precisos levam o Comitê a se concentrar no desempenho econômico geral. Alguns críticos argumentaram que a relativa negligência das consequências distributivas da política monetária é um problema. Eles afirmam que políticas de flexibilização, incluindo a QE e o FG "lower for longer", tendem a alargar a desigualdade econômica e, portanto, devem ser usadas com moderação.

Essa crítica, embora muitas vezes ouvida, não é persuasiva. Políticas monetárias que promovem a recuperação econômica têm amplos benefícios, incluindo o aumento do emprego, dos salários, do investimento de capital e das receitas fiscais. Dados os ganhos generalizados de uma economia forte, além do menor risco de desinflação indesejada ou mesmo de uma armadilha deflacionária, políticas monetárias flexíveis em uma recessão poderiam ser justificadas ainda que aumentassem a desigualdade.

No entanto, a maioria das pesquisas constata que, se considerados todos os canais da política monetária, políticas expansionistas têm pequenos efeitos distributivos e podem até reduzir a desigualdade geral, em especial aquela medida em termos de renda ou consumo. Talvez o mais importante é que muitas evidências apontam que mercados de trabalho "aquecidos" beneficiam desproporcionalmente minorias e comunidades de baixa renda, ao passo que recessões prolongadas aumentam a desigualdade econômica ao restringir oportunidades de emprego para pessoas nessas comunidades, bem como para trabalhadores com menos habilidades ou menor experiência.[20] Esse foi um aspecto que surgiu alto e claro nas sessões FED Listens promovidas pelo FED comandando por Powell. Esse feedback ajudou a motivar a mudança para uma estrutura política que coloca maior ênfase na obtenção e manutenção de elevados níveis de emprego. Em decorrência dos amplos benefícios de mercados de trabalho fortes, grupos pró-trabalhadores tendem a favorecer políticas monetárias expansionistas quando a demanda é fraca e veem na flexibilização uma ajuda, e não um prejuízo para as pessoas de renda baixa e média.

Duas perguntas são frequentemente levantadas ao se ouvir esses argumentos. A primeira: aposentados e outros poupadores que vivem de juros não são prejudicados pela flexibilização? E segunda: a flexibilização, incluindo a QE, não piora a desigualdade de riqueza ao aumentar a cotação das ações?

Quanto à primeira pergunta, alguns aposentados e outros poupadores dependem fortemente da receita de juros — e, portanto, são vulneráveis a taxas baixas — mas essa não é uma situação típica. De acordo com as contas da renda nacional, em meados de 2021 a receita líquida de juros representava somente cerca de 8% da renda pessoal total. (O valor comparável no início de 2019, quando a TDI estava em seu auge mais recente e a QE não estava sendo praticada, era de 9%.) Entre os aposentados, os menos favorecidos dependem principalmente de programas governamentais como Social Security e Medicare, cujos pagamentos não são sensíveis a alterações nas taxas de juros.* De um ponto de vista mais amplo, Richard Kopcke e Andrew Webb, em um estudo de 2013, estimaram as reduções na receita de investimentos (juros e dividendos) de chefes de família de 60 a 69 anos durante o período de 2007 a 2013, ocasião em que a economia estava fraca e a política monetária foi radicalmente flexibilizada.[21] Descobriram que, em relação à renda de 2007, as quedas na renda de investimento nos quintis de riqueza variaram de quase zero a 6%, com os maiores declínios sofridos por famílias relativamente abastadas (que possuíam mais ativos financeiros).

* O Social Security de fato estabilizou a proporção entre renda de aposentadoria e de antes dela para a maioria dos norte-americanos mais velhos e reduziu a pobreza entre os idosos a níveis baixos. Ver Devlin-Foltz, Henriques e Sabelhaus (2016).[N. do A.]

Esses efeitos relativamente moderados da flexibilização monetária resultam, de forma parcial, do fato de que muitas famílias se aposentam com no mínimo alguns ativos cujos valores normalmente aumentam ou ficam estáveis quando taxas de juros estão baixas: por exemplo, em 2019, cerca de 60% das famílias em idade ativa no mercado de trabalho (e pouco menos de 40% das famílias na metade inferior da distribuição de renda) tinham um plano de pensão ou aposentadoria da empresa, e cerca de 65% das famílias (50% na metade inferior da distribuição de renda) tinham casa própria. Quanto a ações, a concentração é maior do que em outros ativos, mas 53% das famílias (e 31% na metade inferior da distribuição) tinham ao menos algumas ações em 2019, diretamente ou em um plano de aposentadoria.[22]

Além disso, poupadores, incluindo aposentados, se beneficiam economicamente da flexibilização monetária das mais diversas maneiras. Por exemplo, eles podem ter filhos favorecidos por um mercado de trabalho que está melhorando, ou podem querer exercer a opção de manter um emprego. Também podem esperar vender uma casa ou empresa familiar, algo mais fácil quando a economia está saudável. Ou podem ser tomadores de empréstimos e também poupadores, beneficiando-se de taxas mais baixas — por exemplo, refinanciando uma hipoteca. Mais uma vez, avaliar o impacto da flexibilização monetária requer a consideração de todos os seus efeitos econômicos.

Sobre a segunda questão, a elevação dos preços das ações, isso tende a aumentar a desigualdade de riqueza (em oposição à desigualdade de renda), pois pessoas mais ricas são mais propensas a investir em ações, direta ou indiretamente em planos de aposentadoria.* Mas o aumento na cotação das ações é a consequência provável de quase todas as políticas econômicas que buscam impulsionar o crescimento econômico e o emprego, não apenas a política monetária. Não faz nenhum sentido desqualificar qualquer política governamental que tenha um efeito positivo sobre preços de ações. Além disso, embora seja verdade que a população de renda mais alta detém a maior parte das ações, outras formas de riqueza — como a casa própria ou participação em uma pequena empresa — são ativos importantes para muitas famílias de classe média, como já observado. Uma economia fortalecida e taxas de juros mais baixas também impulsionam essas outras formas de riqueza. Seja como for, para os que

* Cerca de 90% das famílias no decil de renda superior têm ações, direta ou indiretamente, conforme o *Survey of Consumer Finances* do FED. [N. do A.]

se preocupam (apropriadamente) com o aumento no longo prazo da desigualdade de riqueza nos EUA, há uma solução muito mais direta e eficaz do que neutralizar a política monetária, que é elevar a tributação sobre ganhos de capital. Não deixa de ser revelador que aqueles que criticam o FED por aumentar a desigualdade de riqueza raramente propõem essa solução muito mais direta para o problema.*

É preciso deixar claro que tais considerações não pretendem tornar menos grave o problema da distância cada vez maior entre ricos e pobres. Particularmente importantes são as diferenças raciais grandes e persistentes na riqueza, resultado de muitos anos de discriminação, inclusive do próprio governo.[23] No entanto, a desigualdade vem crescendo nos EUA desde ao menos os anos 1970, independentemente dos altos e baixos das taxas de juros. Essa tendência de longo prazo resulta, principalmente, da lenta evolução de forças que incluem mudanças tecnológicas, globalização e alterações nos mercados de trabalho que diminuem o poder de barganha dos trabalhadores. O combate à desigualdade pode ser feito de maneira mais eficaz por intermédio de políticas governamentais abrangentes, incluindo programas fiscais (impostos, transferências e outros gastos) que deem mais ajuda às pessoas de baixa renda, bem como políticas que ampliem o acesso à moradia, cuidados de saúde e educação em geral. Quanto à política monetária, sua contribuição para reduzir a desigualdade está em promover a recuperação econômica e ajudar a manter o desemprego baixo.

Distorções de Mercado

Alguns críticos, como os autores da bem divulgada carta aberta ao FOMC em 2010, afirmam que políticas de flexibilização monetária, e especialmente a QE, agem de forma lesiva à eficiência econômica ao "distorcer" taxas de juros e outros sinais do mercado. Segundo esse ponto de vista, o FED deve deixar por conta do mercado o estabelecimento das taxas de juros e preços de ativos, sem interferir nesse processo.

Entretanto, em um sistema de moeda fiduciária — no qual não há um lastro físico como o ouro para o dinheiro — não é possível para um BC consentir que preços de ativos e rendimentos sejam inteiramente definidos

* Um ponto mais sutil é que, ainda que os juros mais baixos tenham elevado o valor das ações, isso também significa retornos mais baixos; ou seja, donos de ações têm menos dividendos por dólar em ações. Refletindo esse fato, apesar dos preços das ações muito mais altos, a renda pessoal de ativos caiu de 17% do PIB em 1990 para cerca de 13% hoje, conforme o banco de dados FRED do FED de St. Louis. [N. do A.]

pelo livre mercado.* É preciso que haja *alguma* política em relação às taxas de juros e à oferta monetária, que por sua vez inevitavelmente influencia os resultados do mercado. Ademais, a política monetária não está sozinha quanto a afetar taxas de juros e preços de ativos. Gastos e impostos do governo, decisões do Tesouro sobre os vencimentos da dívida que emite, regulamentação financeira e muitas outras políticas governamentais também vão na mesma direção.** Nas economias modernas, não existe um resultado de mercado "puro" no qual preços e rendimentos de ativos estão inteiramente livres de qualquer influência política.

Os críticos talvez estejam argumentando que a política monetária deveria ser mais passiva. Por exemplo, o FED poderia simplesmente fixar a quantidade de reservas no sistema bancário e não reagir a mudanças nos preços e no emprego. Isso possivelmente simplificaria a vida dos negociadores de títulos ao reduzir, um pouco que seja, o volume de informações — incluindo a comunicação do BC — que eles devem processar. Contudo, não é fácil perceber a razão pela qual o abandono do FED de seu mandato de pleno emprego e estabilidade de preços, como uma política puramente passiva quase certamente exigiria, levaria a uma melhor alocação de capital ou a resultados econômicos preferíveis. Na verdade, a pré-condição mais fundamental para a eficiência econômica é que sejam totalmente empregados os recursos da economia, incluindo a força de trabalho.

Empresas Zumbis

Uma variante do argumento da distorção do mercado é a alegação de que a flexibilização monetária possibilita a sobrevivência das chamadas *empresas zumbis*. Tais empresas são fundamentalmente insolventes — seus ativos, nos quais se inclui o valor presente dos lucros futuros, são menores que seus passivos — mas, apesar disso, continuam a operar. Empresas

* Na prática, mesmo sob o padrão-ouro vigente antes da Depressão, os BCs tinham alguma margem de manobra para gerir as taxas de juros, em especial se as reservas de ouro que mantinham fossem suficientemente elevadas para que o fluxo de saída de moeda não representasse qualquer ameaça à manutenção da convertibilidade entre moeda e ouro à taxa estabelecida. [N. do A.]

** Destes, a QE está mais próxima das decisões do Tesouro sobre os vencimentos da dívida. Se você pensar no governo como tendo um balanço patrimonial consolidado, combinando os ativos e passivos do Tesouro e do FED, a QE corresponde a uma troca de passivos de curto prazo do governo (reservas bancárias remuneradas) por passivos de longo prazo do governo (títulos). Nessa perspectiva, os efeitos da QE sobre os preços dos ativos são análogos aos de uma decisão do Tesouro de encurtar o prazo médio da dívida por ele emitida [N. do A.]

zumbis foram identificadas pela primeira vez como um problema no Japão, embora trabalhos subsequentes argumentem que o fenômeno também ocorre em outras economias.[24] Nesse país, que conviveu com taxas de juros muito baixas por muitos anos, um número crescente de empresas basicamente insolventes ainda conseguia arcar com os pagamentos de juros incidentes sobre suas dívidas, algo que, por sua vez, permitia a seus banqueiros evitar uma declaração de inadimplência — uma prática conhecida como "evergreening". Empresas zumbis são um problema para o crescimento econômico e a eficiência não apenas devido à sua própria baixa produtividade, mas porque tiram participação de mercado de empresas mais eficientes, reduzindo a lucratividade, o investimento e a contratação dessas empresas.

Em geral, se as taxas de juros forem baixas, algumas empresas de baixa produtividade podem ter acesso a financiamentos. No entanto, isso não implica, necessariamente, em má alocação de capital. No caso de as taxas de juros serem baixas porque a poupança global desejada excede os investimentos de alto retorno disponíveis, por exemplo, parte da poupança fluirá, infalivelmente, para investimentos de menor retorno — os de melhor uso disponível. Da mesma forma, para taxas de juros baixas porque a economia está em recessão e a política monetária é flexível, a alternativa para dedicar recursos a investimentos de menor retorno é não aplicá-los em lugar nenhum. O financiamento de empresas de baixa produtividade, portanto, não aloca capital automaticamente de forma incorreta. É preciso perguntar qual é o melhor uso alternativo. A má alocação exige que, por algum motivo, existam alternativas de maior produtividade que *não* estão sendo financiadas. As baixas taxas de juros, por si só, devem facilitar, e não bloquear, o financiamento de investimentos de alto retorno.

Taxas de juros baixas favorecem o "zumbismo" e as alocações incorretas associadas somente se houver outros problemas concernentes ao sistema financeiro e à regulamentação financeira. No Japão, o principal problema foi a combinação de bancos subcapitalizados (reformas bancárias anteriores não foram até o fim) e fraca supervisão bancária. Esse colapso regulatório levou os bancos a alocar muito capital para empresas zumbis em detrimento de investimentos mais produtivos. Bancos subcapitalizados tinham um incentivo para não reconhecer perdas com empréstimos, que reduziriam seu capital reportado e ocasionaria penalidades — daí o evergreening, que postergava o reconhecimento formal de perdas. Mas supervisores eficazes teriam forçado os bancos a manter capital adequado e a reconhecer e dar baixa em empréstimos ruins de imediato. (Pressões políticas dos bancos e das próprias empresas zumbis podem ajudar a explicar a passividade dos supervisores.) Em resumo, não obstante as baixas taxas de juros possam ter facilitado o evergreening, o problema mais profundo no caso do Japão era o capital bancário inadequado e a deficiente supervisão bancária. Abordar questões de falha regulatória ou de mercado, em vez de elevar as taxas de juros acima do nível condizente com o pleno emprego e estabilidade de preços, é a maneira mais direta de lidar com o problema zumbi. Uma pesquisa recente descobriu que o "zumbismo" não é uma questão importante nos EUA, ainda que os programas projetados para ajudar as empresas ao longo da pandemia arrisquem agravar essa questão no futuro.[25]

Em suma, a QE e o forward guidance têm uma capacidade substancial de adicionar estímulo quando a taxa básica de juros não tem mais como ser cortada. E os custos dessas políticas parecem administráveis.[26] O FED e todos os outros grandes BCs veem a QE e o FG, agora, como elementos básicos do conjunto de ferramentas de políticas, disponíveis não só em crises, mas sempre que estímulos adicionais forem necessários. Entretanto, essas ferramentas nem sempre bastam, em especial em uma aguda recessão econômica. Formuladores de política monetária, portanto, continuam sua busca por novas ferramentas e estratégias.

■

13

FORTALECENDO A POLÍTICA MONETÁRIA

Novas Ferramentas e Estruturas

Eu estimo que a Quantitative easing e o forward guidance, utilizados de maneira determinada e em coordenação, podem dar condições de proceder a cortes adicionais de aproximadamente 3 pontos porcentuais da TDI no limite inferior. Esse poder de fogo extra, contudo, por mais útil que seja, não será suficiente em todas as circunstâncias, principalmente se a taxa de juros nominal neutra, R-estrela — e, portanto, o espaço para as políticas do FED — se revelar menor do que as estimativas correntes. Formuladores de políticas precisam continuar a explorar outras opções para responder a déficits no emprego e na inflação.

Algumas opções são promissoras, embora questões políticas (inclusive, possivelmente, a necessidade de obter o aval do Congresso) possam dificultar adotá-las. Por exemplo, os BCs no exterior dispõem de ferramentas que o FED pode considerar, entre as quais taxas de juros negativas e controle da curva de rendimento. E estruturas de políticas alternativas com base nas ocorrências verificadas nos últimos anos, podem dar mais clareza e credibilidade ao forward guidance [FG].

Ainda assim, mesmo com um conjunto de ferramentas aprimorado, a política monetária no futuro provavelmente se verá obrigada a fazer parceria com a política fiscal para fazer frente a recessões profundas, como ocorreu na pandemia. A política fiscal é prejudicada por um processo político complicado, mas tem a vantagem de ser poderosa mesmo quando (ou especialmente quando) a taxa de juros neutra é baixa; e, de uma forma muito maior do que a política monetária, pode alcançar com mais exatidão grupos ou setores necessitados de ajuda. Possibilidades mais exóticas de cooperação monetário/fiscal incluem o chamado "dinheiro helicóptero" e a Teoria Monetária Moderna, que recomendam que as políticas monetária e fiscal invertam seu papel padrão [detalhes mais adiante neste capítulo].

NOVAS FERRAMENTAS: APRENDENDO COM A EXPERIÊNCIA ESTRANGEIRA

Tal como o FED, outros BCs importantes — principalmente o Banco da Inglaterra, o Banco Central Europeu e o Banco do Japão — enfrentaram os desafios da política monetária do século XXI, incluindo a crise financeira global, a Grande Recessão que se seguiu e o choque da pandemia. O BCE também encarou uma crise de dívida soberana e uma Zona do Euro imperfeitamente integrada, e o Banco do Japão entrou na crise financeira global já tendo se defrontado desde meados dos anos 1990 com inflação e taxas de juros persistentemente baixas.

Os quatro principais BCs reagiram de forma parecida às crises do século XXI, com algumas diferenças de "timing". Todos eles reagiram à crise financeira de 2007-2009 e ao pânico da epidemia na primavera [setentrional] de 2020, servindo como emprestadores de última instância ativos, buscando estabilizar condições e instituições financeiras e desenvolvendo ou expandindo programas para ajudar a proteger mercados de crédito privados. Cada um dos BCs, tendo esgotado a munição convencional da política monetária de cortes de juros de curto prazo, procurou outros métodos para aumentar o estímulo. Todos usaram a QE ao estilo do FED, comprando títulos de longo prazo para reduzir as taxas de juros de longo prazo e facilitar as condições financeiras em geral. Todos confiaram em futuros FGs cada vez mais explícitos, comunicando seus planos para os juros de curto prazo e também para compras de títulos.

BCs estrangeiros também criaram ferramentas de política que *não* foram usadas pelo FED. Isso levanta a possibilidade de que o FED, aprendendo com seus pares, possa expandir ainda mais seu arsenal de políticas. O FED poderia considerar no mínimo quatro ferramentas alternativas usadas por BCs estrangeiros: compras QE de um leque maior de ativos financeiros, programas de financiamento para empréstimos, taxas de juros negativas e controle da curva de rendimentos.[1] Não obstante nenhuma dessas alternativas substitua a QE e o FG, nas circunstâncias certas cada uma pode adicionar um espaço útil de política.

Compras QE de um Leque Maior de Ativos Financeiros

O FED, a não ser quando aciona sua autorização de empréstimos de emergência da Seção 13(3), disponível somente quando há uma parada severa dos mercados de crédito privados, enfrenta restrições relativamente rígidas sobre os títulos que pode adquirir. Em seus programas de QE, o FED comprou apenas títulos do Tesouro e títulos relacionados a hipotecas garantidos pelo governo emitidos por GSEs como Fannie Mae e Freddie Mac.* Valendo-se da 13(3), o FED comprou outros títulos, inclusive títulos de dívida privada (commercial paper) no decorrer da crise de 2007-2009 e em 2020 e títulos corporativos, títulos municipais e empréstimos bancários em 2020. Contudo, as compras de ativos alternativos pelo FED nesses dois episódios, comparativamente bem modestas em tamanho, visavam prevenir quebradeiras em mercados de crédito específicos e foram mantidas legal e conceitualmente separadas da QE e da política monetária.

Os programas de QE de outros grandes BCs, assim como os do FED, envolviam, principalmente, aquisições de títulos do governo ou dívida garantida pelo governo. Mas, em face de menores restrições legais, os BCs estrangeiros também realizavam compras rotineiras de outros tipos de ativos, entre eles títulos corporativos, títulos da dívida, "covered bonds" (um tipo de título lastreado em hipotecas emitido por bancos europeus) e — no caso do Banco do Japão — até mesmo ações de empresas privadas e participações em fundos de investimento imobiliário. A lógica de adquirir, digamos, títulos corporativos, era a mesma que estava por trás das compras do FED de títulos lastreados em hipotecas durante e após a crise financeira global. Em ambos os casos, as compras do BC reduzem rendimentos dos títulos-alvo, incentivando empréstimos e gastos — em investimentos de capital, para as compras de títulos corporativos, e em moradias e outros imóveis, quando as aquisições são de MBS. E como as compras de títulos do governo afetam rendimentos dos ativos relacionados a elas, os efeitos das compras de outros títulos pelo BC também se disseminam de maneira mais ampla. A aquisição de títulos corporativos de primeira linha, por exemplo, também faz cair rendimentos de outros tipos de títulos, como de dívida municipal, de emissão de estados e dívida corporativa de maior risco.

* O FED também tem autorização, não utilizada em seus programas de QE, para comprar certos títulos municipais de curto prazo. [N. do A.]

Conforme observado, compras de ativos financeiros que não a dívida do governo geralmente representam só uma pequena parte da QE estrangeira, e por isso as evidências empíricas sobre seus efeitos são limitadas. Mas evidências disponíveis sugerem que incluir um leque mais amplo de títulos aumenta a força da QE. Por exemplo, a pesquisa de Stefania D'Amico e Iryna Kaminska descobriu que as aquisições de dívida corporativa do Banco da Inglaterra diminuíram o spread entre os rendimentos dos títulos corporativos e os da dívida pública do Reino Unido e estimularam uma nova emissão de títulos corporativos.[2] Esses efeitos são análogos aos efeitos das compras de MBS do FED, que reduziram o spread entre rendimentos das hipotecas e do Tesouro, promovendo o refinanciamento de hipotecas e a venda e construção de moradias.

Como mencionado, diferentemente de outros grandes BCs, o FED não tem autorização para comprar uma série mais ampla de ativos como parte da política monetária rotineira. Para comprar títulos corporativos ou a maioria dos títulos municipais, hipotecas não GSE e outros ativos alternativos como parte de um programa de QE sem crise, o FED necessitaria da permissão do Congresso. Ele deveria buscar essa permissão?

O argumento mais forte para expandir a lista de ativos elegíveis para QE é que isso poderia ajudar a tornar as compras de títulos do FED mais direcionadas e mais eficazes. Foi providencial que o FED tivesse autorização para adquirir títulos relacionados a hipotecas ao longo e após a crise financeira global — uma crise impulsionada pelo colapso dos mercados hipotecários. Mas problemas no decorrer de alguma crise ou recessão futura podem se concentrar em outro setor que não o imobiliário. Ademais, a disposição do Congresso de autorizar, mesmo temporariamente, compras do FED de títulos corporativos, títulos municipais e empréstimos bancários conforme a Lei CARES de 2020 sugere que os congressistas podem estar mais suscetíveis de ampliar as autorizações do FED do que eu pensaria uma década atrás.

Por outro lado, compras rotineiras fora da crise de, digamos, títulos corporativos como parte da QE ultrapassariam os limites que o FED tentou preservar. Primeiro, o FOMC tentou sempre que possível evitar a alocação direta de crédito, o que inevitavelmente favoreceria alguns tomadores em detrimento de outros. Por essa razão, o Comitê concordou após a Grande Recessão em manter principalmente títulos do Tesouro a longo prazo e diminuir suas participações relacionadas a hipotecas a níveis mínimos a fim de não criar um viés de longo prazo para a habitação em prejuízo de outros tipos de investimento. Em segundo lugar, comprar dívida do setor privado ou municipal — ao contrário de comprar títulos do Tesouro ou MBS garantidos pelo governo — envolve assumir o risco de crédito, procedimento que o FED reluta em fazer, alegando que quaisquer perdas reduziriam os lucros enviados ao Tesouro.

Essas preocupações não implicam em deixar de expandir a gama de aquisições permitidas. Para minimizar o risco de favorecer certas empresas ou setores ao comprar, digamos, títulos corporativos, o FED poderia comprar portfólios amplos e bem diversificados desses títulos, como fez em sua linha de crédito corporativa 13(3) em 2020. (No entanto, essa abordagem ainda privilegiaria grandes corporações em vez de empresas menores, que geralmente não podem emitir títulos.) A grande diversificação e o fato de que os títulos do setor privado que o FED compraria durante períodos de estresse teriam um rendimento maior do que o normal poderiam também minimizar a exposição do FED a perdas de crédito. Além disso, evidências sugerem que rendimentos da dívida do setor privado, como títulos corporativos, crescem muito mais em recessões ou durante períodos de instabilidade financeira do que o justificado por aumentos no risco de inadimplência.[3] A flexibilização monetária pode, ainda, diminuir o risco de inadimplência corporativa e, portanto, o risco para o FED de adquirir títulos corporativos.[4]

Dito isso, o FED provavelmente não pressionará o Congresso tão cedo para obter autorização para adquirir dívida do setor privado em programas de QE, a não ser que o espaço de sua política se torne consideravelmente mais restrito. Compras de títulos do Tesouro e MBS, sozinhas, já dão ao FED uma vantagem significativa em relação aos rendimentos municipais e do setor privado. E ter o poder de comprar um leque amplo de ativos financeiros pode comprometer a independência do FED se levar o Congresso a pressionar o FED a comprar títulos emitidos por tomadores de empréstimos com influência política ou a evitar títulos de empresas desfavorecidas.[5] Foi por esse motivo, provavelmente, que o presidente Powell enfatizava com frequência durante a crise da pandemia que os programas do FED para comprar títulos corporativos e municipais eram limitados e temporários. O debate no Congresso no final de 2020 a respeito da renovação dos empréstimos 13(3) do FED sob a Lei CARES sugere que dar ao FED autorização permanente para comprar um rol mais variado de ativos seria politicamente controverso, com os conservadores se opondo a qualquer papel mais amplo para o FED nos mercados financeiros.

Financiamento para Empréstimos

Além de comprar uma série de ativos financeiros na QE, os principais BCs estrangeiros também subsidiaram empréstimos bancários. De acordo com a terminologia introduzida pelo Banco da Inglaterra, esses programas costumam ser conhecidos como esquemas de *financiamento para empréstimos*. Um dos principais objetivos era ajudar famílias ou pequenas empresas incapazes de acessar mercados de ações ou títulos e que dependem fortemente de créditos bancários.

O Esquema de Financiamento para Empréstimos original foi anunciado em conjunto pelo Banco da Inglaterra e pelo Tesouro do Reino Unido em julho de 2012. Por meio desse programa, o Banco da Inglaterra concedeu financiamentos — a uma taxa baixa, de até 0,25%, por até quatro anos — para bancos que aumentassem seus empréstimos para famílias e empresas não financeiras, cujo montante de financiamento de baixo custo dependia de quanto esses empréstimos crescessem. O programa original foi ampliado várias vezes, encerrado em janeiro de 2018 e reimplementado de forma modificada em reação à pandemia.

O programa de financiamento para empréstimos do Banco Central Europeu evoluiu das suas atividades de emprestador de última instância durante a crise financeira global e a subsequente crise da dívida soberana. Em outubro de 2008, o BCE colocou em ação operações de refinanciamento de longo prazo (LTROs, na sigla em inglês). Os bancos foram autorizados a tomar empréstimos do BCE sem limite, a uma taxa de juros fixa, desde que tivessem garantias adequadas. Inicialmente, a taxa cobrada era de 4,25% e o prazo máximo do empréstimo era de seis meses, mas com o passar do tempo o BCE diminuiu a taxa, estendeu o prazo e ficou menos exigente quanto às garantias. Inicialmente, não havia restrições sobre como tais empréstimos deveriam ser usados, mas em junho de 2014 o BCE presidido por Mario Draghi começou a vincular os termos dos empréstimos LTRO aos novos empréstimos dos bancos. Sob o programa LTRO direcionado de Draghi (TLTRO), bancos podiam tomar empréstimos por até quatro anos a uma taxa baixa, porém, como no programa britânico, o montante que poderia tomar emprestado a taxas mais favoráveis dependia do aumento líquido dos empréstimos feitos a empresas não financeiras e famílias.

O TLTRO foi ampliado várias vezes, com condições cada vez mais generosas. Em resposta à pandemia, o BCE, sob o comando da sucessora de Draghi, Christine Lagarde, concedeu financiamento de longo prazo aos bancos a taxas tão baixas quanto *menos* 1%, de novo desde que os fundos baratos fossem alocados para empréstimos novos. O Banco do Japão também implementou um rol diversificado de programas, entre os quais financiamento de baixo custo para bancos e empréstimos diretos a empresas. Há evidências de que programas de financiamento para empréstimo se constituem em um complemento importante para outras ferramentas de política monetária. A aceitação, avaliada por empréstimos bancários e aumentos líquidos de empréstimos, foi grande, em particular na Europa, e estudos mostram que esses programas diminuíram custos de financiamento bancário, elevaram empréstimos ao setor privado e melhoraram a transferência de outras ações monetárias para a economia.[6]

Dos principais bancos centrais, o FED foi o único que não introduziu um programa de financiamento para empréstimos durante a recuperação da Grande Recessão. O Conselho e o FOMC consideraram a possibilidade, mas foram convencidos do contrário após discussões com bancos e contatos do mercado. Ouvimos deles que a principal restrição a novos empréstimos não era o custo do financiamento — os bancos norte-americanos, recapitalizados após a crise, podiam tomar empréstimos baratos nos mercados privados —, mas a falta de tomadores dignos de crédito, bem como a maior rigidez dos padrões de crédito pós-crise. Consequentemente, para o bem ou para o mal, optamos por não seguir esse caminho.

A pandemia de 2020, entretanto, aumentou significativamente o papel do FED nos mercados de crédito, ao menos por algum tempo. Com o apoio fiscal do Congresso e do Tesouro, o FED usou sua autorização 13(3) para criar várias ofertas temporárias de crédito facilitado para manter o fluxo de crédito para empresas, governos estaduais e locais e outros tomadores. Isso incluía o Main Street Lending Program que, como os programas estrangeiros de financiamento para empréstimos, tencionava elevar os empréstimos a tomadores de crédito dependentes de bancos.

No entanto, a estrutura do Main Street Program diferia significativamente dos programas estrangeiros. Ofertas de financiamento facilitado para empréstimos no exterior tinham custo barato, mas deixavam empréstimos feitos a famílias e empresas nos balanços dos bancos credores. Em vez disso, na linha de crédito do Main Street, o FED se dispunha a comprar e manter 95% de cada empréstimo efetuado, assumindo a maior parte do risco de não pagamento (em nome do Tesouro, que alocava fundos para tal fim). Por ter assumido o risco de crédito em nome do contribuinte, o FED impôs numerosas condições à elegibilidade do tomador e aos termos dos empréstimos. Provavelmente porque esses termos e condições não eram suficientemente atraentes, nem para tomadores nem para bancos, foram relativamente poucos os empréstimos efetuados por meio do Main Street. Além disso, para bancos com capital apropriado e capacidade de assumir riscos — uma categoria que incluiu a maioria dos bancos dos EUA em 2020 — o plano de compartilhamento de riscos do FED não incentivava muito a concessão de empréstimos que de outra forma não seriam feitos. O Secretário do Tesouro, Steven Mnuchin, encerrou no final de 2020 todos os programas 13(3) aprovados pela Lei CARES.

O FED considerou seus programas de empréstimos durante a pandemia como instrumentos emergenciais de estabilidade financeira, e não como parte da política monetária. Essa distinção foi enfatizada pela confiança dos programas na autorização 13(3) e em fundos do Tesouro especialmente alocados pelo Congresso. Mas dá para imaginar, no futuro, que os programas especiais de empréstimos façam parte das ferramentas de política monetária. Por exemplo, quando restrições ao crédito estão sendo um obstáculo para a recuperação econômica, ou se houver pressão sobre os mercados de financiamento bancário, o FED pode conceder financiamento barato e de longo prazo aos bancos conforme eles aumentam seus empréstimos para, digamos, famílias e pequenas empresas, oferecendo-os como garantia do financiamento. Esses empréstimos aos bancos poderiam ocorrer via redesconto do FED e, na maioria das circunstâncias, não exigiriam nem a autorização 13(3) nem recursos do Tesouro. (O FED não pode emprestar diretamente a empresas ou outros tomadores de empréstimos não bancários sem se valer de sua autorização de emergência 13(3).)

Essa abordagem poderia ser aplicada quando necessário e, mais importante, teria a virtude da simplicidade. Os únicos termos a serem especificados seriam a taxa de empréstimo do FED e os tipos de empréstimos elegíveis para financiamento barato do FED. A maior desvantagem do financiamento para empréstimo é que, se a taxa cobrada for inferior à das reservas bancárias, como seria de esperar, o subsídio implícito ao empréstimo bancário diminuiria os lucros do FED e, em última análise, suas transferências ao Tesouro. Quanto ao Tesouro e o Congresso se mostrarem contrários ao FED dar um subsídio implícito, provavelmente dependeria das circunstâncias econômicas. Uma questão relacionada é que, se taxas de curto prazo estiverem próximas de zero, o FED pode ter que remunerar explicitamente os bancos para aumentar seus empréstimos — por exemplo, estipulando uma taxa de juros negativa sobre o financiamento que fornece — como o BCE fez durante a pandemia. Nessa situação, uma alternativa em relação a estabelecer uma taxa de redesconto explicitamente negativa em empréstimos de redesconto que financiam novos empréstimos seria pagar aos bancos participantes uma taxa de juros mais alta sobre um montante de suas reservas igual ao aumento de empréstimos.

Taxas de Juros Negativas

O BCE, o Banco do Japão e os BCs de vários países europeus fora da Zona do Euro (incluindo Suécia, Dinamarca e Suíça) levaram suas taxas de juros de curto prazo para abaixo de zero. Juros negativos são aplicados cobrando dos bancos uma taxa sobre suas reservas mantidas no BC, o que equivale a uma taxa de juros negativa. Para escapar da cobrança, os bancos tentam mudar para outros ativos, diminuindo também os rendimentos desses ativos, às vezes até em território negativo. Uma vez que pessoas e empresas podem evitar retornos negativos mantendo o dinheiro em mãos, que paga juros zero, as taxas negativas só podem cair até certo ponto. Se transacionar e poupar, digamos, notas de $20 ou $100 pode ser inconveniente ou oneroso para consumidores e empresas, para os bancos, então, nem se fale: lidando com centenas de transações muito grandes todos os dias, parece que as taxas podem cair modestamente abaixo de zero sem provocar uma mudança em grande escala para o dinheiro vivo.* Por exemplo, as taxas de juros de curto prazo (três meses) caíram para menos 0,75% na Suécia e menos 0,85% na Suíça. Entre os principais BCs, é o BCE que tem se baseado mais fortemente em taxas negativas. Ele introduziu taxas negativas pela primeira vez em 2014 e, incrementalmente, diminuiu a taxa que paga aos bancos sobre suas reservas até chegar a menos 0,50% em setembro de 2019.[7]

Nesse intervalo limitado experimentado até agora, as taxas de juros negativas parecem ter atingido seu objetivo. Resultaram em menores taxas de juros sobre empréstimos bancários e no mercado monetário, e também nas taxas de longo prazo. E facilitaram as condições financeiras em geral. Portanto, as taxas negativas podem ao menos ter aumentado moderadamente o campo de ação da política monetária ao diminuir o limite inferior efetivo das taxas de curto prazo. O limite inferior parece ser uma preocupação perene, de modo que o espaço extra pode ser útil.

---

* Como Kenneth Rogoff argumentou em seu livro de 2017, *The Curse of Cash: How Large-Denomination Bills Aid Crime and Tax Evasion and Constrain Monetary Policy* [sem publicação no Brasil], que taxas ainda mais negativas seriam possíveis se o governo procurasse reduzir o uso de dinheiro, em especial de notas grandes, menos caras para armazenar. [N. do A.]

Não obstante, taxas negativas são controversas. Muitas pessoas julgariam injusta a ideia de receber do banco menos dinheiro do que depositaram, ou achariam confuso que tomadores de empréstimo possam receber em vez de pagar juros. Mas as taxas negativas deixam de ser tão paradoxais quando reconhecemos que, para a maioria das decisões econômicas, a medida relevante do retorno do investimento ou do custo do empréstimo não é a taxa de juros nominal (ou de mercado), mas a real, que é igual à taxa nominal deduzida da taxa de inflação. Historicamente, taxas de juros reais negativas não são incomuns, acontecendo sempre que a inflação excede as taxas de juros nominais. Por exemplo, no final de 2021, com a inflação nominal do IPC acima de 6% e a TDI próxima de zero, a TDI *real* era de aproximadamente menos 6%. Além disso, para um investidor, a diferença entre um retorno de, digamos, 0,1% e um retorno de menos 0,1% é insignificante. No entanto, a ansiedade ou confusão das pessoas sobre taxas negativas geralmente se traduz em oposição política, o que faz com que banqueiros centrais hesitem em usá-las.

Uma objeção mais substantiva assevera que taxas negativas podem elevar os riscos à estabilidade financeira. Por exemplo, bancos reclamam que taxas negativas reduzem seus lucros e, em última instância, seu capital e capacidade de conceder empréstimos. A principal preocupação dos bancos é não conseguir passar adiante taxas negativas incidentes sobre suas reservas. Depositantes repudiam taxas negativas nas contas correntes e de poupança, obrigando os bancos a compensar a diferença. De fato, alguns economistas argumentam que pode haver uma "taxa reversa" de juros, abaixo da qual os efeitos perniciosos de uma taxa negativa sobre o capital e empréstimos bancários poderiam tornar a política economicamente contracionista em termos líquidos.[8]

Na prática, as taxas negativas não parecem ter comprometido seriamente os lucros dos bancos, ao menos até agora.[9] Na verdade, taxas negativas podem melhorar a lucratividade do banco. No caso de taxas negativas, ao ampliar o espaço para as políticas do BC, fortalecerem a economia, os bancos se beneficiarão do crescimento das receitas e das menores perdas com tomadores inadimplentes. Taxas de juros mais baixas também tendem a aumentar o valor dos ativos no portfólio dos bancos, ao mesmo tempo que reduzem seus custos de captação de outras fontes que não depósitos, como o financiamento por atacado e os títulos que eles emitem. Os BCs, ademais, encontraram maneiras de amenizar os efeitos das taxas negativas sobre os lucros dos bancos. Por exemplo, o Banco do

Japão e o BCE cobram dos bancos uma taxa apenas sobre reservas acima de determinado nível, uma prática conhecida como "tiering".

O FED deve considerar taxas negativas? As pessoas lá dentro acreditam que têm autoridade para impor taxas negativas de curto prazo (cobrando uma taxa sobre as reservas bancárias), mas até agora mostraram pouco apetite pela ideia. Em 2010, a questão foi debatida brevemente e rejeitada. Em nossa opinião na época, os benefícios das taxas negativas seriam bastante limitados. Um memorando da equipe estimou que, como havia uma boa chance de que os norte-americanos acumulassem dinheiro se as taxas ficassem muito negativas, a TDI provavelmente não poderia ser reduzida abaixo de menos 0,35%.[10] Estávamos, também, preocupados com a estabilidade financeira, menos com os bancos do que com os fundos mútuos do mercado monetário, um segmento mais importante do sistema financeiro nos EUA do que em qualquer outra parte do mundo. A preocupação era que pudessem ser alvo de corridas de investidores se retornos negativos sobre os ativos que detinham os forçassem a "break the buck" — ou seja, retornar menos de um dólar para cada dólar investido. As discussões no FED nas gestões de Yellen e Powell também não encontraram muito ou nenhum respaldo para taxas negativas, ao menos enquanto outras opções estivessem disponíveis.

Embora eu compreenda essa relutância, não é uma ideia boa descartar categoricamente as taxas negativas. Não espero que os EUA se enredem na persistente armadilha da inflação baixa; porém, caso isso aconteça, as taxas negativas podem ser um instrumento útil. Mesmo abaixo desse extremo, descartar taxas negativas de curto prazo poderia ter a consequência não intencional de restringir a capacidade do FED de trazer taxas de longo prazo para níveis muito baixos, por uma QE ou outros meios.[11] Uma vez que taxas de longo prazo são, normalmente, um tanto mais elevadas do que as de curto prazo que os mercados esperam ver no futuro, um compromisso confiável dos formuladores de políticas monetárias de manter as taxas de curto prazo iguais ou acima de zero também poderia estabelecer um piso para as taxas de longo prazo. Manter no ar ao menos alguma ambiguidade construtiva sobre a possibilidade de taxas de juros negativas parece uma estratégia melhor, ainda que eu reconheça o risco de uma reação política.

Controle da Curva de Rendimentos

Entre as políticas utilizadas no exterior que o FED pode considerar, a última delas é o *controle da curva de rendimento*, introduzido pelo Banco do

Japão em setembro de 2016. O controle da curva de rendimento [CCR], como o nome sugere, envolve o controle das taxas de juros da dívida do governo em uma série de vencimentos, tanto fixando a taxa básica de juros de curto prazo (como na política tradicional) quanto visando uma faixa para o rendimento dos títulos de longo prazo. Por exemplo, o Banco do Japão anunciou em 2016 que manteria o rendimento dos títulos de 10 anos do governo japonês em torno de zero, impondo essa meta por estar pronto para comprar títulos a um preço consistente com rendimento zero. Na QE tradicional, o BC anuncia a quantidade de títulos que pretende adquirir e o padrão resultante das taxas de juros é determinado pelo mercado. O CCR pode ser visto como uma forma de QE que inverte a abordagem padrão: os formuladores de políticas estabelecem uma meta para o rendimento dos títulos, mas deixam para o mercado determinar a quantidade de títulos que devem ser comprados para impor esse rendimento.

O CCR tem várias vantagens potenciais em relação à QE padrão. Primeiro, por visar taxas de juros de longo prazo — que afetam diretamente várias decisões de investimento e gastos — pode permitir que os formuladores de políticas avaliem com mais precisão o grau de estímulo que estão fornecendo. Em segundo lugar, se participantes do mercado acreditarem que o BC está firmemente comprometido com as metas de rendimento que definiu, então os rendimentos dos títulos podem atingir as metas do mercado sem que o BC tenha realmente que comprar quantidades significativas de títulos.* Com efeito, o anúncio de um plano para fixar os rendimentos dos títulos pode atuar como uma forma de FG, uma orientação tornada mais crível pelo compromisso do BC de usar seu balanço para aplicá-la.

O FED aplicou o que equivalia ao CCR de 1942 até o acordo Treasury-Fed de 1951. Ao longo dessa década, a fim de diminuir o custo de financiamento da dívida de guerra do governo, o FED fixou a taxa de títulos do Tesouro de curto prazo (em 0,375% na maior parte do período) e impôs um teto de 2,5% para títulos do governo de longo prazo. Durante meu mandato como presidente do BC, o FOMC estudou meticulosamente esse episódio no intuito de verificar eventuais lições para a política no limite inferior efetivo.[12] Concluímos que, apesar da experiência anterior a 1951, atrelar ou limitar rendimentos dos títulos de longo prazo

* Isso ajudou a motivar o BJ a adotar a CCR, pois com sua taxa de compras contínua o BJ corria o risco de ficar sem dívida do governo para comprar. [N. do A.]

provavelmente não é viável, ou ao menos não aconselhável, nos EUA de hoje em dia.

Suponha, por exemplo, que o FED tentasse fixar o rendimento dos títulos de 10 anos do governo em 1%. Talvez funcionasse se participantes do mercado acreditassem que, em quase todas as circunstâncias, o FED manteria as taxas de curto prazo ao redor de 1% pelos próximos 10 anos. Dez anos, entretanto, é muito tempo, e uma mudança na perspectiva econômica ou na comunicação do BC que levasse os participantes do mercado a suspeitar que o FED poderia mudar de rumo na próxima década colocaria em dúvida a credibilidade da paridade. Por exemplo, e se um salto inesperado na inflação fizesse com que os mercados acreditassem que o FED elevaria a taxa básica de juros para 2% e a manteria aí? O rendimento dos títulos de longo prazo também tenderia a 2%, apesar da meta de rendimento do FED. Com isso, o FED teria que abandonar essa meta ou comprar grande parte dos títulos em circulação para aplicá-la — compras que poderiam causar severas complicações a uma saída em perspectiva da política e expor o FED a grandes perdas de capital.

Então, cabe a pergunta: Como o FED anterior a 1951, ou o Banco do Japão de hoje, conseguiram fixar rendimentos de longo prazo sem enormes compras de títulos? Nos EUA contemporâneo, a razão está na imensidão e na liquidez dos mercados de dívida governamental. Por exemplo, muitos títulos do governo japonês são mantidos por bancos e outras instituições por motivos regulatórios ou outros, não só por seu retorno, e o volume negociado de títulos japoneses tende a ser bastante baixo em relação ao montante em circulação. Os mercados dos títulos do Tesouro dos EUA anteriores a 1951 também eram muito menos líquidos e ativos do que afinal se tornariam. Em contraste, na atualidade, os títulos do Tesouro dos EUA são negociados globalmente em grandes quantidades. Em face da enormidade e liquidez dos mercados dos títulos do Tesouro dos EUA, uma leve inconsistência entre uma meta hipotética do FED para o rendimento dos títulos do Tesouro de longo prazo e as expectativas do mercado sobre a TDI poderia obrigar o FED a adquirir grandes quantidades de títulos.

Embora a meta (digamos) do rendimento de 10 anos esteja provavelmente fora de questão para o FED, fixar rendimentos do Tesouro em um horizonte de dois a três anos seria algo factível, pois o FOMC poderia se comprometer de forma plausível com uma trajetória de taxas de curto prazo em um período assim. Uma fixação explícita de rendimentos de dois a três anos a uma taxa próxima do limite inferior poderia reforçar vigorosamente a orientação futura da taxa — uma forma de agir em vez de ficar apenas nas palavras. Em sua revisão estratégica de 2020, o FED explorou metas ou limites de taxa de juros de médio prazo, ações impostas por um compromisso de comprar títulos com o rendimento desejado.[13] Não obstante o CCR de médio prazo não acrescente muito se os mercados já estiverem convencidos de que o FED manterá sua taxa básica de juros baixa por algum tempo, espero que o Comitê considere seriamente essa abordagem se acreditar que seu FG para a TDI não está funcionando.

ESTRUTURAS DE POLÍTICAS ALTERNATIVAS

O CCR é uma maneira de fortalecer o FG. Outra é incorporar o FG em uma estrutura política mais ampla que estabeleça como formuladores de políticas planejam reagir a uma grande variedade de condições econômicas. Se houver uma estrutura política clara, participantes do mercado terão uma noção melhor de como provavelmente será a orientação antes de ser anunciada. Eles serão capazes de entender como e em que circunstâncias a política pode se desviar da orientação. E podem ter mais certeza de que a orientação, uma vez dada, não será posta de lado levianamente. Em suma, uma boa estrutura de políticas pode dar mais coerência e previsibilidade às políticas em geral e às orientações em particular.

Ao longo dos anos, o FED seguiu diversas doutrinas e estruturas monetárias, desde a ortodoxia do padrão ouro de seus primeiros anos até a abordagem de gestão de risco de Greenspan. Mas o FOMC não adotou uma estrutura política formal antes de janeiro de 2012, quando estabeleceu a meta de inflação de 2% e explicou sua "abordagem equilibrada" para estabilidade de preços e emprego.[14] A abordagem de meta de inflação média flexível (FAIT, na sigla em inglês) endossada pelo FOMC em 2020 foi elaborada com base na estrutura de 2012. Ela especificava que, para manter, em média, a inflação e as expectativas de inflação próximas da meta, superações e reduções temporárias da meta se neutralizariam. Sob a nova estrutura, o FOMC também renunciou a combates preventivos contra a inflação fundamentados apenas na queda do desemprego.

O FED adotou o FAIT em reação a um ambiente econômico em mudança, como o declínio da taxa de juros neutra, o que aumentou a chance de que o limite inferior pudesse restringir a política, e a crescente percepção de que taxas de desemprego podem ser mantidas em níveis menores do que no passado sem estimular a inflação. O ambiente econômico, sem dúvida, continuará a mudar, o que pode levar a uma evolução maior da estrutura do FED (note-se que isso dependerá muito de quão persistente será o aumento da inflação em 2021 e do comportamento da taxa de juros neutra). Ao anunciar o FAIT, o presidente Powell observou que o FED planeja revisar sua estrutura a cada cinco anos. Nos debates vindouros, algumas estruturas alternativas de políticas provavelmente chamarão a atenção do Comitê. E, embora o FOMC na última revisão tenha descartado a elevação de sua meta de inflação, alguns economistas fora do FED continuam defendendo o aumento da meta para resolver o problema do limite inferior.

Variantes de Metas de Inflação

Muitas estruturas de políticas, incluindo aquelas em uso (como o FAIT) e outras ainda em gestação, envolvem metas para o nível ou taxa de variação dos preços ao consumidor. Para essa discussão, podemos pensar nelas como variantes de metas de inflação. Cada uma das principais variantes tem seus próprios pontos fortes e fracos.

A estrutura adotada pelo FOMC em janeiro de 2012 (que chamarei aqui de *metas de inflação padrão*) continua sendo, com pequenas diferenças entre países, a estrutura dominante globalmente. Os BCs que adotam essa estrutura anunciam uma meta numérica específica ou banda para a inflação, a ser alcançada no médio prazo — um termo técnico, mas que em geral se refere a um período de dois a três anos. (No entanto, o limite inferior efetivo das taxas básicas fez com que em muitos BCs deixassem a inflação abaixo da meta por muito mais tempo). Nossos princípios de 2012 enfatizavam que o FOMC buscaria o pleno emprego, bem como a estabilidade de preços, em conformidade com o duplo mandato do FED. Víamos os dois objetivos como geralmente complementares. Em particular, uma inflação baixa e estável aprimora o funcionamento da economia e do mercado de trabalho. E manter a inflação perto da meta ajuda a ancorar expectativas de inflação, e com isso formuladores de política monetária aumentam sua capacidade de responder vigorosamente a quedas no emprego sem desestabilizar a inflação. Nos casos em que os objetivos conflitavam, dissemos que adotaríamos uma abordagem equilibrada sopesando um contra o outro.

Um dos objetivos mais importantes das metas de inflação em geral é promover a responsabilização e a transparência. BCs com metas de inflação normalmente divulgam informações abrangentes sobre suas previsões econômicas, análises e expectativas de políticas. A meta numérica de inflação, aliada à abertura sobre planos de políticas e suas justificativas, impõe disciplina e previsibilidade sem eliminar totalmente a capacidade dos banqueiros centrais de reagir a uma conjuntura imprevista. Para usar a frase que cunhei em meu trabalho com Rick Mishkin, metas de inflação e regimes semelhantes possibilitam aos formuladores de políticas monetárias exercer uma "discricionariedade restrita".[15]

Um BC com metas de inflação tenta manter a taxa de inflação próxima da meta anunciada, mas erros de políticas, recessões, choques de oferta ou outros fatores podem afastar a taxa de inflação da meta. Qual a resposta que os formuladores de políticas monetárias devem dar caso isso ocorra? A resposta ajuda a diferenciar variantes de metas de inflação.

Em termos de metas de inflação padrão, a resposta é relativamente simples. A inflação abaixo ou acima da meta é igualmente preocupante — a meta de inflação é "simétrica". Assim, na abordagem padrão, quando a inflação se desvia da meta por qualquer motivo, formuladores de política visam fazê-la retornar à meta aos poucos. O ritmo da volta pode variar, dependendo da situação do mercado de trabalho, dos riscos para as perspectivas, da proximidade das taxas de juros do limite inferior e de outros fatores. Mas é importante frisar que no regime de metas de inflação padrão, formuladores de políticas não tentam compensar o tamanho ou duração do desvio anterior da meta. Seja qual for o ponto de partida, o objetivo é apenas voltar à meta em um tempo razoável. O passado fica no passado.

Uma forma alternativa de metas de inflação chamada de *meta de nível de preços* — muito estudada por economistas, mas até agora não adotada por nenhum BC — articula uma resposta diferente. Sob essa estrutura, um BC tentaria manter o *nível* de preços — não a própria taxa de inflação — próximo a uma trajetória fixa, tipicamente ascendente. (Assim como se dá com as metas de inflação padrão, na prática um BC com metas de nível de preços também consideraria o emprego e outras metas ao tomar suas decisões de política, mas ignorarei essa complicação.)

Suponha que o preço inicial de uma cesta de bens de consumo seja $100, e que a meta de um BC com metas de preço seja fazer com que o preço dessa cesta suba 2% ao ano. Tudo correndo de acordo com o planejado, o preço da cesta do consumidor, igual a $100 no primeiro ano, será de $102 no segundo ano, $104 (aproximadamente) no terceiro ano e assim por diante. Agora suponha que, de uma hora para outra, o preço da cesta não aumentou para $102 no ano dois, mas apenas para $101 — ou seja, a taxa de inflação entre os períodos um e dois é de 1% em vez de 2%. O que o BC deve fazer?

O erro cometido faria com que um BC com metas de inflação padrão simplesmente tentasse retornar à taxa de inflação de 2%. A partir do nível de preço de $101 em vigor no segundo ano, ela visaria obter preços de $103 no terceiro ano, cerca de 2% mais altos. (No quarto ano, para $105 e assim por diante.) Porém, considerando a meta de nível de preços, o BC pretende manter os preços o mais próximo possível da trajetória *original.* Assim, após os preços subirem para apenas $101 no segundo ano, esse BC objetivaria elevar o nível de preços para $104 no terceiro ano, trazendo os preços de volta à trajetória original. Em termos de inflação, o BC com metas de nível de preços compensaria a taxa de inflação de 1% no segundo ano visando uma taxa de (aproximadamente) 3% no ano seguinte. Ao compensar totalmente os desvios da inflação de 2%, o BC com metas de nível de preços trabalha para manter a inflação média em 2%, mesmo durante longos períodos.*

Defensores da meta por nível de preço apontam várias vantagens.[16] Em primeiro lugar, ao ter em vista um nível específico de preços em todas as datas futuras, e ao compensar inteiramente quaisquer desvios de preços de sua meta, essa abordagem diminui muito a incerteza sobre o custo de vida a longo prazo, facilitando o planejamento familiar e comercial. Em segundo lugar, se as grandes expansões e recessões são causadas principalmente por mudanças na demanda total (por exemplo, alterações nos gastos do consumidor ou do governo), então a meta de nível de preços pode ajudar a estabilizar a economia de maneira mais eficaz do que a meta padrão de inflação.

Para ilustrar o segundo ponto, suponha que uma queda na demanda provoque uma recessão; e, seguindo o exemplo numérico anterior, imagine que, pelos motivos usuais da Curva de Phillips, a inflação caia de 2% para 1% durante a recessão. Sob a meta de inflação padrão, o BC flexibilizaria a política no intuito de fazer a inflação voltar para 2%, bem como compensar a perda de empregos. Mas um BC visando o nível de preços a flexibilizaria ainda mais, porque (como no exemplo numérico) desejaria compensar o déficit inicial da inflação aumentando-a *acima de* 2% por tempo suficiente para retornar o nível de preços à sua trajetória original. Essa política de flexibilização reforçada sob a meta de nível de preços — e expectativas do mercado quanto a essa política — presumivelmente

* O exemplo assume que o período de reposição é de um ano. Na prática, o BC poderia retornar à trajetória original do nível de preços mais lentamente ou mais rapidamente, dependendo de considerações sobre a situação do mercado de trabalho. [N. do A.]

ajudaria a levar a economia de volta ao pleno emprego mais rapidamente também. A política "lower for longer" implícita na meta de nível de preços seria particularmente útil quando as taxas de curto prazo estiverem presas no limite inferior, pois é de especial importância convencer os mercados de que a política permanecerá flexível por um período prolongado.

A meta por nível de preço tem algumas desvantagens. Em relação à meta de inflação padrão ela pode ser mais difícil de explicar aos mercados e ao público, o que lhe reduz a eficácia e credibilidade. Além disso, a meta de nível de preços pode ter um mau desempenho em contrações da atividade econômica ocasionadas por choques de oferta inflacionários, como uma elevação acentuada nos preços do petróleo ou a interrupção das cadeias de suprimentos na pandemia da covid-19. Um BC com metas de nível de preços visaria compensar todo o salto para cima do nível de preços resultante do choque de oferta, algo que, por sua vez, exigiria levar a inflação temporariamente *abaixo* de sua média de longo prazo; assim, o BC pode ter que apertar significativamente a política, mesmo se o choque de oferta também tivesse empurrado a economia para a recessão.

Quanto a esta última desvantagem, cabe a abordagem por uma terceira variante de metas de inflação, conhecida como *meta temporária de nível de preços* (TPLT, na sigla em inglês). Eu a coloquei em questão em 2017 e avaliei uma variante modificada em um artigo de 2019 com Michael Kiley e John Roberts, do Conselho do FED.[17] Como o nome sugere, a TPLT é como uma meta por nível de preço, mas é aplicável somente em uma circunstância específica — quando as taxas de juros de curto prazo estão no limite inferior. Argumentei que, quando a TDI está no limite inferior, o FED — no espírito da meta de nível de preços — deve se comprometer a mantê-la lá ao menos até que os déficits anteriores de inflação em relação à meta tenham sido compensados, tendo se retornado à inflação média de 2%. Em minha proposta, assim que a inflação média estivesse de volta aos 2%, o FED poderia aumentar a TDI do limite inferior.* Provavelmente, o atraso no aperto implicaria que a inflação ultrapassaria sua meta por algum tempo, mas sob a TPLT, em última análise, o FED teria como objetivo retornar a inflação para 2%.

* Sob a TPLT, a volta da inflação média para 2% é condição necessária para elevar a TDI do limite inferior. O FED pode optar por manter a taxa no limite inferior por mais tempo no caso de as condições do mercado de trabalho não melhorarem o suficiente. O FED também gostaria de ter certeza de que a inflação média havia retornado de forma sustentável a 2% antes de aumentar a TDI. [N. do A.]

A meta temporária de nível de preços implica uma poderosa política de "lower for longer" no limite inferior, comparável ao que a meta por nível de preço comum forneceria. Ao mesmo tempo, conforme o TPLT, os superávits da meta de inflação não requerem uma ação contrária subsequente, evitando a implicação pouco atraente da meta de nível de preços comum de que os superávits da inflação causados por choques de oferta devem ser totalmente revertidos. Ademais, a TPLT pode ser mais fácil de explicar do que a meta de nível de preços comum, porque a política é expressa em termos de metas para a taxa de inflação, e não para o nível de preços.

A meta temporária de nível de preços requer que, quando a TDI estiver no limite inferior, a inflação deve retornar a 2% em média antes que o FOMC pense em aumentar a TDI. Em que período deve ser calculada a média da inflação? Minha proposta original sugeria que todo o déficit de inflação, abrangendo o período que a taxa básica de juros esteve no limite inferior, deveria ser compensado antes que a TDI fosse aumentada. No entanto, o membro do Conselho do FED, Lael Brainard, apontou que tal plano poderia exigir que o FED aceitasse superávits sustentados da inflação em relação à meta que, por sua vez, poderiam desestabilizar as expectativas de inflação.[18] Meu trabalho subsequente com Kiley e Roberts, usando simulações do modelo econômico FRB/EUA do FED, sugeriu que esperar apenas até a inflação alcançar a média de 2% em relação ao ano anterior antes de elevar a TDI do limite inferior funcionou bem. A estratégia produziu bons resultados, em média, para a inflação e para o desemprego.

A estrutura FAIT de 2020 do FED, conforme implementada na declaração do FOMC de setembro de 2020, incorpora elementos de cada uma dessas variantes de metas de inflação. Seguindo a abordagem padrão adotada em 2012, o FAIT preserva a meta de inflação de 2%, a flexibilidade para reagir tanto à inflação quanto às metas de emprego, e a transparência sobre perspectivas e planos de política do Comitê. Contudo, a revisão estratégica de 2018-2020 do Comitê concluiu que a meta de inflação padrão não se ocupa de modo apropriado com os problemas levantados pela maior frequência com que a taxa de juros neutra, ao cair, alcança o limite inferior. Em particular, se a restrição imposta pelo limite inferior torna o FED menos eficaz no combate a recessões e inflação baixa — mesmo com a QE e outras ferramentas novas — então, sob a meta de inflação padrão, a inflação pode continuar abaixo de sua meta na maior parte do tempo. A inflação cronicamente muito baixa pode, por sua vez, diminuir as expectativas de inflação, o que reduziria ainda mais a taxa de juros neutra e restringiria o espaço de política do FED.

A nova estrutura do FED trata o viés de baixa da inflação sob a meta de inflação padrão, combinando elementos da TPLT e da meta de nível de preços comum.[19] Quando a TDI estiver no limite inferior, o FOMC seguirá a estratégia TPLT, comprometendo-se a não promover um aperto até que a inflação média atinja 2%. O Comitê também especificou que as condições no mercado de trabalho terão que ser condizentes com o pleno emprego antes da elevação da taxa, ajudando a garantir que a volta da inflação para 2% seja sustentável.

Uma vez a decolagem acontecendo, sob o FAIT, o FED administraria a TDI para que a inflação, por algum tempo, superasse moderadamente a meta, com o objetivo de mantê-la próxima a 2% em média e, assim, ancorar as expectativas de inflação próximas a esse nível. O princípio geral de que formuladores de políticas tentarão compensar os períodos de inflação abaixo da meta por superações subsequentes é parte inerente ao conceito da meta de nível de preços. Uma diferença entre o FAIT e a meta de nível de preços comum é que, sob o FAIT, o FOMC não pretende compensar *superações* da inflação em relação à meta por intencionais ações visando o contrário. Essa política assimétrica, que por si só tenderia a aumentar a inflação em média, tem por objetivo compensar o viés descendente da inflação criado pela restrição do limite inferior.

A estrutura FAIT, projetada para um mundo de baixa inflação, foi colocada em xeque pelo grande choque de oferta induzido pela pandemia em 2021, que elevou a inflação bem acima da meta. Em circunstâncias assim, as implicações do FAIT são semelhantes às da meta padrão de inflação. Enquanto expectativas de inflação permanecerem ancoradas, formuladores de política monetária podem ser pacientes, permitindo que o choque de oferta vá se dissipando. Contudo, se expectativas de inflação derem mostras de deslocamento, cabe à política equilibrar a necessidade de manter a inflação e as expectativas de inflação perto da meta no intuito de promover a recuperação do mercado de trabalho.

No geral, a adoção do FAIT reflete a preocupação do FOMC de que — com uma taxa de juros neutra baixa, uma Curva de Phillips plana, uma baixa taxa natural de desemprego e um elevado risco de encontrar o limite inferior — a inflação pode ser muito baixa (aquém da meta de 2%) em vez de muito alta. As experiências do Japão e, em menor extensão, da Zona do Euro, mostram os problemas que uma inflação muito pequena pode causar. Na próxima revisão do FED de sua estrutura de política, o comportamento recente da inflação — alta, baixa ou na meta — será um fator importante para determinar se o FAIT será mantido ou modificado.

Meta de PIB Nominal

Metas de inflação e suas variantes não são as únicas estruturas de políticas possíveis. Uma alternativa relevante, que o FOMC provavelmente discutirá em uma próxima reconsideração de sua estrutura, é a *meta de PIB nominal.* (PIB nominal é o valor total, em unidades monetárias correntes, de bens e serviços produzidos dentro das fronteiras do país.) Existem diversas variantes da meta nominal do PIB, mas a ideia central — indicada pelo próprio nome — é que o BC estabelece políticas para atingir o PIB nominal em vez de inflação. Eu me concentrarei aqui em uma situação na qual um BC estabelece uma meta fixa para a taxa de crescimento do PIB nominal e, em analogia com a meta padrão de inflação, não tenta compensar altos e baixos anteriores em relação à meta.*

A taxa de crescimento do PIB nominal é igual, por definição, à soma da taxa de crescimento do produto real e da taxa de inflação (a inflação aqui é medida em termos dos preços de todos os bens e serviços que compõem o PIB, não apenas preços ao consumidor). Visar essa variável, em vez da inflação, tem várias vantagens potenciais.

Primeira: o BC pode dar indícios mais claros de que se preocupa tanto com o crescimento real (e, portanto, com o crescimento do emprego) quanto com a inflação — uma consideração particularmente relevante para o FED, com seu duplo mandato. Embora os defensores de metas de inflação flexíveis também levem em conta o emprego, os defensores das metas de PIB nominal argumentam que, ao incluir explicitamente o crescimento na meta, o BC pode enfatizar seu compromisso de apoio à expansão contínua de emprego e renda. De fato, para quem faz pagamentos fixos em dinheiro, como aluguel ou hipoteca, a estabilidade da renda nominal pode ser mais importante do que a estabilidade da inflação.

Segunda: a meta do PIB nominal tende, em geral, a colocar a política monetária no rumo certo após choques na economia. Por exemplo, se uma recessão freia o crescimento real, manter o crescimento nominal do

* As variantes de metas de inflação discutidas anteriormente confrontaram estruturas nas quais o BC tem por objetivo a inflação (a taxa de variação do nível de preços) com uma abordagem em que a meta é o próprio nível de preços. Analogamente, a meta do PIB nominal pode envolver a meta da taxa de crescimento ou do nível do PIB nominal, alternativas que levantam questões semelhantes à escolha entre metas de inflação e metas de nível de preços. [N. do A.]

PIB nos trilhos exigirá maior crescimento e inflação e, portanto, uma política monetária mais flexível. Alternativamente, um choque de oferta estagflacionário, que aumenta a inflação e reduz o crescimento real, não necessariamente levará o BC a apertar a política monetária, porque nesse caso os efeitos de inflação mais alta e crescimento mais baixo sobre o crescimento nominal do PIB estão se compensando.

Terceira: visar o crescimento do PIB nominal pode ajudar o BC a lidar com declínios da taxa de juros neutra. Esta taxa, medida em termos reais, tende a subir ou descer de acordo com a tendência da taxa de crescimento da economia, pois retornos reais dos investimentos de capital são maiores em uma economia de crescimento mais rápido. Agora considere o que acontece se o crescimento da tendência e a taxa de juros real neutra caírem — por exemplo, se ambas caírem 1%. Para um BC com uma meta de inflação fixa, uma queda de 1% na taxa de juros neutra real implica também uma queda de 1% na taxa de juros nominal neutra, R-estrela, o que limita ainda mais a capacidade do BC de flexibilizar a política. Mas como o crescimento nominal do PIB é a soma do crescimento do produto real e da inflação, um BC que objetivasse o crescimento nominal do PIB compensaria um declínio de 1% na tendência de crescimento econômico visando uma taxa de inflação 1% maior ao longo do tempo. Com inflação e expectativas de inflação mais altas, então — em que pese o declínio na tendência de crescimento — a taxa nominal neutra de juros, R-estrela, não deve cair, preservando o espaço disponível para cortes de juros.

Em meio à lenta recuperação da Grande Recessão, o FOMC, em sua reunião de novembro de 2011, considerou — e rejeitou — a adoção de uma meta de PIB nominal.* Concluímos que deveria haver uma razão muito forte para fazer uma mudança tão drástica em nossa estrutura; e que as vantagens potenciais de metas de PIB nominal, em relação às metas de inflação padrão — a estrutura que o FOMC já havia usado implicitamente e que foi adotada de modo formal dois meses depois — eram mais aparentes do que reais. Em particular, a meta de inflação padrão permitiu ao FOMC equilibrar de forma flexível suas metas de inflação e emprego de maneira adequada, ao passo que uma meta de PIB nominal efetivamente atribui peso igual à inflação e ao crescimento em todos os momentos. Quanto a isso, o presidente do FED de Nova York, Bill Dudley,

* A maior parte da discussão do Comitê concentrou-se em definir uma meta para o nível do PIB nominal, em vez de sua taxa de crescimento, porém, muitas das reservas do FOMC se aplicariam a qualquer uma das abordagens. [N. do A.]

colocou que atingir uma meta de PIB nominal não garantiria por si só que o FOMC estivesse cumprindo o mandato duplo. Por exemplo, 5% de crescimento nominal do PIB é consistente com 3% de crescimento real e 2% de inflação, um resultado satisfatório, mas também é consistente com crescimento zero e 5% de inflação, algo longe de ser satisfatório.

Membros do FOMC também levantaram uma preocupação prática de medição: dados do PIB nominal são calculados trimestralmente, estão disponíveis apenas com defasagens consideráveis e muitas vezes são amplamente revisados; isso significa problemas para a formulação de políticas oportunas. Apesar dessas preocupações, metas de PIB nominal em suas diversas variantes atraiu ao longo dos anos o apoio de muitos economistas.[20]

Elevar a Meta de Inflação

Outra maneira de lidar com uma taxa de juros neutra baixa e restrições de limite inferior seria manter a meta de inflação padrão, mas aumentar a meta. Se o FED foi bem-sucedido com a meta de inflação em, digamos, 4% em vez de 2%, então (pelo princípio de Fisher) o nível geral das taxas de juros nominais também deveria subir cerca de 2 pontos porcentuais, pois investidores exigiriam uma compensação extra pela inflação. Se a taxa de juros neutra, R-estrela, fosse 2 pontos porcentuais mais elevada, então o FED teria um espaço de política adicional significativo, que lhe permitiria reagir de forma mais eficaz a recessões mais agudas com cortes de taxa tradicionais, reduzindo sua necessidade de QE ou outras novas ferramentas de política.[21]

Aumentar a meta de inflação atrai pela simplicidade, mas traz consigo custos e incertezas significativos. A inflação permanentemente mais alta é, em si, onerosa para a economia (embora os economistas discordem sobre a dimensão desse ônus). Acrescenta ruído ao sistema de preços no âmago da economia de mercado e dificulta o planejamento de longo prazo (para indivíduos que poupam para a aposentadoria e empresas que cogitam investimentos de capital, por exemplo). Na prática, é provável que muitos no Congresso considerariam um aumento da meta de inflação inconsistente com o mandato do FED para a estabilidade de preços.

A transição para a meta mais elevada também pode ser problemática. Por exemplo, as expectativas de inflação — que, com base em muitos anos de experiência, ficaram ancoradas perto da meta de 2% do FED — podem se tornar voláteis, possivelmente criando instabilidade financeira e econômica. Além disso, caso as pessoas deduzam que a meta será alterada periodicamente em resposta a mudanças nas condições econômicas ou outros fatores, pode ser difícil ancorar novamente as expectativas de inflação na nova meta. Não está claro, também, se uma meta de inflação mais alta seria crível, tendo em vista os problemas crônicos (excetuadas as circunstâncias incomuns de 2021) que o FED tem encontrado para aumentar a inflação à sua atual meta de 2%. Se a meta mais alta não for crível, ou se participantes do mercado esperarem que a elevação da meta seja algo temporário, o aumento desejado na taxa de juros neutra pode não ocorrer.

Por tais razões, em sua revisão estratégica, o FOMC descartou antecipadamente qualquer aumento em sua meta de inflação. Todavia, a estrutura FAIT que o Comitê acabou adotando ao permitir ultrapassagens temporárias e moderadas da meta de inflação de 2%, efetivamente deu um passo nessa direção. Sob o regime padrão de metas de inflação em vigor desde 2012, após um período no limite inferior o FOMC tentaria retornar a inflação para 2%. Sob o FAIT, dadas as mesmas circunstâncias, o Comitê visará uma inflação acima de 2%, ao menos por um tempo.

COORDENAÇÃO ENTRE AS POLÍTICAS MONETÁRIA E FISCAL

Entre pessoas razoáveis pode haver discordância quanto ao sucesso das tentativas de aumentar a eficácia da política monetária atuando perto do limite inferior ou se isso faria com que se passasse do ponto de retornos decrescentes. Deixando essas questões de lado, há um consenso, inclusive entre banqueiros centrais, de que, em face da crescente relevância do limite inferior, a política fiscal — mudanças nos gastos e impostos do governo — deveria ser mais utilizada para estabilizar a economia, especialmente em recessões profundas. Alguns economistas vão mais longe e argumentam que, em virtude das limitações da política monetária quando prevalecem taxas de juros baixas, a política fiscal deve se tornar a principal ferramenta de combate à recessão, com a política monetária tendo, no máximo, um papel coadjuvante.[22]

A política fiscal tem várias vantagens como ferramenta de estabilização. Em primeiro lugar, diferentemente da política monetária, a política fiscal não perde eficácia quando a taxa de juros neutra é baixa. Em vez disso, baixas taxas de juros, ao diminuir o custo de financiamento da dívida do governo, tornam políticas fiscais expansionistas mais atraentes.

Da mesma forma, uma preocupação tradicional sobre políticas fiscais expansionistas é que os empréstimos do governo para financiar gastos ou cortes de impostos, ao absorver parte do conjunto de poupança disponível e aumentar as taxas de juros, podem “deslocar” outros usos da poupança, como o investimento empresarial em fábricas e equipamentos. Contudo, quando as taxas de juros já estão muito baixas, investimentos privados de qualidade têm pouca dificuldade para obter financiamento, e o deslocamento é uma questão menor. Ademais, qualquer elevação nas taxas de juros de longo prazo desencadeada pela política fiscal expansionista também pode trazer benefícios, incluindo maiores retornos para os poupadores e o aumento do espaço para política monetária proporcionado por uma taxa de juros neutra mais alta.

Em comparação com a política monetária, a política fiscal também pode ser melhor direcionada para pessoas ou setores da economia mais necessitados. Por exemplo, durante a pandemia, a Lei CARES de US$2,2 trilhões não só apoiou a economia em geral, como também alocou fundos especificamente para a saúde pública (ajuda a hospitais, desenvolvimento de vacinas) e a grupos particularmente prejudicados pela crise, incluindo trabalhadores desempregados e pequenos negócios. Por outro lado, a política monetária só é capaz de fortalecer a economia como um todo, na esperança de que melhores condições macroeconômicas beneficiem trabalhadores e empresas em necessidade.

Como ferramenta anticíclica, a política fiscal também tem desvantagens. Ao contrário da política monetária, que pode ser ajustada rapidamente caso necessário, gastos do governo e políticas fiscais não são tão fáceis de mudar. No orçamento federal há milhares de itens que refletem uma variedade de objetivos, compromissos de longo prazo e compromissos cuidadosamente elaborados, o que deixa a política fiscal menos flexível no curto prazo. Por exemplo, devido aos longos prazos de planejamento de projetos, aumentar rapidamente os gastos com infraestrutura ou defesa é tarefa árdua, e mudanças frequentes nas políticas tributárias distorcem a tomada de decisões econômicas e complicam o planejamento familiar e empresarial. Transferências de recursos, como seguro-desemprego ou subsídios a estados e municípios, normalmente podem ser aumentados mais rapidamente, mas mesmo nessa questão os desafios burocráticos e logísticos podem atrasar fundos destinados aos beneficiários. Mais recentemente, a distribuição do seguro-desemprego estendido fornecido pela Lei CARES foi dificultada por sistemas de seguro-desemprego desiguais e, em alguns casos, ultrapassados.

O problema mais sério de utilizar a política fiscal para combater a inflação e o desemprego é que gastos do governo e políticas tributárias são determinados em um ambiente político complexo. Nos EUA, a ação fiscal muitas vezes requer negociações difíceis e demoradas, dentro do governo e de ambas as casas do Congresso, que podem ser controladas por diferentes partidos políticos. A experiência recente sugere que o sistema político dos EUA pode oferecer grandes programas fiscais em grandes emergências — exemplos são a American Recovery and Reinvestment Act, assinada pelo presidente Obama em 2009, e a Lei CARES, aprovada pelo presidente Trump em 2020 — mas, afora isso, é propensa a impasses e obstruções partidárias.[23] Em contraste, um BC apartidário e politicamente independente pode ajustar a política monetária de forma rápida e proporcional como resposta a mudanças nas perspectivas econômicas. Por essa razão, é imprudente jogar todas as fichas na política fiscal como medida de estabilização da economia.

No entanto, parece claro que — se o limite inferior efetivo continuar sendo uma limitação significativa da política monetária, como esperado — a política fiscal precisará assumir maior responsabilidade para compensar desacelerações econômicas. Impõe-se, então a questão: Política monetária e política fiscal devem ser coordenadas? Caso devam, como? (Dou como certo que os BCs trabalharão em estreita colaboração com o restante do governo durante grandes crises financeiras, pandemias e outras emergências de âmbito nacional.)

A forma mais básica de coordenação das políticas monetária e fiscal é a consulta informal. O presidente do FED e o Secretário do Tesouro se reúnem regularmente e suas discussões incluem dados sobre a conjuntura econômica e financeira, além de eventuais iniciativas legislativas. Consultas com o governo e o Congresso ajudam o FED a tomar conhecimento de possíveis mudanças nas políticas fiscais e outras decisões econômicas, que então são levadas em conta nas previsões econômicas e no pensamento político do próprio FOMC. Na outra mão, a liderança do FED mantém o Congresso e o governo informados sobre as opiniões do FED sobre a economia e a ampla estratégia política.

Em geral, nas relações FED/Congresso contemporâneas, o Congresso lidera e o FED acompanha, o que significa que o FOMC normalmente considera as iniciativas de política fiscal como um dado e ajusta a política monetária em conformidade. O envolvimento ativo do presidente do FED nos detalhes do planejamento da política fiscal, ocorrido durante as eras Burns e Greenspan, não seria mais classificado como apropriado, tanto na Casa Branca quanto no FED. Entretanto, presidentes recentes do FED se manifestaram quando acreditaram que a política monetária, por si só, não bastava para responder a uma emergência econômica. No decorrer da crise provocada pela epidemia, por exemplo, o presidente Powell recorrentemente solicitou apoio fiscal adicional além da Lei CARES inicial. Agi da mesma maneira em várias ocasiões, quando o Congresso deixou de lado as políticas fiscais de apoio e inclinou-se para a austeridade durante a recuperação da Grande Recessão. Mas como Powell, tive o cuidado de não endossar medidas específicas ou propor quantias em dinheiro.

A cautela de Powell e a minha própria refletiram o fato de que comentários dos líderes do FED sobre a política fiscal inevitavelmente envolvem um ato de equilíbrio. Por um lado, legisladores, e não banqueiros centrais — que não foram eleitos — são os responsáveis pelas decisões fiscais e podem se ressentir do que pareceria ser um abuso de competência do FED. Por outro lado, os banqueiros centrais, com seus recursos analíticos e informações sobre a economia, estão bem posicionados para oferecer conselhos sobre a necessidade de ação fiscal, conselhos que formuladores de políticas fiscais podem ignorar. Além disso, decisões de política fiscal afetam diretamente a capacidade do FED de cumprir seu duplo mandato. O equilíbrio certo, creio, é o FED falar publicamente quando uma ação fiscal é necessária para ajudar a estabilizar a economia, mas evitar tomar partido em debates partidários sobre detalhes dos programas fiscais.

A coordenação monetária e fiscal também pode ocorrer quando legisladores — de modo implícito (como consequência de competências já concedidas ao FED) ou por meio de nova legislação — delegam autoridade fiscal ao FED. Em toda política monetária há um elemento fiscal, até porque mudanças nas taxas de juros afetam o custo do financiamento da dívida do governo. No geral, porém, o FED tem menos liberdade fiscal, implícita ou explícita, do que a maioria dos principais BCs. Por exemplo, como vimos, muitos BCs, como parte de suas operações normais, podem comprar valores mobiliários, como títulos corporativos, que carregam risco de crédito. Tais aquisições têm implicações fiscais, porque ganhos ou perdas com esses ativos afetam os lucros que os BCs enviam a seus tesouros nacionais. (O FED assume o risco de manter títulos de longo prazo, cujo valor pode variar quando as taxas de juros mudam, mas não assume o risco de crédito em sua política monetária normal.) O uso pelo BCE de parte de seus lucros para subsidiar empréstimos concedidos por bancos comerciais por meio de suas operações de refinanciamento de longo prazo (TLTROs), é outro exemplo de discrição fiscal de um BC. De todo modo, a linha divisória entre política monetária e política fiscal é fluida. Depende, na prática, de políticas, normas e arranjos institucionais. A legislatura também pode mudar a linha se as circunstâncias justificarem.

A Lei CARES, que alocou recursos para apoiar vários programas de empréstimos de emergência do FED, foi um exemplo de quebra de precedentes de delegação fiscal do Congresso ao FED (junto com o Tesouro). Esse backstop permitiu ao FED, usando sua autorização de empréstimo 13(3), e com a aprovação do Tesouro, comprar títulos e fazer empréstimos (alguns via sistema bancário) em condições que poderiam levar a perdas. Esse empréstimo subsidiado deu ao FED uma ferramenta adicional para ajudar a tranquilizar os mercados financeiros nos primeiros meses da pandemia. É importante frisar que foi atribuída ao FED discricionariedade suficiente para projetar esses programas, incluindo determinar quem seria elegível para tomar empréstimos, para se sentir confortável com o fato de que a nova atribuição não colocou em risco sua independência política.

No entanto, esses programas de empréstimos eram explicitamente temporários, devido aos limites impostos pela Lei CARES e porque foram estabelecidos sob a autorização de emergência 13(3). Ademais, os republicanos se opuseram à continuação dos programas além de 2020, talvez temendo que, sob o presidente Biden, o FED pudesse conceder empréstimos cuja finalidade desaprovavam. O debate sobre os programas deixou evidente que, na política dos EUA, a questão da linha divisória entre política monetária e fiscal permanece controversa.

Várias ferramentas de política aplicadas por BCs estrangeiros — como financiamento para empréstimos ou compra de uma série mais diversificada de títulos na QE — teriam envolvido para o FED, ao menos implicitamente, discricionariedade fiscal adicional (a autorização para comprar uma série mais ampla de títulos exigiria uma mudança estatutária explícita). Em razão das restrições impostas pelo limite inferior, o argumento para adicionar essas ferramentas é razoavelmente sólido em termos econômicos. Mas sob um ângulo político, o FED provavelmente não buscaria aumentar sua flexibilidade fiscal a menos que acreditasse que certas condições seriam atendidas. Primeiro, que o Congresso entendesse e acatasse as possíveis implicações de qualquer aumento na discricionariedade fiscal do FED — por exemplo, nas transferências do FED para o Tesouro. Em segundo lugar, que nenhuma condição seria imposta a quaisquer novas autorizações que pudessem colocar em risco a independência da política monetária do FED ou desviá-lo da busca de seu duplo mandato. Em especial, formuladores de políticas do FED desejariam ter certeza de que quaisquer novas ferramentas seriam usadas somente no aprimoramento do amplo funcionamento dos mercados de crédito e do desempenho da economia como um todo, não para alocar crédito a tomadores de empréstimo favorecidos.

Dinheiro de Helicóptero

Alguns economistas têm defendido meios mais abrangentes de coordenação monetária e fiscal do que os tipos limitados já familiares às economias avançadas. Não creio que veremos formas mais exóticas de coordenação tão cedo, ao menos nos EUA. Mas essas políticas alternativas podem se tornar relevantes em condições extremas.

Um exemplo clássico é o *dinheiro de helicóptero*. A frase e a ideia foram criação de Milton Friedman.[24] Imagine um futuro — não muito diferente da situação atual no Japão — em que a economia padece de inflação persistentemente baixa ou mesmo deflação e, como as taxas de juros de curto e longo prazo já estão próximas de zero, a política monetária sozinha se vê incapaz de atingir seus objetivos. Suponha então, seguindo o experimento mental original de Friedman, que as autoridades enviaram helicópteros para jogar lá do alto moedas recém-cunhadas que, é claro, as pessoas logo recolheriam. Quando as pessoas gastassem o novo dinheiro, argumentou Friedman, os preços subiriam, acabando com a deflação.

Se tornarmos o exemplo fantasioso de Friedman mais realista, podemos entender as condições sob as quais o dinheiro de helicóptero seria — ou não — uma resposta eficaz a uma ameaça deflacionária. Para ser aplicado em uma economia moderna como a dos EUA, o "lançamento das moedas" ocorreria em duas etapas. Na primeira, o Congresso aprovaria um grande reembolso fiscal, imediatamente disponibilizado para uma ampla faixa da população. Suponhamos, para dar concretude, que o programa de reembolso totalize US$500 bilhões. Em circunstâncias normais, o Tesouro pagaria o reembolso emitindo US$500 bilhões em dívidas governamentais adicionais, a serem vendidas a investidores privados. Mas suponha que, em vez disso, na segunda etapa, o FED financie o reembolso diretamente. Na prática, isso poderia ser feito simplesmente creditando na conta do Tesouro no FED US$500 bilhões extras. O Tesouro poderia então sacar sobre esse saldo para enviar cheques às pessoas. Alternativamente, e de forma equivalente, o Tesouro poderia emitir US$500 bilhões em dívida a fundo perdido a uma taxa de juros zero, que o FED compraria, depositando o pagamento da nova dívida na conta do Tesouro no FED. Essas duas etapas juntas — um corte de impostos financiado por uma expansão do balanço patrimonial do FED — são um equivalente realista do experimento mental de Friedman.

Como um dinheiro de helicóptero (realista) afetaria uma economia no limite inferior? O reembolso de impostos, a primeira etapa, é a política fiscal padrão, com efeitos bem compreendidos. Ao aumentar a renda das pessoas, o reembolso deve estimular gastos e atividade econômica. Porém, será que por ser financiado pelo FED, e não pelo método usual de venda de novas dívidas do governo ao público, o reembolso fiscal fornece estímulo adicional? Talvez surpreendentemente, o uso do financiamento do FED pode não acrescentar muito.[25]

Um motivo para minimizar os efeitos da participação do FED no dinheiro do helicóptero é que, não obstante ser financiado pelo FED, no longo prazo o reembolso fiscal não é, na verdade, "dinheiro grátis" para o Tesouro. A razão é sutil. Tem a ver com o modo pelo qual o FED controla a TDI. Quer as pessoas gastem quer economizem tais reembolsos, o dinheiro extra que recebem migrará para o sistema bancário na forma de reservas. Portanto, em nosso exemplo, as reservas bancárias são maiores em US$500 bilhões após o dinheiro ser jogado do helicóptero.

A certa altura — provavelmente antes do que havia planejado, uma vez que o reembolso melhorará as perspectivas — o FED desejará aumentar a TDI de zero, o que faz pagando juros sobre as reservas bancárias, incluindo os US$500 bilhões extras em reservas criadas pelo reembolso. Os pagamentos de juros que o FED faz aos bancos diminuem os lucros restantes para envio ao Tesouro, de maneira que, indiretamente, o Tesouro arca com o custo extra dos juros.* Com efeito, a despeito de usar o financiamento do FED, o Tesouro ainda paga juros sobre os fundos que usou para o reembolso. De fato, considerando que a taxa de juros que o FED paga aos bancos sobre suas reservas é, normalmente, próxima da taxa dos títulos do Tesouro (dívida do governo de curto prazo), o Tesouro obtém apenas uma economia limitada de custos usando o financiamento do FED, em relação ao que paga para o reembolso simplesmente emitindo títulos do Tesouro diretamente ao público. Nem um reembolso financiado pelo FED (em oposição a um reembolso financiado por uma emissão

* Seguindo os procedimentos atuais do Banco do Japão e BCE, o FED pode controlar a TDI não remunerando reservas bancárias abaixo de certo nível. Isso reduziria o custo de financiamento implícito do Tesouro, mas só mediante um imposto implícito sobre os bancos, que o Congresso, se quiser, pode impor diretamente. [N. do A.]

de dívida padrão) parece ser diferente para os beneficiários do incentivo fiscal. Resumindo: nos EUA de hoje, uma redução de impostos financiada diretamente pelo FED não deve ter efeitos estimuladores marcadamente diferentes de uma redução de impostos comum, financiada por dívida, do mesmo porte.

Há algumas qualificações para essa conclusão. Primeiro, está implícito no argumento anterior que a alternativa do governo ao financiamento do FED é a emissão de dívida de curto prazo, que paga uma taxa de juros próxima àquela com a qual o FED remunera as reservas. Se o governo pagar pelo reembolso emitindo novas dívidas de longo prazo ao público, em vez de emitir títulos de curto prazo, o crescimento na oferta de dívidas de longo prazo poderia elevar o rendimento dessa dívida, aumentando o custo dos empréstimos, tanto para o governo quanto para o setor privado. O FED poderia desfazer esse efeito por intermédio de compras QE de títulos de longo prazo, evitando quaisquer efeitos deslocamentos de taxas de juros mais altas que funcionariam contra os efeitos do reembolso. Observe que, em geral, esse meio de implementar o dinheiro de helicóptero não envolve, necessariamente, um grau especialmente alto de coordenação monetária e fiscal: resume-se a reembolsos de impostos pelo governo combinados com QE suficiente do FED para evitar aumentos subsequentes nas taxas de juros no longo prazo.

Em segundo lugar, o anúncio do financiamento do FED pode ter efeitos psicológicos. Por exemplo, um compromisso do FED via QE como prevenção contra a elevação das taxas de longo prazo pode levar formuladores de políticas fiscais a propor reembolsos maiores do que fariam de outra forma, ou induzir pessoas a esperar uma inflação mais alta, mesmo não havendo outras mudanças nos fundamentos econômicos. Outra possibilidade é que o anúncio da ação monetária e fiscal combinada convenceria os mercados de que o FED manterá as taxas mais baixas por mais tempo do que se pensava, talvez supondo que o FED se preocupa com custos de financiamento do governo tanto quanto com a inflação. Efeitos psicológicos são difíceis de prever.

Uma abordagem alternativa deixaria completamente de fora as autoridades fiscais. Houve propostas para a chamada *QE do povo*, na qual o BC distribui dinheiro diretamente ao público. A QE do povo é, em termos econômicos, equivalente a um dinheiro de helicóptero, então seus efeitos seriam semelhantes a um reembolso de impostos do mesmo tamanho financiado pelo FED. Um possível argumento para a QE do povo, no entanto, é que o BC pode ser mais capaz do que os legisladores de julgar os valores e o momento certo do estímulo necessário. Contudo, a QE do povo é ilegal em todas as jurisdições, que eu saiba, refletindo o princípio de que distribuir fundos públicos é prerrogativa dos legisladores, não do BC. Na prática, por razões compreensíveis, é altamente improvável que os legisladores deleguem essa autoridade.

A conclusão de que os efeitos do dinheiro de helicóptero seriam similares aos de um reembolso fiscal convencional financiado por dívida, talvez complementado por QE para compensar qualquer elevação das taxas de longo prazo, é surpreendente. É comum ouvir falar de países, desde a Alemanha dos anos 1920 até a Venezuela mais recentemente, nos quais os gastos do governo ou os cortes de impostos financiados pela criação de moeda levam a uma inflação alta, ou mesmo à hiperinflação. A diferença é que, nesses exemplos, o BC não é independente, mas sim subserviente ao governo. Um BC independente, comprometido com a estabilidade de preços, nao acomodará os gastos do governo e começará a apertar a política quando as metas de inflação do banco estiverem ameaçadas. Um BC não independente carece dessa opção, e tem que continuar a criar moeda e manter as taxas baixas enquanto o governo exigir. Em casos assim, se o governo priorizar suas necessidades fiscais em detrimento da estabilidade de preços, o resultado pode ser um descontrole inflacionário. Uma situação em que o governo, em vez de um BC independente, controla a política monetária e submete a estabilidade de preços às suas próprias exigências fiscais é chamada de *dominância fiscal*. Com a dominância fiscal, o dinheiro de helicóptero é inflacionário. Os EUA de hoje, no entanto, estão muito distantes de tal situação.

Em teoria, pode-se imaginar casos intermediários entre um BC totalmente independente e a dominância fiscal que poderiam tornar o dinheiro de helicóptero eficaz sem o risco de hiperinflação. Suponhamos, por exemplo, que houvesse uma lei permitindo ao BC operar de forma independente somente quando a inflação tivesse atingido um nível crítico de forma sustentável, digamos 3%.* Nesse exemplo, quando a inflação está abaixo de 3%, o BC deve financiar o déficit do governo em quantidades ilimitadas a juros zero; porém, quando a inflação ultrapassa 3%, o BC fica livre para elevar as taxas de juros para evitar que a inflação suba mais. Essa abordagem pode funcionar em princípio, mas na prática levanta preocupações significativas. O governo pode não restaurar a

* Para essa abordagem funcionar, o nível crítico de inflação teria que ser maior do que o nível que o BC escolheria se pudesse agir com total independência. [N. do A.]

independência do BC como prometido. Ou, mesmo que o governo pretendesse fazer isso, o receio de não cumprir a promessa poderia desestabilizar as expectativas de inflação.

Teoria Monetária Moderna

A maioria dos economistas acredita que a dominância fiscal, geralmente associada a países devastados por guerras, desastres ou instabilidade política, é algo a ser evitado. Contudo, os defensores da *teoria monetária moderna* (MMT, na sigla em inglês) argumentam que uma forma de dominância fiscal é a melhor maneira de administrar a economia.[26]

A teoria monetária moderna foi alvo da atenção de alguns políticos democratas progressistas, incluindo o senador independente Bernie Sanders (Vermont) e a deputada democrata Alexandria Ocasio-Cortez (Nova York). A MMT é uma combinação de proposições teóricas e recomendações de políticas (entre elas, que o governo dê uma garantia de emprego universal). Aqui discuto apenas como alguns proponentes veem a relação entre política monetária e fiscal.

Adeptos da MMT eliminariam a independência do BC e institucionalizariam a dominância fiscal. Para eles, a política monetária deve manter as taxas de juros em um nível baixo permanentemente. Se esse nível for zero, então a distinção entre gastos do governo financiados por moeda e financiados por dívida essencialmente inexiste, pois todos os passivos do governo pagariam juros zero. Quanto à política fiscal, seria encarregada, entre seus outros objetivos, de garantir a estabilidade econômica, inclusive a estabilidade de preços. As autoridades fiscais promoveriam a estabilidade econômica não só mediante políticas tributárias e de gastos — por exemplo, impostos mais altos, ao reduzir o poder de compra privado, poderiam ajudar a controlar a inflação —, mas também utilizando outras políticas, entre as quais o controle de preços e garantia de empregos.

É uma verdade, como observam os defensores da MMT, que nesse arranjo o nível exato do déficit orçamentário do governo em determinado ano não é particularmente importante. Isso acontece porque, se o BC mantiver as taxas de juros em zero indefinidamente, o financiamento da dívida do governo não tem custo. Se também assumirmos (como fazem os adeptos da MMT) que o governo, por meio de todas as suas políticas tomadas em conjunto, é capaz de manter o emprego alto e a inflação baixa, então o déficit atual também não é importante para a estabilização econômica. Até agora, tudo bem.

No entanto, alguns observadores interpretaram a conclusão da MMT de que "déficits orçamentários não são importantes" erroneamente, como se isso implicasse que o governo poderia gastar de maneira essencialmente ilimitada sem que houvesse consequências econômicas, incluindo a necessidade de aumentar a tributação. Isso é incorreto. Embora políticas econômicas possam afetar o potencial da economia, a capacidade produtiva da nação, em última análise, é limitada. Aritmeticamente falando, se o governo utilizar grandes recursos, sobrará menos para o setor privado. E se a demanda total por bens e serviços, públicos e privados, exceder em muito a capacidade de produção da economia, então a inflação é inevitável — a menos que aumentos de salários e preços sejam reprimidos por controles. Nesse caso, porém, a pressão da demanda se manifestará como escassez e gargalos, como ocorreu quando o governo Nixon tentou controlar os preços nos anos 1970. Em resumo, o pressuposto da MMT de que o governo usará a política fiscal para estabilizar a economia — e, em particular, para manter a inflação baixa — implica que há limites definidos para quanto o governo pode gastar.

Além disso, em termos práticos, não é recomendável atribuir apenas às autoridades fiscais a responsabilidade pela estabilização econômica, deixando a política monetária em um papel puramente passivo. A política fiscal tem alguns pontos fortes como ferramenta de estabilização e, quando as taxas de juros neutras estão baixas, faz sentido confiar mais fortemente nela. Contudo, em função da complexidade da tomada de decisões políticas, é improvável que a política fiscal demonstre flexibilidade e rapidez compatível com mudanças nas perspectivas econômicas. Assim, um sistema que exige que o FED mantenha as taxas permanentemente em zero e abdique de sua responsabilidade de combater a recessão e a inflação provavelmente desestabilizaria a economia ou faria com que a inflação subisse. As políticas monetária e fiscal têm, ambas, papéis a desempenhar para manter a economia em equilíbrio.

Em resumo, formuladores de política monetária poderiam buscar muitas maneiras de aumentar a força de suas ferramentas e estruturas, além de formas de cooperar com os formuladores de política fiscal. Estruturas aprimoradas podem tornar a política monetária mais poderosa e previsível. O FED também pode levar em consideração várias ferramentas usadas por BCs estrangeiros. As principais incertezas sobre ferramentas alternativas não estão em sua viabilidade técnica, mas nas questões de políticas e governança. Os legisladores e o BC precisarão chegar a um acordo sobre definir a linha demarcatória entre a política monetária, administrada por um BC independente, e a política fiscal, cuja competência é do Congresso e do governo.

Também parece provável que, enquanto o limite inferior efetivo restringir a política monetária, caberá à política fiscal um papel maior do que no passado para manter o pleno emprego e evitar uma inflação baixa demais. A eficácia da política fiscal poderia ser aumentada pela utilização maior de *estabilizadores automáticos*, mudanças nos gastos do governo, ou impostos vinculados a indicadores econômicos que sejam implementados antes de serem necessários. Por exemplo, o Congresso poderia legislar com antecedência aumentos no seguro-desemprego que são concedidos automaticamente quando a taxa de desemprego supera um nível predeterminado. Como entram em vigor quando justificados pelas condições econômicas, estabilizadores automáticos podem tornar a política fiscal mais responsiva e proporcional e menos vulnerável a impasses políticos. O Congresso, todavia, tem se mostrado relativamente pouco receptivo a essa abordagem. A menos que haja um grande esforço para flexibilizar a política fiscal anticíclica, a política monetária continuará sendo um importante instrumento de estabilização.

■

14

POLÍTICA MONETÁRIA E ESTABILIDADE FINANCEIRA

O Fed foi fundado em 1913 não para fazer política monetária no sentido moderno — o padrão ouro ainda era dominante —, mas em grande parte para evitar pânicos financeiros e servir como emprestador de última instância. Segundo o que foi dito por Walter Bagehot, quando correntistas e outros credores de curto prazo perdem a confiança e sacam seu dinheiro, é função do BC "emprestar livremente" às instituições financeiras, tomando como garantia seus empréstimos de boa qualidade e outros ativos intocados. Ao preencher a lacuna aberta pela ausência do financiamento privado, esse empréstimo de última instância pode evitar quebras dispendiosas de bancos solventes, reduzir o incentivo dos depositantes que ainda não participaram da corrida ao banco, limitar as vendas de ativos bancários a preços irrisórios, dar um fôlego às instituições financeiras para levantar novo capital e acalmar o pânico.

Não obstante a lógica básica seja a mesma, a estratégia de emprestador de última instância do FED evoluiu com a estrutura do sistema financeiro dos EUA. Na época da fundação do FED, o crédito era fornecido principalmente pelos bancos, e as corridas aos bancos eram a principal ameaça à estabilidade. Em 2007, no entanto, a maior parte do crédito fluía pelos mercados de valores mobiliários e instituições financeiras não bancárias, o chamado sistema bancário paralelo. Durante a crise financeira global, o FED ampliou seu papel de emprestador de última instância, usando seus poderes de emergência para emprestar a um amplo leque de mercados e instituições financeiras e até mesmo, em alguns casos, a empresas não financeiras. No decorrer da curta mas aguda crise financeira de março de 2020, o FED foi ainda mais longe, atuando como comprador de última instância para títulos do Tesouro e outros títulos e também — com o apoio do Congresso — assegurando o crédito para corporações, municípios e empresas de médio porte.

Embora a crise financeira global e a pandemia exigissem respostas particularmente fortes e abrangentes, o FED de há muito monitora o sistema financeiro e lida com as ameaças à estabilidade que surgem. Todavia, historicamente, as intervenções do FED tendiam a ser *ad hoc* e mantidas em uma instância intelectual à parte da política monetária — a não ser quando os formuladores de políticas se valiam das ferramentas monetárias para compensar os efeitos de distúrbios financeiros na economia, como durante a crise asiática dos anos 1990. No século XXI, porém, o pensamento sobre o papel do FED na promoção da estabilidade financeira mudou. A expansão do papel tradicional de emprestador de última instância do FED é um aspecto dessa mudança. A instabilidade financeira, em termos mais fundamentais, em face do crescimento explosivo, inovação e desregulamentação no setor financeiro — em conjunto com o declínio da taxa de juros neutra, um limitador da capacidade da política monetária de conter choques —, tornou-se uma ameaça cada vez mais preocupante para o duplo mandato do FED. Na verdade, muitos formuladores de políticas agora veem a manutenção da estabilidade financeira como o terceiro elemento *de fato* do mandato porque sem ela há pouca esperança de alcançar de forma sustentável o pleno emprego e a estabilidade de preços.

Essas mudanças intensificaram o debate, dentro e fora do FED, sobre as causas da instabilidade financeira e as reações adequadas. Oscilações no sentimento do mercado, inovação financeira e falhas regulatórias são, reconhecidamente, fontes de instabilidade. Mas e a política monetária? Ela pode criar ou amplificar riscos para o sistema financeiro? Em caso afirmativo, a condução da política monetária deve mudar? No que se refere às políticas não monetárias, como a regulamentação financeira, elas podem controlar os riscos financeiros sistêmicos, substituindo assim as respostas da política monetária? Essas questões estão entre as mais difíceis que os banqueiros centrais enfrentam.

INSTABILIDADE FINANCEIRA E SUAS CONSEQUÊNCIAS ECONÔMICAS

Durante anos, a coluna Alphaville do *Financial Times* (FT) apresentou artigos cujos títulos — "Que coisa doida. Quando foi o desastre?"— que cobriam o que os escritores do *FT* viam como comportamento anômalo ou irracional nos mercados financeiros. Relatar esses desenvolvimentos é divertido e às vezes instrutivo. Esses exemplos sinalizam riscos financeiros mais amplos, como às vezes se depreende dos artigos de Alphaville? É verdade que em específicos ativos ou negociações os excessos são mais prováveis quando a assunção de riscos é alta. Mesmo assim, não deixa de ser surpreendente que, embora as crises financeiras sejam raras, os quebra-cabeças idiossincráticos de precificação de ativos não o sejam, como demonstra a coluna do *FT*.* Isso sugere que o sinal dessas anomalias é fraco. De fato, certa volatilidade e preços difíceis de explicar em mercados financeiros específicos são normais e totalmente condizentes com uma economia saudável.

Por outro lado, a instabilidade financeira que é *sistêmica* — que ameaça o funcionamento do sistema financeiro como um todo, com efeitos significativos em potencial para a economia real (não financeira) — é uma grande preocupação política. Eventos financeiros sistêmicos, como a crise financeira global ou o pânico de março de 2020 são raros mas podem provocar danos enormes. Fica claro que reduzir a probabilidade de eventos sistêmicos e minorar seus efeitos quando ocorrem deve ser uma prioridade para os formuladores de políticas.

Para prevenir ou responder a um evento financeiro sistêmico, porém, é preciso reconhecê-lo como tal. Que tipos de eventos trazem maiores riscos para a estabilidade? No futuro, sem dúvida, haverá novas ameaças. Ataques cibernéticos ao sistema financeiro são uma possibilidade preocupante. Contudo, em vez de especular sobre novos riscos, compararei aqui dois tipos de eventos historicamente importantes e que recebem muita atenção do público e da mídia: bolhas no mercado de ações e *booms* [expansões excessivas] e *busts* [quedas abruptas] de crédito. Ambas, se forem graves o bastante, representam riscos para a economia em geral.

* Um exemplo bem conhecido é o chamado efeito janeiro, a tendência observada de melhoria no desempenho das ações nesse mês. Como muitas dessas anomalias, esse efeito parece ter se reduzido quando pesquisadores chamaram a atenção para ele. [N. do A.]

Entretanto, evidências históricas sugerem que booms e busts de crédito, em especial se associados a bolhas nos imóveis comerciais ou residenciais, são fenômenos muito mais perigosos.

Bolhas no Mercado de Ações

Os booms e crashes [quebras] do mercado acionário (frequentemente rotulados como bolhas após terem ocorrido, e às vezes até mesmo durante o boom) são eventos dramáticos e, se suficientemente graves, históricos.* Para muitos, o crash da bolsa de 1929 simboliza a Grande Depressão. Analogamente, o colapso da bolha da tecnologia em 2001 é muitas vezes considerado o ponto de inflexão entre os efervescentes anos 1990 e a pouco inspirada década de 2000.

As origens de bolhas de ações são, tipicamente, psicológicas e econômicas. Como tal, são difíceis de prever ou identificar. A elevação rápida e recorrente da cotação das ações decorre, normalmente, de um otimismo generalizado e da crença de que a economia está entrando em uma nova era. Nos anos 1920, uma enormidade de novos bens de consumo produzidos em massa, ao lado de grandes aumentos nos salários e no tempo de lazer, robusteceram o otimismo. A bolha do final da década de 1990 também refletiu a crença popular de que a revolução da internet geraria setores de atividade totalmente novos e revolucionaria os antigos. Em retrospecto, os otimistas dos anos 1920 e 1990 não estavam completamente equivocados. Nos dois casos, novas tecnologias tiveram enormes impactos sociais e econômicos — e provaram ser altamente lucrativas. Mas em ambos o otimismo foi prematuro ou deixou de existir devido a eventos intervenientes, e quedas acentuadas nos preços das ações os seguiram.

Os preços das ações também são afetados por outros fatores, inclusive pela política monetária. A flexibilização da política monetária tende a aumentá-los — melhorando as perspectivas para a economia (e, portanto, para os lucros corporativos), diminuindo a taxa de juros pela qual lucros futuros são descontados e, como veremos neste capítulo, aumentando a tolerância dos investidores ao risco. É um fato a influência exercida pela flexibilização na economia real, em parte por meio de preços de ativos mais elevados. Dito isso, estudos empíricos constatam, na maioria das circunstâncias, que a política monetária tem apenas efeitos diretos

* Há muitas definições de "bolha". Uma explicação padrão é que, em uma bolha, as pessoas compram um ativo com base apenas na crença de que seu preço continuará subindo, e não graças a fundamentos favoráveis. [N. do A.]

relativamente modestos sobre a cotação das ações (em contraste com os efeitos indiretos ao longo do tempo decorrentes de uma melhoria econômica).[1] Ironicamente, efeitos diretos mais fortes são com frequência vistos quando um aperto monetário contribui para um declínio no preço das ações, como aconteceu em 1929 e 2001.

Em oposição aos portfólios individuais dos investidores, quais são os riscos que as bolhas de ações representam para a economia como um todo? Não há dúvida de que grandes oscilações nos preços dos ativos têm efeitos econômicos. Quando as ações sobem muito de preço, elevam a riqueza e o estilo de vida das famílias que, por sua vez, afeta os gastos do consumidor. E os altos preços das ações, ao facilitar a captação de recursos para as empresas, também podem estimular a elevação do investimento de capital. Inversamente, espera-se que um declínio acentuado no mercado de ações desacelere os gastos e o investimento. Dito isso, segundo a evidência histórica, há fortes indícios de que os altos e baixos nos preços das ações, embora certamente uma preocupação, não são de jeito nenhum a forma mais perigosa de instabilidade financeira, caso não estejam associados a um colapso mais amplo dos mercados de crédito.

Por exemplo, um estudo de 2003 de Frederic Mishkin e Eugene White identificou 15 crashes nos mercados de ações dos EUA desde 1900, cada um envolvendo uma queda de no mínimo 20% na cotação das ações em um período de um ano ou menos.[2] Apesar de suas magnitudes, muitas das quedas afetaram a economia de modo surpreendentemente limitado. Algumas não foram associadas a desacelerações econômicas subsequentes, inclusive uma queda de 25% nos preços das ações em 1946/1947, uma de 23% em 1961/1962 e outra de 23% de declínio em um só dia que confrontou o novo presidente do FED, Greenspan, em outubro de 1987. Outros declínios expressivos estiveram associados apenas a recessões moderadas, incluindo o de 30% em 1969/1970 e a involução de cerca de 23% em 2000/2001. Embora tenha ocorrido após o estudo de Mishkin-White, o decréscimo de mais de 30% nos preços das ações no início de 2020 foi claramente um efeito e não uma causa da crise pandêmica e foi, seja como for, rapidamente revertido, com o mercado atingindo novas máximas no final daquele ano.

Na contramão, nem todo colapso nos preços das ações foi inócuo. O crash de 1929 foi seguido pela Grande Depressão e a cotação das ações caiu drasticamente em 2008-2009, antes da Grande Recessão. Por que algumas quedas de ações são seguidas por retrações econômicas ao passo que outras não? Isso depende, segundo Mishkin e White, se o crash é um evento isolado — um episódio de "exuberância irracional", talvez — ou se é acompanhado por um estresse generalizado nos mercados bancário e de crédito.* Quando há uma queda nos preços das ações sem que tenha ocorrido um colapso do mercado de crédito, como em 1987, haverá alguns efeitos econômicos, por exemplo, na riqueza e na confiança das famílias, mas o impacto geral provavelmente será limitado. Em contraste, se um crash do mercado de ações for causado — ou levar — a um grande estresse no sistema financeiro mais amplo, que inclua bancos e mercados de crédito, então uma recessão aguda e prolongada tem muito mais probabilidade de acontecer.

As experiências de 1929 e 2008-2009 ilustram a importância de olhar para o contexto mais amplo dos busts do mercado de ações. A despeito da percepção popular, historiadores econômicos, em sua maioria, não são de opinião de que o boom e crash de 1929, apesar do drama que os envolveu, foram uma causa singular da Depressão. A economia desacelerou após o crash, mas não mergulhou fundo até que o sistema bancário, tanto nos EUA quanto no exterior, implodisse em 1930 e 1931. Conforme já dissemos há pouco, em vez do crash de 1929, a maioria dos historiadores econômicos agora acredita que as principais responsáveis pela Depressão foram a instabilidade do padrão ouro internacional e crises bancárias recorrentes.[3] O colapso do padrão ouro levou à deflação dos preços ao consumidor em países que indexavam suas moedas a esse metal, um efeito exacerbado causado pelo equivocado aperto da política monetária do FED (destinado, ironicamente, a resfriar o mercado de ações) no final dos anos 1920. As corridas aos bancos, iniciadas nos EUA no final de 1930 e na Europa na primavera de 1931, intensificaram o colapso da oferta monetária, agravando a deflação e restringindo a disponibilidade de crédito para famílias e empresas. Assim, embora tenha assinalado o início da Grande Depressão e, em decorrência de seus efeitos sobre a riqueza e a confiança, sem dúvida tenha piorado a crise, o crash do mercado de ações em 1929 não foi a causa primária do colapso econômico.

Em 2008-2009, uma profunda recessão seguiu-se ao acentuado declínio dos preços das ações, que levou as cotações a cair quase pela metade entre maio de 2008 e março de 2009. No entanto, tal como no crash de

* Mishkin e White mensuram o estresse financeiro utilizando o spread entre os rendimentos dos títulos corporativos de baixo e alto risco. Aumentos nesse spread, que refletem a redução da disposição ou capacidade de emprestar a tomadores de empréstimos de alto risco, correlacionam-se com a piora das condições de crédito. [N. do A.]

1929, esse colapso não ocorreu de forma isolada. Em vez disso, a queda do preço das ações tanto refletia quanto amplificava um colapso muito mais amplo nos mercados de crédito, desencadeado pela crise das hipotecas subprime e pelas corridas dos credores no financiamento por atacado. O crash do mercado de ações de 2008-2009 não foi uma causa independente da Grande Recessão, mas na verdade um espelho de outras forças.

Booms e Busts de Crédito

É uma questão histórica: os eventos econômicos mais perigosos são representados por booms e busts de crédito. Nos booms de crédito, os empréstimos e a alavancagem crescem rapidamente, com frequência junto de rápidos aumentos nos preços dos imóveis comerciais ou residenciais. Assim como as elevações na cotação das ações, uma expansão nos empréstimos pode ser motivada por fatores psicológicos pouco racionais, ser justificada pelos fundamentos ou, talvez, seja resultado de uma combinação de ambos. Diferenciar um boom de crédito "bom" de um "ruim", tal como identificar se um aumento nos preços das ações é uma bolha, pode ser difícil. Todavia, quando os booms de crédito terminam em busts, os riscos para a economia podem ser dos mais expressivos, em especial quando o bust está vinculado ao colapso dos preços do setor imobiliário.

As raízes históricas novamente evocam evidências importantes. Por exemplo, em uma série de estudos de 17 economias avançadas, usando dados desde 1870, os historiadores econômicos Òscar Jordà, Moritz Schularick e Alan Taylor encontraram uma ligação significativa entre booms de crédito, especialmente os impulsionados pela especulação imobiliária, e subsequentes crises financeiras, que por sua vez foram muitas vezes seguidas por recessões profundas e recuperações lentas.*[4] Um boom de crédito e preço das moradias que deu errado é, obviamente, uma descrição adequada da crise financeira global de 2007-2009.

Por que um boom e um bust nos mercados imobiliários e de crédito relacionados deveriam ter consequências econômicas mais graves do que um crash no preço das ações? Uma razão é que as ações são mantidas principalmente por pessoas mais ricas, muitas vezes em contas de aposentadoria separadas. Em contraste, ao menos nos EUA, a maioria das

* Esses autores também confirmaram, pelo período longo de tempo e grande amostra de países, o resultado de MishkinWhite de que as quedas do mercado de ações preveem de maneira confiável as recessões subsequentes somente quando ocorrem em conjunto com grandes perturbações no mercado de crédito. [N. do A.]

famílias é dona de suas residências; e para elas a casa própria é, tipicamente, uma grande parcela de seu patrimônio total. Como as pessoas de meios mais modestos tendem a gastar uma proporção maior de sua riqueza, as mudanças no valor da casa própria têm, em média, um efeito maior no gasto agregado do consumidor do que mudanças no valor equivalente das ações.[5] No período anterior à crise financeira global, a capacidade dos proprietários de imóveis nos EUA de usar seu patrimônio imobiliário para obter novos empréstimos ou refinanciamento dos empréstimos imobiliários antigos, por exemplo, vinculou a riqueza imobiliária aos gastos do consumidor.

Ainda mais importante do que esses efeitos de riqueza, entretanto, é que a moradia e outros tipos de imóveis são frequentemente financiados por empréstimos, muito mais do que por ações. Para a maioria das famílias, a hipoteca de sua casa é de longe o maior passivo, ao passo que os empréstimos garantidos por imóveis residenciais e comerciais constituem uma grande parcela dos ativos da maioria dos bancos e outros credores.[6] Um colapso nos preços da habitação ou de outros bens imobiliários, especialmente se colocar a nu práticas de empréstimo deletérias, provavelmente ocasionará dificuldades financeiras muito maiores do que um declínio nos preços das ações. Para continuar honrando os pagamentos da casa, os proprietários cuja renda está em queda, que arcam com pesados ônus com hipotecas e veem seu patrimônio imobiliário ficar cada vez menor não têm outra escolha a não ser reduzir drasticamente seus gastos com bens de consumo duráveis e outros bens.[7] A queda na demanda, por sua vez, diminui a produção e o emprego, tornando mais intenso o efeito inicial e espalhando o estresse para além do setor imobiliário. Da mesma forma, perdas em hipotecas e outros empréstimos imobiliários prejudicam os lucros e o capital das instituições financeiras, reduzindo sua capacidade e disposição para emprestar. Na pior das hipóteses, como em 2007-2009, pode sobrevir um pânico financeiro. Os provedores de financiamento de curto prazo recuam, forçando insolvências e vendas de ativos a qualquer preço que deprimem ainda mais empréstimos e preços dos ativos.

Em suma, declínios do mercado de ações, na ausência de outros estresses financeiros, afetam a economia principalmente fazendo com que os donos de ações se sintam mais pobres, levando-os a gastar menos. Um bust de crédito e do mercado imobiliário de magnitude semelhante tem um efeito direto maior sobre os gastos, mas também efeitos secundários potencialmente poderosos, pois o agravamento das dificuldades financeiras leva tanto os tomadores de empréstimo quanto os credores a se retraírem. Na pior das hipóteses, um bust de crédito pode desencadear um pânico financeiro total, resultando em enormes prejuízos econômicos.

Qual resposta os formuladores de políticas devem dar? As duas abordagens principais não são mutuamente exclusivas. Uma delas é usar a política monetária para tentar neutralizar as ameaças à estabilidade financeira. A outra é se valer da regulamentação e da supervisão para tentar prevenir desenvolvimentos perigosos em zonas de risco.

POLÍTICA MONETÁRIA E ASSUNÇÃO DE RISCOS

A situação na qual colocar em uso a política monetária ante ameaças à estabilidade financeira reside em uma ligação visível entre a política monetária e a assunção de riscos do setor privado.

Nas análises macroeconômicas tradicionais, presume-se que a política monetária funcione em boa parte afetando o custo dos empréstimos.* Tudo o mais constante, um custo de capital menor torna o investimento em uma nova fábrica mais lucrativo, por exemplo, enquanto uma taxa de hipoteca mais baixa facilita a compra de uma casa. Nos modelos tradicionais, as mudanças ao longo do tempo na disposição das pessoas de assumir riscos — o que, em princípio, também deveria influenciar suas decisões de empréstimos e investimentos — normalmente não são consideradas.

No entanto, crescem as evidências sugerindo que a propensão de credores, tomadores de empréstimos e investidores para assumir riscos varia ao longo do tempo e é influenciada por uma política monetária cuja flexibilização está associada a uma maior assunção de riscos. Essa tendência da flexibilização monetária de promover a assunção de riscos tornou-se conhecida como o *canal de assunção de riscos da política monetária*. Por exemplo, muitos pesquisadores descobriram que, tudo o mais constante, uma política monetária flexível faz com que bancos fiquem mais dispostos a emprestar a tomadores de risco.[8] A flexibilização também parece tornar os investidores mais dispostos a manter ativos de risco, já que o rendimento adicional que investidores exigem para manter esses ativos tende a cair quando as taxas de juros estão baixas. No estudo que fiz em 2005 com Kenneth Kuttner, descobrimos que a flexibilização monetária aumenta os preços das ações, em parte, diminuindo o prêmio de risco que

* Em modelos macro padrão, como no FRB/US do FED, a política monetária também funciona mediante efeitos de riqueza e afetando o câmbio do dólar. [N. do A.]

os investidores requerem para manter ações.[9] Da mesma forma, um artigo de 2015 de Samuel Hanson e Jeremy Stein revelou que um corte na TDI reduz a compensação que os investidores exigem pelo risco de manter títulos de longo prazo, ampliando o efeito da política de flexibilização nos rendimentos de longo prazo.[10]

Por que a flexibilização da política monetária aumenta a disposição das pessoas para assumir riscos? Vários mecanismos estão em ação. Em primeiro lugar, se a flexibilização aprimorar as condições econômicas e elevar a renda real ou futura das pessoas, elas se sentirão mais seguras financeiramente, deixando-as menos preocupadas com uma eventual desvantagem de assumir riscos. Por exemplo, é mais provável que investidores comprem ações de risco caso sintam que podem arcar com o prejuízo se as coisas correrem mal. Um investidor com um colchão financeiro menor, em contraposição, tem mais probabilidade de ser conservador. Além disso, a política monetária pode reforçar a maior disposição dos investidores para fazer investimentos de risco em tempos bons, tornando o ambiente econômico mais seguro. Por exemplo, a política de flexibilização, se acompanhada de garantias de apoio recorrente, deve reduzir o receio dos investidores com relação aos piores cenários, incentivando investimentos adicionais em ativos de risco.

Em segundo lugar, a flexibilização da política monetária, ao aumentar o valor dos ativos, melhora os balanços patrimoniais dos credores e dos tomadores de empréstimo, estimulando o fluxo de novos créditos, inclusive para tomadores de empréstimo de maior risco. Balanços bancários mais sólidos suavizam restrições regulatórias sobre novos empréstimos e elevam a capacidade dos bancos de atrair financiamento de baixo custo e sem seguros. Da mesma forma, a qualidade de crédito dos mutuários melhora quando sua condição financeira e patrimonial se fortalece. Proprietários com mais patrimônio em suas casas (porque os valores das casas subiram) terão mais facilidade em se qualificar para uma segunda hipoteca ou empréstimo com garantia imobiliária, por exemplo, enquanto uma corporação com mais garantias a oferecer poderá tomar empréstimos em melhores condições. Mudanças na robustez dos balanços ao longo do ciclo de negócios são essenciais para o que Mark Gertler, Simon Gilchrist e eu chamamos de *acelerador financeiro*.[11] A ideia básica é que uma recuperação econômica tende a melhorar as condições financeiras das famílias, empresas e bancos, algo que, por sua vez, incentiva maiores empréstimos e investimentos.

Como sugere a discussão até agora, a tendência da flexibilização monetária de aumentar a assunção de riscos nem sempre é um problema. No decorrer das recessões — em especial aquelas que se seguem a crises financeiras — a tomada de riscos do setor privado é normalmente muito baixa, em vez de muito alta. É importante encorajar bancos e outros investidores a assumir riscos razoáveis, não acumular dinheiro e enfiar a cabeça na areia. Não é por acaso que formuladores de políticas costumam falar sobre a necessidade de restaurar a confiança do público como pré-requisito para a recuperação. Mas também é possível exagerar e ter uma coisa boa demais — políticas monetárias ou outras políticas econômicas que induzam a assumir mais riscos do que o saudável para a estabilidade financeira de longo prazo. Assim como a flexibilização pode ajudar a elevar o patamar demasiadamente baixo da assunção de riscos, pode também levar a um aumento na assunção de riscos que, em última análise, ultrapassa os limites da razoabilidade.[12]

Uma das razões pelas quais a tomada de riscos pode se tornar excessiva é que, no mundo real, as pessoas não são os atores racionais totalmente informados dos livros de economia. Muitos têm memória curta (ou experiência limitada) e tendem a extrapolar tendências recentes ou interpretar evidências seletivamente — para melhor se adequarem às suas crenças anteriores, por exemplo. Se os preços das ações ou das casas cresceram rapidamente por algum tempo, investidores ou proprietários podem inferir que esses aumentos serão recorrentes.[13] De modo mais geral, memórias curtas e pensamentos assim podem levar as pessoas a acreditar que, se as condições econômicas estiveram estáveis recentemente, elas continuarão estáveis. O economista Hyman Minsky argumentou que longos períodos de relativa calma são potencialmente perigosos, porque as pessoas cometem o equívoco de achar que tais condições devem continuar, e sobrecarregam o risco — até que um grande evento adverso, ou um "momento Minsky", os tire de seu estado de complacência.[14]

Aqueles que criticam esses argumentos psicologicamente fundamentados às vezes afirmam que os investidores sofisticados podem se beneficiar dos erros cognitivos dos outros e, assim, os mercados podem ser coletivamente racionais, ainda que muitos, ou a maioria, dos investidores não o sejam. Mencionei anteriormente o livro de Michael Lewis, *A Jogada do Século*, que conta a história de um pequeno número de investidores que apostaram contra as hipotecas subprime antes da crise financeira global — ações que, caso tivessem sido imitadas amplamente, poderiam ter ajudado a esfriar a febre do mercado.[15] Mas, como essa história também mostra, se investidores mais pragmáticos dispuserem de recursos limitados para fazer valer sua visão, ou se acreditarem que são inteligentes o bastante para "surfar na bolha" e sair antes que ela estoure, então jogadores menos racionais ainda podem prevalecer nos resultados do mercado.

Outra razão pela qual a assunção de riscos pode ser exagerada são os incentivos ruins, originários de fatores como regulamentações governamentais mal estruturadas ou esquemas de compensação falhos para operadores de mercado, gestores de ativos e credores.[16] Operadores de mercado ligados a grandes instituições financeiras podem ganhar bônus com base em seus ganhos nas negociações, mas quanto às perdas, as compartilham menos do que proporcionalmente — eles sempre têm a opção de deixar a empresa se as coisas correrem mal. Arranjos desse tipo incentivam esses profissionais a assumir riscos maiores. Da mesma forma, fundos mútuos do mercado monetário que mostram retornos elevados podem atrair mais investidores e ganhar mais com as taxas de administração. Para alcançar altos retornos, gestores de fundos podem assumir riscos adicionais, incluindo alguns que não são facilmente observados pelos investidores (por envolverem o uso de instrumentos financeiros complexos ou obscuros, por exemplo). Pode-se pensar que nosso sistema de mercado eliminaria acordos ineficientes e afastaria promotores de risco assim que identificados, mas a rápida inovação financeira e a morosa adaptação dos regulamentos financeiros reduzem o poder do mercado de detectar e eliminar estruturas de incentivo perigosas.[17]

Em certas circunstâncias, crenças irracionais e incentivos mal estruturados podem se aliar. Por exemplo, é comum observar que investidores, quando as taxas de juros estão baixas, podem fazer um esforço para "chegar lá", no sentido de obter retornos historicamente médios, assumindo mais riscos do que o desejável. Esse comportamento pode ter um elemento psicológico significativo caso os investidores considerem retornos historicamente médios como "normais" ou "justos" e, assim, aceitam riscos indevidos para obtê-los. Alternativamente, uma companhia de seguros ou um fundo de pensão podem "perseguir" um rendimento em função de compromissos contratuais de longo prazo, talvez acordados em uma ocasião na qual as taxas eram mais altas e que só podem ser cumpridos alcançando um retorno elevado. Em uma situação como essa, auferir um retorno seguro, mas baixo, significa fracassar, então (na ausência de supervisão regulatória adequada) há um incentivo para assumir os riscos necessários para obter o retorno necessário, mesmo que esses riscos sejam maiores do que os segurados ou pensionistas prefeririam.[18]

Há ainda muito a aprender quanto ao comportamento para "chegar lá". Por exemplo, ele persiste se as taxas de juros permanecerem baixas por muitos anos? Se isso acontecer, então pareceria que a taxa "normal" percebida pelos investidores também deveria cair, reduzindo a pressão para aquele comportamento. Analogamente, quando taxas baixas persistem, os fundos de pensão e as seguradoras têm fortes incentivos para refletir, nos contratos que oferecem, o novo normal. Instituições financeiras não parecem ser especialmente propensas a assumir riscos excessivos no Japão, país em que as taxas de juros estão próximas de zero há décadas. Da mesma forma, nem sempre fica claro se os investidores medem as taxas "normais" em termos nominais ou reais (ajustadas pela inflação). Em princípio, sim, os investidores devem se preocupar com as taxas reais, mas ao comparar as taxas correntes com as que estão acostumados, eles podem pensar em termos nominais. Uma compreensão mais nítida dos efeitos das políticas monetárias mais baixas por mais tempo sobre a tomada de riscos exigirá lidar melhor com essas questões.

Outra razão pela qual a assunção de riscos ultrapassa os limites é que tomadores de empréstimos, credores e investidores carecem de incentivos para considerar o eventual efeito de suas decisões sobre a estabilidade geral do sistema. Por exemplo, compradores de imóveis ou empresas tomadoras de grandes empréstimos em tempos bons podem ter que cortar drasticamente seus gastos em uma crise. Ao decidir por um empréstimo, famílias e empresas não têm incentivo para levar em conta suas contribuições individuais para o risco de uma retração geral nos gastos que pode piorar uma recessão subsequente. É o caso também dos corretores que financiam créditos de risco com empréstimos de curto prazo, que não aventam a possibilidade de que, em uma crise, a necessidade de vender suas participações afete rapidamente os retornos para todos os investidores. Como as pessoas, compreensivelmente, ignoram os efeitos de seus próprios riscos na estabilidade financeira geral, elas podem assumir riscos demasiados do ponto de vista social.*

* Este é um exemplo do que os economistas chamam de externalidade: uma situação em que pessoas ou empresas não têm incentivos para considerar o bem geral, como quando o dono de uma fábrica decide poluir um rio ignorando os efeitos sobre as pessoas a jusante. [N. do A.]

Em resumo, o canal de tomada de risco da política monetária pode ajudar na recuperação econômica ao encorajar investidores, credores e tomadores de empréstimos a abandonar sua posição defensiva e assumir os riscos apropriados. Contudo, por razões psicológicas e institucionais, a assunção de riscos desencadeada pela flexibilização monetária pode, em última instância, extrapolar o razoável. Isso implica que os banqueiros centrais precisariam abrir mão da flexibilização monetária para combater recessões, ou ao menos valer-se dela com menos frequência ou com menos apetite?

POLÍTICAS MACROPRUDENCIAIS

Embora alguns digam que sim, a resposta não é tão clara. O fato de a política monetária afetar a assunção de riscos não significa, necessariamente, nem que seja a principal origem de crises financeiras nem a ferramenta mais eficaz para evitá-las. Por exemplo, os recorrentes pânicos bancários do século XIX, assim como a crise global que ajudou a desencadear a Grande Depressão, ocorreram principalmente na vigência do padrão ouro, antes do surgimento das políticas monetárias modernas e ativistas. O longo período transcorrido entre o acordo Tesouro/Fed de 1951 e a crise financeira de 2007-2009 caracterizou uma política monetária ativista e relativamente poucos episódios de crises severas o bastante para ameaçar a estabilidade macroeconômica, ao menos nas economias avançadas. Além disso, conforme já discutimos, para a maioria dos economistas a política monetária, entre as causas da crise de 2007-2009, não passou, no máximo, de mero coadjuvante. No geral, ainda que a política monetária pareça influenciar a tomada de riscos, outros fatores — como a estrutura do sistema financeiro, a eficácia da regulamentação financeira e a psicologia de massa — também afetam a frequência e a gravidade das crises.

Além disso, embora as políticas monetárias ativistas mencionadas possam ou não ajudar a prevenir ou amenizar crises financeiras, o ônus proveniente do desvio da política monetária de seus objetivos econômicos é claro. Quando bem administrada, a política monetária é uma ferramenta eficaz e flexível para estabilizar a economia. Políticas monetárias mais passivas poderiam produzir inflação muito elevada ou levar a um baixo nível de emprego sem conseguir muito em prol da estabilidade financeira.

Por essas razões, antes de mudarmos a forma de utilização da política monetária, é preciso perguntar se existem políticas disponíveis mais direcionadas para lidar com riscos financeiros sistêmicos. As políticas (além da política monetária) destinadas a promover a estabilidade do sistema financeiro como um todo são conhecidas, coletivamente, como *políticas macroprudenciais.*[19] Em contraste, as políticas regulatórias tradicionais, hoje chamadas, às vezes, de *políticas microprudenciais*, visam promover estabilidade, eficiência e equanimidade em empresas e mercados financeiros individuais, sem considerar explicitamente a estabilidade em todo o sistema. Ambos os tipos de políticas têm seu papel na promoção de um sistema financeiro estável e funcional.

Não obstante alguns países tenham incluído elementos macroprudenciais em seus marcos regulatórios antes da crise de 2007-2009, o interesse pela abordagem só fez crescer, e muito, desde então. Comitês oficiais com novos poderes para colocar em vigor políticas macroprudenciais surgiram em muitos países, e órgãos reguladores internacionais promulgaram as melhores práticas e trabalharam para coordenar iniciativas ao redor do globo. Nos EUA, progressos substanciais foram alcançados, mas há ainda lacunas preocupantes na regulamentação macroprudencial.

Políticas Macroprudenciais nos EUA

A partir da crise financeira global, na tentativa de abordar as deficiências em sua estrutura regulatória, houve uma reforma na regulamentação financeira dos EUA. Devido a uma combinação de política, ocasião histórica e evolução constante dos mercados financeiros, a supervisão financeira nos EUA no período que antecedeu a crise foi fragmentada e desigual. Algumas instituições financeiras e mercados atuavam sob vários reguladores com jurisdições sobrepostas, enquanto em outros não havia reguladores eficazes. Em certos casos, os reguladores optaram por não priorizar ou impor limites à assunção excessiva de riscos.

Além das lacunas e duplicações, o sistema regulatório pré-crise padecia de uma falha conceitual básica: cada agência reguladora cuidava apenas de um conjunto de instituições ou mercados estreitamente definido, sem nenhuma responsabilidade fora de seu feudo. Em meio a isso, a crise expôs fraquezas de todo o sistema que não se enquadravam perfeitamente no campo de ação regulatório de nenhuma agência. Nenhum regulador tinha a responsabilidade de compreender os riscos mais amplos da securitização, por exemplo, ou por explorar as implicações da quebra de um banco de investimento como o Lehman Brothers, ou de corridas a fundos mútuos do mercado monetário. Ninguém era responsável pelo sistema como um todo.

Passada a crise financeira, legisladores e reguladores em todo o mundo redesenharam a regulamentação em geral, fortalecendo-as, mas também reconheceram que a supervisão isolada de cada parte integrante do sistema financeiro não podia assegurar a estabilidade geral. Nesse sentido, criaram novas estruturas macroprudenciais para monitorar e promover a estabilidade do sistema sem sacrificar as tarefas, que permanecem essenciais, de garantir a segurança, eficiência e equanimidade de empresas ou mercados individuais. As novas políticas macroprudenciais têm duas grandes categorias. Políticas *estruturais*, também chamadas de políticas ao longo do ciclo, que se destinam a aumentar a resiliência geral do sistema financeiro contra choques; uma vez implementadas, essas políticas não mudam com o ciclo de negócios ou os desenvolvimentos do mercado. E políticas *cíclicas*, que devem variar segundo a evolução das condições econômicas e financeiras ou caso surjam novas ameaças à estabilidade.

Nos EUA, a Lei Dodd-Frank de 2010 adotou uma postura macroprudencial em muitas de suas disposições. Por exemplo, a percepção de que empréstimos subprime enganosos tinham consequências para o sistema financeiro como um todo motivou a Dodd-Frank a criar o Consumer Financial Protection Bureau e proibir certas práticas de empréstimos hipotecários. Mas do ponto de vista macroprudencial, uma disposição de crucial importância foi a criação de um novo conselho de reguladores, o Financial Stability Oversight Council (FSOC), encarregado de monitorar e responder aos riscos de estabilidade financeira.

Chefiado pelo Secretário do Tesouro, o FSOC coordena a atuação dos principais reguladores, como o FED, a Securities and Exchange Commission (SEC) e o FDIC. (O FSOC tem dez membros votantes ao todo.) Várias dessas agências, por sua vez, aumentaram consideravelmente os recursos dedicados ao monitoramento do sistema financeiro. A Division of Financial Stability do FED, criada após a crise, analisa riscos para o sistema financeiro e se reporta ao Conselho e o FOMC. Tanto o FSOC quanto o FED emitem relatórios públicos regulares sobre riscos de estabilidade financeira e respostas políticas planejadas. A Lei Dodd-Frank também criou um novo Office of Financial Research dentro do Tesouro que coleta e examina dados para apoiar o trabalho do FSOC e publica seu próprio relatório anual.

O sistema financeiro está em constante mudança em resposta à demanda, inovação e incentivos regulatórios, o que se constitui em um desafio permanente para os reguladores. Por exemplo, pode-se pensar que dar maior rigidez à regulamentação sobre empréstimos bancários deixaria o sistema mais seguro, mas isso pode não ser verdade se servir apenas para deslocar empréstimos de risco para segmentos menos regulamentados do sistema. Para auxiliar a regulamentação a acompanhar um setor financeiro em evolução, o Congresso autorizou o FSOC a designar empresas ou atividades financeiras não bancárias individuais como relevantes do ponto de vista sistêmico e, portanto, sujeitas a supervisão adicional do FED. Além disso, o FSOC tem o poder de pressionar agências reguladoras individuais fazendo recomendações do tipo "cumprir ou explicar". As agências têm que adotar as recomendações do FSOC ou explicar o motivo pelo qual não fizeram isso.

A lei Dodd-Frank também estabeleceu uma estrutura legal, conhecida como *orderly liquidation authority*, ["autoridade para liquidação ordenada", em tradução livre] para lidar com uma empresa financeira crítica, do ponto de vista sistêmico, que esteja à beira do colapso — o próximo Lehman Brothers. Nos processos de recuperação judicial, o objetivo é maximizar a recuperação, em última análise, pelos credores da empresa que quebrou. Em contraste, a *orderly liquidation authority* autoriza o FED, o FDIC e outras agências a lidar com uma empresa financeira quebrada de maneiras que também levem em consideração os riscos que um fracasso descontrolado pode representar para a estabilidade do sistema. Empresas sujeitas a essa disposição devem fornecer aos reguladores um *testamento vital* [relatório legal arquivado anualmente] instruindo como o negócio será liquidado com segurança em uma crise. As empresas também devem emitir formatos especiais de dívida que possam ser convertidas em ações no caso de a empresa ser liquidada ou reestruturada. Esse método de liquidação mais ordenado não eliminará o impacto sistêmico do colapso de uma grande empresa, porém, deve resultar em um processo muito menos caótico do que a quebra do Lehman em 2008.

Em outra importante reforma macroprudencial, um acordo internacional chamado Basileia III (em homenagem à cidade suíça onde foi negociado) e a Lei Dodd-Frank elevaram substancialmente os requerimentos de capital e liquidez dos bancos, refletindo o papel central dos bancos na maioria dos sistemas financeiros. O acordo Basileia III também exige que bancos grandes e críticos do ponto de vista sistêmico tenham mais capital e ativos líquidos do que os demais. Nos EUA, os requerimentos de capital bancário foram ainda mais robustecidos ao submeter os bancos a testes de estresse regulares com a finalidade de verificar se o capital que têm basta para atender à necessidade mínima regulatória e continuar a emprestar mesmo em cenários econômicos e financeiros extremamente ruins. (O FED contou com testes de estresse bancário durante a pandemia de 2020 para decidir se permitiria que os bancos pagassem dividendos ou recomprassem ações, algo que reduz o capital do banco.) Diferentemente dos aumentos gerais de capital e liquidez dos bancos, que são políticas macroprudenciais estruturais, os requerimentos de capital baseados em testes de estresse são políticas cíclicas porque tais testes baseiam-se em cenários que refletem os riscos econômicos e financeiros que os reguladores consideram mais preocupantes nas circunstâncias vigentes. Outra política macroprudencial cíclica — disponível para o FED, mas não utilizada, mesmo durante a longa expansão anterior à pandemia — autoriza supervisores bancários a exigir que bancos aumentem seu capital durante as expansões econômicas. Uma vez disponível, esse colchão de capital anticíclico pode ser reduzido durante uma crise ou recessão.

Combinadas, essas e outras reformas fortaleceram a supervisão macroprudencial nos EUA. Elas são suficientes?

DEFICIÊNCIAS DA POLÍTICA MACROPRUDENCIAL DOS EUA

Apesar do progresso notável, a política macroprudencial dos EUA ainda apresenta deficiências significativas, capazes de colocar o sistema financeiro em risco. A maioria poderia ser remediada, mas isso exigiria um compromisso real dos legisladores e reguladores.

A Estrutura e os Poderes do FSOC

A lei Dodd-Frank pretendia que o FSOC ficasse à frente da monitoração do sistema financeiro e coordenasse respostas aos riscos em potencial. (O governo Obama havia proposto atribuir essas responsabilidades ao FED, porém a reação política do papel do FED nos auxílios financeiros impopulares durante a crise financeira enterrou essa ideia.) Mas a estrutura do FSOC, bem como os limites de seus poderes, dificultam sua capacidade para cumprir seu mandato. Cabe notar que o FSOC é comandado pelo Secretário do Tesouro; se, por um lado, talvez confira legitimidade política, por outro também significa que ele pode ser mais ou menos ativo, a depender das prioridades do secretário e da conjuntura política.[20] Quando o Secretário do Tesouro era Steven Mnuchin, por exemplo, o FSOC adotou uma abordagem desreguladora, em linha com as prioridades do governo Trump, mas um passo atrás no sentido de tornar o sistema financeiro mais seguro.

Não deixa de ser significativo que, durante o governo Trump, o FSOC não usou a autoridade concedida pela Lei Dodd-Frank para designar empresas ou atividades financeiras não bancárias específicas como importantes do ponto de vista sistêmico. De fato, o governo não recorreu de uma decisão judicial questionável em uma ação movida pela seguradora MetLife que tornou bem mais dificultosa essa designação de empresas financeiras. No final do governo Trump, não houve designações desse tipo de nenhuma empresa. (Várias companhias tiveram tal designação cancelada após mudar sua estrutura ou operações.)

Outro ponto fraco do FSOC é não ser uma agência separada, mas sim um conselho de reguladores, cada um mantendo sua autoridade independente. Os chefes das agências se reúnem por volta de uma vez por trimestre para compartilhar opiniões e informações e, conforme mencionado, o FSOC pode pressionar uma agência individual a agir em situações específicas. Esse processo consultivo, porém, retarda quaisquer respostas potenciais a riscos emergentes.

Ademais, uma agência pode bater o pé e ignorar recomendações destinadas a promover a estabilidade financeira, mesmo que apoiadas por todos os outros membros do FSOC. Um exemplo disso foram as tentativas do FSOC no decorrer do governo Obama para reformar os fundos mútuos do mercado monetário que, em razão de suas perdas devastadoras em 2008, exigiram assistência emergencial do Tesouro e do FED. Os fundos monetários são regulados pela SEC. O FSOC propôs reformas para eliminar o risco de corridas nos fundos monetários, mas a SEC — que não tem mandato de estabilidade financeira e, por razões históricas, geralmente não considera a limitação da assunção de riscos como parte de sua missão —, sem pressa no trato da questão, alegou que carecia de autoridade suficiente e, no final das contas, implementou um conjunto limitado de mudanças que não resolveram o problema.* No entendimento de economistas do FED, do Tesouro e de outras agências, as reformas da SEC eram inadequadas e o incentivo para corridas dos investidores de fundos monetários não havia sido eliminado. E, de fato, alguns desses fundos sofreram corridas durante a crise de março de 2020. Mais reformas são claramente necessárias, mas, a não ser que haja uma nova legislação, será necessária a cooperação ativa da SEC.

* Por exemplo, nas reformas da SEC estava a instituição de "portões", que permitiam aos fundos suspender os resgates em caso de corrida. Mas isso só aumentava o incentivo para correr antes de serem fechados. Ademais, elas se aplicavam apenas a fundos utilizados por investidores institucionais, deixando os demais de fora. [N. do A.]

Mercados de Imóveis e Hipotecário

O FSOC e suas agências membros, observadas em conjunto, também carecem de ferramentas adequadas para conter booms de crédito em imóveis residenciais e comerciais. Nunca é fácil, com certeza, determinar se um boom é economicamente justificado, mas — como 2007-2009 deixou claramente demonstrado — um boom de crédito que termina em um bust pode desestabilizar o sistema financeiro, obstruir o fluxo de novos créditos e obrigar tomadores de empréstimos em dificuldades financeiras a cortar seus gastos. Uma estrutura macroprudencial de amplo espectro deve disponibilizar aos reguladores — talvez em coordenação com o Tesouro ou o FSOC — ferramentas capazes de moderar os booms de crédito e ajudar a garantir que o sistema possa sobreviver a crises.

As políticas macroprudenciais dos EUA adotadas após a crise — que incluem rígidos padrões de capital dos bancos, testes de estresse bancário (que podem envolver cenários de expansão e retração do crédito) e a autoridade de liquidação ordenada — sem dúvida ajudaram a fazer com que o sistema ficasse mais resiliente. A Lei Dodd-Frank também tornou mais exigentes os padrões de empréstimos hipotecários em geral, forçou os securitizadores de hipotecas de qualidade inferior a reter a propriedade parcial ("skin in the game") e criou o Consumer Financial Protection Bureau. Tais realizações são significativas.* No entanto, minha preocupação é que reguladores dos EUA ainda não têm ferramentas sob medida para lidar com uma bolha imobiliária e de crédito emergente.

Muitos outros países, entre os quais mercados emergentes e economias avançadas, adotaram políticas macroprudenciais em função de excessos nos preços de imóveis e empréstimos hipotecários. Por exemplo, alguns países não somente estabelecem taxas máximas para o LTV [sigla para "loan to value", é a relação entre o financiamento e o valor de avaliação do imóvel] ou para o DTI [sigla para "debt to income", é a relação entre dívidas e renda bruta], mas também permitem que esses limites variem de acordo com os desenvolvimentos econômicos. Outros regulamentos usados no exterior restringem a proporção de hipotecas nas quais o valor baixo da entrada em dinheiro ou a dívida alta em relação à renda que determinado credor pode fazer, limitam o crescimento geral dos empréstimos bancários ou possibilitam aos reguladores elevar requerimentos de

* A depender de seu status futuro, as GSEs também podem ter um papel no ajuste das regras e requisitos de hipotecas para ajudar a moderar os altos e baixos. O regulador das GSEs é membro do FSOC. [N. do A.]

capital quando se preocupam com os rápidos aumentos nos preços das casas ou no crédito. A evidência sugere que políticas desse tipo podem — com ônus econômicos gerais modestos — frear o crescimento dos preços das casas, empréstimos hipotecários e crédito bancário, diminuindo assim o risco de crise.[21]

Sistema Bancário Paralelo

Um ponto fraco da estrutura macroprudencial dos EUA que causa especial preocupação é a supervisão ainda inadequada do setor bancário paralelo. A assunção excessiva de riscos no sistema bancário paralelo esteve no cerne da crise de 2007-2009. Quando o financiamento de curto prazo dos bancos de investimento (como Bear Stearns e Lehman Brothers) e outros detentores de ativos de crédito (como Special Purpose Vehicles para investimentos fora do balanço) evaporou, as vendas de ativos resultantes afetaram praticamente todas as formas de crédito privado, não apenas hipotecas.

Alguns progressos foram alcançados, tanto por meio da legislação quanto por mudanças no mercado, na redução dos riscos apresentados pelo sistema bancário paralelo. Dos cinco maiores bancos de investimento que operavam antes da crise financeira, um quebrou de vez (Lehman), dois foram adquiridos por grandes bancos (Bear Stearns e Merrill Lynch) e dois (Morgan Stanley e Goldman Sachs) se transformaram em holdings bancárias, o que os trouxe para a órbita dos reguladores dos bancos federais. O FED também tomou medidas para aprimorar a operação do mercado de repo, os reguladores pressionaram os bancos a diminuir os empréstimos corporativos de risco nas Special Purpose Vehicles e o Financial Stability Board (um grupo internacional de reguladores) passou a monitorar regularmente o sistema bancário paralelo no mundo todo. A lei Dodd-Frank também melhorou a segurança e a transparência dos mercados de derivativos financeiros, muito usados pelos bancos paralelos. Não obstante, há motivos para se preocupar com o fato de as reformas terem sido incompletas e que sérios riscos permanecem.*[22]

Os acontecimentos de março de 2020, depois que os mercados se conscientizaram da ameaça representada pela pandemia, validaram essas preocupações. Naquele mês, o setor bancário paralelo foi alvo de corridas e vendas a qualquer preço semelhantes às disrupções de 2008, gerando

* Entre os que expressaram preocupação (em 2018) estava Janet Yellen, que na condição de Secretária do Tesouro em 2021 lideraria o FSOC. [N. do A.]

extrema volatilidade e disfunção do mercado — mesmo naquele habituado a ser o mercado financeiro mais seguro e líquido, o mercado de títulos do Tesouro dos EUA. Ecoando 2008, os investidores fugiram dos fundos mútuos do mercado monetário, confirmando que as reformas anteriores da SEC eram inadequadas. Também ocorreram corridas em alguns fundos de títulos, fundos mútuos que detêm papéis corporativos relativamente ilíquidos, e que garantem aos investidores resgates em dinheiro vivo à vontade. Certos tipos de fundos de hedge, cujos empréstimos no mercado de repo lhes permitiram atingir índices de endividamento em relação ao patrimônio líquido de quase cem para um, viram-se obrigados devido às perdas a vender títulos, aumentando a pressão de venda. Somente medidas drásticas do FED, que incluíram empréstimos emergenciais e compras massivas de títulos do Tesouro e títulos lastreados em hipotecas, estabilizaram os mercados. Intervenções de emergência do FED, que geram risco moral (incentivos para assumir riscos excessivos no futuro) e incerteza, podem ser necessárias para proteger a economia no curto prazo, mas não substituem uma regulamentação adequada capaz de prevenir a ocorrência de crises.

O pânico de 2020 colocou a nu problemas específicos no sistema bancário paralelo, alguns dos quais — como a corrida aos fundos do mercado monetário — podem ter sido resolvidos pela ação das autoridades legais competentes. Contudo, o problema mais amplo é que os bancos paralelos funcionam, coletivamente, como um sistema bancário — fornecendo liquidez e retorno aos investidores e crédito aos tomadores de empréstimos — não sendo objeto da regulamentação aplicada a um sistema bancário. Por exemplo, as reformas pós-crise que fortaleceram o capital e a segurança de financiamento dos bancos comerciais geralmente não se aplicam aos bancos paralelos, cuja supervisão regulatória dos investimentos que fazem e empréstimos que concedem permanece limitada. Essa assimetria não se justifica; na verdade, estimula a migração de atividades de risco para o setor. Os bancos paralelos que detêm ativos de risco (como bancos de investimento ou fundos de hedge) precisam estar sujeitos a requerimentos de capital ou limites de alavancagem que espelhem o risco de suas carteiras, e aqueles que prometem aos investidores acesso rápido a dinheiro vivo (como fundos do mercado monetário ou fundos de títulos) precisam ter reservas líquidas significativas ou estruturar suas ofertas de maneira a não dar aos investidores nenhum incentivo para uma corrida.[23]

Ferramentas de Combate a Crises

Muito embora as políticas macroprudenciais devam reduzir a frequência e severidade das crises, não há como eliminá-las de vez. Precisamos, portanto, de ferramentas adequadas para lidar com crises quando elas se instalam. Nos EUA, a autoridade de liquidação ordenada outorgada pela lei Dodd-Frank dá aos reguladores a condição de tratar uma empresa financeira não bancária sistêmica que se encontra em estado de insolvência de uma maneira previsível que leve em conta a estabilidade financeira. Outras jurisdições também criaram novas ferramentas para dar uma solução a empresas que quebraram, e os países estão trabalhando juntos para se preparar para a quebra de uma empresa multinacional, por meio de exercícios conjuntos de dramatização, por exemplo. Isso é bom. Por outro lado, a autoridade de liquidação ordenada, na questão de empresas não bancárias, é menos flexível do que a autoridade do FDIC em relação a um banco que quebrou. E reguladores não podem recorrer a um fundo de seguro preexistente no caso de empresas não bancárias, como o FDIC pode fazer ao fechar ou vender um banco. Quaisquer custos suportados pelo governo seriam, em vez disso, compensados após o fato, avaliando as taxas do setor financeiro. Mesmo sendo uma clara melhoria em relação ao que havia em 2008, a autoridade de liquidação permanece não testada.

A situação de outras ferramentas de combate à crise é mista.[24] Após os programas de assistência financeira de 2008-2009, o Congresso retirou de cena várias ferramentas que o FED, o Tesouro e outros formuladores de políticas haviam usado para controlar a crise. A Lei Dodd-Frank restringiu a autorização de empréstimo de emergência 13(3) do FED, proibindo-o de emprestar a uma única empresa estressada (em oposição a um programa de empréstimo aberto a todos os tomadores de empréstimo de uma classe). Todos os programas de empréstimos 13(3), agora, requerem aprovação do Secretário do Tesouro, bem como do Conselho do FED. A lei Dodd-Frank também exigiu que o FED divulgasse informações sobre tomadores de empréstimos com taxas de redesconto (com um intervalo de dois anos) e tomadores de empréstimos de programas 13(3) (dentro de um ano após o término do programa). É compreensível que o Congresso queira mais transparência, mas esses requisitos de relatórios mais rígidos aumentarão o estigma de tomar empréstimos do FED, tornando mais difícil para o BC cumprir seu papel clássico de emprestador de última instância em uma crise. Da mesma forma, medidas exitosas da era da crise, como um programa FDIC que garante dívidas bancárias recém-emitidas e o programa de seguro do Tesouro para fundos do mercado monetário, foram eliminadas ou sujeitas a novas e extensas restrições.

Claro, o Congresso pode restabelecer poderes de emergência quando se fizer necessário, como na ocasião em que expandiu os programas de empréstimos 13(3) do FED ao abrigo da Lei CARES de 2020. No entanto, crises financeiras sobrevêm rapidamente e os efeitos econômicos que legisladores constatam são, normalmente, perturbações do mercado financeiro. Atrasos legislativos ou impasses políticos podem elevar em muito os custos econômicos e fiscais finais de uma crise futura.

Sob um ângulo mais positivo, o FED (bem como o Tesouro e outros reguladores) aprendeu muito com as crises de 2007–2009 e 2020. Tais lições foram particularmente evidentes em 2020, quando o FED agiu de forma rápida e proativa. Invocou seus poderes 13(3) até mesmo antes de o Congresso expandir sua capacidade de emprestar. Com base nas ações tomadas ao longo da crise financeira global, o FED chefiado por Powell também se valeu de modo agressivo de uma série de autorizações existentes, incluindo swaps de moeda com BCs estrangeiros para garantir o acesso global a dólares, operações de repo de trilhões de dólares para manter a liquidez do mercado, e transações em larga escala de compras de títulos do Tesouro e títulos garantidos por hipotecas para apoiar esses mercados. Assim, apesar das novas restrições legislativas, o FED, usando as ferramentas existentes de maneiras novas e criativas, de fato aumentou seu conjunto de ferramentas de combate a crises.

A política macroprudencial nos EUA, que para efeitos práticos inexistia antes da crise de 2007-2009, já caminhou bastante. Pela primeira vez, riscos à estabilidade financeira são rotineiramente monitorados e avaliados, as implicações de novos produtos financeiros ou medidas regulatórias para o sistema mais amplo são consideradas, e ferramentas como a autoridade de liquidação ordenada estão disponíveis.[25] O sistema bancário está muito mais forte e o governo tem ferramentas, ainda que não totalmente implantadas, para colocar empresas e atividades bancárias paralelas de risco sistêmico sob a guarda da regulamentação. Ao mesmo tempo, os EUA — que têm o sistema financeiro mais sofisticado e diversificado do mundo — ficam atrás de muitos outros países no desenvolvimento e aplicação de ferramentas macroprudenciais. O fato de que foi necessária a intervenção massiva do governo nos mercados por duas vezes em menos de uma década e meia é um indicativo de que os problemas são muito sérios. A boa notícia é que diversos exemplos internacionais são modelos úteis para um maior desenvolvimento da estrutura dos EUA para antecipar e responder a emergências financeiras.

POLÍTICA MONETÁRIA VERSUS POLÍTICA MACROPRUDENCIAL

As deficiências da política macroprudencial levantam novamente a questão de saber se a política monetária deveria centrar mais sua atenção na estabilidade financeira. Aqueles que decidem a política monetária deveriam levar em conta os riscos financeiros emergentes ao fixarem taxas de juros? Eles deveriam limitar o uso de políticas em geral de flexibilização, mesmo não havendo riscos claros, alegando que a flexibilização aumenta o potencial de instabilidade futura?

Para a maioria dos formuladores e ex-formuladores de políticas, entre os quais me incluo, a resposta é que, em princípio, sim. Mas na prática, com muita cautela e não com muita frequência. Por que a relutância? Apresentei a defesa básica do ceticismo em meu primeiro discurso como membro do FED, em outubro de 2002.[26] Como a bolha da internet havia estourado recentemente, contribuindo para a recessão de 2001, formulei meus argumentos em torno da questão de saber se o FED deveria tentar identificar e furar bolhas emergentes do mercado de ações aumentando os juros, mas meu raciocínio também é aplicável a outros riscos financeiros. Em meu discurso, destaquei três razões pelas quais considero a política monetária um instrumento deficiente para prevenir riscos para a estabilidade financeira.

Em primeiro lugar, argumentei, o FED não tem como identificar com qualquer nível de segurança bolhas (ou, por extensão, outros acúmulos de riscos prejudiciais) e, em qualquer caso, não deveria tentar ser o árbitro do patamar "correto" dos preços das ações ou de outros ativos. Em segundo lugar, nossa compreensão do elo entre a política monetária e riscos de estabilidade é demasiado limitada para orientar a política de forma útil. Historicamente, por exemplo, as tentativas de utilizar a política monetária para estourar bolhas conduziram muitas vezes a um crash em vez de uma aterrissagem suave, sendo um exemplo importante a tentativa do FED de diminuir os preços das ações no final dos anos 1920, que culminou no mergulho profundo de 1929. Finalmente, a política monetária é uma ferramenta pouco precisa: mudanças nas taxas de juros afetam toda a economia e não podem atingir um conjunto restrito de mercados ou alguns setores superaquecidos. Como disse certa vez Benjamin Strong, líder do FED de Nova York na década de 1920, não faz sentido surrar todos os filhos quando um deles é mau.[27] As tentativas de utilizar a política monetária para furar bolhas ou abordar outros riscos para a estabilidade financeira têm tanta probabilidade de prejudicar como de ajudar a economia em geral, pois o grau de aperto da política necessário para controlar uma bolha também poderá deprimir emprego, crescimento e inflação no curto prazo.

Eu enfatizei este último ponto. As bolhas e os booms de empréstimos acontecem porque investidores esperam que retornos desproporcionais continuem. Consequentemente, argumentei, um forte aperto monetário seria necessário para frear a rápida elevação dos preços das ações ou de outros ativos. Isso, porém, teria efeitos econômicos colaterais indesejados. Um documento apresentado anos mais tarde, na conferência do FED em Jackson Hole, em 2010, pelos economistas do Banco de Inglaterra Charles Bean, Matthias Paustian, Adrian Penalver e Timothy Taylor foi ilustrativo. Eles estimaram o que poderia ter acontecido se, em resposta à bolha imobiliária, o FED tivesse mantido a TDI mais alta 2 pontos porcentuais entre 2003 e 2006. Depois de contabilizar efeitos indiretos do crescimento mais lento, bem como efeitos diretos das taxas mais altas, eles concluíram que o crédito e os preços das casas, impulsionados por outros fatores, teriam crescido apenas modestamente menos do que de outra forma.[28] Contudo, um aperto da política monetária em 2 pontos percentuais a partir de 2003 com certeza teria impedido seriamente a recuperação da recessão de 2001 e aumentado os riscos deflacionários. Consistente com esses resultados, os economistas Òscar Jordà, Moritz Schularick e Alan Taylor estimaram que evitar toda a bolha imobiliária durante 2002-2006 teria exigido que o FED elevasse a TDI em até 8 pontos percentuais.[29]

Apesar de rejeitar o uso rotineiro da política monetária como uma ferramenta de estabilidade financeira, meu discurso de 2002 não deixava de reconhecer a importância central de manter a estabilidade financeira. Assim, argumentei que deveríamos usar "a ferramenta certa para o trabalho" para controlar os riscos financeiros — na maioria dos casos, poderes regulatórios, de supervisão e de emprestador de última instância.

Duas décadas depois, continuo confortável com muito do que disse naquele discurso. Entretanto, de lá para cá muita coisa aconteceu, o mais óbvio a devastadora crise de 2007-2009, que os reguladores não conseguiram evitar. E, ainda que a regulamentação financeira tenha se fortalecido desde a crise, estamos longe de onde precisamos estar. Também sabemos mais hoje do que em 2002 sobre o canal de tomada de risco da política monetária, origens e efeitos econômicos das crises financeiras, e as restrições que o limite inferior efetivo impôs à política monetária pós-crise. Um novo olhar sobre essas questões é certamente justificado.

Políticas "Lean against the Wind"

Em uma visão alternativa à do meu discurso de 2002, os banqueiros centrais, além de responder às mudanças nas perspectivas de emprego e de inflação, também deveriam apoiar-se em ferramentas monetárias contra o acúmulo de riscos financeiros — ou o que é muitas vezes chamado, genericamente, de "desequilíbrios financeiros". Essa abordagem, chamada "lean-against-the-wind" (LATW) ["apoio contra o vento contrário", em tradução livre"], tinha defensores mesmo antes da crise financeira global. Claudio Borio e William White, do Bank for International Settlements (BIS), expuseram as ideias-chave na conferência do FED em Jackson Hole em 2003.[30] Naturalmente, a partir de 2008 a LATW teve maior atenção.

Em sua maioria, os defensores da LATW não se consideram favoráveis a grandes mudanças no quadro tradicional de políticas. Concordam que a política monetária deve ter como objetivos finais a estabilidade de preços e um alto nível de emprego. Na verdade, eles reconhecem que recessões e inflação excessiva podem se tornar fontes de instabilidade financeira, por exemplo, enfraquecendo o sistema bancário, aumentando a inadimplência dos tomadores de empréstimo ou elevando a volatilidade do mercado. Eles, porém, argumentam que a abordagem tradicional é deficiente porque considera apenas os efeitos de curto prazo das políticas monetárias flexíveis, ignorando a possibilidade de que, no longo prazo, riscos financeiros criados pela flexibilização podem comprometer a economia. E veem o uso da política monetária para prevenir ameaças à estabilidade financeira como condizente com o duplo mandato do FED, caso os formuladores de políticas tenham uma visão de longo prazo suficiente.

Em geral, os que advogam a favor da LATW também concordam com os tradicionalistas que políticas macroprudenciais e outras políticas regulatórias devem ser a primeira linha de defesa contra a instabilidade financeira, utilizadas sempre que possível para aumentar a resiliência do sistema financeiro e enfrentar os riscos emergentes. Todavia, são pessimistas quanto à possibilidade de as políticas regulatórias algum dia bastem para eliminar o risco de crises, o que implica que outros instrumentos — entre as quais está a política monetária, por mais imperfeita que seja — também poderão ser requeridos. Os defensores da LATW também tendem a ser céticos quanto ao fato de os aumentos nas taxas de juros necessários para conter os riscos para a estabilidade financeira serem tão grandes como os sugeridos pelos cálculos que citei. Argumentam que a assunção de riscos dos investidores será menos excessiva ao perceberem que os formuladores de política não ignorarão as ameaças à estabilidade.

Então, na prática, de que modo as políticas monetárias LATW seriam diferentes das abordagens mais tradicionais? É preciso distinguir entre dois grandes tipos de políticas LATW. Os defensores daquilo que chamarei de LATW *sempre atuante* [em inglês, "always on"] afirmam que os riscos financeiros crescentes são muitas vezes invisíveis; assim, a política monetária deve ser *sempre* definida tendo em mente potenciais desequilíbrios financeiros. De acordo com essa abordagem, formuladores de políticas devem tentar evitar longos períodos de flexibilização, mesmo quando ameaças à estabilidade financeira não são evidentes.[31] Em contraste, no que chamarei de LATW *situacional*, a política monetária responde principalmente a indicadores observáveis de assunção de riscos, tais como o crescimento excepcionalmente rápido dos preços da habitação, dos preços das ações ou do crédito. (Foi uma LATW situacional que eu tinha em mente em meu discurso de 2002, quando discuti a utilização potencial da política monetária para estourar uma aparente bolha no mercado de ações.

Política LATW Sempre Atuante

Os defensores de políticas LATW sempre atuantes pregam cautela na utilização de políticas de flexibilização, ainda que o desempenho econômico fique aquém do desejado e riscos financeiros graves não sejam constatáveis. Sob esse ponto de vista, a política monetária flexível é análoga a um medicamento poderoso e eficaz, mas que também tem efeitos colaterais incertos e possivelmente perigosos e, portanto, deve ser administrado somente quando absolutamente necessário.

Em linha com a abordagem sempre atuante, Jeremy Stein, então membro do FED, em um influente discurso de 2013, argumentou que o uso demasiadamente corriqueiro de políticas monetárias "lower for longer" pode aumentar a fragilidade do sistema financeiro.[32] Stein enfatizou que, na prática, o endividamento excessivo e a assunção de riscos podem ser bastante difíceis de serem detectados em tempo hábil pelos formuladores de políticas. Por exemplo, os fundos de hedge e outros gestores de ativos podem utilizar derivativos financeiros complexos para obter o equivalente em termos funcionais de uma alavancagem elevada, ou para fazer apostas grandes e arriscadas de maneiras tão sutis que sua identificação e limitação pelos reguladores ficam comprometidas. Nessa perspectiva, a vantagem da abordagem LATW sempre atuante, que exige uma utilização mais limitada de políticas de taxas baixas, é que taxas mais elevadas reduzem o incentivo à contratação de empréstimos para financiar todos os tipos de investimentos de risco. Como afirmou Stein, taxas de juro mais elevadas podem "entrar em todas as fendas", diminuindo a assunção excessiva de riscos em todo o sistema, mesmo em locais em que os reguladores têm pouca visibilidade ou limitação de autoridade.

Stein estava correto ao dizer que, em alguns casos, a assunção excessiva de riscos pode ser difícil de detectar ou resolver. Mas para tais riscos, penso ser ainda muito cedo desistir das políticas macroprudenciais e regulatórias. Os reguladores poderiam aperfeiçoar sua capacidade de monitorar o sistema bancário paralelo, por exemplo, exigindo melhores divulgações ou testes de estresse nos portfólios dos gestores de ativos. Mesmo sem contar com tais providências, as políticas existentes que robustecem, e muito, a resiliência financeira — por exemplo, garantindo a capitalização do sistema bancário e outras instituições financeiras importantes — podem ajudar o sistema a resistir inclusive a choques imprevistos.

Outra questão é se o tipo de assunção de riscos que preocupava Stein ameaça a estabilidade econômica global, a principal preocupação do FED. Ameaças à estabilidade financeira suficientemente grandes para causar uma grave recessão econômica, normalmente não vêm de lugar nenhum, mas quase sempre se mostram em dados econômicos, tais como grandes aumentos no crédito e nos preços da habitação.* É mais provável que formuladores de políticas se vejam diante de um falso positivo — um aumento nos preços das ações ou das casas que não é, na verdade, um risco sistêmico — do que com um falso negativo, em que um choque desestabilizador atinge a economia sem qualquer indicação prévia de perigo.

Outro argumento a favor da LATW sempre atuante pode ser resumido como "estabilidade gera instabilidade". Segundo essa visão, que foi formalizada em estudos do FMI, há uma troca entre a estabilidade econômica a curto e a longo prazo.[33] Em particular, se o BC for "muito bem-sucedido" em cumprir seus objetivos de emprego e de inflação no curto prazo, deixando mais estáveis a economia e os mercados, investidores poderão tornar-se complacentes e correr riscos que alimentam a instabilidade financeira e econômica a longo prazo. Esse raciocínio lembra argumentos de que a chamada Grande Moderação — o longo período de relativa estabilidade econômica entre meados dos anos 1980 e a crise financeira global — ajudou a promover a assunção excessiva de riscos que desencadeou esta crise.[34] Lembra também o argumento de Hyman

* As exceções são ameaças cuja origem está fora do sistema, como a pandemia de 2020 ou, talvez no futuro, um ataque cibernético em larga escala. [N. do A.]

Minsky de que longos ciclos financeiros de crescente complacência seriam seguidos de crises. A implicação política decorrente da LATW sempre atuante é que ao FED caberia perseguir de forma menos agressiva seus objetivos de inflação e emprego no curto prazo. Se a vontade do FED de aceitar mais instabilidade no curto prazo diminuir a complacência dos investidores e, consequentemente, o risco de crises financeiras desestabilizadoras, aí então o resultado líquido poderá ser uma economia que, paradoxalmente, seja mais estável a longo prazo.

Pode haver alguma verdade na visão de que a estabilidade econômica no curto prazo gera instabilidade financeira no longo prazo, embora a evidência existente não seja clara. Mesmo assumindo como verdadeira essa premissa, eu não defenderia que formuladores de política monetária aceitassem de propósito mais volatilidade econômica a curto prazo. Falando francamente: a visão de que estabilidade gera instabilidade sustenta que uma parte da economia — o setor financeiro — cria, de tempos em tempos, riscos extremos para o resto da economia, e que a única maneira de controlar esse risco é os formuladores de política monetária limitarem a complacência dos investidores aceitando *intencionalmente* um desempenho econômico inferior no curto prazo. Acho que a maioria das pessoas veria isso como colocar a carroça na frente dos bois. Em seu artigo de 2003 anteriormente citado, os próprios proponentes da LATW, Borio e White, disseram que uma parte significativa do aumento do risco de instabilidade financeira parece ter sido proveniente de uma tendência global, iniciada nos anos 1970, no sentido da desregulamentação e liberalização financeiras. Se o setor financeiro é de fato tão perigoso, então os que acreditam na hipótese de que estabilidade gera instabilidade, em lugar de se concentrarem na política monetária, deveriam dedicar sua energia para exigir de forma mais consistente e vigorosa uma reforma regulatória financeira abrangente.

Pode-se também fazer uma analogia entre as políticas LATW permanentes e os combates preventivos contra a inflação. Até 2020, o FED normalmente começava a elevar as taxas de acordo com o aquecimento da economia e do mercado de trabalho, mas antes de a inflação ter crescido. Até então, os líderes do FED acreditavam que tal política preventiva, ao reduzir o risco do FED ter de reagir a um excesso de inflação, teria como resultado crescimento e emprego mais estáveis a longo prazo. Em 2020, contudo, o FOMC rejeitou combater preventivamente a inflação, alegando que isso geraria um risco demasiado grande de aperto prematuro da política. A LATW sempre atuante equivale a um aperto preventivo das políticas, sacrificando os ganhos de emprego correntes a fim de diminuir o risco de instabilidade financeira no futuro. Uma vez que a instabilidade financeira é menos previsível do que a inflação e pode ser abordada, até certo ponto, por outras ferramentas, o argumento do FED contra ataques preventivos contra a inflação — de que um mercado de trabalho forte hoje é por demais valioso para ser negociado em troca de futuras reduções especulativas da inflação — deveria aplicar-se ainda mais para políticas LATW sempre atuantes. Na realidade, a utilização consistente de políticas LATW permanentes poderá levar a uma economia em que o emprego e a inflação fiquem cronicamente aquém da meta, com expectativas de inflação oscilando para baixo.

Políticas LATW Situacionais

A alternativa à abordagem sempre atuante, a LATW situacional, estabeleceria um elo entre a política monetária e indicadores observáveis de risco financeiro, como o rápido crescimento do crédito. Conforme essa abordagem, a política monetária só responde quando formuladores de políticas identificam riscos significativos para a estabilidade financeira que não podem ser geridos por outras ferramentas.

Naquele meu discurso de 2002, estava cético sobre o FED conseguir identificar bolhas de mercado ou outros sinalizadores de crises financeiras de maneira confiável o bastante para que tais políticas fossem úteis. Mas a partir daí, evidências me levaram a mudar de opinião. É difícil identificar riscos para a estabilidade financeira sistêmica, entretanto, a capacidade e empenho em monitorá-los se aprimoraram. Economistas dentro e fora do BC desenvolveram estruturas sistemáticas e novas métricas para avaliar riscos potenciais.[35] Já mencionei uma investigação histórica que, utilizando dados do século XIX, chega à conclusão de que os booms de crédito frequentemente (embora, com certeza, nem sempre) precedem crises financeiras e recessões profundas. No mesmo sentido, outro estudo, realizado por uma equipe de Harvard que inclui Robin Greenwood, Samuel Hanson, Andrei Shleifer e Jakob Sørensen, valeu-se de dados desde 1950 de 42 países.[36] Os autores mostraram que o rápido crescimento do crédito e dos preços dos ativos ao longo dos três anos anteriores aumentou a probabilidade de uma crise nos três anos seguintes.

Em geral, bolhas de ativos, booms de crédito pouco saudáveis e outros riscos financeiros não podem ser identificados em tempo real com algo que sequer se aproxime da certeza — nisso penso que meu discurso de 2002 ainda está correto — mas hoje proliferam evidências de que, em alguns casos e com muitas ressalvas estatísticas, podemos estimar se o risco de uma crise em determinado momento é relativamente alto ou baixo. Se uma grave instabilidade financeira for ao menos um pouco previsível; se políticas macroprudenciais ou outras políticas regulatórias não forem capazes de amenizar suficientemente esses riscos; e se a política monetária puder ser utilizada para diminuir de modo relevante o risco de uma crise, então políticas situacionais LATW poderiam fazer sentido. Quer dizer, em teoria. Para colocá-las em prática seria preciso saber muito mais, inclusive com que intensidade e durante quanto tempo a política monetária deverá responder a indicadores de risco em particular.

O ideal seria que, para obter essa orientação, olhássemos para exemplos históricos. Mas há poucos ou nenhum caso conclusivo de que a política monetária, por si só, tenha exaurido com sucesso um boom ou desinflado uma bolha, sem precipitar um crash e causar danos à economia. Em 2010, o BC sueco, o Riksbank, aumentou as taxas de juro apesar do elevado desemprego e da baixa inflação, em face de preocupações com a elevação dos preços da habitação e da dívida das famílias. No entanto, essa tentativa de LATW fracassou conforme a economia, em resposta, desacelerava. O Riksbank reverteu a situação, levando as taxas para território negativo e implementando uma QE. Em um caso mais ambíguo, em 2012, o BC norueguês, o Norges Bank, anunciou que, por razões de estabilidade financeira, suas políticas refletiriam não apenas seu objetivo de inflação, mas também em que medida as taxas de juros se desviariam dos níveis normais.[37] Especificamente, quando as condições macroeconômicas exigissem uma política monetária flexível, manteria as taxas ligeiramente mais elevadas do que de outra forma para reduzir o risco de instabilidade financeira. É difícil saber se essa política trouxe algum benefício. O Norges Bank reverteu a política em 2017, afirmando que os riscos para a estabilidade financeira haviam diminuído. Afirmar que os riscos realmente diminuíram não é tarefa fácil e, em caso afirmativo, em quanto. Em 2021, o governo da Nova Zelândia disse ao BC para considerar os preços das casas na definição da política monetária; contudo, a motivação do governo foram preocupações com a acessibilidade às moradias e não com a estabilidade financeira. O BC da Nova Zelândia (acertadamente) argumentou que a definição dos preços da habitação por tal motivo dificultaria atingir seus objetivos econômicos globais, e que uma resposta muito melhor seria adotar políticas que elevassem a oferta de moradias. Em suma, a história fornece poucas ou nenhuma história de sucesso claras e quase nada para nos orientar sobre a implementação ou eficácia das políticas monetárias LATW. Em contraposição, são agora comuns exemplos internacionais da utilização eficaz da política macroprudencial para moderar booms de crédito e habitação.

Como alternativa a exemplos históricos, os economistas têm utilizado modelos econométricos para analisar a LATW situacional. Muitos desses estudos têm por base comparações dos custos e benefícios esperados da LATW. O principal custo de um aperto proativo da política LATW é a piora da inflação e da situação do emprego no curto prazo.* O benefício é a suposta diminuição do risco de que uma crise futura cause danos à economia no longo prazo. Em princípio, poderíamos determinar o grau ótimo da LATW, encontrando a política que melhor equilibra tais custos e benefícios. Lamentavelmente, os custos e especialmente os benefícios da LATW continuam sendo de difícil quantificação.

Uma influente análise inicial foi realizada por Lars Svensson, um economista acadêmico que também atuou como formulador de política monetária em sua Suécia natal.[38] (Como formulador de políticas, Svensson se posicionou fortemente contra a tentativa do Riksbank de implementar a LATW.) Para estudar os efeitos da LATW, Svensson utilizou o modelo econômico primário do Riksbank para estimar as consequências da política monetária sobre o desemprego, bem como sobre o crescimento do crédito, que Svensson tratou como uma representação do risco de uma crise financeira. Ele acrescentou suposições, baseadas em evidências históricas, a respeito da frequência das crises financeiras na ausência de políticas LATW, da duração média de uma crise, do impacto de uma crise sobre o desemprego e do efeito das mudanças no crescimento do crédito sobre a probabilidade de uma crise. Combinando esses elementos, estimou as repercussões na economia esperadas de um aperto preventivo da política ao estilo LATW. Em seguida, avaliou seus custos (maior desemprego a curto prazo) e benefícios (menor risco de crise). Ele descobriu que, quantitativamente, os custos das políticas LATW superaram em muito os benefícios. Em estudos que utilizam modelos da economia dos EUA também se conclui, em geral, que a utilização ativa da política monetária para

* Embora, normalmente, não sejam incluídos nos modelos econômicos, outros custos possíveis incluem eliminar o aumento no crédito ou nos preços dos ativos que não seja uma bolha, mas justificado pelos fundamentos; ou desencadear um crash mais severo do que o justificado pelos fundamentos. [N. do A.]

promover a estabilidade financeira não é justificada por comparações de custos e benefícios.*

O trabalho de Svensson capta o que intuí em meu discurso de 2002, de que aumentos suficientemente grandes das taxas para conter uma bolha de ações ou o crescimento excessivo do crédito também são suscetíveis de impor ônus econômicos pesados a curto prazo. Uma potencial fraqueza dessa lógica, porém, é que, mesmo dispondo de boas estimativas dos efeitos da política monetária nas condições econômicas em curso, sabemos muito menos sobre as repercussões do aperto monetário no risco de crises futuras e nos custos econômicos de crises.[39] Por exemplo, Svensson assumiu que as implicações de uma crise na economia, embora graves, são, em última instância, temporárias. Mas recuperações lentas em muitos países após a crise financeira global levantam a possibilidade de que os efeitos econômicos de uma crise possam ser bastante duradouros. Caso assim seja, então os benefícios de prevenir uma crise podem ser consideravelmente maiores do que Svensson presumiu.[40] Em contrapartida, como observou o próprio Svensson, a política restritiva poderia, por si só, piorar o impacto econômico de uma crise ao frear a economia no momento em que os efeitos da contração do crédito se fazem sentir.

Essa falta de clareza é desanimadora. Com base no que sabemos agora, tiro duas conclusões provisórias. Em primeiro lugar, na maioria das circunstâncias, as políticas regulatórias e macroprudenciais são as ferramentas mais eficazes, mais bem compreendidas e mais bem orientadas para lidar com os riscos para a estabilidade financeira. Elas podem aumentar a resiliência global do sistema financeiro e ser adaptadas a ameaças específicas; e, normalmente, sua repercussão na economia é limitada. Formuladores de políticas devem utilizar ativamente tais ferramentas e, se forem insuficientes, devem se manifestar quanto à necessidade de maior autoridade.** Em particular, todas as agências reguladoras financeiras

* Por exemplo, um estudo de 2019 de Andrea Ajello, Thomas Laubach, David López-Salido e Taisuke Nakata, do pessoal do Conselho do FED, descobriu, em suas simulações de base, que a resposta ótima da política monetária aos riscos para a estabilidade financeira era próxima de zero. [N. do A.]

** Em um documento de 2019 apresentado como parte da revisão da estratégia do Fed, Anil Kashyap e Caspar Siegert solicitaram a uma comissão do Congresso que analisasse exaustivamente as ferramentas disponíveis para prevenir ou reagir a crises financeiras. Hubbard e Kohn (2021) apresentam os resultados de uma força-tarefa sobre estabilidade financeira patrocinada pela Brookings Institution e pela Chicago Booth School of Business. [N. do A.].

devem ter a estabilidade financeira como parte de seu mandato, e a assunção excessiva de riscos deve ser monitorada e abordada, seja onde for que ocorra no sistema financeiro.

Em segundo lugar, entretanto, em face de nosso atual estágio de conhecimento, não se pode excluir com segurança circunstâncias em que a política monetária possa complementar outras ferramentas para lidar com os riscos para a estabilidade financeira. Esses casos provavelmente serão raros e, em qualquer situação, deverão refletir uma análise cuidadosa dos custos e benefícios envolvidos.

Nesse contexto, a declaração de 2020 do FOMC sobre metas de políticas e estratégia não trata a estabilidade financeira como um objetivo equivalente ao desemprego e à inflação. No entanto, estipula que "riscos para o sistema financeiro que possam impedir a consecução dos objetivos do Comitê" devem fazer parte do balanço global de riscos que os formuladores de políticas ponderam. Essa formulação sugere que o FOMC não fará grandes mudanças na política monetária como reação aos riscos financeiros percebidos, nem é específico sobre a natureza dos riscos que poderão estimular uma resposta monetária. Mas deixa aberta a possibilidade de que, nas circunstâncias de uma decisão política que de outra forma seria difícil, o Comitê possa fazer algo em nome da segurança, apoiando-se na LATW para a estabilidade financeira.

CONTÁGIO FINANCEIRO INTERNACIONAL

As condições financeiras entre os países estão ligadas, em parte, às políticas monetárias dos principais BCs. As ações do FED são particularmente influentes e economias de mercados emergentes estão, com frequência, entre as mais afetadas. O taper tantrum de 2013, apesar de ser um exemplo extremo, ilustra um fenômeno mais geral.

Hélène Rey documentou o que chama de ciclo financeiro global: tendência dos ativos de risco no mundo, desde títulos corporativos mexicanos até ações sul-africanas, de se moverem ao mesmo tempo.[41] Rey e outros também descobriram que as alterações na política monetária dos EUA têm influência significativa no ciclo global. Quando a política do FED é flexibilizada, a tomada de riscos aumenta no mundo inteiro, preços dos ativos de maior risco sobem e fluxos de capital dirigem-se aos mercados emergentes. E quando a política do FED enrijece, tudo se inverte.

Não é difícil perceber por que razão a política da FED tem implicações nas condições financeiras globais.[42] A economia dos EUA é enorme e seus mercados de capitais são os maiores e mais líquidos do mundo. Para ter acesso a esses mercados, muitos governos e empresas estrangeiras contraem empréstimos em dólares, o que significa que sua saúde financeira é afetada por alterações no valor do dólar ou nas taxas de juros dos EUA. A maior parte das reservas internacionais detidas pelos governos de todo o mundo são em dólares, e grande parte do comércio internacional, mesmo quando nenhum dos parceiros comerciais é norte-americano, também é faturado em dólares. Tobias Adrian e Hyun Shin, que são hoje os principais consultores econômicos do FMI e do BIS, respectivamente, documentaram que quando a política monetária dos EUA é flexibilizada, os bancos internacionais tendem a elevar sua alavancagem e a conceder mais empréstimos em dólares a mutuários de risco — uma versão internacional do canal de risco da política monetária.[43] O consequente fluxo de dólares, em especial para os mutuários dos mercados emergentes, fortalece as moedas estrangeiras e aumenta os preços dos ativos estrangeiros de risco. Todavia, quando a política monetária dos EUA se torna mais restritiva, bancos internacionais reduzem os empréstimos em dólares, levando a uma depreciação cambial das moedas estrangeiras e a uma fuga de capitais.

O FED, não obstante seu mandato de concentrar-se na economia dos EUA, tem um interesse claro em evitar ações que conduzam a uma volatilidade excessiva no exterior que, por seu turno, repercutirá na economia e mercados domésticos. Para prevenir ou minimizar a volatilidade, o FED tenta comunicar com clareza seus planos de políticas, dando tempo para que os mercados estrangeiros e os formuladores de políticas se ajustem. E, em períodos financeiramente tensos, como março de 2020, a enorme influência do FED e o papel global dos mercados dos EUA tornam especialmente importante uma resposta política forte.

Países dos mercados emergentes também podem agir para diminuir sua vulnerabilidade no ciclo financeiro global. De forma mais direta, podem amenizar grandes oscilações nos fluxos de capitais, aprimorando seus fundamentos econômicos. Ao longo das últimas décadas, muitos países reforçaram suas economias reduzindo os déficits fiscais e comerciais, protegendo a independência de seus BCs, melhorando a regulação financeira, permitindo uma maior flexibilidade cambial e empreendendo reformas estruturais. Mudanças assim ajudam a convencer os investidores de que um país pode continuar a crescer mesmo quando as condições financeiras globais são restritivas.

Políticas macroprudenciais também podem diminuir os riscos do ciclo financeiro global. Por exemplo, o FMI tradicionalmente pressionava mercados emergentes no sentido de não imporem restrições a fluxos de capitais através de suas fronteiras, argumentando que o investimento estrangeiro promove o desenvolvimento. Contudo, desde a crise financeira, o FMI tornou-se mais favorável as economias dos mercados emergentes que usam controles de capital específicos — restrições às entradas e saídas de capital financeiro — para minimizar os efeitos do ciclo global. Da mesma forma, formuladores de políticas dos mercados emergentes robusteceram a supervisão dos empréstimos baseados em dólares assumidos por seus bancos e empresas não financeiras. Por intermédio de organizações como o G20 e o Financial Stability Board, economias avançadas e emergentes estão trabalhando em conjunto para monitorar os riscos globais e reforçar a resiliência do sistema global.

A dimensão internacional torna a preservação da estabilidade financeira muito mais desafiadora para o FED. A política macroprudencial é mais difícil de ser praticada em um contexto internacional porque a capacidade dos reguladores dos EUA é limitada no que tange a observar ou responder aos riscos provenientes do exterior. E a necessidade de coordenação com reguladores de muitos países gera uma complexidade adicional. As tentativas de utilizar uma estratégia de política monetária LATW também se tornam mais complicadas quando formuladores de políticas precisam levar em conta seus impactos nos mercados globais e doméstico.

Em geral, nossa compreensão dos elos envolvendo política monetária, política regulatória e estabilidade financeira continua muito mais limitada do que gostaríamos. Pesquisadores e formuladores de políticas ainda têm muito trabalho pela frente. Estes últimos e os legisladores também precisam compreender que o trabalho de reformulação do sistema de regulamentação dos EUA visando antecipar melhor e prevenir crises financeiras está apenas no começo. Não espero que a manutenção da estabilidade financeira se torne uma parte formal do mandato legal da FED, ao lado da estabilidade de preços e do emprego máximo, como alguns sugeriram. Contudo, em um futuro próximo, a instabilidade financeira será uma preocupação primordial para os banqueiros centrais do século XXI.

■

15

A INDEPENDÊNCIA DO FED E O PAPEL DA SOCIEDADE

Para cumprir seus objetivos de estabilidade econômica e financeira, o FED, provavelmente, continuará a inovar e experimentar. Mas além dos desafios técnicos de políticas, o FED também enfrenta desafios de monta enquanto instituição. Ele manterá sua tão prezada independência? Deveria? E qual será seu posicionamento frente a mudanças sociais mais amplas, entre elas o avanço tecnológico, alterações climáticas e crescentes exigências de justiça social?

A INDEPENDÊNCIA DO FED

O FED é, muitas vezes, descrito como independente. Isso não significa que tenha autonomia total, seja democraticamente irresponsável ou esteja divorciado da política. Bem ao contrário, o FED é um produto do sistema político. Suas atribuições e estrutura — sua própria existência — são ditadas pela Federal Reserve Act, uma lei que o Congresso pode alterar a qualquer momento. Os membros do Conselho do FED são nomeados politicamente e seu presidente e outros líderes mantêm os legisladores informados sobre as ações e planos do FED por meio de depoimentos, relatórios formais e contatos pessoais. Como disse em minha última conferência de imprensa como presidente, quando fui solicitado a dar um conselho a meu sucessor: "O Congresso é nosso chefe."[1] Com sua influência sobre a economia e o sistema financeiro — ora como salvador, ora como bode expiatório — o FED é um assunto de intenso interesse para os políticos.

Não obstante as restrições políticas reais impostas ao FED, na prática ele *é* independente — até certo ponto. O Congresso define os objetivos do FED — estabilidade de preços e pleno emprego — e confere ampla supervisão e responsabilização.* Contudo, o FED desfruta há muito tempo de considerável independência política de fato, fixando taxas e adotando outras medidas na busca dos objetivos que lhe são atribuídos, na maior parte dos casos com interferência política limitada.

Diferentemente de muitos países, não há nos EUA uma lei que garanta de modo explícito a independência do BC. Todavia, na prática, a independência política do FED é protegida por diversas disposições legais, muitas delas estabelecidas nos primeiros dias do FED. Elas incluem os longos mandatos dos integrantes do Conselho, o fato de o presidente não poder demitir esses conselheiros por diferenças políticas e a capacidade do FED (sujeita à supervisão do Congresso) de se financiar a partir dos retornos dos títulos que detém, em vez de depender do Congresso para financiá-lo. O recorrente apoio a tais disposições reflete a crença de longa data da maioria no Congresso e, com poucas exceções — nomeadamente Trump — dos presidentes após Nixon, de que um BC independente proporciona benefícios econômicos e políticos. A presença nacional do Sistema da Reserva Federal também favorece sua independência. Os presidentes e os conselhos de diretores dos FEDs regionais desenvolvem relações estreitas com líderes políticos e empresariais locais que, em momentos cruciais, ajudaram a defender a autonomia do FED.

Olhando para o futuro, a independência do FED levanta no mínimo duas questões. Em primeiro lugar, no atual ambiente econômico e político, a independência política do FED continua a ser justificada? E, assumindo que sim, será que o FED tem condição de defender essa independência enfrentando uma oposição política?

Embora a doutrina da independência do BC tenha raízes fincadas profundamente, o consenso favorável em vigor ganhou robustez pela experiência da Grande Inflação. Os efeitos prejudiciais da falta de independência do FED sob Burns em relação ao governo Nixon foram evidentes. Com base nessa experiência, e no sucesso subsequente da gestão de Volcker — bravamente independente — na contenção da inflação, a independência do FED é muitas vezes vista como um baluarte contra a

* Na prática, o FED tem certa flexibilidade na interpretação de suas metas. Por exemplo, o FOMC definiu "estabilidade de preços" como uma inflação de 2% em 2012 e, em 2020, frisou a natureza "ampla e inclusiva" da meta de emprego. [N. do A.]

tentação dos políticos de estimular excessivamente a economia no curto prazo.

Ainda soa verdadeira a ideia de que os banqueiros centrais independentes estão mais bem equipados do que os políticos para levar em consideração os interesses da economia a longo prazo. Mas, hoje em dia, não parece tão forte o argumento específico de que a independência é requisito necessário para evitar uma inflação excessiva. A despeito do aumento da inflação durante a recuperação da pandemia, a preocupação dos formuladores de políticas monetárias do século XXI tem se voltado mais frequentemente para uma inflação demasiado baixa, em vez de uma inflação demasiado elevada. E, embora a pressão do governo Trump sobre o FED chefiado por Powell no sentido de reduzir as taxas antes da pandemia tenha sido uma exceção notável, grande parte da oposição política enfrentada pelos BCs nos últimos anos veio daqueles que queriam que eles fizessem menos em vez de mais. Os exemplos incluem as críticas dos republicanos à QE após a crise financeira e a oposição alemã aos programas de QE do Banco Central Europeu.

No entanto, evitar outro cenário Burns-Nixon não é o único motivo para a continuidade da independência do FED. O Congresso tem boas razões — tanto técnicas como políticas — para permanecer delegando as decisões de política monetária a um BC independente.

De uma perspectiva técnica, a elaboração da política monetária requer competências e conhecimentos especializados. Ser um bom presidente ou membro do FOMC não exige um doutoramento em economia — alguns dos melhores não o tinham — mas sim a capacidade de apreciação de questões e ideias econômicas complexas, aliada a um compromisso em tempo integral de monitorar a economia e os mercados financeiros. Ademais, a política monetária é muitas vezes sensível ao tempo. Ela deve responder rapidamente e com precisão às mudanças na conjuntura econômico-financeira, em particular durante emergências. E demanda uma comunicação consistente, coerente e oportuna com os mercados e o público. Dizer que legisladores não têm tempo nem formação para gerir com sucesso a política monetária não é uma crítica. O Congresso emprega o FED para fazer a política monetária, em parte pela mesma razão pela qual contrato profissionais para consertar o encanamento de casa. Embora eu responsabilize os encanadores pelo que foi feito, não questiono suas decisões sobre como realizar o trabalho. Política monetária é algo difícil e o FED comete erros, mas não há outra agência em Washington que possa recorrer ao enorme talento econômico e à experiência de formulação de políticas à disposição do BC.

Entretanto, o argumento técnico, por si só, não basta. As preocupações poderiam ser solucionadas fazendo com que o Tesouro ou outra agência política desenvolvesse os conhecimentos necessários para gerir a política monetária. No Reino Unido e no Japão, por exemplo, os ministérios das finanças supervisionaram a política monetária ainda nos anos 1990. Os argumentos potenciais em prol do controle da política monetária pelo Tesouro incluem uma maior responsabilização democrática, uma análise mais cuidadosa das implicações fiscais da política monetária e uma maior coordenação monetária/fiscal. Mesmo assim, o controle político da política monetária — que, na prática, daria ao presidente a palavra final sobre as decisões a respeito das taxas de juros — é uma má ideia.

A política monetária funciona com defasagens substanciais e a flexibilização ou o aperto da política podem ocorrer ao longo de vários anos. (A flexibilização da política e sua reversão após a crise financeira global duraram mais de uma década.) Por via de consequência, a continuidade e a coerência das políticas exigem que os formuladores de políticas monetárias mantenham uma visão de longo prazo. Os Secretários do Tesouro, que seguem a orientação do presidente, podem mudar de cargo de uma hora para outra. Como presidente do FED trabalhei com quatro Secretários do Tesouro, dois republicanos e dois democratas, e Greenspan trabalhou com sete. De um modo mais geral, o sistema político dos EUA, com eleições de dois em dois anos e ciclos de mídia sempre agitados, não favorece a elaboração de políticas de longo prazo. Um BC independente é mais capacitado do que uma agência política para ancorar firmemente as expectativas de inflação, emitir FGs fidedignos e estabelecer políticas e estruturas de políticas previsíveis e consistentes.

Uma autoridade monetária politizada também estaria sujeita a inspeções e potencial ceticismo sobre as motivações e o momento oportuno de suas ações. Suas previsões econômicas seriam consideradas objetivas e teriam credibilidade? Será que uma agência politizada ficaria tentada a pautar as mudanças nas taxas de juros com o fim de obter benefícios políticos a curto prazo? Com o controle político, será que a influência de grupos de interesse poderosos se sobreporia aos interesses da economia como um todo? Tal como acontecia antes do Acordo Tesouro-Fed de 1951, será que a agência política alteraria as taxas de juros para administrar os custos da dívida pública, em vez de buscar um elevado nível de emprego e a estabilidade dos preços? Considerando os níveis de polarização partidária e de desconfiança que vemos nos dias de hoje, a defesa da separação entre a política monetária e a política parece, no mínimo, mais forte do que no passado. A decisão do Congresso de delegar ao FED os principais programas de empréstimos durante a pandemia refletiu a confiança dos legisladores tanto na experiência do BC como em sua abordagem apolítica à formulação de políticas monetárias.

Estou moderadamente otimista no que se refere ao FED ser capaz de defender sua independência política, embora permaneça responsável pela consecução de seus objetivos. A independência e a autoridade do FED sobreviveram não só ao revés pós-crise financeira como aos ataques de Trump pelo Twitter. Isto é evidência de que sua independência, embora em princípio revogável pelo Congresso a qualquer momento, não é tão frágil na prática. A nomeação de Powell por Biden para um segundo mandato, retomando a tradição de reprisar comandos originalmente nomeados por um presidente de partido diferente, é outro sinal de esperança. Dito isso, os riscos para a independência do FED no século XXI são maiores do que têm sido há algum tempo. A crise financeira prejudicou a reputação do BC tanto à esquerda como à direita — à esquerda, pelo aparente favorecimento a Wall Street nas assistências financeiras; à direita, por políticas monetárias tidas como arriscadas e experimentais; e de ambos os lados por, antes de mais nada, não conseguir evitar a crise. A ascensão do populismo, com suas teorias da conspiração e a desconfiança nas elites, representa uma ameaça particular para instituições tecnocráticas e apartidárias como o FED.

As lideranças do FED sempre reconheceram que a instituição existe em um contexto político e que desempenha um papel político. Desenvolver envolvimentos pessoais com políticos, dando-lhes a oportunidade de fazer perguntas e expressar preocupações, é uma parte importante do trabalho do presidente do FED. Alan Greenspan tinha relações estreitas com presidentes e líderes congressistas de ambos os partidos, e Jay Powell "desgastou os tapetes" nos corredores do Congresso. Porém, nos últimos anos, o FED também tem mudado seu estilo institucional adotando uma maior transparência e sensibilização pública.

Quando estive na chefia do FED, minha motivação inicial para trabalhar no sentido de aumentar a transparência da instituição foi aprimorar a comunicação com os mercados a fim de tornar a política monetária mais previsível e portanto, mais eficaz. Mas no turbilhão político que se seguiu à crise financeira, me dei conta de que a transparência e a sensibilização do público poderiam ser úteis ao propósito mais amplo de explicar e, assim, (eu esperava) obter apoio para nossas políticas. Com a ajuda do gabinete de relações públicas, comandado por Michelle Smith, veterana funcionária do FED, trabalhei para expandir nosso público para além dos participantes do mercado financeiro e dos membros de Washington. Meus sucessores alargaram o alcance do FED, explicando as decisões políticas em termos mais claros e se esforçando para mostrar como as políticas do FED ajudam as pessoas comuns. O FED por certo dará continuidade à utilização de uma linguagem mais simples para deixar claras suas ações, e a procurar oportunidades de diálogo confiando que, se as pessoas compreenderem melhor o que é o FED e o que faz, será mais provável apoiarem sua independência. Os doze FED regionais, com fortes raízes nas comunidades locais, foram e serão fundamentais nesse esforço.

O AMPLO ALCANCE DO FED: DAS NOVAS TECNOLOGIAS ÀS QUESTÕES SOCIAIS

Desafios adicionais aguardam o FED, incluindo acompanhar as novas tecnologias e se envolver em questões sociais prementes, que vão das alterações climáticas à desigualdade racial.

As Novas Tecnologias e o FED

O FED é uma instituição sofisticada, pronta para adotar tecnologias em evolução que a ajudem a fazer melhor seu trabalho. Por exemplo, os funcionários do FED monitoram cada vez mais a economia por intermédio de grandes conjuntos de dados rapidamente disponíveis sobre cobranças de cartões de crédito, passageiros autorizados pela segurança dos aeroportos, disponibilidade de mesas em restaurantes, tópicos de pesquisa online e muitas outras medidas. "Big data" em níveis micro como esses foram particularmente úteis para medir a atividade econômica na pandemia.

O FED também está reforçando sua experiência em alta tecnologia como regulador bancário. Por exemplo, está supervisionando a implementação pelos bancos de algoritmos de aprendizagem autônoma ["machine learning"] para avaliação de potenciais mutuários e gestão de riscos.[2] Essas e outras ferramentas de inteligência artificial são confiáveis e suficientemente transparentes? Há nelas algum viés contra os requerentes de crédito de minorias? O FED tem se preocupado, em particular, com a frequência crescente de ataques cibernéticos sofisticados a bancos e outras instituições financeiras. O sistema bancário, pela sua natureza, é altamente interconectado, o que cria muitos pontos de entrada potenciais para hackers. Para ajudar a proteger o sistema, os supervisores bancários do FED trabalham com especialistas em segurança cibernética do Tesouro e de outras agências para testar as defesas dos bancos.*[3]

O desempenho do FED é crucial no sistema de pagamentos. Ele atua como agente fiscal do Tesouro, administrando a maioria dos pagamentos feitos pelo governo às famílias e empresas. Supervisiona a entrega da maioria dos pagamentos de ajuda emergencial autorizados pela Lei CARES de 2020, por exemplo, inclusive mediante depósitos diretos, cheques e cartões de débito pré-pagos.[4] O FED há muito tempo também faz a compensação bancária, transferindo fundos do banco do emissor dos cheques para o banco do destinatário. Houve uma época em que isso exigia grandes operações de triagem de cheques nos FEDs regionais, bem como uma frota de aviões para transportar cheques por todo o país. Hoje, a compensação de cheques é totalmente eletrônica.

Embora poucas pessoas estejam conscientes do papel do FED em garantir que recebam o dinheiro que lhes é devido, notam a defasagem entre a data de emissão de um cheque e a data em que têm acesso ao dinheiro. Para uma família que vive de salário em salário ou para uma pequena empresa que gerencia cuidadosamente seu fluxo de caixa, isso pode criar dificuldades. Para eliminar atrasos, o FED está desenvolvendo um serviço, chamado FedNow, para realizar pagamentos quase instantâneos por meio de qualquer banco do país, 24 horas por dia**.[5] Entre outros benefícios, o serviço garantiria que os pagamentos de ajuda governamental — às vítimas de uma catástrofe natural, por exemplo — estariam imediatamente disponíveis.

De forma mais especulativa, o FED poderia criar um "dólar digital" como alternativa ao papel-moeda.*** Há diversas maneiras de estruturar um sistema de moeda digital, incluindo (muito provavelmente) acordos em que o FED colabora com o sistema bancário existente ou com novas

* O Fed também tem de proteger a si próprio da fraude cibernética. Em 2016, hackers invadiram o BC de Bangladesh, enviando ordens de pagamento falsas para a conta de Bangladesh no FED de Nova York. [N. do A.]

** O FEDNow, um serviço semelhante ao PIX do Brasil, foi oficialmente inaugurado em 20 de julho de 2023, mas abrange inicialmente apenas parte das instituições financeiras do país. [N. da T.]

*** O Banco Central do Brasil está desenvolvendo sua moeda digital que, diga-se, não é uma criptomoeda. Atualmente em fase de testes da plataforma, seu nome — DREX — foi lançado em 7 de agosto de 2023. Espera-se que a população possa testá-la em fins de 2024. [N. da T.]

empresas fintech especializadas em pagamentos. Por exemplo, as pessoas podem ter acesso a pagamentos digitais do BC por intermédio de suas contas bancárias comerciais. No modelo conceitualmente mais simples — embora de difícil gestão na prática — todas as famílias e empresas poderiam optar por ter o equivalente a uma conta corrente no FED. Os saldos no FED seriam o equivalente a dinheiro vivo e poderiam ser usados para pagamento imediato a qualquer empresa ou indivíduo com uma conta corrente no FED, por exemplo, mediante um aplicativo de celular. Diferentemente das transações em dinheiro, as transações digitais em dólares presumivelmente deixariam um registro, embora permitir contas anônimas ou não rastreáveis seja uma possibilidade. Uma moeda digital patrocinada pelo FED teria vantagens importantes em relação ao dinheiro ou cheques, incluindo segurança, conveniência, e transferência imediata e garantida de fundos. Provavelmente aceleraria e reduziria o custo dos pagamentos internacionais, incluindo remessas de estrangeiros que trabalham nos EUA para famílias em seus países de origem. Um dólar digital também poderia promover a inclusão financeira, caso a população não bancarizada — por preocupações com taxas, por exemplo — pudessem ser convencidas a aderir a um sistema patrocinado pelo FED.

Muitos bancos centrais estão considerando moedas digitais, embora somente o Banco Popular da China tenha progredido na realização de testes no terreno. O FED, no momento, estuda a viabilidade tecnológica de uma moeda digital, mas indicou que planeja avançar com cautela, com orientação do Congresso. Questões tecnológicas e de design explicam apenas parcialmente esta abordagem deliberativa. Os formuladores de políticas do FED também devem levar em conta as potenciais implicações dessa inovação para o sistema financeiro e para a economia. Por exemplo, uma moeda digital com transações registradas, se em última instância substituísse a moeda corrente, diminuiria a evasão fiscal, a lavagem de dinheiro, o tráfico de drogas e outras atividades ilícitas — mas potencialmente com o sacrifício da privacidade. Há o receio de alguns de que o dinheiro digital possa levar à instabilidade financeira, pois os investidores poderão achar fácil recorrer à moeda digital (ultrassegura) ao primeiro sinal de risco no sistema financeiro. O FED também terá de compreender de que modo o dinheiro digital interagiria com os sistemas de pagamento existentes, como as redes de cartões de crédito, e de que maneira a concorrência entre a moeda digital e os depósitos bancários tradicionais afetaria a rentabilidade dos bancos e o acesso ao financiamento.

Outra questão é como uma moeda digital impactaria a política monetária e fiscal. Ela proporciona algumas vantagens claras. Se todos tivessem uma conta corrente no FED, por exemplo, abatimentos e reembolsos de impostos, pagamentos de ajuda humanitária e outras transferências governamentais poderiam ser feitos instantaneamente. Caso as contas digitais fossem criadas para pagar juros, o FED poderia acelerar e fortalecer os efeitos de suas decisões sobre taxas de juros, variando a taxa paga sobre o dinheiro digital.

Uma moeda digital do BC é muito diferente do bitcoin e de outras chamadas criptomoedas. Estas são normalmente criadas e geridas por meio de uma tecnologia descentralizada (um blockchain), e não por um BC. Desde a introdução do bitcoin em 2009, o valor de muitas criptomoedas disparou e seus defensores as entendem como uma alternativa às moedas dos BCs, como o dólar e o euro.* O bitcoin e ativos similares têm implicações significativas para a política monetária?

A resposta é quase certamente não, ao menos no futuro próximo. Criptomoedas como o bitcoin foram aceitas como um ativo especulativo, como o ouro, mas na realidade não são moeda. Uma moeda bem-sucedida, como o dólar, deve ser utilizável em transações comuns e ter um valor relativamente estável, medido em termos das coisas que os consumidores compram. As principais criptomoedas não chegam nem perto de satisfazer nenhuma das condições. As pessoas não compram mantimentos com bitcoin (as transações com bitcoin são bastante caras, digamos, em relação às compras normais com cartão de crédito), e os preços de bens e serviços comuns, quando medidos em bitcoin, oscilam enormemente. O dólar e outras importantes moedas fiduciárias não correm perigo, portanto, de serem suplantados por criptomoedas de valor flutuante como o bitcoin como principal meio de pagamento.** É improvável, mas ainda

* A discussão no texto se aplica a criptomoedas, como o bitcoin, com valores variáveis e determinados pelo mercado. Ao contrário do bitcoin, algumas criptomoedas têm valores indexados ao dólar ou a outras moedas fiduciárias, ou ainda a ativos denominados em moedas fiduciárias. Chamadas *stablecoins* podem se tornar a base de novos métodos de pagamento, porém, dado que estão vinculadas a moedas existentes, não ameaçam substituí-las. Remanescem, também, questões importantes sobre como as stablecoins serão regulamentadas para proteger os usuários e ajudar a garantir que não se transformem em uma fonte de instabilidade financeira. [N. do A.].

** O Bitcoin e ativos similares têm desvantagens adicionais: sua criação utiliza grandes quantidades de energia e, como são frequentemente utilizados para atividades ilícitas, desde a lavagem de dinheiro até o ransomware, estão sujeitos ao risco de uma regulamentação muito mais rigorosa no futuro. [N. do A.]

que o bitcoin ou uma criptomoeda semelhante venha a substituir o dólar em muitas transações privadas, o fato de o governo exigir que os impostos sejam pagos em dólares e efetuar seus próprios pagamentos em dólares garante uma demanda contínua pela moeda dos EUA. À medida que os dólares fossem amplamente utilizados, a política monetária ainda funcionaria da maneira habitual, com os valores das criptomoedas respondendo às ações do FED da mesma maneira que outros valores de ativos.

No caso extremamente improvável de uma criptomoeda como o bitcoin substituir o dólar, o que ocorreria então? Nesse cenário, a economia regressaria efetivamente a uma versão do padrão ouro do século XIX, na qual o bitcoin faria o papel do ouro (embora sem sanção oficial do governo ou envolvimento do BC). Os preços dos bens e serviços comuns, medidos em termos de bitcoin, dependeriam da oferta e da demanda por bitcoin, tal como a oferta e a demanda por ouro determinavam os preços dos bens e serviços sob o padrão ouro. Se a oferta de bitcoin crescesse mais lentamente do que a economia, por exemplo, então os preços em bitcoin dos produtos comuns diminuiriam ao longo do tempo. Sob um padrão bitcoin, as políticas monetárias destinadas a estabilizar os preços ou o emprego deixariam de ser viáveis, uma vez que os BCs não teriam controle sobre a oferta de moeda. Como a população espera que o governo tente estabilizar a economia, é provável que um padrão bitcoin seria politicamente insustentável, tal como o padrão ouro — que também limitou o uso ativo da política monetária — se mostrou insustentável nos anos 1930.

O FED e a Sociedade

O papel relevante do FED na estabilização da economia e do sistema financeiro dá margem à questão de saber se ele pode ajudar a fazer frente a outros desafios prementes. Por exemplo, os custos ambientais, sociais e econômicos das alterações climáticas tornam-se cada vez mais nítidos. Em outra esfera, a crise pandêmica evidenciou fissuras profundas na sociedade norte-americana — desigualdades crescentes em termos de renda e riqueza, restrita mobilidade econômica e social e disparidades persistentes no acesso aos cuidados de saúde, à educação e às oportunidades econômicas. Negros, hispânicos e outros grupos minoritários têm contra si as maiores desvantagens. O FED pode ajudar a resolver problemas assim?

Por um lado, por mais poderoso que o FED possa ser em alguns aspectos, sua capacidade de atuar em prol da solução dos principais problemas sociais é restringida por seu mandato no Congresso e pelos limites de seus instrumentos. Em uma democracia, são os representantes eleitos, e não os nomeados como presidentes do FED, que definem as prioridades nacionais. A resolução dos problemas sociais mais difíceis está muito além da capacidade e competência do FED. Por outro lado, quando tiver em mãos a oportunidade, os meios e a autoridade legal, deverá agir nesse sentido, e de modo condizente com a direção definida pelos líderes políticos e pela população.

Quanto às alterações climáticas, por exemplo, políticas potencialmente vantajosas — como impostos sobre carbono ou crédito de carbono, subsídios para tecnologias de redução de carbono e modernização de edifícios e serviços públicos — não são decisões que cabem ao FED. Essa é uma matéria de competência do Congresso (e de algumas agências designadas pelo Congresso, como a Agência de Proteção Ambiental ["Environmental Protection Agency"]). No entanto, o FED pode contribuir para o esforço coletivo. Por exemplo, o FED patrocinou pesquisas e conferências sobre alterações climáticas. Em sua condição de regulador bancário, seguindo o exemplo do Banco de Inglaterra e de outros grandes BCs, o FED também passou a introduzir riscos climáticos como um fator na avaliação dos portfólios bancários e das necessidades de capital. Uma vez em prática, isso poderia obrigar os bancos a amortizar ativos sob risco em virtude das alterações climáticas (propriedades em várzeas ou zonas sujeitas a furacões, por exemplo) ou que seriam afetados por políticas voltadas para limitar o aquecimento global (tais como títulos emitidos por empresas de petróleo e gás). Outra ação possível, adotada pelo BC Europeu e outros, seria evitar a compra de títulos de empresas que são os principais contribuintes para o aquecimento global. Contudo, o FED — ao contrário da maioria dos principais BCs — não adquire títulos corporativos no transcorrer da elaboração normal de políticas, e portanto a questão tem uma importância prática limitada nos EUA. Até agora, o FED não tentou incorporar os efeitos das alterações climáticas em suas projeções econômicas ou análises de política monetária, pois esses efeitos foram vistos como imprevisíveis e, em sua maioria, de muito longo prazo, mas isso pode mudar conforme os efeitos de curto prazo das mudanças climáticas no crescimento e na produtividade se tornem mais evidentes.

Em questões de desigualdade e mobilidade social, como vimos, o FED pode fazer uma contribuição extremamente importante: utilizar a política monetária para promover níveis consistentemente elevados de emprego. Mercados de trabalho aquecidos beneficiam mais que proporcionalmente as minorias, os trabalhadores com salários mais baixos e os de menor experiência. Uma demanda saudável de trabalhadores também traz mais pessoas marginalizadas para a força de trabalho, que podem ganhar vivência e desenvolver relacionamentos que lhes serão úteis, mesmo que o mercado de trabalho enfraqueça.

Afora a política monetária, o FED dispõe de outras ferramentas para promover uma sociedade mais igualitária. Por exemplo, mantém relações regulares com organizações de desenvolvimento comunitário, incluindo instituições financeiras de desenvolvimento comunitário e bancos de propriedade de minorias. O FED ajuda essas instituições a prestar melhores serviços a seus participantes por meio de programas de formação e assistência técnica.[6] O Fed também está entre as agências que implementam a lei Community Reinvestment Act de 1977, que exige que as instituições financeiras locais satisfaçam as amplas necessidades de crédito das comunidades onde fazem negócios.[7] Pesquisadores do FED em Washington e nos FEDs regionais também recolhem dados e realizam estudos sobre o mercado de trabalho e a desigualdade, incluindo as disparidades raciais e étnicas. Por exemplo, a *Survey of Consumer Finances* do FED, regularmente efetuada, é uma fonte básica de dados sobre a riqueza e a desigualdade de renda dos EUA.

O FED também pode estimular a equidade aumentando sua própria diversidade, garantindo assim que todos os pontos de vista estejam representados nas decisões de políticas e, de forma mais geral, para tornar mais inclusiva a profissão de economista. O FED designou a diversidade como objetivo formal durante algum tempo, com resultados, na melhor das hipóteses, justos. De 1990 a 2021, 19 homens (um deles afro-americano) e 8 mulheres serviram no Conselho do FED. (Duas das mulheres, Janet Yellen e Alice Rivlin, e o afro-americano, Roger Ferguson, também assumiram a vice-presidência do Conselho. Lael Brainard foi escolhida em 2022 para se tornar a terceira mulher no cargo de vice-presidente. Yellen comandou o FED.) Os membros do Conselho são escolhidos pelo presidente, e não pelo próprio FED, portanto, a composição da equipe pode ser um melhor indicador dos esforços de diversidade do FED. Entre os funcionários, segundo um estudo da Brookings de 2019, cerca de 24% dos economistas com doutorados no FED eram mulheres e por volta de 25% eram minorias.[8] Contudo, a definição de minorias utilizada pelo estudo da Brookings é ampla. Um artigo de Jeanna Smialek de 2021 no *New York Times* apontou que o Conselho empregava apenas dois economistas afro-americanos com doutorado.[9] Essa falta de diversidade reflete, em parte, tendências da profissão de economista como um todo. A economia ficou para trás em outros campos, incluindo disciplinas científicas e de engenharia, no que se refere a atração, desenvolvimento e promoção de mulheres e minorias sub-representadas. Todavia, como agência pública e um dos maiores empregadores de economistas do mundo, o FED tem uma responsabilidade especial de procurar melhorar essa situação. É preciso que ele redobre seu compromisso de atrair pessoal diversificado e construir um canal que traga mais estudantes talentosos de minorias e mulheres para a área.

O FED: PASSADO E FUTURO

O título de uma famosa pintura de Paul Gauguin pergunta: "De onde viemos? O que somos? Para aonde vamos?" Este livro tentou responder a essas questões sobre o BC dos EUA. Tal como ilustrado por suas ações extraordinárias durante a pandemia, o FED mudou, e muito, desde os tempos de William McChesney Martin e Arthur Burns. Renovou radicalmente seu conjunto de ferramentas políticas, sua estratégia e suas comunicações. Navegou em meio aos ventos políticos em mutação, protegeu sua independência política e, ao mesmo tempo, trabalhou com governos e Congresso para reagir às crises e apoiar outras prioridades nacionais.

As notáveis mudanças no arsenal de políticas e na abordagem do FED, de Martin a Powell, não são, em sua maioria, o resultado de mudanças em suas atribuições ou mandato, ou de revoluções no pensamento econômico. Ao contrário, como revela o relato histórico, foram os desenvolvimentos econômicos e políticos no longo prazo que remodelaram o FED e suas políticas ao longo dos últimos setenta anos.

A alteração de comportamento da inflação, produto tanto de mudanças nas políticas do FED quanto de modificações estruturais da economia, é o primeiro desenvolvimento fundamental. A vitória de Paul Volcker sobre a inflação na década de 1980 restabeleceu a primazia da política monetária no controle da inflação, restaurou a credibilidade do FED e demonstrou os benefícios da independência política do FED. Ajudado por mudanças favoráveis na estrutura da economia, entre elas um aparente declínio na taxa de desemprego sustentável, Alan Greenspan consolidou os ganhos de Volcker, estabilizando ainda mais a inflação e ancorando as expectativas inflacionárias. Durante meu mandato, o FED estabeleceu uma estrutura formal que descreve como atingiria sua meta de inflação e o pleno emprego, que foi atualizada na gestão de Jay Powell.

O controle da inflação continuará a ocupar um papel fundamental na formulação da política monetária dos EUA? O FED tem sido criticado nos últimos anos por dar ênfase demais à inflação em detrimento do emprego. Há alguma verdade nessa crítica. A Grande Inflação dos anos 1960 e 1970 tornou os formuladores de política monetária avessos a aumentos ainda que moderados da inflação, temendo que pudessem desancorar as expectativas e, com o tempo, levar a um problema de inflação mais sério. Com o passar dos anos, tais preocupações ocasionaram alguns erros derivados da adoção de políticas mais duras [no estilo "falcão"]. Da mesma forma, muitos economistas argumentariam hoje que a "abordagem equilibrada" do FED, tal como estabelecida em seus princípios políticos de 2012, e que deu peso mais ou menos igual aos dois lados do mandato, não valorizou suficientemente os benefícios sociais do nível elevado de emprego e de um mercado de trabalho aquecido. A reformulação da estrutura de políticas da FED em 2020 foi uma resposta a tais preocupações. Em particular, ao abandonar os combates preventivos contra a inflação, o FED na gestão de Powell indicou que se dispunha a permitir uma inflação mais volátil e ultrapassagens temporárias de sua meta de inflação a fim de obter níveis elevados de emprego de forma mais consistente.

Os benefícios amplos e duradouros dos mercados de trabalho aquecidos deverão certamente se refletir na estrutura e nas políticas do FED. Dito isto, o FED não irá — e não deverá — negligenciar a metade "estabilidade de preços" de seu mandato. Uma inflação bem controlada não é apenas economicamente benéfico por si só, pois permite que os mercados funcionem melhor e facilita os planos de longo prazo, por exemplo, mas também é essencial na promoção de níveis consistentemente altos de emprego. Uma inflação estável e de expectativas bem ancoradas apoia o emprego, dando à política monetária maior flexibilidade para responder a choques que colocam o mercado de trabalho em risco. Por exemplo, um BC com credibilidade em matéria de inflação tem mais condição de "acomodar" choques de oferta (como aumentos nos preços do petróleo ou perturbações na cadeia de abastecimento causadas pela pandemia) ou flexibilizar com mais vigor as políticas em uma recessão, confiante de que quaisquer aumentos na inflação não serão sustentados.* O FED pode manter sua estrutura FAIT, ou modificá-la no futuro, mas no

* De modo geral, uma estrutura monetária sólida deve ter o que os economistas chamam de âncora nominal, a qual ajuda a fixar o nível geral de preços ao longo do tempo. Hoje, a taxa de inflação é a âncora nominal em todas as principais economias. Tal como visto no Capítulo 13, âncoras nominais alternativas que os formuladores de políticas podem considerar incluem o nível de preços (em oposição à taxa de inflação) ou o PIB nominal. Para alguns países, um valor fixo da taxa de câmbio constitui a âncora nominal. A história mostra que a escolha da âncora nominal é importante, pois ajuda a moldar a política monetária e o comportamento resultante da economia. [N. do A.]

interesse de promover uma economia e um mercado de trabalho saudáveis no longo prazo, deve ter o cuidado de manter sua credibilidade arduamente conquistada em matéria de inflação.

O segundo desenvolvimento que moldou o FED e suas políticas foi a queda no longo prazo da taxa de juro neutra, R-estrela. Esse declínio repercute, em parte, uma inflação mais baixa e o risco inflacionário, mas as taxas reais (ajustadas pela inflação) também caíram substancialmente, em cerca de 3 pontos porcentuais desde meados dos anos 1980.[10] Um cenário de taxas de juros baixas tem muitas consequências de ordem econômica, de forma mais direta para credores e devedores. Para o FED e outros BCs, confrontados com o limite inferior efetivo, o declínio da taxa neutra restringiu a capacidade de apoiar uma economia enfraquecida por meio do método tradicional de redução das taxas de curto prazo. Felizmente, novos instrumentos de política, incluindo a QE e FGs mais explícitos e de longo prazo, revelaram-se eficazes, amentando o poder de fogo em, aproximadamente, o equivalente a 3 pontos porcentuais de cortes na TDI (de acordo com minhas simulações), com efeitos colaterais indesejados mínimos. Dito isso, mesmo com as novas ferramentas, em face dos atuais níveis de R-estrela é pouco provável que a política monetária, por si só, seja capaz de lidar com uma recessão profunda.

Muito dependerá de como a taxa de juros neutra evolui. Os mercados de títulos consideram que as taxas de juros provavelmente permanecerão baixas durante muitos anos, pois julgam que persistirão a inflação baixa e os fatores demográficos e tecnológicos responsáveis pelo declínio da taxa neutra. Se esta permanecer baixa, espero que o FED continue a desenvolver novas ferramentas monetárias ou venha a adaptar ferramentas desenvolvidas por outros BCs. Por exemplo, o FED poderia 1) fortalecer os FGs reforçando as promessas de taxas com controle da curva de rendimentos; 2) desenvolver programas de empréstimos subsidiados para utilização em tempos econômicos difíceis e 3) deixar aberta a possibilidade de fixar taxas de curto prazo moderadamente negativas. Contudo, se a taxa neutra permanecer baixa ou cair ainda mais, uma maior dependência da política fiscal em recessões profundas parece inevitável. Talvez seja politicamente improvável agora, mas o desenvolvimento adicional de estabilizadores fiscais automáticos — provisões de impostos e gastos acionadas automaticamente quando a economia enfraquece — poderia compensar parte da folga resultante de uma política monetária menos poderosa.

Não é certo, entretanto, que a taxa neutra permaneça baixa ou diminua ainda mais. Uma inflação ligeiramente aumentada, a necessidade de financiar grandes déficits governamentais nos EUA e no estrangeiro, e uma maior compensação pelo risco de manter títulos de longo prazo são razões possíveis para uma taxa neutra mais elevada no futuro. De forma mais especulativa, muitas novas tecnologias — da inteligência artificial às novas tecnologias de energia verde, computação quântica e avanços na biotecnologia — têm o potencial de ajudar a reverter a diminuição da produtividade e eliminar a escassez de oportunidades de investimento. Mais importante ainda, a melhoria da produtividade resultaria em um crescimento mais rápido da produção e do padrão de vida. Porém, além disso, o aumento da taxa neutra, fruto da tendência de crescimento e investimento mais elevados, daria maior margem de ação para a política monetária.

O aumento do risco de instabilidade financeira perigosa, a terceira tendência de longo prazo que molda as ferramentas e estratégias do FED, é talvez o desenvolvimento mais preocupante. Muitos fatores que fazem esse risco aumentar serão difíceis de reverter ou reparar, incluindo fraquezas (mesmo após reformas pós-crise) na estrutura da regulação financeira, a rápida inovação financeira e a sempre crescente complexidade, opacidade e interconectividade do sistema financeiro global. No intuito de ajudar a preservar a estabilidade financeira e evitar os danos econômicos que uma crise financeira pode provocar, o FED ampliou suas ferramentas de combate às crises, como demonstrou com suas respostas à crise financeira global e ao pânico de março de 2020. Ele adotou, também, uma visão macroprudencial, monitorando diligentemente o sistema financeiro global — inclusive em mercados e instituições pelos quais não tem responsabilidade regulamentar direta — e trabalhando para identificar riscos para sua estabilidade. E continuou a estudar os vínculos entre a política monetária e a assunção de riscos privados.

Apesar do merecido crédito dos legisladores e reguladores pelos progressos realizados desde a crise financeira global, há ainda lacunas de regulamentação críticas, como demonstraram os acontecimentos de março de 2020. Reguladores dos EUA continuam a não ter as atribuições e mandatos de que necessitam para se proteger contra riscos sistêmicos importantes, em especial no setor imobiliário e no sistema bancário paralelo. Dada sua experiência e credibilidade, o FED deveria aplicar-se mais no sentido de dar maior destaque às lacunas restantes e pressionar o Congresso e os outros membros do FSOC para que tomem providências a respeito. Em particular, como a assunção de riscos sempre migrará para as partes menos regulamentadas do sistema, deveria ser levado muito mais a sério o princípio de que as empresas financeiras que desempenham funções semelhantes devem ser regulamentadas de forma semelhante. Do ponto de vista do FED, uma regulamentação macroprudencial mais forte tornaria a utilização ativa da política monetária mais segura e eficaz, reduzindo possíveis efeitos secundários na estabilidade financeira.

Além de seus desafios econômicos e políticos, o FED também teve de enfrentar sua crescente visibilidade pública. Seu protagonismo no tratamento das recentes crises financeiras e econômicas colocou a instituição, outrora obscura, sob os holofotes da atenção do país. Nessa questão, o mundo mudou muito desde 1996, quando o ex-vice-presidente do Conselho, Alan Blinder, disse: "Disseram-me que milhões de norte-americanos ainda pensam que o FED é um sistema de florestas e reservas de vida selvagem de propriedade do governo nas quais se presume que touros, ursos, falcões e pombos divertem-se juntos em feliz harmonia."[11] Os líderes do FED terão que se envolver ainda mais estreitamente com todos os norte-americanos — para ouvir suas preocupações, explicar as políticas da instituição, e mostrar que a elaboração de políticas apartidárias, independentes e objetivas atendem ao interesse no longo prazo da economia. Não resta dúvida de que o FED cometerá erros, como já ocorreu no passado. Mas como afirmou Jay Powell, o FED precisa continuar a mostrar que eventuais erros não serão de caráter ou integridade.

■

AGRADECIMENTOS

Este projeto recebeu a ajuda e incentivo de muitas pessoas. Dave Skidmore, que trabalhou em estreita colaboração comigo em meu livro de memórias sobre a crise financeira, *The Courage to Act* [sem publicação no Brasil], dedicou mais uma vez suas consideráveis habilidades de edição e conhecimento do FED para fazer com que este livro ficasse mais claro e preciso. Sou muito grato por seu trabalho árduo e ideias e sugestões inestimáveis. Agradeço também a Michael Ng, Sage Belz, Finn Schuele, Tyler Powell e Eric Milstein pela excelente assistência à pesquisa, em apoio tanto a este livro quanto a vários projetos de pesquisa independentes nos quais ele se baseia. Foi um grande prazer trabalhar com esses jovens talentosos. Tenho certeza de que muito mais se ouvirá sobre eles no futuro.

Os leitores dos primeiros rascunhos deste livro incluem Bill English, Mark Gertler, Anil Kashyap, Don Kohn, Debbie Lucas, Rick Mishkin, Angel Ubide e David Wessel. Agradeço a eles, bem como aos participantes de seminários no Massachusetts Institute of Technology, por seus comentários, muito úteis. Meu obrigado à Brookings Institution (na qual sou Distinguished Senior Fellow no Hutchins Center on Fiscal and Monetary Policy) e ao MIT (no qual fui Fellow do Golub Center for Finance and Policy durante 2020–2021) pelo apoio recebido.

Sou grato à equipe da W. W. Norton e especialmente a meu editor Brendan Curry — que também fez parceria comigo em *The Courage to Act* — pelos comentários sobre o manuscrito e por orientar o projeto durante o processo de publicação. Meus agradecimentos pela assistência altamente profissional estendem-se também à editora do projeto Rebecca Homiski, à gerente de produção Anna Oler, à diretora de arte Ingsu Liu, à editora Carla Barnwell, à publicitária Rachel Salzman e à assistente editorial Caroline Adams. Meus consultores jurídicos e agentes literários, Bob Barnett e Michael O'Connor, deram excelentes conselhos e orientações.

Este livro foi meu projeto pandêmico, escrito em grande parte em casa, o que submeteu minha esposa Anna ainda mais intimamente do que o normal aos altos e baixos do processo de escrita, sobrecarregado pelas ansiedades daquele ano nada comum. Como sempre, ganhei dela o apoio e empatia costumeiros.

Finalmente, expresso meu apreço a meus amigos e antigos colegas do FED. O FED é uma instituição notável cujos esforços para fortalecer e proteger a economia e o sistema financeiro norte-americanos são, infelizmente, muitas vezes não bem compreendidos ou apreciados. Espero que este livro ajude a melhorar, ao menos um pouco, essa situação.

■

UMA NOTA SOBRE AS FONTES

Este livro tem por base muitas fontes, incluindo documentos públicos, como discursos, relatórios, notícias, livros e artigos publicados, pesquisas e dados econômicos. A seguir estão algumas fontes gerais, com links, consultadas frequentemente na preparação deste livro.

DOCUMENTOS DO FED

O site do Conselho do FED, www.federalreserve.gov, fornece extenso material histórico, bem como informações sobre as políticas em curso.

- Informações sobre o Federal Open Market Committee, incluindo atas de reuniões sobre políticas, declarações pós-reunião e notas de implementação, transcrições das coletivas de imprensa do presidente e projeções econômicas trimestrais dos membros do FOMC: http://www.federalreserve.gov/monetarypolicy/fomccalendars.htm
- Materiais históricos do FOMC (incluindo transcrições de reuniões e memorandos da equipe): http://www.federalreserve.gov/monetarypolicy/fomchistorical.htm
- Comunicados de imprensa do FED, atas de reuniões sobre taxas de desconto, explicações sobre programas de compra de ativos e autorizações para programas emergenciais: https://www.federalreserve.gov/newsevents/pressreleases.htm
- O *Relatório de Política Monetária* do Conselho do FED ao Congresso, divulgado duas vezes por ano com o depoimento do presidente no Congresso, discute a política monetária e as

perspectivas da economia, e contém análises da equipe do FED sobre a evolução no setor financeiro: http://www.federalreserve.gov/monetarypolicy/mpr_default.htm

- Discursos de membros do Conselho de 2006 em diante: https://www.federalreserve.gov/newsevents/speeches.htm E de meados de 1996 a 2005: https://www.federalreserve.gov/newsevents/speech/speeches-archive.htm
- Depoimentos de membros do Conselho ao Congresso de 2006 em diante: https://www.federalreserve.gov/newsevents/testimony.htm
- E de meados de 1996 até 2005: https://www.federalreserve.gov/newsevents/testimony/testimonyarchive.htm
- Federal Reserve Archival System for Economic Research (FRASER), FED de St. Louis: FRASER é uma biblioteca digital da história econômica, financeira e bancária dos EUA — em particular da história do FED. Principais documentos disponíveis no FRASER, incluindo leis e outros documentos relacionados ao FED e aos discursos do FED e depoimentos no Congresso antes de 1996: https://fraser.stlouisfed.org/
- Entrevistas orais da história FED: Transcrições de entrevistas com ex-membros do FOMC e membros do Conselho, realizadas em preparação para o centenário do FED em 2013: https://www.federalreserve.gov/aboutthefed/centennial/federal-reserve-oral-history-interviews.htm
- Ensaios sobre a história do FED e recursos relacionados: https://www.federalreservehistory.org/

OUTROS DOCUMENTOS PÚBLICOS

- Transcrições de audiências no Senado e na Câmara: http://www.gpo.gov/fdsys/browse/collection.action?collectionCode=CHRG

FONTES DE DADOS

- FRED, Federal Reserve Bank de St. Louis: FRED é um banco de dados para dados financeiros e macroeconômicos. Ele também disponibiliza ferramentas para representar graficamente e manipular séries de dados. Os principais indicadores disponíveis no FRED incluem desemprego e payrolls, produto interno bruto (PIB), índice de preços ao consumidor (IPC), índice de preços de despesas de consumo pessoal (PCE, na sigla em inglês), renda pessoal, preços do petróleo, índices S&P e Dow Jones Industrial Average do mercado de ações, taxas de juros sobre títulos do Tesouro, dívida do Tesouro detida pelo público e preços de habitação (conforme medido pelo Case-Shiller 20-City Composite Home Price Index): https://research.stlouisfed.org/fred2/

- Os dados sobre o balanço do FED vêm da divulgação H.4.1 do Conselho: http://www.federalreserve.gov/releases/h41/
- Outras fontes de dados usadas no livro são especificadas nas notas de rodapé.

NOTAS

INTRODUÇÃO

1. Transcrito da coletiva de imprensa de Powell, 29 de janeiro de 2020, 1.
2. Transcrito da coletiva de imprensa de Powell, 29 de janeiro de 2020, 11.
3. Transcrito da coletiva de imprensa de Powell, 3 de março de 2020, 1.
4. Powell (2020b).
5. Friedman e Schwartz (1963).
6. Para discussões mais detalhadas sobre o papel do padrão ouro na Depressão, ver Eichengreen (1992), Bernanke (2000) e Ahamed (2009).
7. Eichengreen e Sachs (1985).
8. Bernanke (2002b).
9. Fischer (1995). Fischer usou o termo *instrument independence* ["independência para implementação de instrumentos", em tradução livre] em vez de independência para implementação de políticas.

CAPÍTULO 1: A GRANDE INFLAÇÃO

1. Phillips (1958). A ideia básica de uma relação entre salários e desemprego é anterior ao artigo de Phillips. Ela remonta ao menos a um artigo de 1926 de Irving Fisher, reimpresso em 1973 (Fisher, 1973).
2. Samuelson e Solow (1960).
3. "John F. Kennedy on the Economy and Taxes". *John F. Kennedy Presidential Library and Museum*, acessado em 20 de novembro de 2020, https://www.jfklibrary.org/learn/about-jfk/jfk-in-history/john-f-kennedy-on-the-economy-and-taxes.
4. *The American War Library*, acessado em 24 de novembro de 2020, http://www.americanwarlibrary.com/vietnam/vwatl.htm.
5. Hooper, Mishkin e Sufi (2020). A lei original do Medicare proibia qualquer intervenção do governo nas decisões dos médicos a respeito do tratamento, eliminando a possibilidade de restrições de economia de custos.
6. Fair (1978).

7. Dam e Shultz (1977).
8. Bernanke (2008a).
9. Friedman (1968).
10. Phelps (1968).
11. Gordon (2013) discute trabalhos empíricos a respeito do modelo contemporâneo de inflação. Ver também Yellen (2015).
12. Hodgson (20 de agosto de 1998).
13. Para mais detalhes da história do Acordo, ver Hetzel e Leach (2001) e Romero (2013).
14. No Federal Reserve Archival System for Economic Research (FRASER), ver "Joint Announcement by the Secretary of the Treasury and the Chairman of the Board of Governors e of the Federal Open Market Committee, of the Federal Reserve System", 4 de março de 1951.
15. Binder e Spindel (2017).
16. Hetzel e Leach (2001).
17. Volcker (2018).
18. A citação literal de Martin foi: "Nosso objetivo é enfrentar os ventos da inflação ou da deflação, sejam quais forem, mas não somos nós que fazemos esses ventos." Veja, em FRASER, o testemunho de Martin ao Committee on Banking and Currency, Senado dos EUA, 20 de janeiro de 1956.
19. No FRASER, ver o endereço de Martin no New York Group of the Investment Bankers Association of America, 19 de outubro de 1955.
20. No FRASER, veja o depoimento de Martin perante o Committee on Finance, U.S. Senate, 13 de agosto de 1957.
21. Romer e Romer (2002).
22. Hetzel (2008). Capítulo 6.
23. Okun é citado em Orphanides e Williams (2013).
24. Atualmente, as estimativas do coeficiente da Lei de Okun estão mais próximas de 2 do que de 3. Para uma discussão sobre a Lei de Okun, consulte Owyang e Sekhposyan (2012).
25. Orphanides e Williams (2013) discutem as consequências das crenças fortemente mantidas pelos formuladores de políticas a propósito da taxa natural durante a Grande Inflação. Orphanides (2003) foi um dos primeiros a documentar a estimativa incorreta de u-estrela ao longo desse período.
26. Binder e Spindel (2017).
27. Citado em Granville (13 de junho de 2017).
28. Granville (13 de junho de 2017).
29. Hetzel (2008). Capítulo 7.
30. Federal Reserve Board Oral History Project: Entrevista com J. Dewey Daane, ex-membro do Conselho (1º de junho de 2006), 37.

CAPÍTULO 2: BURNS E VOLCKER

1. Para mais das opiniões de Burns, ver Hetzel (1998) e Wells (1994).
2. Abrams (2006).

3. Ferrell (2010), 38.
4. Hetzel (1998).
5. Ferrell (2010), 34–35. Burns (1970) defendeu os controles em um discurso na Pepperdine University.
6. Steelman (2013).
7. Burns (1979).
8. Silber (2012), 136.
9. Federal Reserve Board Oral History Project: Entrevista com Paul A. Volcker (28 de Janeiro de 2008), 77–78.
10. Silber (2012), 146.
11. Volcker (2018), 102–4.
12. Mondale e Hage (2010), 272–73.
13. Rogoff (1985).
14. No FRASER, ver o depoimento de Volcker diante do Committee on Banking, Housing and Urban Affairs, U.S. House of Representatives, 19 de fevereiro de 1980.
15. Silber (2012), 168.
16. Transcrição do FOMC, 6 de outubro de 1979, 19.
17. Para mais sobre controles de crédito, ver Schreft (1990).
18. Silber (2012), 190. Volcker (2018), 111, escreve que, em uma festa ao ar livre na Filadélfia, Carter chamou de "mal aconselhada" a decisão do FED de se concentrar na oferta monetária.
19. Volcker (2018), 118.
20. Silber (2012), 254.
21. Volcker (2018), 113.
22. "Failure of Continental Illinois". Federal Reserve History, https://www.federalreservehistory.org/essays/failure-of-continental-illinois.
23. Haltom (2013). Para as memórias de Volcker, veja Volcker (2018), 125–28.
24. O projeto de lei foi intitulado Depository Institutions Deregulation and Monetary Control Act. Ver Robinson (2013).
25. Ver Goodfriend e King (2005) para uma discussão.
26. Volcker (1990).

CAPÍTULO 3: GREENSPAN E O BOOM DOS ANOS NOVENTA

1. Mallaby (2016).
2. Mallaby (2016), 344–45.
3. Greenspan (2007), 108.
4. Transcrito da cerimônia comemorativa do centenário do Federal Reserve Act, 16 de dezembro de 2013, 5–7, https://www.federalreserve.gov/newsevents/press/other/20131216-centennial-commemoration-transcript.pdf.
5. Transcrito do FOMC, 16 de dezembro de 1987, 71–72.
6. Ver Freund, Curry, Hirsch e Kelley (1997).

7. Peek e Rosengren (1992), 21–31.
8. Foi uma designação durante um recesso Greenspan não seria confirmado pelo Senado até 28 de fevereiro de 1992. Nesse ínterim, o Conselho do FED o nomeou "presidente pro tempore".
9. Mallaby (2016), 366.
10. Nelson (9 de março de 1990).
11. Bush, State of the Union Address, 29 de janeiro de 1991. The American Presidency Project, University of California-Santa Barbara, acessado em 27 de novembro de 2021. https://www.presidency.ucsb.edu/documents/address-before-joint-session-the-congress-the-state-the-union–1
12. Mallaby (2016), 398–400.
13. Blanchard (2019).
14. *Wall Street Journal* (25 de agosto de 1998).
15. Blinder e Yellen (2001), 26.
16. No FRASER, veja o depoimento de Greenspan diante do Subcommittee on Economic Growth and Credit Formation of the Committee on Banking, Finance and Urban Affairs, U.S. House of Representatives, 22 de fevereiro de 1994.
17. Greenspan (2007), 155.
18. Boyle (1967), 217.
19. Bernanke, Laubach, Mishkin e Posen (1999).
20. *Los Angeles Times* (27 de setembro de 1987).
21. Transcrito do FOMC, 3 e 4 de fevereiro de 1994, 29–30.
22. As atas combinavam dois documentos anteriores — o Record of Policy Actions e o Minutes of Action — que haviam sido divulgados em separado. Anteriormente, o Record havia sido divulgado à imprensa e o Minutes of Action havia sido colocado à disposição na sala do Board's Freedom of Information — ambos os documentos na sexta-feira após a reunião subsequente. [N. do A.]
23. Woodward (2000).
24. Uchitelle e Kleinfield (3 de março de 1996).
25. Transcrito do FOMC, 4 e 5 de fevereiro de 1997, 98.
26. Por exemplo, segundo os dados iniciais, a produção por hora trabalhada (produtividade da mão de obra) cresceu 0,8% em 1996 e 1,7% em 1997. Ver Productivity and Costs, Archived Press Releases, U.S. Bureau of Labor Statistics, acessado em 30 de novembro de 2020, https://www.bls.gov/bls/news-release/prod.htm. Ao serem revisados, os dados mostram um crescimento da produtividade da mão de obra de 2,1% em 1996 e 2,7% em 1997. Além disso, o crescimento da produtividade da mão de obra estava se acelerando, chegando a impressionantes 3,3% em 1998. Ver Nonfarm Business Sector: Real Output Per Hour of All Persons, FRED (Federal Reserve Bank of St. Louis Database).
27. A postura dos trabalhadores está documentada em Manski e Straub (2000). A segurança real do emprego nos anos 1990 foi estudada em Allen, Clark e Schieber (2001) e em Stewart (2000). Da mesma forma, pouco foi encontrado como corroboração para a hipótese de Greenspan usando pesquisas com trabalhadores e comparações regionais, em Katz e Krueger (1999).
28. Blinder e Yellen (2001), 43–48.

29. As estimativas do CBO para a taxa natural são 6,2% para 1980 e 5,3%para 1997.
30. Katz e Krueger (1999).
31. Lexington(KY)*Herald*,1ºdenovembrode1915,página7,coluna4,citadoporBarry Popik (18 de abril de 2012), https://www.barrypopik.com/index.php/new_york_city/entry/luck_is_the_residue_of_ design_dodgers_executive_branch_rickey.
32. O investimento privado líquido do exterior nessas cinco economias aumentou de US$40,5 bilhões em 1994 para US$93,0 bilhões em 1996. Ver Radelet e Sachs (2000), 2.
33. Em depoimento ao Congresso dois dias após o declínio do mercado, ele disse: "Os preços das ações nos EUA estavam prestes a se ajustar. A retração líquida do mercado nos últimos dias tenderá a amortecer [a redução insustentável da ociosidade do mercado de trabalho], um evento que deve ajudar a prolongar nossa expansão de negócios em seis anos e meio". Veja o depoimento de Greenspan perante o Joint Economic Committee, U.S. Congress, 29 de outubro de 1997.
34. Greenspan (2007), 192.
35. Loomis (October 26, 1998).
36. Federal Reserve Oral History Project: Entrevista com Alan Greenspan (13 de agosto de 2009), 68.
37. Transcrito do FOMC, 21 de setembro de 1998, 98.
38. Transcrito do FOMC, 15 de outubro de 1998, 29.
39. Transcrito do FOMC, 29 de setembro de 1998, 29.
40. Greenspan (2007), 196.
41. Transcrito do FOMC, 3 e 4 de fevereiro de 1994, 47.
42. Transcrito do FOMC, 22 de fevereiro de 1994, 3.
43. Campbell e Shiller (1998).
44. Greenspan (1996).
45. Este cálculo representa o retorno do S&P 500 entre dezembro de 1996 e dezembro de 2002 e usa dados de Shiller (2000). Os dados atualizados foram acessados por meio do repositório de dados online de Shiller.
46. Para uma revisão dos modelos utilizados para estimar o prêmio de risco patrimonial, ver Duarte e Rosa (2015). O prêmio parece ter ficado mais ou menos estável durante os anos 1990 até 1996, caindo (e, portanto, sugerindo supervalorização) apenas no período após o discurso de "exuberância irracional" de Greenspan.
47. Greenspan (2007), 178–79.
48. Greenspan (2007), 199–200.

CAPÍTULO 4: NOVO SÉCULO, NOVOS DESAFIOS

1. Shiller (2019).
2. Willoughby (20 de março de 2000).
3. As despesas em termos reais de consumo pessoal cresceram 11% desde o pico da Nasdaq em março de 2000 até o nível mínimo do índice em outubro de 2002,

consideravelmente menos do que o aumento de 19% durante o período comparável que antecedeu o pico da Nasdaq.

4. Ferguson (2003).
5. Wicksell (1936) referiu-se à taxa de juros "natural", definida por ele como a taxa de juros na qual os preços tendiam a se estabilizar.
6. Fisher (1930).
7. Laubach e Williams (2003), e Holston, Laubach e Williams (2017).
8. Summers (2014).
9. Hansen (1939).
10. Rachel e Summers (2019).
11. Bernanke (2005). Ver também Bernanke (2015c, d, e).
12. Caballero, Farhi e Gourinchas (2017). Para mais evidências ver Del Negro, Giannone, Giannoni e Tambalotti (2017).
13. Mian, Straub e Sufi (2021).
14. Greenspan (2007), 229.
15. Uma importante contribuição inicial foi Krugman (1998).
16. Bernanke (2002c) e Bernanke, Reinhart e Sack (2004).
17. Transcrito do FOMC, 9 de dezembro de 2003, 89.
18. Blinder e Reis (2005), 13.
19. FRED, S&P/Case-Shiller U.S. National Home Price Index.
20. Ver "Factors Contributing to the 2008 Financial Crisis", 17 de outubro de 2017, University of Chicago Booth School of Business: The Initiative on Global Markets, https://www.igmchicago.org/surveys-special/factors-contributing-to-the-2008-global-financial-crisis/.
21. Glaeser, Gottlieb e Gyourko (2013).
22. Kuttner (2012).
23. Bernanke (2010a).
24. Shiller (2007).
25. Bernanke (2015a), 96.
26. Gramlich (2007), 108–9.
27. A autoridade do Conselho para proibir práticas de empréstimo "injustas ou ilusórias" foi estabelecida pela Home Ownership and Equity Protection Act (HOEPA). Para discussões a respeito, ver Bernanke (2015a), 100–102.
28. Greenspan (2005).
29. Depoimento de Greenspan ao Committee on Oversight and Government Reform, U.S. House of Representatives, 23 de outubro de 2008.

CAPÍTULO 5: A CRISE FINANCEIRA GLOBAL

1. Muito da pesquisa sobre a Depressão foi extraída de Bernanke (2000).
2. A taxa de hipoteca de 30 anos cresceu apenas de cerca de 6,3% para 6,6% nos 2 anos a partir de junho de 2004, em que pesem os aumentos na TDI, de mais de 4 pontos porcentuais no mesmo período. Greenspan se referiu à resposta modesta das taxas de hipoteca e outras taxas de longo prazo aos aumentos da TDI como

um "enigma". Argumentei em um discurso posterior (Bernanke, 2006) que a demanda externa por ativos em dólares aparentemente seguros e de prazo mais longo era um motivo para a fraca resposta. A elevação das taxas de curto prazo pressionou os tomadores de empréstimos com hipotecas de taxa variável, mas conforme observado no texto, elas representavam menos de 8% das hipotecas dos EUA em 2007.

3. Lewis (2010).
4. Depoimento de Bernanke perante o Joint Economic Committee, U.S. Congress, 28 de março de 2007.
5. Transcrito do FOMC, 21 de março de 2007, 67.
6. Bartlett (2018).
7. Gorton (2012).
8. Kacperczyk e Schnabl (2010).
9. Pozsar, Adrian, Ashcraft e Boesky (2010).
10. Bernanke (2015a), 402.
11. Kacperczyk e Schnabl (2010).
12. Gorton e Metrick (2012).
13. Bernanke (2018).
14. Bagehot (1873).
15. Para uma extensa revisão dos programas da época da crise do governo dos EUA, sua lógica e resultados, ver Bernanke, Geithner e Paulson (2020). Descrevo os eventos da crise financeira e meu papel neles com mais detalhes em meu livro de memórias, Bernanke (2015a).
16. Nos artigos coletados em Bernanke, Geithner e Paulson (2020) há citações e análises das evidências.
17. Ver Bernanke (2015a), 248–69, e Bernanke, Geithner e Paulson (2019), 61–73.
18. Para mais detalhes da política monetária durante a crise, ver Kohn e Sack (2020), 425.
19. Board of Governors, "Policy Tools: Interest on Reserve Balances", acessado em 20 de novembro de 2021, https://www.federalreserve.gov/monetarypolicy/reserve-balances.htm.
20. Para evidências sobre os efeitos das secas de crédito na economia real, ver Bernanke (2018). Ver Kohn e Sack (2020) sobre as previsões superotimistas da equipe do FED para a economia no início da crise.

CAPÍTULO 6: UM NOVO REGIME MONETÁRIO

1. Bernanke (2008b).
2. Transcrito do FOMC, 15 e 16 de dezembro de 2008, 25.
3. Ver, por exemplo, Correa e Davies (2008).
4. Bernanke (2009a).
5. Bernanke, Reinhart e Sack (2004).
6. Furman (2020).
7. Kohn e Sack (2020).

8. Transcrito do FOMC, 17-18 de março de 2009, 123.
9. Transcrito do FOMC, 17-18 de março de 2009, 203.
10. Transcrito do FOMC, 28–29 de abril de 2009, 33.
11. Federal Reserve Board, comunicado à imprensa, "Federal Reserve, OCC e FDIC release results of the Supervisory Capital Assessment Program", 7 de maio de 2009, https://www.federalreserve.gov/newsevents/pressreleases/bcreg20090507a.htm.
12. Reinhart e Rogoff (2009).
13. Algo próximo a essa sequência foi de fato adotado pelo Comitê em sua declaração de princípios de saída de 2014 (anunciada previamente por informações fornecidas nas atas de junho de 2011) e nas políticas vigentes sob a presidente Yellen e o presidente Powell. Ver Policy Normalization Principles and Plans, 16 de setembro de 2014, https://www.federalreserve.gov/ monetarypolicy/files/ FOMC_PolicyNormalization.pdf. Ver também Board of Governors, Policy Normalization: History of the FOMC's Policy Normalization Discussions and Communications, acessado em 8 de dezembro de 2020, https://www.federalreserve.gov/monetarypolicy/policy-normalization-discussions-communications--history.htm.
14. As desvantagens da zona do euro foram antecipadas por vários economistas proeminentes, entre os quais Barry Eichengreen, Milton Friedman, Martin Feldstein e Michael Mussa. Veja Jonung e Drea (2009).
15. Erceg, Linde e Reifschneider (2010).
16. Bernanke (2010b).
17. Carta disponível em David M. Herszenhorn, "Dear Mr. Bernanke: No Pressure, but...", *New York Times*, 17 de novembro de 2010, https://thecaucus.blogs.nytimes.com/2010/11/17/dear-mr-bernanke-no-pressure-but/?searchResultPosition=1.
18. *Wall Street Journal* (5 de novembro de 2010).
19. *Wall Street Journal* (20 de setembro de 2011).
20. Wheatley e Garnham (27 de setembro de 2010).
21. Bernanke (2015a), 493.
22. Para uma discussão sobre a batalha legislativa, ver Bernanke (2015a), 435–66.
23. Binder e Spindel (2017).
24. A observação de Perry aconteceu durante a campanha em Iowa em 15 de agosto de 2011, e a de Gingrich no debate presidencial republicano em 7 de setembro de 2011. Ver Bernanke (2015a), 520–23, para mais informações sobre a contraofensiva política.
25. Bernanke (2009b).
26. Bernanke (2015b).

CAPÍTULO 7: EVOLUÇÃO MONETÁRIA

1. Reinhart e Rogoff (2009).
2. Fernald (2014).
3. Woodford (2012).

4. Femia, Friedman e Sack (2013).
5. Swanson (2011).
6. Bernanke e Mishkin (1997).
7. A regra de Taylor canônica é descrita em Taylor (1993). Para discussões, ver Bernanke (2015f).
8. Mallaby (2016), 380.
9. Mallaby (2016), 487–91.
10. Bernanke (2003a, b).
11. Bernanke (2015a), 538.
12. Draghi (2012).
13. Bernanke (2012).
14. Atas da reunião do FOMC, 19 a 20 de março de 2013, 8.
15. Bernanke (1999).
16. Bernanke's testimony before the Joint Economic Committee, U.S. Congress, May 22, 2013.
17. Atas da reunião do FOMC, 30 de abril a 1º de maio de 2013, 7. Para uma discussão sobre as palavras quantitativas usadas nas atas do FOMC (como "a maioria", "muitos", "vários" e assim por diante), bem como sua interpretação, ver Meade, Burk e Josselyn (2015).
18. Transcrito da coletiva de imprensa de Bernanke, 19 de junho de 2013, 5–6.
19. Bernanke (2014a).

CAPÍTULO 8: A DECOLAGEM

1. Transcrito do FOMC, 4 de março de 2014, 4.
2. Transcrito da coletiva de imprensa de Yellen, 19 de março de 2014, 14.
3. Conselho do FED, comunicado à imprensa, FED emite declaração do FOMC sobre princípios e planos de normalização de políticas, 17 de setembro de 2014, https://www.federalreserve.gov/newsevents/pressreleases/monetary20140917c.htm.
4. Williams (2017).
5. Das (2019).
6. Spicer (26 de agosto de 2015).
7. Rosenfeld (28 de agosto de 2015).
8. Transcrito da coletiva de imprensa de Yellen, 16 de dezembro de 2015, 4.
9. Irwin (29 de setembro de 2018).
10. Mui (27 de julho de 2016).
11. Gordon (2016).
12. Daly, Hobijn, Şahin e Valletta (2012).
13. Staiger, Stock e Watson (1997).
14. Yellen (2014).
15. Jamrisko, Whiteaker, e Diamond (2018).
16. Bernanke (2016).
17. Nechio e Rudebusch (2016).

18. Estudos que identificam a quebra da Curva de Phillips nos anos 1990 incluem: Blanchard, Cerutti e Summers (2015); Blanchard (2016) e Del Negro, Lenza, Primiceri e Tambalotti (2020).
19. Ver Kiley (2015) para uma discussão a respeito.
20. Stock e Watson (2007) mostraram, por meio de métodos estatísticos, que a inflação após 1990 é melhor caracterizada como desvios transitórios ao redor de uma tendência permanente, enquanto em períodos anteriores os choques na inflação tendiam a persistir em vez de desaparecer. Hooker (2002) mostrou que os choques do preço do petróleo deixaram de contaminar o núcleo da inflação na década de 1980.
21. Yellen (2017b) revisou o pensamento do FED sobre a determinação da inflação.
22. Para estudos transnacionais ["Cross-Country"], ver Blanchard, Cerutti e Summers (2015). Ver também Forbes (2019) sobre as influências internacionais na inflação. Para estudos em nível estadual, consulte Hooper, Mishkin e Sufi (2020) e McLeay e Tenreyro (2020).
23. Ver, por exemplo, Gilchrist e Zakrajšek (2019).
24. Mahedy e Shapiro (2017) discutem o caso da assistência à saúde. Stock e Watson (2020) mostram de forma mais geral que bens e serviços insensíveis ao ciclo formam uma parcela maior da cesta de consumo hoje do que no passado. Quando eles se concentram em preços ciclicamente sensíveis, encontram menos achatamento da Curva de Phillips.
25. Ver Bernanke (2007) e Mishkin (2007). Ver também Roberts (2006) sobre como as mudanças na política monetária podem ajudar a explicar o achatamento da Curva de Phillips.
26. Harker (2017).
27. Appelbaum (4 de abril de 2017).
28. Bernanke (2015g).
29. Yellen (2017a).
30. Depoimento de Yellen diante do Committee on Financial Services da Câmara, 12 de julho de 2017.
31. Trump comentou que Yellen era "uma pessoa muito política" durante uma entrevista na Bloomberg TV em 16 de outubro de 2016. Seu comentário de que Yellen deveria ter "vergonha de si mesma" se deu em uma entrevista à CNBC em 12 de setembro de 2016.
32. Ver YouTube, "Donald Trump's Argument for America", 6 denovembro de 2016, https://www.youtube.com/watch?v=vST61W4bGm8.
33. Timiraos e Davidson (13 de junho de 2017).
34. Fleming (26 de outubro de 2018).
35. Yellen (2017a).

CAPÍTULO 9: POWELL E TRUMP

1. Powell (2015).
2. Transcrito das declarações na cerimônia de posse de Powell, 5 de fevereiro de 2018, 1.

3. Depoimento de Powell ao Committee on Banking, Housing e Urban Affairs, Senado dos EUA, 22 de junho de 2017, 1.
4. Transcrito da coletiva de imprensa de Powell, 21 de março de 2018, 2–3.
5. Condon (2019) reúne vários tuítes de Trump sobre o FED que são referenciados neste capítulo.
6. Powell (2018a).
7. Powell (2018b).
8. Transcrito da coletiva de imprensa de Powell, 19 de dezembro de 2018, 1–4.
9. Cox (3 de outubro de 2018).
10. Transcrito da coletiva de imprensa de Powell, 19 de dezembro de 2018, 6.
11. *Wall Street Journal* (4 de janeiro de 2019).
12. Transcrito da coletiva de imprensa de Powell, 30 de janeiro de 2019, 13.
13. Federal Reserve Board, coletiva de imprensa, "Statement on Chair Powell's and Vice Chair Clarida's meeting with the President and Treasury Secretary", 4 de fevereiro de 2019, https://www.federalreserve.gov/newsevents/pressreleases/other20190204a.htm.
14. Para mais detalhes, ver Tankersley (11 de abril de 2019) e Tankersley, Haberman e Cochrane (2 de maio de 2019).
15. Amiti, Redding e Weinstein (2020).
16. Weinraub (19 de outubro de 2020).
17. Baker, Bloom e Davis (2016).
18. Powell (2019a).
19. Transcrito da coletiva de imprensa de Powell, 19 de junho de 2019, 1.
20. Transcrito da coletiva de imprensa de Powell, 19 de junho de 2019, 6.
21. Transcrito da coletiva de imprensa de Powell, 31 de julho de 2019, 1.
22. Transcrito da coletiva de imprensa de Powell, 31 de julho de 2019, 4.
23. Powell (2019b).
24. Transcrito da coletiva de imprensa de Powell, 30 de outubro de 2019, 1–3.
25. Federal Reserve Board, comunicado à imprensa, 15 de novembro de 2018, https://www.federalreserve.gov/newsevents/pressreleases/monetary20181115a.htm.
26. Clarida (2019).
27. Uma pesquisa de agosto de 2019 com executivos financeiros de alto escalão de bancos que detêm cerca de 3/4 das reservas indicou que seu nível confortável mais baixo agregado de reservas era de US$652 bilhões; por extrapolação, todos os detentores de reservas estariam confortáveis com cerca de US$900 bilhões: https://www.federalreserve.gov/data/sfos/aug-2019-senior-financial-officer-survey.htm.

CAPÍTULO 10: PANDEMIA

1. Transcrito da coletiva de imprensa de Powell, 29 de janeiro de 2020, 2.
2. Transcrito da coletiva de imprensa de Powell, 29 de janeiro de 2020, 12.
3. Taylor (17 de março de 2020).

4. Federal Reserve Board, comunicado à imprensa, "Statement from Federal Reserve Chair Jerome H. Powell", 28 de fevereiro de 2020, https://www.federalreserve.gov/newsevents/pressreleases/other20200228a.htm.
5. Ghebreyesus (2020).
6. Achenbach, Wan e Sun (11 de março de 2020).
7. Quarles (2020).
8. Baer (20 de maio de 2020). Para discussões sobre as disrupções de março nos mercados do Tesouro, ver Schrimpf, Shin e Sushko (2020); Duffie (2020); eCheng, Wessel e Younger (2020).
9. Ver Cetorelli, Goldberg e Ravazzolo (2020) sobre a eficácia das linhas de swap.
10. Minutas do FOMC, 15 de março de 2020, 6.
11. Banco da Inglaterra, "Monetary Policy Summary for the special Monetary Policy Committee meeting on 19 March 2020", https://www.bankofengland.co.uk/monetary-policy-summary-and-minutes/2020/monetary-policy-summary-for--the-special-monetary-policy-committee-meeting-on-19-march-2020.
12. Banco do Japão, "Enhancement of Monetary Easing in Light of the Impact of the Outbreak of the Novel Coronavirus (COVID-19)", 16 de março de 2020, https://www.boj.or.jp/en/mopo/mpmdeci/state_2020/k200316b.htm/.
13. Lagarde (2020a).
14. Banco Central Europeu, "Pandemic emergency purchase programme (PEPP)", acessado em 19 de dezembro de 2020, https://www.ecb.europa.eu/mopo/implement/pepp/html/index.en.html.
15. Banco Central Europeu, "Open market operations", acessado em 19 de dezembro de 2020, https://www.ecb.europa.eu/mopo/implement/omo/html/index.en.html.
16. Rankin (21 de julho de 2020).
17. Powell (2020a).
18. Samuels (13 de maio de 2020).
19. Powell (2020c).
20. Minutas de reunião do FOMC, 27–28 de julho 2021, 5. Clarida (2021) apresentou a lógica por trás do início dos aumentos de juros no final de 2022 ou início de 2023, argumentando que isso condizia com a nova estrutura do FED.

CAPÍTULO 11: FERRAMENTAS DO FED APÓS 2008

1. Eggertsson e Woodford (2003).
2. Bernanke (2014b).
3. Para pesquisas sobre a experiência e os efeitos da QE ver Williams (2014); Gagnon (2016); Bhattarai e Neely (em breve); Kuttner (2018); Dell'Ariccia, Rabanale Sandri (2018); e Bernanke (2020). Grande parte deste capítulo e do próximo foi calcada em Bernanke (2020), o discurso presidencial do autor para a American Economic Association.
4. Bhattarai, Eggertsson e Gafarov (2015).
5. Kiley (2014) apresenta um modelo no qual tanto as taxas de curto prazo quanto as de longo prazo afetam a demanda agregada. Uma implicação é que reduções nas taxas de juro de longo prazo resultantes da QE, não acompanhadas por

reduções nas taxas de curto prazo, podem exercer menos influência do que a combinação de taxas mais baixas a curto prazo e taxas mais baixas a longo prazo que uma flexibilização da política monetária tradicional produz, longe do limite inferior.

6. Rebucci, Hartley e Jiménez (2020).
7. Gagnon, Raskin, Remache e Sack (2011).
8. As reações dos preços dos ativos na tabela, calculadas pelo autor, são muito semelhantes às do memorando original da equipe. Gagnon, Raskin, Remache e Sack (2011) também levaram em conta um conjunto maior de oito dias de anúncio. Usar o conjunto maior deixa os resultados essencialmente inalterados. De uma forma mais ampla, uma extensa literatura relacionada revela que esses resultados não são sensíveis ao conjunto exato de dias considerados, ou se janelas de tempo mais curtas ou mais longas em torno dos principais anúncios são usadas.
9. Joyce, Lasaosa, Stevens e Tong (2011).
10. Ver, por exemplo, Greenlaw, Hamilton, Harris e West (2018). Em uma resposta ao artigo deles, Gagnon (2018), antecipa alguns dos pontos que levanto aqui.
11. Krishnamurthy e Vissing-Jorgensen (2011).
12. See Cahill, D'Amico, Li e Sears (2013).
13. De Santis (2020).
14. D'Amico e King (2013) foram pioneiros nessa abordagem, mas seu artigo considerou só a QE1. Para mais resultados dos EUA, ver Cahill, D'Amico, Li e Sears (2013); Meaning e Zhu (2011); e D'Amico, English, López-Salido e Nelson (2012).
15. McLaren, Banerjee e Latto (2014) é um exemplo interessante de um estudo britânico. Os autores levam em conta três "experimentos naturais", datas em que o Banco da Inglaterra anunciou mudanças na distribuição de vencimentos de suas compras de ativos por motivos alheios a planos ou objetivos de política monetária. Eles encontraram importantes efeitos de oferta local (preços mais altos dos ativos favorecidos pelas mudanças nos planos) que se mantêm ao longo do tempo. Estudos que encontraram resultados semelhantes para o Reino Unido incluem Meaning e Zhu (2011) e Joyce e Tong (2012).
16. Ver Di Maggio, Kermani e Palmer (2020).
17. Ver, por examplo, Bauer e Rudebusch (2014).
18. Altavilla e Giannone (2017).
19. D'Amico e King (2013).
20. Ihrig e outros (2018).
21. Para um resumo dessa abordagem e suas descobertas, ver Bonis, Ihrig e Wei (2017). Este trabalho baseia-se em Li e Wei (2013) e Hamilton e Wu (2012). Hamilton e Wu encontraram efeitos um pouco mais fracos das compras de ativos. Vários artigos usam métodos de regressão para avaliar os efeitos da oferta de títulos sobre o prazo de pagamento dos prêmios; por exemplo, Gagnon, Raskin, Remache e Sack (2011). Essa linha de pesquisa, tipificada por Ihrig e outros (2018), é uma tentativa de impor maior estrutura (incluindo a condição de não arbitragem) a essa abordagem. Ver também Greenwood e Vayanos (2014).
22. Sobre os efeitos concorrentes da emissão de títulos do Tesouro e das compras de QE, ver Greenwood, Hanson, Rudolph e Summers (2015).

23. Por exemplo, Wu (2014) creditou às compras de ativos do FED mais da metade do declínio de 2,2 pontos porcentuais nos rendimentos dos títulos do Tesouro de 10 anos entre o outono de 2008 e o taper tantrum em 2013, semelhante ao estudo da equipe do FED. Altavilla, Carboni e Moto (2015) e Eser e outros (2019) encontraram efeitos comparáveis para o programa ECB QE anunciado em janeiro de 2015.
24. A proporção de três para um foi frequentemente citada pela equipe do FED. Ver Chung, Laforte, Reifschneider e Williams (2012), cuja regressão das mudanças da TDI em rendimentos de 10 anos encontram uma relação de quatro para um. Ver também Laforte (2018).
25. Ver, por exemplo, Coibion, Gorodnichenko, Knotek e Schoenle (2020). Os autores, em uma pesquisa, descobriram que a maioria das pessoas não sabia ou não reagiu ao anúncio do FED de sua nova estrutura de políticas em agosto de 2020.
26. Ver, por exemplo, Bernanke, Kiley e Roberts (2019).
27. Ver Nelson (2021), Lindsey (2003), e Feroli e outros (2017).
28. Gürkaynak, Sacke Swanson (2005).
29. Campbell, Evans, Fisher e Justiniano (2012).
30. Ver Femia, Friedman e Sack (2013). Usando informações de opções de taxa de juros, Raskin (2013) chegou a uma conclusão parecida. Ver também Bernanke (2020) para um resumo dos estudos de eventos dos efeitos dos anúncios do FED associando a orientação das taxas a datas específicas. De forma mais geral, Carvalho, Hsu e Nechio (2016), contando palavras específicas em artigos de revistas e jornais para medir as expectativas de política, mostraram que comunicações imprevistas do FED influenciaram as taxas de juros de longo prazo. Del Negro, Giannoni e Patterson (2015) concluíram que o forward guidance afetou positivamente a inflação e as expectativas de crescimento.
31. Em Clarida (2020b), um exemplo de discurso de um formulador de políticas que fornece orientações abrangentes.
32. Bush, Jendoubi, Raskin e Topa (2020).
33. Declaração introdutória à coletiva de imprensa de Draghi, 4 de julho de 2013, https://www.ecb.europa.eu/press/pressconf/2013/html/is130704.en.html.
34. Em Charbonneau e Rennison (2015) há uma cronologia e uma revisão das evidências internacionais sobre o forward guidance pós-crise. Altavilla e outros (2019) usaram uma análise estatística para identificar as principais dimensões da comunicação do BCE. Uma análise semelhante foi usada por Gürkaynak, Sack e Swanson (2005) e Swanson (2020). Hubert e Labondance (2018) descobriram que o forward guidance do BCE baixou persistentemente as taxas ao longo de toda a estrutura a termo.
35. A reputação institucional é modelada teoricamente em Nakata (2015).

CAPÍTULO 12: A CAIXA DE FERRAMENTAS DO FED É SUFICIENTE?

1. Fernald, Hall, Stock e Watson (2017).
2. Engen, Laubach e Reifschneider (2015).
3. Este cálculo é baseado em Laforte (2018).

4. Caldara, Gagnon, Martínez-García e Neely (2020).
5. Transcrito da coletiva de imprensa de Powell, 10 de junho de 2020, 10.
6. "An Update to the Economic Outlook: 2010 to 2030", Congressional Budget Office, julho de 2020, https://www.cbo.gov/system/files/2020-07/56442-CBO-update-economic-outlook.pdf.
7. Para uma análise das saídas de empresas do mercado em 2020, ver Crane e outros (2020).
8. Para estimativas dos efeitos passados e esperados das políticas do BCE sobre o PIB e a inflação durante a pandemia, ver Lagarde (2020b).
9. Bernanke (2020).
10. Chung e outros (2019).
11. Reifschneider (2016) e Kiley (2018) obtiveram resultados qualitativamente semelhantes, ao passo que Chung e outros (2019) são um pouco mais pessimistas. Veja Bernanke (2020) para uma discussão sobre as diferenças entre esses estudos. Kim, Laubach e Wei (2020) apresentam um quadro mais otimista dos benefícios macroeconômicos das novas ferramentas.
12. Rodnyanksy e Darmouni (2017).
13. Kurtzman, Luck e Zimmermann (2017) descobriram que os bancos reduziram os padrões de empréstimo e concederam empréstimos mais arriscados após as compras de QE1 e QE3 MBS. Eles estimaram que a emissão de crédito extra foi equivalente a um corte de 1 ponto porcentual na TDI do Fed. E argumentaram que esse aumento na assunção de riscos foi benéfico para a recuperação e não prejudicial para a estabilidade financeira.
14. Se a taxa neutra real estiver acima de zero, atingir uma meta de inflação de 2% elevaria a taxa neutra nominal para 2% a 3%, dando algum espaço para a política monetária. Exceto por Kiley (2019), que estima que as taxas de juros reais neutras são negativas em muitos países, a maioria das estimativas atuais coloca a taxa real neutra nas principais economias estrangeiras acima de zero. Por exemplo, o FED de Nova York relata estimativas — com base em Holston, Laubach e Williams (2017) — das taxas reais neutras do Canadá, da Zona do Euro e do Reino Unido que, a partir de 2021, eram todas positivas. Usando os métodos de Laubach e Williams (2003), bem como um modelo econométrico, Okazaki e Sudo (2018) estimam que a taxa neutra real no Japão esteja próxima de 1%. As estimativas de Davis, Fuenzalida e Taylor (2021) da taxa real neutra em seis economias avançadas variam entre quase zero e modestamente positiva.
15. Ver ECB, comunicado à imprensa, "ECB's Governing Council approves its new monetary policy strategy", 8 de julho de 2021, https://www.ecb.europa.eu/press/pr/date/2021/html/ecb.pr210708~dc78cc4b0d.en.html.
16. Ver o comunicado à imprensa do Federal Reserve Board, "Federal Reserve Board announces Reserve Bank income and expense data and transfers to the Treasury for 2020", 11 de janeiro de 2021, https:// www.federalreserve.gov/newsevents/pressreleases/other20210111a.htm. Para uma quantificação dos efeitos da QE na dívida de longo prazo do governo, ver Clouse e outros (2013).
17. Caballero e Kamber (2019).
18. Gilchrist e Zakrajšek (2013).

19. Swanson e Williams (2014).
20. Estudos examinaram os efeitos distributivos da política monetária em várias economias. Para os EUA, ver Bivens (2015). Para a Zona do Euro, ver Slacalek, Tristani e Violante (2020). Para o Reino Unido, ver Bunn, Pugh e Yeates (2018). Os benefícios para trabalhadores com salários mais baixos de um mercado de trabalho "aquecido" são demonstrados em Aaronson, Daly, Wascher e Wilcox (2019). A contribuição das recessões para o aumento da desigualdade está documentada em Heathcote, Perri e Violante (2020). Ver Bernanke (2015h) para uma discussão mais aprofundada.
21. Kopcke e Webb (2013).
22. Os dados sobre planos de aposentadoria, casa própria e participações acionárias são de "Changes in U.S. Family Finances from 2016 to 2019: Evidence from the Survey of Consumer Finances", *Federal Reserve Bulletin*, setembro de 2020.
23. Bartscher, Kuhn, Schularick e Wachtel (2021) descobriram que uma política monetária mais flexível aumenta mais o emprego de negros do que o de brancos, mas também piora significativamente as diferenças raciais na riqueza.
24. Quanto ao Japão, ver Caballero, Hoshi e Kashyap (2008). McGowan, Andrews e Millot (2018) discutem a ocorrência de empresas zumbis em economias avançadas.
25. Favara, Minoiu e Perez-Orive (2021).
26. Para mais discussões sobre críticas alternativas sobre a QE e políticas de flexibilização monetária, ver Bernanke (2017a).

CAPÍTULO 13: FORTALECENDO A POLÍTICA MONETÁRIA

1. Para uma discussão mais detalhad, ver Dell'Ariccia, Rabanal e Sandri (2018) e Potter e Smets (2019).
2. D'Amico e Kaminska (2019).
3. Gilchrist e Zakrajšek (2012).
4. Gilchrist e Zakrajšek (2012).
5. Em março de 2020, Janet Yellen e eu argumentamos que o Congresso deveria conceder discricionariedade limitada ao FED para comprar títulos corporativos de primeira linha para respaldar os fluxos de crédito para empresas não financeiras. Ver Bernanke e Yellen (2020). A Lei CARES estabeleceu exatamente esse mecanismo, porém, como Janet e eu propusemos, o objetivo do mecanismo era aprimorar o funcionamento do mercado de crédito, não de aumentar a força da política monetária de maneira mais geral.
6. Ver Andrade, Cahn, Fraisse e Mésonnier (2019); Churm, Joyce, Kapetanios e Theodoridis (2021); e Cahn, Matheron e Sahuc (2017).
7. Ver Arteta, Kose, Stocker e Taskin (2018) e Eisenschmidt e Smets (2018).
8. Brunnermeier e Koby (2018).
9. Ver Lopez, Rose e Spiegel (2020) e Altavilla, Burlon, Giannetti e Holton (2021).
10. Burke e outros (2010).
11. Ver Grisse, Krogstrup e Schumacher (2017).
12. Ver Bowman, Erceg e Leahy (2010). Para a experiência pré-1951, ver Chaurushiya e Kuttner (2003).

13. Ver Brainard (2019) para uma visão inicial de apoio. Clarida (2020a) caracterizou os limites e metas de rendimento como "não garantidos no ambiente atual, mas [isso] pode continuar sendo uma opção... caso as circunstâncias mudem acentuadamente".
14. Ver "What is the Statement on Longer-Run Goals and Monetary Policy Strategy e why does the Federal Open Market Committee publish it?" FAQ, Board of Governors, acessado em 26 de janeiro de 2021, https://www.federalreserve.gov/faqs/statement-on-longer-run-goals-monetary-policy-strategy-fomc.htm.
15. Bernanke e Mishkin (1997).
16. Svensson (1999) foi um dos primeiros proponentes da meta de nível de preços. Eggertsson e Woodford (2003) argumentaram que a meta de nível de preço pode ser particularmente útil quando o limite inferior é uma restrição frequente na política monetária.
17. Ver Bernanke (2017a) e Bernanke, Kiley e Roberts (2019).
18. Brainard (2017).
19. Em Clarida (2020b), uma discussão detalhada.
20. Para a análise da equipe do Conselho sobre as metas do PIB nominal, ver Erceg, López-Salido e Tetlow (2011) e Erceg, Kiley e López-Salido (2011). Christina Romer defendeu a meta nominal do PIB em um artigo de opinião do *New York Times* (29 de outubro de 2011). Outros que primeiro defenderam esse método incluem Carney (2012), Woodford (2012) e Sumner (2014). Apoio recente veio do presidente do FED Bank of St. Louis, James Bullard (Bullard e DiCecio, 2019).
21. Para uma declaração recente do caso de um aumento na meta de inflação, ver Andrade, Galí, Le Bihan e Matheron (2019). Ver também Blanchard, Dell'Ariccia e Mauro (2010) e Leigh (2010).
22. Ver, por exemplo, Furman e Summers (2020). Essa visão lembra a dos economistas keynesianos dos anos 1950 e 1960 que, seguindo o próprio Keynes, viam a política fiscal como a ferramenta de estabilização mais eficaz. Assim como no período pós-2000, as taxas de juros na década de 1930 (quando Keynes estava desenvolvendo suas teorias) eram próximas de zero, o que Keynes via como um limitador do escopo da política monetária.
23. Boushey, Nunn e Shambaugh (2019).
24. Friedman (1969).
25. Ver Kocherlakota (2016) para mais discussões.
26. Para uma visão geral do MMT e outras referências, consulte Matthews (2019). Em Mankiw (2020) há uma crítica ponderada do mainstream.

CAPÍTULO 14: POLÍTICA MONETÁRIA E ESTABILIDADE FINANCEIRA

1. Bernanke e Kuttner (2005) descobriram que um corte surpresa de 1/4 de ponto porcentual na TDI normalmente aumenta os preços das ações em cerca de 1%. Reinhart e Reinhart (2011) constatam que a relação de longo prazo entre a TDI e os preços dos ativos é bastante fraca, especialmente após 1990, quando os influxos de capital estrangeiro para os EUA cresceram em importância.
2. Mishkin e White (2003).

3. Sobre o papel do padrão ouro na Depressão, ver Eichengreen e Sachs (1985), Bernanke e James (1991) e Eichengreen (1992). O estudo clássico de Friedman e Schwartz (1963) deu ênfase aos efeitos das quebras de bancos dos EUA sobre a oferta monetária e o nível dos preços. Bernanke (1983) discute o efeito da quebra de bancos no crédito. Bernanke (2018) fornece referências recentes sobre o papel do crédito na Depressão. Ver Ahamed (2009) para um envolvente tratamento popular das causas da Depressão.
4. Ver Jordà, Schularick e Taylor (2013) e Jordà, Schularick e Taylor (2015b).
5. Case, Quigley e Shiller (2013).
6. Por exemplo, por volta de metade dos empréstimos e arrendamentos mantidos por bancos segurados pelo FDIC em 2020 eram garantidos por imóveis, mais do que qualquer outra categoria. FDIC: https://www.fdic.gov/analysis/quarterly-banking-profile/qbp/2020sep/qbp.pdf#page=1.
7. Mian, Sufi e Verner (2017).
8. Ver Paligorova e Sierra Jimenez (2012) para uma visão geral das evidências e teorias sobre os efeitos da flexibilização nos empréstimos bancários.
9. Bernanke e Kuttner (2005).
10. Hanson e Stein (2015).
11. Bernanke, Gertler e Gilchrist (1996).
12. Para mais a respeito, ver Borio eZhu (2012) e Stein (2013).
13. Barberis, Greenwood, Jin e Shleifer (2018).
14. Minsky (1986).
15. No filme baseado em Lewis (2010), Richard Thaler, o economista comportamental ganhador do Nobel é mostrado explicando os vieses comportamentais dos investidores para uma personagem interpretada pela atriz Selena Gomez.
16. Rajan (2005).
17. Este argumento é de Stein (2013).
18. Ver Lu e outros (2019).
19. Para uma introdução às ferramentas macroprudenciais, ver Yilla e Liang (2020). Crockett (2000) foi um dos primeiros a defender o uso dessa classe de políticas.
20. Liang e Edge (2019) apresentam evidências internacionais sobre a escolha entre considerações políticas e eficácia em comitês macroprudenciais.
21. Ver, por exemplo, Claessens (2015)e Richter, Schularick e Shim (2019).
22. Yellen (2018).
23. Metrick e Tarullo (2021) defendem uma regulamentação "congruente" — grosso modo, que as empresas financeiras cujas funções são semelhantes devem ser reguladas de maneira semelhante.
24. Ver "Conclusion: The Fire Next Time" em Bernanke, Geithner e Paulson (2019).
25. Ver,porexemplo,oProgramonFinancialStabilityattheYaleSchoolofManagement, https://som.yale.edu/faculty-research-centers/centers-initiatives/program-on-financial-stability. O programa, criado após a crise global, conduziu análises detalhadas de dezenas de crises financeiras em todo o mundo e das respostas dos decisores políticos. O objetivo desses estudos de caso, que são utilizados para ajudar a formar funcionários de BCs e ministérios das finanças de todo o mundo, é aprimorar a prevenção e gestão de crises futuras.

26. Bernanke (2002a).
27. Ahamed (2009), 276.
28. Bean, Paustian, Penalver e Taylor (2010), 300.
29. Jordà, Schularick e Taylor (2015a).
30. Borio e White (2003).
31. Agur e Demertzis (2013) argumentam que, caso a política monetária inclua um objetivo de estabilidade financeira, a melhor política, em face de uma economia enfraquecida, é flexibilizar a política de forma agressiva, mas reduzir o tempo em que as taxas são mantidas baixas a fim de limitar a acumulação de risco.
32. Stein (2013).
33. Ver Adrian, Duarte, Liang e Zabczyk (2020).
34. Bernanke (2004).
35. Ver, por exemplo, Adrian e Liang (2018).
36. Ver Greenwood, Hanson, Shleifer e Sørensen (em publicação). Em discurso posterior ao discutido no texto, Stein (2014) sugeriu a utilização de medidas de prêmios de risco de títulos como indicadores de risco financeiro.
37. English (em publicação) discute o caso norueguês.
38. Ver Svensson (2017a, b).
39. Adrian e Liang (2018).
40. Esse ponto é defendido por Gourio, Kashyap e Sim (2018). Reinhart e Rogoff (2009) forneceram evidências de que recessões que se seguem a crises financeiras tendem a ser particularmente profundas e prolongadas.
41. Rey (2013).
42. Há outros fatores que também afetam o ciclo global. Para um estudo que atribui relativamente menor importância à política do FED na determinação dos fluxos de capital internacionais, ver Clark, Converse, Coulibaly e Kamin (2016).
43. Adrian e Shin (2010).

CAPÍTULO 15: A INDEPENDÊNCIA DO FED E O PAPEL DA SOCIEDADE

1. Transcrito da coletiva de imprensa de Bernanke, 18 de dezembro de 2013, 39.
2. Ver Brainard (2021).
3. Ver Das e Spicer (21 de julho de 2016).
4. Brainard (2020) discute o papel do FED como agente fiscal e seu serviço FedNow para compensação instantânea de cheques.
5. Para mais sobre FedNow, ver "Federal Reserve Board, FedNow Service", acessado em 9 de outubro de 2021, https://www.federalreserve.gov/paymentsystems/fednow_about.htm.
6. Conselho do FED, "Preserving Minority Depository Institutions", acessado em 9 de outubro de 2021, https://www.federalreserve.gov/publications/files/preserving-minority-depository-institutions-2020.pdf.
7. Para mais sobre CRA, ver Conselho do FED, Community Reinvestment Act, acessado em 26 de fevereiro de 2021, https://www.federalreserve.gov/consumerscommunities/cra_about.htm.

8. Wessel, Sheiner e Ng (2019). O Board's Office of Minority and Women Inclusion reporta-se anualmente ao Congresso. Ver Conselho do FED, "How does the Fed foster diversity and inclusion in the workplace?" acessado em 26 de fevereiro de 2021, https://www.federalreserve.gov/faqs/how-does-the-fed-foster-diversity-and-inclusion-in-the-workplace.htm.
9. Smialek (2 de fevereiro de 2021).
10. Holston, Laubach e Williams (2017).
11. Blinder (1996).

BIBLIOGRAFIA

Aaronson, Stephanie R., Mary C. Daly, William L. Wascher e David W. Wilcox. 2019. "Okun Revisited: Who Benefits Most from a Strong Economy?" *Brookings Papers on Economic Activity* (Spring): 333–404.

Abrams, Burton A. 2006. "How Richard Nixon Pressured Arthur Burns: Evidence from the Nixon Tapes". *Journal of Economic Perspectives* 20 (4): 177–88.

Achenbach, Joel, William Wan e Lena H. Sun. 2020. "Coronavirus Forecasts Are Grim: 'It's Going to Get Worse.'" *Washington Post*, 11 de março.

Adrian, Tobias, Fernando Duarte, Nellie Liang e Pawel Zabczyk. 2020. "Monetary and Macroprudential Policy with Endogenous Risk". IMF Working Paper No. 2020/236. Washington, DC: International Monetary Fund.

Adrian, Tobias e Nellie Liang. 2018. "Monetary Policy, Financial Conditions e Financial Stability". *International Journal of Central Banking* 14 (1): 73–131.

Adrian, Tobias e Hyun Song Shin. 2010. "Liquidity and Leverage". *Journal of Financial Intermediation* 19 (3): 418–37.

Agur, Itai e Maria Demertzis. 2013. "'Leaning against the Wind' and the Timing of Monetary Policy". *Journal of International Money and Finance* 35 (junho): 179–94.

Ahamed, Liaquat. 2009. *Lords of Finance: The Bankers Who Broke the World*. Nova York: The Penguin Press.

Ajello Andrea, Thomas Laubach, David López-Salido e Taisuke Nakata. 2019. "Financial Stability and Optimal Interest-Rate Policy". *International Journal of Central Banking* 15 (1): 279–326.

Allen, Steven G., Robert L. Clark e Sylvester J. Schieber. 2001. "Has Job Security Vanished in Large Corporations?" Em *On The Job: Is Long-Term Employment a Thing of the Past?*, editado por David Neumark. Nova York: Russell Sage Foundation.

Altavilla, Carlo, Luca Brugnolini, Refet Gürkaynak, Roberto Motto e Giuseppe Ragusa. 2019. "Monetary Policy in Action: Multiple Dimensions of ECB Policy Communication and Their Financial Market Effects." Center for Economic Policy Research. *VoxEU*, 4 de outubro.

Altavilla, Carlo, Lorenzo Burlon, Mariassunta Giannetti e Sarah Holton. 2021. "Is There a Zero Lower Bound? The Effects of Negative Policy Rates on Banks and Firms." *Journal of Financial Economics* (próximo julho).

Altavilla, Carlo, Giacomo Carboni e Roberto Motto. 2015. "Asset Purchase Programmes and Financial Markets: Lessons from the Euro Area." ECB Working Paper 1864. Frankfurt, Germany: European Central Bank.

Altavilla, Carlo e Domenico Giannone. 2017. "The Effectiveness of Non-Standard Monetary Policy Measures: Evidence from Survey Data." *Journal of Applied Econometrics* 32 (5): 952–64.

Amiti, Mary, Stephen J. Redding e David E. Weinstein. 2020. "Who's Paying for the US Tariffs? A Longer-Term Perspective." *AEA Papers and Proceedings* 110 (maio): 541–46.

Andrade, Philippe, Christophe Cahn, Henri Fraisse e Jean-Stéphane Mésonnier. 2019. "Can the Provision of Long-Term Liquidity Help to Avoid a Credit Crunch? Evidence from the Eurosystem's LTRO." *Journal of the European Economic Association* 17 (4): 1070–1106.

Andrade, Philippe, Jordi Galí, Hervé Le Bihan e Julien Matheron. 2019. "The Optimal Inflation Target and the Natural Rate of Interest." *Brookings Papers on Economic Activity* (Fall): 173–255.

Appelbaum, Binyamin. 2017. "Richmond Fed President Resigns, Admitting He Violated Confidentiality." *New York Times*, 4 de abril.

Arteta, Carlos, M. Ayhan Kose, Marc Stocker e Temel Taskin. 2018. "Implications of Negative Interest Rate Policies: An Early Assessment." *Pacific Economic Review* 23 (1): 8–26. Baer, Justin. 2020. "The Day the Coronavirus Nearly Broke the Markets." *Wall Street Journal*, 20 de maio.

Bagehot, Walter. 1873. *Lombard Street: A Description of the Money Market.* Londres: Henry S. King & Co.

Baker, Scott R., Nicholas Bloom e Steven J. Davis. 2016. "Measuring Economic Policy Uncertainty." *Quarterly Journal of Economics* 131 (4): 1593–1636.

Barberis, Nicholas, Robin Greenwood, Lawrence Jin e Andrei Shleifer. 2018. "Extrapolation and Bubbles." *Journal of Financial Economics* 129 (2): 203–27.

Bartlett, Charles. 2018. "The Financial Crisis, Then and Now: Ancient Rome and 2008 CE." Harvard University, Weatherhead Center for International Affairs. *Epicenter* (blog), 10 de dezembro. https://epicenter.wcfia.harvard.edu/blog/financial-crisis-then-and-now.

Bartscher, Alina K., Moritz Kuhn, Moritz Schularick e Paul Wachtel. 2021. "Monetary Policy and Racial Inequality." Staff Report 959. FED de Nova York.

Bauer, Michael D. e Glenn D. Rudebusch. 2014. "The Signaling Channel for Federal Reserve Bond Purchases." *International Journal of Central Banking* 10 (3): 233–89.

Bean, Charles, Matthias Paustian, Adrian Panalver e Tim Taylor. 2010. "Monetary Policy after the Fall." Em *Proceedings*. Jackson Hole, WY: Federal Reserve Bank of Kansas City.

Bernanke, Ben S. 1983. "Nonmonetary Effects of the Financial Crisis in Propagation of the Great Depression." *American Economic Review* 73 (3): 257–76.

—. 1999. "Japanese Monetary Policy: A Case of Self-Induced Paralysis?" Apresentado nas reuniões da ASSA, Boston, MA, Dezembro. https://www.princeton.edu/~pkrugman/bernanke_paralysis.pdf.

—. 2000. *Essays on the Great Depression*. Princeton, NJ: Princeton University Press.

—. 2002a. "Asset-Price 'Bubbles' and Monetary Policy." Nova York, 15 de outubro.

—. 2002b. "Remarks on Milton Friedman's Ninetieth Birthday." Chicago, 8 de novembro.

—. 2002c. "Deflation: Making Sure 'It' Doesn't Happen Here." Washington, DC, 21 de novembro.

—. 2003a. "A Perspective on Inflation Targeting." Washington, DC, 25 de março.

—. 2003b. "Remarks." St. Louis, 17 de outubro.

—. 2004. "The Great Moderation." Washington, DC, 2 de fevereiro.

—. 2005. "The Global Saving Glut and the U.S. Current Account Deficit." Richmond, VA, 10 de março.

—. 2006. "Reflections on the Yield Curve and Monetary Policy." Nova York, 20 de março.

—. 2007. "Inflation Expectations and Inflation Forecasting." Cambridge, MA, 10 de julho.

—. 2008a. "Remarks on Class Day 2008." Cambridge, MA, 4 de junho.

—. 2008b. "Federal Reserve Policies in the Financial Crisis." Austin, TX, 1º de dezembro.

—. 2009a. "The Crisis and the Policy Response." Londres, Inglaterra, 13 de janeiro.

—. 2009b. "The Chairman." Interview by Scott Pelley. *60 Minutes*. CBS, 15 de março.

—. 2010a "Monetary Policy and the Housing Bubble." Atlanta, 3 de janeiro.

—. 2010b. "The Economic Outlook and Monetary Policy." Jackson Hole, WY, 27 de agosto.

—. 2012. "Monetary Policy since the Onset of the Crisis." Jackson Hole, WY, 31 de agosto.

—. 2014a. "The Federal Reserve: Looking Back, Looking Forward." Philadelphia, 3 de janeiro.

—. 2014b. "A Discussion on the Fed's 100th Anniversary." Washington, DC: Brookings Institution, 16 de janeiro.

—. 2015a. *The Courage to Act: A Memoir of a Crisis and Its Aftermath*. Nova York:

W. W. Norton.

—. 2015b. *The Federal Reserve and the Financial Crisis*. Princeton, NJ: Princeton University Press.

—. 2015c. "Why Are Interest Rates So Low?" Brookings Institution. Blog de Ben Bernanke, 30 de março.

—. 2015d. "Why Are Interest Rates So Low, Part 2: Secular Stagnation." Brookings Institution. Blog de Ben Bernanke, 31 de março.

—. 2015e. "Why Are Interest Rates So Low, Part 3: The Global Savings Glut." Brookings Institution. Blog de Ben Bernanke, 1º de abril.

—. 2015f. "The Taylor Rule: A Benchmark for Monetary Policy?" Brookings Institution. Blog de Ben Bernanke, 28 de abril.

—. 2015g. "Warren-Vitter and the Lender of Last Resort." Brookings Institution. Blog de Ben Bernanke, 15 de maio.

—. 2015h. "Monetary Policy and Inequality." Brookings Institution. Blog de Ben Bernanke, 1ºde junho.

—. 2016. "The Fed's Shifting Perspective on the Economy and Its Implications for Monetary Policy." Brookings Institution. Blog de Ben Bernanke, 8 de agosto.

—. 2017a. "Monetary Policy in a New Era." Em *Rethinking Macroeconomic Policy*. Washington, DC: Peterson Institute for International Economics. https://piie.com/system/ files/documents/bernanke20171012paper.pdf.

—. 2017b. "Temporary Price-Level Targeting: An Alternative Framework for Monetary Policy." Brookings Institution. Blog de Ben Bernanke, 12 de outubro.

—. 2018. "The Real Effects of Disrupted Credit: Evidence from the Global Financial Crisis." *Brookings Papers on Economic Activity* (outono): 251–342.

—. 2020. "The New Tools of Monetary Policy." *American Economic Review* 110 (4): 943–83.

Bernanke, Ben S., Timothy F. Geithner e Henry M. Paulson, Jr. 2019. *Firefighting: The Financial Crisis and Its Lessons*. Nova York: Penguin Books.

—, eds. 2020. *First Responders: Inside the U.S. Strategy for Fighting the 2007–2009 Global Financial Crisis*. New Haven, CT: Yale University Press.

Bernanke, Ben S., Mark Gertler e Simon Gilchrist. 1996. "The Financial Accelerator and the Flight to Quality." *Review of Economics and Statistics* 78 (1): 1–15.

Bernanke, Ben S. e Harold James. 1991. "The Gold Standard, Deflation e Financial Crisis in the Great Depression: An International Comparison." Em *Financial Markets and Financial Crises*, editado por R. Glenn Hubbard, 33–68. Chicago: University of Chicago Press.

Bernanke, Ben S., Michael T. Kiley e John M. Roberts. 2019. "Monetary Policy Strategies for a Low-Rate Environment." *AEA Papers and Proceedings* 109 (maio): 421–26.

Bernanke, Ben S. e Kenneth N. Kuttner. 2005. "What Explains the Stock Market's Reaction to Federal Reserve Policy?" *Journal of Finance* LX (3): 1221–57.

Bernanke, Ben S., Thomas Laubach, Frederic S. Mishkin e Adam S. Posen. 1999. *Inflation Targeting: Lessons from the International Experience*. Princeton, NJ: Princeton University Press.

Bernanke, Ben S. e Frederic S. Mishkin. 1997. "Inflation Targeting: A New Framework for Monetary Policy?" *Journal of Economic Perspectives* 11 (2): 97–116.

Bernanke, Ben S., Vincent R. Reinhart e Brian P. Sack. 2004. "Monetary Policy Alternatives at the Zero Bound: An Empirical Assessment." *Brookings Papers on Economic Activity* (outono): 1–100.

Bernanke, Ben e Janet Yellen. 2020. "The Federal Reserve Must Reduce Long-Term Damage from Coronavirus." *Financial Times*, 18 de março.

Bhattarai, Saroj, Gauti B. Eggertsson e Bulat Gafarov. 2015. "Time Consistency and the Duration of Government Debt: A Signalling Theory of Quantitative Easing." Working Paper 21336. Cambridge, MA: National Bureau of Economic Research.

Bhattarai, Saroj e Christopher J. Neely (em breve). "An Analysis of the Literature on International Unconventional Monetary Policy." *Journal of Economic Literature*.

Binder, Sarah e Mark Spindel. 2017. *The Myth of Independence: How Congress Governs the Federal Reserve*. Princeton, NJ: Princeton University Press.

Bivens, Josh. 2015. "Gauging the Impact of the Fed on Inequality during the Great Recession." Hutchins Center Working Paper 12. Washington, DC: Brookings Institution.

Blanchard, Olivier. 2016. "The Phillips Curve: Back to the 60s?" *American Economic Review* 106 (5): 31–34.

—. 2019. "Public Debt and Low Interest Rates." *American Economic Review* 109 (4): 1197–1229.

Blanchard, Olivier, Eugenio Cerutti e Lawrence Summers. 2015. "Inflation and Activity— Two Explorations and Their Monetary Policy Implications." Working Paper 21726. Cambridge, MA: National Bureau of Economic Research.

Blanchard, Olivier, Giovanni Dell'Ariccia e Paolo Mauro. 2010. "Rethinking Macroeconomic Policy." IMF Staff Position Note. Washington, DC: International Monetary Fund.

Blinder, Alan S. 1996. "Central Banking in a Democracy." *Federal Reserve Bank of Richmond Economic Quarterly* 82 (4): 1–14.

Blinder, Alan S. e Ricardo Reis. 2005. "Understanding the Greenspan Standard." Em *The Greenspan Era: Lessons for the Future*. Jackson Hole, WY: FED de Kansas City.

Blinder, Alan S. e Janet L. Yellen. 2001. *The Fabulous Decade: Macroeconomic Lessons from the 1990s*. Nova York: Century Foundation Press.

Bonis, Brian, Jane Ihrig e Min Wei. 2017. "Projected Evolution of the SOMA Portfolio and the 10-Year Treasury Term Premium Effect." Conselho do FED. *FEDS Notes*, 22 de setembro.

Borio, Claudio e William White. 2003. "Whither Monetary and Financial Stability? The Implications of Evolving Policy Regimes." Em *Monetary Policy and Uncertainty: Adapting to a Changing Economy*. Jackson Hole, WY: FED de Kansas City.

Borio, Claudio e Haibin Zhu. 2012. "Capital Regulation, Risk-Taking and Monetary Policy: A Missing Link in the Transmission Mechanism?" *Journal of Financial Stability* 8(4): 236–51.

Boushey, Heather, Ryan Nunn e Jay Shambaugh, eds. 2019. *Recession Ready: Fiscal Policies to Stabilize the American Economy*. Washington, DC: Brookings Institution: The Hamilton Project, Washington Center for Equitable Growth.

Bowman, David, Christopher Erceg e Mike Leahy. 2010. "Strategies for Targeting Interest Rates Out the Yield Curve." Staff Memo. Washington, DC: Conselho do FED.

Boyle, Andrew. 1967. *Montagu Norman: A Biography*. Londres: Cassell.

Brainard, Lael. 2017. "Rethinking Monetary Policy in a New Normal." Washington, DC, 12 de outubro.

—. 2019. "Federal Reserve Review of Monetary Policy Strategy, Tools e Communications: Some Preliminary Views." Nova York, 26 de novembro.

—. 2020. "The Future of Retail Payments in the United States." Washington, DC, 6 de agosto.

—. 2021. "Supporting Responsible Use of AI and Equitable Outcomes in Financial Services." Washington, DC, 12 de janeiro.

Brauer, David. 2007. "The Natural Rate of Unemployment." Working Paper 2007-06. Washington, DC: Congressional Budget Office.

Brunnermeier, Markus K. e Yann Koby. 2018. "The Reversal Interest Rate." Working Paper 25406. Cambridge, MA: National Bureau of Economic Research.

Bullard, James e Riccardo DiCecio. 2019. "Optimal Monetary Policy for the Masses." Working Paper 2019-009. FED de St. Louis.

Bunn, Philip, Alice Pugh e Chris Yeates. 2018. "The Distributional Impact of Monetary Policy Easing in the UK between 2008 and 2014." Staff Working Paper 720. Londres: Banco da Inglaterra.

Burke, Chris, Spence Hilton, Ruth Judson, Kurt Lewis e David Skeie. 2010. "Reducing the IOER Rate: An Analysis of Options." Staff Memo. Washington, DC: Conselho do FED.

Burns, Arthur F. 1970. "The Basis for Lasting Prosperity." Discurso na Pepperdine University, Los Angeles, 7 de dezembro.

—. 1979. "The Anguish of Central Banking." Palestra de Jacobsson, Belgrade, Yugoslavia, 30 de setembro. http://www.perjacobsson.org/lectures/1979.pdf.

Bush, Ryan, Haitham Jendoubi, Matthew Raskin e Giorgio Topa. 2020. "How Did Market Perceptions of the FOMC's Reaction Function Change after the

Fed's Framework Review?" Federal Reserve Bank of New York. *Liberty Street Economics*, 18 de dezembro.

Caballero, Ricardo J., Emmanuel Farhi e Pierre-Olivier Gourinchas. 2017. "The Safe Assets Shortage Conundrum". *Journal of Economic Perspectives* 31 (3): 29–46.

Caballero, Ricardo J., Takeo Hoshi e Anil K. Kashyap. 2008. "Zombie Lending and Depressed Restructuring in Japan." *American Economic Review* 98 (5): 1943–77.

Caballero, Ricardo J. e Gunes Kamber. 2019. "On the Global Impact of Risk-off Shocks and Policy-Put Frameworks." Working Paper 26031. Cambridge, MA: National Bureau of Economic Research.

Cahill, Michael E., Stefania D'Amico, Canlin Li e John S. Sears. 2013. "Duration Risk versus Local Supply Channel in Treasury Yields: Evidence from the Federal Reserve's Asset Purchase Announcements." Working Paper 2013-35. Finance and Economics Discussion Series. Washington, DC: Conselho do FED.

Cahn, Christophe, Julien Matheron e Jean-Guillaume Sahuc. 2017. "Assessing the Macroeconomic Effects of LTROs during the Great Recession." *Journal of Money, Credit and Banking* 49 (7): 1443–82.

Caldara, Dario, Etienne Gagnon, Enrique Martínez-García e Christopher J. Neely. 2020. "Monetary Policy and Economic Performance since the Financial Crisis." Working Paper 2020-065. Finance and Economics Discussion Series. Washington, DC: Conselho do FED.

Campbell, Jeffrey R., Charles L. Evans, Jonas D. M. Fisher e Alejandro Justiniano. 2012. "Macroeconomic Effects of Federal Reserve Forward Guidance." *Brookings Papers on Economic Activity* (primavera): 1–80.

Campbell, John Y. e Robert J. Shiller. 1998. "Valuation Ratios and the Long-Run Stock Market Outlook." *Journal of Portfolio Management* 24 (2): 11–26.

Carney, Mark. 2012. "A Monetary Framework for All Seasons." Discurso no the U.S. Monetary Policy Forum, Nova York, 24 de fevereiro.

Carvalho, Carlos, Eric Hsu e Fernanda Nechio. 2016. "Measuring the Effect of the Zero Lower Bound on Monetary Policy." Working Paper 2016-06. FED de São Francisco.

Case, Karl, John Quigley e Robert Shiller. 2013. "Wealth Effects Revisited 1975–2012." *Critical Finance Review* 2 (1): 101–28.

Cetorelli, Nicola, Linda S. Goldberg e Fabiola Ravazzolo. 2020. "Have the Fed Swap Lines Reduced Dollar Funding Strains during the COVID-19 Outbreak?" FED de Nova York. *Liberty Street Economics*, 22 de maio.

Charbonneau, Karyne e Lori Rennison. 2015. "Forward Guidance at the Effective Lower Bound: International Experience." Staff Discussion Paper 15. Ottawa, Ontario: Banco do Canadá.

Chaurushiya, Radha e Ken Kuttner. 2003. "Targeting the Yield Curve: The Experience of the Federal Reserve, 1942–1951." Staff Memo. Washington, DC: Conselho do FED.

Cheng, Jeffrey, David Wessel e Joshua Younger. 2020. "How Did COVID-19 Disrupt the Market for U.S. Treasury Debt?" Washington, DC: Brookings Institution. 1°. de maio.

Chung, Hess, Etienne Gagnon, Taisuke Nakata, Matthias Paustian, Bernd Schlusche, James Trevino, Diego Vilan e Wei Zheng. 2019. "Monetary Policy Options at the Effective Lower Bound: Assessing the Federal Reserve's Current Policy Toolkit." Finance and Economics Discussion Series 2019-003. Washington, DC: Conselho do FED.

Chung, Hess, Jean-Philippe Laforte, David Reifschneider e John C. Williams. 2012. "Have We Underestimated the Likelihood and Severity of Zero Lower Bound Events?" *Journey of Money, Credit and Banking* 44 (1): 47–82.

Churm, Rohan, Michael Joyce, George Kapetanios e Konstantinos Theodoridis. 2021. "Unconventional Monetary Policies and the Macroeconomy: The Impact of the UK's QE2 and Funding for Lending Scheme." *The Quarterly Review of Economics and Finance* 80: 721–36.

Claessens, Stijn. 2015. "An Overview of Macroprudential Policy Tools." *Annual Review of Financial Economics* 7 (1): 397–422.

Clarida, Richard H. 2019. "The Federal Reserve's Review of Its Monetary Policy Strategy, Tools e Communication Practices." Apresentado no U.S. Monetary Policy Forum de 2019, Nova York, 22 de fevereiro.

—. 2020a. "The Federal Reserve's New Monetary Policy Framework: A Robust Evolution." Washington, DC, 31 de agosto.

—. 2020b. "The Federal Reserve's New Framework: Context and Consequences." Washington, DC, 16 de novembro.

—. 2021. "Outlooks, Outcomes e Prospects for U.S. Monetary Policy." Washington, DC, 4 de agosto.

Clark, John, Nathan Converse, Brahima Coulibaly e Steven Kamin. 2016. "Emerging Market Capital Flows and U.S. Monetary Policy." Washington, DC: Conselho do FED. *IFDP Notes*, 18 de outubro.

Clouse, Jim, Bill English, Jon Faust, Jane Ihrig, Jeff Huther, Beth Klee, Mike Leahy, David Reifschneider e Julie Remache. 2013. "Fiscal Implications of Additional

Large-Scale Asset Purchases for the Federal Government and the Federal Reserve." Staff Memo. Washington, DC: Conselho do FED.

Coibion, Olivier, Yuriy Gorodnichenko, Edward S. Knotek II e Raphael Schoenle. 2020. "Average Inflation Targeting and Household Expectations." Working Paper 27836. Cambridge, MA: National Bureau of Economic Research.

Condon, Christopher. 2019. "Key Trump Quotes on Powell as Fed Remains in the Firing Line." Bloomberg, 17 de dezembro.

Correa, Ricardo e Sally Davies. 2008. "Implications of the Health of the Japanese Banking Sector for the Effectiveness of Monetary Policy." Staff Memo. Washington, DC: Conselho do FED.

Cox, Jeff. 2018. "Powell Says We're 'A Long Way' from Neutral on Interest Rates, Indicating More Hikes Are Coming." CNBC, 3 de outubro.

Crane, Leland D., Ryan A. Decker, Aaron Flaaen, Adrian Hamins-Puertolas e Christopher Kurz. 2020. "Business Exit during the COVID-19 Pandemic: Non-Traditional Measures in Historical Context." Finance and Economics Discussion Series 2020-089. Washington, DC: Conselho do FED.

Crockett, Andrew. 2000. "Marrying the Microand Macro-Prudential Dimensions of Financial Stability." Discurso no Eleventh International Conference of Banking Supervisors, Basel, Suíça, 20 de setembro.

Daly, Mary C., Bart Hobijn, Ayşegül Şahin e Robert G. Valletta. 2012. "A Search and Matching Approach to Labor Markets: Did the Natural Rate of Unemployment Rise?" *Journal of Economic Perspectives* 26 (3): 3–26.

Dam, Kenneth e George Shultz. 1977. "Reflections on Wage and Price Controls." *Industrial and Labor Relations Review* (janeiro): 139.

D'Amico, Stefania, William English, David López-Salido e Edward Nelson. 2012. "The Federal Reserve's Large-Scale Asset Purchase Programmes: Rationale and Effects." *Economic Journal* 122 (564): 415–46.

D'Amico, Stefania e Iryna Kaminska. 2019. "Credit Easing versus Quantitative Easing: Evidence from Corporate and Government Bond Purchase Programs." Londres: Banco da Inglaterra, Working Paper 825.

D'Amico, Stefania e Thomas B. King. 2013. "Flow and Stock Effects of Large-Scale Treasury Purchases: Evidence on the Importance of Local Supply." *Journal of Financial Economics* 108 (2): 425–48.

Das, Krishna N. e Jonathan Spicer. 2016. "How the New York Fed Fumbled over the Bangladesh Bank Cyber-Heist." Reuters, 21 de julho.

Das, Sonali. 2019. "China's Evolving Exchange Rate Regime." Working Paper 19/50. Washington, DC: International Monetary Fund.

Davis, Josh, Cristian Fuenzalida e Alan M. Taylor. 2021. "The Natural Rate Puzzle: Global Macro Trends and the Market-Implied R*." Working Paper 26560. Cambridge, MA: National Bureau of Economic Research.

De Santis, Roberto A. 2020. "Impact of the Asset Purchase Programme on Euro Area Government Bond Yields Using Market News." *Economic Modelling* 86 (março): 192–209.

Del Negro, Marco, Domenico Giannone, Marc P. Giannoni e Andrea Tambalotti. 2017. "Safety, Liquidity e the Natural Rate of Interest." *Brookings Papers on Economic Activity* (primavera): 235–94.

Del Negro, Marco, Marc Giannoni e Christina Patterson. 2015. "The Forward Guidance Puzzle." Staff Report 574. FED de Nova York.

Del Negro, Marco, Michele Lenza, Giorgio E. Primiceri e Andrea Tambalotti. 2020. "What's Up with the Phillips Curve?" *Brookings Papers on Economic Activity* (primavera): 301–73.

Dell'Ariccia, Giovanni, Pau Rabanal e Damiano Sandri. 2018. "Unconventional Monetary Policies in the Euro Area, Japan e the United Kingdom." *Journal of Economic Perspectives* 32 (4): 147–72.

Devlin-Foltz, Sebastian, Alice M. Henriques e John E. Sabelhaus. 2016. "The Role of Social Security in Overall Retirement Resources: A Distributional Perspective." Washington, DC: V. *FEDS Notes*, 29 de julho.

Di Maggio, Marco, Amir Kermani e Christopher J. Palmer. 2020. "How Quantitative Easing Works: Evidence on the Refinancing Channel." *The Review of Economic Studies* 87 (3): 1498–1528.

Draghi, Mario. 2012. "Remarks at the Global Investment Conference." Londres, Inglaterra, 26 de julho.

Duarte, Fernando e Carlo Rosa. 2015. "The Equity Risk Premium: A Review of Models." Staff Report 714. FED de Nova York.

Duffie, Darrell. 2020. "Still the World's Safe Haven? Redesigning the U.S. Treasury Market after the COVID-19 Crisis." Hutchins Center Working Paper 62. Washington, DC: Brookings Institution.

Eggertsson, Gauti B. e Michael Woodford. 2003. "The Zero Bound on Interest Rates and Optimal Monetary Policy." *Brookings Papers on Economic Activity* (primavera): 139–235.

Eichengreen, Barry. 1992. *Golden Fetters: The Gold Standard and the Great Depression 1919–1939*. Oxford and New York: Oxford University Press.

Eichengreen, Barry e Jeffrey Sachs. 1985. "Exchange Rates and Economic Recovery in the 1930s." *Journal of Economic History* 45 (4): 925–46.

Eisenschmidt, Jens e Frank Smets. 2018. "Negative Interest Rates: Lessons from the Euro Area." In *Monetary Policy and Financial Stability: Transmission Mechanisms and Policy Implications*, editado por Álvaro Aguirre, Markus Brunnermeier e Diego Saravia, 13–42. Santiago: Banco Central do Chile.

Engen, Eric M., Thomas Laubach e David Reifschneider. 2015. "The Macroeconomic Effects of the Federal Reserve's Unconventional Monetary Policies." Finance and Economics Discussion Series 2015-005. Washington, DC: Conselho do FED.

English, William. (em breve). "Monetary Policy and Financial Stability." Em *The Handbook of Financial Stress Testing*, editado por J. Doyne Farmer, Alissa Kleinnijenhuis, Til Schuermann e Thom Wetzer.

Erceg, Chris, Jesper Linde e David Reifschneider. 2010. "Macroeconomic Consequences of a European Sovereign Debt Crisis." Staff Memo. Washington, DC: Conselho do FED.

Erceg, Christopher, Michael T. Kiley e David López-Salido. 2011. "Alternative Monetary Policy Frameworks." Staff Memo. Washington, DC: Conselho do FED.

Erceg, Christopher, David López-Salido e Robert Tetlow. 2011. "Adopting an Alternative Monetary Policy Framework." Staff Memo. Washington, DC: Conselho do FED.

Eser, Fabian, Wolfgang Lemke, Ken Nyholm, Sören Radde e Andreea Liliana Vladu. 2019. "Tracing the Impact of the ECB's Asset Purchase Programme on the Yield Curve." ECB Working Paper 2293. Frankfurt, Alemanha: Banco Central Europeu.

Evans, Charles L. 2012. "Monetary Policy in a Low-Inflation Environment: Developing a State-Contingent Price-Level Target." *Journal of Money, Credit and Banking* 44 (s1): 147–55.

Fair, Ray C. 1978. "The Effect of Economic Events on Votes for President." *Review of Economic and Statistics* 60 (2): 159–73.

Favara, Giovanni, Camelia Minoiu e Ander Perez-Orive. 2021. "U.S. Zombie Firms: How Many and How Consequential?" Washington, DC: Conselho do FED. *FEDS Notes*, 30 de julho.

Femia, Katherine, Steven Friedman e Brian Sack. 2013. "The Effects of Policy Guidance on Perceptions of the Fed's Reaction Function." Staff Report 652. Washington, DC: FED de Nova York.

Ferguson, Jr., Roger W. 2003. "September 11, the Federal Reserve e the Financial System." Nashville, TN, 5 de fevereiro.

Fernald, John G. 2014. "Productivity and Potential Output before, during e after the Great Recession." Em *NBER Macroeconomics Annual 2014*. Vol. 29: 1–51. Cambridge, MA: National Bureau of Economic Research.

Fernald, John G., Robert E. Hall, James H. Stock e Mark W. Watson. 2017. "The Disappointing Recovery of Output after 2009." *Brookings Papers on Economic Activity* (primavera): 1–58.

Feroli, Michael, David Greenlaw, Peter Hooper, Frederic S. Mishkin e Amir Sufi. 2017. "Language after Liftoff: Fed Communication Away from the Zero Lower Bound." *Research in Economics* 71 (3): 452–90.

Ferrell, Robert H. 2010. *Inside the Nixon Administration: The Secret Diary of Arthur Burns, 1969–1974*. Lawrence: University Press of Kansas.

Fischer, Stanley. 1995. "Central-Bank Independence Revisited." *American Economic Review* 85(2): 201–6.

Fisher, Irving. 1930. *The Theory of Interest*. Nova York: The Macmillan Co.

—. 1973. "I Discovered the Phillips Curve: A Statistical Relation between Unemployment and Price Changes.". *Journal of Political Economy* 81 (2): 496–502.

Fleming, Sam. 2018. "Janet Yellen on Trump, Fed Politics and Nurturing Recovery". *Financial Times*, 26 de outubro.

Forbes, Kristen J. 2019. "Inflation Dynamics: Dead, Dormant, or Determined Abroad?" *Brookings Papers on Economic Activity* (Fall): 257–338.

Freund, James, Timothy Curry, Peter Hirsch e Theodore Kelley. 1997. "Commercial Real Estate and the Banking Crises of the 1980s and Early 1990s." Em *History of the Eighties: Lessons for the Future*, Vol. 1: *An Examination of the Banking Crises of the 1980s and Early 1990s*, Capítulo 3. Washington, DC: Federal Deposit Insurance Corporation. https://www.fdic.gov/bank/historical/history/137_165.pdf.

Friedman, Milton. 1968. "The Role of Monetary Policy." *American Economic Review* 58 (1): 1–17.

—. 1969. *The Optimum Quantity of Money and Other Essays*. Chicago: Aldine Publishing Company.

Friedman, Milton e Anna Jacobson Schwartz. 1963. *A Monetary History of the United States: 1867–1960*. Princeton, NJ: Princeton University Press.

Furman, Jason. 2020. "The Fiscal Response to the Great Recession: Steps Taken, Paths Rejected e Lessons for Next Time." Em *First Responders: Inside the U.S. Strategy for Fighting the 2007–2009 Global Financial Crisis*, 451–88. New Haven, CT: Yale University Press.

Furman, Jason e Lawrence Summers. 2020. "A Reconsideration of Fiscal Policy in the Era of Low Interest Rates." Discussion Draft. Washington, DC: Brookings Institution.

Gagnon, Joseph E. 2016. "Quantitative Easing: An Underappreciated Success." Policy Brief PB16-4. Washington, DC: Peterson Institute for International Economics.

—. 2018. "QE Skeptics Overstate Their Case." Peterson Institute for International Economics. *Realtime Economic Issues Watch*, 5 de julho.

Gagnon, Joseph, Matthew Raskin, Julie Remache e Brian Sack. 2011. "The Financial Market Effects of the Federal Reserve's Large-Scale Asset Purchases." *International Journal of Central Banking* 7 (1): 3–43.

Ghebreyesus, Tedros Adhanom. 2020. "Opening Remarks at the Media Briefing on COVID-19." World Health Organization. 11 de março. https://www.who.int/dg/speeches/detail/who-director-general-s-opening-remarks-at-the-media-briefing-on-covid-19---11-march-2020.

Gilchrist, Simon e Egon Zakrajšek. 2012. "Credit Spreads and Business Cycle Fluctuations." *American Economic Review* 102 (4): 1692–1720.

—. 2013. "The Impact of the Federal Reserve's Large-Scale Asset Purchase Programs on Corporate Credit Risk." *Journal of Money, Credit and Banking* 45 (s2): 29–57.

—. 2019. "Trade Exposure and the Evolution of Inflation Dynamics." Working Paper 2019-007. Finance and Economics Discussion Series. Washington, DC: Conselho do FED.

Glaeser, Edward L., Joshua D. Gottlieb e Joseph Gyourko. 2013. "Can Cheap Credit Explain the Housing Boom?" Em *Housing and the Financial Crisis*, editado por Edward L. Glaeser and Todd Sinai, 301–59. Chicago: University of Chicago Press.

Goodfriend, Marvin e Robert G. King. 2005. "The Incredible Volcker Disinflation." *Journal of Monetary Economics* 52 (5): 981–1015.

Gordon, Robert J. 2013. "The Phillips Curve Is Alive and Well: Inflation and the NAIRU during the Slow Recovery." Working Paper 19390. Cambridge, MA: National Bureau of Economic Research.

—. 2016. *The Rise and Fall of American Growth: The U.S. Standard of Living since the Civil War*. Princeton, NJ: Princeton University Press.

Gorton, Gary B. 2012. *Misunderstanding Financial Crises: Why We Don't See Them Coming*. Nova York: Oxford University Press.

Gorton, Gary e Andrew Metrick. 2012. "Securitized Banking and the Run on Repo." *Journal of Financial Economics* 104 (3): 425–51.

Gourio, François, Anil K. Kashyap e Jae Sim. 2018. "The Tradeoffs in Leaning against the Wind." *IMF Economic Review* 66 (março): 70–115.

Gramlich, Edward M. 2007. "Booms and Busts, the Case of Subprime Mortgages." *FED de Kansas City Economic Review* 109: 105–13.

Granville, Kevin. 2017. "A President at War with His Fed Chief, 5 Decades before Trump." *New York Times*, 13 de junho.

Greenlaw, David, James D Hamilton, Ethan Harris e Kenneth D. West. 2018. "A Skeptical View of the Impact of the Fed's Balance Sheet." Working Paper 24687. Cambridge, MA: National Bureau of Economic Research.

Greenspan, Alan. 1996. "The Challenge of Central Banking in a Democratic Society." Washington, DC, 5 de dezembro.

—. 2005. "Mortgage Banking." Palm Desert, California, 26 de setembro.

—. 2007. *The Age of Turbulence: Adventures in a New World*. Nova York: Penguin Press.

Greenwood, Robin, Samuel G. Hanson, Joshua S. Rudolph e Lawrence H. Summers. 2015. "Debt Management Conflicts between the U.S. Treasury and the Federal Reserve." Em *The $13 Trillion Question: How America Manages Its Debt*, 43–89. Washington, DC: Brookings Institution Press.

Greenwood, Robin, Samuel G. Hanson, Andrei Shleifer e Jakob Ahm Sørensen. (em breve). "Predictable Financial Crises." *Journal of Finance*.

Greenwood, Robin e Dimitri Vayanos. 2014. "Bond Supply and Excess Bond Return." *Review of Financial Studies* 27 (3): 663–713.

Grisse, Christian, Signe Krogstrup e Silvio Schumacher. 2017. "Lower-Bound Beliefs and Long-Term Interest Rates." *International Journal of Central Banking* 13 (3): 165–202.

Gürkaynak, Refet S., Brian Sack e Eric T. Swanson. 2005. "Do Actions Speak Louder Than Words? The Response of Asset Prices to Monetary Policy Actions and Statements." *International Journal of Central Banking* 1 (1): 55–93.

Haltom, Renee. 2013. "Failure of Continental Illinois." *Federal Reserve History*, 22 de novembro. https://www.federalreservehistory.org/essays/failure-of-continental-illinois.

Hamilton, James D. e Jing Cynthia Wu. 2012. "The Effectiveness of Alternative Monetary Policy Tools in a Zero Lower Bound Environment." *Journal of Money, Credit and Banking* 44 (1): 3–46.

Hansen, Alvin H. 1939. "Economic Progress and Declining Population Growth." *American Economic Review* 29 (1): 1–15.

Hanson, Samuel e Jeremy C. Stein. 2015. "Monetary Policy and Long-Term Rates." *Journal of Financial Economics* 115 (3): 429–48.

Harker, Patrick T. 2017. "Economic Outlook: The Labor Market, Rates e the Balance Sheet." Apresentado no Market News International (MNI) Connect Roundtable, Nova York, 23 de maio.

Heathcote, Jonathan, Fabrizio Perri e Giovanni L. Violante. 2020. "The Rise of US Earnings Inequality: Does the Cycle Drive the Trend?" *Review of Economic Dynamics* 37 (s1): S181–204. Hetzel, Robert L. 1998. "Arthur Burns and Inflation". *Federal Reserve Bank of Richmond Economic Quarterly* 84 (1): 21–44.

—. 2008. *The Monetary Policy of the Federal Reserve: A History*. Studies in Economic History. Cambridge: Cambridge University Press.

Hetzel, Robert L. e Ralph F. Leach. 2001. "The Treasury-Fed Accord: A New Narrative Account." *Federal Reserve Bank of Richmond Economic Quarterly* 87 (1): 33–55.

Hodgson, Godfrey. 1998. "Obituary: William McChesney Martin." *The Independent*, 20 de agosto.

Holston, Kathryn, Thomas Laubach e John C. Williams. 2017. "Measuring the Natural Rate of Interest: International Trends and Determinants". *Journal of International Economics* 108 (S1): S59–75.

Hooker, Mark A. 2002. "Are Oil Shocks Inflationary? Asymmetric and Nonlinear Specifications versus Changes in Regime." *Journal of Money, Credit and Banking* 34 (2): 540–61.

Hooper, Peter, Frederic S. Mishkin e Amir Sufi. 2020. "Prospects for Inflation in a High Pressure Economy: Is the Phillips Curve Dead or Is It Just Hibernating?" *Research in Economics* 74 (1): 26–62.

Hubbard, Glenn e Donald Kohn, eds. 2021. *Report of the Task Force on Financial Stability*. Washington, DC: Brookings Institution.

Hubert, Paul e Fabien Labondance. 2018. "The Effect of ECB Forward Guidance on the Term Structure of Interest Rates." *International Journal of Central Banking* 14 (5): 193–222.

Ihrig, Jane, Elizabeth Klee, Canlin Li, Min Wei e Joe Kachovec. 2018. "Expectations about the Federal Reserve's Balance Sheet and the Term Structure of Interest Rates." *International Journal of Central Banking* 14 (2): 341–90.

Irwin, Neil. 2018. "The Most Important Least-Noticed Economic Event of the Decade." *New York Times*, 29 de setembro.

Jamrisko, Michelle, Chloe Whiteaker e Jeremy Scott Diamond. 2018. "Yellen's Labor Market Dashboard." Bloomberg, 2 de fevereiro.

Jonung, Lars e Eoin Drea. 2009. "The Euro: It Can't Happen, It's a Bad Idea, It Won't Last. US Economists on the EMU, 1989–2002." Economic Papers 395. Bruxelas, Bélgica: Comissão Europeia.

Jordà, Òscar, Moritz Schularick e Alan M. Taylor. 2013. "When Credit Bites Back." *Journal of Money, Credit and Banking* 45 (s2): 3–28.

—. 2015a. "Interest Rates and House Prices: Pill or Poison?" FED de São Francisco. *FRBSF Economic Letter*, 3 de agosto.

—. 2015b. "Leveraged Bubbles." *Journal of Monetary Economics* 76 (S): S1–20.

Joyce, Michael A. S., Ana Lasaosa, Ibrahim Stevens e Matthew Tong. 2011. "The Financial Market Impact of Quantitative Easing in the United Kingdom." *International Journal of Central Banking* 7 (3): 113–61.

Joyce, Michael A. S. e Matthew Tong. 2012. "QE and the Gilt Market: A Disaggregated Analysis." *Economic Journal* 122 (564): 348–84.

Kacperczyk, Marcin e Philipp Schnabl. 2010. "When Safe Proved Risky: Commercial Paper during the Financial Crisis of 2007–2009." *Journal of Economic Perspectives* 24 (1): 29–50.

Kashyap, Anil K. e Caspar Siegert. 2019. "Financial Stability Considerations and Monetary Policy?" Em *Financial Stability Considerations and Monetary Policy.* FED de Chicago.

Katz, Lawrence F. e Alan B. Krueger. 1999. "The High-Pressure U.S. Labor Market of the 1990s." *Brookings Papers on Economic Activity* (primavera): 1–87.

Kiley, Michael T. 2014. "The Aggregate Demand Effects of Shortand Long-Term Interest Rates." *International Journal of Central Banking* 10 (4): 69–104.

—. 2015. "Low Inflation in the United States: A Summary of Recent Research." Conselho do FED. *FEDS Notes*, 23 de novembro.

—. 2018. "Quantitative Easing and the 'New Normal' in Monetary Policy." Finance and Economic Discussion Series 2018-004. Washington, DC: Conselho do FED.

—. 2019. "The Global Equilibrium Real Interest Rate: Concepts, Estimates e Challenges." Finance and Economics Discussion Series 2019-076. Washington, DC: Conselho do FED.

Kim, Kyungmin, Thomas Laubach e Min Wei. 2020. "Macroeconomic Effects of LargeScale Asset Purchases: New Evidence." Finance and Economics Discussion Series 2020-Washington, DC: Conselho do FED.

Kocherlakota, Narayana. 2016. "'Helicopter Money' Won't Provide Much Extra Lift." Bloomberg, 24 de março.

Kohn, Donald e Brian Sack. 2020. "Monetary Policy during the Financial Crisis." Em *First Responders: Inside the U.S. Strategy for Fighting the 2007–2009 Global Financial Crisis*, editado por Ben S. Bernanke, Timothy F. Geithner e Henry M. Paulson, Jr., 421–50. New Haven, CT: Yale University Press.

Kopcke, Richard W. e Anthony Webb. 2013. "How Has the Financial Crisis Affected the Finances of Older Households?" Working Paper. Boston, MA: Center for Retirement Research at Boston College. https://citeseerx.ist.psu.edu/viewdoc/download?doi=10.1.1.651.2278&rep=rep1&type=pdf.

Krishnamurthy, Arvind e Annette Vissing-Jorgensen. 2011. "The Effects of Quantitative Easing on Interest Rates: Channels and Implications for Policy." *Brookings Papers on Economic Activity* (outono): 215–65.

Krugman, Paul R. 1998. "It's Baaack: Japan's Slump and the Return of the Liquidity Trap." *Brookings Papers on Economic Activity* (outono): 137–205.

Kurtzman, Robert, Stephan Luck e Tom Zimmermann. 2017. "Did QE Lead Banks to Relax Their Lending Standards? Evidence from the Federal Reserve's LSAPs." Finance and Economics Discussion Series 2017-093. Washington, DC: Conselho do FED.

Kuttner, Kenneth N. 2012. "Low Interest Rates and Housing Bubbles: Still No Smoking Gun." Em *The Role of Central Banks in Financial Stability: How Has It Changed?* FED de Chicago.

—. 2018. "Outside the Box: Unconventional Monetary Policy in the Great Recession and Beyond." *Journal of Economic Perspectives* 32 (4): 121–46.

Laforte, Jean-Philippe. 2018. "Overview of the Changes to the FRB/US Model (2018)." Washington, DC: Conselho do FED. *FEDS Notes*, 7 de dezembro.

Lagarde, Christine. 2020a. "Our Response to the Coronavirus Emergency." Banco Central Europeu. Blog The ECB, 19 de março.

—. 2020b. "The Monetary Policy Strategy Review: Some Preliminary Considerations." Discurso na conferência "ECB and Its Watchers XXI", Frankfurt, Alemanha, 30 de setembro.

Laubach, Thomas e John C. Williams. 2003. "Measuring the Natural Rate of Interest." *Review of Economics and Statistics* 85 (4): 1063–70.

Leigh, Daniel. 2010. "A 4% Inflation Target?" Center for Economic and Policy Research. *VoxEU*, 9 de março.

Lewis, Michael. 2010. *The Big Short: Inside the Doomsday Machine*. Nova York: W. W. Norton. Li, Canlin e Min Wei. 2013. "Term Structure Modelling with

Supply Factors and the Federal Reserve's Large Scale Asset Purchase Programs." *International Journal of Central Banking* 9 (1): 3–39.

Liang, J. Nellie e Rochelle M. Edge. 2019. "New Financial Stability Governance Structures and Central Banks." Hutchins Center Working Paper 50. Washington, DC: Brookings Institution.

Lindsey, David E. 2003. "A Modern History of FOMC Communication: 1975–2002." Staff Memo. Washington, DC: Conselho do FED.

Loomis, Carol J. 1998. "A House Built on Sand." *Fortune*, 26 de outubro. https://archive.fortune.com/magazines/fortune/fortune_archive/1998/10/26/250015/index.htm.

Lopez, Jose A., Andrew K. Rose e Mark M. Spiegel. 2020. "Why Have Negative Nominal Interest Rates Had Such a Small Effect on Bank Performance? Cross Country Evidence." *European Economic Review* 124 (maio).

Lu, Lina, Matthew Pritsker erei Zlate, Kenechukwu Anadu e James Bohn. 2019. "Reach for Yield by U.S. Public Pension Funds." Finance and Economics Discussion Series 2019-Washington, DC: Conselho do FED.

Mahedy, Tim e Adam Shapiro. 2017. "What's Down with Inflation?" FED de São Francisco. *FRBSF Economic Letters*, 27 de novembro.

Mallaby, Sebastian. 2016. *The Man Who Knew: The Life and Times of Alan Greenspan*. Nova York: Penguin Press.

Mankiw, N. Gregory. 2020. "A Skeptic's Guide to Modern Monetary Theory." Em*AEA Papers and Proceedings*, 110:141–44.

Manski, Charles F. e John D. Straub. 2000. "Worker Perceptions of Job Insecurity in the Mid-1990s: Evidence from the Survey of Economic Expectations." *Journal of Human Resources* 35 (3): 447–79.

Matthews, Dylan. 2019. "Modern Monetary Theory, Explained." *Vox*, 16 de abril.

McGowan, Müge Adalet, Dan Andrews e Valentine Millot. 2018. "The Walking Dead? Zombie Firms and Productivity Performance in OECD Countries." *Economic Policy* 33(96): 685–736.

McLaren, Nick, Ryan N. Banerjee e David Latto. 2014. "Using Changes in Auction Maturity Sectors to Help Identify the Impact of QE on Gilt Yields." *Economic Journal* 124 (576): 453–79.

McLeay, Michael e Silvana Tenreyro. 2020. "Optimal Inflation and the Identification of the Phillips Curve." Em *NBER Macroeconomics Annual*. Vol. 34. Cambridge, MA: National Bureau of Economic Research.

Meade, Ellen E., Nicholas A. Burk e Melanie Josselyn. 2015. "The FOMC Meeting Minutes: An Assessment of Counting Words and the Diversity of Views." Washington, DC: Conselho do FED. *FEDS Notes*, 16 de maio.

Meaning, Jack e Feng Zhu. 2011. "The Impact of Recent Central Bank Asset Purchase Programmes." *BIS Quarterly Review* (dezembro): 73–83.

Metrick, Andrew e Daniel Tarullo. 2021. "Congruent Financial Regulation." *Brookings Papers on Economic Activity* (primavera).

Mian, Atif, Ludwig Straub e Amir Sufi. 2021. "What Explains the Decline in r*? Rising Income Inequality versus Demographic Shifts." Em *Proceedings*. Jackson Hole, WY: FED de Kansas City.

Mian, Atif, Amir Sufi e Emil Verner. 2017. "Household Debt and Business Cycles Worldwide." *Quarterly Journal of Economics* 132 (4): 1755–1817.

Minsky, Hyman P. 1986. *Stabilizing an Unstable Economy*. New Haven, CT: Yale University Press.

Mishkin, Frederic S. 2007. "Inflation Dynamics." *International Finance* 10 (3): 317–34.

Mishkin, Frederic S. e Eugene N. White. 2003. "U.S. Stock Market Crashes and Their Aftermath: Implications for Monetary Policy." Em *Asset Price Bubbles: The Implications for Monetary, Regulatory and International Policies*, editado por William B. Hunter, George G. Kaufman e Michael Pormerleano. Cambridge, MA: MIT Press.

Mondale, Walter e David Hage. 2010. *The Good Fight: A Life in Liberal Politics*. Nova York: Scribner.

Mui, Ylan Q. 2016. "Why the Federal Reserve Is Rethinking Everything." *Washington Post*, 27 de julho.

Nakata, Taisuke. 2015. "Credibility of Optimal Forward Guidance at the Interest Rate Lower Bound." Washington, DC: Conselho do FED. *FEDS Notes*, 27 de agosto.

Nechio, Fernanda e Glenn D. Rudebusch. 2016. "Has the Fed Fallen behind the Curve This Year?" FED de São Francisco. *FRBSF Economic Letter*, 7 de novembro.

Nelson, Edward. 2021. "The Emergence of Forward Guidance as a Monetary Policy Tool." 2021–033. Finance and Economics Discussion Series. Washington, DC: Conselho do FED.

Nelson, Jack. 1990. "Interest Rates Peril Fed Chief's Job, Sources Say." *Los Angeles Times*, 9 de março.

Okazaki, Yosuke e Nao Sudo. 2018. "Natural Rate of Interest in Japan: Measuring Its Size and Identifying Drivers Based on a DSGE Model." Banco do Japão, Working Paper 18-E-6. Tóquio: Banco do Japão.

Orphanides, Athanasios. 2003. "The Quest for Prosperity without Inflation." *Journal of Monetary Economics* 50 (3): 633–63.

Orphanides, Athanasios e John Williams. 2013. "Monetary Policy Mistakes and the Evolution of Inflation Expectations." Em *The Great Inflation: The Rebirth of Modern Central Banking*, editado por Michael D. Bordoe Athanasios Orphanides. Chicago: University of Chicago Press.

Owyang, Michael T. e Tatevik Sekhposyan. 2012. "Okun's Law over the Business Cycle: Was the Great Recession All That Different?" *Federal Reserve Bank of St. Louis Review* (Setembro): 399–418.

Paligorova, Teodora e Jesus A. Sierra Jimenez. 2012. "Monetary Policy and the Risk-Taking Channel: Insights from the Lending Behaviour of Banks." *Bank of Canada Review*, 23–30.

Peek, Joe e Eric S. Rosengren. 1992. "The Capital Crunch in New England". *New England Economic Review* (Maio): 21–31.

Phelps, Edmund S. 1968. "Money-Wage Dynamics and Labor-Market Equilibrium." *Journal of Political Economy* 76 (4): 678–711.

Phillips, A. W. 1958. "The Relation between Unemployment and the Rate of Change of Money Wage Rates in the United Kingdom, 1861–1957." *Economica* 25 (100): 283–99.

Potter, Simon e Frank Smets. 2019. "Unconventional Monetary Policy Tools: A CrossCountry Analysis." Committee on the Global Financial System Paper 63. Basel, Suíça: Bank for International Settlements.

Powell, Jerome H. 2015. "'Audit the Fed' and Other Proposals." Washington, DC, 9 de fevereiro.

—. 2018a. Interview with Kai Ryssdal, *Marketplace*, 12 de julho. https://www.marketplace. org/2018/07/12/powell-transcript.

—. 2018b. "Monetary Policy in a Changing Economy". Jackson Hole, WY, 24 de agosto.

—. 2019a. "Opening Remarks." Apresentado no FED de Chicago, Conference on Monetary Policy Strategy, Tools e Communication Practices, Chicago, 4 de junho.

—. 2019b. "Challenges for Monetary Policy." Jackson Hole, WY, 23 de agosto.

—. 2020a. "Current Economic Issues." Washington, DC, 13 de maio.

—. 2020b. "Q&A with Alan Blinder." *Wall Street Journal*, 29 de maio. https://www.wsj.com/articles/transcript-fed-chief-jerome-powell-q-a-with-alan-blinder-11590779548.

—. 2020c. "New Economic Challenges and the Fed's Monetary Policy Review." Jackson Hole, WY, 27 de agosto.

Pozsar, Zoltan, Tobias Adrian, Adam Ashcraft e Hayley Boesky. 2010. "Shadow Banking." Staff Report 458. FED de Nova York.

Quarles, Randal K. 2020. "What Happened? What Have We Learned From It? Lessons From COVID-19 Stress on the Financial System." Washington, DC, 15 de outubro.

Rachel, Łukasz e Lawrence H. Summers. 2019. "On Secular Stagnation in the Industrialized World." *Brookings Papers on Economic Activity* (primavera): 1–54.

Radelet, Steven e Jeffrey Sachs. 2000. "The Onset of the East Asian Financial Crisis." Em *Currency Crises*, editado por Paul Krugman. Chicago: University of Chicago Press.

Rajan, Raghuram G. 2005. "Has Financial Development Made the World Riskier?" Em *Proceedings*. Jackson Hole, WY: FED de Kansas City.

Rankin, Jennifer. 2020. "EU Summit Deal: What Has Been Agreed and Why Was It So Difficult?" *The Guardian*, 21 de julho.

Raskin, Matthew D. 2013. "The Effects of the Federal Reserve's Date-Based Forward Guidance." Finance and Economics Discussion Series 2013-37. Washington, DC: Conselho do FED.

Rebucci, Alessandro, Jonathan S. Hartley e Daniel Jiménez. 2020. "An Event Study of COVID-19 Central Bank Quantitative Easing in Advanced and Emerging Economies." Working Paper 27339. Cambridge, MA: National Bureau of Economic Research.

Reifschneider, David. 2016. "Gauging the Ability of the FOMC to Respond to Future Recessions." Finance and Economics Discussion Series 2016-068. Washington, DC: Conselho do FED.

Reinhart, Carmen M. e Vincent R. Reinhart. 2011. "Limits of Monetary Policy in Theory and Practice." *Cato Journal* 31 (3): 427–39.

Reinhart, Carmen M. e Kenneth S. Rogoff. 2009. *This Time Is Different: Eight Centuries of Financial Folly*. Princeton and Oxford: Princeton University Press.

Rey, Hélène. 2013. "Dilemma Not Trilemma: The Global Financial Cycle and Monetary Policy Independence." Em *Proceedings*. Jackson Hole, WY: FED de Kansas City.

Richter, Björn, Moritz Schularick e Ilhyock Shim. 2019. "The Costs of Macroprudential Policy." *Journal of International Economics* 118 (maio): 263–82.

Roberts, John M. 2006. "Monetary Policy and Inflation Dynamics." *International Journal of Central Banking* 2 (3): 193–230.

Robinson, Kenneth J. 2013. "Depository Institutions Deregulation and Monetary Control Act of 1980." *Federal Reserve History*, 22 de novembro. https://www.federalreservehistory.org/essays/monetary-control-act-of-1980.

Rodnyansky, Alexander e Olivier M. Darmouni. 2017. "The Effects of Quantitative Easing on Bank Lending Behavior." *The Review of Financial Studies* 30 (11): 3858–87.

Rogoff, Kenneth S. 1985. "The Optimal Degree of Commitment to an Intermediate Monetary Target." *Quarterly Journal of Economics* 100 (4).

—. 2017. *The Curse of Cash: How Large-Denomination Bills Aid Crime and Tax Evasion and Constrain Monetary Policy*. Princeton, NJ: Princeton University Press.

Romer, Christina D. 2011. "Dear Ben: It's Time for Your Volcker Moment." *New York Times*, 29 de outubro.

Romer, Christina D. e David H. Romer. 2002. "A Rehabilitation of Monetary Policy in the 1950's." *American Economic Review* 92 (2): 121–27.

Romero, Jessie. 2013. "Treasury-Fed Accord." *Federal Reserve History*, 22 de novembro. https://www.federalreservehistory.org/essays/treasury-fed-accord.

Rosenfeld, Everett. 2015. "Fed's Fischer: Too Early to Decide on Sept Hike." CNBC, 28 de agosto.

Samuels, Brett. 2020. "Trump Calls Fed Chair Powell 'Most Improved Player.'" *The Hill*, 13 de maio.

Samuelson, Paul e Robert Solow. 1960. "Analytical Aspects of Anti-Inflation Policy." *American Economic Review*, Papers and Proceedings 50 (2): 177–94.

Schreft, Stacey L. 1990. "Credit Controls: 1980". *Federal Reserve Bank of Richmond Economic Review* 76 (Novembro): 25–55.

Schrimpf, Andreas, Hyun Song Shin e Vladyslav Sushko. 2020. "Leverage and Margin Spirals in Fixed Income Markets during the Covid-19 Crisis." BIS Bulletin 2. Basel, Suíça: Bank for International Settlements.

Shiller, Robert J. 2000. *Irrational Exuberance*. Princeton, NJ: Princeton University Press.

—. 2007. "Understanding Recent Trends in House Prices and Homeownership." Em *Proceedings*. Jackson Hole, WY: FED de Kansas City.

—. 2019. *Narrative Economics: How Stories Go Viral and Drive Major Economic Events*. Princeton, NJ: Princeton University Press.

Silber, William L. 2012. *Volcker: The Triumph of Persistence*. Londres: Bloomsbury Press.

Slacalek, Jiri, Oreste Tristani e Giovanni L. Violante. 2020. "Household Balance Sheet Channels of Monetary Policy: A Back of the Envelope Calculation for the Euro Area." *Journal of Economic Dynamics and Control* 115 (junho): 103879.

Smialek, Jeanna. 2021. "Why Are There So Few Black Economists at the Fed?" *New York Times*, 2 de fevereiro.

Spicer, Jonathan. 2015. "Market turmoil makes September rate hike 'less compelling'—Fed's Dudley." Reuters, 26 de agosto.

Staiger, Douglas O., James H. Stock e Mark W. Watson. 1997. "How Precise Are Estimates of the Natural Rate of Unemployment." Em *Reducing Inflation: Motivation and Strategy*, editado por Christina D. Romer e David H. Romer, 195–246. Chicago: University of Chicago Press.

Steelman, Aaron. 2013. "Full Employment and Balanced Growth Act of 1978 (HumphreyHawkins)." *Federal Reserve History*, 22 de novembro. https://www.federalreservehistory.org/essays/humphrey-hawkins-act.

Stein, Jeremy C. 2013. "Overheating in Credit Markets: Origins, Measurement e Policy Responses." St. Louis, 7 de fevereiro.

—. 2014. "Incorporating Financial Stability Considerations into a Monetary Policy Framework." Washington, DC, 21 de março.

Stewart, Jay. 2000. "Did Job Security Decline in the 1990s?" Working Paper 330. Washington, DC: Bureau of Labor Statistics.

Stock, James H. e Mark W. Watson. 2007. "Why Has U.S. Inflation Become Harder to Forecast?" *Journal of Money, Credit and Banking* 39 (1): 3–33.

Stock, James H. e Mark W. Watson. 2020. "Slack and Cyclically Sensitive Inflation." Journal of Money, Credit and Banking 52 (2): 393–428.

Summers, Lawrence H. 2014. "U.S. Economic Prospects: Secular Stagnation, Hysteresis e the Zero Lower Bound." *Business Economics* 49 (2).

Sumner, Scott B. 2014. "Nominal GDP Targeting: A Simple Rule to Improve Fed Performance." *Cato Journal* 34 (2): 315–37.

Svensson, Lars E.O. 1999. "Price-Level Targeting versus Inflation Targeting: A Free Lunch?" *Journal of Money, Credit and Banking* 31 (3): 277–95.

—. 2017a. "Leaning against the Wind: The Role of Different Assumptions about the Costs." Working Paper 23745. Cambridge, MA: National Bureau of Economic Research.

—. 2017b. "Cost-Benefit Analysis of Leaning against the Wind." *Journal of Monetary Economics* 90 (outubro): 193–213.

Swanson, Eric T. 2011. "Let's Twist Again: A High-Frequency Event-Study Analysis of Operation Twist and Its Implications for QE2." *Brookings Papers on Economic Activity* (primavera): 151–88.

—. 2020. "Measuring the Effects of Federal Reserve Forward Guidance and Asset Purchases on Financial Markets." *Journal of Monetary Economics* 118: 32–53.

Swanson, Eric T. e John C. Williams. 2014. "Measuring the Effect of the Zero Lower Bound on Mediumand Longer-Term Interest Rates." *American Economic Review* 104 (10): 3154–85.

Tankersley, Jim. 2019. "Herman Cain's Fed Chances Dim amid Republican Senate Opposition." *New York Times*, 11 de abril.

Tankersley, Jim, Maggie Haberman e Emily Cochrane. 2019. "Trump Won't Nominate Stephen Moore for Fed Board." *New York Times*, 2 de maio.

Taylor, Derrick Bryson. 2020. "A Timeline of the Coronavirus." *New York Times*, 17 de março.

Taylor, John B. 1993. "Discretion versus Policy Rules in Practice." *Carnegie-Rochester Conference Series on Public Policy* 39 (dezembro): 195–214.

Timiraos, Nick e Kate Davidson. 2017. "Wall Street Veteran Leads Search for Next Fed Chief." *Wall Street Journal*, 13 de junho.

Uchitelle, Louis e N. R. Kleinfield. 1996. "On the Battlefields of Business, Millions of Casualties." *New York Times*, 3 de março. https://archive.nytimes.com/www.nytimes.com/ specials/downsize/03down1.html.

Vayanos, Dimitri e Jean-Luc Vila. 2021. "A Preferred-Habitat Model of the Term Structure of Interest Rates." *Econometrica* 89 (1): 77–112.

Volcker, Paul A. 1990. "The Triumph of Central Banking?" Palestra de Jacobsson, Washington, DC, 23 de setembro. http://www.perjacobsson.org/lectures/1990.pdf.

—. 2018. *Keeping at It: The Quest for Sound Money and Good Government.* Nova York: PublicAffairs: Hachette Book Group.

Weinraub, Mark. 2020. "Trump's Payments to Farmers Hit All-Time High ahead of Election." Reuters, 19 de outubro.

Wells, Wyatt C. 1994. *Economist in an Uncertain World: Arthur F. Burns and the Federal Reserve, 1970–1978.* Nova York: Columbia University Press.

Wessel, David, Louise Sheiner e Michael Ng. 2019. "Gender and Racial Diversity of Federal Government Economists." Washington, DC: Brookings Institution: Hutchins Center on Fiscal and Monetary Policy.

Wheatley, Jonathan e Peter Garnham. 2010. "Brazil in 'Currency War' Alert." *Financial Times*, 27 de setembro.

Wicksell, Knut. 1936. *Interest and Prices: A Study of the Causes Regulating the Value of Money*. R.S. Kahn, trans. Nova York: Sentry Press.

Williams, John C. 2014. "Monetary Policy at the Zero Lower Bound: Putting Theory into Practice." Hutchins Center Working Paper. Washington, DC: Brookings Institution.

—. 2017. "Speed Limits and Stall Speeds: Fostering Sustainable Growth in the United States." Sydney, Austrália, 26 de junho.

Willoughby, Jack. 2000. "Burning Up." *Barron's*, 20 de março.

Woodford, Michael. 2012. "Methods of Policy Accommodation at the Interest-Rate Lower Bound." Em *The Changing Policy Landscape*, 185–288. Jackson Hole, WY: FED de Kansas City.

Woodward, Bob. 2000. *Maestro: Greenspan's Fed and the American Boom*. Nova York: Simon & Schuster.

Wu, Tao. 2014. "Unconventional Monetary Policy and Long Term Interest Rates." IMF Working Paper 14/189. Washington, DC: International Monetary Fund.

Yellen, Janet L. 2014. "Labor Market Dynamics and Monetary Policy." Jackson Hole, WY, 22 de agosto.

—. 2015. "Inflation Dynamics and Monetary Policy". Amherst, MA, 24 de setembro.

—. 2017a. "The Economic Outlook and the Conduct of Monetary Policy." Stanford CA, 19 de janeiro.

—. 2017b. "Financial Stability a Decade after the Onset of the Crisis." Jackson Hole, WY, 25 de agosto.

—. 2017c. "Inflation, Uncertainty e Monetary Policy." Cleveland, OH, 26 de setembro.

—. 2018. "Keynote Address on the Tenth Anniversary of the Financial Crisis." Washington, DC, 21 de setembro.

Yilla, Kadija e Nellie Liang. 2020. "What Are Macroprudential Tools?" Washington, DC: Brookings Institution. 11 de fevereiro.

ÍNDICE

E

F

G

H

I

L

M

N

O

P

Q

R

S

T

Impressão e Acabamento | Gráfica Viena
www.graficaviena.com.br